中国年鉴精品工程
High Quality Project of China's Yearbook

松阳年鉴

SONGYANG YEARBOOK 2023

松阳县地方志编纂委员会办公室　编

方志出版社
Publishing House of Local Records

图书在版编目（CIP）数据

松阳年鉴. 2023 / 松阳县地方志编纂委员会办公室编. —北京 : 方志出版社, 2023.11
ISBN 978-7-5144-5903-6

Ⅰ. ①松… Ⅱ. ①松… Ⅲ. ①松阳县—2023—年鉴 Ⅳ. ①Z525.54

中国国家版本馆 CIP 数据核字(2023)第 234657 号

责任编辑：程倩
责任校对：张玉霞
责任印制：梅中英
出 版 者：方志出版社
地　　址：北京市朝阳区潘家园东里 9 号（国家方志馆 4 层）
邮　　编：100021
网　　址：http://www.zgfzcb.cn
发　　行：方志出版社图书营销中心（010-67110500）
印　　刷：丽水市旺盛印刷有限公司
开　　本：889 毫米×1194 毫米　1/16
印　　张：27.75
字　　数：876 千字
版　　次：2023 年 11 月第 1 版
印　　次：2023 年 11 月第 1 次印刷
定　　价：300.00 元

松阳县地方志编纂委员会

主　任：莫　靓　梁海刚

副主任：陈建广　林嘉栋

委　员：张　屏　蓝　海　翁金豪　王德明　吕　志　阙祖权　叶雯涛
叶云宽　刘伟松　徐福标　许明标　刘祖军　阙柳顺　宋伟林
叶经伟　蒋　政　蓝才旺　潘　毅　刘　军　潘伟光　吴　剑
吴海燕　何群荣　陈林贵　翁盛强　黄金花

办公室主任：黄金花

办公室副主任：华利群　李宗训

《松阳年鉴（2023）》编辑部

序

国务院办公厅2015年8月印发的《全国地方志事业发展规划纲要（2015—2020年）》（以下简称《规划纲要》）要求，到2020年要做到地方综合年鉴一年一鉴，公开出版，实现省、市、县三级综合年鉴全覆盖。《规划纲要》还要求，坚持存真求实，正确处理质量与进度的关系，将精品意识贯穿于年鉴编纂出版工作全过程。2015年12月，中国地方志指导小组办公室启动中国年鉴精品工程，将其与先期实施的中国志书精品工程视为姊妹工程，一道作为加强地方志质量建设的重要抓手。

实施中国年鉴精品工程有助于推动中华优秀传统文化传承发展。近年来，在党中央、国务院的高度重视和关心支持下，全国地方志事业发展迎来最好的发展时期。年鉴编纂发端于欧洲，鸦片战争后被引入我国，在我国走过了100多年的发展历史。在长期的编纂中，年鉴在内容和形式上不断发展，逐渐演变成为适合反映中国国情、具有鲜明中国特色的一种文化载体，并在改革开放后出现了快速发展的局面。2006年5月，国务院《地方志工作条例》颁布施行，明确将地方综合年鉴纳入地方志工作范畴，年鉴工作走上了有法可依的轨道。《规划纲要》出台，为从依法编鉴转变到依法治鉴指明了方向。2016年12月，中国地方志指导小组印发《全国年鉴事业发展规划（2016—2020年）》，更进一步明确了到2020年全国年鉴事业的任务书、时间表、路线图。经过多年的发展，年鉴工作已经成为地方志工作的重要组成部分，成为中华民族优秀文化传统的有机组成部分，其存史、育人、资政作用日益彰显。实施中国年鉴精品工程，是年鉴工作者紧扣时代脉搏、坚持创新发展的一项重要举措，对于坚定文化自信，传承弘扬好中华优秀传统文化意义重大。

实施中国年鉴精品工程有助于为全面建成小康社会提供更多智力支持和历史借鉴。党的十八大作出全面建成小康社会的战略部署。党的十八届五中全会提出到2020年如期实现全面建成小康社会的目标要求。完成《规划纲要》确定的目标任务是年鉴工作者的神圣使命，更是年鉴工作者以自身力量为全面建成小康社会献上的厚礼。一方面，可以更好地利用年鉴这种年度资料性文献，及时记录各地区在全面建成小康社会伟大征程中每年取得的新成绩和新经验、出现的新情况和新问题、涌现的优秀人物和典型事迹等；另一方面，可以更好地积累地情、国情资料，为推动经济社会发展和深化改革提供智力支持，为推进国家治理体系和治理能力现代化提供历史借鉴。

实施中国年鉴精品工程有助于全面推进地方志事业转型升级。地方志不是单纯修志编鉴工作，而是全体方志人“修志问道，以启未来”的一项事业，这项事业包含着巨大的时代担当与使命追求。地方志工作要在“五大建设”总体布局和“四个全面”战略布局中发挥与其自身价值、功能相匹配的作用，就要因时而谋、乘势而上、顺势而为，全面推进地方志事业转型升级。转型升级，当下最重要的目标就是完成“两全”目标，包括“年鉴全覆盖”目标；长远的目标就是基本形成地方志编修体系、理论研究和学科建设体系、质量保障体系、资源开发利用体系、工作保障体系“五位一体”的地方志事业发展综合体系，包括“五位一体”的年鉴事业发展综合体系。中国年鉴精品工程是一项探索工程，也是一项创新工程，是推进地方志事业转型升级的重要内容。通过实施中国年鉴精品工程，不仅有助于确保年鉴质量，不断编纂出版具有鲜明时代特征、年度特点和地域特色的精品年鉴，也有助于推动年鉴工作适应经济社会发展形势和时代需要，不断改革创新，与时俱进。

多年来，在中国地方志指导小组办公室的指导和全国各级地方志工作机构的共同努力下，年鉴种类数量快速增长，年鉴成果粲然可观，为实施中国年鉴精品工程奠定了坚实的基础。实施中国年鉴精品工程，就是要在全国地方志系统起到示范作用，进一步培育精品意识，打造精品年鉴，以点带面，在提高年鉴质量方面探索出一条切实可行之路，使这项探索工程和创新工程能够积累经验，发挥引领作用。

“万山磅礴，必有主峰；龙衮九章，但挈一领。”实施中国年鉴精品工程，是筑牢地方志事业特别是年鉴事业发展根基之举，其意义与价值不言而喻。但编修出年鉴精品佳作，绝非朝夕之功，需要付出长期艰辛的努力。希望通过实施中国年鉴精品工程，能够进一步推进年鉴质量建设，使年鉴真正成为传承中华民族优秀传统文化的重要载体，成为展示中国国情、地情的重要窗口，成为“为当代提供资政辅治之参考、为后世留下堪存堪鉴之记述”的资源宝库，在全面建成小康社会过程中作出更大贡献。

是为序。

中国社会科学院原副院长
中国地方志指导小组原常务副组长　李培林

编辑说明

BIANJI SHUOMING

一、《松阳年鉴》是中共松阳县委、松阳县人民政府主办，由松阳县地方志编纂委员会办公室编纂出版的年度资料性文献。

二、《松阳年鉴（2023）》以马克思列宁主义、毛泽东思想、邓小平理论、“三个代表”重要思想、科学发展观、习近平新时代中国特色社会主义思想为指导，坚持辩证唯物主义和历史唯物主义的立场、观点和方法，全面、系统地记载2022年全县政治、经济、文化、社会、生态发展的基本情况及重大事项和取得的经验。

三、《松阳年鉴》从2004年开始，每年编辑1卷。《松阳年鉴（2023）》为第20卷，记述时限为2022年1月1日至2022年12月31日。

四、《松阳年鉴（2023）》采用分类编辑法，由类目、分目、条目三级层次组成，卷首设有特载、专记、大事记、县情概览，正文设有中国共产党松阳县委员会、松阳县人民代表大会、松阳县人民政府、中国人民政治协商会议松阳县委员会、中国共产党松阳县纪律检查委员会 松阳县监察委员会、民主党派 工商联、群众团体、法治、军事、数字化改革、经济管理、农业、工业、建筑业 房地产业、商贸服务业、金融业、旅游业、交通、邮政 通信、水利、城市建设、乡村振兴、生态环境保护、科学技术、教育、文化、卫生健康、体育、社会生活、应急管理、乡镇 街道，卷尾设有人物 荣誉、附录、统计资料、索引等。

五、与上年年鉴相比，新增数字化改革、水利、乡村振兴类目，进一步突出时代特征及地域特色；在经济管理类目下新增民营经济分目，在农业类目下新增茶产业分目，在工业类目下新增不锈钢产业分目，在旅游业类目下新增拯救老屋行动分目，在卫生健康类目下设立中医药事业分目，进一步反映年度亮点工作。

六、数字用法、标点符号分别采用国家标准《出版物上数字用法》（GB/T 15835—2011）、《标点符号用法》（GB/T 15834—2011），计量单位采用国家技术监督局1993年12月发布的《量和单位》系列标准。考虑到社会使用习惯，全书中亩不统一换算。

七、本卷年鉴所载信息资料由全县各承编单位撰稿人提供，经《松阳年鉴（2023）》编辑部整理编辑，各供稿机关、单位审核形成。文中所列数据原则上依据《松阳统计年鉴（2023）》，统计年鉴中没有的以主管部门为准。

数说“八八战略”在松阳

“八八战略”是时任浙江省委书记习近平为浙江量身打造、指引浙江发展的总纲领、总遵循。习近平总书记曾于2004年和2006年两次到松阳考察调研，对“千万工程”、茶产业发展、古建筑古村落保护等工作作出了重要指示。20年来，历届松阳县委以“八八战略”为遵循，立足松阳生态资源优势的最大实际，着眼于田园资源的经济化、品牌化和综合效益最大化，全力打造“田园松阳”，实现发展速度、质量与效益的统一，松阳县经济社会发展取得了令人瞩目的成就。

01 经济发展跨越赶超

2022年，地区生产总值增速位列浙江省山区26县第一、全省第二，全体居民人均可支配收入增速位列全省第一。

2002—2022年，全县地区生产总值从15.09亿元增加到142.98亿元，年均增长9.6%；人均地区生产总值从7689元增加到69745元；财政总收入从1.2亿元增加到15.3亿元，年均增长13.6%；城乡居民人均可支配收入分别年均增长9.6%和12.1%。

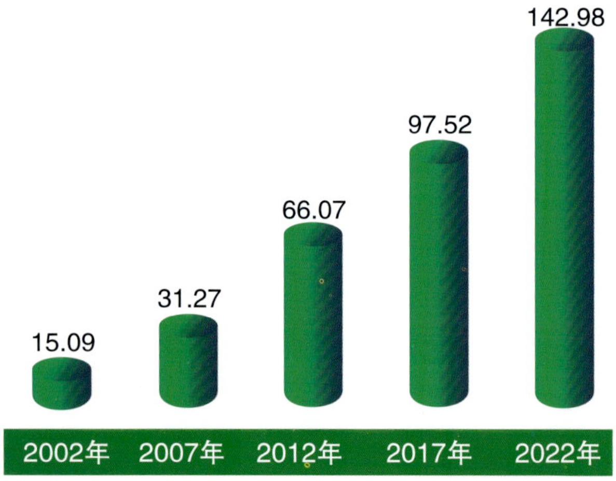

单位：亿元

地区生产总值

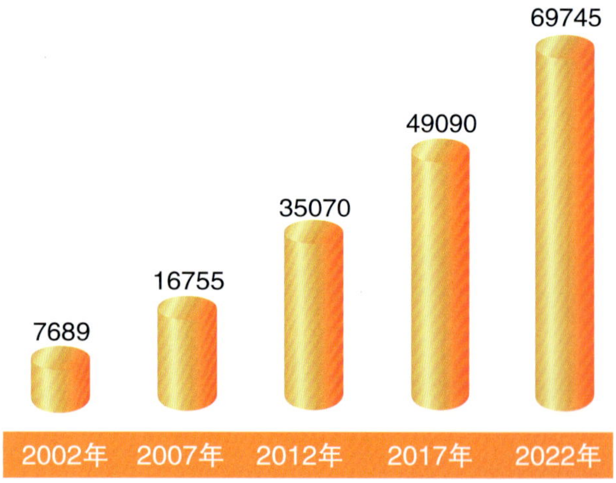

单位：元

人均地区生产总值

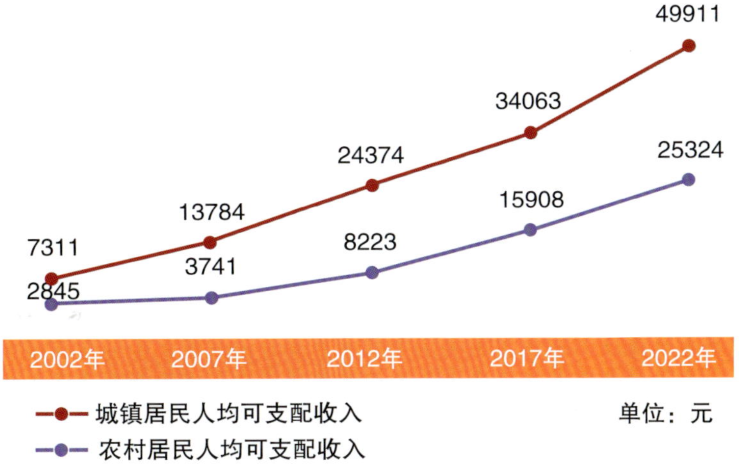

城镇和农村居民人均可支配收入

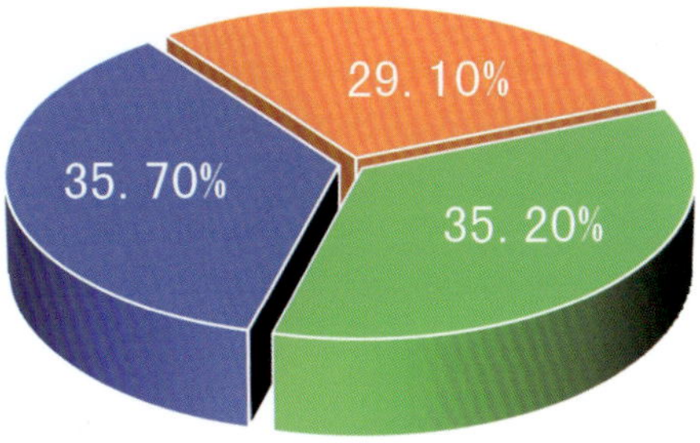

2002年地区生产总值构成

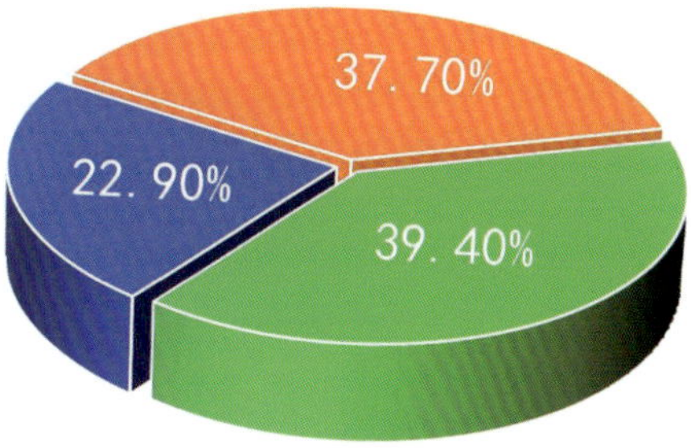

2007年地区生产总值构成

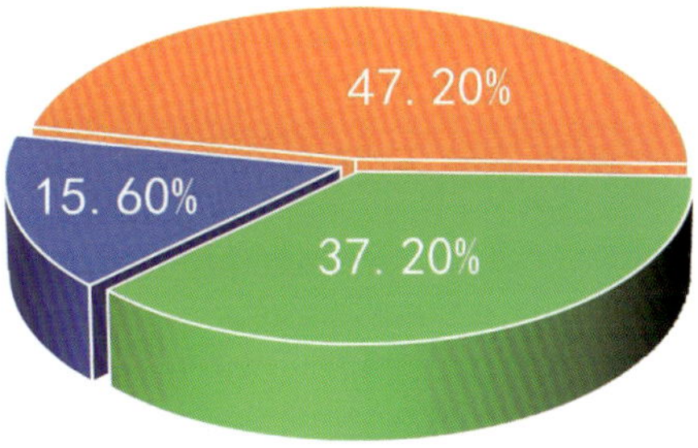

2012年地区生产总值构成

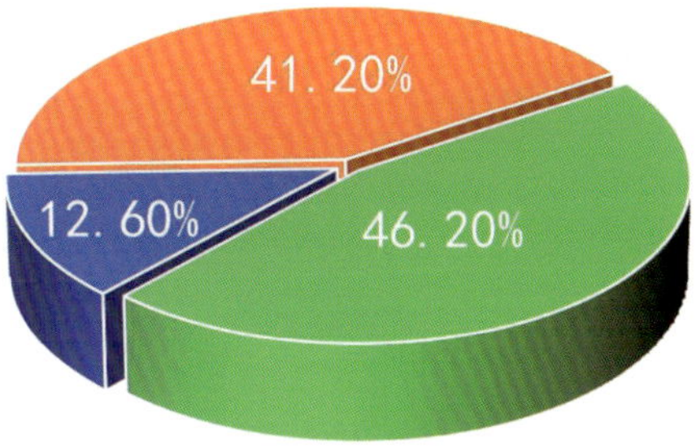

2017年地区生产总值构成

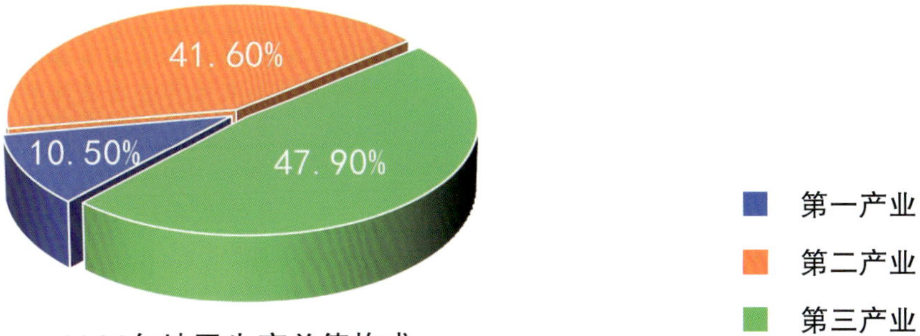

2022年地区生产总值构成

02 创新引领转型升级

茶叶种植面积从2002年的3267公顷增加到2022年的9100公顷，茶产业总产值从6.3亿元增加到135亿元。连续15年举办茶商大会，浙南茶叶市场逐渐成长为“中国绿茶第一市”、绿茶价格指数发布市场，交易量、交易额稳居同类市场首位。

松阳县工业园区从2002年的雏形初现到2022年入列省级经济开发区，不锈钢产业超百亿规模，主板上市公司实现零突破，综合交通产业从无到有，日渐成形，工业增加值从2002年的3.67亿元增加到49.32亿元。

旅游收入从2002年的0.3亿元增加到2022年的29.9亿元，接待游客从13.5万人次增加到239.4万人次，从无A级景区增加到4个国家AAAA级旅游景区，创成丽水市首个国家全域旅游示范区。

绿色工业园区　（经开区管委会供图）

03 文化名县古韵留存

全县仍保留着100多个格局完整的古村落，其中78个村被列入中国传统村落名录，总数居全省第一、全国前列，被誉为“最后的江南秘境”和“古典中国的县域标本”。2016年，松阳县被确定为全国唯一的“拯救老屋行动”整县推进试点县。至2022年底，全县312幢老屋完成修缮，建筑面积共17.9万平方米。“拯救老屋行动”成为文旅助力共同富裕的有效探索，先后被写入中共中央、国务院联合发布的《乡村振兴战略规划（2018—2022年）》和《中共中央国务院关于做好2022年全面推进乡村振兴重点工作意见》。

陈家铺夜景　（县文广旅体局供图）

04 区域城乡协调发展

城区面积从2002年的3.95平方千米增加到超10平方千米，累计1.26万户4.1万名群众搬迁下山。持续推进"千万工程"、美丽乡村建设，景区村庄覆盖率93%、城乡生活垃圾分类覆盖率100%、生活污水集中处理率超90%、公路通村率100%、城乡一体化供水率81.4%。

城乡居民收入比从2002年的2.57缩小到2022年的1.97。彻底摘掉"欠发达县"帽子，如期全面建成小康社会，列入全省高质量发展建设共同富裕示范区首批试点。

畲民老年乐队　　（裕溪乡政府供图）

05 开放合作抢抓机遇

2021年7月3日，"诗画浙江"友好使者走进丽水松阳开展"国际乡村课堂"体验活动　　（县文广旅体局供图）

2002年以来，松阳县先后与宁波市余姚市、嘉兴经济开发区、湖州市安吉县、湖州市南浔区结对，互派党政干部技术人才超100人，共建产业平台4个，建设7个乡村振兴示范点，实施协作项目超500个，到位各类援建资金超亿元，形成了具有典型示范价值的山海协作共建样板。于2019年、2021年承办两届城乡联系国际论坛，海内外专家学者齐聚松阳，共同为人类住区全面健康发展聚智聚力。

06 民主法治稳步向前

20年来，松阳坚持党的领导、人民当家做主、依法治国有机统一，加强社会主义民主法治建设。建立基层治理“四平台”、“1+8+19+N”矛盾纠纷联动联调机制，创成省无信访积案县、省无欠薪县、省食品安全示范县，实现平安建设“十八连冠”，“民情地图”促服务工作成为第二批国家级社会管理与公共服务标准化试点项目。

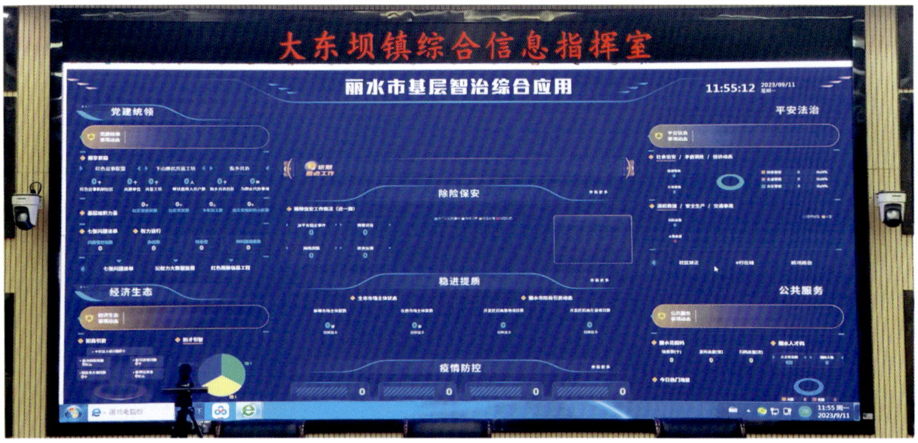

乡镇智治综合应用平台　　（大东坝镇供图）

07 生态文明示范引领

全县森林覆盖率80.2%，空气环境优良率100%，$PM_{2.5}$年均浓度为19微克/立方米，获评“中国天然氧吧”城市。县域水质达标率100%，出境水质稳定保持Ⅱ类水标准，其中Ⅰ类水质32天。松阳生态环境公众满意度排名全省前列。

双童山景区　　（县文广旅体局供图）

08 民生福祉滋润心田

列车疾驰在衢宁铁路松阳段　　（姜晓东/摄）

公路通车总里程从2002年的357千米增加到2022年的1472千米，溧宁高速公路、衢宁铁路建成通车，步入“铁路时代”。

成为全市首个省级教育基本现代化县，首个通过全国义务教育优质均衡发展县省级验收。户籍人口基本医保、基本养老保险参保率分别达99.76%、98.73%。县级医疗资源规范化下沉乡镇覆盖率100%，创成全国基层中医药工作先进县。

共同富裕民众“四感”（获得感、幸福感、安全感和认同感）监测评价居浙江省山区26县首位。

链接：

八八战略：2003年7月10日，在浙江省委第十一届全体（扩大）会议上，浙江省委书记习近平在总结浙江经济社会多年发展经验的基础上，全面系统阐释了浙江发展的八个优势，提出了指向未来的八项举措。

千万工程：“千村示范、万村整治”工程。

基层治理“四平台”：通过整合资源力量，在乡镇（街道）搭建监管执法、公共服务、应急管理、综治工作四个功能性工作平台。

“1+8+19+N”矛盾纠纷联动联调机制:在原有县乡村三级调解组织架构的基础上，构建起以1个县级联动联调中心为核心，8个联动联调区域分中心为支点，19个乡镇（街道）调委会为支撑，N个行业性专业性调解组织和村（社区）调解组织为基础的大调解体系。

◆ 余姚—松阳山海协作20周年

实施山海协作工程是习近平总书记在浙江工作期间主抓的一项重要工作，是“八八战略”的重要组成部分。2002年4月，浙江省出台《关于实施山海协作工程帮助省内欠发达地区加快发展的意见》，拉开了全省实施山海协作工程、促进陆海联动发展的序幕。建立协作关系后，余姚、松阳两地认真贯彻落实省委、省政府以及宁波、丽水市委市政府的相关要求，按照“常规动作做实、自选动作谋深、创新动作求变”“输血与造血有机结合、帮扶与合作共同推进”的方针，抢抓政策“窗口期”，围绕高质量发展建设共同富裕示范区的目标，着力打造具有地域特色和显著成效的山海协作样板。

2016年9月，松阳—余姚山海协作产业园项目——茶叶加工小微园建成并投用，项目总用地面积6.2公顷，建筑用地面积20831平方米，共有茶叶加工厂房34幢

（县档案馆供图）

2020年8月，松阳—余姚山海协作产业园项目——恒兆智能装备产业园一期启动建设，该产业园位于赤寿生态工业区块3-05地块，一期占地7.97公顷，固定资产投资2.2亿元

（县档案馆供图）

2021年11月，余姚—松阳山海协作“产业飞地”引进的第一个项目——高端智能汽车物流箱项目开工建设

（县档案馆供图）

2016年5月，余姚市出资兴建的山海协作援建项目——松阳县裕溪乡内陈村红色教育基地建成投用　　（县档案馆供图）

2019年7月28日，山海协作余姚—松阳青少年手拉手夏令营在松阳举行　　（县档案馆供图）

2020年8月5日，松阳—余姚“山海协作 共创共享”之“无兄弟 不篮球”友谊赛在县体育中心篮球馆举行

（县档案馆供图）

2022年11月9日，余姚—松阳山海协作农副产品展销中心在余姚开业，销售来自松阳的煨盐鸡、松阳香茶、茶叶薰腿等数十种农副产品，带动当地农户年增收60余万元

（县档案馆供图）

◆ 2022年松阳经济社会发展

2022年，松阳县深入贯彻落实党的二十大精神，细化“二次创业”颗粒度，勇做“两个先行”（共同富裕先行、省域现代化先行）挺进师，奋力实现“二次创业”精彩开局。牢牢把握“稳进提质、除险保安、塑造变革”的工作要求，统筹做好疫情防控和经济社会发展，全面推动县第十一次党代会各项决策部署的落实落地，收获了一个个新的成效、荣誉和点赞。

2022年11月18日，云中马股份有限公司在沪市主板上市，成为松阳首家上市企业　（县经济商务局供图）

2022年6月27日，赤寿生态工业区块（二期）项目开工暨浙江松阳经济开发区管委会授牌仪式在松阳县赤寿乡举行

（县经济商务局供图）

2022年11月2日，松阳抽水蓄能电站项目先导工程开工。该工程为松阳有史以来投资最大项目，总投资额88.2亿元

（县融媒体中心供图）

2022年8月31日，“推进中国特色社会主义共同富裕先行”系列研讨第一期活动在松阳举办　（县融媒体中心供图）

2022年7月，浙江康恩贝制药股份有限公司申报的“复方鱼腥草合剂生产过程核心关键技术及产业化成果”获得2021年度浙江省科学技术奖。图为该公司复方鱼腥草合剂生产车间　（县融媒体中心供图）

2022年12月，松阳县客货邮融合示范项目入选浙江省交通运输厅第一批交通服务试点项目　（县交通运输局供图）

2022年8月，松阳县榔树民宿综合体项目全面建成营业　（县文广旅体局供图）

2022年11月4日，在浙江省山区26县高质量发展论坛上，丽水学院松阳校区正式揭牌　　（县教育局供图）

2022年9月2日，丽水市农林技师学院（筹）首批新生开展军训　　（县教育局供图）

2022年11月1日，松阳籍运动员何俊扬（后左六）获全国皮划艇静水锦标赛U19组男子四人皮艇500米冠军、U19组男子双人皮艇500米亚军

（县文广旅体局供图）

2022年9月6日，浙江中医药大学松阳研究院揭牌仪式在丽水农林技师学院（筹）举行

（县融媒体中心供图）

◆ 茶产业

2022年，松阳县践行“绿水青山就是金山银山”理念，深入贯彻实施习近平总书记“三茶统筹”发展的重要指示，统筹做好茶文化、茶产业、茶科技这篇大文章，以绿色生态为基础，以科技创新为支撑，积极探索生态价值转换机制，将茶产业培育成生态农业的支柱产业。数字赋能茶产业，持续推进中国有机茶乡建设，先后获“全国茶业发展十强县”“中国十大生态产茶县”“中国茶旅融合十强县”等20多张国字号金名片。

2022年3月27日，第十五届中国茶商大会·松阳云上香茶节开幕式在新兴镇大木山茶园举行　（县委宣传部供图）

2022年，松阳县有茶园9100公顷，茶叶总产量1490万千克，总产值20.49亿元。图为新兴镇大木山茶园

（县融媒体中心供图）

2022年，松阳县有40%的人口从事茶产业，50%的农民收入来自茶产业，60%的农业产值来自茶产业。图为2022年3月，当地农户将采摘的茶青铺干晾晒

（潘家伟/摄）

2022年，有“中国绿茶第一市”之称的浙南茶叶市场外观　（县融媒体中心供图）

至2022年12月底，浙南茶叶市场拥有营业商铺230间，交易摊位上万个。图为2022年3月，浙南茶叶市场内交易场景　（姜晓东/摄）

至2022年12月底，松阳培育“松阳银猴”“松阳香茶”等区域公用品牌。图为“松阳香茶”产品

（县农业农村局供图）

2022年，松阳县在第三方电商平台茶叶订单交易量达4936.77万件。图为“茶主播”在浙南茶叶市场内直播带货

（新兴镇供图）

◆ 不锈钢产业

2022年，松阳深入实施产业基础再造和产业链提升工程，坚持不锈钢管产业“绿色化、低碳化、智能化”转型升级，围绕打造产值规模超百亿的“全国精品不锈钢管基地”目标，全面启动平台“二次创业”，着力用好“园区集聚”“节能环保”“创新研发”三大助推器，加快推进不锈钢管产业转型升级，为打造“高水平生态文明建设和高质量绿色发展”重要窗口示范区注入强劲的产业动能。全年不锈钢产业产值达105.97亿元，成为松阳首个百亿级工业主导产业。

至2022年12月底，松阳县共有不锈钢管业在库规模以上企业52家。图为位于望松街道王村区块的不锈钢管工业园区（何文胜/摄）

2022年，作为全国不锈钢管行业龙头企业之一的宝丰钢业集团有限公司实现产值14.5亿元，比上年增长29.5%。图为该公司年产14万吨不锈钢管项目基地

（县融媒体中心供图）

2022年，宝丰钢业集团有限公司推进数字化建设，厂区工序自动化覆盖率由10%提升至30%。图为该公司员工使用涡流探伤检测新设备

（县融媒体中心供图）

至2022年12月底，松阳县共有37家规模以上不锈钢企业开展数字化改造。图为上上德盛集团股份有限公司车间

（县融媒体中心供图）

2022年4月，上上德胜集团股份有限公司研发的安全生产智能决策系统（AI-EHS）获评2021年度浙江省人工智能典型应用场景。图为该公司管理人员演示安全生产情况监测场景

（县融媒体中心供图）

2022年6月15日，浙江鹏业不锈钢有限公司蒲惠云MES让企业生产可视化项目启动会召开　　（县经济商务局供图）

2022年，松阳县推进不锈钢企业节能降碳绿色化改造。图为松阳县北城工业区块厂房顶部铺设的光伏面板

（县融媒体中心供图）

◆ 智慧交通产业链

2022年，松阳围绕交通促共富主题，发展智慧交通产业，聚焦新技术、新模式、新业态、新产品，做大汽车关键零部件制造、交通物流设施装备制造、装配式交通建筑三大主导产业，做优智慧交通、快递物流两大特色产业。同时，引导培育交通旅游、交通综合开发等若干新兴产业，构筑形成“3+2+X”松阳特色综合交通产业体系，为山区26县生态工业高质量发展提供“松阳样本”。

2022年9月27日，浙江·松阳全省产业链山海协作现场推进会之松阳智慧交通产业链专场对接会在松阳召开

（县交通运输局供图）

至2022年12月底，松阳县引进浙江城光联链科技有限公司、杭州光粒科技有限公司、浙江晶宇半导体科技有限公司等智慧交通相关企业10家。图为松阳县智慧交通产业园 （县交通运输局供图）

2022年5月，浙江城光联链科技有限公司员工在无尘生产车间内制作智慧灯杆 （县交通运输局供图）

2022年8月25日，阿波罗（APOLLO）智能交通生态联盟（松阳）创新中心（松阳科创中心）启用

（县交通运输局供图）

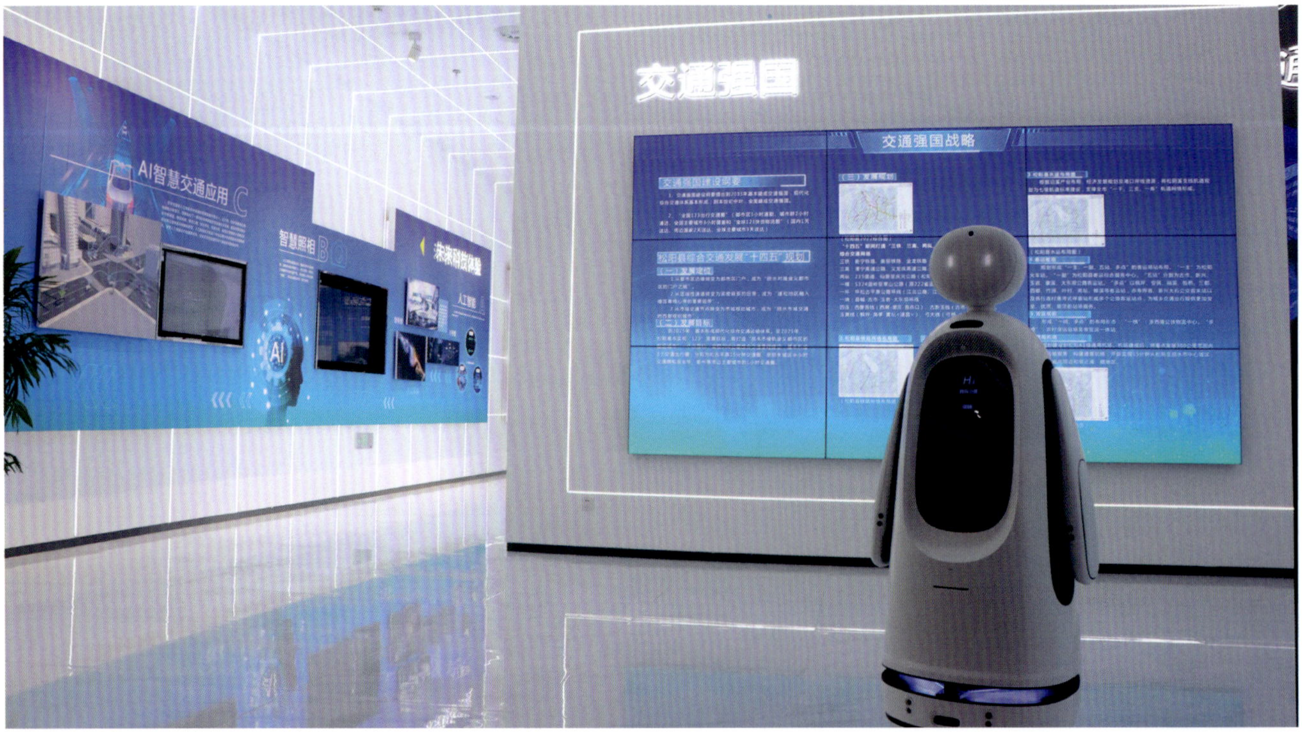

2022年12月，位于松阳全域旅游中心“松阳之窗”的智慧交通馆投入使用，具备产学研、新技术新成果展示、产业创新孵化等功能

（县交通运输局供图）

2022年1月20日，松阳自动驾驶江滨公园运营站投入试运行，测试由百度公司研发的无人驾驶多功能车

（县交通运输局供图）

2022年10月，松阳县建成四都乡召寨线“路景产人”共同富裕数字示范路，配备双碳多功能一体化智慧灯杆、弯道会车预警系统、车流量预警系统、气象感知预警系统等应用场景，实现该路段的远程预警与监管

（县交通运输局供图）

◆ 松古灌区水利工程

2022年10月，松古灌区入选（第九批）世界灌溉工程遗产名录。松阳四面环山，中部为松古平原，瓯江流域一级支流——松阴溪横贯松古平原。自汉代始，松阳先民因地治水，在松阴溪流域依势筑堰建渠，通过分片“开圳引水”，逐步形成以松阴溪主支流为水源，堰堤密布、圳渠交错的灌溉网络。松古灌区工程体系在明清时期臻于完善，至明末清初，境内有古堰120处，灌溉的古塘、古井百余处，至今仍在引水兴利的古堰共14处（松阴溪干流堰坝8处、支流堰坝6处），灌溉着松阴溪两岸1.1万公顷良田。

白龙堰，始建于元至正十六年（1356），位于县城城南松阴溪航船头河段中，现有堰坝为砌石堰，堰长165米，干渠长4.5千米，贯穿县城，灌溉农田80余公顷

（县水利局供图）

青龙堰，又名百仞堰、何家堰，始建于北宋庆历年间（1041—1048），位于县城独山附近，堰长300余米，灌溉9个村，农田185.6公顷

（县水利局供图）

午羊堰，又名石门圳，位于望松街道石门村附近松阴溪上，堰长约250米，干渠长2.5千米，灌溉西屏、望松街道4个村，农田100余公顷

（县水利局供图）

梁下堰，又名石门圩堰，位于斋坛乡石门圩村边松阴溪上，堰长170余米，灌溉石门圩村农田200余公顷

（县水利局供图）

金梁堰，又名宣公堤、京梁堰，位于斋坛乡小石村北松阴溪上。该堰充分利用松阴溪的河道深潭条件和水脉，在松阴溪干流上无坝取水，堰坝长180余米，干渠总长4.5千米，灌溉斋坛乡农田213公顷

（县水利局供图）

观口堰，又名瓜渚堰、管洲圳，始建于清朝初年，位于古市镇下街松阴溪上。堰坝长186米，灌溉农田100余公顷

（县水利局供图）

新兴堰，又名墈头水圳，位于新兴镇上源口村，现有堰坝为浆砌石修筑，灌溉面积140余公顷　（县水利局供图）

◆ “共富工坊”建设

2022年，松阳县坚持党建统领，实施“组织工作助跑共富”行动，推进“共富工坊”山区实践。至12月底，全县建成各类“共富工坊”78家，参与“共富工坊”建设企业39家、村集体37个，带动6000余名村民就业，年人均增收1.8万元。“共富工坊”山区实践案例被住房和城乡建设部推荐参评第十二届迪拜国际可持续发展最佳范例奖。

松阳横樟蜂蜜电商直播共富工坊位于大东坝镇二滩坝村，是开展土蜂蜜等农副产品直播销售的电商直播式工坊。至2022年12月底，吸纳当地农户就业300余人，其中低收入农户35人

（县委组织部供图）

食用菌共富工坊位于叶村乡河头村，是集菌棒加工、生产技术指导、冷库储藏等功能于一体的产业赋能式工坊。至2022年12月底，吸纳就业80余人，吸纳低收入农户5人

（县委组织部供图）

绿茗峰茶文旅综合体位于新兴镇下源口村，是集茶叶加工销售、电商物流、仓储冷链、研学培训等于一体的农旅融合式工坊。至2022年12月底，吸纳就业30余人，吸纳低收入农户3人

（县委组织部供图）

石仓白老酒工坊位于大东坝镇山头村，是集生产酿造、窖藏鉴赏、品味交流于一体的农旅融合式工坊

（县委组织部供图）

至2022年12月底，石仓白老酒工坊吸纳当地农户就业36人，其中低收入农户4人。图为当地村民在工坊内采用传统酿酒工艺制作石仓白老酒

（县委组织部供图）

石仓豆腐工坊位于大东坝镇蔡宅村，是集油豆腐加工、参观、体验于一体的豆腐产业发展和乡村旅游工坊

（县委组织部供图）

至2022年12月底，石仓豆腐工坊吸纳当地农户就业64人，其中低收入农户16人。图为当地村民在工坊内制作油豆腐

（县委组织部供图）

红糖工坊位于樟溪乡兴村，是集古法红糖加工、技艺体验、产品展卖、艺术展览等功能于一体的农旅融合式工坊

（县委组织部供图）

至2022年12月底，红糖工坊吸纳就业153人，其中低收入农户21人。图为当地村民在工坊内采用传统工艺制作红糖

（县委组织部供图）

蚕桑共富工坊位于古市镇十五里村，是集蚕桑种植、养殖、研学、观光于一体的农旅融合式工坊

（县委组织部供图）

至2022年12月底，蚕桑共富工坊吸纳就业120余人，其中低收入农户13人。图为2022年5月13日，松阳县古市镇政府组织党员干部到十五里村蚕桑共富工坊协助当地农户采摘桑叶

（古市镇供图）

◆ 数字化改革

2022年，松阳抢抓数字化改革历史性机遇，按照“大场景、小切口”和“多跨协同、制度重塑”要求，找准突破口，抓住创新点，做精做优、扬长补短，进一步打造具有松阳辨识度的场景应用，开发上线一系列特色应用，坚持用数字赋能乡村振兴、产业发展、服务惠民，用数字打开“绿水青山就是金山银山”转化通道，将数字化改革渗入经济发展、社会生活的方方面面。

2022年3月30日，松阳县召开数字化改革推进大会暨“县乡一体、条抓块统”县域整体智治改革、法治建设、“大综合一体化”行政执法改革部署会

（县融媒体中心供图）

2022年5月30日，松阳县创新研发的“松阳茶叶在线”应用入选浙江省农业农村系统重大改革（重大应用）场景第一批“先行先试”名单

（县农业农村局供图）

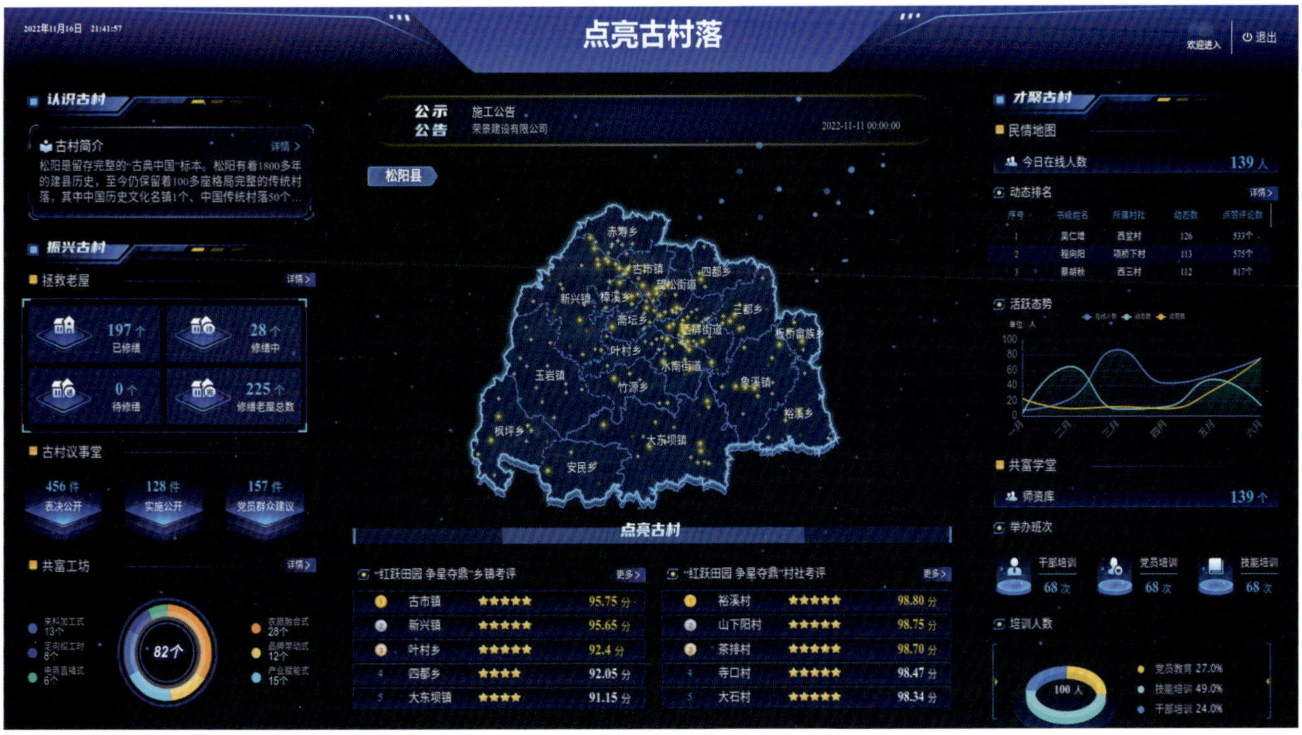

2022年，松阳迭代升级“点亮古村落”场景，以待亮、微亮、放亮、明亮4种形态，评价古村落发展状态

（县委组织部供图）

2022年8月8日，“松智汇”应用获全省人大数字化改革创新暨第三届“浙江人大工作与时俱进通报表扬”提名奖

（县人大办公室供图）

2022年，松阳县推广应用“红点系统”，加大货车违章治理力度，处理大货车违章315起，违章查缉工作效率提升70%

（县公安局供图）

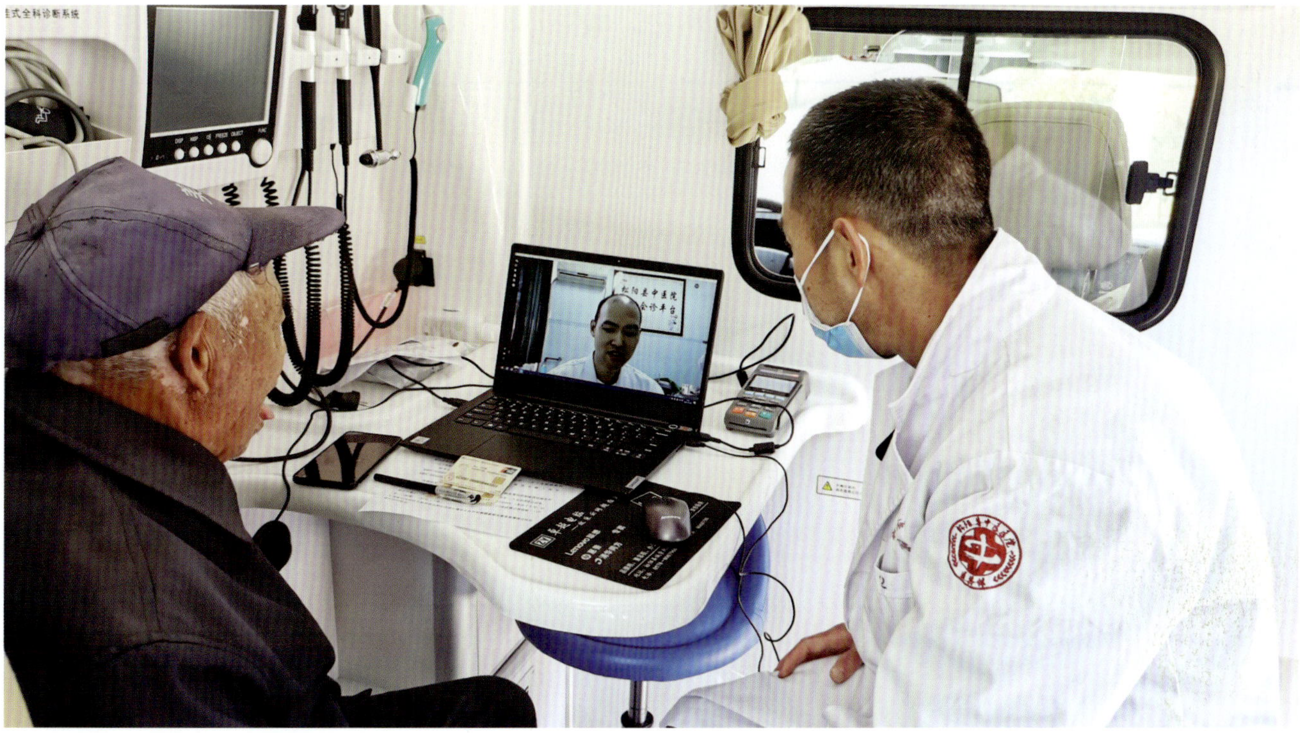

2022年11月8日，水南街道社区卫生服务中心医生在大竹溪村通过“智慧流动医院”巡回诊疗车为村民进行视频远程会诊

（县卫生健康局供图）

2022年，松阳县推广“基层解纷在线”应用，设置一码解纷，针对老年人群体，设置热线电话。全年系统受理矛盾纠纷2660件，成功化解1818件，化解成功率68%

（县法院供图）

荣誉松阳

- 革命老根据地县
- 国家级生态示范区
- 国家级生态县
- 中国名茶之乡
- 中国绿茶集散地
- 国家绿色食品原料（茶叶）标准化生产基地
- 中国茶旅融合竞争力全国十强县
- “十三五”全国茶业发展十强县
- 中国传统村落保护发展示范县
- 全国传统村落集中连片保护利用示范县
- 中国古村落文化遗产保护传承基地
- 全国“拯救老屋行动”整县推进试点县
- 国家全域旅游示范区
- 全国旅游创新发展示范地
- 全国最佳养生休闲旅游名县
- 中国最美乡村百佳县
- 中国电子商务发展百佳县
- 全国电子商务进农村综合示范县
- 国家卫生县城
- 中国乡村振兴百佳示范县
- 中国全面小康百佳示范县

总目

Main Contents

目　录

特　载

专　记

大事记

县情概览

中国共产党松阳县委员会

松阳县人民代表大会

松阳县人民政府

中国人民政治协商会议松阳县委员会

中国共产党松阳县纪律检查委员会
松阳县监察委员会

民主党派　工商联

群众团体

法 治

军 事

数字化改革

经济管理

农　业

工　业

建筑业　房地产业

商贸服务业

金融业

旅游业

交　通

邮政　通信

水 利

城市建设

乡村振兴

生态环境保护

科学技术

教　育

文　化

卫生健康

体　育

社会生活

应急管理

乡镇 街道

人物　荣誉

附　录

统计资料

索　引

县委常委会工作报告

——在县委十一届四次全体（扩大）会议暨全县干部大会上

（2023 年 1 月 29 日）

中共松阳县委书记 莫 靓

这次县委全会的主要任务是：坚持以习近平新时代中国特色社会主义思想为根本指引，深入学习贯彻党的二十大和中央经济工作会议、省委十五届二次全会、全省深入实施“八八战略”强力推进创新深化改革攻坚开放提升大会和市委五届三次全会精神，回顾总结过去一年工作，动员全县上下踔厉奋发、团结奋斗，巩固好势头，保持好状态，乘势推动“二次创业”蓄能提速，全力跑出中国式现代化山区跨越式高质量发展加速度。

一、复盘 2022，我们跑好了第一程，展现了新气象，“二次创业”实现精彩开局

2022 年是极不平凡的一年。县委常委会团结带领全县广大党员干部群众，全面落实“1+4+10”行动方案，全面推动县第十一次党代会各项决策部署的落实落地，干成了一件件有标志性的大事要事，啃下了一块块久攻不破的“硬骨头”，收获了一个个新的成效、荣誉和点赞。

一年来，我们破风前行、加压奋进，交出了稳进提质的高分答卷。面对疫情多发散发、经济下行压力加大等多重挑战，深入开展稳进提质攻坚行动。以“双招双引”为首位战略举措，产业基金招商运作逐渐熟稔，新的招商版图逐步打开，连续三个季度进入全市“双招双引”晾晒比拼榜前三。以重大项目作为硬核支撑，在不到一年时间完成了抽水蓄能电站项目核准，衢丽铁路松阳至丽水段、松古平原水系综合治理、开发区“西拓”工程等重大项目建设有序推进。抢抓政策窗口期，争取专项债 8.30 亿元、政策性金融工具授信 41.41 亿元，为企业纾困减负 3 亿元。确定生态工业“2+X”主导产业培育方向，77.08%的不锈钢规上企业开展数字化转型，不锈钢产业产值达 105.97 亿元。率先编制智慧交通产业发展三年行动计划，成为全省首个智慧交通产业发展试点县，自动驾驶和智慧交通助推山区共同富裕项目入选浙江交通强国试点，获评全省农村客货邮融合发展四星级样板县和“四好农村路”省级示范县，集聚相关企业 90 多家，总产值达 33.73 亿元。云中马公司成功在沪市主板上市。规上、规下工业增加值分别增长 17.8%、3.5%，增速首获全市“双第一”。茶叶全产业链产值达 135 亿元，完成 5 万亩粮食生产功能区“非粮化”整治优化任务。在全县上下共同努力下，实现地区生产总值

142.98亿元，增长7.3%，增速居全市第一，创历史最好成绩。市对县考核9项主要经济指标中，位居全市前三的有5项，GDP、规上工业增加值、出口总额、城镇居民收入等4项指标增速均居全市第一。时隔五周年在全省县（市、区）委书记工作交流会上作交流发言。我们深深体悟到，有梦想才有希望，敢追求就能成真，只要以梦想为帆、实干作桨，就一定能乘风破浪、砥砺前行。

一年来，我们创新引领、科技赋能，推动了新旧动能的加速转换。牢固树立创新制胜、创新光荣理念，出台科技人才新政，建立由四套班子主要领导领衔主抓的“链长制”，创设松阳茶产业创新服务综合体、百度Apollo智能交通生态联盟（松阳）创新中心、浙江中医药大学松阳研究院等科创平台，丽水农林技师学院全面开启筹建，丽水学院松阳校区正式揭牌运行。在全县上下共同努力下，实现R&D经费投入、科创主体培育、绿谷精英项目、省“尖兵领雁”竞争性大项目、农业“双强”等多项突破，首次获得省科学技术进步二等奖，首次被评为全省科技工作成绩突出集体。我们深深体悟到，创新是制胜之要、科技是动力之源，唯有“铁了心抓创新”，才能培育“新引擎”、驶入“快车道”。

一年来，我们融合发展、扮靓城乡，拉开了风貌蝶变的未来篇章。深入践行“两山”理论，持续擦亮生态底色，出境水质保持在Ⅱ类水标准，获评省清新空气示范区，垃圾填埋场地下水污染防治国家试点工程竣工验收，全链推进废弃物资源化利用入选全省绿色低碳转型典型案例。全面开展省示范文明县城创建，完成塘寮城中村改造项目征迁、原松阳师范区块政策处理，启动马桥后区块改造，扎实推进老旧小区改造、城区截污纳管等项目建设，城南、城西社区列入省未来社区创建名单，获评省“无违建县”争先创优示范县，古市镇入选美丽城镇建设省级样板镇。全面开展省级新时代美丽乡村示范县创建，新增国家传统村落3个、省级美丽乡村精品村13个，景区村庄覆盖率93%，城乡生活垃圾分类覆盖率100%，生活污水集中处理率超90%，陈家铺村、茶排村创成省级未来乡村，“水墨小港”列入全省城乡风貌样板区，获评全国传统村落集中连片保护利用示范县。我们深深体悟到，提升城区品质、推进乡村振兴是激活县域承载能力的基础工程，唯有笃行不怠、日益精进，才能让现代化“田园松阳”越来越美好。

一年来，我们探索实践、改革破题，开启了变革重塑的全新征程。以数字化改革为引领，省级重大应用实现“应通尽通”，应用活跃度排名全省第十，成功争取省级数字化改革新增试点32项，列入全省数字化改革重大应用“一本账S2”4个，“司法网拍”“拯救老屋”“松智汇”“茶叶在线”等入选国家、省、市优秀应用场景。“大综合一体化”行政执法改革、集体经营性建设用地入市试点稳步推进，入选全省跨乡镇全域土地综合整治试点、全省农业“双强”攻坚试点和农业标准地改革试点。国企改革敢想敢闯，历史首笔国企公司债5.80亿元逆市发行。中医智能医联体、全域数字代办、城乡社区等探索实践多次在国家、省级层面作交流发言。我们深深体悟到，改革创新永无止境，唯有在探索性、创新性、引领性上下更大功夫，才能跟上时代、赢得先机。

一年来，我们共建共享、共美共融，绘就了共富先行的美好图景。切实扛起全省高质量发展建设共同富裕示范区首批试点责任，深入开展“共富123行动”，成功争取“红色玉枫 菇香柿溢”革命老区乡村振兴和农产品产地冷藏保鲜整县推进试点县项目。启动“县中崛起”工程，高考上线率达99.9%，省对县基础教育生态监测获A等。户籍人口基本医保、浙丽保、基本养老保险参保率分别达99.7%、95.9%和98.7%，城乡供水一体化率达81.4%，获评2018—2020健康浙江建设先进县，列入省中医药综合改革先行区。以满意度全省第一的成绩获评省食品安全示范县。农文旅助力共富成效彰显，明清古街入选全国非遗与旅游融合发展优选项目名录，“田园文化”入选省文化传承生态保护区，山区26县旅游业高质量发展实绩评价全省第四、旅游业“微改造、精提升”工作评价全省第九，成为浙江文旅助力探索共同富裕新路径十佳县，入选第二批高质量发展建设共同富裕示范区最佳实践名单，《红色浙西南》荣获中华文化国际传播力奖。客货邮融合示范项目入选省首批交通服务共同富裕试点。率先响应省、市党代会号召，出实招硬招谋划推进青年发展型县域建设，“青松向阳”做法入选团中央优秀案例，并在全团作经验交流。古市“飞地”抱团“消薄”和大东坝豆腐工坊入选全省首批50个优秀案例，“共富工坊”建设全面助力共同富裕在全省作典型发言。城乡居民收入比缩小至 1.97。我们深深体悟到，共同富裕是中国式现代化的应有之义，是全体群众的共同期盼，唯有用心用情、久久为功，方能不负人民、不负期待。

一年来，我们守土尽责、除险保安，夯实了社会治理的基层基础。紧扣护航党的二十大主题主线，圆满完成党的二十大安保任务。深化“平安松阳”建设，生产安全事故起数和亡人数分别下降 42.9%和 16.7%，平安建设综合满意率达 98.5%，连续 26 年命案全破。快速有效应对疫情，火线驰援兄弟县市，有效筑牢防疫“护城河”。迭代升级“141”基层治理体系，社会治理中心建成运行，防灾减灾和应急体系建设有效提升，实现平安建设“十七连冠”。我们深深体悟到，高质量平安才能高质量发展，唯有不断除险保安、固本强基，才能心无旁骛、潜心发展。

一年来，我们高举旗帜、刀刃向内，接受了全面系统的“政治体检”。县委常委会高度重视加强自身建设，坚持以“七张问题清单”为牵引的党建统领问题闭环管控新机制，认真配合省委第六巡视组开展巡视工作，县委十一届三次全会修订县委工作规则，专题研究部署细化颗粒度工作，严格落实意识形态工作责任制，建立健全四套班子主要领导碰头、县委常委月度交流、“书记面对面”等制度 20 多项，坚定捍卫“两个确立”，坚决做到“两个维护”。圆满完成县人大、“一府两院”以及政协换届工作，支持县人大及其常委会依法履职，积极开展“9·15”宪法教育和代表集中日活动，打造“同心向党·三味政协”“民生议事堂”等政协特色品牌。以“红色根脉强基工程”为抓手，深入实施“红跃田园 争星夺鼎”工程，常态化开展“镇街部门三创”“支书三晒”等四级赛马机制，全面推进城乡社区现代化建设。率先出台推进领导干部能上能下实施细则。深入开展“二次创业”执行力建设——2022 年“奋力奔跑”行动，推出“奔跑在线”应用场景。全域推进“清廉松阳”建设，始终保持惩治腐败的高压态势，给予党纪政务处分 141 人，采取留置措施 5 人，其中乡科级干部 3 人，移送司法机关 6 人；完成十一届县委两轮政治巡察，发现并整改问题 489 个。我们深深体悟到，实施“二次创业”，关键在党，唯有不断自我革命、团结奋斗，才能凝心聚力、奋勇向前。

奋斗蕴含艰辛，成绩来之不易。县第十一次党代会以来，我们定目标、找跑道、建体系、抓创新、补短板、促共富，达到了预期目标，实现了精彩开局。回首 2022 年，大事喜事要事多，是极不平凡、昂扬奋进的一年，值得所有人铭记。最让我们振奋的是，实现了 GDP 增速首次登顶全市之巅，一般公共预算收入首破十亿，不锈钢产业产值首破百亿，迎来首家主板上市公司，国企首次逆市发债，城乡居民收入比首破 2，首获省科学技术进步奖，最大单体项目抽水蓄能电站核准开工等诸多“里程碑式”的突破性进展，一举破解了在全省山区 26 县高质量发展暨山海协作工程推进会上省委主要领导提出的“无上市企业、一般公共预算收入未破十亿、无百亿级主导产业”等“三个必答题”。最让我们自豪的是，各条战线成绩全面飘红，松古灌区入选世界灌溉工程遗产名录，荣膺茶业百强县域、全国“三茶统筹”先行县域、中国电子商务发展百佳县、全省新时代乡村集成改革试点县等国家和省市荣誉 100 多项。最让我们欣喜的是，十大民生实事全面完成，全年民生支出达 40.39 亿元，全体居民、城镇居民人均可支配收入均居全市第一，行政村村均集体经济发展指数位居全市第一，乡村振兴评价排名全市第一、山区 26 县第六，高质量发展建设共同富裕示范区考核连续两年全市第一，共富美好图景正在加速呈现，“在松阳遇见美好”幸福感、获得感与日俱增。最让我们感动的是，广大医务人员和党员干部、志愿者“三年如一日”，不惧风险、逆向而行，长期奋战在抗疫一线，以自己的辛苦指数换来了群众的安全指数和县域的发展指数，为维护健康、保障发展作出了突出贡献。广大企业家扎根松阳、专注实业，奋力开辟新市场、勇走新路径、谋求新突破，汇聚成了跨越赶超的澎湃动力。广大党员干部政治坚定、务实勤恳、作风优良，用智慧、心血、汗水共同谱写了“二次创业”开局之年的精彩篇章。全县人民与县委常委会同心同德、同向同行，在各自岗位上不懈努力、艰苦奋斗，汇聚起了破风前行、披荆斩棘的洪荒伟力，必将成为奋战新一年、跑好下一程的宝贵财富和磅礴动力。在此，我谨代表县委、县政府，向所有关心、支持、参与松阳发展的广大干部群众和社会各界人士，表示崇高的敬意和衷心的感谢！特别要向在大战大考中作出突出贡献的医务工作者、公安干警、乡镇（街道）和村（社区）等一线工作人员，致以崇高的敬意和衷心的感谢！

在肯定成绩的同时，更要清醒地看到，生态产业发展刚刚起势，做大总量、拓展增量、提升存量仍是紧迫而长期的任务，“双招双引”首位战略一刻也不能松懈；科创、人才支撑还不够强，新旧动能转换不够快，产业链科创链人才链融合度有待提升；项目建设差强人意，推进机制有待重塑；营商环境距群众需求、企业要求还有较大差距；教育、医疗、文化等社会事业还不够优质均衡，城乡建设历史欠账仍未补齐，共同富裕标志性成果还不够多；安全生产、消防安全、森林防火、生态环保、防汛抗旱等领域隐患不容忽视，基层治理体系还需完善巩固；全面从严治党仍有薄弱环节，干部队伍作风建设、颗粒度细化、塑造变革等能力有待提升，等等。对此，我们要高度重视，采取有效措施切实加以解决。

二、奋进新征程，务必要坚决贯彻党的二十大精神，赓续红色根脉，奋力谱写中国式现代化松阳篇章

党的二十大是在全党全国各族人民迈上全面建设社会主义现代化国家新征程、向着第二个百年奋斗目标进军的关键时刻召开的一次十分重要的大会，在党和国家发展进程中具有极其重大的历史意义。要自觉把思想和行动统一到党的二十大精神上来，做到学以致用、以用促学，以实干实绩实效诠释松阳忠诚、展现松阳担当。

1. 坚持淬炼“紧跟总书记”的忠诚信仰，坚定捍卫“两个确立”、坚决做到“两个维护”。党的二十大最重要最根本的是再次宣示了“两个确立”的决定性意义。必须把坚定捍卫“两个确立”、坚决做到“两个维护”作为首要政治标准，时刻牢记习近平同志在主政浙江期间赴丽水、到松阳调研时的重要嘱托，完善学习习近平总书记重要讲话重要指示批示精神“第一议题”制度，切实落实习近平总书记重要指示批示精神工作机制，坚决做到一切行动向总书记看齐、听党中央指挥。

2. 坚持树牢“建设现代化”的赶考信念，坚决扛起中国式现代化的松阳担当。党的二十大系统阐释了中国式现代化的目标、基本特征、本质要求和实践原则。要把“二次创业”、建设现代化“田园松阳”全面融入中国式现代化、“两个先行”、创建革命老区共同富裕先行示范区等实践中去，从中找到“坐标系”、找准结合点，扛起全省高质量发展建设共同富裕示范区试点的光荣使命，在推动山区跨越式高质量发展和共同富裕缩小城乡差距中探索实践、实干争先，以建设“智造松阳、魅力松阳、奔放松阳、幸福松阳、和美松阳、奋进松阳”为核心支撑的现代化“田园松阳”的实绩实效，奋力谱写中国式现代化的松阳篇章。

3. 坚持增强“建功新时代”的使命信心，依靠团结奋斗推动“二次创业”向纵深发展。党的二十大明确了新时代新征程的新使命新任务，中央经济工作会议、省委十五届二次全会和市委五届三次全会为做好当前和今后工作，科学研判了形势挑战、系统谋划了目标任务、精准制定了工作举措。要对照中央、省、市的部署要求，珍惜巩固“二次创业”精彩开局的良好态势，团结一切力量，汇聚一切资源，提高奋斗实干的落实本领，提升破旧立新的实战能力，全力在新征程中续写新辉煌、创造新业绩。

三、奋战 2023，务必要保持好状态，以永做新时代“挺进师”的奋斗实干，全面推动“二次创业”提速增效

2023 年是全面贯彻党的二十大精神开局之年，是“八八战略”实施 20 周年，是“十四五”规划承上启下之年，是“二次创业”蓄势提升之年，是共富试点收官之年。奋进新征程，全县上下务必要时刻保持“四个清醒认识”：

要时刻保持“创业者”定位的清醒认识，切忌举棋不定、小富即安。蓝图易绘，创业维艰。创业是一个机遇与困难相生、成功与失败相伴的动态过程，注定是一条充满艰辛、布满荆棘的曲折道路。务必要摒弃安逸守成、松劲歇脚的心态，务必保持“创业永不止步”的勇毅前行态度，不因眼前的成绩而沾沾自喜，不因暂时的挫折而丧失信心，始终做到不盲从、不犹豫、不彷徨、不懈怠，永远保持一路向前、一往无前的开拓奋战姿态。

要时刻保持“追赶者”角色的清醒认识，切忌盲目乐观、骄傲自满。行百里者半九十，千尺竿头须再攀。要始终保持“标兵渐远、追兵渐近”的危机感和“不进是退、慢进也是退”的紧迫感，面对各展所长、竞相发展的逼人态势，要增强忧患意识、开放意识、追赶意识，主动对标先进、锚定一流，始终保持谦虚谨慎、不骄不躁的优良作风，主动向优者学、与强者比、与快者争，不断取长补短、奋力奔跑、以快制胜，努力形成跨越赶超的加速度。

要时刻保持“破风者”锐气的清醒认识，切忌蜻蜓点水、裹足不前。顺风可奔跑，逆风能飞翔。当前面临百年未有之大变局，惟创新者进，惟破风者胜。要时刻保持少年的求知欲望、青年的奋斗激情，勇于走出“舒适区”，敢于破除思维定式、工作惯性和路径依赖，迭代深化破题方法、实战打法、变革章法，谋求工作突破、争取更大胜势，让干部敢为、企业敢干、群众敢首创在松古大地蔚然成风。

要时刻保持“实干者”本色的清醒认识，切忌高谈阔论、不严不实。事在人为，干才有助。要以“咬定青山不放松”的执着、“不破楼兰终不还”的决心，紧盯目标、紧扣部署、紧抓不放，练就抬头看路、低头绣花的硬功夫，锻造变革重塑、真抓实干的真本领，确保一张蓝图绘到底，一程接着一程跑，不断打造标志性成果、形成阶段性成效，不断积小胜为大胜、以量变促质变。

今年工作的总体要求是：坚持以习近平新时代中国特色社会主义思想为根本指引，全面贯彻党的二十大和省第十五次党代会、市第五次党代会以及省委、市委相关会议精神，坚持稳中求进的总基调，全面落实创新深化、改革攻坚、开放提升，抢抓重大机遇、保持奔跑状态、细化工作颗粒，全力拼经济、铁心抓创新、强力建项目、实干惠民生、务实优作风，深入实施“1+4+12”行动方案，高质量推进“二次创业”、现代化“田园松阳”建设，奋力谱写中国式现代化山区跨越式高质量发展松阳篇章。

根据上述要求，2023 年的主要预期目标是：地区生产总值增长 6%以上，规上工业增加值增长 10%以上，固定资产投资增长 18%以上，社会消费品零售总额增长 6%以上。城乡居民人均可支配收入增速高于地区生产总值增速，一般公共预算收入与经济增长基本保持同步。做好全年工作，要注重“四个牢牢把握”：

——牢牢把握稳中求进的总基调。坚持以“稳”促“进”、以“进”固“稳”。一方面要科学把握“稳”的广度和深度，将“稳”的基调融入经济社会发展的全过程各方面，以稳扎稳打实现高质量发展和高水平安全的良性互动。另一方面要精准把握“进”的强度和力度，坚持高质量发展和跨越式发展并重，推动在高质量发展前提下实现必要适度的高速度增长，更好统筹“质”的有效提升和“量”的合理增长。

——牢牢把握“二次创业”的总任务。县第十一次党代会确立“二次创业”的奋斗目标，不是脱离实际的自我加压，也不是轻轻松松就能实现的任务安排，必须聚焦目标、谋定突破、不负使命，创业创新在路上、一年接着一年干，通过稳扎稳打、奋斗实干、勇毅创新，逐步将建设现代化“田园松阳”宏伟蓝图变成美好现实。

——牢牢把握“1+4+12”行动方案的总抓手。坚持以纲带目、纲举目张。要切实抓好“1+4+12”行动方案这个全年工作的总牵引、基本盘，锚定主要矛盾和矛盾的主要方面，落实项目化实施、专班化督促、清单式销号、闭环式复盘的推进机制，对照节点任务逐月逐周逐日抓好落实，全力实现“开门稳”“月月好”“全年红”。

——牢牢把握细化颗粒度的总方法。实践证明，以系统性谋划、穿透性落实、绣花式打磨、快节奏推进和全闭环管理为主要内容的细化颗粒度“五大方法”是践行高质量发展、落实落细“最后一公里”的解题钥匙、破难良策和突围之道，必须长期坚持、融会贯通、常用常新，充分运用贯彻其内在的科学思维和底层的实践逻辑，全面提升工作的精细度、精准度，进而提升整体的执行力、战斗力。

县委常委会确定今年重点要“锚定”十二方面工作。“锚定”意为精确锚住锚定桩，进而实现稳定固定，是精准性和稳定性的有机结合，体现了抓工作要有明确清晰的战略定力、稳扎稳打的持续用力和奋斗实干的精准发力。

1. 锚定全面从严治党，守牢绝对忠诚“生命线”。深入实施“红色根脉强基工程”，以高质量党建引领高质量发展。一要锤炼绝对忠诚的政治品格。将学习宣传贯彻党的二十大精神作为首要政治任务，以坚守阵地意识全面加强意识形态工作，贯彻落实习近平总书记重要指示批示和党中央重大决策部署闭环落实机制，落实完善以“七张问题清单”为牵引的党建统领问题闭环管控新机制，坚定捍卫“两个确立”、坚决做到“两个维护”。二要高质量抓好省委巡视反馈意见整改。严肃认真推进省委巡视反馈意见整改工作，细化整改清单、任务清单、责任清单，以“钉钉子”精神一件一件抓好落实，坚持举一反三、以点带面，全面做到“见人见事见纪律见制度”。三要打造堪当重任的干部铁军。围绕建设高素质干部队伍和省委“四个坚持、八个不”要求，常态化开展领导班子和领导干部专题调研，实施“五个一批”锻炼计划，构建优秀年轻干部和专业干部选育管用全链条培养机制。深入实施驱动力激活提振行动，优化完善干部职级晋升和积分管理制度。严格落实推进领导干部能上能下实施细则。聚焦干部斗争精神和斗争本领养成，办好专业化能力提升系列专题培训，全力打造一支适应高质量发展、现代化建设的创业型干部队伍。四要构筑坚强有力的战斗堡垒。全力推动基层党建示范创建工程，高标准创建一批党建联建、“共富工坊”示范点、示范线。全面实施“领雁计划”，让党员干部在赛马比拼中锤炼作风、提升能力。迭代升级“民情地图”促服务机制，细化新时代基层干部工作颗粒度，擦亮“民情地图”促服务基层党建特色名片，推动党员干部持之以恒走好群众路线。开展社区公共服务补短板行动，突出“一老一小”提升优质服务，加快构建社会组织参与社会治理新格局。五要优化风清气正的政治生态。全周期推进“三不腐”，健全“四责协同”，全面加强对“一把手”和领导班子监督。围绕“1+4+12”行动方案开展全过程监督检查，紧盯工程建设、营商环境、信访积案等重点领域，深入开展漠视侵害群众利益专项治理。全域推进“清廉松阳”建设，高标准抓好县委新一轮巡察工作，持续推动政治生态大优化、大提升。

2. 锚定生态产业提级，做大现代经济“基本盘”。坚定生态工业发展方向不动摇，始终把制造业作为跨越式高质量发展的主攻方向，深入实施数字经济创新提质“一号发展工程”，发展壮大“2+X”百亿级主导产业。一要推动开发区能级质变。以“创新引领、要素协作、提质增效”为原则，聚焦“聚产业、拓平台、抓项目、强主体、优环境”重点任务，全力推进赤寿二期“西拓”工程，铁腕开展低效闲置工业用地处置，因地制宜建设电子信息、综合交通、生物医药及食品加工等特色小微产业园，动态预留1000亩以上土地空间，将开发区打造成为实体经济的主阵地、创新驱动的主平台和高质量发展的示范区。理顺“开发区+属地镇街”协同机制，开发区聚焦主业主责，全力推进生态工业项目招引、落地建设、投产成链等全周期服务；属地乡镇（街道）主要承担公共服务、平安建设、环境保护、政策处理等社会职能，依托开发区优势助推属地经济发展和乡村振兴，构建深度协同发展新模式。二要推动四大产业链汇势聚能。按照“有规划、有空间、有政策、有企业、有项目、有科创、有试点、有人才、有数据、有标准、有展示”等要求，全面推进不锈钢、综合交通、茶叶、中医药四大产业链补链强链延链行动。不锈钢按照“低碳化、数字化、品牌化、集约化”思路，加快上上德盛未来工厂、聚隆特材、新创银隆等示范项目入园建设，鼓励企业开展数字化转型、技术研发攻关。综合交通按照“试点深化、场景展示、项目落地、业态成型”思路，建成智慧交通产业园，推动产业体系初步成型，力争产业规模达50亿元。茶产业按照“升级茶市场、发展有机茶、提升茶品牌、浓厚茶氛围”思路，把“线上+线下”两个市场提级赋能作为重中之重和当务之急，全面启动浙南茶叶市场提档升级工程，稳步推进有机茶种植，办好中国茶商大会，加快“中国有机茶乡”金名片打造。中医药按照“种植有方向、企业有龙头、开发有产品、康养有特色”思路，全力在“一个研究机构、一个示范基地、一个产业园区、N个链主企业”等工作上见实效、求突破。三要开展企业梯队培育行动。坚持优存量、拓增量、育龙头，动态完善“领军型、成长型、苗子型”企业“151”培育清单，新增规上企业10家。实施“凤凰行动”升级版，指导科马摩擦、华威门业、上上德盛、宝丰钢业等加快股改上市步伐。实施科技企业双倍增计划，新增国家高新技术企业9家、省级科技型企业25家。

3. 锚定“双招双引”提质，谋划后劲增量“新突破”。“双招双引”的实质在于扩大增量、激活存量和聚合能量，必须要以超常规非一般举措推进“双招双引”首位战略。一要聚焦主业招大引强。围绕四大产业链补链强链延链行动，拓展基金招商模式，打开更多招商版块，力争引进大项目22个以上，其中制造业大项目18个，10亿元以上项目3个以上。动态创新招商专班机制，推行县领导担任招商项目全周期服务员机制。深化“松商回归”工程，探索统一战线助力“二次创业”新模式，招引更多乡贤回松创业。二要集聚创新引育人才。致力产业链科创链人才链耦合发展、齐头并进，依托四大科创平台赋能育强四大产业链，深化“才聚松阳”行动，新引进博士40人以上、硕士150人以上，新增技能人才1400人、高技能人才700人，培育高层次企业家100人。因才施策制定高层次人才个性化礼遇清单，全力为八方英才提供宾至如归的优质服务和干事创业的发展平台。三要打造最优营商环境。营商环境事关解放生产力、提升竞争力。深入实施营商环境优化提升“一号改革工程”，紧盯项目推进“慢”、审批手续“烦”、营商环境指标“差”、群众企业获得感“低”等问题梗阻，狠下决心开展机制重塑、效能变革，让“无事不扰、有事必到”“综合查一次”“拿地30天开工”真正落实到位，力争营商环境指标评价进入全市第一方阵。

4.锚定构建“三个第一”创新体系，增强高质量发展“动力源”。深刻学习领会党的二十大提出的“科技是第一生产力、人才是第一资源、创新是第一动力”重要论述，铁了心抓创新，力争R&D占GDP比重达2%以上。一要完善全面创新体系。加强党对科技创新人才教育工作的全面领导，成立县委科教人才创新委员会，每月研究部署科创人才教育工作，健全多跨协同的决策运行机制，构建全过程创新生态链条，推动形成与经济发展、社会建设、市场需求相适应相匹配的工作机制。二要实施创新驱动发展战略。实施创新平台提升专项行动，构建“科创平台—孵化器—加速器—产业园”全链式创新孵化体系，全面提升“4+X”科创平台能级，推进省级不锈钢公共质检平台实体化运作，支持企业组建科技创新联合体，创建省企业研究院、高新技术企业研发中心，申报省、市科技企业孵化器，加速科技成果转移转化，力争规上工业企业研发费用增长10%、高新技术产业增加值占规上工业增加值达到50%。三要办好人民满意教育。教育是百年大计、党之大计。实施教育“393+X”跃阶攀高行动，加快育英小学、职业中专产教融合中心大楼、南城实验小学等重点项目建设，全面开展全国学前教育普及普惠县和义务教育优质均衡发展县创建工作，打造学生成长、家长认可、社会满意的山区教育现代化样板。坚持以教促产、以产助教、产学融合，扎实推动丽水农林技师学院摘筹，深化校企合作、“订单培养”，建设集实践教学、社会培训、生产技术服务于一体的产教融合实践中心。

5.锚定城乡风貌提升，促进美好家园“新蝶变”。稳步推进以县城为重要载体的城镇化建设，加快城市有机更新，持续推进城乡环境提质提标。一要提升县城品质能级。统筹推进、同步建设“现代南城、品质老城”，按照“拉开路网框架、建设未来社区、完善功能配套、集聚业态人气”思路，高质量打造江南未来社区，加快推进瓦窑文旅综合体、中医院迁建、全民健身中心、联合大厦等项目建设，把南城建设成为格局舒缓、业态繁荣、环境优美、宜居宜业的现代城市新区和新型人居示范区。按照“激活古建筑、打造精致街、建设样板区”思路，集中力量打造“文里之外·老街之中”特色街区，建设成为具有历史味、时尚感、烟火气的文化街区和城市窗口。实施古市千年古城复兴计划，激活历史文化街区业态，打造文化康养拳头产品。二要提档全域美丽风貌。以整体大美、各具特色为导向，以传统村落集中连片保护利用示范县为抓手，加快建设“古村秘境”县域风貌示范区和传统村落农耕文明传承示范带，再创一批美丽城镇、未来社区等省级样板。以创建省级示范文明县城为抓手，融合打通智慧停车、智慧城管、智慧安防等应用场景，从严抓好“两违”处置、秸秆禁烧和生活垃圾处理等工作，实现“城市让生活更美好”。三要建设高水平交通强县。坚持产业培育与项目建设统筹谋划、强力推进，以“深化四试点、提升大交通、改善微循环”为思路，全面深化省智慧交通产业试点县、省交通强国试点、省农村客货邮融合四星级样板县和“四好农村路”省级示范县建设，创建国家级“四好农村路”示范县，启动衢丽铁路衢州至松阳段、637国道、义龙庆高速、浙西南公铁物流中心等重大基础设施项目开工建设，加快推进衢丽铁路松阳至丽水段、235国道、西竹玉公路等项目建设，完善外畅内联的现代交通网络。

6.锚定乡村振兴增效，提升农业农村现代化“新实践”。加强党对“三农”工作的全面领导，围绕“产业、人才、文化、生态、组织”五个维度深入实施乡村振兴战略，落实五级书记抓乡村振兴责任清单，奋力夺取“神农鼎”。一要全面振兴产业，推动农业向有奔头的产业转型。严守粮食安全底线，严格落实田长制，推进粮食生产功能区提升改造项目，坚决遏制耕地“非农化”、防止“非粮化”。高质量做好“非粮化”整治优化“后半篇”文章，打造高能级高标准农田，探索更多符合实际、高附加值、可复制推广的轮作轮种模式。大力发展主导特色产业，谋划推进有机茶谷、茶香小镇茶叶精深加工区项目建设，深入推进农产品产地冷藏保鲜整县推进试点县、香榧“个十百千万”工程，着力打响“松阳三香”品牌。实施农业“双强”行动，深化科技特派员制度，谋划推进未来农田项目。二要提升乡村品质，推动农村向安居乐业的美丽家园转型。以创建省级新时代美丽乡村示范县为载体，以“微改造、精提升”理念，建设一批花园乡村精品村、美丽宜居示范村，创建一批A级景区乡镇、景区村。谋划推进农房整治、管线序化、村道提升新“三大革命”，创建一批可“席地而坐”的洁净乡村。启动全域未来乡村建设，全力开展第三批省级未来乡村试点创建。持续推进“大搬快聚富民安居”工程，完成搬迁1000人以上。三要实施富民工程，推动农民向成为有吸引力的职业转型。因地制宜发展规模农业、林下经济、电商经济，做强乡村旅游、民宿经济，加大精英农创培育力度，为促进农民就地就近创业就业提供更多渠道、创造更多岗位。联动推进村集体经济稳步增收与村级债务化解，实现集体经济收入20万元以上且经营性收入10万元以上行政村全覆盖、化解村级债务总额40%以上。

7. 锚定扩大有效投资，织密项目建设“责任网”。项目是高质量发展的硬核支撑和强劲引擎。牢固树立“项目为王”理念，强化以项目论英雄导向，细化项目建设颗粒度。一要重塑项目推进责任制。结合加密“蜗牛奖”评比频次，全面推行重点项目建设承诺负责制，建立“年初承诺、月度报告、季度督查、年度考评”工作机制，由重点政府（国有企业）投资项目、重点产业项目、招商引资项目和重点指标的责任单位主要负责人公开承诺，接受社会监督和干部群众评议，并将项目践诺情况与单位、个人绩效考核直接挂钩，切实形成“我承诺我负责，做不到我担责”责任倒逼机制。二要形成项目推进加速度。集中攻坚18个重点新建项目、30个重点续建项目、8个重点预备和13个重大前期项目，推动新建项目“落地生根”、在建项目“开花结果”、竣工项目“茁壮成长”。紧盯任务书、时间表、路线图，开工建设抽水蓄能电站主体工程，全面推进第二污水处理厂、松古平原水系综合治理工程、35千伏三都输变电工程等重大基础设施项目建设，切实强化有效投资的关键作用。三要系统谋划强化保障。抓抢政策窗口期、机遇期，谋划实施一批强基础、增功能、利长远的重大项目，千方百计推动更多项目进入上级盘子，获得更多金融、土地、能耗支持。发挥政府投资撬动作用，完善政府与社会资本合作机制，持续激发民间投资活力。坚持顶格倾听、顶格协调、顶格推进，完善领导包联、专班推进、专员负责等机制，切实形成抓大项目、大抓项目的浓厚氛围和强大合力。

8. 锚定深化改革攻坚，开辟创新创业“新蓝海”。坚持需求导向、问题导向，谋划建设一批具有辨识度的集成改革场景。一要深化数字化改革。把着力点放在急用先行、实战实效上，着力推进数字化平台、数据、应用的全面贯通，完善数字化改革体系架构，迭代升级“拯救老屋”“茶叶在线”“基层解纷在线”等特色应用，打造一批数字化改革标志性成果。二要深化重点领域改革。稳步推进省级跨乡镇全域土地综合整治、农村集体经营性建设用地入市、闲置农房盘活利用等改革试点，全域盘活低效闲置用地，推动国土空间布局合理化、土地资源配置高效化。统筹推进全国市场监管数字化试验区建设试点、中小企业数字化改造试点县、中医药综合改革先行区建设，努力在产业结构和布局调整中抓抢新机遇、塑造新优势。迭代深化以古市为代表的“大综合一体化”行政执法改革，完善高效统筹协调、县乡贯通协同的联动执法体系，着力打造“大综合一体化”行政执法改革的示范窗口。三要深化县域集成改革。深化国企二轮改革，推动国资系统“二次创业”再出发，新增1家AA信用评级公司。协同推进全国传统村落集成改革和强村富民乡村集成改革，探索拓宽农民土地权益实现路径。稳步推进省级深化农村“三位一体”改革实施县、农业标准地改革试点，加快提升农业现代化水平。深入推进国家电商进农村示范县，推动电商经济规范发展、转型升级。四要深化对外开放合作。主动融入国家、省、市重大战略布局，深入实施“地瓜经济”提能升级“一号开放工程”，办好第三届城乡联系国际论坛，实质性推进遂松聚落发展区块建设。持续深化与余姚、安吉、南浔等山海协作共建合作，探索构建“总部在上海、研发在飞地、制造在松阳”发展模式，共建江南古镇古村旅游联盟，山海协作“产业飞地”走在全省前列。

9. 锚定“红绿金”文化融通，塑造县域特色“好招牌”。深入实施“文兴松阳、挺进共富”工程，推进文化与文明、事业与产业一体发展。一要加强基层文化服务供给。围绕打造全县域“15分钟品质文化生活圈”，优化乡镇文化站、农村文化礼堂、新时代文明所（站、点）等基层文化阵地，用好乡村博物馆、城市书房、特色工坊等特色文化空间，打造“松阳之窗”文化新地标。提升基层文化供给的质量、数量和频度，持续开展送戏下乡、送展览下乡、文化进万家等活动，提升群众精神文化生活的获得感。二要推进文化守正创新。按照“解码文化基因、注入现代元素、焕发全新生命”思路，高质量创编松阳高腔现代剧目，让高腔等非遗艺术更富时代感、更具表现力、更有吸引力。积极融入宋韵文化传世工程，开展张玉娘、延庆寺塔文化标志的挖掘提升，打造田园山水诗词文化带，让“唐风宋韵”成为“田园松阳”的硬核标志。弘扬践行浙西南革命精神和新时代松阳精神，主动融入丽水创建革命老区共同富裕先行示范区，在探索红色资源价值转化机制、构建“红绿金”融合协调发展新格局上取得突破性进展。深化“艺术家入驻乡村计划”，大力推动中医药文化、畲族文化等繁荣复兴，让艺术更好赋能老区共富、助推乡村振兴。稳步推进省级体育现代化县创建，举办高等级赛事活动，全力培育赛事经济。三要打造文旅融合多元业态。抢抓“后疫情时代”机遇，全面提升大木山茶旅融合、卯山森林康养等核心板块能级，着力引进一批文旅类重大项目。深化全省首批县域商业体系建设示范县建设，谋划建设红色印记公园、户外拓展公园、暗夜公园等流量景区，叠加网红露营地、乡村马拉松、氧气音乐节、大地艺术展、元宇宙等潮流玩法，打造一批文旅新 IP，源源不断地培育新兴业态、新消费模式和新产品服务。全面延伸农文旅融合产业链、价值链，推动高品质民宿村落优先发展，打造一批集“游、赏、品、宿”功能于一体的乡村旅游目的地。四要大力发展文化产业。把发展文化产业、培育文化龙头企业放在更加突出位置，迭代优化文化产业扶持政策，谋划建设文化创意产业园，支持重点企业开展文化产品展陈、企业上市，培育更多规上文化企业，逐步提高文化产业在 GDP 中的比重。

10. 锚定共富成果展示，打造试点先行“金名片”。按照“有难度”的全力突破、“需强化”的全力提升、“可示范”的全力打造，努力交出共富试点建设的高分答卷。一要着力缩小城乡差距。围绕“扩中提低、一老一小、一远一近”三个重点，创新“共富工坊”等家门口就业载体，拓宽就近就地就业渠道，确保“零就业家庭”清零。健全低收入群体精准识别机制，强化助残、救孤、济困等兜底保障，实现应助尽助、应扶尽扶。着力推动教育、社保、医疗、医保、养老、扶幼等公共资源向基层下沉延伸，探索山区“两慢病”综合改革、共富班车、客货邮融合等创新做法，让偏远山区群众同样能享受到优质的公共服务。二要打造温暖型县域。围绕打造“有爱有善有暖有伴”温暖型县域目标，以健全走心的城市功能、共享直达的暖心服务、营造清澈纯粹的社会关系、倡导崇德向善的文明风尚、讲好平凡温暖的松阳故事为主要内容，以幼有所育、青有所为、老有所养、残有所助、善有所扬为重点，深化打造青年发展型县域、儿童友好社区、尚德松阳品牌、“全链条”无障碍建设先行区等标志性成果，让温暖成为“田园松阳”鲜明特质和最美风景。三要总结提炼最佳实践。按照“查漏补缺、复盘总结、固化机制、纵深推进”思路，梳理总结各行业各领域推进共同富裕的典型案例，创新集成具有松阳辨识度的最佳实践，持续发力打造更多真实可感的标志性成果，为全省共同富裕示范区建设提供更多松阳经验。

11. 锚定厚植生态底色，探索绿色低碳县域建设“新路径”。坚定不移践行绿水青山就是金山银山理念，协同推进降碳、减污、扩绿、增长，形成绿色低碳、循环发展的生产生活方式。一要擦亮生态环境底色。深化蓝天、碧水、净土、清废行动，持续推进城镇“污水零直排区”、建筑垃圾资源化循环化利用和松古平原污水一体化等重点项目，确保市控及以上断面水质、PM2.5（直径小于或等于2.5微米的尘埃或飘尘在环境空气中的浓度）、空气优良率等指标保持全省前列，全力创建省“无废城市”，再夺“大禹鼎”。严格落实河长制、林长制，全力推进国土绿化美化、森林资源保护、湿地生态修复，持续提升生物多样性保护水平，松材线虫病防治得到根本巩固、动态清零。二要深化生态价值转换机制。深入推进生态产品价值实现机制改革提效，探索建立GDP与GEP协同增长评价体系，拓宽“两山合作社”创富渠道，加快激活水经济，推进林业振兴，构建全产业美丽生态经济体系。深化碳汇资源价值转化，深入推进“肥药两制”改革，实质性破题“茶园碳汇”交易。三要全面推动绿色低碳转型发展。聚焦“双碳”战略，系统谋划“绿色低碳县域”建设，以布局发展低碳工业、负碳农业、零碳乡村为主攻方向，探索构建“1+3+X”绿色低碳县域发展体系，打造绿色低碳闭环经济产业集群，全力创建全省绿色低碳试点县，统筹推进县域绿色发展变革性重塑、系统性转型。

12. 锚定除险保安固本，高分夺取“平安鼎”。以平安护航杭州亚运会为主线，迭代完善除险保安常态化机制，确保高分夺取二星“平安金鼎”。一要优化疫情防控。坚持科学精准防控，全力以赴“保健康、防重症、遏病亡”，全面加强分级诊疗能力建设，最大程度保护人民生命安全和身体健康，最大限度减少疫情对经济社会发展的影响。二要守护公共安全。全面加强道路交通、消防、森林防火、建设施工、食品药品等重点领域专项治理，着力破解古镇古村、老街老屋消防难题，尽最大努力“遏较大、减总量”。常态化开展扫黑除恶，更大力度宣防打击电信诈骗、黄赌毒、盗抢骗等违法犯罪行为，全力冲刺平安建设“十八连冠”。三要促进本质平安。持续推进矛盾纠纷排查化解工作，健全领导干部接访和包联化解制度，依法处置违法信访行为，争创“信访工作示范县”。推进社会治理中心及“基层治理四平台”高效运行，配强用好网格力量，加快建设党建统领多元参与的网格智治体系。常态化推进根治欠薪工作，巩固“无欠薪县”创建成果。四要深化“法治松阳”建设。以创建法治浙江（法治政府）建设示范县为抓手，深入实施“一本账”工作机制和“晾晒督办考核”闭环管理机制，全面推进行政复议化解行政争议主渠道作用改革和乡镇（街道）法治化综合改革。高质量落实“八五”普法规划，建立健全领导干部常态化学法机制，切实增强人民群众的法治获得感和满意度。五要加强民主政治建设。健全县委总揽全局、协调各方的领导体制，全力支持人大、政府、政协和监委、法院、检察院依法依章履职，巩固拓展大统战工作格局，全力做好党管武装、老干部等工作，把党的领导贯穿全县工作的全领域各环节。

四、聚力稳扎稳打，务必要细化颗粒度，干出新精彩，全面塑造奋斗实干的干事生态

新征程新起点，务必要提振大干之志，狠下实干之功，坚决做到“不吹不擂、不骄不躁、不忘初心、不负松阳”。

1. 要重温不负韶华的如磐初心。行程万里，初心不变。“重温初心”能让我们明白从哪里出发，要始终不忘历史和起点，反复体悟个人理想、入党动机等最初信念，时刻对标对表、校准偏差，切实保持清醒的头脑和昂扬的斗志。“重温初心”能让我们思考该在哪里努力，要始终牢记“人民对美好生活的向往，就是我们的奋斗目标”。凡是人民群众向往的、凡是有利于“二次创业”的、凡是有利于松阳跨越式高质量发展的，都是我们的努力方向。“重温初心”能让我们坚定前进方向，初心易得、始终难守。无论是对理想的追求，还是对目标任务的攻坚，都需要坚如磐石的信念定力，不被鲜花掌声所捧杀、不被人言世俗所迷惑、不被困难压力所困扰，真正做到“咬定青山不放松，任尔东西南北风”。

2. 要保持干则必成的创业激情。大力弘扬“四气”，即勇于争先的志气、敢于亮剑的胆气、善于创新的豪气、甘于担当的底气。面对机遇要勇于争先，立足山区但不局限于山区、承认暂时落后但不甘于永远落后，面对强手敢不服气，立足优势敢为人先，面对竞争挑战要“当然想”而不“想当然”，铆足“永争前列、不当倒数”争先意识，力争各项工作在全市争先创优、在全省争先进位。面对困难要敢于亮剑，任凭乱云飞渡，哪怕惊涛骇浪，都能勇立潮头战风斗雨，摆开“敢于斗争、敢于胜利”的必胜姿态，遇到矛盾挺身而出，困难面前绝不退让。面对阻碍要善于创新，始终高举创新大旗，秉持“苔花如米小，也学牡丹开”的情怀，从问题入手、向效果出手，探索更多不破不立、点石成金、无中生有的开创性举措、引领性项目。面对重任要甘于担当，对于认准的事情、定下的目标，要事不避难、义不逃责，以“万事有解”的思维和“有我必成”的作为，做到迎难而上、迎考而进、迎战而胜。

3. 要淬炼攻坚克难的高强本领。领导干部既要政治过硬，也要本领高强。要在终身学习中长见识，时刻保持“本领恐慌”危机感、“知识折旧”紧迫感，不

断提升掌握新常态、分析新情况、解决新问题的能力水平。要善于学先进、“抄作业”，他山之石为我所用，努力不走错路、少走弯路、勇闯新路。要在一线淬炼中增才干，强化“年轻干部到一线去、优秀干部从一线来”基层导向，让更多年轻干部下沉到基层一线、吃劲岗位，压担培养、摔打磨练，把更多好苗子选出来、把千里马练出来。要在狠抓落实中强执行，按照工作项目化、项目目标化、目标节点化、节点责任化、责任数字化要求，县四套班子成员以上率下，身先士卒，一级做给一级看、一级带着一级干，做到定必干、干必成。要在变革重塑中见水平，强化系统思维、提升数据意识、精进专业能力，面上情况做到了如指掌，专业问题经得起盘问推敲，习惯用指标说话、以数据证明。

4. 要营造奋斗实干的干事氛围。美好的蓝图要靠实干来完成，让奋斗实干成为松阳党员干部的最亮底色、最硬功夫。要树立“靠作风吃饭”的工作导向，大兴调查研究之风，多到基层一线、群众意见集中以及工作打不开局面的地方去，让永当“挺进师”的职责使命和细化颗粒度的工作方法更加深入人心，成为党员干部的共同行为准则和自觉实践要求。要树立“凭实绩说话”的用人导向，打破身份、学历、地域、年龄、资历等界限，全面落实推进领导干部能上能下实施细则，对实绩优异、素质过硬、干群公认的党员干部，大胆提拔使用或优先晋升职级，全面向“躺平”干部亮剑，打破论资排辈的“大锅饭”，打通“能上能下”的主渠道。要树立“为担当者担当”的干事导向，严格落实“三个区分开来”，完善关心关爱、容错纠错、澄清正名保护机制，旗帜鲜明为想干事、能干事、干成事的干部撑腰鼓劲。

5. 要恪守严实清正的廉洁底线。一生廉洁，才有一心为公的气节；一身正气，才有敢于担当的底气。要心怀敬畏，牢记规矩不能破、红线不能碰、雷区不能踩，老老实实做人、踏踏实实干事、清清白白从政。要秉公用权，“于公则勇，于私则怯”。要清醒认识平台是组织给予的、权力是人民赋予的，增强权力就是责任、用权就要担责的意识，做到大公无私、严以用权。要防微杜渐，明白从善如登、从恶如崩的道理，做到捆起手脚做人、放开手脚做事，坚定“干事且干净、干净加干事、干事能成事”的勤廉追求。

同志们，关山初度尘未洗，策马扬鞭再奋蹄。新的征程已经开启，唯有奋斗实干方能胜利。让我们更加紧密地团结在以习近平同志为核心的党中央周围，全面学习贯彻落实党的二十大精神，稳扎稳打，奋斗实干，勇毅创新，奋力谱写中国式现代化山区跨越式高质量发展松阳篇章！

（县委办公室）

名词解释：

1.客货邮融合：把城乡客运、邮政快递、农村物流等既有网络、运力资源共享，构建“一点多能、一网多用、功能集约、便利高效”的农村运输服务发展新模式。

2.未来乡村：立足乡村资源特色、地域禀赋、产业优势和人文特征等元素，打造的特色鲜明、功能完善、产业突出、环境优美、服务便捷、智慧互联、整体智治、共同富裕的，引领乡村发展方向的生态、生产、生活共同体。

3.共富工坊：引导企业把适合的生产加工环节布局到农村，或结合发展乡村旅游、康养医疗、农村电商等新产业新业态，吸纳农村剩余劳动力、低收入农户就地就近就业，利用农村党群服务阵地、闲置房屋土地等创办工坊。

4.综合查一次：对涉及跨部门、跨领域、跨层级多个执法主体的相关行政检查事项进行“一件事”集成，在同一时间对同一监管对象进行联合执法检查，防止监管缺位，避免重复检查的综合行政执法制度。

5.拿地30天开工：全县范围内社会投资工程建设项目，从取得参与土地使用权竞拍证明到获取施工许可证为止，政府审批时间不超过30个工作日。

6.GEP：即生态系统生产总值，是指生态系统为人类福祉和经济社会可持续发展提供的各种最终物质产品与服务（简称“生态产品”）价值的总和。

7.产业飞地：在经济发展存在落差的两个地区，打破行政区划限制，通过跨空间的产业共建、园区共建、要素共建，来实现资源互补、互利共赢、协调发展的新发展模式。

8.消薄飞地：我省26个加快发展县在结对地区开展异地投资建设，承担消薄脱贫功能的经济实体。

9.“县中崛起”工程：包括招生管理、教师管理、县中教师能力素质提升、县中对口帮扶、优化学生培养环境、创建现代化高中学校、分类办学、提高县中经费投入水平、教科研指导等九方面措施。

10.15分钟品质文化生活圈：城乡居民走出家门，步行15分钟左右,即可到达至少1个必备公共文化场馆和2个以上公益性公共文化空间(设施总量不少于3个),享受高品质的基本公共文化服务，其地域范围为居民住宅区辐射半径1.5公里左右。

11.标准地：在完成相关区域评估基础上，带着固定资产投资强度、容积率、单位能耗标准、单位排放标准、亩均税收等至少五项基本指标出让的国有建设用地。

12.链长制：以领导挂帅担任链长，通过充分发挥党政一把手集聚内外部资源的能力，提升一个区域的产业链现代化水平、推动产业链高质量发展。

13.“成长型”企业：在较长的时期内(如3年以上)，具有持续挖掘未利用资源能力，不同程度地呈现整体扩张态势，未来发展预期良好的企业。

14.“领军型”企业：在某行业或某地区的企业排头兵，在经济规模、科技含量或者社会影响力方面具有领先地位。

15.科技企业“双倍增”计划：指“十四五”期间实现科技型中小企业和高新技术企业数量较“十三五”翻番。

16.田长制：指为落实永久基本农田保护而建立的以村(社区)为单位的网格化管理机制，由市政府、区(县、市)政府、乡(镇、街道)主要领导分别作为辖区内永久基本农田保护一级、二级、三级田长，村(社区)负责人作为网格长，将永久基本农田保护任务落实到责任人、责任地块和责任网格，形成一级抓一级、层层抓落实的永久基本农田保护机制，实现保护责任全覆盖。

17.林长制：按照“分级负责”原则，构建省市县乡村五级林长制体系，各级林长负责督促指导本责任区内森林资源保护发展工作，协调解决森林资源保护发展重大问题，依法查处各类破坏森林资源的违法犯罪行为。

18.农业“双强”行动：科技强农行动和机械强农行动。

19.未来农田：指集机械化生产、规模化种植、数字化管理的“农田肥沃、设施齐全、道路畅通、科技先进、高产高效、观光体验”于一体的农田。

20.四好农村路：建设好、管理好、养护好、运营好的农村公路。

21.“扩中”“提低”行动：扩大中等收入群体规模，提高低收入群体收入。

22.共富123行动：通过试点项目建设，加快形成以项目助推“扩中”“提低”，带动农村群众增收致富的良好局面。

23.无废城市：以新发展理念为引领，通过推动形成绿色生产生活方式，持续推进固体废物源头减量和资源化利用，最大限度减少填埋量，将固体废物环境影响降至最低的城市发展模式。

24.零碳：是指通过规划、统筹，应用减源增汇、绿色能源替代，碳产品封存、碳交易及生态碳汇补偿等方法，抵消碳源，使碳源与碳汇代数和等于零。

25.茶园碳汇交易：通过低碳模式对茶园进行种植和管理，带来减排固碳生态效益，进而将茶园产生的碳汇量卖给其他主体，从而抵消该主体的碳排放。

26.“两山”合作社：通过将生态资源进行分散式输入、集中式输出，从而实现生态资源的市场化运作的经营模式。

27.R&D经费：全社会研究与试验发展经费。

28.地瓜经济：是对总部经济的形象比喻，指地瓜的藤蔓伸向四面八方，但根茎依在土壤中，藤蔓为了吸取更多的阳光、雨露，发挥更多的光合作用。形象反映“浙江经济”与“浙江人经济”的关系，把在外浙商和浙江经济更加紧密地联结起来，促进在外浙商更好地为发展浙江服务。

29.宋韵文化传世工程：实施宋韵文化研究、遗址保护、数字展示、品牌塑造、文旅融合、文化传播等“六大行动”，有效推进宋韵文化保护、提升、研究和传承。

（县委办公室）

政府工作报告

——在松阳县第十三届人民代表大会第二次会议上的报告

（2023 年 2 月 15 日）

松阳县人民政府县长　梁海刚

2022 年工作回顾

2022 年以来，在上级党委政府和县委的坚强领导下，在县人大和县政协的监督支持下，在全县人民的共同努力下，县人民政府深入贯彻落实党的二十大精神，牢牢把握“稳进提质、除险保安、塑造变革”的工作要求，统筹做好疫情防控和经济社会发展，基本实现了县十三届人大一次会议确定的预期目标，有力推动了“二次创业”精彩开局。

经济社会发展指标创历史最佳。9 项主要经济指标中，排名全市第一的有 4 项，其中地区生产总值增长 7.3%，位列山区 26 县第一、全省第二；规上工业增加值增长 17.8%，位列山区 26 县第二、全省第五；全体居民人均可支配收入增长 7.2%，位列全省第一，均为 1982 年恢复县制以来最好成绩。市对县主要经济指标考核得分率 94.5%，为全市第一。稳进提质工作考核全市第一。

标志性工作取得突破性进展。一般公共预算收入首次破 10 亿元。国投集团逆市发债 5.8 亿元，实现国企一级市场融资零突破。浙江松阳经济开发区设立运行。丽水学院松阳校区正式揭牌。建县以来投资最大的单体项目抽水蓄能电站核准开工。云中马成为我县首家主板上市公司。

产业发展动能显著增强。成为全省首个智慧交通产业发展试点县，“自动驾驶和智慧交通助推山区共同富裕创新示范项目”被列为省交通强国试点项目，百度 Apollo 智能交通生态联盟创新中心实质化运行。康佳数字经济总部和数字经济双创基地落地松阳。不锈钢产业成为我县首个百亿级工业产业。宝丰钢业“年产 14 万吨不锈钢管建设项目”入选省重大产业项目名单。年度 R&D 经费投入强度增幅居全市第一、全省第二。康恩贝复方鱼腥草合剂项目成果获省科技进步二等奖，实现省级科学技术奖零的突破。

2022 年，我县收获多项重要荣誉。连续五年入选中国茶业百强县域。松古灌区入选世界灌溉工程遗产名录。成为全国传统村落集中连片保护利用示范县。明清老街入选全国非遗旅游街区。

一年来，我们重点抓了以下六方面工作。

一、坚持稳进提质，综合实力实现新跃升

全力承接国家、省市稳经济政策，出台 34 条惠企措施，为企业减负降本 3 亿元，兑现财政奖补资金 1.97 亿元。全年争取上级资金 39.37 亿元、专项债 8.3 亿元、政策性金融工具授信 41.41 亿元，新增盘活各类土地指标 1700 余亩、用能 3.07 万吨标准煤，化解政府隐性债务 10.36 亿元，实现五年隐债清零目标。实现地区生产总值 142.98 亿元、一般公共预算收入 10.03 亿元、固定资产投资 66.11 亿元、社会消费品零售总额 63.35 亿元。城乡居民人均可支配收入分别达到 49911 元、25324 元，城乡居民收入倍差首次破 2，缩小至 1.97。低收入农户人均可支配收入增长 16%。

二、坚持夯基突围，三大产业构筑新支撑

生态工业增势强劲。招商引资成效明显，成功招引项目 36 个，其中制造业大项目 18 个，总投资 77.6 亿元。工业投资、制造业投资分别增长 62.6%和 61.5%，规上工业企业亩均税收增长 10.13%。新增省级专精特新中小企业 8 家、产

值超亿元企业6家，新上规、小升规企业9家。赤寿工业园区西拓项目顺利推进。不锈钢产业转型升级步伐加快，搭建不锈钢产业创新公共服务平台，聚隆特材、新创银隆2家企业落地，新创泰业、宝丰钢业2家企业试生产，世亚特材正式投产。综合交通产业开局良好，引进硅迈科技、荆虹科技等优质项目，光粒科技、城光联链等企业投产。企业数字化改造扎实推进，入选省中小企业数字化改造试点县培育名单，启动规上制造业企业数字化改造55家，新增数字经济核心产业规上制造业2家。制定“浙江制造”团体标准1项，“品字标浙江制造”认证企业5家。建筑业产值达43.12亿元，增长16.8%。

现代农业生机迸发。牢牢守住耕地红线，基本完成5万亩粮食生产功能区“非粮化”整治优化，建成高标准农田1.39万亩，落实粮食播种面积11.63万亩，总产量3.85万吨。探索推广“稻耳轮作”等多种粮经种植模式，建成农产品加工点22个。扎实推进“中国有机茶乡”建设，茶叶全产业链产值达135亿元，成功举办第十五届中国茶商大会·松阳云上香茶节，培育有机茶基地面积4300亩，建成茶树种质资源圃，开工建设新兴茶叶精深加工园。林下经济稳步发展，全县香榧、油茶面积分别达8.84万亩、11万亩，巩固推广“一亩山万元钱”示范基地2.46万亩，完成香榧特色产业示范县项目建设，裕溪“油香小镇”通过验收。松古盆地农村产业融合发展示范园入选首批省级农村一二三产业融合发展示范园。

服务业回暖复苏。成为全省首批县域商业体系建设试点县，争取中央服务业发展专项资金1000万元。发放各类消费券330万元，带动消费1042万元。松阳老街创成省级夜间文化和旅游消费集聚区。电商经济蓬勃发展，入选全国县市电商竞争力百佳样本，实现网络零售额70.69亿元，同比增长36.3%，增速位居全省第五。实施旅游业“微改造、精提升”行动，陈家铺村入选年度省最佳实践案例，上田村入选全国乡村旅游重点村名单、获评省级“中医药文化养生旅游示范基地”。创成省级运动休闲旅游精品线路1条，获评浙江文旅助力探索共同富裕新路径十佳县。出台金融支持民宿业健康发展政策，杨家堂村、桃野民宿等5个点位入选山区26县百佳网红打卡点，成为省“百县千宿”试点县。

三、坚持融合发展，城乡面貌展现新气象

生态环境更加宜居。生态环境公众满意度排名全省第四。PM2.5、空气优良率等指标保持全省前列。深化“五水共治”“河湖长制”工作，开展水域监管“一件事”改革，推进全省幸福河湖试点县建设，新增省级美丽河湖4条，出境水质常年保持Ⅱ类水标准。全域污水零直排区建设通过验收，工业园区入围省级标杆工业园区污水零直排区培育名单，园区地下水污染防治工程开工建设，垃圾填埋场地下水污染防治工程竣工验收，新建农村生活污水处理设施36个。“双碳”行动深入实施，完成不锈钢企业退火油烟改造提升46家，全市首个VOCs治理活性炭“绿岛”项目落地松阳。古市镇入选全省低（零）碳创建试点乡镇，全链推进废弃物资源化利用案例入选省绿色低碳转型典型案例。完成中央、省委生态环保督察问题整改，办理环境违法案件11件，环境污染投诉案件同比下降34.1%。

城市形象更具魅力。科学划定“三区三线”，推进国土空间规划修编，新（续）编各类规划57个。扎实推进省示范文明县城创建，城市有机更新有序推进，完成塘寮区块征迁、原松阳师范区块宿舍楼置换等政策处理，启动马桥后区块改造，城南、城西社区列入全省未来社区试点创建名单。城市功能日趋完善，完成长松路、环城西路、人民大街3条主街道、60个老旧（房改房）小区改造，新增停车位852个。江南社区滨河公园、龙湖公园配套设施、长虹中路管网改造提升等项目开工建设，“老城印象”城市风貌样板区启动创建。加快推进老城区消防安全隐患、空中缆线专项整治。县城全面实行生活垃圾“定点定时”投放，城乡生活垃圾资源化利用处置中心建成投用。加大治旧控新力度，获评2021年度省“无违建县”争先创优示范县。扎实推进古市千年古城复兴试点，争取中央资金3074万元。

美丽乡村更显活力。“国家传统村落公园”创建深入推进，完成总体规划编制，新增国家级传统村落3个，三都四都核心区绿色发展示范项目基本完工，“拯救老屋行动”写入2022年中央“一号文件”。乡村更加靓丽，

获省大花园示范县评估优秀，创成省级美丽乡村示范乡镇1个、省级美丽乡村精品村13个、省级高标准垃圾分类示范村9个。“水墨小港”成为全省城乡风貌样板区，古市镇获评省级样板新时代美丽城镇，陈家铺村、茶排村创成省级未来乡村，酉田村入选省历史文化（传统）村落保护利用重点村名单。绿化美化深入开展，完成国土绿化造林1260亩，改造美丽林相7.2万亩。乡村交通基础设施更加完善，完成农村公路新改建72.9公里，农村公路养护工程75.76公里。建成运营客货邮松州驿站9个，获评省农村客货邮融合四星级样板县，“特色产业+客货邮运输+电子商务”入选交通运输部第三批农村物流服务品牌。村集体稳步增收，建成各类“共富工坊”79家，乡镇级生态强村公司经营收入达5393万元，实现集体经济年收入20万元且经营性收入10万元以上的行政村全覆盖。

四、坚持破立并举，改革开放释放新活力

改革工作全面深化。新增省级数字化改革试点32项。“司法网拍”“拯救老屋”“茶叶在线”分别入选国家、省市优秀应用场景，“采茶工服务一件事暨灵活用工服务平台”入选省级典型平台，“上上德胜AI-EHS智慧安全管理系统”获评省级人工智能典型应用场景。“大综合一体化”行政执法改革、国企二轮改革稳步推进。全面推行“综合查一次”，涉企执法检查频次缩减83.3%。“拿地30天开工”落地实施，最短审批项目14天开工。深化商事登记制度改革，加强事中事后监管工作成效获省政府督查激励。成功争取中央革命老区项目、全省首批跨乡镇全域土地综合整治试点项目，获评农产品产地冷藏保鲜整县推进试点县。推进生态产品价值实现，完成松阴溪湿地碳汇基础性研究，成为“全省湿地资源管理一张图”试点县。建立全国首个茶园碳汇合作研究中心，开展“低碳茶园建设及碳汇价值实现机制”研究。核定2020年GEP总值达307.68亿元，“两山贷”“生态贷”余额分别为3.79亿元、32.68亿元，发放首笔排污权抵押贷款960万元。

创业创新持续推进。推进企业综合服务平台建设，企业诉求“135”限时办结率100%。全年在册市场主体同比增长11.7%。创新活力明显增强，全年新增国家高新技术企业9家、省级高新技术企业研究开发中心3家，培育省级企业研究院1家、省级高新技术企业研究开发中心2家；兑现科技政策奖补资金1194万元。连续两年获省科技厅“尖兵”“领雁”竞争性项目，新增科技示范基地68个。激励知识产权创造，新增注册商标756件，发明专利授权23件。推进青年发展型县域建设，出台青年发展新政，“青松向阳”入选团中央优秀案例。完善人才引育机制，举办人才科技峰会，引进各类人才5725人，新增高技能人才964人，评选“松阳工匠”48人。

开放合作深入实施。对外交通迈开大步，衢丽铁路松阳至丽水段顺利推进、衢州至松阳段初设获批，义龙庆高速公路前期工作提速推进，235国道松阳段、西竹玉公路等项目加快建设，原222省道正式升格为637国道。开展山海协作工程实施20周年系列活动，与结对地区开展项目招引27个、产业合作项目63个，到位资金超30亿元。全年争取山海协作各类资金2000余万元，建成援建项目10个。余姚—松阳山海协作“产业飞地”、松阳特色生态产业平台入围省山海协作“产业飞地”和特色生态产业平台名单，获奖补资金4800万元。余姚、嘉兴“消薄飞地”实现收益2500余万元。加强东西部协作对口帮扶，投入帮扶资金1081万元，完成消费帮扶7500万元。稳外贸稳外资，实际利用外资540万美元，外贸进出口总额达9.96亿元，增幅均居全市第一。加强对外交流，在联合国南南城市在线视频会上作交流发言。

五、坚持人民至上，民生福祉达到新水平

民生保障坚实有力。全年民生类支出40.39亿元，占一般公共预算支出的74.16%。全面完成省市县民生实事项目。全省高质量发展建设共同富裕示范区考核优秀，民众“四感”监测得分居山区26县首位。“生长型”民宿助力共同富裕的松阳实践入选全省十大县域高质量发展优秀案例。实施农村饮用水供水保障行动，城乡供水一体化率达81.4%，解决民族乡喝水难问题。推动保险提标扩面，户籍人口基本医保、“浙丽保”和基本养老保险参保率分别达99.76%、95.6%和98.7%。拓宽就业渠道，开展职业技能培训7281人次，新增技能人才2542人，

新增城镇就业2191人，城镇登记失业率为0.97%。持续实施“大搬快聚富民安居”工程，象溪民族安置小区开工建设，完成搬迁3200人。住房保障更趋完善，落实公共租赁住房767户。康养服务更加优质，古市医院医养中心等一批养老项目顺利推进。社会救助体系更加完善，建成残疾人之家12个，完成公共场所和家庭无障碍改造72个（户），异地分散安置残疾人就业147人。省级“全链条”无障碍建设先行区创建扎实推进，乡村共享无障碍建设列入省级标准化试点。

社会事业蓬勃发展。坚持教育优先发展，全国义务教育优质均衡发展县通过省级复核。“县中崛起”行动落地实施，高考上线率达99.9%。丽水农林技师学院（筹）首批近千名学生入学，浙江开放大学松阳学院挂牌成立。文教园区幼儿园竣工，育英小学提前结顶，第三实验幼儿园、产教融合中心大楼开工建设。“健康松阳”建设取得长足进步，获评2018—2020健康浙江建设先进县，列入省中医药综合改革先行区，省级慢性病综合防控示范区通过复审，县中医医院与省新华医院开展“百科帮扶”医疗合作，县人民医院成为全省唯一“浙二互联网医院”试点单位。医共体改革持续深化，建成城区10分钟、山区1小时县域急救体系。县中医医院迁建、县人民医院改扩建项目顺利推进。基层公共文化服务体系逐步健全，建成15分钟品质文化生活圈项目60个、城市书房2个、省级乡村博物馆7个，实现图书馆、文化馆总分馆体系县域全覆盖。文体事业加快发展，“田园文化”成为省级文化传承生态保护区，成功举办全国业余围棋公开赛等赛事，承办“文艺赋能共同富裕”全国文艺名家走进松阳等系列文艺惠民活动。松阳三庙文物利用入选国家文物局优秀案例，松阳高腔戏曲电视剧《红色浙西南》荣获中华文化国际传播力奖。松阳籍运动员在全国皮划艇锦标赛和省运会上分别获得1金1银和2金4银的历史最好成绩。

社会大局安定和谐。常态化抓好疫情防控，因时因势动态优化调整疫情防控措施，全面落实“保健康、防重症”决策部署，最大限度降低疫情对经济社会发展的影响。安全生产形势稳中向好，未发生较大以上安全生产事故。基层应急管理体系不断完善，实现行政村（社区）应急管理员全覆盖。矛盾纠纷排查化解工作持续推进，成立县社会治理服务中心，开展信访积案化解集中攻坚等专项行动，创成“无信访积案县”。常态化推进扫黑除恶专项斗争，侦破全国首例入侵金融机构话务系统实施电信诈骗案、倒卖文物案等一批大要案，连续26年实现命案全破。扎实推进“无欠薪县”创建，解决劳资纠纷603起，涉及金额3129万元。完成国防动员体制改革，人民武装工作扎实推进，成功承办全省征兵“一个过程”规范化建设现场观摩活动。创成省食品安全示范县。

六、坚持从严从实，政府建设迈出新步伐

执行力建设更加扎实。狠抓政府工作报告任务落实，梳理重点任务428项、重点项目90个、重点指标150个，形成“指标化、项目化、清单化”工作体系，每月听取执行力建设专班汇报，坚持问题导向推进工作闭环落实。强化干部能力建设，举办全县干部经济工作能力提升研修班4期，干部项目工作能力得到提升。数字政府建设扎实推进。

法治建设更加规范。树立“用政策破解难题、以程序规范工作”理念，制定完善政府议事规则。创新探索发挥行政复议化解行政争议主渠道作用，化解行政争议54件，行政复议76件，行政诉讼败诉率2.94%。建立县政府常务会议会前学法制度，全年集中学法61次，将专题述法纳入领导干部年度考核述职。依法接受人大监督、自觉接受政协民主监督，186件人大代表建议、147件政协委员提案全部办结。主动接受司法监督、新闻舆论和社会公众监督，《代表在监督》《松州聚焦》以及“问政直通车”反映的122个问题全部办结。规范政务公开，全年公开信息3200条。

廉政建设更加深入。坚决落实政府系统党风廉政建设主体责任，履行“一岗双责”，做到与各项业务工作同部署、同落实、同检查、同考核。持续推进“以案促改”和巡视巡察反馈问题整改，加强重点行业领域突出问题系统治理，一体化推进不敢腐、不能腐、不想腐。坚持不懈整治“四风”，严控“三公”经费，支出同比下降3.36%。严格履行意识形态工作责任制。

国家安全、人民防空、民族宗教、审计、统计、供销社、外

事、侨务、对台、气象、地震等工作取得新成效，工会、妇女儿童、青少年、老龄、文联、史志档案、慈善、红十字、革命老区等事业取得新进步。

各位代表，回顾过去一年，我们遇到困难不退缩，面对矛盾不回避，奋斗充满艰辛，成绩实属不易。这是以习近平同志为核心的党中央坚强领导、科学指引的结果，是上级党委、政府和县委正确领导、科学决策的结果，是县人大、政协有力监督、鼎力支持的结果，是全县广大干部群众苦干实干、奋勇拼搏的结果，是社会各界关心支持、积极参与的结果。在此，我代表县人民政府，向全县人民，向人大代表、政协委员、离退休老干部、各民主党派、各人民团体、广大乡贤及各界人士，向驻松单位、武警官兵、公安干警、消防救援队伍，向长期奋战在防疫一线的医护工作者、乡镇（街道）和村（社区）等一线工作人员，向所有关心、支持松阳经济社会发展的朋友们，表示衷心的感谢并致以崇高的敬意！

在肯定成绩的同时，我们也清醒地看到，当前还存在不少的问题和困难：一是跨越式发展步子迈得不够大、支撑发展的优质项目不够多、项目建设周期长等问题依然存在；产业成型成势还有较大差距；产业政策集成度、精准度不够高。二是生态产品价值转换通道不够通畅，红色资源、绿色生态、特色文化等资源未充分开发利用，经营转化价值未充分体现。三是改革创新活力未真正激发，国企发展活力还不够，市场竞争动力还不足；科技人才支撑不够强；乡村集成改革、共富机制健全等仍需破题攻坚。四是要素保障仍然存在差距，财政可用财力还不能满足发展需求，使用绩效不高；土地供给科学化、精准化不够；用能、供电供热、工业用水等瓶颈制约有待进一步破解。五是住房、医疗、教育、养老、文化等公共供给与群众需求还有一定差距。六是营商环境优化任重道远，干部思想理念、作风能力建设有待加强。以上问题，我们一定高度重视，全力解决改进。

2023 年工作安排

各位代表，2023 年是全面贯彻落实党的二十大精神开局之年、是“八八战略”实施二十周年，也是“二次创业”蓄势提升之年。

政府工作的总体要求是：坚持以习近平新时代中国特色社会主义思想为指导，深入贯彻落实党的二十大精神，坚定捍卫“两个确立”，坚决做到“两个维护”，奋力推进“两个先行”，完整准确全面贯彻新发展理念，坚持稳中求进工作总基调，突出创新深化、改革攻坚、开放提升主线，把高质量发展作为首要任务，全力提升招商引资、产业发展、项目建设、消费激活、教科人才、改革开放、城市经营、乡村振兴、生态文明、共同富裕及安全保障等十一方面工作，高质量推进“二次创业”、现代化“田园松阳”建设，奋力谱写中国式现代化山区跨越式发展的松阳篇章。

建议 2023 年经济社会发展主要预期目标为：地区生产总值增长 6.8%；农业增加值增长 4.3%；规上工业增加值增长 12%；固定资产投资增长 18%以上；一般公共预算收入增长 8%以上；城乡居民人均可支配收入分别增长 6%以上和 8.5%以上，环境和能源指标计划完成省市下达任务。

重点做好十一方面工作：

一、聚焦招大引强，全力提升发展能级

坚持精准靶向。以长三角、珠三角为重点区域，聚焦“不锈钢、综合交通、茶产业、中医药”四大产业，充分发挥百度 Apollo 创新中心、康佳之星松阳创新中心等平台牵引作用，着力招引一批隐形冠军和专精特新企业及项目。加强招商项目全流程服务，力争江丰同芯、全路程电池等项目签约落地，加快形成大企业顶天立地、好企业铺天盖地的生动局面。

坚持精准打法。深化全员招商、要素招商、以商招商，重点加大基金招商力度，加强与富浙资本等基金公司合作，全年撬动社会资本 30 亿元以上。鼓励本土优质企业扩大再生产，把好项目留在松阳，规划建设云中马产业园。深化“松商回归”工程，招引更多乡贤回松创业。力争全年新招引大项目 22 个以上，其中制造业大项目 18 个以上，10 亿元以上项目不少于 6 个（20 亿元以上项目不少于 1 个），实到内资 22 亿元以上。

坚持精准服务。深入推进“大走访大调研大服务大解题”活动，

优化服务措施，切实解决企业难题，真正做到“无事不扰，有事必到”。深入实施营商环境优化提升“一号改革工程”，做实“拿地30天开工”，加强工业用地“标准地”全生命周期管理，推行“全网办”等更多“一站式”举措。坚持完善“综合查一次”“首违不罚”“柔性执法”等有效做法。

二、聚焦二次创业，全力提升产业能级

推动平台提档升级。提升平台承载能力，围绕“多园一规”“多规合一”，修编供电供热、工业用水、防洪排涝、员工宿舍等专项规划。完善园区公共配套，加快赤寿区块二期第一阶段基础设施、天然气调压站、城北35KV变电所和新处110KV变电站等项目，完成赤寿不锈钢仓储物流中心、赤寿区块横支七路道路等项目建设。推进古市小微园改造提升，加快恒兆产业园企业入驻投产。铁腕推进低效工业用地整治，依法收回闲置用地，综合用好环保、用能、税收、用工、金融等手段，引导企业通过零地技改、兼并重组、联合开发等方式提高综合产出，基本实现亩均税收5万元以下企业出清。

加快产业集群成势。深化“一链一对策”，体系化、项目化、园区化、品牌化、数字化推动“链长制”落实，着力打造不锈钢、综合交通、茶产业、中医药产业集群。做大做强不锈钢产业，瞄准打造“中国不锈钢管第一县”目标，高标准做好不锈钢产业发展规划、技术标准等顶层设计，强化政策集成。推动省级不锈钢质检中心落地运行，新引进不锈钢龙头企业6家以上。加快上上德盛未来工厂等项目入园，宝丰钢业、新创泰业等企业达产，年内产值达120亿元。壮大发展综合交通产业，深化“智慧交通产业发展试点县”建设，完成交通强国试点自动驾驶和智慧交通助推山区共同富裕创新示范项目二期建设。加快硅迈科技、荆虹科技等项目建设，力争智慧交通及关联产业总产值达50亿元。提级发展茶产业，高质量举办第十六届中国茶商大会，承办全省“三茶”统筹发展现场会。制定加快“中国有机茶乡”建设意见，谋划浙南茶叶市场迭代升级，实施茶叶电商供应链平台建设，打造线上茶叶市场，推进有机茶谷项目，培育有机茶转换认证基地面积1000亩以上，茶叶全产业链产值达140亿元。培育发展中医药产业，编制产业发展规划，制定出台扶持发展政策，招引中医药产业优质企业。

强化企业能级跃升。全面实施企业梯度培育计划，年内新增规上企业10家、产值超亿元“成长型”企业6家、超10亿元“领军型”企业2家。加强企业上市培育，加快科马摩擦上市步伐，引导宝丰钢业、华威门业等企业实施股改，力争年内2家企业挂牌浙江股权交易中心。推进数字经济创新提质“一号发展工程”，实体化运行康佳数字经济总部，数字经济核心产业制造业增加值占规上工业增加值比重超3.5%。启用工业数据互联网平台，培育企业级工业互联网平台1家，完成工业企业数字化改造70家。实施建筑企业强基固本行动，制定出台建筑业发展新政，支持建筑企业积极开拓外埠市场，推进建筑业持续健康发展。

三、聚焦项目为王，全力提升支撑能级

千方百计谋项目。秉承“抓大不放小”理念，主动对接国家“十四五”102项重大工程、省“千项万亿”工程，完善专家咨询论证、部门联动协作、前期经费保障等机制，建立重大项目储备库。争取抽水蓄能电站、637国道松阳裕溪至雅溪口段改建工程等项目纳入省重点项目盘子。鼓励引导民间资本参与重大工程，谋划储备一批大好优投资项目。全年安排县重点项目58个，政府投资项目33个，非政府投资项目25个，总投资超575亿元，其中10亿元以上项目15个，20亿元以上项目8个，完成年度计划投资59亿元以上。

快马加鞭抓进度。持续细化项目投资管理颗粒度，精准制定作战计划，谋划重大项目集中开工活动2批次以上，重点新开工项目20个以上，完成年度投资19亿元以上。推进智慧交通产业园等重点续建项目建设，争取文化中心城市客厅等重点项目开工，加快浙西南粮食应急保障中心、新处水库等项目前期。严格执行项目全程进度管理，推行重点项目建设承诺负责制，评定投资项目（重点指标）“奔跑奖”和“蜗牛奖”，鼓励先进、鞭策后进。

全力以赴强保障。推行“用地清单制”，实现项目用地应保尽保。加大土地保障力度，新增垦造耕地1500亩，建设用地复垦300亩，新增工业项目用地300亩。

加大闲置资源盘活力度，鼓励利用闲置厂房上新项目，盘活闲置低效用地500亩以上。加强项目资金支持，争取上级转移支付资金26.50亿元以上、地方政府债券额度15亿元以上。用足用好政策性开发性金融工具，实现全年融资授信40亿元以上。加强用能保障，新增新能源抵扣用能3000吨标准煤。

四、聚焦潜能释放，全力提升消费能级

培育壮大市场主体。全面承接省“8+4”政策体系，突出“明重点、谋项目、出政策”，制定新一轮经济稳进提质实施方案，推动降本减负政策精准直达快享，让政策早发力早见效，让市场主体早受益早解渴。强化商事制度改革，健全市场主体准入、退出机制，确保在册市场主体增长5%以上。加强涉企政策集成，支持企业开展首台套装备、首批次新材料、首版次软件工程化攻关，政府采购项目预留给中小企业的比例不低于40%。全面清理不规范涉企收费事项，加强企业信用管理，依法保障市场主体合法权益。

升级发展商贸体系。推进县域商业体系建设，加快松阳供销社超市商贸综合体等项目建设，打造商旅住餐为一体的现代化商业功能集聚区。构建“一江两岸”商贸新格局，加快瓦窑文旅综合体项目建设，优化明清古街运营模式，老城综合服务中心、双童山风情街区投用运营。加强物流体系建设，争创客货邮融合发展五星样板县，启动建设浙西南公铁物流中心项目，深化“客货邮+产业电商+生鲜配送+便民服务”模式，完成县级农村物流共同配送中心、7个乡镇客货邮融合运输服务站和45个村级农村物流服务点建设。

提振市场消费信心。把激活和扩大消费摆在优先位置，发挥消费券等政策支持引导作用，举办拉动作用明显的展会活动，刺激消费市场回暖。持续开展放心消费单位创建，完善消费市场监管和消费领域管理机制，规范市场秩序。大力发展批零住餐、医疗健康和养老服务等消费产业，规范平台经济发展，实现服务业增加值增长6.8%，社会消费品零售总额增长8%以上，网络零售额增长10%以上。促进房地产市场平稳健康发展，扎实做好保交楼、保民生、保稳定各项工作，注重防范化解房地产领域风险。优化保障性住房供给，健全以公租房、保障性住房为主体的住房保障体系。

五、聚焦教科人才，全力提升动力能级

推动教育提质见效。构建完善终身教育体系，办好人民满意的教育。启动全国学前教育普及普惠县创建，创成全国义务教育优质均衡发展县。优化学前教育，公办幼儿园在园幼儿比例达60%，普惠性幼儿园在园幼儿比例达95%以上，文教园区幼儿园开园招生。全面实施“县中崛起”“初中壮腰”“小学强基”工程，推动松阳一中成为双一流大学优质生源培养基地，松阳二中成为以美术学科为强项的优质特色学校。加快职业教育供给侧结构性改革，持续加强硬件投入、师资培养、招生宣传力度，推进丽水农林技师学院摘筹工作。发挥浙江开放大学松阳学院在服务全民终身学习和培育新时代工匠中的作用。力争育英小学建成投用，启动南城实验小学建设，产教融合中心、第三实验幼儿园主体工程基本完工。

加大科技创新力度。依托高等院校、科研院所，推进茶产业创新服务综合体建设，百度Apollo智能交通生态联盟创新中心创成市级科技企业孵化器，实现浙江中医药大学松阳研究院实体化运行，谋划建设不锈钢科创服务中心。加大科技创新投入，全社会R&D经费投入占GDP比重超2%，科技投入增长20%以上，规上工业企业研发费用增长10%，高新技术产业投资增长12%以上，高新技术产业增加值占规上工业增加值比重达50%。实施科技企业“双倍增”计划，新增国家高新技术企业9家、省科技型中小企业25家，培育省级企业技术中心1家。

强化人才基础支撑。深入推进青年发展型县域建设，系统实施三年行动计划，落实落细青年发展新政。深化人才全生命周期服务，加快推进人才公寓、人才驿站、人才创新创业综合体建设，持续加大人才政策兑现力度和速度，争取丽水市人才科技主题产业基金破零，力争引进院士等领军型人才及团队2个，完成绿谷精英人才遴选9人，落地4人，新引进外国专家智力5人、博士40人、硕士150人。制定出台加强技能人才队伍建设实施方案，开展技能培训5000人次以上，新增技能人

才1400人，高技能人才700人，力争技能人才占从业人员比重达30%。

六、聚焦改革开放，全力提升活力能级

突出重点领域改革。对标全省重大应用"一本账"，争取更多工作纳入省级试点。谋划开发"数字打非""智慧水网""医防融合"等场景，迭代升级"茶叶在线""青松向阳""基层解纷在线"等应用，加快县级一体化智能化公共数据平台建设。深化"大综合一体化"行政执法改革。推进基层便民体系建设，筹建县行政服务中心古市分中心。深化"一网通办"数字化服务，推进县乡村政务服务平台标准化建设。扎实推进跨乡镇全域土地综合整治、省级深化农村"三位一体"、农业"标准地"、强村富民乡村集成改革、幸福乡村5G智慧医联体、"幸福小港"等试点。全面完成国企二轮改革，年内新增AA级信用评级公司1家。

加快开放合作步伐。深入实施"地瓜经济"提能升级"一号开放工程"，办好第三届城乡联系国际论坛，实质性推进遂松聚落发展区块建设。深化山海协作，招引产业合作项目18个以上，实际到位资金24亿元以上，力争松阳—余姚山海协作产业园成为"百亿级"山海协作产业园，实施余姚—松阳"产业飞地"二期工程。持续加强同结对地区合作，力争全年合作项目12个以上，向省内沿海发达地区销售农产品1500万元以上，谋划建设山海协作乡村振兴示范点5个。积极落实稳外贸系列措施，完成外贸出口总额10.9亿元以上，利用外资400万美元以上。

强化对外交通建设。坚定实施交通强县战略，完善提升外畅内联的现代交通网络。加快衢丽铁路松阳段、G235松阳至云和段改建、西竹玉等项目建设进度。义龙庆高速公路松阳段、637国道（原222省道）松阳雅溪口至裕溪段改建等项目开工建设。加快推进金南铁路、G235松阳至武义段、S209板桥至靖居口公路等项目前期。

七、聚焦精致精细，全力提升城市能级

精准化健全规划体系。按照"松古平原一城化"发展要求，完成县域国土空间总体规划报批，做好县级国土空间监督管理"一张图"信息系统数据归集及应用工作。高标准启动南城城市设计、中心城区和古赤新副城控制性详细规划编制，开展吴家山区块城市设计以及10个"多规合一"实用性村庄规划编制。加大规划执行刚性，确保各类规划有效落地。

精致化推进城市建设。推进城市有机更新，完成马桥后区块征迁、荷田岭区块改造，加快城南未来社区建设。实施原松阳师范区块改造项目，推进南城3号、北山路古安亭地块等房开项目建设。提升城区功能，完善北直街、南直街、汤兰公所—文庙和古市历史文化街区保护规划，推进"老城印象"城市风貌样板区创建，打造"文里之外·老街之中"特色街区。完成要津南路延伸段工程、应急指挥调度中心等项目建设，推进龙湖公园区块基础设施及配套、城市燃气管道、长虹中路管网改造等续建项目，启动实施滨江区块及路网、独山路、万通大道改造等项目。深入推进古市千年古城复兴试点工作。

精细化加强城市管理。以省级示范文明县城创建为契机，提升城市管理水平，破解城市内涝、街道"机非不分、人非共板"、空中"蜘蛛网"等城市管理难题，开展文明交通、物业管理、市政施工等专项整治提升行动。启动新华路等4条精品示范街改造，新建电瓶车停车区14个。开展城市色彩、人性化设施改造，实现5分钟见绿，10分钟进园，完成花园（绿色）社区建设2个。深化生活垃圾"两定四分"和"撤桶并点"，新创建定时定点投放小区2个。深化建筑垃圾处置，启动建设资源化循环利用项目。加大禁违拆违力度，争创省"无违建县"。

八、聚焦乡村振兴，全力提升共富能级

发展高效农业。实行最严格的耕地保护制度，全面落实"田长制"，坚决遏制耕地"非农化"、防止耕地"非粮化"，稳定粮食播种面积12万亩左右。推广"稻耳轮作""稻鳖共生"等粮经种植模式，推进松阳农产品冷链物流项目，建成粮食烘干中心，全力做好"非粮化"整治优化后半篇文章。大力发展林下经济，新发展香榧500亩、油茶2000亩、中药材2000亩，食用菌生产规模保持5000万袋以上。支持茶香牧业公司申报未来牧场，全县生猪存栏达4.6万头。深入实施农业"双强"行动，农业综合机械化率达73%以上。探索未来农田建设，改

善农田水利基础设施，完成江北灌区节水改造、2000亩绿色农田和7000亩高标准农田（粮功区）基础设施改造提升项目，加快江南灌区节水改造项目前期。

建设美丽乡村。深入实施乡村建设行动，争创省级新时代美丽乡村示范县，创成省级美丽乡村示范乡镇1个、省级美丽乡村特色精品村3个。启动三都四都“古村秘境”县域风貌区和四都省级样板镇创建。全域推进未来乡村建设，创成省级未来乡村2个。加强历史文化村落保护，做好历史文化村落重点村规划、实施和验收工作。深化农村人居环境整治，谋划推进农房整治、管线序化、村道提升新“三大革命”。巩固提升农村生活垃圾分类处理水平，创成省级高标准垃圾分类示范村3个，建成大东坝、玉岩城乡生活垃圾中转站。高水平建设“四好农村路”，争创国家级“四好农村路”示范县，新改建农村公路76.23公里，农村公路养护工程87.73公里。

促进农民增收。围绕富民强村，推动生态强村公司实体化经营、市场化运行，经营性收入50万元以上的村达55个，其中收入100万元以上的村达15个。盘活农村资产资源，稳妥有序推进农村集体经营性建设用地入市改革、农村宅基地自愿有偿退出试点。开展“共富工坊”达标创星、整县创优行动，打造三星级示范工坊20家以上。围绕一村一品，完善利益联结机制，推进省“万户农家旅游致富计划”，规范发展新型农业经营主体15家以上。聚焦革命老区振兴发展，加快推进“红色玉枫 菇香柿溢”乡村振兴项目等一批共富项目建设。

九、聚焦绿色发展，全力提升生态能级

高水平开展污染防治。深化“五水共治”碧水行动，确保出境断面水质稳定在Ⅱ类水标准，力争再夺“大禹鼎”。加强松阴溪水环境治理“一件事”数字化场景和水域监管“一件事”场景应用。深入推进清新空气行动，统筹抓好秸秆禁烧、机动车尾气等专项治理，确保空气优良率达99%以上。深化“肥药两制”改革，加强肥药废弃物回收处置，实现肥药双减5%以上。推进工业固废处置、中水回用工作，实现危废“动态清零”，创成“无废城市”。

高要求建设“绿色低碳县域”。系统谋划绿色低碳县域建设，布局发展低碳工业、负碳农业、零碳乡村。实质性运行茶园碳汇合作研究中心，探索茶园碳汇交易。推动绿色能源产业发展，加快抽水蓄能电站和光伏发电项目建设，完成分布式光伏并网1万千瓦。推广秸秆综合利用主推技术，秸秆综合利用率达95%以上。加强“两山”合作社发展，创新绿色金融产品和服务。健全“生态信用”评价管理制度，推广“两山信用贷”模式。

高标准加强生态保护修复。秉承山水林田湖草沙生命共同体理念，系统推进生态保护和修复。全面落实“河湖长制”，加快全省山区水利现代化先行县试点建设，抓好“松阳水网”建设，推进松古平原水系综合治理等项目建设，完成中小河流整治17公里。加大河道采砂整治力度，形成闭环管理。全面落实“林长制”，全力以赴打好松材线虫病歼灭战，实现疫木全域动态清零。

十、聚焦共同富裕，全力提升供给能级

健全更有广度的社会保障。高质量办好省市县民生实事项目。全力实施“扩中”“提低”行动，推动“共富123行动”试点建设。加快少数民族乡（村）发展，深化“十联同心、十产带富”行动，谋划实施共富产业项目10个以上。推进“大搬快聚富民安居”工程，完成搬迁3200人以上。全力帮扶重点群体就业，举办公益招聘活动30场次，发放创业担保贷款超1000万元。新增城镇就业1400人以上，城镇登记失业率控制在3%以内。持续推进全民参保扩面提质，力争户籍人口基本医保、基本养老保险和“浙丽保”参保率分别达99%、98.8%和96%以上，积极推进长期护理险试点工作。提升养老服务质量，推广“照料中心配送餐+集中就餐+邻里助”就餐服务模式。加大科技助残力度，编制《家居无障碍设计要求》国家标准，争创全国无障碍示范县。推进残疾人康复托养中心（二期）开工建设，南山大健康文化园投入运营。健全未保工作体系，实现乡镇（街道）未成年人保护站覆盖率达70%以上。加强退役军人服务保障体系建设，用好用足“拥军贷”、税费减免等政策，确保双拥模范县通过省级复评，力争省荣军优抚医院落地松阳。

提供更有深度的医疗服务。争创国家慢病综合防控示范区、国家级健康促进县、省级母婴室

标准化建设县。深化家庭医生签约服务工作，重点人群签约服务率力争达到80%以上。继续实施60周岁以上老年人群“两慢病”免费服药供给服务。深入实施医联体和医共体建设，深化与省新华医院等单位医疗合作，加快推进人民医院改扩建、中医医院迁建、妇幼保健服务中心等项目建设。

建设更有厚度的文体事业。推进书香文化建设，积极融入“宋韵文化传世工程”，挖掘提升叶法善、张玉娘、延庆寺塔等唐风宋韵文化，打造一批具有松阳辨识度的新时代文化金名片。推动公共文化提质扩面，建成城市书房3家，文化驿站1家，乡村博物馆3家，“15分钟品质文化生活圈”10个，开展送戏下乡200场，文化走亲10场。繁荣发展体育事业，推进全民健身中心建成投用，举办全国业余围棋公开赛、全国露营大会、田园松阳马拉松、第十届全民运动会等体育赛事活动，争创全国围棋之乡、体育现代化县。促进文旅深度融合，年内争创省级乡村旅游重点村、省级产业融合示范基地各1个，省3A级景区乡镇3个、A级景区村10个。高品质推进卯山森林康养、古市医养中心项目二期、桐榔文化康养基地等项目建设，积极培育康养度假、红色研学、古村探秘等文旅业态，推出松阳老城、松古灌区等文化旅游新路线。

打造更有温度的社会治理。加强社会治理中心建设，推进网格标准化规范化建设，落实网格事项准入审查等机制，推动基层治理“四平台”迭代升级。加快现代社区建设，争创全国首批市域社会治理现代化试点合格城市。常态化开展扫黑除恶，精准打击电信诈骗、黄赌毒、盗抢骗等违法犯罪活动，力夺全省首批二星平安金鼎。持续推进矛盾纠纷排查化解工作，完善信访矛盾纠纷“三色预警”机制，提高初信初访解决率，争创省级信访工作示范县。全力做好杭州亚运会、全国两会等重大安保任务。

十一、聚焦除险保安，全力提升安全能级

慎终如始做好疫情防控。坚持人民至上、生命至上，抓实抓细新冠病毒感染“乙类乙管”各项工作。聚焦“保健康、防重症、遏病亡”，重视医疗救治硬件和团队建设，持续提升医治能力，确保应收尽收、应治尽治。加强医疗救治硬件建设和医疗物资储备，确保老年人等重点保护群体第一时间用药治疗。加快“一老一小”重点人群疫苗接种工作，全力补齐农村疫情防控短板，继续做好养老院、敬老院等重点机构和特殊场所的管理服务工作。

从严从细抓好公共安全。压紧压实安全责任，深化交通运输、建筑施工、消防、自建房等重点领域隐患排查整治，提升本质安全水平，确保生产安全事故起数、死亡人数实现双下降，亿元GDP生产安全事故死亡率控制在0.05以下。高度重视文物安全，持续加大投入，建立全省最严格、最有效的文物保护长效机制。持续推进基层应急管理体系建设，打造“135”快速救援圈和农村“15分钟快速响应救援圈”，推动县应急救援物资储备和救援中心项目落地，分片区推进象溪、玉岩、大东坝乡镇综合应急救援队建设，切实提升应急救援能力水平。全面加强食品药品安全监管，推进食品安全“两个责任”落实和药品安全“黑匣子”数字化应用落地，切实守护群众饮食用药安全。推进劳动关系“和谐同行”三年行动计划，巩固“无欠薪县”创建成果。

毫不松懈防范经济金融风险。加强债务风险源头管控，坚决遏制新增隐性债务，兜牢县级财政“保工资、保运转、保基本民生”底线。加强国有资产全生命周期管理，探索“公物仓”建设，加强投资风险防范。注重财政资金绩效管理，纵深推进专项资金实质性整合，确保资金“放得下、接得住、用得好”。完善金融风险防控机制，依法打击非法集资、非法融资等涉众型经济犯罪行为，确保不发生系统性金融风险。

大力支持国防和军队建设，做好人民防空、退役军人事务、双拥共建等工作。我们还将继续扎实做好民族宗教、外事侨务、统计调查、妇女儿童、消防救援、审计、对台、气象、地震、保密、史志档案、慈善、关心下一代、残疾人、红十字等工作，推动政府各项事业齐头并进。

各位代表，顺应群众期盼，我们梳理了13项年度民生实事项目，分别是：国省道机非隔离及农村公路养护工程，免费投保60岁以上人群意外伤害险，农村灌溉、供水设施提升改造项目，城乡路灯提升工程，基层医疗服务能力提升项目，文体休闲场所设

施提升改造，农村快速响应救援圈建设，特殊群体居住环境提升，中小学办学条件改善工程，婴幼儿照护服务提升项目，客货邮融合运输项目建设，免费投保采茶工雇主责任险，天然气入户惠民工程。对于本次人代会最终票决确定的项目，我们将全力以赴办好。

加强政府自身建设

我们将始终把人民作为最大靠山，把民心作为最大政治，把民生作为最大责任，始终保持赶考心态、奋进姿态、答卷状态，努力建设人民满意的政府。

打造忠诚型政府。深刻领悟“两个确立”的决定性意义，增强“四个意识”、坚定“四个自信”、做到“两个维护”，严格落实意识形态工作责任制,不断提高政治判断力、政治领悟力、政治执行力。不折不扣落实习近平总书记重要指示批示精神、党中央国务院大政方针、省市决策部署，切实做到“上级有部署、县委有要求、政府见行动”。

打造服务型政府。坚决贯彻以民为本的工作理念，全面推进“大走访大调研大服务大解题”活动，精准对接发展所需、基层所盼、民心所向，坚持不懈为企业、基层、群众办实事，做好事。永葆为民情怀，办好民生实事、关键小事，兜牢民生底线，让政府工作更有温度。

打造法治型政府。高度重视省委巡视反馈问题整改，举一反三，建章立制，切实提升政府依法行政水平。推进行政复议化解行政争议主渠道和乡镇（街道）法治化综合改革。高质量落实“八五”普法规划，建立健全领导干部常态化学法机制。依法接受人大监督，自觉接受政协民主监督，高质量办好人大代表建议和政协委员提案。密切与民主党派、工商联、无党派人士和人民团体的联系沟通，主动接受司法监督、社会和舆论监督。规范政府信息公开。

打造效能型政府。始终把抓落实作为政府工作的主旋律，多做确定的事，构建“指标化、项目化、清单化”工作体系，形成决策协调、督查反馈、以事找人、整改落实为一体的闭环机制。建立健全事前定责、事中督责、事后问责相衔接的全过程责任体系。实施干部能力提升工程，增强干部的责任心，提升干部的政策水平和群众工作能力。

打造廉洁型政府。压实全面从严治党主体责任，深入贯彻落实中央八项规定精神，驰而不息改进作风。坚持政府过紧日子，严控“三公”经费，刚性执行财政预算，持续压减一般性支出和非重点、非刚性、非急需支出。发挥财政监管、审计监督作用，深化政府投资项目、公共资金、公共资源等重点领域治理。

各位代表！回首过去，我们步履坚实；展望未来，我们清醒坚定！让我们紧密团结在以习近平同志为核心的党中央周围，在县委的坚强领导下，敢当“破风者”，永做“挺进师”，坚毅笃行“丽水之干”，大力实施“二次创业”，在建设现代化“田园松阳”新征程上奋力奔跑。

（县政府办公室）

名词解释：

1.隐形冠军企业：在某个细分行业或市场占据领先地位，拥有核心竞争力和明确战略，其产品、服务难以被超越和模仿，而不为公众所熟知的中小型企业。

2.专精特新企业：主营业务专注专业、经营管理精细高效、产品服务独具特色、创新能力成果显著的企业的简称。

3.客货邮融合：把城乡客运、邮政快递、农村物流等既有网络、运力资源共享，构建“一点多能、一网多用、功能集约、便利高效”的农村运输服务发展新模式。

4.三区三线：“三区”是指城镇空间、农业空间、生态空间三种类型的国土空间；“三线”是指城镇开发边界、永久基本农田、生态保护红线三条控制线。

5.未来乡村：立足乡村资源特色、地域禀赋、产业优势和人文特征等元素，打造的特色鲜明、功能完善、产业突出、环境优美、服务便捷、智慧互联、整体智治、共同富裕的，引领乡村发展方向的生态、生产、生活共同体。

6.共富工坊：引导企业把适合的生产加工环节布局到农村，或结合发展乡村旅游、康养医疗、农村电商等新产业新业态，吸纳农村剩余劳动力、低收入农户就地就近就业，利用农村党群服务阵地、闲置房屋土地等创办工坊。

7.综合查一次：对涉及跨部门、跨领域、跨层级多个执法主体的相关行政检查事项进行“一件事”集成，在同一时间对同一监管对象进行联合执法检查，防止监管缺位，避免重复检查的综合行政执法制度。

8.拿地30天开工：全县范围内社会投资工程建设项目，从取得参与土地使用权竞拍证明到获取施工许可证为止，政府审批时间不超过30个工作日。

9.GEP：即生态系统生产总值，是指生态系统为人类福祉和经济社会可持续发展提供的各种最终物质产品与服务（简称“生态产品”）价值的总和。

10.两山贷：基于农民生态信用体系推出的金融信贷产品，将生态环境保护、生态经营、绿色生活、生态文化、社会责任等列入评分项目，以将生态信用评价结果作为贷款准入、贷款额度、贷款利率的参考依据，让生态守信者能够真正享受到“守信”为自己带来的金融福利。

11.生态贷：以生态价值未来补偿收益为质押的银行信贷产品。

12.产业飞地：在经济发展存在落差的两个地区，打破行政区划限制，通过跨空间的产业共建、园区共建、要素共建，来实现资源互补、互利共赢、协调发展的新发展模式。

13.消薄飞地：浙江省26个加快发展县在结对地区开展异地投资建设，承担消薄脱贫功能的经济实体。

14.“初中壮腰”工程：主要为加强初中教育的优质均衡，提升初中学校的办学品质，推动办好家门口的每一所初中学校，努力让每个孩子都能享有公平而有质量的教育。

15.“小学强基”工程：固教育质量之本、强教育发展之基，通过制度创新、政策支持、项目化实施等措施，激发学校办学内生动力，促进学生全面、个性化发展，推动小学教学质量整体提升。

16 .15分钟品质文化生活圈：城乡居民走出家门，步行15分钟左右，即可到达至少1个必备公共文化场馆和2个以上公益性公共文化空间（设施总量不少于3个），享受高品质的基本公共文化服务，其地域范围为居民住宅区辐射半径1.5公里左右。

17.标准地：在完成相关区域评估基础上，带着固定资产投资强度、容积率、单位能耗标准、单位排放标准、亩均税收等至少五项基本指标出让的国有建设用地。

18.链长制：以领导挂帅担任链长，通过充分发挥党政一把手集聚内外部资源的能力，提升一个区域的产业链现代化水平、推动产业链高质量发展。

19.“成长型”企业：在较长的时期内（如3年以上），具有持续挖掘未利用资源能力，不同程度地呈现整体扩张态势，未来发展预期良好的企业。

20.“领军型”企业：在某行业或某地区的企业排头兵，在经济规模、科技含量或者社会影响力方面具有领先地位。

21.“零土地”技改：企业在不涉及新增建设用地前提下开展的技术改造。

22.科技企业“双倍增”计划：指“十四五”期间实现科技型中小企业和高新技术企业数量较“十三五”翻番。

23.松古平原一城化：推动松古平原重点板块建设的一项系统工程，重点打造“一江两岸、南城新区、老城历史文化保护区、北城望松区块、副城古市区块”五大发展引擎。

24.人非共板：电动车、自行车等非机动车和行人共用的一个板块。

25.两定四分：“两定”即定时、定点；“四分”即把生活垃圾分为四类：餐厨（厨余）垃圾、可回收物、有害垃圾、其他垃圾。

26.撤桶并点：将过去分散投放的露天垃圾桶撤除，合并放置在专门的点位，实现垃圾定点投放，统一管理、集中清理。

27.田长制：指为落实永久基本农田保护而建立的以村（社区）为单位的网格化管理机制，由市政府、区（县、市）政府、乡（镇、街道）主要领导分别作为辖区内永久基本农田保护一级、二级、三级田长，村（社区）负责人作为网格长，将永久基本农田保护任务落实到责任人、责任地块和责任网格，形成一级抓一级、层层抓落实的永久基本农田保护机制，实现保护责任全覆盖。

28.林长制：按照“分级负责”原则，构建省市县乡村五级林长制体系，各级林长负责督促指导本责任区内森林资源保护发展工作，协调解决森林资源保护发展重大问题，依法查处各类破坏森林资源的违法犯罪行为。

29.农业“双强”行动：科技强农行动和机械强农行动。

30.未来农田：指集机械化生产、规模化种植、数字化管理的“农田肥沃、设施齐全、道路畅通、科技先进、高产高效、观光体验”于一体的农田。

31.四好农村路：建设好、管理好、养护好、运营好的农村公路。

32.万户农家旅游致富计划：用以指导农村集体经济组织有效整合闲置宅基地、空置房产、山林农田等资源，盘活乡村存量资产，充分挖掘乡村多元价值，连片规划引入社会资本,因地制宜发展乡村休闲、生态旅游、绿色康养、文化创意等兴业富民多元业态。

33.省“千项万亿”工程：主要围绕先进制造业基地、科技创新强基、交通强省、清洁能源保供等领域，每年滚动谋划推进1000个以上省重大项目，每年完成投资1万亿元以上。

34.“扩中”“提低”行动：扩大中等收入群体规模，提高低收入群体收入。

35.共富123行动：通过试点项目建设，加快形成以项目助推“扩中”“提低”，带动农村群众增收致富的良好局面。

36.“十联同心、十产带富”行动：动员10个统一战线组织、社团，认领结对10个产业，通过破难题、增效益、打品牌，打造促进村集体经济和农民收入持续协同增长的富民产业。

37.无废城市：以新发展理念为引领，通过推动形成绿色生产生活方式，持续推进固体废物源头减量和资源化利用，最大限度减少填埋量，将固体废物环境影响降至最低的城市发展模式。

38.零碳：是指通过规划、统筹，应用减源增汇、绿色能源替代，碳产品封存、碳交易及生态碳汇补偿等方法，抵消碳源，使碳源与碳汇代数和等于零。

39.茶园碳汇交易：通过低碳模式对茶园进行种植和管理，带来减排固碳生态效益，进而将茶园产生的碳汇量卖给其他主体，从而抵消该主体的碳排放。

40.“两山”合作社：通过将生态资源进行分散式输入、集中式输出，从而实现生态资源的市场化运作的经营模式。

41.“135”快速救援圈：在城镇建成区、工业园区做到1分钟接警、3分钟出动、5分钟救援。

42.15分钟快速响应救援圈：在城郊和人口相对密集的农村,15分钟到达现场开展救援。

43.R&D经费：全社会研究与试验发展经费。

44.四感：浙江省高质量发展共同富裕示范区民众“获得感、幸福感、安全感、认同感”监测评价。

45.“8+4”政策体系：即扩大有效投资、科技创新、“415X”先进制造业集群培育、现代服务业高质量发展、世界一流强港和交通强省建设、扩大内需和对外开放、乡村振兴和城乡一体化发展、保障和改善民生8个重点领域政策包，财政金融、自然资源、能源、人才等4张要素保障清单。

46.公物仓：公物仓是对行政事业单位闲置、超标资产和临时机构的资产等进行统一管理、统一调配、统一处置的专门机构。建设公物仓是推动调剂共享、盘活存量资产、提高使用效能、节约财政资金的有效途径，也是强化国有资产管理采取的一种举措。

47.地瓜经济：是对总部经济的形象比喻，指地瓜的藤蔓伸向四面八方，但根茎依在土壤中，藤蔓为了吸取更多的阳光、雨露，发挥更多的光合作用。形象反映“浙江经济”与“浙江人经济”的关系，把在外浙商和浙江经济更加紧密地联结起来，促进在外浙商更好地为发展浙江服务。

48.宋韵文化传世工程：实施宋韵文化研究、遗址保护、数字展示、品牌塑造、文旅融合、文化传播等“六大行动”，有效推进宋韵文化保护、提升、研究和传承。

49.外埠市场：指县级市、县和乡镇组成的消费市场。

50.VOCs：是Volatile Organic Compounds三个词的缩写，指挥发性有机物。

（县政府办公室）

余姚—松阳山海协作 20 周年

2022 年是余姚—松阳山海协作工程实施 20 周年。在“八八战略”的指引下，两地始终把山海协作工作放在重点突出位置，聚力“项目援建、消费帮扶、文旅合作、产业合作、乡村振兴”等重点领域，全面打造山海协作升级版。20 年来，余姚累计选派 15 名党政干部到松阳县挂职交流，到位援建资金约 7600 万元，合作共建产业园区（含飞地）3 个，消费帮扶约 1 亿元，两地山海协作工作连续多年在省市山海协作考核中获评“优秀”等次。

一、共同富裕举措

（一）项目援建情况。2016 年以来，累计落实山海协作援建财政资金 1414.5 万元，实施援建项目 54 个，有效提升松阳基础设施建设水平，促进产业发展，带动群众增收。2019 年投入援建资金 50 万元，建成松阳县古市镇寺口茶青市场，改善原先茶青交易市场“脏、乱、差”的局面，为附近 8 个产茶村提供整洁、便利的茶青交易场所，为茶农提供农资、农副产品交易等集成服务，有效促进茶青产业发展。2022 年，该市场年茶青交易量突破 400 万千克，年交易额达 2 亿元以上。

（二）消费渠道拓展。余姚市先后在阳明古镇、家家福超市等区位条件好、人流量大的地区设立消费帮扶专区，依托拼多多、美丽四明山等电商平台，完善销售网点，拓展销售渠道，针对性解决松阳农产品“有口碑，没市场”的困境，松阳茶叶、香菇、香榧等“山珍”进入余姚百姓餐桌。2022 年 11 月 9 日，松阳农副产品展销中心在余姚开业。

（三）文旅合作惠民。依托松阳古村落、民宿等旅游资源，余姚市找准松阳文旅资源与余姚文旅市场的契合点，组织开展疗休养活动，签订《松阳—余姚职工疗休养战略合作协议》，互将对方视为职工疗休养首推目的地。2017 年以来，累计组织 5000 余名职工到松阳开展疗休养。2021 年，宁波市到松阳疗养人数达 1.65 万人次，比上年增长近 1 倍。

二、产业互促

（一）“飞地”建设。2019 年，由松阳县田园强村投资有限公司牵头，与中意宁波生态园控股集团有限公司采取“飞地抱团”

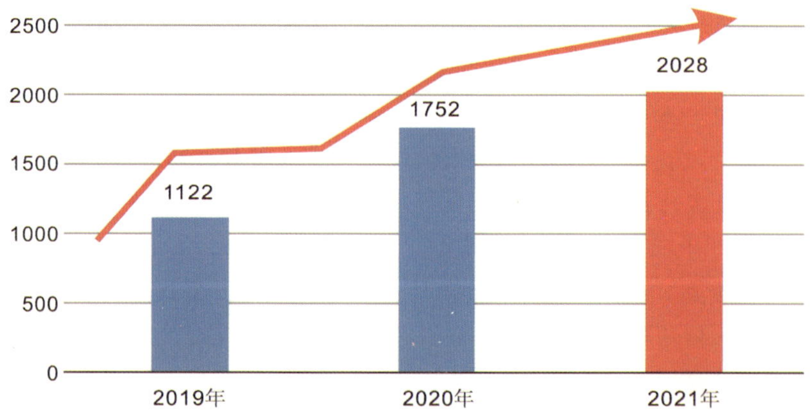

图 1　2019—2021 年余姚市助力松阳消费帮扶情况图（单位：万元）

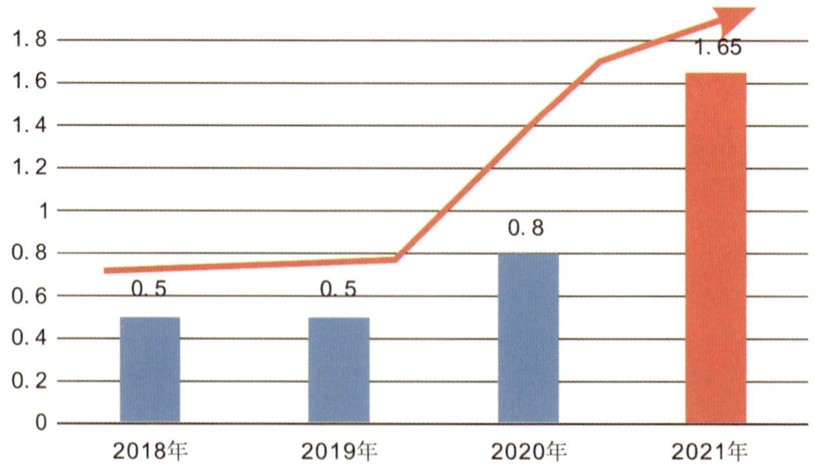

图 2　2018—2021 年余姚市到松阳疗养情况图（单位：万人次）

模式建立“消薄飞地”。吸纳松阳48个村股份经济合作社投资3109.5万元，按股集中统一投入，购置厂房。中意启迪科技城负责其代管运营，帮助松阳招商引资，并以每年10%左右的包租固定回报方式给参股村提供收益。至2022年底，园区实现满租，累计返利932.7万元，有效带动松阳48个经济薄弱村增收致富。“产业飞地”规划面积为100公顷，项目按照“一次规划、分期建设”的方式推进，其中一期启动项目为年产2000万千克的高端智能物流箱研发生产项目，建设面积为3.15公顷，总投资2.35亿元，于2021年11月开工建设，已完成投资1.05亿元。“产业飞地”的签约时间和项目落地时间均位于全省前列，形成“双飞地”齐头并进的格局。

（二）平台共建。2012年，松阳、余姚签约共建松阳—余姚山海协作产业园。该产业园于2013年启动建设，规划总面积为7.1平方千米，分A、B、C 3个区块，其主体位于松阳县赤寿生态工业功能区内，至2022年末，入驻企业60家。其中，规模以上企业16家，累计完成固定资产投资74.57亿元、政府性投资21.93亿元。2021年，项目投资总额、工业总产值分别比上年增长109%和420%，实现了产业合作质和量的双增长。

（三）优势互补。围绕各自优势资源，两地组织互访交流，找准产业合作的切入点、契合点，实现协作共赢。20年来，余姚持续投入资金帮助松阳县古市镇八都村发展民宿、康养产业，直接带动村集体每年增收20余万元。同时借鉴松阳县民宿发展经验，深化“美丽乡村”建设，推进乡村旅游项目开发。在松阳挂职干部（时任余姚市副市长谢雅贞）的推动下，2016年，乡伴树蛙部落项目落地（项目位于余姚市鹿亭乡中村，占地约1公顷，一期总投资2000万元）。2018年，拥有14间客房、1间三联书店的余姚树蛙部落开门营业，当年平均入住率达到95%以上。

余姚在松阳援建的乡村振兴示范点——横樟村

（县档案馆供图）

三、乡村振兴示范点建设

（一）基建设施提升。2019年，根据余姚—松阳共建乡村振兴示范点合作协议书精神要求，大东坝镇横樟村被列为余姚在松阳援建的乡村振兴示范点创建单位。至2022年12月底，该村实现投资1952万元（其中余姚援建资金414万元），完成综合休闲广场、饮用水达标提标、古驿道修建等基建项目。

（二）廉政基地建设。依托横樟村“包氏祖居、清廉之地”品牌的古村文化，打造思廉堂、廉政道德长廊、包氏宗祠、半山民宿等节点。2022年，横樟村累计接待游客2万余人次，实现村集体收入67万元。

（三）产业富民帮扶。通过两地结对捐助和技术帮扶，先后发展特色水果园建设（种植蟠桃1000余棵、杨梅树700余棵）、上寮山香榧基地、中草药基地等产业项目。采取统一种苗、统一技术、统一标准、统一销售等模式，在保障农户收益的同时，做大做强横樟村农业产业，持续带动村民增收。

（县发展改革局）

综合交通产业链发展

2021年12月，中共松阳县第十一次党代会提出：强化“资源换产业、试点换项目”理念，全力打造和高水平推进全国自动驾驶先导应用试点、省级智慧交通产业发展试点县等建设，打造生态工业新增长极。2021年以来，松阳县坚持“交通先行”定位，聚焦综合交通产业新技术、新模式、新业态、新产品，重点扶持汽车关键零部件制造、交通物流设施装备制造、装配式交通建筑3大主导产业，做优做精智慧交通、快递物流2大特色产业，引导培育交通旅游、交通综合开发等若干新兴产业，构筑形成“3+2+X”（汽车关键零部件制造、交通物流设施装备制造、装配式交通建筑3大主导产业，智慧交通、快递物流2大特色产业，交通旅游等若干新兴产业）松阳特色综合交通产业体系，将综合交通产业打造成为全县生态工业跨越式发展的新增长极，为浙江省山区26县生态工业高质量发展提供“松阳样本”。

发展现状及愿景：

2022年4月10日，松阳县被浙江省交通强省建设领导小组授予“省智慧交通产业发展试点县”。9月，松阳县自动驾驶和智慧交通助推山区共同富裕项目入选浙江交通强国试点。出台《松阳县“十四五”综合交通产业规划》和《松阳县智慧交通产业发展三年行动计划（2023—2025年）》，争取省级试点4个。举办全省智慧交通产业推介会，深度参与浙江第四届智能交通博览会。“自动驾驶和智慧交通助推山区共同富裕创新示范项目”入选2022年浙江省交通强国新增试点项目名单，通过试点项目打造多类型应用场景示范，以牵引智慧交通产业落地松阳集聚发展。建设“1+3+1”场景，即建设1个智慧交通协同创新基地，打造自动驾驶、数字公路、交旅融合3个应用示范场景，牵引一批智慧交通头部企业。总投资约1.67亿元，其中一期投资概算为8796.72万元，中标价格6051万元。建成智慧交通馆、无人多功能车、数字公路、自动驾驶公交、自动驾驶观光等应用场景。完成智慧交通产业园，恒兆智能智造产业园，绿色综合交通基地建设。初步形成以浙江科马摩擦材料股份有限公司、浙江瓯江实业有限公司、浙江万鸿汽车零部件有限公司等企业为基础，恒兆智能装备制造产业园、松阳智慧交通产业园为平台，浙江城光联链科技有限公司、杭州光粒科技有限公司、浙江晶宇半导体科技有限公司等企业为科技突破的产业发展格局。至2022年12月底，松阳县共有综合交通相关企业101家，其中交通运输业18家，交通装备制造业56家，交通建筑业14家，交通关联服务业13家，总产值34.12亿元，年度增加值为13.72亿元。

产企融合集群：

2022年5月，《松阳县“十四五”综合交通产业规划》正式出台。10月，松阳县成立智慧交通产业发展工作专班，由松阳县交通运输局为编制主体，委托浙江省发展规划研究院编制《松阳智慧交通产业发展三年行动计划》。计划总投资20亿元打造以“一心三区”（一个智慧交通产业创新中心和三个交通装备制造功能区）为总体布局的省级综合交通产业示范性园区。2022年8月25日,松阳科创中心揭牌运营。该中心位于铺门佳苑商业楼，建筑面积5904平方米，可以容纳20余家智慧交通科技公司入驻，为生态联盟企业提供公共环境管理、安全管理、设施维护等基础服务，工商注册、人才引进、知识产权申请、法律咨询等增值服务以及科技项目申报、政策解读、发展培训、科创融资等企业赋能服务，吸引Apollo（阿波罗）智能交通生态联盟（松阳）创新中心、新唐信通（松阳）科技有限公司、大乐致行（浙江）科技有限公司、松阳罗盘科技有限公司、大土至爱（浙江）科技有限公司、大自有（丽水）品牌管理有限公司、浙江笙辉科技有限公司松阳分公司7家公司入驻。

2021年，全县招引浙江城光联链科技有限公司智慧交通设备生产线项目、绿色交通综合基地项目等综合交通相关项目8个,总投资约15亿元。2022年，全县招引浙江万鸿汽车制动器衬片、浙江荆虹科技人工智能（AI）视觉传感器产品、浙江晶宇半导体微机电系统（MEMS）智能传感器、浙江闰驰机电电动工具及锂电工具生产线项目、浙江松阳于万科技智驾工厂项目等项目10个，总投资32.3亿元。

2022年1月，由北京百度智行科技有限公司研发的无人驾驶旅游观光车在松阴溪绿道实地测试　（县交通运输局供图）

场景应用探索：

2022年，松阳县围绕乡村、中小城市、未来旅游发展等方面，探索智慧交通在中小场景落地。2021年9月，与北京百度智行科技有限公司签订合作框架协议，建立松阳自动驾驶江滨公园运营站，《自动驾驶和智慧交通助推山区共同富裕创新示范项目》通过交通运输部两轮评审，《工程项目可行性研究报告》获得审批答复。启动数字公路应用场景建设，2022年3月，松阳龙丽线望松至北山段3千米数字公路竣工投用,该路段共安装220根集太阳能照明、路面监控、数字公路雷达、远程喊话等多项功能的智慧杆，实现全路段的远程预警与监管，有效提升现有道路资源能效、通行安全、改善堵缓症状，实现安全、快捷、绿色出行。引入绿色交通综合基地项目，于2022年3月11日开工建设，7月26日投产，10月上规模，12月底实现营收2644.25万元,利润118.29万元,产生税收197.65万元。

合作平台构建：

2021年11月,松阳县人民政府与浙江交通职业技术学院签订战略合作框架协议，数字公路应用技术研究中心的首个分中心在松阳挂牌，分中心围绕公路智慧化建设运营、交通领域人才双向培养等方面共享优势资源，持续输出优质的培训实践、教师挂职锻炼、关键技术研发等人才培育模式，促进自动驾驶项目、数字公路、“路景产人”（修一条路、造一片景、兴一地业、富一方民）数字示范路等项目成果转化及应用，实现创新驱动、产业扎根、项目落地、人才集聚。2022年，松阳县开展院县、县企合作，与浙江交通职业技术学院、百度公司签订战略合作协议，推进关键技术研发、科技成果转化及高科技企业孵化、高端人才队伍建设等各项工作。至12月底，组织“松畅·交通大讲堂”、智慧交通专题报告会等系列活动6场,参加培训800余人次。

（县交通运输局 县综合交通产业链专班 县招商服务中心）

松古灌区申遗及保护利用

松古灌区位于丽水市松阳县境内，因流经松古盆地得名，是浙江省瓯江流域最大的盆地灌区和丽水市最大的产粮区。灌区起源于汉景帝三年（前154），历经两千多年，现存灌溉千亩以上古堰14处，清代以前的堰坝50处。大小古堰上千处，数量之多，工程密度之大，历史罕见。其独具特色的长藤结瓜式的灌溉体系，至今仍灌溉松阴溪两岸1.1万公顷农田，为当地茶叶、蔗糖、稻米等产业发展提供水利支撑。

松古灌区的堰、塘、渠、井等工程遗产类型丰富多样，拦水、引水、蓄水、补水、灌溉、排水等灌溉功能完备连贯。从开创性的“七三法”选址、“民办官助”，到“借地建圳”；从“牛背调水”，到“汴石分水”“分片轮灌”，治水实践丰富；从组织机构设立、经费来源，到水权的确立和处置，已形成制度化的管理方法，具备科学的现代工程管理特征。是特色鲜明的灌溉工程遗产“活态博物馆”，中小流域古代灌溉工程的典范。

2021年11月，松阳县出台《松古灌区灌溉工程遗产保护规划（2022—2035）》，通过成立工作专班、落实专项资金、实地考察学习等手段，筹备松阳县松古灌区申报世界灌溉遗产工程，通过本次申遗挖掘保护从明天顺元年（1457）至清光绪九年（1883）的榜文19篇、碑刻14方、摩崖7处、文选等10余篇。2022年4月15日，松阳县水利局以现场直播方式，就6个点位的灌溉功能向水利部专家组作汇报，并通过评估。5月7日，松阳松古灌区被中国国家灌溉排水委员会列入2022年度世界灌溉工程遗产中国候选工程名单。10月6日，松古灌区入选2022年度（第九批）世界灌溉工程遗产名录，成为浙江第七个世界灌溉工程遗产。

2022年，松阳县出台《松阳县河道保洁实施方案》《松阳县河道保洁长效管理考核细则》等方案规划，在发挥灌区古水利工程功能基础上，以“水美岸清”为原则，保护水资源、防治水污染、改善水环境、修复水生态，推进小港综合治理工程、松古平原水系综合治理工程等项目。围绕防洪水、排涝水、保供水3个方面，推进强库、固堤、扩排等3类工程建设。自2019年以来，累计投入资金1.3亿余元，新建、修复堰坝117座，渠道165千米，实现水资源可持续利用，为灌区内农业用水提供保障。

2019年，松阳县投资5788万元建成占地面积3.2万平方米，集松阳县水利博物馆、堰湖公园、景观科普电站、堤闸于一体的松阳县水文化公园，对松古灌区普查过程中挖掘的有价值的水文化资料进行展陈。2021年，将松阳县水利博物馆提升改造、松阴溪沿线水文化提升等项目纳入“幸福河湖”试点县建设，完善松古灌区核心区基础设施建设，全面展示松古灌区世界灌溉工程遗产风貌。与松阳县教育局、松阳县文化旅游发展投资集团有限公司等合作，2022年接待大、中、小、幼3.2万余名师生到水文化公园开展教育实践和研学活动，传承和展示松古灌区厚重的水文化。开设电动观光车游览、休闲骑行、马拉松运动、赛事骑行等线路，垂钓等休闲平台，推出钓鱼节、龙舟赛等旅游产品，结合松阴溪国家AAAA级旅游景区建设，打造松阳生态水旅游品牌。2022年，松古灌区产业带产值3.21亿余元，逐步形成独具特色的水文化产业经济长廊。

（县水利局）

大事记

1月

5日　松阳县年产10万台智能全地形车、电动车及轻量化配件项目和松阳县瓦窑文旅综合体3个项目参加全省扩大有效投资重大项目集中开工活动，总投资额69.4亿元。

6日　全国首个“科技支撑共同富裕试点村”启动仪式在松阳县象溪镇雅溪口村举行。

9日　全国乡村春晚百县联盟2022“我要上村晚”暨全国乡村春晚“百县万村”网络联动启动仪式在松阳县大东坝镇蔡宅村举行。

12日　省政协副主席、党组副书记孙景淼到松阳调研共同富裕工作。市政协副主席王顺发、县领导莫靓、梁海刚、廖宝云等分别参加调研。

20日　百度阿波罗（Apollo）松阳自动驾驶江滨公园运营站投入试运行。

30日　省人民政府批复同意整合设立“浙江松阳经济开发区”，实行省级经济开发区政策。该经济开发区规划面积7.32平方千米，分古赤新区块和北城区块。

2月

8日　县委十一届二次全体（扩大）会议暨全县干部大会召开。县委书记莫靓代表县委常委会作题为《谋定快动 竞逐一流 以优异成绩实现“二次创业”精彩开局》的工作报告。

△　县委常委会会议召开，传达学习省高质量发展建设共同富裕示范区推进大会精神，研究部署贯彻落实意见，审议《“1+4+10”行动方案》。

17日　第十一届松阳县委巡察工作会议暨第一轮巡察工作动员部署会召开。会议宣布十一届县委第一轮巡察授权任职和任务分工决定。

△　松阳县召开生态工业“二次创业”大会。会议表彰2021年纳税超1000万元工业企业、县制造业企业20强、县十大优秀制造业企业家、招商引资优秀项目、优秀外贸出口企业、招商引资工作突出贡献乡贤，举行新招引项目集中签约仪式、发布产业基金并签订驻外招商分局责任状。

28日　光粒（松阳）科技有限公司增强现实（AR）光波导眼镜产线开工仪式在松阳举行。

3月

17日　松阳县举行10000亩高质量绿色粮食生产基地项目——大东坝土地农业种植合作签约仪式。

22日　松阳县举行2022年春季新兵欢送暨“从戎之剑”赠剑仪式。

27日　第十五届中国茶商大会·松阳云上香茶节“云端春茶会”正式云启动。此次大会采用线上方式，以“松阳茶，香天下”为主题，安排“云”系列主题活动，同步策划云端春茶会、“松阳香茶”营销专场系列活动、8类“茶十佳”评选等4大特色活动。

30日　松阳县数字化改革推进大会暨“县乡一体、条抓块统”县域整体智治改革、法治建设、“大综合一体化”行政执法改革部署会召开。

是月　“松阳水网”——松古平原水系综合治理工程、抽水蓄能电站两大水利项目入选省发展改革委首批“7+7”（山区7个重点县与7家央企结对）合作项目清单。

4月

15日　松阳县举行新闻发布会，发布《松阳县全力发展壮大市场主体推进“二次创业”行动方案》，以暖心助企“30条”内容，优化提升松阳营商环境。

20日　由省文物局、省博物馆学会、市文广旅体局共同组建的专家领导小组到松阳，开展省民生实事项目乡村博物馆验收工作。松阳首批受验单位——新兴镇横溪村茶叶博物馆通过验收。

22日　松阳县涉企“综合查一次”应用场景——“政府治理端”“企业服务端”两方面，构建“基础数据管理、检查计划管理、检查任务管理和综合评价管理”四大核心业务新闻发布会举行。

29日　松阳县举行“青松归、青松住、青松创、青松贷、青松学、青松恋、青松育、青松养、青松玩、青松行”《“青松向阳”青年发展新政十条》和《松阳县建设青年发展型县域行动计划（2022–2025年）》新闻发布会。

是月　上上德盛集团有限公司研发的智慧安全（AI–EHS）生产决策系统和落地场景方案入选省级优秀名单，获评浙江省2021年人工智能典型应用场景。

是月　由县地方志编纂委员会编纂的2020年版《松阳县志》出版发行。

5月

8日　新华网溯源中国可信品牌大会暨新华网“种子计划”启动仪式于北京在线举行，国家地理标志产品——松阳茶叶入驻新华网溯源中国可信品牌矩阵。

10日　县委农村工作会议暨省级新时代美丽乡村示范县创建动员会召开。

12日　浙江工商大学考察组到松阳考察指导浙江省道地药材培育基地共建工作，授予板桥畲族乡“浙江省道地有机仿生畲医药材培育基地”“浙江工商大学数字赋能生态产品价值实现机制实践基地”称号。

△　松阳县志愿者联合会成立大会暨松阳青年发展型县域建设动员会召开，发布《“青松向阳”·青年倡议》，举行志愿者队伍授旗仪式。

△　县政府新闻办召开《松阳县工业投资项目优化审批服务实施办法（试行）》《松阳县优化营商环境十条措施》新闻发布会。

18日　浙江省征兵工作“一个过程”规范化建设试点观摩活动在松阳举行。

25日　民革松阳县总支部授牌成立大会召开。经民革丽水市五届十一次委员会同意成立民革松阳县总支部，下设“三农”“法律”“联谊”3个支部。

30日　松阳县举行2022年慈善捐赠活动启动仪式，表彰获得年度慈善贡献奖的爱心企业、爱心个人、爱心项目和爱心义工服务组织。

6月

1日　中共丽水市委书记胡海峰到松阳开展“稳进提质、除险保安”工作调研，并到松阳县社会矛盾纠纷调处化解中心面对面接待约访群众，到西屏街道新华村四都水库，检查指导防汛工作。

△　2022年度省级结对帮扶松阳县团组工作会议召开。省粮食和物资储备局、省政协办公厅、余姚市、湖州市南浔区、安吉县等12个省帮扶团组成员单位到松阳对接交流2021年度帮扶工作情况及2022年度工作计划。

△　松阳邮政管理局成立大会暨揭牌仪式举行。

△　松阳县人民政府与绍兴文理学院签订战略合作协议，为松阳县提供人才智库、规划设计、技术咨询、人员培训等各方面支持与服务。

7日　县委农村工作领导小组第一次全体会议暨乡村振兴工作述职会召开。会议审议《中共松阳县委农村工作领导小组工作规则》《松阳县落实五级书记抓乡村振兴责任清单（试行）》《消除集体经济薄弱村工作考核办法》及2022年乡村振兴重点任务清单。

9日　松阳县举行乡镇（街道）综合行政执法队集中授牌仪式。

10日　松阳县召开乡镇（街道）赋权、综合行政执法事项划转职权交接会议。此次赋权乡镇（街道）共性事项182项，执法局新增划转事项240项。

15日　省政协副主席陈小平一行到松阳考察调研，开展“送科技下乡”活动。

△　松阳县“先锋引领 电商兴农 联盟共富”活动在大东坝镇举行，为田园电商人才共富学堂、企鹅（松阳）青创基地和田园直播基地共富学堂授牌，并举行电商党建联盟揭牌仪式。

16日　新华网“种子计划”

赋能乡村振兴行动第二季启动仪式暨溯源中国可信品牌云上大会在北京开幕。会上，县委书记莫靓分享在高质量推进松阳县乡村振兴的过程中，打造“松阳茶叶”这张“金名片”的经验和故事。

27日　松阳县经济稳进提质攻坚行动推进会召开。会议贯彻落实省第十五次党代会和全省经济稳进提质攻坚行动工作例会精神，推出人才科技新政、产业数字化政策、稳经济政策措施系列稳进提质“组合拳”，并进行详细解读。

△　松阳县举行2022年第二季度重大项目签约仪式，现场签约重大项目16个。项目涵盖智慧交通、高端装备智造、新能源新材料、医疗健康等领域，投资额超200亿元。

△　松阳县举行赤寿生态工业区块（二期）项目开工暨松阳经济开发区管委会授牌仪式。

△　松阳县组织开展企业数字化转型现场考察活动，100余名规模以上工业企业主要负责人走进“百企转型”数字化建设试点企业，了解数字化转型利好变化，学习数字化改造实践经验。

是月　松阳县获2021年浙江省县域基础教育生态监测A等评价。

是月　松阳县入选全省20个县（市、区）先行开展“一事一议”财政奖补支持打造100个共富村试点。

7月

1日　由《中国摄影家》杂志社、浙江省摄影家协会、松阳县人民政府共同主办的松阳县“喜迎二十大·奋进新时代”摄影作品展暨颜劲松“松阳茶·香天下”主题摄影展系列活动在县航运博物馆启动。

5日　省人大常委会副主任史济锡带领省人大执法检查组到松阳检查《中华人民共和国就业促进法》贯彻实施情况。

7日　余姚市党政代表团到松阳县考察产业发展，对接山海协作工作。代表团一行走访新兴镇大木山茶园、松阳—余姚山海协作产业园等地，参观余姚—松阳20周年山海协作成果展，并向松阳捐赠山海协作乡村振兴示范点、教育对口支援和村企结对资金220万元。

14日　由中共松阳县委、县人民政府联合百度举办的“车路智行·聚势向未来”——2022百度智能交通城市峰会在杭州开幕，同时启动松阳自动驾驶和智慧交通助推山区共同富裕项目。

15日　三峡新能源、纤纳光电松阳85兆瓦农光互补地面光伏电站项目开工仪式在松阳县象溪镇雅溪口村举行。

18日　省政协原副主席、省妇女儿童基金会顾问陈艳华一行到松阳走访慰问贫困学生。

25日　“风展红旗如画”国旗展在松阳文里文仓美术馆举行。

26日　县委退役军人事务工作领导小组暨双拥工作领导小组会议召开。会议听取全县退役军人和双拥工作情况汇报。

28日　全省县（市、区）委书记工作交流会暨全省经济稳进提质攻坚行动工作例会以视频会议形式召开。县委书记莫靓在会上作交流发言。县四套班子领导在松阳分会场参加会议。

△　为期5天的2022“昊越杯”中国·松阳全国业余围棋公开赛在松阳开赛，来自全国各地的350余名棋手参赛。

30—31日　“走进松阳 侨助共富·2022年浙江海外侨胞故乡行”活动举行，来自全球20多个国家和地区的40余名侨胞参加活动。

8月

3日　松阳县召开新冠疫情防控工作会议，贯彻落实全省疫情防控调度电视电话会议精神，部署全县疫情防控工作。

4日　浙江省无党派人士课题组到松阳，就“加快山区生态产业高质量发展，同步推动山区26县人民走向共同富裕”主题开展专项民主监督调研。

5日　县政协十届三次常委（扩大）会议召开。会议就“双招双引、生态工业、乡村振兴”等8个方面介绍2022年上半年全县经济发展情况，并从“做好双招双引、发展生态工业、推进项目建设”等9个方面工作作出部署。

11日　松阳县举办“支书三晒”活动，邀请余姚、南浔、安吉等地6名基层党组织书记到松阳，就“山海共富 乡村振兴”主题开展现场交流。

22日　全县教育高质量发展大会暨丽水农林技师学院筹建工作推进会召开。会议表彰省级以上先进单位和个人，宣读省政府关于筹建丽水农林技师学院的批复文件，举行丽水农林技师学院（筹）揭牌仪式，介绍全县支持

“县中崛起”九项措施及丽水农林技师学院筹建相关政策，宣布松阳人民教育基金募捐倡议书、首批意向捐赠单位名单及企业专项奖设立情况。

23日 农发行浙江省分行与县人民政府签订政银协同推动共同富裕支持浙西南革命老区振兴发展专项合作框架协议，与县经投集团签订银企意向协议。

25日 农业农村部农村经济研究中心与县人民政府签订“松阳低碳茶园建设及碳汇价值实现机制”合作框架协议。

△ 《松阳县金融支持民宿业健康发展的若干意见》正式发布。该意见涵盖纳入基层政策性农业信贷担保服务体系、创新探索“商誉贷”产品、实施金融减息让利活动、加强纾困金融帮扶、提供融资担保增信、强化货币政策工具支持、拓宽贷款抵押物范围、加快赋予乡村民宿产权 8 条政策举措。

△ 百度 Apollo 智能交通生态联盟（松阳）创新中心启用，该中心成立后，为入驻企业提供公共环境管理、安全管理设施维护等基础服务，工商注册、人才引进、知识产权申请、法律咨询等增值服务以及科技项目申报、政策解读、发展培训、科创融资等企业赋能服务。

是月 松阳县安民乡大毛岘背星空博物馆入选全国首批“天气气候景观观赏地”名单。

是月 松阳县大木山茶园景区获评 2022 年浙江省乡村氧吧。

是月 松阳县“红色玉枫 菇香柿溢”项目获批中央专项彩票公益金支持欠发达革命老区乡村振兴项目，该项目资金主要用于以玉岩镇、枫坪乡、叶村乡为核心的浙西南革命根据地中心区域建设发展。

是月 由省发展改革委（省委社建委）指导、省经济信息中心主办，松阳县委、县人民政府承办的全省“推进中国特色社会主义共同富裕先行”系列研讨第一期活动在松阳举行。

9月

6日 全国政协调研组到松阳调研传统村落保护与发展工作。调研组一行先后到四都乡西坑村、陈家铺村等地考察松阳传统村落建筑风貌，深入了解乡村业态培育、民宿经济发展等情况。

△ 浙江中医药大学松阳研究院在丽水农林技师学院（筹）揭牌成立。

14日 2022 年浙江省体育局送体育下乡暨奥运冠军走进山区 26 县活动（松阳站）在文里三庙文化驿站举行。

15日 省政协副主席郑继伟一行到松阳樟溪乡调研“民生议事堂”建设工作。

19日 “文艺赋能 共同富裕”全国文艺名家走进松阳惠民演出在县会议中心举行。

△ 松阳县举行康佳项目签约仪式。

26日 由水电水利规划设计总院专家组成的浙江松阳抽水蓄能电站可行性研究报告审查会专家组到松阳开展现场查勘。

27日 县委十一届三次全体（扩大）会议暨县政府第一次全体会议召开。县委书记莫靓代表县委常委会作题为《细化“二次创业”颗粒度 勇做“两个先行”挺进师 以优异成绩迎接党的二十大胜利召开》的工作报告，县委副书记、县长梁海刚部署下阶段重点工作任务。

27—28日 由省经济和信息化厅指导，县人民政府、丽水市经济和信息化局主办，《浙商》杂志、省企业技术创新协会协办的“聚力创新赋能 助力共同富裕”全省产业链山海协作现场推进会之松阳智慧交通产业链专场对接会在松阳召开。

10月

6日 在澳大利亚召开的国际灌排委员会第七十三届执行理事会上，松阳松古灌区入选 2022 年度（第九批）世界灌溉工程遗产名录。

16日 中国共产党第二十次全国代表大会在北京开幕。松阳县社会各界党员干部群众通过广播、电视、网络等形式收听收看党的二十大开幕会实况，聆听习近平总书记代表第十九届中央委员会向大会所作工作报告。

20日 丽水市土地整治修复和高效利用工作现场会在松阳召开。市委副书记、市长吴舜泽出席并部署下阶段重点工作。

20—21日 省政协副主席陈铁雄一行到松阳调研民族宗教、乡村振兴工作。

11月

1日 在温州市龙舟运动中心举行的 2022 年全国皮划艇静水

锦标赛上，松阳籍运动员何俊扬获19岁以下年龄组（U19）男子四人皮艇500米冠军和U19组男子双人皮艇500米亚军；祝成康获17岁以下年龄组（U17）男子双人皮艇1000米第四名。

2日　松阳抽水蓄能电站项目先导工程开工。是建县以来投资额最大项目，总投资88.2亿元。

9日　余姚—松阳山海协作农副产品展销中心在余姚市正式揭牌开业。

11日　浙江开放大学松阳学院揭牌仪式在松阳举行。

14日　丽水学院松阳校区举行挂牌仪式。

16日　2022“才聚松阳”人才科技峰会开幕。

17日　县委民族工作会议、全县宗教工作会议暨县委统战工作领导小组会议召开。会议听取县委统战工作领导小组工作汇报，审议通过《中共松阳县委统一战线工作领导小组运行机制系统性重塑方案》。

18日　松阳县首家A股上市企业浙江云中马股份有限公司正式登陆上海证券交易所主板，实现县域上市企业零的突破。

22—24日　松阳县党政代表团到湖州市南浔区、安吉县考察交流，对接深化山海协作工程工作。其间，松阳与南浔、安吉分别签订2022年度山海协作工程合作协议、乡村振兴示范点建设协议、开发区结对共建协议、科技合作协议、文化旅游体育合作协议。

28日　松阳县入选中国茶叶流通协会2022年度“茶业百强县域”名单。

30日　联合国南南合作办公室组织召开的南南城市视频会。松阳县在视频会上作题为《松古灌区 汲古润今 传承创新》的交流发言。

12月

2日　副省长刘忻一行到松阳调研农业产业和农村共富工作。实地查看古市镇山下阳村省级绿色农田试点项目施工现场，了解项目建设进展情况；到古市镇筏铺小区查看小区风貌，走访农户，了解“下山脱贫”及“大搬快聚”实施后群众增收相关情况。

△　康佳数字经济总部和数字经济双创基地项目落户松阳。松阳康佳智能科技发展有限公司和松阳康佳智慧产业运营管理有限公司举行揭牌仪式。

7日　湖州市安吉县党政代表团到松阳对接山海协作工作。

12—13日　湖州市南浔区党政代表团到松阳对接山海协作工作。

15日　松阳县党政代表团到金华市武义县学习考察中医药康养产业发展。

△　浙江晶宇半导体科技有限公司微机电系统（MEMS）产品传感器模组华东基地项目奠基开工仪式在松阳举行。

△　共青团中央召开共青团服务乡村振兴优秀案例分享会，松阳团县委在视频分享会上作题为《青松向阳 破风奔跑 奋力打造乡村青年创业创新高地》的交流发言，以“青年发展型县域”建设为载体，向全国推介松阳共青团服务乡村振兴的做法和成效。

18日　松阳县受邀参加第四届浙江国际智慧交通产业博览会，在浙江省综合交通产业园授牌仪式上，松阳被授予“智慧交通产业发展试点县”称号。

21日　松阳县古市镇获评2022年度全省新时代美丽城镇建设省级样板，望松街道、樟溪乡、竹源乡、枫坪乡、板桥畲族乡、裕溪乡获评美丽城镇建设基本达标城镇。

27日　松阳县党政代表团到遂昌县考察学习，对接“一带三区”遂（昌）松（阳）聚落发展区块建设工作。

28日　在第四届浙江省高质量发展智库论坛上，松阳县选送的《“生长型”民宿助力共同富裕的松阳实践》获评县域高质量发展优秀案例。

29日　省委第六巡视组向松阳县委反馈巡视情况会议召开。省委组织部副部长、两新工委书记赵雄文主持反馈会议，并传达省委书记专题会议和省委常委会会议精神。省委第六巡视组组长徐樟清代表省委巡视组分别向莫靓和领导班子反馈巡视情况。丽水市委常委、组织部部长戴平辉参加反馈会议并就抓好松阳县巡视整改工作提出要求。县委书记莫靓主持向领导班子反馈会议并就做好巡视整改工作讲话。

（县史志研究室）

县情概览

建置区划

【位置面积】松阳县地处浙江省西南部，丽水市西部，东连丽水市莲都区，东南接云和县，西南与龙泉市相邻，西和西北与遂昌县接壤，东北毗邻金华市武义县。地理位置介于北纬 28° 36′ 33″～28° 14′ 34″，东经 119° 42′ 43″～119° 09′ 53″。东西宽 53.7 千米，南北长 40.2 千米，区域总面积 1405.77 平方千米。松阳县人民政府驻地位于西屏街道，距丽水市区 43 千米。

【建置沿革】松阳县域夏商时期属扬州域，春秋战国属越；秦时属闽中郡；西汉初属东瓯国，后属会稽郡；东汉为章安县南乡地。东汉建安四年（199），析章安县南乡置松阳县，属会稽郡。三国吴太平二年（257），置临海郡，松阳隶之。东晋太宁元年（323）属永嘉郡。隋开皇九年（589），析松阳县东乡地置括苍县，同年，置处州，松阳属之。开皇十二年（592），处州改括州，松阳隶之。大业三年（607），改括州为永嘉郡，松阳属之。唐武德四年（621），升松阳为松州，括州置总管府；武德七年（624），改都督府，松州均为所属。武德八年（625），复改松州为松阳县，遂昌入松阳县。景云二年（711），遂昌复从松阳析出。天宝元年（742），改括州为缙云郡。乾元元年（758），复为括州，松阳均为所辖。乾元二年（759），析松阳、遂昌南乡地置龙泉县。大历十四年（779）括州改处州，松阳隶之。五代后梁开平四年（910），改松阳县为长松县。后晋天福四年（939），改长松县为白龙县。北宋咸平二年（999），白龙县复改为松阳县，县名沿用至今。元至正十三年（1353），松阳属处州路，至正十九年（1359）改处州路为安南府，不久复为处州府，松阳均为所属。明、清松阳属处州府，实行乡里制。清宣统三年（1911）11 月，置处州军政分府，松阳隶之。民国元年（1912），撤处州军政分府，实行省县两级制，松阳县省辖。民国 3 年（1914），置瓯海道，松阳为所属。民国 16 年（1927）废道，复为省县两级制，松阳仍为省辖。民国 21 年（1932）6 月置第十一县政督察区；10 月，改置第二临时特区，松阳均隶之。民国 24 年（1935）6 月，第二临时特区改为丽水行政督察区。民国 25 年（1936）4 月，又改称第九行政督察区，松阳隶之。民国 34 年（1945）4 月，改置第六行政督察区。6 月，改称第七行政督察区，至 1949 年 5 月，松阳均为所属。

【行政区划】1949 年 5 月 9 日，松阳解放，成立人民民主政府；7 月改称县人民政府，驻地西屏镇，辖 4 个区 21 个乡镇。1950 年，全县扩编为 43 个乡镇。

1952 年 1 月，丽水专区撤销，松阳县属衢州专区。5 月，增设石仓区；8 月，撤销城关区，建江南、江北区和县直属西屏镇；置王村乡，属江北区；10 月，撤销石仓区，辖 1 个直属镇、5 个区、41 个乡镇。1955 年 3 月，改隶金华专区。1956 年 3 月，撤区并乡，辖 15 个直属乡镇、2 个区、10 个乡。1957 年 3 月复置古市区，1958 年 2 月复置城关区，辖 4 个区、25 个乡镇。1958 年 11 月 21 日，撤销松阳县，原辖境域并入遂昌县。1961 年 12 月，叶村公社分置叶村、斋坛两公社。1962 年 1 月，石仓、汶东、横樟人民公社合并为县直属石仓人民公社。1963年，丽水专区恢复，遂昌（含松阳区域）属之。1964年，辖4个区、2个镇、25个人民公社和1个县直属人民公社。1968年，撤销西屏、古市两公社建制，改为镇。1980年7月，西屏、古市两镇县直属。1982年1月30日，复置松阳县，属丽水地区。原玉岩区垵口公社划归遂昌县，时全县辖2个直属镇、1个直属公社、4个区、22个公社。1983年10月后，实行政社分设，时全县辖2个直属镇、5个区、25个乡、399个行政村。1984年8月，板桥乡改建板桥畲族乡。1985年5月，撤玉岩乡建为玉岩镇，时全县辖2个直属镇、5个区、25个乡（镇）、400个行政村。

1992年3月，撤区扩镇并乡后，有5个镇、14个乡、1个民族乡。1997年，设5个镇、15个乡（其中1个畲族乡），400个行政村、17个居民区。1998年，划四都榔树村的榔阳自然村归望松乡管辖，单独成立行政村，此时，全县共401个行政村。2000年7月，丽水撤地设市，松阳属丽水市。2001年开始至2011年11月，松阳县辖5个镇、14个乡、1个民族乡，401个行政村、6个社区、5个居委会。2011年12月，撤销西屏镇，分设西屏和水南街道，并划叶村乡的黄公渡村归前者管辖，划叶村乡的寺岭下村归后者管辖。撤销望松乡，设望松街道。全县辖4个镇、13个乡、1个民族乡、3个街道，401个行政村、10个社区、5个居委会。

2012年12月28日，松阳县撤销原新兴乡人民政府、新处乡人民政府、谢村乡人民政府建制，挂牌成立新兴镇人民政府。全县辖3个街道、5个镇、10个乡、1个民族乡，401个行政村、10个社区、5个居委会。

2019年6月，松阳县依法开展行政村规模调整，全县401个行政村调整为203个行政村；1077个自然村调整为1027个自然村，8月调整完毕。

至2022年底，松阳县辖西屏、水南、望松3个街道，古市、象溪、大东坝、玉岩、新兴5个镇，叶村、斋坛、三都、四都、竹源、樟溪、赤寿、枫坪、裕溪、安民10个乡，1个少数民族乡（板桥畲族乡），共19个乡级政区。有城东、城南、城西、城北、城中、古城、独山、阳溪、江南、云峰、新望、新铺、旧市13个社区。

（县史志研究室）

自然环境

【地质】松阳处于全国东南部华夏系第二隆起带的南段，“华夏古陆”的东北端。主要出露前震旦系、侏罗系、白垩系和第四系地层及侵入岩。根据岩土体的成因类型、岩性组合和物理力学特征，境内分布的岩体可分为硬质岩类、软质岩类和极软质岩类三种。土体可分为黏性土和砂砾土两类。

【地貌】松阳县属浙西南山区，地处瓯江流域上游中低山、丘陵地带。整体呈现“八山一水一分田”的地貌格局。四周群山起伏、切割强烈、峡谷众多。中部为松古盆地，呈北偏西40度走向，长25千米，宽5～7千米，呈一槽形，整个地势以盆地为中心，两边高中间低，西南高东部低，地貌层次分明，包含山地、丘陵、盆地等类型。其中，山地731.69公顷，丘陵49885公顷，盆地面积17546公顷。

（县自然资源和规划局）

【气候】松阳县属于中亚热带季风气候，季风交替明显，温暖湿润，四季分明，冬暖春早，气候垂直差异明显。四季中春秋季短，夏冬季长，季节特征明显。松阳县西北高山为屏障，冷空气难以直接入侵。年平均气温17.7～14.2℃，极端最高气温为40.1℃，极端最低气温为零下9.7℃，大于10℃的年活动积温4458~5634℃；无霜期206～236天，年太阳辐射总量为85～105千卡/平方厘米，年日照时数1612.1小时。松古盆地年相对湿度78%。有些年份可能会出现低温冷害、干旱、洪涝、冰雹、龙卷风等灾害性天气。

（县气象局）

【河流】松阳县水系以松阴溪、小港为主干，均属瓯江流域。被当地人尊称为“母亲河”的松阴溪，为瓯江主要一级支流、县境内最大河流；小港为松阴溪最大支流、瓯江二级支流。松阴溪流域面积（县境内）1302.57平方千米，占全县总面积的92.66%。此外，有源于三都、四都、板桥3个乡的部分山间小溪注入宣平港，大东坝镇和枫坪乡的部分山间小溪注入龙泉溪，其流域面积共103.43平方千米，占全县总面积的7.36%。

松阴溪县内干流长60.5千米，天然落差100米，年平均径流量18.3亿立方米。发源于遂昌垵口乡贵义岭黄蜂洞山麓，在赤寿乡界首入境，至裕溪乡堰后圩出境，注入瓯江。入县境后，河道开阔，由西北向东南，一线斜贯全县，沿途经横溪纳南岸十二都源。上方正念寺桥纳北岸梧桐源，古市筏铺纳南岸十三都源，上河纳北岸庄门源，和仁桥纳北岸六都源，至西屏街道踏埠头村，长29.5千米，溪流开阔，最宽300米，河槽平缓，坡降1.52‰。踏埠头以下两岸诸山靠拢，形成峡谷。溪流经水车纳北岸活源之水后，至港口与南来小港汇合，水量陡增。沿途南岸多陡坡丘陵，北岸龙丽公路相伴，河床平均宽度100米，溪流深壑，水流较急。经象溪镇、裕溪乡，纳南岸南坑源、凤弄源，北岸靖居源、裕溪源直向东南至裕溪乡赤路圩，河床才逐渐展开，溪流平稳，平水期河宽200米，于合溪出松阳境入丽水市界。流域内有耕地10760公顷，人口21.5万人，占松阳县总耕地的95.8%，占总人口的95.5%。全县共有河道702条，长度1464.12千米，面积25.13平方千米，河网密度1.05千米/平方千米，容积8176.18万立方米。

松阴溪流域地形复杂，主要支流32条，大都分布在中上游地区。松阳县境内有主要支流28条，其中流域面积在10平方千米以上的支流有20条。自上而下，在松阴溪右岸的有十二都源、十三都源、东关源、东坞源、竹溪源、黄坑源、小港、南坑源和木岱坑源共9条；在松阴溪左岸的有大岭脚坑、梧桐源、庄门源、六都源、五都源、四都源、三都源、活源、雅溪、靖居源、裕溪共11条。小港为松阴溪流域最大支流，发源于小双岘，至港口纳入松阴溪，河长64千米，河道比降12.2‰，流域面积500.3平方千米。

（县水利局）

【水文】松阳县雨量充沛，多年平均年降水量1686毫米，降雨量年际变化较大，以3—6月为多雨季节，占全年降水量的54%；7—8月高温晴热，易出现伏旱，11月雨量最少。年降水量最高值的大潘坑为2716.6毫米（2010年），年降水量最小值的靖居口为885.9毫米（1979年）。全县月最大降水量为大潘坑，1973年5月，为533.6毫米；该地24小时最大降水量为154毫米，出现在1954年7月12日。全县降水量时空分布不均。年际降水量悬殊。大潘坑站实测，丰水年为2716.6毫米（2010年），枯水年为1247毫米（1979年），比值为2.18。总体呈现山区雨多、丘陵次之、河谷平原较少，海拔越高，降水量越多的态势。境内多年平均水面蒸发量为990毫米，陆地蒸发量为674毫米，松古盆地和丘陵地区蒸发量大于山地。历年各月蒸发量与气温变化基本一致，7—8月平均气温最高，蒸发量最大，约占全年的31%；12月和1月降水量偏少，仅占全年的17%。极易发生干旱。全县多年平均径流量为13.85亿立方米，折合径流深984.7毫米。地域分布上呈现山区大于平原，西南部大于东北部态势。径流的年内分配与降水的年内分配相一致。松阳属梅雨区，5月和6月降水量占全年降水量的32.8%，多年平均最大月径流量也出现在5月或6月，其月径流量可占全年的16%。最少月径流量，境内多数河流出现在12月或1月，其月径流量占全年的2%～5%。径流年际变化受降水量年际变化的影响，具有丰枯交替现象。年径流量最大的1975年为29.96亿立方米，年径流量最小的1979年为7.01亿立方米。松阴溪水系年平均侵蚀模数为105660千克/平方千米，年均流失泥沙20310万千克。最大年的1975年，侵蚀模数为302000千克/平方千米，年输沙量58600万千克；最小年的1979年，侵蚀模数为19300千克/平方千米，年输沙量3580万千克。河水中含沙量呈现汛期含沙量较大，枯水期含沙量较小；丰水年较大，枯水年较小；上游较大，下游较小的变化规律。松阳县地表水属低矿化度软水，总硬度均在15毫克/升以下。浅层地下水水质良好，属重碳酸—钙（纳）型、低矿化度水，矿化度为0.01～0.38克/升，水化学类型以重碳酸盐钙型水（HCO_3–Ca）和重碳酸盐氯化钙型水（HCO3Cl–Ca）为主。

（县气象局 县水利局）

【土壤植被】松阳县土壤面积136810.4公顷，土壤类型可划分为5个大类、11个亚类、41个土属、74个土种。其中，红壤土类为松阳县最主要的地带性土壤，面积为77264.67公顷，占全县土壤总面积的56.5%，占土地总面积的55.1%；黄壤土类面积33400公顷，占全县土壤总面积的24.4%；潮土类面积1466.67公顷，占全县土壤总面积的1.1%；岩性土类面积573.33公顷，占土壤总面积的0.4%。

松阳县属中亚热带常绿阔叶林带，以甜槠、木荷最为典型。

森林植被具有明显的垂直分布规律，从低海拔到高海拔依次有针叶林、针阔混交林、阔叶林、竹林和灌丛5个植被型组。由于长期受人类活动影响，天然植被已破坏严重，原始次生植被绝大多数已经被反复改造或利用，代之以次生植被与人工植被。森林群落类型有垂直分布的特征，海拔800米以下为马尾松、樟、楠、槠、栲等森林群落林带；800～1200米为黄山松、甜槠、木荷等森林群落林带；1200～1450米为常绿、落叶阔叶林混交林带；1400米以上山脊往往是山地灌木丛、草丛带。

（县农业农村局
县自然资源和规划局）

自然灾害

【概况】松阳县自然灾害主要有气象灾害、地质灾害、农作物生物灾害及森林生物灾害等。气象灾害包括风灾、水旱灾害、寒潮及其他气象灾害。其中，最主要的是旱、涝灾害和极端寒潮。地质灾害主要为崩塌、滑坡、泥石流、荒漠化、土地沉降等。农作物生物灾害分粮油作物病虫害、茶叶病虫害和水果病虫害，主要有水稻的褐飞虱、南方水稻黑条矮缩病，茶叶的黑毒蛾、茶尺蠖，柑橘的黄龙病。森林病虫害中主要树种病源51种，其中危害严重的本土病害17种。松材线虫病、杉木细菌性叶枯病、马尾松赤枯病、柳杉赤枯病、板栗疫病等病害发生面积多、危害大。

（县农业农村局
县自然资源和规划局）

【气象灾害】2022年，在全球气候变暖背景下，松阳县出现长时间阴雨寡照、春汛、明显的梅汛期降水集中期、盛夏高强度高温热浪、夏秋连旱、春秋强寒潮等灾害性天气。全年发布暴雨预警信号27次、大风预警信号13次、雷电预警信号10次、霜冻预警信号2次、道路结冰预警信号9次、高温预警信号49次、寒潮预警信号2次。

（县气象局）

【地质灾害】2022年，松阳全县有地质灾害易发区3个，即玉岩—枫坪、大东坝和四都，总面积64.84平方千米；低易发区4个，即玉岩—枫坪周边、大东坝周边、安民、西屏—四都—望松，总面积77.18平方千米；其余地区为不发育区。全年发生地质灾害94处次，其中滑坡60处、崩塌26处、泥石流7处、垮坝泥石流和矿山采空塌陷各1处。

（县自然资源和规划局）

【农作物生物灾害】2022年，全县累计发生粮油作物病虫害30.4万亩次，其中稻飞虱发生4.3万亩次；发生茶叶病虫害40.8万亩次，其中茶尺蠖发生4.2万亩次、茶小绿叶蝉发生8万亩次；发生水果病虫害59.28万亩次。

（县农业农村局）

【森林生物灾害】2022年，松阳县森林病种害以松材线虫病为主，全年监测松林面积68993.33公顷，小班18397个。涉及乡镇（街道）19个、国有林场2个。其中，松材线虫病发生面积10620公顷，枯病死松树10.83万株，涉及小班1562个。

（县自然资源和规划局）

自然资源

【水资源】2022年，松阳县水资源总量为12.35亿立方米，其中年地表水资源量为12.35亿立方米，年地下水资源量为3.34亿立方米，地下水与地表水重复计算量为3.34亿立方米。2022年松阳县降雨量21.85亿立方米，比上年下降22%，比多年平均下降6.8%。全县总用水量0.59亿立方米（不包括水电站发电等河道内用水）。其中，农田灌溉用水量0.31亿立方米，占52.54%；林牧渔畜用水量0.02亿立方米，占3.39%；两者合计占总用水量的55.93%。工业用水量0.07亿立方米，占11.86%；城乡居民生活用水量0.11亿立方米，占18.64%；城镇公共用水量为0.06亿立方米，占10.17%；生态环境用水量为0.02亿立方米，占3.39%。2022年，人均年生活用水量52.15立方米，其中城镇和农村居民人均年生活用水量分别为56.43立方米和47.78立方米；农田灌溉亩均年用水量227.21立方米，其中水田灌溉亩均年用水量305.22立方米；万元工业增加值用水量14.82立方米（当年价）；万元GDP（国内生产总值）用水量41.61立方米（当年价）。

【矿产资源】松阳县地处浙西南山区，矿产资源比较丰富，具有矿种多、规模小、非金属矿产较丰富的特点。全县已发现的矿产有铜、铅锌、钼、银、稀土、萤石、高岭土、瓷土、紫砂土、黏土、花岗石、煤等18种，其中查明资源储量的有铜、铅锌、钼、银、煤、高岭土、瓷土、稀土、萤石等10种。地开石型高岭土矿是松阳县优势矿产，主要分布于大东坝镇大樟源一带，资源分布广，品质优良。全县普通建筑石料资源非常丰富，现有持证普通建筑石料矿山4家。全县有持证矿山10家，其中地下开采矿山3家、露天开采矿山7家，除峰洞岩高岭土矿为中型矿山外，其余均为小型矿山。

【动植物资源】松阳县有种子植物144科、611属、1341种，种子植物中，有裸子植物7科、15属、18种，被子植物137科、596属、1323种。其中，属国家重点一级保护植物有东方水韭、银杏、南方红豆杉、钟萼木（伯乐树）4种，国家重点二级保护植物有福建柏、白豆杉、九龙山榧树、榧树、长叶榧树、长序榆、鹅掌楸、凹叶厚朴、闽楠、毛红椿、香果树等18种。另外，还有景宁木兰、南方铁杉、黄山木兰、乐东拟单性木兰等珍稀濒危植物，其中省重点保护野生植物景宁木兰在全县分布数量居全省第一。可供开发利用的优良乡土造林树种100多种，花卉、绿化、观赏树种300多种。松阳县拥有兽类23科、60种，鸟类45科、296种，爬行类9科、43种，两栖类7科、31种，其中属于国家级保护动物的有中华秋沙鸭、云豹、豹、黑麂、猕猴、短尾猴、穿山甲、苏门羚、白鹳、黄腹角雉、鸳鸯、小天鹅、白鹇、虎纹蛙等。国家一级重点保护野生动物中华秋沙鸭连续12年到松阳越冬。

（县自然资源和规划局）

人口民族宗教

【人口】松阳建县初期，人口不足万户，明成化年间（1465—1487）超过2万人；清初战乱，人口骤减；同治年间（1862—1874）超过5万人。民国15年（1926），人口发展至11万人。新中国成立后，人口发展迅速。至2022年12月底，松阳户籍人口23.83万人，常住人口20.51万人。户籍人口密度170.1人/平方公里，常住人口密度146.4人/平方公里。非农业人口66515人。

【民族】松阳县为多民族县，以汉族为主。明万历年间(1573—1620）至清乾隆年间（1736—1795），景宁、云和、宣平、遂昌等邻县的畲族人和闽地客家人迁入松阳落户，形成大族。改革开放以后，以女性婚嫁为主，有西南少数民族人口迁入。2022年，境内有少数民族31个，其中以畲族人口居多。松阳畲民以蓝、雷、钟为主要姓氏。畲族主要分布在板桥畲族乡、象溪镇、大东坝镇等地山区，其中以板桥畲族乡最为集中，是全县唯一的畲族乡，畲族人口占全乡总人口的25.2%。畲族有畲语，通用汉文。世代相传的畲族山歌、畲族音乐、畲族舞蹈、畲族民间故事、畲族谚语、畲族手工技艺等，是松阳地方文化的组成部分。

【宗教】松阳流传的宗教主要有佛教、道教、天主教、基督教，其中以佛教、道教最为兴盛。南朝梁时，县内就建有妙善寺（后改名净因寺）、法云寺（后名通济寺）、云龙寺（后名延庆寺）、田石寺（后名广慈寺）、圆觉寺、灵岩寺（后名法昌寺）、开善寺（后名法善寺、善因寺）、景星寺（后名证圣寺）、法宁寺、福安寺、灵水寺（后名玉泉寺）、正信寺（后名正等寺）12个寺院，距今已1500余年。之后，佛教教派林立，各教派有自己的教义，各自建立寺院。主要宗派有天台宗、法相宗、华严宗、禅宗等。隋唐以后，统治阶级大力提倡佛教，广建佛寺，松阳大部分乡村都有寺院。松阳道教兴起较早，唐宋时鼎盛，明后继之。古市卯山是江南道教圣地，自唐宋以来为道家修炼之所，山顶和山腰建有道院群，俗称上观、下观，今废。

（县史志研究室）

历史人文

【历史名人】松阳自古名人辈出，根据《松阳县志》记载，由隋至清共有进士92名、举人85名、征辟157名、贡生401名。其中，有北宋宣和六年（1124）甲辰科状元沈晦、明成化二年（1466）进士詹雨以及弘治九年（1496）进士詹宝等杰出才俊。在军事方面，代表人物有叶一源，先从唐高祖反隋，后随唐太宗征高丽，战死，谥号武义。在文学方面，代表人物有王景，开启临安（今云南建水）文风，总裁纂修《永乐大典》。更有张玉娘，与李清照、朱淑真、吴淑姬并称“宋代四大女词人”，遗作《兰雪集》共辑录其诗117首，词16阕。在宗教方面，有叶法善，一生深究道教精义，经历唐高祖、唐太宗、唐高宗、武则天、唐中宗、唐睿宗、唐玄宗七朝。在理学成就方面，代表人物有王光祖，朱熹赞之为“栝苍士友第一人”。在易学方面，有项安世，所著《周易玩辞》，主张“因辞而测象”的易学研究方向。在方志方面，有潘景夔，早在南宋嘉定二年（1209）编著《海昌图经》十卷、《续胡梡盐官图经》，体例完备。近现代时期，涌现了如高焕然、刘德怀等杰出人物。同时，松阳也是红色热土，1935 年，在陈凤生、卢子敬、陈丹山为首的农民领袖带领下，松阳当地农军与刘英、粟裕领导的中国工农红军挺进师共同开辟浙西南革命根据地，开展了艰苦卓绝的斗争。

【方言 民俗】松阳县境内使用的语言有 10 余种，除普通话外，主要有松阳话、丽水话、汀州话、畲客话、淳安话、遂昌话 6 种。其中，以松阳话使用人数最多，范围最广。松阳话属吴方言区丽衢片的地方方言，以县城西屏街道的松阳话为典型代表，以西屏中老年居民的口音为准，是松阳地方文化的载体。松阳话含声母 32 个（不包括 2 个零声母），韵母 54 个（不包括自成音节的 3 个零韵母），基本声调 8 个（不包括变调）。松阳话保留了绝大部分古入声，不区分翘舌音，in、ing 不分，u、uo 互读，儿尾自成音节，连读变调明显，存在文白异读等现象。

松阳县境内居民以汉族为主，有畲族分布于山区。大姓巨族、少数民族聚居一地，保存着互助互济的遗风，具有较强的凝聚力。民风憨厚、质朴、刚毅，自古尚节俭，不事华侈。尊师重教，安土重迁。松阳民众贴近自然，恬淡纯朴，生活方式安逸，性情率真。体现在四时岁时节令中不事华侈，譬如端午前后，民间家家户户采集百草（部分灌木、藤本，少数乔木），配制“端午茶”，有防疫、祛病、解渴、待客之功能，既便捷又实用；也体现在四礼冠婚丧祭中别无繁缛，丧礼则三日内殡殓，祭礼则丰约各随其分，冠礼则不行，婚礼则只举送日子书、送嫁接路（夜间举行）之礼，皆简约而合仪。松阳民众乐太平，安时命，体现在为人处世的“克己”中，自律、知足、输课、止忿和息讼等方面。还体现在本土文艺的“娱人”中，如沿袭至今的有豺画、月光佛画；有“戏曲界的活化石”之誉的夫人戏（即松阳高腔）；还有《月宫调》、松阳鼓词、竹溪锣鼓、民间小调、文武彩灯、桂花亭灯、采茶灯、马灯、船灯等等。

（县史志研究室）

【文物古迹】松阳县历史悠久，境内发现有新石器时代至商周时期的文化遗址 7 处，证明当时就有先民在松古大地躬耕繁衍生息。中华人民共和国成立后，域内多处文化遗址、古桥、古牌坊和古建筑等文物古迹被列为国家级、省级、县级文物保护单位。至 2022 年底，全县有全国重点文物保护单位 3 处，浙江省文物保护单位 9 处，县级文物保护单位 50 处。

2022 年松阳县各级文物保护单位一览表

表 1

序号	名 称	时 代	类 别	所在地
全国重点文物保护单位				
1	延庆寺塔	北宋	古建筑	西屏街道塔寺下村西
2	处州廊桥之普济桥	明正德	古建筑	玉岩镇玉岩村
3	詹宝兄弟牌坊	明弘治	古建筑	西屏街道下马街
省级文物保护单位				
1	市口进士牌坊	明弘治	古建筑	水南街道市口村
2	黄家大院	清—民国	古建筑	望松街道乌井村
3	松阳三庙（文庙、武庙、城隍庙）	清（3 幢）	古建筑	西屏街道大井路

续表 1

序号	名 称	时 代	类 别	所在地
4	刘氏祖居门楼	明	古建筑	古市镇刘边村 8 号
5	石仓乡土建筑	清（9 幢）	古建筑	大东坝镇六村、七村
	石仓古建筑群	清（8 幢）	古建筑	大东坝镇蔡宅、后宅、七村
6	青云塔	明万历	古建筑	西屏街道青蒙村
7	西三蔡氏民居	明末清初	古建筑	西屏街道人民大街 102 号
8	何联奎故居	民国	古建筑	西屏街道中弄 7 号
9	安岱后浙西南革命根据地旧址	清—民国（7 处）	古建筑群	安民乡安岱后村
县级文物保护单位				
1	天主教堂	清—民国	古建筑	西屏街道申亭弄
2	“凌霄台”“醴泉”摩崖题刻	宋	古建筑	西屏街道西屏山
3	节孝坊	清	古建筑	水南街道寺岭下村
4	俭公祠	清	古建筑	古市镇卯山
5	城门楼	清	古建筑	古市镇城头
6	黄南独立乡苏维埃政府旧址（叶氏宗祠）	清	古建筑	大东坝镇黄南村
7	大树后红军标语	近现代	近现代史迹	玉岩镇大树后村
8	板桥廊屋桥	清	古建筑	板桥畲族乡板桥村
9	洪氏宗祠	明	古建筑	玉岩镇潘山头村
10	枫树湾银矿洞群	宋明	古遗址	大东坝镇山徐村
11	水井岭头窑址（界首古窑址）	唐—宋	古遗址	赤寿乡界首村
12	詹氏宗祠	清	古建筑	西屏街道城区
13	叶氏宗祠	清	古建筑	西屏街道桐溪村
14	西山村 21 号民居	清	古建筑	大东坝镇西山村
15	叶氏宗祠	清	古建筑	三都乡酉田村
16	酉田村 29 号民居	清	古建筑	三都乡酉田村
17	酉田村 35 号民居	清	古建筑	三都乡酉田村
18	中共竹溪区委、竹溪区苏维埃政府旧址（吴氏宗祠）	清中期	古建筑	大东坝镇燕田村
19	玉岩区高亭乡苏维埃政府旧址	民国 5 年（1916）	近现代史迹	枫坪乡高亭村 85 号
20	工商业联合会旧址	1956 年	古建筑	西屏街道南直街

续表 1

序号	名 称	时 代	类 别	所在地
21	中共松阳县工作委员会旧址	清	古建筑	水南街道竹溪村中心街西路 45 号
22	南明桥	清同治十二年（1873）	古建筑	西屏街道南门
23	青龙堰	宋	古建筑	水南街道寺岭下村口
24	叶氏宗祠	清咸丰七年（1857）	古建筑	玉岩镇大岭脚村
25	徐氏宗祠	明	古建筑	象溪镇雅溪口村
26	西屏古建筑群	清—民国	古建筑	西屏城区
27	吴弄古建筑群	清—民国	古建筑	望松街道吴弄村
28	古市古建筑群	清—民国	古建筑	古市城区
29	新处古建筑群	清	古建筑	新兴镇新处片区
30	雅溪口古建筑群	清—民国	古建筑	象溪镇雅溪口村
31	南州古建筑群	清	古建筑	象溪镇南州村
32	靖居古建筑群	清	古建筑	象溪镇靖居村
33	玉岩古建筑群	清	古建筑	玉岩镇玉岩村
34	大岭脚古建筑群	清	古建筑	玉岩镇大岭脚村
35	茶排古建筑群	清	古建筑	大东坝镇茶排村
36	蔡宅古建筑群	清	古建筑	大东坝镇蔡宅村
37	燕田古建筑群	清	古建筑	大东坝镇燕田村
38	叶村古建筑群	清	古建筑	叶村乡
39	尹源古建筑群	清	古建筑	三都乡尹源村
40	黄岭根古建筑群	清	古建筑	三都乡黄岭根村
41	酉田古建筑群	清	古建筑	三都乡酉田村
42	下田古建筑群	清	古建筑	三都乡下田村
43	界首古建筑群	清	古建筑	赤寿乡界首村
44	凤弄源古建筑群	清—民国	古建筑	裕溪乡凤弄源村
45	潘氏宗祠	清	古建筑	古市镇下街 101 号
46	张氏宗祠	清	古建筑	古市镇山下阳村
47	吴氏宗祠	清嘉庆五年（1800）	古建筑	叶村乡南岱村
48	李氏宗祠	清早期	古建筑	三都乡尹源村中部
49	刘氏宗祠	清光绪十六年（1890）	古建筑	赤寿乡界首村老街中段
50	鲍氏宗祠	清嘉庆四年（1799）	古建筑	四都乡陈家铺村

【非物质文化遗产】2022 年，松阳县有国家级非遗代表性项目 1 项、省级 9 项、市级 30 项、县级 107 项，国家级非遗代表性传承人 3 人、省级 22 人、市级 40 人，县级 142 人。

松阳高腔　浙江省现存最古老的剧种之一，起始于明代，以松阳地方杂剧为主，吸收昆腔等外来声腔的艺术因素而最终成型，在清乾隆至光绪年间达到鼎盛。主要流行于以松阳为中心的浙西南农村地区，远及闽、赣、皖等地。演出保留了戏曲的原始状态，具有曲调优美、样式质朴的特点。它的唱腔属曲牌连缀体，但演唱时句式、词格可根据需要而随意变化，行腔中常用“咿”“呀”“啊”“哈”等衬词，并以高八度假嗓帮腔，形成独特的演唱风格。现存剧目四十多个，《夫人戏》《三状元》《八仙桥》《买水记》《鲤鱼记》《火珠记》《酒楼杀家》等是其代表作。2006 年，被列入第一批国家级非物质文化遗产名录。

畲族叙事歌　畲族叙事歌是畲族人民在长期的劳动生活中，创作出来的民族文化瑰宝。叙事歌中有的反映本民族的斗争历史，有的歌颂民族祖先的英雄业绩，一般由有名望的歌手在祭祀时歌唱，或由老族长边唱边讲述，如《高皇歌》《麟豹王歌》。也有反映历代王朝兴衰成败及其封建统治者带给劳动人民无穷灾难的《末朝歌》《封金山》《元朝十八帝》《灾荒歌》等。畲族叙事歌等畲族山歌主要流传于板桥畲族乡、象溪镇、裕溪乡、赤寿乡的上坞源、古市镇的新安寮、大东坝镇的马蹄湾等地。2007 年，被列入省级非物质文化遗产名录。

2022 年 5 月，采取现代流行与传统融合方式演绎的松阳高腔经典剧目——《拜刀记》上线（县文广旅体局供图）

黄家大院传统木雕手工技艺　黄家大院位于松阳县望松街道乌井村，始建于清同治年间，完善于民国 9 年（1920）。由当时松阳首富黄中和祖孙三代历时六十余年苦心经营，精心规划构筑而成。百寿厅、武技楼、竹菊轩、梅兰轩等是黄家大院的精华部分，用材考究，做工精细，颇具地方传统特色。建筑木雕精美，雕刻内容丰富，多包含各种寓意，数量和质量为丽水地区罕见。2007 年，被列入省级非物质文化遗产名录。

道教音乐月宫调　《松阳县志》载：“唐开元年间，道教法师叶法善建淳和仙府、司授道教音乐。”松阳道教音乐，尚存一百多首，曲牌有《初上歌》《迎神曲》等。《月宫调》是叶法善道教音乐的代表作，相传为唐代《霓裳羽衣曲》在松阳的流传，其风格古朴、典雅飘逸、节奏清明、旋律优美，是宫廷音乐演奏的重要曲目。2009 年，被列入省级非物质文化遗产名录。

2022 年松阳县非物质文化遗产名录项目一览表

表 2

级别	序号	项目名称	项目类别	批次	乡镇（街道）
国家级	1	松阳高腔	传统戏剧	第一批	玉岩镇
省级	1	松阳高腔	传统戏剧	第一批	玉岩镇
	2	畲族叙事歌	民间文学	第二批	板桥畲族乡、象溪镇
	3	竹溪锣鼓	传统音乐	第二批	水南街道

续表 2

级别	序号	项目名称	项目类别	批次	乡镇（街道）
省级	4	道惠夫人会	民俗	第二批	玉岩镇
	5	黄家大院传统木雕手工技艺	传统技艺	第二批增补	望松街道
	6	松阳端午茶	传统医药	第三批	全县
	7	道教音乐月宫调	传统音乐	第三批	古市镇
	8	叶法善传说	民间文学	第三批	西屏街道、古市镇
	9	松阳豺虎画	传统美术	第五批	古市镇
市级	1	畲族山歌系列	民间文学	第一批	板桥畲族乡、象溪镇
	2	山边马灯舞	传统舞蹈	第一批	大东坝镇、三都乡
	3	松阳高腔	传统戏剧	第一批	玉岩镇
	4	松阳鼓词	曲艺	第一批	西屏街道
	5	驱邪巫画	传统美术	第一批	古市镇
	6	道惠夫人会	民俗	第一批	玉岩镇
	7	采茶灯舞	传统舞蹈	第一批	大东坝镇
	8	叶法善传说	民间文学	第二批	西屏街道、古市镇
	9	月宫调	传统音乐	第二批	古市镇
	10	樟村拳	游艺、传统体育与竞技	第二批	樟溪乡
	11	端午茶	传统医药	第二批	全县
	12	桂花亭	传统舞蹈	第三批	古市镇、新兴镇
	13	玉岩（程路）船灯	传统舞蹈	第三批	玉岩镇
	14	竹溪食品祭	民俗	第三批	竹源乡、水南街道
	15	晒红烟及加工技艺	传统技艺	第四批	望松街道、樟溪乡
	16	传统松脂采集及加工技艺	传统技艺	第四批	竹源乡
	17	迎神赛会	民俗	第四批	枫坪乡、新兴镇
	18	木偶戏	传统戏剧	第五批	樟溪乡、赤寿乡
	19	张玉娘传奇	民间文学	第六批	西屏街道
	20	传统红糖制作技艺	传统技艺	第六批	樟溪乡
	21	黄家大院传统木雕手工技艺	传统技艺	第六批	望松街道
	22	吴氏骨伤疗法技艺	传统医药	第六批	西屏街道
	23	竹溪锣鼓	传统音乐	第七批	水南街道
	24	松阳香茶传统制作技艺	传统技艺	第七批	新兴镇
	25	松阳钉秤工艺	传统技艺	第七批	西屏街道
	26	松阳煨盐鸡	传统技艺	第七批	望松街道

续表 2

级别	序号	项目名称	项目类别	批次	乡镇（街道）
市级	27	松阳古法造纸技艺	传统技艺	第七批	新兴镇 、安民乡
	28	松阳烟熏火腿制作技艺	传统技艺	第七批	水南街道
	29	松阳传统糕点制作技艺	传统技艺	第七批	古市镇
	30	平卿祈福	民俗	第七批	新兴镇
县级	1	畲族叙事歌	民间文学	第一批	板桥畲族乡、象溪镇
	2	叶法善传说	民间文学	第一批	西屏街道、古市镇
	3	张玉娘诗词	民间文学	第一批	西屏街道
	4	插花娘娘	民间文学	第一批	板桥畲族乡、象溪镇
	5	竹溪锣鼓	传统音乐	第一批	水南街道
	6	月宫调	传统音乐	第一批	古市镇
	7	叶法善道教音乐	传统音乐	第一批	全县
	8	民间器乐曲（民间小调）	传统音乐	第一批	全县
	9	山边马灯	传统舞蹈	第一批	大东坝镇、三都乡
	10	采茶灯	传统舞蹈	第一批	大东坝镇、板桥畲族乡
	11	松阳高腔	传统戏剧	第一批	玉岩镇
	12	百日戏	传统戏剧	第一批	竹源乡
	13	松阳鼓词	曲艺	第一批	西屏街道
	14	驱邪巫画	传统美术	第一批	象溪镇、古市镇、玉岩镇
	15	桂花亭	传统美术	第一批	古市镇、新兴镇
	16	玉岩船灯	传统美术	第一批	玉岩镇
	17	文武彩灯	传统美术	第一批	樟溪乡、新兴镇、古市镇
	18	月光佛画	传统美术	第一批	古市镇
	19	松脂采集工艺	传统技艺	第一批	竹源乡
	20	造纸	传统技艺	第一批	玉岩镇、新兴乡
	21	佛像泥塑	传统技艺	第一批	古市镇、四都乡
	22	蓝布绣花	传统技艺	第一批	新兴镇
	23	风炉制作	传统技艺	第一批	象溪镇
	24	麦秆扇编织	传统技艺	第一批	西屏街道、斋坛乡
	25	畲族织彩带	传统技艺	第一批	裕溪乡
	26	陶器制作工艺	传统技艺	第一批	斋坛乡
	27	钉秤工艺	传统技艺	第一批	西屏街道
	28	松阳建房上梁仪式	民俗	第一批	全县

续表 2

级别	序号	项目名称	项目类别	批次	乡镇（街道）
县级	29	传统集市	民俗	第一批	全县
	30	尝新米	民俗	第一批	全县
	31	灯盏盘	传统技艺	第一批	全县
	32	松阳薄饼	传统技艺	第一批	全县
	33	黄米果	传统技艺	第一批	全县
	34	麻糍	传统技艺	第一批	全县
	35	竹溪食品祭	民俗	第一批	竹源乡、水南街道
	36	四都祈福	民俗	第一批	四都乡
	37	畲族祭祖舞	民俗	第一批	象溪镇、裕溪乡
	38	樟村拳	传统体育与竞技	第一批	樟溪乡
	39	端午茶	传统医药	第一批	全县
	40	道惠夫人会	民俗	第一批	玉岩镇
	41	迎神赛会	民俗	第一批	枫坪乡、新兴镇
	42	三月三歌会	民俗	第一批	板桥畲族乡、象溪镇、裕溪乡
	43	畲族服饰	民俗	第一批	裕溪乡、板桥畲族乡
	44	松阳烟熏火腿技艺	传统技艺	第二批	水南街道
	45	豆腐皮制作技艺	传统技艺	第二批	望松街道
	46	晒红烟及加工技艺	传统技艺	第二批	望松街道
	47	黄家大院传统木雕手工技艺	传统技艺	第二批	望松街道
	48	下宅街佛教祭祀仪式	民俗	第二批	大东坝镇
	49	包氏祭祖	民俗	第二批	大东坝镇
	50	“二月二龙抬头”祭祀仪式	民俗	第二批	大东坝镇
	51	大岭头送船	民俗	第二批	竹源乡
	52	踏莲花	民俗	第二批	板桥畲族乡、象溪镇
	53	花鼓灯	传统舞蹈	第二批	安民乡、大东坝镇
	54	十二生肖彩灯	传统舞蹈	第二批	斋坛乡
	55	山头龙灯	传统舞蹈	第二批	大东坝镇
	56	狮子灯	传统舞蹈	第二批	大东坝镇
	57	下社“黄寮鱼灯”	传统舞蹈	第二批	古市镇
	58	小吉草狮子	传统舞蹈	第二批	枫坪乡
	59	淡竹板龙	传统舞蹈	第二批	三都乡
	60	绳抽狮子	传统舞蹈	第二批	叶村乡

续表 2

级别	序号	项目名称	项目类别	批次	乡镇（街道）
县级	61	松阳方言	民族语言	第二批	全县
	62	木偶戏	戏曲	第二批	樟溪乡、赤寿乡
	63	銮驾	传统美术	第二批	安民乡
	64	传统红糖制作技艺	传统技艺	第三批	樟溪乡
	65	传统香制作技艺	传统技艺	第三批	樟溪乡
	66	吴氏骨伤疗法技艺	传统医药	第三批	松阳吴苏君医院
	67	手工麦芽糖制作技艺	传统技艺	第三批	古市镇
	68	迎神庙会	民俗	第三批	三都乡
	69	福日祈福	民俗	第三批	新兴镇
	70	先锋庙会	民俗	第三批	新兴镇
	71	三元祖庙庙会	民俗	第三批	竹源乡
	72	香乳山庙会	民俗	第三批	玉岩镇
	73	叶三府君祭祀仪式	民俗	第三批	枫坪乡
	74	棕制品制作技艺（制蓑衣、棕板床、拉棕线）	传统技艺	第四批	西屏街道、四都乡
	75	打铁工艺	传统技艺	第四批	西屏街道
	76	弹棉花制作技艺	传统技艺	第四批	西屏街道
	77	白老酒制作技艺	传统技艺	第四批	大东坝镇
	78	传统盐卤豆腐制作技艺	传统技艺	第四批	大东坝镇
	79	福鼓制作技艺	传统技艺	第四批	新兴镇
	80	传统布鞋制作技艺	传统技艺	第四批	四都乡
	81	箍桶制作技艺	传统技艺	第四批	水南街道、裕溪乡
	82	传统扫帚制作技艺	传统技艺	第四批	赤寿乡
	83	竹编制作技艺	传统技艺	第四批	竹源乡、裕溪乡
	84	石仓客家祭祖	民俗	第四批	大东坝镇
	85	西河十里避邪端午节	民俗	第四批	望松街道
	86	大甫清表祈福	民俗	第四批	新兴镇
	87	洞头娘娘巡村祈福	民俗	第四批	叶村乡
	88	畲族“端午节”煮红鸡蛋	民俗	第四批	板桥畲族乡
	89	道惠口中元节祭祖	民俗	第四批	玉岩镇
	90	跳竹马	传统舞蹈	第四批	新兴镇
	91	下山背十番跳马灯	传统舞蹈	第四批	板桥畲族乡
	92	祖宗画	传统美术	第四批	新兴镇

续表 2

级别	序号	项目名称	项目类别	批次	乡镇（街道）
县级	93	传统畲医药雷藤根（单方）	传统医药	第四批	板桥畲族乡
	94	食凉茶（单方）	传统医药	第四批	裕溪乡
	95	松阳麻搬儿制作技艺	传统技艺	第五批	竹源乡
	96	锡制品工艺	传统技艺	第五批	西屏街道
	97	松阳水牵面制作技艺	传统技艺	第五批	西屏街道
	98	青糕糖糕制作技艺	传统技艺	第五批	古市镇
	99	松阳香茶传统制作技艺	传统技艺	第五批	新兴镇
	100	黑陶制作技艺	传统技艺	第五批	水南街道
	101	松阳煨盐鸡	传统技艺	第五批	望松街道
	102	砻空殿庙会	民俗	第五批	玉岩镇
	103	赖氏祭祀	民俗	第五批	古市镇
	104	江南叶氏祭祀	民俗	第五批	古市镇
	105	廊桥摆献	民俗	第五批	板桥畲族乡
	106	阙氏蛇伤疗法	传统医药	第五批	大东坝镇
	107	方氏中医正骨疗法	传统医药	第五批	西屏街道

（县文广旅体局）

风景名胜

【概况】2022 年，松阳县现有国家A级旅游景区10家，其中AAAA级旅游景区 4 家（箬寮原始林景区、大木山茶园景区、松阴溪景区、双童山景区），AAA 级旅游景区 6 家（李坑村景区、象溪一村景区、古驿界首旅游区、七沐山景区、平田景区、茶香小镇景区）。

【箬寮原始林景区】箬寮原始林景区位于安民乡和枫坪乡境内，距县城不足 50 千米，是以养生休闲为主，集探险观光、户外运动、科考文教、艺术创作、民俗活动、爱国主义教育、会议商务等为一体的“五养”（食养、药养、水养、体养、文养）型景区，是松阳县首个国家 AAAA 级旅游景区和省级生态旅游示范区。山水灵动，风情野性，森林覆盖率达 95%，是一个天然大氧吧，每年五月延绵数千亩的“十里花海”猴头杜鹃叠锦享誉江南，为“浙江绿谷十大景点”之一。2022 年，接待游客 1 万人，营业收入 165.44 万元。

【大木山茶园景区】大木山景区坐落于国家级生态镇松阳县新兴镇境内，主要依托大木山茶叶基地而建，茶园核心景区面积 153.33 公顷，区内丘陵连绵，水库密布，景色宜人，茶香四溢，是松阳县生态茶园的典范。景区以茶园骑行为主题，突出“古韵茶香，健康骑行”的理念，同时融合茶园观光、茶事体验、养生度假等功能，被誉为“中国最大的骑行茶园”。2022 年，接待游客 48.65 万人，营业收入 50.66 万元。

【松阴溪景区】松阴溪景区以沿线优美的山水环境、农业景观为核心载体，深挖松古平原农耕文化内涵，资源整合、联合开发，打造独山驿站、水文公园、石门圩廊桥等一批网红打卡点，是集农业观光、农耕体验、滨水休闲、文化感知、生态科普等多功能于一体的江南农耕文化活态公园和国家 AAAA 级旅游景区。2022 年，接待游客 33.05 万人，营业收入 24.24 万元。

【双童山景区】双童山景区位于松

2022 年 2 月 6 日春节假期期间，双童山景区玻璃栈桥吸引大量游客参观游玩
（双童山景区供图）

阳县城以南 2 千米处，距离溧宁高速松阳出口约 3 千米，交通十分便捷，是松阳古十景之一。景区占地面积 4.38 平方千米，区内重岩叠嶂、谷深潭幽，仪态万千的奇峰异石与绿色森林、飞瀑流泉相映成趣。近年来，景区以互动体验参与项目为特色，以休闲度假、文化演绎、山地运动、互动娱乐、智慧旅游为核心，建成玻璃栈道、玻璃滑道、玻璃观景台、玻璃桥、高空滑索等国内外主流的高空运动项目，是浙江省首个高空体验旅游区。2022 年，接待游客 11.39 万人，营业收入 660.35 万元。

（县文广旅体局）

名优特产

【概况】松阳县地处浙西南山区，瓯江上游松阴溪流域。松古盆地是浙西南最大的山间盆地，因其独特的自然条件，松阳素以农业为主导产业，水稻种植历史悠久，素有“处州粮仓”之称。除粮食种植外，松阳物产以农副产品为主，经济作物曾有“三张叶”之称，即“茶叶、烟叶、桑叶”；改革开放后，茶产业成为当地主导产业。此外松阳银猴、松阳香茶、松阳香榧、山茶油、食用菌、松阳香肠等农副产品也畅销国内外市场，享有美誉。

【松阳香茶】松阳香茶以香得名，以形诱人，具有条索细紧、色泽翠润、香高持久、滋味浓爽、汤色清亮、叶底绿明的独特风格，以“色绿、条紧、香高、味浓”四绝著称，能提神清心、清热解暑、消食化痰、去腻减肥、解毒醒酒、生津止渴、降火明目、止痢除湿。松阳香茶于 20 世纪 70 年代开发，是在传承明朝时期地方名茶横山茶、下街茶炒制技艺的基础上创新研制而成的绿茶新产品，以香闻名。20 世纪 90 年代开始畅销济南、青岛等北方市场，至今畅销全国 20 多个省、市。2013 年，获第八届浙江绿茶（南京）博览会金奖；2015 年，“松阳香茶”成功注册国家地理标志证明商标。

【松阳山茶油】松阳山茶油是产于松阳县境内的油茶压榨油，产区为丘陵、山地，属中亚热带季风气候，四季分明，气候温和湿润，土壤深厚，适生环境优越，属浙江省油茶一类适生区，所产油茶籽品质优良。松阳山茶油采用独特的“木甑二蒸”传统榨油工艺，以杉木木甑对油茶粉进行二次蒸熟，形成松阳山茶油的独特香味，油色金黄，纯净透明，气味清香，口感纯正，回味甘醇。2009 年以后种植的油茶品种以长林系列为主，具有早实、丰产性，亩产茶油可达 30 千克以上。至 12 月底，松阳有油茶面积 7333 公顷，其中老油茶林 4200 公顷，新品种油茶 3133 公顷。全年油茶籽产量 422 万千克，产值 7174 万元；县内有规模以上油茶加工企业 3 家，油茶专业合作社 37 家，油茶家庭农场 31 家，茶油加工年产 9 万千克，产值 1245 万元，主要销往上海、宁波、杭州、温州、苏州等地。松阳山茶油多次被评为森博会金奖、银奖及浙江省名特优作坊农产品、绿色食品等。

【松阳香榧】松阳香榧种植历史悠久，松阳境内有浙江最大的香榧树，树龄 1100 余年。20 世纪 90 年代以后，松阳县大力发展香榧产业，成为全县农业 3 大支柱产业之一，松阳也成为国家林业局香榧工程技术研究中心浙南工作站所在地。优越的生态环境、独特的加工工艺，造就了松阳香榧独特的品质：形似橄榄、果肉金黄、口感香酥、回味甘醇。2018 年 9 月，经国家工商行政管理总局商标局审核，“松阳香榧”地理标志证明商标正式使用。作为浙江省香榧南扩的先行区和示范县，2022 年全县香榧种植面积 5913 公

2022 年 10 月 14 日，松阳县志愿者协会成员到赤寿乡黄山头村协助村民采摘香榧（县农业农村局供图）

顷，遍及全县 19 个乡镇（街道）139 个行政村、2 个国有林场。投产面积 1533 公顷，香榧青果产量 30 余万千克，总产值 2000 余万元。松阳拥有全国香榧炒制大赛标准场地——湖溪林场香榧工坊，具备加工能力的香榧中小型加工企业 14 家，其中通过 SC 认证企业 7 家，建成香榧精品园 8 个，培育标准化加工场 5 家。2022 年，松阳县开发《香榧炒制》专项职业技能考核规范，为香榧炒制技术认定提供参考标准。

【松阳食用菌】松阳县人工栽培食用菌历史悠久，距今已有数百年历史，大东坝镇内大阴行政村上、下香枯（菇）寮自然村为先民栽培香菇场地后发展为居住地。食用菌作为松阳农业的重要支柱之一，规模化种植始于 20 世纪 90 年代初，县委、县政府于 1991 年、1993 年专门设立负责食用菌生产管理，技术推广，新品种、新技术引进和研发的职能部门：食用菌办公室和食（药）用菌研究所。1996 年，被县委、县政府确定为松阳农业主导产业，生产规模迅速扩大，至 90 年代末，趋于稳定。进入 21 世纪，松阳县委、县政府另定茶叶为松阳农业主导产业，但松阳食用菌生产仍保持稳定规模，为松阳农业的重要支柱产业之一，涉及玉岩、枫坪、大东坝、叶村、斋坛、西屏、望松、水南、古市、樟溪、象溪等乡镇（街道）。2022 年，全县以香菇为主的食用菌生产规模达到 5494.7 万袋，其中香菇生产规模 5461.1 万袋（包括高温香菇 54.8 万袋）、黑木耳 12 万袋、平菇 1.6 万袋、羊肚菌 1.33 公顷。

（县林业局　县农业农村局）

2022 年经济社会发展

【经济建设】2022 年，松阳县经济社会稳步发展，9 项主要经济指标中，排名全市第一的有 4 项，其中地区生产总值增长 7.3%，位列山区 26 县第一、全省第二；规模以上工业增加值增长 17.8%，位列山区 26 县第二、全省第五；全体居民人均可支配收入增长 7.2%，位列全省第一，均为 1982 年恢复县制以来最好成绩。市对县主要经济指标考核得分率 94.5%，为全市第一。稳进提质工作考核全市第一。国投集团逆市发债 5.8 亿元，浙江松阳经济开发区设立运行。浙江云中马股份有限公司成为全县首家主板上市公司。不锈钢产业成为全县首个百亿级工业产业。连续五年入选中国茶业百强县域。

【政治建设】2022 年，松阳县坚持以习近平新时代中国特色社会主义思想为根本指引，深入学习贯彻党的二十大精神和中央经济工作会议、省委十五届二次全会、全省深入实施“八八战略”强力推进创新深化改革攻坚开放提升大会和市委五届三次全会精神，加强自身建设，建立以“七张问题清单”为牵引的党建统领问题闭环管控新机制，配合省委第六巡视组开展巡视工作，县委十一届三次全会修订县委工作规则，专题研究部署细化颗粒度工作，落实意识形态工作责任制，建立健全四套班子主要领导碰头、县委常委月度交流、“书记面对面”等制度 20 多项，坚定捍卫“两个确立”，坚决做到“两个维护”。完成县人大、“一府两院”以及政协换届工作，支持县人大及其常委会依法履职，开展“9·15”宪法教育和代表集中日活动，创设“同心向党·三味政协”“民生议事堂”等政协特色品牌。结合“红色根脉强基工程”，实施“红跃田园 争星夺鼎”工程，常态化开展“镇街部门三创”“支书三晒”等四级赛马机制，推进城乡社区现代化建设。出台推进领导干部能上能下实施细则。开展“二次创业”执行力建设——2022年“奋力奔跑”行动，推出“奔跑在线”应用场景。推进“以案促改”和巡视巡察反馈问题整改，加强重点行业领域突出问题系统治理，一体化推进不敢腐、不能腐、不想腐。坚持不懈整治“四风”，严控“三公”经费，支出比上年下降3.36%。

2022年12月，松阳县四都乡陈家铺村创成浙江省第二批未来乡村。图为松阳县四都乡陈家铺村风貌（县文广旅体局供图）

【文化建设】2022年，松阳县基层公共文化服务体系逐步健全，建成“15分钟品质文化生活圈”项目60个、城市书房2家、省级乡村博物馆7家，实现图书馆、文化馆总分馆体系县域全覆盖。文体事业加快发展，“田园文化”成为省级文化传承生态保护区，举办全国业余围棋公开赛等赛事，承办“文艺赋能共同富裕”全国文艺名家走进松阳等系列文艺惠民活动。松阳三庙（文庙、武庙、城隍庙）文物利用入选国家文物局优秀案例，松阳高腔戏曲电视剧《红色浙西南》荣获中华文化国际传播力奖。松阳籍运动员在全国皮划艇锦标赛和省运会上分别获得一金一银和两金四银的历史最好成绩。

【社会建设】2022年，松阳县民生类支出40.39亿元，占一般公共预算支出的74.16%。全面完成省市县民生实事项目。全省高质量发展建设共同富裕示范区考核优秀，民众“四感”（安全感、获得感、幸福感、认同感）监测得分居山区26县首位。“生长型”民宿助力共同富裕的松阳实践入选全省十大县域高质量发展优秀案例。实施农村饮用水供水保障行动，城乡供水一体化率达81.4%，解决民族乡喝水难问题。户籍人口基本医保、“浙丽保”和基本养老保险参保率分别达99.76%、95.6%和98.7%。开展职业技能培训7281人次，新增技能人才2542人，新增城镇就业2191人，城镇登记失业率为0.97%。持续实施“大搬快聚富民安居”工程，象溪民族安置小区开工建设，完成搬迁3200人。落实公共租赁住房767户；古市医院医养中心等一批养老项目顺利推进；建成残疾人之家12个，完成公共场所和家庭无障碍改造72个（户），异地分散安置残疾人就业147人，推进省级“全链条”无障碍建设先行区创建，乡村共享无障碍建设列入省级标准化试点。

【生态文明建设】2022年，松阳县生态环境公众满意度排名全省第四。PM2.5（直径小于或等于PM2.5微米的尘埃或飘尘在环境空气中的浓度）、空气优良率等指标保持全省前列。新增省级美丽河湖4条，出境水质常年保持Ⅱ类水标准。全域污水零直排区建设通过验收，工业园区入围省级标杆工业园区污水零直排区培育名单，获评2021年度省“无违建县”争先创优示范县。获省大花园示范县评估优秀，创成省级美丽乡村示范乡镇1个、省级美丽乡村精品村13个、省级高标准垃圾分类示范村9个。“水墨小港”成为全省城乡风貌样板区，古市镇获评省级样板新时代美丽城镇，陈家铺村、茶排村创成省级未来乡村，西田村入选省历史文化（传统）村落保护利用重点村名单。绿化造林84公顷，改造美丽林相4800余公顷。

（县政府办公室）

中国共产党松阳县委员会

综　述

【稳进提质攻坚行动】2022年，松阳县完成松阳抽水蓄能电站项目核准，衢丽铁路松阳至丽水段、松古平原水系综合治理、经济开发区“西拓”工程等重大项目建设有序推进。争取专项债8.30亿元、政策性金融工具授信41.41亿元，为企业纾困减负3亿元。确定生态工业“2+X”（高端不锈钢、综合交通2大主导产业及其他产业）主导产业培育方向，77.1%的不锈钢规模以上企业开展数字化转型，不锈钢产业产值达105.97亿元。编制智慧交通产业发展三年行动计划，成为全省首个智慧交通产业发展试点县，自动驾驶和智慧交通助推山区共同富裕项目入选浙江省交通强国试点，获评全省农村客货邮融合发展四星级样板县和“四好农村路”（建好、管好、护好、运营好）省级示范县，集聚相关企业90余家，总产值达33.73亿元。浙江云中马股份有限公司在沪市主板上市。规模以上、规模以下工业增加值分别增长17.8%和3.5%，增速首获全市“双第一”。茶叶全产业链产值达135亿元，完成3333.33公顷粮食生产功能区“非粮化”整治优化任务。

【创新发展】2022年，松阳县树立创新制胜、创新光荣理念，出台科技人才新政，建立由县四套班子主要领导领衔主抓的“链长制”，创设松阳茶产业创新服务综合体、百度阿波罗（Apollo）智能交通生态联盟（松阳）创新中心、浙江中医药大学松阳研究院等科创平台，丽水农林技师学院开启筹建，丽水学院松阳校区正式揭牌运行。实现R&D（科学研究与试验发展经费）经费投入、科创主体培育、绿谷精英项目、省“尖兵领雁”竞争性大项目、农业“双强”等多项突破，获得省科学技术进步二等奖，被评为全省科技工作成绩突出集体。

【新型城镇化建设】2022年，松阳县县域出境水质保持在Ⅱ类水标准，获评省清新空气示范区，垃圾填埋场地下水污染防治国家试点工程竣工验收，全链推进废弃物资源化利用入选全省绿色低碳转型典型案例。开展省示范文明县城创建，完成塘寮城中村改造项目征迁、原丽水幼师中等学校区块政策处理，启动马桥后区块改造，推进老旧小区改造、城区截污纳管等项目建设，城南、城西社区列入省未来社区创建名单，获评省“无违建县”争先创优示范县，古市镇入选美丽城镇建设省级样板镇。全面开展省级新时代美丽乡村示范县创建，新增国家传统村落3个、省级美丽乡村精品村13个，景区村庄覆盖率93%，城乡生活垃圾分类覆盖率100%，生活污水集中处理率超90%，陈家铺村、茶排村创建成为省级未来乡村，“水墨小港”列入全省城乡风貌样板区，获评全国传统村落集中连片保护利用示范县。

【共同富裕示范区建设】2022年，松阳县深入开展全省高质量发展建设共同富裕示范区首批试点建设工作，争取“红色玉枫 菇香柿溢”革命老区乡村振兴和农产品产地冷藏保鲜整县推进试点县项目。启动“县中崛起”工程，高考上线率达99.9%，省对县基础教育生态监测获A等。城乡供水一体化率达81.4%，获评2018—2020健康浙江建设先进县，被列入省

2022年11月，松阳高腔戏曲电视剧《红色浙西南》获第十八届中美电影节和电视节中华文化国际传播力奖（县融媒体中心供图）

中医药综合改革先行区。获评省食品安全示范县，其中满意度测评结果位列全省第一。明清古街入选全国“非遗”与旅游融合发展优选项目名录，“田园文化”入选省文化传承生态保护区，全省山区26个县旅游业高质量发展实绩评价位列全省第四名、旅游业“微改造、精提升”工作评价列全省第九名，成为浙江文旅助力探索共同富裕新路径十佳县，入选第二批高质量发展建设共同富裕示范区最佳实践名单，松阳高腔戏曲电视剧《红色浙西南》获中华文化国际传播力奖。客货邮融合示范项目入选省首批交通服务共同富裕试点。推进青年发展型县域建设，“青松向阳”做法入选共青团中央优秀案例，并作经验交流。古市“飞地”抱团“消薄”和大东坝豆腐工坊入选全省首批50个优秀案例。城乡居民收入比缩小至1.97。

【“平安松阳”建设】2022年，松阳县生产安全事故起数和死亡人数比上年分别下降42.9%和16.7%，“平安松阳”建设综合满意率达98.5%。迭代升级“141”［县级社会治理中心、乡镇（街道）基层治理“四个平台”、村（社区）网格］基层治理体系，建成运行社会治理中心，提升防灾减灾和应急体系建设，连续17年建成省级平安县。

（县委办公室）

重要会议

【县委全体会议】2022年，县委全体会议召开2次。

县委十一届二次全体（扩大）会议暨全县干部大会　2022年2月8日，中共松阳县委十一届二次全体（扩大）会议暨全县干部大会召开。县委书记莫靓代表县委常委会作题为“谋定快动 竞逐一流 以优异成绩实现‘二次创业’精彩开局”的工作报告。会议回顾上年度工作成效，强调2022年的工作主线是“1+4+10”（1套指标体系、4张动态清单、10大行动）行动方案，即围绕全年主要经济指标和工作任务构建的“一套目标体系”，系统梳理出项目、要素、改革、政策“四张动态清单”，深入实施“双招双引”提质行动、生态工业强基行动、循环支点打造行动、改革创新深化行动、乡村全面振兴行动、美丽城镇建设行动、生态文明提升行动、发展成果惠民行动、社会除险保安行动和作风能力重塑行动“十大行动”。

县委十一届三次全体（扩大）会议暨县政府第一次全体会议　2022年9月27日，中共松阳县委十一届三次全体（扩大）会议暨县政府第一次全体会议召开。县委书记莫靓代表县委常委会作工作报告，县委副书记、县长梁海刚部署下阶段重点工作任务。全会指出：要坚持以习近平新时代中国特色社会主义思想为指导，全面贯彻落实党的十九大及十九届历次全会、省第十五次党代会、市第五次党代会和市委五届二次全会精神，动员全县上下时刻牢记、深入贯彻习近平总书记在主政浙江期间到丽水、松阳调研时的殷切嘱托，细化“二次创业”颗粒度，勇做“两个先行”挺进师，奋力实现“二次创业”精彩开局，以优异成绩迎接党的二十大胜利召开。

【县委常委会会议】2022年，县委常委会会议共召开36次。

1月6日，县委常委会召开会议，传达学习习近平总书记在中共中央政治局专题民主生活会上的重要讲话精神、县（市、区）委书记工作交流会暨新冠疫情防控工作部署会精神、全省“141”体系建设工作视频会议精神、推动长江经济带发展领导小组全体会议及12月27日省委常委会会议精神等内容，研究部署贯彻落实工作。

1月10日，县委常委会召开会议。重温习近平总书记两次到松阳调研重要指示精神（观看视频资料），传达学习习近平总书记关于党史学习教育的重要论述重要指示精神和中央党史学习教育总结会议精神、全省宗教工作会议精神，研究部署贯彻落实工作。

1月21日，县委常委会召开会议，传达学习习近平总书记在省部级主要领导干部学习贯彻党的十九届六中全会精神专题研讨班开班式上的重要讲话精神、全国宣传部长会议及全省宣传思想工作会议精神，研究部署贯彻落实工作。审议《中共松阳县委办公室关于印发加强对“一把手”和领导班子监督“五张责任清单”的通知》《松阳县“二次创业”执行力建设——2022年“奔跑行动”实施方案》《松阳县人大常委会工作报告》《松阳县政协常委会工作报告》《松阳县法院工作报告》《松阳县检察院工作报告》。

1月28日，县委常委会召开会议，研究部署新冠疫情防控及雨雪冰冻灾害防范工作，传达学习十九届中央纪委六次全会及省纪委十四届七次全会精神、全国统一战线工作部（以下简称统战部）部长会议及全省统战部部长会议精神、浙江省全面排查整顿农村发展党员违规违纪问题工作部署会精神，研究部署贯彻落实工作。听取松阳抽水蓄能电站项目投资主体选择（非政府采购）项目招标工作汇报，审议《2021年下半年松阳县投资项目推进（重点经济指标）“金牛奖”和“蜗牛奖”评定方案》《组建县委社会建设委员会方案》、工作专班（临时机构）归零重整工作方案、《2022年政府工作报告》《2022年民生实事项目征集情况》《松阳县2021年国民经济和社会发展计划执行情况及2022年国民经济和社会发展计划草案的报告》《关于松阳县2021年预算执行情况和2022年预算草案的报告》《松阳县2021年生态环境状况和环境保护目标完成情况报告》《中共松阳县委十一届二次全会报告》。

2月28日，县委常委会召开会议，传达学习习近平总书记在中共中央政治局第三十五次集体学习时的重要讲话精神、习近平总书记关于党内法规工作重要指示和全国党内法规工作会议精神，听取全县党内法规工作情况汇报，研究部署贯彻落实工作，传达学习《中共中央 国务院关于做好2022年全面推进乡村振兴重点工作的意见》及省委农村工作会议暨粮食安全工作会议精神、《中共浙江省委 浙江省人民政府关于从周江勇案件中汲取教训做好以案促治工作的通知》、市第五次党代会精神、丽水军分区党委八届九次全体（扩大）会议精神，研究部署贯彻落实工作。

3月23日,县委常委会召开会议，传达学习习近平总书记关于统计监督工作的重要讲话精神及《中共中央办公厅 国务院办公厅关于更加有效发挥统计监督职能作用的意见》文件精神，研究部署贯彻落实意见。听取《松阳县闲置和低效工业用地提质增效三年行动计划（2022—2024年）》《松阳县闲置和低效工业用地提质增效若干政策意见（试行）》《松阳县低效工业用地收储暂行办法》汇报。审议《中共松阳县委2022年意识形态工作要点》《2022年意识形态工作组织领导和责任分工》。

4月19日，县委常委会召开会议，传达学习习近平总书记关于安全生产重要指示批示精神和全国安全生产电视电话会议精神、省“5+4”（扩大有效投资、减负强企、科技创新、稳外贸稳外资促消费、民生保障5大政策，财政、自然资源、金融、能源4张要素清单）政策直达快享、中小企业助企纾困暨重大项目建设工作会议精神、市委民族工作会议暨全市宗教工作会议精神，研究部署贯彻落实工作。审议《松阳县基层党建“红跃田园 争星夺鼎”工作方案》《中共松阳县委常委会2022年工作要点》《松阳县整治形式主义为基层减负2022年工作要点》。

5月19日，县委常委会召开会议，传达学习习近平总书记5月5日在中央政治局常委会会议上的重要讲话精神，研究部署全县新冠疫情防控工作。传达学习习近平总书记在庆祝中国共产主义青年团成立100周年大会上的重要讲话精神、习近平总书记关于数字化改革的重要论述精神、习近平总书记在北京冬奥会、冬残奥会总结表彰大会上的重要讲话精神、习近平总书记在中国人民大学考察调研时的重要讲话精神、省委书记袁家军5月16日在省委常委会会议上的讲话精神、《中共浙江省委办公厅印发〈关于加强和改进新时代市县政协工作的实施意见〉的通知》精神、全省“扫黄打非”工作电视电话会议精神、全市宣传思想工作会议精神，研究部署贯彻落实工作。审议《2022年度加快生态工业跨越式高质量发展的政策意见》《松阳县排查整顿农村发展党员违规违纪问题处置方案》。

6月2日，县委常委会召开会议，传达学习全国稳住经济大盘电视电话会议及全省经济稳进提质攻坚行动工作推进会精神、市委书记胡海峰在松阳调研时的讲话精神、全省乡村人才振兴工作推进会等精神，研究部署贯彻落实工作。

6月29日，县委常委会召开会议，传达学习省第十五次党代会精神、全国政协人口资源环境委员会推动完善生态产品价值实现机制调研组在松阳调研精神、山区26县高质量发展暨山海协作工程推进会精神、全国信访工作会议精神、全省组织部长会议、市委组织部重点任务推进会精神，研究部署贯彻落实工作。

7月20日，县委常委会召开会议，听取省委巡视反馈意见整改落实情况“回头看”汇报，传达学习《中共浙江省委办公厅关于省委第十四轮巡视突出共性问题的通报》，研究部署下步工作举措。听取《松阳县“县中崛起”行动计划》《松阳县关于支持“县中崛起”的九项措施》汇报。审议《2022年度松阳县村级工程“集体建”实施办法（试行）》《松阳县落实国家统计督察反馈问题整改工作实施方案》《松阳县开展统计造假不收手不收敛问题专项纠治实施方案》，研究部署做好国家统计督察整改和专项纠治工作相关事宜、审议《中共松阳县委关于落实2021年度省委意识形态工作责任制检查反馈意见的整改方案及整改落实情况报告》。

7月30日，县委常委会召开会议，传达学习全省巡视巡察工作会议暨十五届省委第一轮巡视动员部署会精神，听取省委巡视组对松阳开展巡视总体安排及对接省委第六巡视组相关情况汇报，研究部署配合省委巡视准备工作。

8月4日,县委常委会召开会议，传达学习习近平总书记关于巡视工作的重要论述、习近平总书记在省部级主要领导干部“学习习近平总书记重要讲话精神，迎接党的二十大”专题研讨班上的重要讲话精神、习近平总书记在中央统战工作会议上的重要讲话精神、省委书记袁家军在共青团浙江省第十五次代表大会上的讲话精神、《浙江省生态环境保护条例》、丽水市新时代乡贤工作推进现场会精神，研究部署贯彻落实工作。

8月30日，县委常委会召开会议，传达学习习近平总书记在中央政治局会议上关于上半年经济形势重要讲话精神、经济大省政府主要负责人经济形势座谈会精神、长三角地区主要领导座谈会精神、全省经济稳进提质攻坚行动工作例会精神、市委五届二次全体（扩大）会议等精神，研究部署贯彻落实工作。

9月19日，县委常委会召开会议，传达学习习近平总书记关于“三农”工作的重要论述、全省宣传文化系统专题研讨班及市委文化工作会议精神，研究部署贯彻落实工作。传达学习习近平总书记关于食品安全工作重要指示批示精神，听取全县食品安全专题汇报，研究部署贯彻落实工作。听取县委常委会班子成员关于习近平总书记在丽水调研时的重要讲话精神学习情况汇报，审议《贯彻落实习近平总书记重要指示批示精神工作机制》。研究部署党的二十大安保工作。

10月31日，县委常委会召开会议。传达学习中国共产党第二十次全国代表大会精神、习近平总书记在二十届中共中央政治局第一次集体学习及瞻仰延安革命纪念地时的重要讲话精神，研究部署贯彻落实工作。传达学习省委书记袁家军在省高质量发展建设共同富裕示范区重点工作推进会上的讲话精神，听取全县共同富裕、山区26县发展考核及共富试点中期评估“回头看”情况汇报，研究部署下步工作。传达学习全省数字化改革推进会精神，研究部署数字化改革工作。

11月25日，县委常委会召开会议。传达学习习近平总书记在11月10日中共中央政治局常委会会议上的重要讲话精神及全国、全省新冠疫情防控工作会议精神，学习国务院二十条、省二十三条新冠疫情防控优化举措、省委书记袁家军在省委理论学习中心组“学习贯彻党的二十大精神”专题学习会上的讲话精神，研究部署贯彻落实工作。

12月14日，县委常委会召开会议。传达学习习近平总书记在12月6日主持召开的中共中央政治局会议精神、《浙江省巡视巡察贯通融合“十二条”意见》《关于市县（市、区）党委落实巡察工作主体责任的实施意见》《关于深化国土空间治理改革全域推进国土空间治理现代化的意见》，研究部署贯彻落实工作。

12月29日，县委常委会召开会议。传达学习习近平总书记关于巡视巡察工作的重要论述精神，审议《中共松阳县委关于落实市委巡察指导督导反馈意见的整改方案》，研究下步整改措施。传达学习12月27日省委常委会会议精神及省委第六巡视组巡视松阳县情况反馈会议精神、市委五届三次全体（扩大）会议精神、全省党委系统办公室工作会议精神，研究部署贯彻落实工作。

（县委办公室）

重要决策

【创建省示范文明县城行动】2022年2月16日，松阳县印发《松阳县创建省示范文明县城工作行动方案》，构建“党委领导、党政协同、部门联动、属地主体、全社会参与”的工作格局，以《浙江省示范文明城市测评体系》为引导，注重强化问题导向，注重创新方式方法，注重创建常态长效，注重创建利民惠民，提高城乡环境面貌，提高城市管理水平，提高市民文明素质，提高群众生活质量，确保2023年创建成为省示范文明县城。2月21日，召开创建省示范文明县城工作动员大会。根据工作安排，创建省示范文明县城工作持续两年时间，分为动员部署、组织实施、全面提升、迎检冲刺四个阶段。6月9日，召开创建省示范文明县城工作推进会，通报前阶段创建工作推进情况及下步工作举措；相关部门分别就市政工程修缮维护、垃圾分类、市场环境整治、城市秩序规范化管理、老旧城区整治提升等方面作了交流。至2022年12月，松阳县创建省示范文明县城工作初步取得了成效，获评省“无违建县”争先创优示范县，古市镇入选美丽城镇建设省级样板镇，创成省级美丽乡村精品村13个，景区村庄覆盖率93%，城乡生活垃圾分类覆盖率100%，生活污水集中处理率超90%。

【发展生态工业】2022年2月28日，松阳县召开生态工业“二次创业”大会，确立五年内实现规上工业增加值、规上工业亩均税收、制造业投资、研发经费支出占GDP比重、规上工业企业数的“五个翻番”目标，高质量推进现代化“田园松阳”建设。6月21日，印发《2022年度松阳县加快生态工业跨越式高质量发展意见》，提出10条意见：（1）聚焦支持招大引强。（2）鼓励技术改造。（3）推进智能制造。（4）支持数字经济。（5）支持扶优育强。（6）推动科技创新。（7）鼓励品质建设。（8）支持企业上市。（9）强化绿色发展。（10）优化营商环境。全面贯彻落实新发展理念，坚定“工业强县”战略不动摇，持续优化营商环境，提振企业发展信心，推动生态工业跨越式高质量发展，打响擦亮“智能制造新城”金名片。年内，全县生态工业主导产业不锈钢产业，实现规模以上企业数字化转型率77.08%，不锈钢产值达105.97亿元；智慧交通产业发展成为全省首个试点县；自动驾驶和智慧交通助推山区共同富裕项目入选浙江交通强国试点；浙江云中马股份有限公司在沪市主板上市。

【推广村级工程“集体建”模式】根据中共中央、国务院《乡村振兴战略规划（2018—2022年）》《关于坚持农业农村优先发展做好“三农”工作的若干意见》《关于做好2022年全面推进乡村振兴重点工作的意见》以及国家发展改革委、自然资源部、农业农村部《关于村庄建设项目施行简易审批的指导意见》、国家乡村振兴局等七部委《农民参与乡村建设指南（试行）》等文件精神，2022年7月18日，县政府第九次常务会议审议了《松阳县村级工程“集体建”实施办法》。7月20日，《松阳县村级工程“集体建”实施办法》正式印发，明确进一步发挥村集体和村民在乡村建设中的主体作用，提高村集体工程建设绩效，增加村集体收益和促进乡镇（街道）强村公司实体化运行，加快实现生态产品价值转化；以及强化村级工程廉政风险防范，进一步规范村级工程实施建设等目标。该实施办法，对于有明确资金来源，总投资不超过400万元，技术简单、安全风险低的项目，可采取“集体建”模式，即可由村股份经济合作社、村属企业为业主，乡镇（街道）强村公司承担村级工程集体建项目。至2022年底，全县累计480余个项目运用这一模式，为村民提供工资性收入400余万元，其中低收入农户50余万元，同步为村集体、强村公司增收1270余万元和1150余万元。

【实施产业链“链长制”】2022年11月8日，松阳县印发《松阳县产业链“链长制”工作方案》，聚焦不锈钢管产业、综合交通产业，提升发展中医药产业、茶产业，大力开展补链、延链、强链行动，以“链长制”为牵引，推进多跨协同，实施“产业—科技—人才—政策—服务”五位一体工作措施，推动资源集聚、政策集成、服务聚焦，打造有引领性研发机构、有龙头企业和单项冠军、有大好高项目、有产业创新服务综合体的“4+X”产业链。不锈钢管产业：努力把“松阳不锈钢管”打造成全国知名区域品牌，把松阳打造成不锈钢管产业科创新高地，建成国内领先、国际知名的不锈钢管绿色生产示范基地。到2026年，实现总产值160亿元以上，新招引8个以上亿元投资项目，培育2家领军型链主企业，新增4家产值超10亿元企业，上市企业力争零的突破。综合交通产业：加快推进“一个产业基地、三类创新示范场景、一个产业集群”发展模式。到2026年，新增培育链主企业2家以上，每年营业收入增长15%以上，每年引进亿元以上项目2个以上，实现总产值超100亿元，增加值占全县GDP比重17%以上。中医药产业：加快推进“一个研究机构、一个示范基地、一个产业园区、N个链主企业”发展模式。到2026年，全县中药材规模化种植总面积达2000公顷以上，培育2～3个中药材主品种，中药材种植总产值10亿元以上；培育和引进亿元中医药企业3家以上，总产值10亿元以上；培育以中医药为内核的康养文旅特色项目10个以上，康养文旅产业总产值达10亿元以上。茶产业：加快启动浙南茶叶市场提档升级工程，强化“中国绿茶第一市”行业龙头地位，深入挖掘茶文化，谋划建设茶文化街区，探索茶园碳汇交易，培育龙头企业，持续打响“中国有机茶乡”金名片。到2026年，有机茶基地（含转化）面积达733.33公顷，实现茶产业全产业链产值150亿元以上。

【实施“文兴松阳 挺进共富”工程】2022年11月17日，松阳县委召开文化工作会议，全面贯彻落实党的二十大精神和习近平总书记关于文化工作的重要论述精神，按照省委、市委文化工作会议部署要求，实施“文化强县”战略，启动“文兴松阳、挺进共富”工程。12月17日，松阳县印发《关于实施“文兴松阳、挺进共富”工程加快推进新时代文化松阳建设的意见》，聚焦举旗帜、聚民心、育新人、兴文化、展形象的职责使命，坚持“文化强县”鲜明导向，全面实施“文兴松阳、挺进共富”工程，高质量建设新时代文化松阳，打造传承优秀农耕文明，具有山区发展特色的文化强县。明确未来五年，通过深入实施“文兴松阳、挺进共富”工程，着力构建“五大先行地”（思想理论与红色精神先行引领地、乡村振兴文化先行地、现代文化创意先行集聚地、新时代文明先行风尚地、品质文化服务先行暖心地）。

【实施“扩中”“提低”行动】2022年5月10日，松阳县召开农村工作会议暨省级新时代美丽乡村示范县创建动员会，提出要合力做强共富链，加快富民产业发展，拓宽群众增收渠道，壮大村集体经济。12月22日，松阳县印发《松阳县“扩中”“提低”行动方案（2022—2025年）》，明确到2025年，基本形成以中等收入群体为主体的橄榄型社会。居民人均可支配收入达到4.6万元，与全省居民人均可支配收入之比提高到61%。中等收入群体规模不断扩大、结构持续优化，家庭年可支配收入10万～50万元的群体比例达到70%，20万～60万元群体比例提高到32%。低收入农户人均可支配收入年均增长13%，2025年达到2.19万元。城乡区域发展差距、城乡居民收入和生活水平差距显著缩小，农村居民人均可支配收入年均增长9.9%，到2025年达到3.33万元，城乡居民收入倍差缩小到1.95以内。居民增收渠道全面扩宽，全县市场主体突破2.9万家，村级集体经济总收入超过2.56亿元，年经营性收入50万元以上的村达到76个。

（县委办公室）

县委综合事务

【概况】2022年，中共松阳县委办公室围绕现代化“田园松阳”建设目标，紧扣“1+4+10”行动方案，在提高谋事能力、提升干事实效、细化工作颗粒度上下功夫，有力保障县委各项工作顺利开展。

【政策研究】2022年初，县委办公室紧扣“1+4+10”的工作主题，到项目、企业、村（社区）一线开展调研，聚焦需求导向、问题化解、政策落地、考评跟进，制定《“1410”行动方案》，并根据工作进展、问题变化，每季度对方案进行动态更新，优化迭代推出 1.0 版、2.0 版、3.0 版、4.0 版。围绕全县经济社会发展目标、“双招双引”“共同富裕”等事关发展全局和民生福祉的重点工作，深入调查研究，形成“全省高质量发展建设共同富裕示范区首批试点”专题调研报告 4 篇，报送各类信息 700 余条，其中中共中央办公厅单独采用 1 条，编辑《每日要情》131 期，上报《督查专报》17 期，起草完成县委十一届二次、三次全体（扩大）会议，县委务虚会，全县生态工业“二次创业”大会等重要会议文稿，为领导政务参阅、科学决策提供综合文字信息服务。

【办文办会】2022 年，县委办公室规范公文运转，严格把关公文起草、审核、收发。通过流程把控实现文件精简，全年出台文件 236 份，比上年下降 4%，无一差错。执行县委党的规范性文件前置审核及报备工作，全年出台印发的 10 份党的规范性文件均完成前置审核，经县委常委会会议审议，并按时向市级报备；备案审查下级党组织规范性文件 17 件，提出意见建议 3 条，确保合法合规。对各类收文及时登记传阅，紧急重要文件立即办理，领导阅办后及时归档，全年上级文件收文 755 份，归档 755 份，无文件丢失或泄密。按照会议年度指标管理制度和基层减负工作要求，精简会议流程和数量，全年召开县级会议 80 个，比上年下降 18%。筹备完成上级视频会议 146 次，县委常委会会议 28 次，书记专题会议 11 次，专题调研 30 余次，专项工作会议 200 余次，配合承办部门举办“才聚松阳”人才科技周、“田园松阳”论坛等重大活动。

【综合协调及督查考核】2022 年，县委办公室制定完善《县委常态化会议活动制度及工作规则》，明确县委重要会议、重要活动、重要调研和督查反馈等事项的时间节点和方式内容，形成工作交流机制。制定发布《2022 年松阳县督查检查考核年度计划》《2022 年度松阳县目标管理考核办法》，更新督查考核项目设置，突出省、市对县考核指标、“1+4+10”行动方案等重点工作考核权重。强化同市委办以及余姚、安吉、南浔 3 个结对县（市、区）委办之间的工作联系，对接结对交流事项；加强同县政府办公室、县人大常委会办公室、县政协办公室的业务协同，就县委常委会会议、四套班子主要领导碰头会等重要会议和需协商事宜进行沟通协调，整合“两办”督查室力量对会风会纪、值班值守、项目进展等情形进行联合督查督办。加大对各乡镇（街道）、部门办公室的工作交流和业务指导力度，开展办文办会、档案执法等业务培训 6 次。上线“奔跑在线”场景应用，实现“1+4+10”行动方案各项进度指标和领导交办批示件线上应用，运用数字化理念和手段实现“立交立办、全程监督、闭环反馈”。围绕中央及省委巡视反馈问题整改、省市对县考核、省市媒体曝光问题整改等开展重点督办，确保整改任务落到实处。

【保密工作】2022 年，县委办公室坚持以安全和畅通为核心，规范制度，强化管理，严格执行 7×24 小时不间断值班制度，升级密码通信项目，确保“收、发、译、传、办”各项工作有序进行。保密工作坚持“以防为主”，按照省、市相关部署，推进电子政务建设；开展重点部门保密知识宣讲，对 18 个乡镇（街道）、各部门开展保密检查工作，督促整改存在风险、漏洞。

（县委办公室）

组织工作

【概况】2022 年，松阳县完成县人大、政府、政协换届选举任务，所有提名人选均实现全票、高票当选；配合省委巡视、省委组织部选人用人专项检查和市委提级巡察工作，建立周报、月报和系列督查制度，推进整改工作；推进城乡社区现代化建设，配备专职社工 116 名，划分网格 426 个，细分微网格 1079 个，落实在职党员 3983 名进社区，74 个部门单位“联社区包网格”协同共治，开展组织建强、社区承接力提升、“一老一小”优质服务等 8 大专项攻坚行动，构建县领导包联社区解决难点问题工作机制。

2022 年松阳县党员基本情况一览表

表 3　　单位：人

项　目	数　量
党员总数	16663
预备党员	240
女性党员	4532
少数民族党员	339
35 岁以下	3135
60 岁及以上	4747

续表 3

项　目	数　量
大专及以上学历	7277
初中及以下学历	5626
农村党员	8938
“两新”党组织党员	1271

【干部调配】2022 年，松阳县制定《县直单位班子调配原则意见》《县直单位党组（党委）副书记设置意见》等方案，系统集成干部预警扣分、领导干部积分量化考核办法、退出领导岗位申报“六大员”［项目攻坚协调员、矛盾化解员、农村（社区）指导员（第一书记）、党建工作服务员、巡察考察员和督导宣讲员］等创新制度，结合中央能上能下规定，出台《松阳县推进领导干部能上能下实施细则（试行）》，明确 5 大类 36 条领导干部“下”的具体情形。利用干部信息大数据，对现有干部队伍进行全面调研摸底，按照经济管理类、财税金融类、生态环保类等 10 个类别，以干部专业为主要参考依据，分层分类建立专业干部信息储备库。围绕新任班子相容度、班子成员胜任度、年轻干部适岗度、党员群众满意度“四度”要求，开展乡镇换届“回头看”工作，成立专题调研组 7 个，与 218 名班子成员、90 余名优秀年轻干部、200 余名党员干部群众面对面交谈，开展全面细致考察。选派 8 个调研组，对全县 66 个县直部门、19 个乡镇（街道）开展考察调研，分层分类建立优秀年轻干部信息库。全年全县调配县管干部 7 批 171 人次，其中提任及进一步使用 53 人。

【公务员管理】2022 年，松阳县开展平时考核工作提质增效行动，重新评定平时考核联系点和示范点，测评全县机关（单位）83 家，现场走访县直部门 16 个、乡镇（街道）10 个，整改问题 21 个。将拟符合职级晋升人员征求意见关口前移，暂缓晋升 6 人次。清理违规发放的各类津贴补贴，按照核定的上限额度严控工资总量，调控公务员各职务职级收入水平，缩小层级差距。全年全县有 2 名干部获评全省“人民满意的公务员”。2022 年，公务员招考计划中推出专设残疾人公务员岗位。对 2021 年度新冠疫情防控表现优秀的公务员单位和公务员给予考核优秀比例倾斜，将晋升职级职数使用向新冠疫情防控一线倾斜，2022 年上半年对表现突出、符合条件的 1 名干部予以优先晋升职级。结合县党群服务中心，建立“独山剑”公务员工作室，开展先进典型“传帮带”工作。

【干部教育培训】2022 年，松阳县制定《关于进一步加强和规范全县干部教育培训办班管理工作的通知》《松阳县干部教育培训工作指导原则》，规范干部教育培训办班管理。第一季度对全年培训计划进行全要素评审，统一调剂 15 名涉及“多头培训”县管干部，及时调整 6 个班次课程安排，确保培训全覆盖、无死角、不重复。增设稳进提质、项目建设等重点主题培训班，参训 700 余人次。以安岱后村中央红色美丽村庄为中心，“田园松阳共富学堂”为平台，开展以“专题教学+现场教学+体验教学”模式为依托的“红+绿”干部教学体系，建成“红色基因”现场教学点 12 个，廉政文化教育教学点 6 个，教学点共承接县级培训 167 批次 1.1 万余人次。与南浔、新昌等结对地区开展交流合作，围绕产业发展、数字化改革等领域，共同办班 9 期，推动优质培训资源共享共用。

【干部管理监督】2022 年，松阳县制定出台加强关键岗位股级干部备案管理的实施办法，推动对关键岗位股级干部的协同管理、统筹使用，前移领导干部选育管用关口，破解专业型、复合型领导干部培养“断档断线”问题。印发加强干部监督信息报送工作的办法，通过干部监督联席会议，明确干部监督重点报送信息 8 张清单，集成干部监督信息库。开展选人用人问题“十大专项整治”，发现并完成整改问题 24 类 750 个。对领导干部有关亲属经商办企业行为开展全面排查监管，提出规范管理建议 149 条、作出书面承诺 130 人，1 人因岗位禁业范围调整职务。针对年轻干部开展“四个一行动”，即一次专题调研、一份调查问卷、一张监督提醒书签、一项监督管理制度，做好年轻干部廉洁从政管理。

【基层组织建设】2022 年，松阳县组织举办全县基层党组织书记学习贯彻党的二十大精神培训班。实施“红跃田园 争星夺鼎”工程，开展“县领导三包”（包乡走村、包软弱涣散党组织、包重点项目推进）“镇街部门三创”（条条创先进、块块创亮点、行行创一流）“支书三晒”（村社党组织书记晒业绩、晒能力、晒形象）和“党员三带”（党员带

2022年8月12日，松阳与余姚、南浔、安吉成立山海协作党建联盟，联合开展"山海共富 乡村振兴"支书三晒活动　　（县融媒体中心供图）

头致富、带领创富、带动共富）为主要内容的4级赛马机制，举办"山海共富 乡村振兴"4地村社党组织书记现场交流会。制定出台发展党员管理工作指引、发展党员工作责任追究细则。组织全县200多个党组织开展党建联建行动，培育松遂茶产业、红色小港党建联建等样板，古市"飞地抱团"党建联建入选省典型案例。组建"1+3+N"（1名网格指导员+3名专职网格员+N名其他包联人员、民警、在职党员、专业执法力量、志愿者等）网格治理团队426个，"1+N"（1名微网格长+N名其他包联人员、民警、在职党员、专业执法力量、志愿者等）微网格治理团队1079个。实施"领雁学历提升计划"，培育省市县3级兴村治社名师22人。整顿转化后进村党组织12个。

【"两新"组织党建工作】2022年，松阳县实施政治领航、组织优化、携手共富、整体跃升四大工程，推动"两新"党建工作。建成各类型"共富工坊"79家，打造田园"共富工坊"特色品牌，县委书记莫靓在全省深化党建联建机制暨党建引领"共富工坊"建设全面助力共同富裕现场推进会上就工坊建设作经验交流。打造"丽水山递"松阳模式，"特色产业+客货邮运输+电子商务"获评交通运输部国家邮政局第三批农村物流服务品牌。推广"先锋引领 电商富民"电商行业党建联建机制，探索推广"党建+电商+产业+农户"模式，电商助农发展实践入选商务部乡村振兴典型案例。开展"两新"党组织集中换届，新建"两新"支部17个，规模以上企业党组织覆盖率100%。

【党员电教】2022年，松阳县制定出台建设"田园共富学堂"的通知及"田园共富学堂"建设标准，打造县级学堂1个、乡镇二级学堂19个、村级三级学堂45个。围绕民宿产业、茶产业、电商产业、新媒体、农文旅融合产业、面点师等类型，开展《礼仪礼节接待》《如何增加客户的体验感》等民宿理论教学，《食用菌种植》《茶叶炒制》等实践课程，《直播电商培训》等技能培训课程，全年组织各级各类培训93期，培训基层党员干部4753人次。

【人才引育】2022年，松阳县出台县委人才科技工作领导小组及办公室工作规则、县委人才科技工作领导小组重点人才科技工作推进例会制度，实行招才引智工作"周统计、月通报、季点评"机制。挂牌设立松阳县人才储备中心，统筹15个事业编制用于人才引育。全年新引进高校毕业生5725人，其中硕士192人、博士210人；新入选省级重点人才项目专家2人、"绿谷精英"11人、"绿谷英才"11人；新引进外国专家9名，超额完成市级下达的指标任务。下发《关于加强和规范全县技能人才培训 推进万名技能人才共富能力大提升工作的通知》，探索"统一培训审批、统一培训机构、统一办班管理"三统一模式，全年新增高技能人才940人。制定《松阳县关于加快新时代人才科技跨越式高质量发展的实施意见》，安排年度经费预算1亿元以上。制定出台人才科技新政操作细则36项，明确政策兑现的具体标准要求。推进党群人才综合体建设，建设可拎包入住的2.0版人才公寓，修订人才公寓租住管理办法，优化"入住一件事"办理程序。开展节假日走访慰问、座谈交流、免费送福利等人才关心关爱和交流活动。组织开展2022"才聚松阳"人才科技峰会活动，以"人才助力促发展，科技赋能共富裕"为主题，200余名高层次人才、专家学者代表参加。组建人才科技特派员队伍，选派30名优秀干部到乡镇（街道）和开发区管委会提供人才科技服

2022年11月16日，2022“才聚松阳”人才科技峰会在县会议中心开幕

（县委组织部供图）

务。建成运行浙江中医药大学松阳研究院、百度Apollo智能交通生态联盟创新中心等平台；丽水学院松阳校区挂牌运行，丽水农林技师学院(筹)完成首批近1000名学生招录。与省汽车工程学会建立合作关系，设立帮扶工作站，制定三年帮扶行动方案，举办“希望之光”组合式人才帮扶团松阳行暨智慧交通产业专题讲座。

（县委组织部）

宣传工作

【概况】2022年，松阳县围绕党的二十大，全国、省、市、县两会，县委全会、恢复县制四十周年、山海协作二十周年等重要会议、重大时间节点，以及共同富裕、二次创业、双招双引、省示范文明县城创建、执行力建设等重点工作，形成报道专题15个，累计开展主题宣讲300余场次，刊发（播）相关报道80余篇。在新华社、《人民日报》、中央电视台、中新社、《浙江日报》、浙江卫视等省级以上主流媒体刊发（播）报道500余篇（条）。推进“学习强国”学习平台推广运用，至12月底，学员数达1.4万余人，全年共录用稿件200余篇，学员参与度居全市第二。用时5个月，实现“拯救老屋”场景应用在浙政钉、浙里办上线，入选全省数字文化系统优秀应用、省文化和旅游数字化改革第二批试点应用、《数字文化系统市县重点改革项目（应用）目录清单》、省数字文化系统“市县特色应用”、全市数字化改革优秀应用。

【意识形态工作】2022年，松阳县制定2022年意识形态工作要点、2022年意识形态工作组织领导和责任分工文件，以条目式任务清单形式提醒四套班子领导落实主体责任。印发2022年松阳县党委（党组）意识形态工作“三张清单”和意识形态工作应知应会手册，督促县直各部门、各乡镇（街道）党委（党组）落实工作责任。接受十五届省委第一轮巡视意识形态专项检查，报告县委意识形态工作主体责任落实情况1次，开展意识形态工作责任制落实情况专项督查1次，每季度召开意识形态工作例会，完成十一届县委3轮16个单位意识形态专项检查，对12家单位主要负责人进行集体约谈。

【理论学习】2022年，松阳县开展学习宣传贯彻党的二十大精神“六学六进六争先”，要求学深悟透过去5年的重大成就和新时代10年伟大变革的里程碑意义，进一步增强对习近平总书记的忠诚之心、爱戴之情、捍卫之志，在坚定拥护“两个确立”、坚决做到“两个维护”中奋力争先；学深悟透习近平新时代中国特色社会主义思想实现的发展新跨越，进一步坚持好、运用好贯穿其中的立场观点方法，在省域践行党的创新理论上奋力争先；学深悟透引领新时代新征程的中心任务和宏伟目标，进一步把握中国式现代化的中国特色、本质要求和重大原则，在高质量发展推进共同富裕和现代化先行上奋力争先；学深悟透全面建设社会主义现代化国家的系统部署，进一步把握团结奋斗的时代要求，在践行“八八战略”、打造“重要窗口”中奋力争先；学深悟透坚持党的全面领导和全面从严治党的新形势新要求，进一步强化以党的自我革命引领社会革命的清醒与坚定，在打造新时代党建高地和清廉建设高地上奋力争先；学深悟透“五个必由之路”规律性认识和抓关键、补短板、防风险的战略考量，进一步弘扬伟大建党精神和红船精神、浙江精神，在以浙江之答回应中国之问、世界之问、人民之问、时代之问上奋力争先。开展“‘二次创业’开新局”实践活动，编排以贯彻党的二十大精神为主题的送戏下乡节目；开设“学习贯彻党的二十大精神”“党的二十大精神在基层”专题专栏，刊发（播）相关报道80余篇。制定年度县委理论学习中心组学习计划，开展“松阳论坛——县委理论学习中心组专题报告会”、专题读书会、研讨交流会、学习讨论会等活动。全年举办专题报告会8期，专题学习会5次。把《习近平浙江足迹》、《习近平谈治国理政》第四卷等纳入理论学习中心组、机关夜学、主题党日等活动的学习内容，编发《干部夜学参阅》14期。制定党委（党组）理论学习中心组学习巡听旁听实施细则、党委（党组）重大决策前专题学习制度，全年完成12个单位党委（党组）理论中心组学习巡察旁听，推动重大决策前专题学习常态化。

【理论研究】2022年，松阳县召开全县社科理论界青年学习贯彻党的二十大精神理论研讨会，开展追寻“习近平浙江足迹”系列研究，建设“重要窗口”社科调研基地。研究唐风宋韵文化、“四张金名片”（智能制造新城、中国有机茶乡、全域康养胜地、国家传统村落公园）建设等特色课题，5个课题获市第五次党代会精神与“宋韵文化”专项课题立项。浙江省委党校、浙江农林大学与松阳社科联联合推出的《以松古灌区遗产申遗成功为启示，推动提升我省农业文化遗产保护工作的对策建议》获省委常委、秘书长陈奕君，副省长成岳冲批示。

【理论宣讲及理论队伍建设】2022年，松阳县发挥全县十大“先锋宣讲团”和19支“田园宣讲团”的示范带头作用，成立“千人宣讲”社科宣讲团，围绕学习宣传贯彻党的二十大、省第十五次党代会、市第五次党代会精神，创新开展文艺演出式、庭院式微宣讲活动，全年开展主题宣讲31场，受众3800余人次。举办微型党课大赛、宣传委员大比武等活动。深入开展解放思想“大讨论”活动，收集干部个人自身查摆问题9803条，单位层面问题409条，通过学习讨论，进一步转变作风，凝聚力量。编订红色宣讲员手册，开展宣讲员实操培训走基地系列活动。与杭州良渚博物院联合开展喜迎二十大“良渚文化走进松阳社科基地”活动。

【基层文化阵地建设与管理】2022年，松阳县累计建成新时代文明实践所19个、实践站215个、实践点220个，完成文化新地标——新时代文明实践中心“松阳之窗”建设。新增农村文化礼堂29个，累计建成文化礼堂197个，实现500人口行政村农村文化礼堂全覆盖。对现有农家书屋提档升级，完成131个（建强23个，提升108个）农家书屋的图书、报刊更新工作。持续推进“百名艺术家入驻乡村计划”，累计签约入驻艺术家94人，落地艺术家工作室69个。公益放映农村电影1900场，开展全民阅读活动421场、讲座24场、展览45场、培训340场。

【重大主题宣传】2022年，松阳县以掌上松阳APP、“松阳新闻”微信公众号、“瞰松阳”抖音号等移动端媒体平台为主，形成集报、台、视、网、微、端于一体的全媒体播报体系。县级媒体平台全年刊发相关新媒体报道4.1亿余篇（条），其中公众号、抖音APP等全媒体平台阅读量（播放量）破万稿件达500余条，破10万稿件达100余条，破百万稿件18条；“掌上松阳”移动客户端下载量达4.99万人次。全年新华社、《人民日报》、中央电视台、中新社、《浙江日报》、浙江卫视等省级以上主流媒体在重要版面、重要栏目刊登（播）松阳报道500余篇（条）。其中，《人民日报》33篇（条）、新华社52篇（条）、中央电视台15篇（条）、《浙江日报》47篇（条）、浙江

2022年12月，新时代文明实践中心“松阳之窗”建成投用

（县委宣传部供图）

卫视24条。《人民日报》头版头条先后刊发关于松阳医疗卫生“山海”提升工程、松阳古村落生态经济等内容；《新华每日电讯》头版刊发松阳乡村博物馆相关内容；中央电视台1套综合频道《新闻联播》刊播松阳数字化改革相关内容，中央电视台13套新闻频道播放新闻《走进老区看新貌》，关注松阳传统村落、茶产业、创业青年等。党的二十大期间，《人民日报》头版刊发《浙江探索山区海岛发展新路（喜迎二十大）》，2版刊发《在新的赶考之路上向历史和人民交出新的优异答卷——习近平总书记带领中共中央政治局常委瞻仰延安革命纪念地并发表重要讲话引发热烈反响》；全国两会期间，中央电视台13套新闻频道刊播《“两会你我他”浙江农文旅融合发展 探索乡村共富模式》。围绕县委县政府中心工作，常态化开展新闻发布工作，全年召开新闻发布会8场，面向全县各单位征集新闻发言人，共征集新闻发言人102人，新闻发布工作人员103人。运用现场直播、图标图解、短视频、H5（页面制作）等报道形式，突出传播效果，形成从中央媒体到县级媒体、传统媒体与新媒体联合互动全链条式报道网络，累计推出报道200余篇（条）。深化海外传播工作，建立海外传播工作群，开设海外媒体账号，联合网络宣传组织好海外传播队伍，开展“松阳茶·香天下”“走进乡村看发展”等海外传播活动，全年在海外媒体平台刊发报道200余篇（条）。

【文化和新闻出版监管】2022年，松阳县开展8个专项整治行动，出动执法人员500余人次，处置1起网络举报件，查办“扫黄打非”各类案件11起，挂牌全国“扫黄打非”督办案件1起，象溪镇入选省级“扫黄打非”基层示范点。联合县文广旅体局、县市场监管局、县公安局等执法部门对全县出版印刷行业开展检查指导，全年组织检查文化市场800余家（次），整改问题40余个，开展抗击新冠疫情指导督查90余次。开展出版物发行单位年检、印刷出版企业审批工作，全年审批印刷企业5家、出版行业9家、电影行业1家。

【道德模范评选与宣传】2022年，松阳县开展第六届松阳县道德模范评选工作，选出县级道德模范7例8人，道德模范提名奖7例10人。全年分季度评选出“松阳好人”37人。组建道德模范宣讲团，开展学习贯彻党的二十大精神道德模范“进机关、进乡村、进社区、进学校、进企业、进单位”（以下简称“六进”）活动。建成全市首个“浙江有礼·尚德松阳”道德模范主题公园，结合传统节日、公民道德宣传日、法定节假日等时间节点开展“浙风十礼”（浙风指爱国爱乡、科学理性、书香礼仪、唯实惟先、开放大气、重诺守信；十礼指敬有礼、学有礼、信有礼、亲有礼、行有礼、帮有礼、仪有礼、网有礼、餐有礼、乐有礼）主题活动。

【文艺惠民活动】2022年，松阳县举办全国乡村春晚“百县万村”网络联动启动仪式、送文化下乡、“诗意松阳·四季学堂——我是小小传承人”、有声图书馆·新年寄语等春节系列活动；开展农民文化节、全民阅读日、“文艺赋能 共同富裕”全国文艺名家走进松阳、文化赋能山区26县、松阳县首届朗读大赛等活动，创编松阳高腔现代戏《箬寮风雷》和《红色浙西南》。

（县委宣传部）

统一战线工作

【概况】2022年，松阳县全面学

2022年12月5日，松阳县道德模范宣讲团到县卫生健康局开展学习贯彻党的二十大精神道德模范宣讲团“六进”活动（县委宣传部供图）

习贯彻习近平总书记关于做好新时代党的统一战线工作的重要思想，坚持把思想政治引领作为统战工作第一使命。召开全县统一战线暑期读书会；发布统一战线“同心同廉”倡议书；开展统一战线学习贯彻党的二十大精神、“喜迎二十大·奋进新征程”同心系列等活动29场，参与1200余人；分领域举办统一战线人士培训班，开展“寻美·丽水”活动，增强思想政治引领成效；完成省、市、县三级统战部门政务内网贯通工作，推进浙统云、浙里党外代表人士队伍建设全链条管理、“同心共富·乡贤通”浙里民族团结石榴红、浙里宗教智治、浙里为侨服务“全球通”、浙商在线等10多个应用场景在松阳贯通落地；探索“浙丽同心·青松同行”青年统战工作。

【少数民族事业发展】2022年，松阳县落实各级少数民族发展项目、“双百结对”项目共22个，涉及资金567万元。推进桐榔文化康养基地建设，编制乐安里·桐榔文化康养基地项目规划，举办“民族乡村振兴同奔共富路”研讨会，实现板桥畲族乡一体化供水；开展民族团结进步宣传教育活动，打造“石榴红”公园、云夕MO+（中国乡土艺术酒店云夕与上海生活方式品牌“MO+”在四都乡陈家铺村联合开发的度假空间）、“石榴红”工作室等民族文化阵地。谋划以畲味、畲居、畲艺、畲匠、畲品、畲园“六畲”为特色的水韵畲乡经典路线；推动建设板桥畲族乡、裕溪乡网络直播间和象溪镇油茶工坊，指导板桥畲族乡推出“畲乡有味、板桥有礼”区域公共品牌；服务基层少数民族群众，协调解决外来少数民族就学等具体问题。以山哈党建联盟为引领，落实“三倾斜三优先”（帮扶政策倾斜、产业发展倾斜、乡村建设倾斜；项目安排优先、资金投入优先、人才培育优先）政策要求，建立健全政策扶持机制、项目带动机制、基建保障机制、培育机制，加快推进民族乡村振兴。

【统战社团助推共富产业发展】2022年，松阳县有民革松阳县总支部、民盟松阳县委员会2个民主党派支部，登记在册有松阳县留学人员和家属、社会组织代表人士、网络界人士、新的社会阶层人士、知识界人士6个联谊会；工商业、归国华侨、党外中青年知识分子3个联合会。松阳县实施统一战线“十联同心、十产带富”行动，引导各民主党派、统战社团在助推共富产业发展中发挥优势、建言献策。民革县总支部聚焦香榧产业开展科技培训，参训200余人次；民盟县基层委员会聚焦农村电商发展，开展走访调研、提出针对性意见建议；农工党县小组聚焦中医药产业，帮助销售中草药300余万元；县工商业联合会聚焦不锈钢产业转型升级，帮助解决具体问题30余个；县归国华侨联合会开展乡村侨舍品牌建设、引导侨资回流；县党外中青年知识分子联合会探索打造“三迎红军”系列文创产品；县网络界人士联谊会依托电商平台致力打响松阳蜂蜜电商品牌；县新的社会阶层联谊会探索实践“三茶”统筹发展具体道路。

【党外知识分子和新的社会阶层人士统战】2022年，松阳县聚焦思想引领，做好党外知识分子和新的社会阶层人士凝心聚力工作。3月30日，浙江中华文化海外传播促进会工作站在松阳举行揭牌仪式，该工作站成立后，将立足本土丰厚的历史文化资源，开展系列文化推广、教育培训、学术交流、展览展示等活动，成为中华文明研究、海内外文化交流的重要平台。9月30日，组织召开全县无党派人士认定仪式暨业务培训会,为全县142名无党派人士代表颁发《无党派人士认定书》，并开展业务能力提升培训讲座。11月30日，联合市新联会到板桥畲族乡中心小学，开展“浙丽同心暖冬行”爱心捐赠活动，捐赠冬季校服100套，价值23500元。

【侨胞工作】2022年，县委统战部与省侨联联合举办“走进松阳侨助共富·2022年浙江海外侨胞故乡行”活动，吸引来自全球20多个国家和地区的40余名侨胞齐聚松阳，共叙乡情、共话发展。成立浙江中华文化海外传播促进会工作站，举办“同心·文化润侨实践基地”揭牌仪式。利用端午、中秋等传统节庆搭建“浓情端午暖侨心”“云上中秋寄乡愁”等互动交流平台，凝聚发展共识。

【港胞工作】2022年，松阳县开展“今年中秋不回家，统战干部代您看家人”走访活动，走访慰问港属代表。7月1日，与香港松阳同乡会联合组织开展“庆祝香港回归25周年”青年送祝福活动。

【县委民族宗教会议】2022年11

月 17 日，松阳县委民族工作会议、全县宗教工作会议暨县委统战工作领导小组会议召开，会议听取县委统战工作领导小组工作汇报，审议通过《中共松阳县委统一战线工作领导小组运行机制系统性重塑方案》，县委组织部、县民宗局、县农业农村局、西屏街道围绕不同主题作交流发言。会议提出实施统一战线“十联同心、十产带富”行动，发挥统一战线人才荟萃、智力密集、联系广泛、资源丰富的独特优势，改变传统结对模式，重点认领帮扶民族乡村特色产业。

2022 年 12 月底，板桥畲族乡桐榔村畲医药展示馆完成内部展陈
（板桥畲族乡供图）

【乡贤回归助推乡村振兴】2022 年，松阳县乡贤办公室以“我的家乡我的梦”为主题，推动新乡贤工作提质增效。出台加强乡贤调解团规范化建设提升基层矛盾纠纷化解能力的实施意见，创新乡贤参与基层治理新模式，从新乡贤人才库中择优选聘调解员 148 名，成立乡贤调解团 19 个，调解各类纠纷 90 余件。乡镇（街道）召开乡贤座谈会等，征求乡村振兴意见建议，谋划共富思路。举办松阳县 2022 年新乡贤工作培训班，来自全县 19 个乡镇（街道）的新乡贤代表及负责新乡贤工作的统战干部共计 40 余人参加，提升新乡贤综合素质。乡贤工作有关做法在“中国统一战线”公众号刊发，在全市新乡贤工作推进现场会作交流发言。

【桐榔文化康养基地建设】2022 年，松阳县结合板桥畲族乡生态人文资源，编制《乐安里 · 桐榔文化康养基地规划》，聚焦“茶韵、畲韵、古韵”三韵板桥，提炼“禅、茶、畲、桥”四大主题，规划“桐川里、茶语间、板桥边、星空下、云端上、山野中”六大产品体系，指导板桥全乡域发展。启动桐川小区 130 幢自建房外立面统一设计、亮化工程；将旧村改造后的寅口古村老房子原貌保留，村集体统一流转、修缮，规划建设“一中心四馆”（畲医畲药研究中心、展示馆、体验馆、名医馆、禅修馆），作为畲医药康的休养区，争取资金 700 余万元；建设桐榔村“石榴红”书屋、“石榴红”公园、“石榴红”驿站，为村民学习、公共服务、畲乡文创产品提供平台。

（县委统战部）

港澳台侨事务 外事工作

【港澳台事务】2022 年，松阳县创设平台载体开展港澳台交流联络，县委统战部联合县政协召开全县“三胞三属”暨港澳台委员座谈会；在疫情防控期间向台胞捐赠口罩 18 批次。组织台企、台胞、台属观看党的二十大开幕式，通过党的二十大精神宣讲视频、微信推文、座谈等形式向台胞介绍当前制度道路、政策方略，引导台商、台企参与现代化“田园松阳”建设。

（县委办公室）

【华侨事务】至 12 月底，松阳有涉侨人员 1.2 万余人，分布于世界 74 个国家和地区。设有海外侨团 1 个——旅欧中国松阳同乡会，海外联络站 4 个（美国、西班牙、意大利、比利时）；建立乡镇（街道）侨联 5 个、社区侨联 3 个、乡镇（街道）侨联小组 9 个。县域内有侨资企业 17 家。3 月 24 日，松阳县侨联七届十二次主席会议召开，县侨联主席、副主席、特邀名誉主席及部分乡镇（街道）侨联主席参加。7 月，县委统战部与县人民法院联合召开涉侨纠纷多元化解工作座谈会，“涉侨纠纷 诉调对接工作室”正式揭牌运行，维护侨胞、侨眷和侨企的合法权益。先后组织侨胞开展“聚力行善 侨爱暖人心”暑期走访失能失智家庭、侨企大走访大调研大落实、侨界迎国庆活动暨“赏侨舍美 展侨韵秀”“喜迎二十大 侨心向党心”红色观影、“侨心永向党 筑梦新征程”等系列主题活动。开展中秋暖侨、慰问侨界人士和贫困归侨、侨眷等活动，做好为侨服务。全年接待华侨、侨眷 23 批 200 余人次。

（县委统战部）

【外事工作】2022 年，松阳县制定印发涉外领域管理体系建设专项协调机制实施方案 9 个，强化外事管理制度。12 月 7 日，全县第二个海外领事保护联络站在西屏街道城北社区授牌成立。开展“领保（领事保护）宣传月”、涉外企业三服务等常态化活动，提高海外领事保护和境外安全防范知识普及度。组织领保宣传、培训 2 次，受训 50 余人次，印发宣传册（品）50 余份。1 月 11 日，松阳县与联合国人居署召开视频连线会议，会上就第三届城乡联系论坛相关事宜开展讨论。11 月 30 日，联合国南南合作（发展中国家间的经济技术合作）办公室城市项目部通过视频连线方式组织召开南南城市在线经验交流会，松阳作为中国的城市代表参加会议，县委副书记、县长梁海刚在会上作题为《松古灌区 汲古润今 传承创新》的交流发言。3 月 26 日，第十五届中国（国际）茶商大会·松阳云上香茶节开幕式被 Digital Journal（意大利数字媒体：数字期刊）等 29 家境外媒体报道，《共同富裕：缩小城乡差距》（《Prosperity for All：Reducing income gaps between urban and rural areas》）等 5 篇松阳宣传信息在中央电视台国际频道、新华社英文版等媒体刊发报道，《猫头鹰连续 30 年飞来老屋产子 丽水环保故事登上加拿大蒙特利尔〈生物多样性公约〉第十五次缔约方大会（COP15）》等松阳宣传信息在浙江新闻客户端刊发，外事工作信息《秘境般的丽水，让嘉宾们眼前一亮！“国际友人品浙江——美丽乡村丽水行”走进丽水》在《丽水日报》客户端刊发，《浙江丽水：以“山区国际化”助推共同富裕》等 12 篇信息在丽水外事公众号刊发，拍摄《外籍人士看松阳》系列视频 2 期。

（县委办公室）

2022 年 12 月 7 日，松阳县第二个海外领事保护联络站在西屏街道城北社区授牌成立

（县委统战部供图）

网络安全和信息化管理

【概况】2022 年，松阳县制定服务保障党的二十大网络安全工作实施方案，落实网信“除险保安”工作清单，完成迎接服务保障党的二十大网上安保任务。推广数字化应用，累计纳管市级问题 6 个，年度排名全市首位。制定综合工作方案，落实“网民热点关注表”报送机制。出台政务类新媒体管理办法（试行），整合清理政务类新媒体 27 家。完成县域网络举报“一体化”省级试点建设，构建互联网违法和不良信息举报受理处置一体化工作体系。

【网络安全管理】2022 年，松阳县处置信息 63 条，上报重大网络举报件得到中共中央网络安全和信息化委员会办公室（以下简称网信办）肯定，并在 2022 年度全省培训班上交流发言。制定互联网信息内容“分业分层监管联合联动执法”工作机制，联合约谈、执法网络违法违规行为 33 起，开展“松州净网·服务电商”网络普法宣传活动 4 批次，受众 350 余人次，发放《网络直播营销行为指导手册》300 多册，进一步规范网络直播秩序。出台县机关企事业单位工作人员网络行为管理暂行办法，通报干部泄露工作信息典型案例 2 起。出台县建立首席网络安全官制度实施方案、县网络安全应急预案，制定网络安全问题通报机制，通报整改网络安全问题 25 个，集中约谈“攻防演练”问题单位7个，强化各单位负责人对网络安全的靠前指挥、主体责任意识。党的二十大期间，联合县公安局、县大数据和金融发展中心对全县涉及民生的重点单位及部分规模以上企业进行网络安全实地检查检测。启动网络安全防护提升项目，对县域50家互联网资产进行月度漏扫，并组织实地检查和业务培训，提升网络安全防护能力。

【网络重大主题宣传】2022年，松阳县以党的二十大网上宣传为主，主持中央网信办微博话题#身边的党员#阅读量超11.7亿人次，开设#奋进新时代#微博话题被新华社选用。开展“网络中国节”主题宣传活动，在春节、元宵、端午、清明、重阳节等重大节庆期间开展网络主题宣传，并在掌上松阳客户端、“松阳新闻”微博、松阳新闻网等平台进行报道。开展“第十五届中国茶商大会·松阳云上香茶节”网上宣传活动，微博话题#茶乡随手拍# #松阳茶 香天下#总阅读量超10.3亿人次和3亿人次。

（县网络舆情服务中心）

机构编制工作

【概况】2022年，松阳县有县级以上科级行政机构42家，其中党委9家、人大1家、政协1家、政府25家、群团4家、检察院1家、法院1家。乡镇（街道）19家，其中街道3家、乡11家、镇5家。上级共下达松阳县行政编制1410名，实有1400人。全县共有事业机构311个，事业编制基数为4722人，实有4688人。事业编制报备员额684人，实有246人。2022年，松阳县推进基层管理体制改革和“大综合一体化”行政执法改革，健全完善重点领域体制改革，规范机构编制管理，县委机构编制委员会办公室（以下简称县委编办）被省委机构编制委员会办公室（以下简称省委编办）监督检查处评为年度预警平台应用双月考评优秀；在年度机构编制数字化监管应用考核中被市委编办评为一等。

【基层管理体制改革】2022年，松阳县制定印发《关于深化基层管理体制改革 加快推动基层治理体系建设的实施方案》《关于试行乡镇（街道）编制周转池制度的通知》等文件，按照经济型、复合型、生态型对乡镇（街道）进行分类，建立平台化运行岗位管理模式，对应基层治理体系迭代升级，除四都乡不设机构外，18个乡镇（街道）均按照“1+4+X”（1指综合信息指挥室；4指党建统领办公室、经济生态办公室、平安法治办公室、公共服务中心；X指因地制宜设置的机构）模式设置机构，通过“岗位管理”改革，推进行政事业人员分类管理、统筹使用。建立乡镇（街道）编制和中层职数2个周转池，结合基层管理体制改革，所有乡镇（街道）均设立综合行政执法队和综合行政执法岗、法制审核岗，推进乡镇（街道）“一支队伍管执法”改革。按照执法力量下沉县乡85%以上，下沉乡镇60%以上的改革要求，制定印发“1+8”（综合执法+市场监管、生态环境、文化市场、交通运输、农业、应急管理、自然资源、卫生8支专业执法队）行政执法队伍执法人员编制锁定方案，锁定执法编制205名，占县级部门执法队编制的63.1%，实行“县属乡用共管”。推进经济开发区“大综合一体化”行政执法改革，采取派驻辐射方式，实行“一支队伍管执法”，人员配置按“1+X+N”（1指综合行政执法人员；X指其他执法部门人员；N指经开区管委会人员）模式组成。

【重点领域改革】2022年，松阳县根据省市统一部署，在县委编委指导下，开展机构编制调整工作。改革后，在县发展和改革局（以下简称县发展改革局）加挂县人民防空办公室（以下简称县人防办）牌子；县人民防空事业发展中心（以下简称县人防中心）由县住房和城乡建设局的下属公益一类事业单位调整为县发展改革局下属事业单位，机构性质和规格维持不变；不再保留设在县交通运输局的交通战备办公室；在县委宣传部内设机构加挂全民国防教育科牌子。贯彻落实市委编办关于公共卫生应急管理体系建设的意见，在县卫生健康局调整设立公共卫生总师领导职数，内设机构加挂公共卫生应急办公室牌子，乡镇（街道）设立公共卫生工作站。根据省市部署，设立中共松阳县委教育工作委员会，为县委派出机关，与县教育局合署办公。县存量房交易管理职责（含县存量房交易监管、存量房网签审核备案、房地产经纪机构管理以及因存量房交易产生的信访、行政复议、行政诉讼、争议纠纷调处等工作）由县自然资源和规划局调整至县住房和城乡建设局。

【经开区机构职能体系完善】2022年，松阳县根据省政府批准同意整合设立浙江松阳经济开发区（以下简称经开区）精神，报经市委编委批准，浙江松阳工业园区管理委员会更名为浙江松阳经济开发区管理委员会（以下简称经开区管委会），其机构性质和规格维持不变，与经开区党工委合署办公，采用一套机构。根据经开区管委会《关于调整完善浙江松阳经济开发区与属地乡镇（街道）职能划分的建议方案》，经开区管委会原承担的政策处理、拆违治乱、“五水共治”、平安综治、爱国卫生、文明创建、渣土建筑垃圾倾倒和投产企业安全生产、消防、环保的日常巡查、监管等职能由属地乡镇（街道）承接，协同推进经开区管委会聚焦主责主业。

【事业单位职能体系完善】2022年，松阳县根据“大综合一体化”行政执法改革工作部署要求，将县劳动保障监察大队、县水政监察执法大队承担的执法职责划归局机关，分别更名为县劳动监察中心、县水政监察中心，并重新印发机构编制规定。4月20日，设立县邮政业安全中心，为松阳邮政管理局所属股级公益一类事业单位，主要承担邮政行业安全管理有关的监测、预警、实时监控、应急处置等具体工作。4月28日，设立县山海协作产业园服务中心，为经开区管委会所属股级公益一类事业单位，主要承担松阳—余姚山海协作产业园联席会议办公室、山海协作共建领导小组办公室的相关工作。8月10日，设立县中医药研究所，为县科技局所属股级公益一类事业单位，主要负责组织实施全县中医药领域科技攻关、科技成果转化和应用等职责。11月17日，设立县信访事项受理服务中心，为县信访局所属股级公益一类事业单位，主要承担统一政务咨询投诉举报平台来信、来访和网上信访的日常工作。

【编制周转池管理使用】2022年，松阳县下达县应急管理局等4个部门事业周转编制18名（含组织部人才储备所需周转编制15名），收回县交通运输局等10个部门事业周转编制13名。8月15日，县委编委印发《关于试行乡镇（街道）编制周转池制度的通知》，在乡镇（街道）行政事业编制总量内，统筹考虑常住人口、空编、近三年自然减员等情况，从19个乡镇（街道）统筹行政事业编制，设立乡镇（街道）编制周转池，主要用于重点乡镇（街道）人员补充和区域产业融合发展组团服务人才引进。11月20日，下达县西屏街道等6个乡镇（街道）编制周转池行政编制1名、事业编制8人。

【教育系统机构人员编制调整】2022年，松阳县根据《浙江省人民政府关于县职业中等专业学校的基础上筹建丽水农林技师学院》的批复。7月21日，批复丽水农林技师学院（筹）为公益二类事业单位，核定报备员额60名。报备员额将根据今后在校生的变化情况，分步核定、动态管理。6月2日，开展教育系统调研工作。分块梳理其下属事业单位、中小学、幼儿园人员编制情况。调整中小学、幼儿园编制，将中小学编制控制在合理范围内。将象溪、大东坝中心成人文化技术学校职责整合并入西屏中心成人文化技术学校，不再保留象溪、大东坝中心成人文化技术学校，划转相应事业编制。

【基层社会治理指挥体系建设】2022年，松阳县整合县应急联动指挥中心、县矛盾纠纷调处化解服务中心和县12345政务咨询投诉举报服务中心，组建县社会治理中心，挂县综合信息指挥中心牌子，为县委县政府直属正科级事业单位，不再保留县应急联动指挥中心、县矛盾纠纷调处化解服务中心、县12345政务咨询投诉举报服务中心。主要承担运行监测、矛盾调处、分析研判、协同流转、应急指挥、督查考核职责，承接基层智治系统党建统领、经济生态、平安法治、公共服务4条跑道任务。10月27日，由县委办公室、县政府办公室联合印发社会治理中心职能配置、内设机构和人员编制规定。

【机构编制实名制管理】2022年，县委编办更新维护好机构编制实名制系统，全年组织各单位核对提交审核人员信息5700余条，开展机构编制实名制系统实有人员信息与县机关事业养老保险系统实有人员信息比对，发现问题数据90条。推广新开发提升的系统功能应用，预警功能和映射功能上线后及时制作操作指南推送至各单位。执行编制职数使用核准制度，审核综合部门高层次人才引进用编计划44名；人才周转池引进用编计划15名。县中小学编制使用计划56名，幼儿园公开招聘编制使用计划3名；县医疗卫生机构编制使用计划99名。事业单位公开招聘编制使用计划26名。公开选调机关事业单位工作人员编制使用计划31名。2023年公开招考公务员编制使用计划42名。定向培养高考招生计划58名，其中县教育局定向培养教师计划20名；县自然资源和规划局定向培养基层林技人员计划2名；县卫生健康局定向培养卫技人员计划33名；乡镇文化员计划3名。均列入毕业当年招聘事业人员编制使用计划。全年办理人员进编登记手续431人。办理人员出编登记手续411人。开展股级领导职数审核，审核单位255个，股级职数1186个。

【机构编制监督检查】2022年，县委编办联合派驻有关部门的纪检监察组，对县内14家单位开展“一把手”机构编制函告工作。配合县审计局对全县7家单位开展部门领导干部机构编制审计工作，其中政府部门2家，科级事业单位2家，乡镇（街道）3家。完成2021年全县机构编制年报统计、机构编制核查和机构编制重要事项报告工作。开展全县机构编制年报统计和机构编制重要事项报告工作。整改实名制系统预警问题。组成评估小组纳入县委巡察选人用人和基层党建专项检查组，对县民政局、县交通运输局等16家单位的机构编制执行情况和使用效益进行评估。配合县委组织部，开展“三超两乱”专项整治、省委巡视选人用人专项检查等有关工作。

【事业单位登记管理】2022年，县委编办开展日常事业单位登记管理工作，办理事业单位法人设立登记3家、变更登记70家、注销登记3家、补领登记1家、换领登记8家。办理机关群团统一社会信用代码证证书变更31家。开展中文域名清理工作，办理域名变更和续费，清理规范事业单位登记系统举办单位账户，确保业务系统安全。制定审核77家事业单位章程，实现全县登记法人事业单位“一单位一章程”。将全县140家事业单位2021年事业单位法人年度报告予以公示。加强事业单位法人登记事中事后监管，市县两级联动完成县档案馆、县气象局、县招商服务中心和新兴小学4家事业单位法人公示信息“双随机”抽检及整改工作。

（县委编办）

县直机关党建

【概况】2022年，全县县直各机关企事业单位共有党的基层组织287个，其中党委27个、党总支9个、党支部251个。县直机关在册党员4426名，占全县党员的26.56%。

【机关党组织建设】2022年，松阳县发展党员85人，完成直属机关党组织换届选举24个，37个直属机关党组织及时增（补）选委员，同时增减调整一批党组织。落实《中国共产党党和国家机关基层组织工作条例》，45个直属党组织均配备支部书记。县委组织部常态开展党建督导指导，将问题进行书面反馈，并要求限期整改，提升基层党建工作质量。县直属机关工委全年举办党务干部培训班1期，入党积极分子、发展对象培训班4期，培训224人。制定出台《传统廉洁文化进机关活动实施方案》，开展以“忠、廉、公”为核心的传统廉洁文化进机关活动。

【机关党员志愿服务】2022年，田园先锋志愿服务系统有注册志愿者12000余人，开展志愿活动项目290余个，参与志愿服务活动11334人次，开展环境整治、卡口值勤、防疫演练、交通劝导等志愿服务活动。县直属机关工委组织县直机关党员参与“红耀绿谷 温暖处州 点亮微心愿”活动，机关党员结对帮扶困难党员、孤寡老人、留守儿童等群体，领取并实现微心愿2323个。4426名机关党员持“双重管理证”到社区报到，上墙“共产党员户”铭牌，八小时内在单位履职尽责，八小时外在社区为民服务，参与社区联建共治等工作。成立临时党支部92个，由机关党员担任临时党支部书记或业委会成员。

【机关党建创新成果】2022年，松阳县开展机关党建工作创新成果征集活动，征集创新成果87个，评选优秀创新成果10个，向市工委推荐5个。县政协机关党委选送的案例——《突出“党味、品味、滋味” 打造“同心向党·三味政协”党建工作品牌》入选全市擂台赛十佳案例。

（县委组织部）

党校工作

【概况】2022年，中共松阳县委

党校（行政学校）围绕建设全省“标杆引领”类县级党校（行政学校）、创建绿色学校和“点亮古村落·共富学堂”县乡党校等重点工作，制定行动方案和2022年工作任务清单，建立“奔跑指数”评价体系，通过双月公示、开展“慵懒散漫”追责问责等考核来破除工作中等待观望、拖泥带水的问题。前往德清、安吉、长兴、慈溪、义乌和淳安6地党校调研；印发争创全省“标杆引领”类县级党校工作规划；完成党校机关支部换届工作，常务副校长担任机关支部书记，支委配置更加科学，支部力量进一步加强。2022年，招引全日制硕士研究生专职教师1名，本科学历工作人员2名。引进总投资1.5亿元的高新项目1个，在全县镇（街）部门三创竞赛上以《招商引资的“组织人事”工作法》为题作经验分享。

2022年4月21日，松阳县青年英才班暨新录用机关事业单位工作人员培训班全体成员到浙西南革命根据地——安岱后村开展红色教育活动

（县委党校供图）

【党校干部培训】2022年，县委党校举办各类培训班31期，培训学员2000余人次。其中举办青年英才班暨新录用机关事业单位工作人员培训班、县管干部推动“二次创业”暨疫情防控能力提升进修班、优秀青年干部培训班、新提任县管领导干部“奋力奔跑”能力提升培训班等各类主体班次17期，培训学员1400人。重点举办“要共富 抓项目”——新时代干部推动共同富裕轮训班，全体县管干部参加集中培训，县委书记参加开班典礼并对学员提交的68个项目建议作出重要批示；承接温岭市管干部进修班、广东信宜市中青干部培训班等外来培训班次（考察团）14批次，培训学员565人次。推进县乡党校“点亮古村落·共富学堂”数字化改革项目，实现乡镇农村党员教育培训新模式新路径，并纳入省委党校第三批数字化改革试点单位。至12月底，全县有竹源、板桥等4个乡镇利用该平台开展农村党员教育，培训2000余人。整合县域茶产业、拯救老屋、五水共治等松阳特色资源，打造“红+绿”办学品牌。创成茶香小镇（四星级）、四都乡乡村振兴（四星级）、“‘红绿小港’共同富裕”（三星级）3个市级干部教育现场教学基地。制定干部教育现场教学基地星级管理工作方案、对外培训管理工作制度等管理制度，开发《追寻总书记足迹——一片叶子，富一方百姓》等现场教学课程，串联豆腐工坊（乡村振兴）、虎山坝（党性教育）、横樟包公文化（廉政教育）、石仓古民居（古色传承）等多个现场教学点，形成以“红绿融合”为主题的现场教学线路，实现课堂与现场的深度融合。举办松阳县“传承红色基因 讲好松阳故事”师资培训班，组织全县具有红色资源的村党支部书记前往井冈山市委党校学习现场教学基地的开发管理，提升红色现场教学基地的管理水平。全年审核全县部门培训班次课程39期。

【党校科研资政】2022年，县委党校在省市县各级立项课题40个，其中省级立项课题8个，市党代会精神专项研究立项课题6个，市建委共同富裕研究课题6个。在市党校系统组织的山区共同富裕美好社会理论研讨会征文比赛中获奖2篇；在全市党校系统“创建绿色学校，共建美好校园 ”征文中获奖2篇。全年在省市县各级公开刊物上发表文章17篇，其中在《浙江经济》等省级刊物上发表理论文章5篇，在《丽水研究》等市级刊物上发表8篇，在《参政园地》等县级刊物上发表4篇。全年共刊发《党校资政》7期，获得领导批示8个，其中县委主要领导批示6次，有效发挥党校服务地方发展、为当地党委政府出谋划策的智库作用。

【政治思想建设】2022年，县委党校高度重视党员干部、教师的思想政治工作，制订《中共松阳县委党校理论中心组学习计划》和《中共松阳县委党校2022年学习资料汇编》，严格执行学习计划，每月召开一次理论学习中心组学习，先后组织学习党章党规、习近平新时代中国特色社会主义思想、党的二十大精神、《中国共产党廉洁自律准则》等内容，组织开展“贯彻省第十五次党代会精神 讲好红绿融合新时代松阳故事”县委党校机关支部、退休干部支部“迎七一”主题党日活动，全体党员围绕裕溪乡创建红色现场教学基地建言献策。制定《对外培训工作管理制度（试行）》《科研业绩考核与奖励办法》等新制度5项，更新完善《党校工作规范》。全体教职工签订《中共松阳县委党校教职工意识形态工作纪律承诺书》。从严执行职工管理制度，将党建引领贯穿干部职级晋升、职称评聘、年度考核等各项工作。从严执行学员管理制度，加强对学员培训情况的考核，规范学员评优评先，规范学员管理，提升教学质量。

【行政后勤服务】2022年，县委党校创成全省党校（行政学院）系统第一批三星级（最高等级）绿色学校，以创建绿色学校为契机，持续推进红色学府绿色发展。通过对教职工和广大学员的“五水共治”巡河等绿色行动进行评估计分，根据积分排序评选党校“绿巨人”，该项指数被列入优秀学员评选指标。推进光伏发电项目进党校，年发电量达4万度，满足全校用电需求，实现零碳目标。推进校园绿化滴灌、绿色建筑改造等项目，实现清洁能源、老旧建筑再利用。建成瑜伽室、师生茶吧等职工之家，丰富教职工课余生活。党校赤寿分校室内装修工程完工并投入使用。对标全省党校系统“标杆引领”类县级党校行政后勤的指标要求，谋划新校园迁建二期工程。

【基层宣讲】2022年，县委党校组织教师参加省委宣传部、省委党校等组织的党的二十大精神宣讲培训班，提升理论宣讲本领。由常务副校长带队成立专题宣讲团，组织教师到基层、农村、单位、企业开展宣讲，确保党的二十大精神能第一时间传达到基层。全年开展宣讲16场，受众800余人次。在重要时间节点，充分发挥党校理论宣讲排头兵作用。

（县委党校）

老干部工作

【概况】2022年，松阳县加强离退休干部活动、学习阵地建设，组织引导离退休干部发挥优势和作用。至12月底，全县有离休干部20人、实职副县以上退休干部29人，全年增加退休人员148人。

【老干部政治待遇】2022年，县老干部服务中心引导广大离退休干部离职不离岗、退休不褪色，参与共富建设。完善落实老干部听报告、阅读文件、通报情况、参观学习、参加重要会议以及重大决策征求意见等政治待遇制度，引导老同志及时了解党中央大政方针和决策部署，及时洞悉国内外形势和本县主要工作，共交办落实离退休干部意见建议15条。每年为离退休干部订赠学习刊物，不定期召开老干部读书会，县老年大学为离退休干部专设政治课。组织实职副县以上退休干部开展“走基层、看变化、促发展”活动。成立实职副县以上退休干部学习组、离退休干部党支部书记、松州夕阳红志愿团3支队伍，选树推荐“银尚达人”“银尚之家”“乐活驿站”，获评省

2022年4月8日，松阳县老干部服务中心组织实职副县以上退休干部开展“走基层、看变化、促发展”活动　（县老干部服务中心供图）

级“银尚达人”2人，松州银龄驿站获评省级“乐活驿站”。

【离退休干部党建】2022年，全县建立离退休干部党支部52个，其中退休干部党支部49个，离退休干部合编的党支部3个。县老干部服务中心举办“红跃田园 银耀共富”党组织结对共建、离退休干部党支部书记述职擂台赛、“建言二十大”、“金点子”助力省党代会、“我看中国特色社会主义新时代”等活动。研究出台年度离退休干部党建工作考核细则，将离退休干部党建工作纳入年度党建考核项目。召开离退休干部党支部书记培训班，宣讲省第十五次党代会精神，由老干部服务中心主要负责人专题解读《关于加强新时代离退休干部党的建设工作的意见》。

【老干部服务保障】2022年，松阳县巩固完善离休干部离休费保障、医疗费保障、财政支持保障机制，财政预算足额安排离休干部考察费和休养费。实职副县以上退休干部考察费、离退休干部困难补助金、无固定收入离休干部遗孀困难补助金等按时发放到位。做好定人定期联系、上门看望、纾难解困、政策宣传、记录跟踪等工作。县老干部服务中心全年走访服务离退休干部3次以上，春节期间走访慰问退休干部困难户28户，发放慰问金2万元，发放精简退职人员生活困难补助20人；深化离休干部家庭医生签约服务，持续完善绿色就医通道。每年为70岁、80岁、90岁及以上的离退休干部进行祝寿活动，老干部服务中心领导均亲自上门为其祝寿。

【老干部教育管理】2022年，县老年大学开设8门专业课程16个班级，在音乐、戏曲、舞蹈等课程基础上，增设茶艺、瑜伽2门课程。每学期举办期末教学成果展，220余名学员演员参加文艺会演。每周开展1次“快乐银龄·智享生活”智能手机操作志愿服务活动，帮助老年朋友跨越“数字鸿沟”，适应并享受智能生活。投资30万元用于老干部服务中心2号楼3楼多功能厅液晶显示屏安装，满足学习、活动所需。举办“喜迎二十大 银龄心向党”松阳县老年大学2022年秋季学期开学第一课，营造开学氛围，激发老年学员活力。联合县人民医院开展听讲“医学保健”公共课领积分福袋兑换体检项目活动，相关信息在浙江新闻客户端和《浙江老年报》刊登。与湖州南浔区老年大学签订结对协议，开展“山水相约 银龄共学”活动。

【老干部文化活动】2022年，县老干部活动中心设有离休干部学习室、图书阅览室（红色书吧）、健康e站、健身房、乒乓球室、台球室、象棋室、扑克室、麻将室、桥牌室等多个活动室，活动室日均活动达300余人次，其中乒乓球室日均活动人次为100人次。开展“喜迎二十大、银发心向党”乒乓球赛、“喜迎二十大 银发心向党”浙江八县市老年人乒乓球联谊赛、“庆祝党的二十大”第十一届乡镇街道老年乒乓球交流等系列活动，组队参加“迎亚运 展风采”全市老干部中国象棋赛。县老年书画研究会组织“妙笔丹青颂党恩”、“喜迎二十大 银发心向党”等书画交流活动，并组织会员参加“翰墨丹青绘伟业 同心喜迎二十大”2022年全省老干部书画大赛、市“喜迎二十大 跨越新征程”书画大赛。11月，举办松阳—缙云老年书画联展，共展出书画作品100幅，松阳、缙云各50幅。

（县老干部服务中心）

党史研究

【概况】2022年，松阳县档案馆（党史和地方志研究室）（以下简称县史志研究室）被评为“全省党史和文献部门先进集体”。创作短视频《从水中故园到梦里家园》获省党史和地方志研究室、共青团省委联合主办的“百年风华辉煌十年·浙YOUNG说”短视频大赛二等奖；全年在“学习强国”平台发表稿件31篇；撰写学术研讨论文3篇；在“掌上松阳”APP等媒体开设《松阳百个党史故事》专栏，刊文信息66篇。

【党史编研】2022年，县史志研究室完成《中国共产党浙江松阳历史（1978—2002）》编撰，启动下延10年（2002—2012年）第四编的编写工作。出版《松阳百个党史故事》，编撰《松阳红色印迹》《党报看松阳复县四十周年（1982—2022）》《鱼水情——挺进师与松阳人民》连环画、《松阳县老区村发展通览》和《一张蓝图绘到底——忠实践行“八八战略”全纪录》之松阳篇等书籍。

【党史宣讲】2022年，县史志研究室实施青年干部“一堂课”成

2022 年 10 月 16 日，松阳县史志研究室工作人员到裕溪乡小学开展题为《扣好人生第一粒扣子》红色宣讲 （县史志研究室供图）

长计划。制作《扣好人生第一粒扣子》《探寻红色初心记忆 践行松阳革命担当》《以档鉴廉，以史证清——以档案史志视角看廉政文化建设》等宣讲课件，开展基层宣讲 19 次，受众 3000 余人次。拍摄党史微宣讲短视频《松阳之觉醒》，参加丽水市微型党课比赛获二等奖、县微型党课大赛获一等奖。7 月 25 日，完成“风展红旗如画”国旗展。

【革命遗址保护】2022 年，县史志研究室对县域内各革命旧址、遗址，故居、旧居，纪念设施等进行数字化整理，累计转化文字、图片 10 万余字、400 余张。协助完成黄南独立乡苏维埃政府旧址，黄庄、内孟村等革命遗址和红色场馆的修复、布展。枫坪、安民、燕田 3 个省级党史学习教育基地纳入省委党史和文献部门数字化改革先行试点——丽水市“红立方”革命遗址数字智治应用项目，全县建设内容占该项目总量的三分之一。配合完成安岱后、枫坪、大东坝燕田 3 个省级党史学习教育基地的数字智治应用素材收集，整理、提供各革命旧址、遗址、故居、旧居、纪念设施等史料；设计制作“三迎红军”动画场景，小吉会议沙画，安岱后革命遗址线上全景、红军主会场 VR（虚拟现实）场景、红军桥战斗游戏、燕田战斗动画等。

2022 年松阳县市级革命遗址一览表

表 4

<table>
<tr><th>序号</th><th colspan="2">革命遗址名称</th><th>形成时间</th><th>类　别</th><th>地　址</th><th>保护范围</th></tr>
<tr><td rowspan="4">1</td><td rowspan="4">松阳三庙之文庙、城隍庙</td><td>反帝救国会旧址</td><td>1919 年</td><td rowspan="4">重要机构旧址及重要会议旧址</td><td rowspan="4">大井路 2 号（松阳三庙之文庙、城隍庙）</td><td rowspan="4">建筑本体</td></tr>
<tr><td>反帝委员会旧址</td><td>1925 年</td></tr>
<tr><td>松阳县政工队驻地旧址</td><td>1938 年</td></tr>
<tr><td>松阳县抗敌自卫委员会成立地旧址</td><td>1938 年</td></tr>
<tr><td>2</td><td colspan="2">中共玉岩区委、区苏维埃政府驻地旧址</td><td>1935 年</td><td>重要机构旧址及重要会议旧址</td><td>丁坑行政村丁坑自然村8号</td><td>建筑本体</td></tr>
<tr><td rowspan="2">3</td><td colspan="2">欢迎红军大会旧址</td><td>1935 年</td><td>重要事件和重大战斗的旧址、遗迹</td><td>斗潭行政村斗潭自然村永福寺</td><td>建筑本体</td></tr>
<tr><td colspan="2">浙西南革命根据地中心区域斗潭纪念馆</td><td>2010 年</td><td>烈士陵园、纪念馆、纪念碑、纪念亭等设施</td><td></td><td></td></tr>
<tr><td>4</td><td colspan="2">卢子敬故居</td><td>1935 年</td><td>重要人物故居、旧居、活动地或者墓地</td><td>斗潭行政村斗潭自然村10号</td><td>建筑本体</td></tr>
<tr><td>5</td><td colspan="2">卢子敬烈士墓</td><td>1935 年</td><td>重要人物故居、旧居、活动地或者墓地</td><td>斗潭行政村斗潭自然村樟树寮</td><td>墓地本体</td></tr>
<tr><td rowspan="2">6</td><td colspan="2">玉岩区农会旧址</td><td>1935 年</td><td>重要机构旧址及重要会议旧址</td><td>斗潭行政村斗潭自然村巾竹社</td><td>建筑本体</td></tr>
<tr><td colspan="2">斗潭乡党总支、乡苏维埃政府旧址</td><td></td><td></td><td></td><td></td></tr>
</table>

续表 4

序号	革命遗址名称	形成时间	类　别	地　址	保护范围
7	高寮红军标语	1935 年	重要事件和重大战斗的旧址、遗迹	高亭行政村岩坑自然村关帝庙	关帝庙本体
8	高亭乡党总支、乡苏维埃政府旧址	1935 年	重要机构旧址及重要会议旧址	高亭行政村高亭自然村85 号	建筑本体
9	高亭战斗纪念碑（亭）	2008 年	烈士陵园、纪念馆、纪念碑、纪念亭等设施	高亭行政村高亭自然村钟山脚	建筑本体
10	高亭战斗纪念馆	2019 年	烈士陵园、纪念馆、纪念碑、纪念亭等设施	高亭行政村高亭自然村	建筑本体
11	高亭战斗烈士纪念碑	2015 年	烈士陵园、纪念馆、纪念碑、纪念亭等设施	高亭行政村高亭自然村	陵园本体
12	梨树下红军标语	1935 年	重要事件和重大战斗的旧址、遗迹	黄埠坞行政村梨树下自然村新兴社	社亭本体
13	松宣遂人民游击支队军事会议旧址	1949 年	重要机构旧址及重要会议旧址	黄埠坞行政村梨树下自然村张氏宗祠	建筑本体
14	中共玉岩区委、区苏维埃政府成立地旧址	1935 年	重要机构旧址及重要会议旧址	南胜行政村外南坑自然村宜兴社	建筑本体
15	玉岩暴动誓师地旧址	1930 年	重要事件和重大战斗的旧址、遗迹	山乍口行政村山乍口自然村李氏宗祠	建筑本体
16	红军挺进师政委会小吉会议旧址	1935 年	重要机构旧址及重要会议旧址	小吉行政村小吉自然村 44 号翁光道老屋、翁氏宗祠	建筑本体
	中共浙西南特委成立地旧址				
	浙西南地方工作团成立地旧址				
	红军挺进师第十五支队成立地旧址				
	松遂游击大队成立地旧址				
	浙西南军分区成立地旧址				
17	小吉红军标语	1935 年	重要事件和重大战斗的旧址、遗迹	小吉行政村小吉自然村兴义社	社亭本体
18	小吉乡党总支、乡苏维埃政府旧址	1935 年	重要机构旧址及重要会议旧址	小吉行政村小吉自然村村头	建筑本体
19	松阳县桐川农民武装暴动集结地旧址	1930 年	重要事件和重大战斗的旧址、遗迹	东坑村枫岭根自然村毛（王）氏宗祠	建筑本体
	松阳县桐川农会抗敌自卫组织旧址	1936 年	重要机构旧址及重要会议旧址		
20	中共靖居区委、武工队成立地旧址	1949 年	重要机构旧址及重要会议旧址	桐榔行政村张山自然村 21 号	建筑本体
21	安岱后浙西南革命根据地旧址之红军主会场（陈氏宗祠）：红军挺进师“八一”誓师大会主会场旧址		重要事件和重大战斗的旧址、遗迹	安岱后行政村安岱后自然村陈氏宗祠	建筑本体及四周空地
	浙西南分田委员会旧址		重要机构旧址及重要会议旧址		
	安岱后乡党支部、乡苏维埃政府旧址				
	安岱后村党支部、村苏维埃政府旧址				
	安岱后红军标语		重要事件和重大战斗的旧址、遗迹		
22	安岱后浙西南革命根据地旧址之红军桥（善继桥）	1935 年	重要事件和重大战斗的旧址、遗迹	安岱后行政村安岱后自然村善继桥	建筑本体
23	安岱后浙西南革命根据地旧址之红军食堂	1935 年	重要事件和重大战斗的旧址、遗迹	安岱后行政村安岱后自然村陈氏宗祠东首附房	建筑本体

续表 4

序号	革命遗址名称	形成时间	类　别	地　址	保护范围
24	陈丹山故居	1935 年	重要人物故居、旧居、活动地或者墓地	安岱后行政村安岱后自然村英烈广场边上	建筑本体
25	安岱后浙西南革命根据地旧址之陈丹山烈士墓	1935 年	重要人物故居、旧居、活动地或者墓地	安岱后行政村安岱后自然村	建筑本体
26	陈凤生故居遗址	1935 年	重要人物故居、旧居、活动地或者墓地	安岱后行政村安岱后自然村 13 号	建筑本体
27	安岱后浙西南革命根据地旧址之陈凤生烈士墓	1935 年	重要人物故居、旧居、活动地或者墓地	安岱后行政村安岱后自然村	建筑本体
28	陈宗儒故居	1935 年	重要人物故居、旧居、活动地或者墓地	安岱后行政村安岱后自然村 39 号	建筑本体
29	陈宗儒烈士墓	1935 年	重要人物故居、旧居、活动地或者墓地	大潘坑行政村大潘坑自然村坳坵	墓地本体
30	大横坑革命烈士纪念碑	2015 年	烈士陵园、纪念馆、纪念碑、纪念亭等设施	大潘坑行政村大横坑自然村	陵园本体
31	安岱后浙西南革命根据地旧址之刘英、粟裕故居	1935 年	重要人物故居、旧居、活动地或者墓地	安岱后行政村安岱后自然村 16 号	建筑本体及四周道路
32	安岱后浙西南革命根据地旧址之挺进师机关和浙西南特委旧址	1935 年	重要人物故居、旧居、活动地或者墓地	安岱后行政村安岱后自然村 20 号	建筑本体及四周道路
33	浙西南革命根据地纪念碑	2015 年	烈士陵园、纪念馆、纪念碑、纪念亭等设施	安岱后行政村安岱后自然村	建筑本体
34	浙西南革命根据地纪念亭（碑）	2003 年	烈士陵园、纪念馆、纪念碑、纪念亭等设施	安岱后行政村安岱后自然村	建筑本体
35	大东坝镇党建展馆	2017 年	烈士陵园、纪念馆、纪念碑、纪念亭等设施	大东坝行政村大东坝自然村	建筑本体
36	横樟乡党总支、乡苏维埃政府旧址	1935 年	重要机构旧址及重要会议旧址	横樟行政村横樟自然村包氏宗祠	建筑本体
37	虎山革命纪念地	2015 年	烈士陵园、纪念馆、纪念碑、纪念亭等设施	二滩坝行政村虎山坝自然村	烈士墓本体、余良根故居建筑本体、战壕所在部分山体
38	黄南地方党支部、黄南独立乡苏维埃政府旧址	1935 年	重要机构旧址及重要会议旧址	黄南行政村黄南自然村叶氏宗祠	宗祠本体
39	中共竹溪区委、区苏维埃政府驻地旧址 共青团竹溪区委旧址 燕田乡党总支、乡苏维埃政府旧址 燕田村党总支、村苏维埃政府旧址	1935 年	重要机构旧址及重要会议旧址	燕田行政村燕田自然村吴氏宗祠	建筑本体
40	燕田战斗遗址	1935 年	重要事件和重大战斗的旧址、遗迹	燕田行政村燕田自然村	战壕所在部分山体
41	中共霭溪支部纪念馆	2021 年	烈士陵园、纪念馆、纪念碑、纪念亭等设施	霭溪行政村合溪自然村	

（县史志研究室）

档案管理

【概况】2022 年，松阳县档案局以规范化、标准化建设为重心，面向 19 个乡镇（街道）、各行政村实践推广“村档乡管县备”（村级档案乡级管理县级备份）档案数字化管理模式。松阳县档案馆（党史和地方志研究室）（以下简称县档案馆）利用省档案馆“跟着档案去旅行”电视节目的品牌效应和平台优势，拍摄松阳专题片。县领导受邀参加由浙江省档案馆举办的《跟着档案去旅行》

栏目座谈会，受邀在全省档案编研业务工作交流会上作经验交流发言，在全省档案局长馆长培训班上松阳作为丽水市的唯一代表作题为《处理好三对关系 实现三个转变——构建松阳档案治理工作新格局》交流发言。

【档案接收征集】至12月底，全县共接收13家单位纸质档案1972卷、21198件，电子档案9289卷5366件，照片（电子）档案5560张，147个视频，接收档案捐赠35卷；接待查档1934人次，查阅3413卷、5458件，复印10354张，网上查档115人次。建立“松阳红色档案”“松阳地情档案”“媒体看松阳”等专题数据库，挂接数据1743条。

【档案信息化建设】2022年，县档案馆完成档案数字化扫描160万页。启动乡镇（村）档案数字化项目，完成安民乡、竹源乡等7个乡镇（街道）及其所属行政村档案数字化工作。根据省、市、县数字化改革相关文件要求，对馆藏系统、数字档案协同系统进行进一步管理，完成一体化数字资源系统备份、独立软件开发商认证等工作。完成“七条跑道”（档案构建资源建设、保管整理、开放共享、抢救保护、开发利用、宣传教育6个应用跑道和查阅利用跑道）数据报送工作和新冠疫情防控和脱贫攻坚档案移交工作。

【档案监督执法】2022年，县档案局协助6家单位申报创建规范化档案室，完善新增“千村档案”数据库10个。对5个部门、中介实施双随机执法检查，并开展“互联网+监管”和“掌上执法”工作，与县档案馆协同，联合县保密局、县司法局、县档案馆对19个乡镇（街道）、64个机关企事业单位开展档案和保密工作大检查。建立新冠疫情防控和脱贫攻坚数字化专项档案库，归档9289卷、52227件。

【档案开发利用】6月7日，松阳县举办“6·9”国际档案日系列活动，开展档案知识咨询、发放档案宣传资料500余份。开展“喜迎二十大 档案颂辉煌”暨庆祝松阳恢复县制40周年图片展，展出反映15个方面工作成效的展板30块、照片档案180余张。在“松阳新闻”微信公众号推出“档案知识答题赢话费”线上活动，吸引1500余人参与，800余人次中奖，发送档案宣传短信1万余条；举办“余姚—松阳山海协作20周年成果展”，编印《余姚—松阳山海协作20周年记事》。课件《如何做好重点工程移民档案收集、整理、利用》入选2022年国家档案局建设项目档案微课征集名录。修复明清芳溪堰水利档案，助力松阳县“松古灌区”入选2022年度（第九批）世界灌溉工程遗产名录。

（县档案局 县档案馆）

信访工作

【概况】2022年，松阳县信访工作以重复信访专项治理为重点，通过信访行为双向规范，完善制度规范，提升信访工作质效，基本实现工作目标，推动信访形势持续向好发展。全年实现省级以上信访积案动态清零，初次来信化解率100%，初次来访化解率100%；成功调解矛盾纠纷案件3359件，调解成功率99.94%。

【信访专项整治】2022年，松阳县将信访积案化解工作列入全县重点工作，通过晾晒比拼、亮灯亮牌督办等机制，化解一批社会影响大、时间跨度长的疑难复杂信访积案。至12月底，国家级、省级交办信访积案236件全部实

2022年6月7日，松阳县档案馆在松州广场举办“6·9”国际档案日系列活动 （县档案馆供图）

现动态清零。开展县级重复信访专项治理行动，梳理县级重复信访件52件并于7月中旬交办，至12月底化解42件,化解率80.8%。全年新增积案率0.65%，比上年下降42.5%，创成省级“无信访积案县”。

【信访事项办理】2022年，中共松阳县委、松阳县人民政府信访局（以下简称县信访局）受理全县信访件6747件，其中来访169批286人次、来信447件、网信3041件、来电转办3090件。按期受理率100%，按期办结率99.98%，群众满意率98.32%。基层信访事项就地化解率96.6%,走访类诉求总量较近三年平均值下降40.59%。

【信访秩序维护】2022年，松阳县规范行政行为，开展信访件办理质量的抽检督查，对无实质性办理结果、答非所问、上传材料不完整等问题信访件共84件进行通报整改。开展依法维护信访秩序专项行动，坚持“三到位一处理”（诉求合理的解决到位、诉求无理的思想教育到位、生活困难的帮扶救助到位，行为违法的依法处理），逐步清朗信访生态，护航经济社会高质量发展。

【信访责任落实】2022年，松阳县信访联席会议召集召开专题会40次，形成会议纪要24份，向党委政府报告信访工作专报6期,推动化解疑难复杂信访事项。建立乡镇（街道）信访工作联席会议机制，推动信访工作重心下移、力量下沉，预防和化解信访矛盾，营造“小事不出村、大事不出乡”的信访生态。创新“一办法一制度一晾晒”机制，执行新增信访积案向常委会说明制度；将信访工作重点指标纳入“支书三晒”“红跃田园 争星夺鼎”“镇街部门三创”活动，每季度晾晒比拼。出台信访工作责任追究办法，明确责任追究的几种情形，对信访工作中存在不作为、慢作为、乱作为情况追责问责37人。

【信访服务创新】2022年，松阳县推进信访工作现代化，县信访局承接“领导预约接访”省级试点项目。通过创新领导接访形式，提升接访成效，实现领导接访下访更加规范、办理流程更加优化、矛盾化解更加高效、信访行为更加有序。信访“一图一指数”［“一图”指信访工作五色图，以基础业务评分体系为主，涉及5大项22小项内容；“一指数”指信访工作力指数，涉及5大项34小项内容，以各县申报佐证材料（正式文件、会议纪要、上级批复等）经省信访局审核后给分。］向乡镇推广。结合智慧信访全市试点工作，完善信访矛盾纠纷“三色预警”［根据信访工作五色图对各乡镇（街道）进行红、黄、绿3色预警排名］机制，实现信访工作过程性指标量化评估可视化、智能化。建立常态化人民建议征集制度，通过整合“碎片化”意见建议，挖掘经济发展、社会治理的意见建议，推进人民建议转化政策措施。

【信访知识宣传】2022年5月，县信访局开展《信访工作条例》宣传月活动，采取各级党组织集中学习、制作条例解读展板、信访业务比武等形式，通过电视、广播、液晶电子屏、折页宣传品等途径，提升群众知法守法意识。8月，与县委政法委联合举办全县政法、信访干部政治轮训，实行新（转）任县管干部和优秀年轻干部到信访部门挂职锻炼制度，提升全县信访工作能力水平。

（县信访局）

松阳县人民代表大会

综 述

【人大机构建设】2022年，松阳县有各级人民代表大会17个。其中，县人民代表大会1个，乡镇人民代表大会16个。各级人大代表1032名，其中省人大代表2名、市人大代表28名、县人大代表194名、乡镇人大代表808名。2022年2月，松阳县第十三届人民代表大会（以下简称县人大）第一次会议选举产生县十三届人大常委会（以下简称县人大常委会）组成人员31人，其中主任1人、副主任5人、委员25人。县人大设有法制（监察和司法）委员会、财政经济委员会、社会建设委员会3个专门委员会。县人大常委会设有办公室、法制监察和司法工作委员会、财政经济工作委员会、教育科技文化卫生（民族宗教华侨）工作委员会、代表与选举任免工作委员会、农业与农村工作委员会、城乡建设与环境资源工作委员会、社会建设工作委员会7个工作委员会。派驻西屏街道、水南街道、望松街道3个工作委员会。2022年，县人大常委会对5部法律法规贯彻实施情况进行执法检查，评议政府部门工作37个，专题询问工作1项，开展工作检查、代表视察、专题调研48项，提出审议意见和建议62条。

【人大代表构成】根据《中华人民共和国全国人民代表大会和地方各级人民代表大会选举法》《浙江省县乡两级人民代表大会代表选举实施细则》的有关规定，省人大常委会确定松阳县十三届人民代表大会代表名额为200名。分配到各乡镇（街道）代表名额162名，当选代表33名，预留5名。在县人大常委会领导和县选举委员会主持下，代表选举工作于2021年9月12日至12月26日依法完成。全县86个选区，严格按照法定程序，以差额选举、无记名投票的形式，选举产生松阳县第十三届人民代表大会代表194名，缺额1名。从界别结构看，当选代表中，党政干部60名，比上届减少10名，占30.93%，与上届40.70%比有所降低；妇女32名，比上届增加9名，占16.49%，比上届有所提高；非中共党员30名，比上届28名有所增加，占15.46%；工人农民93名，占47.94%；专业技术人员23名，占11.86%；连任代表64名，占33%；少数民族7名，比上届增加3名。从知识结构看，当选代表中，具有大学本科及其以上文化程度的98名，比上届多15名，占代表总数的50.52%，其中研究生以上13名，比上届少1名；大专文化程度的66名，比上届多16名，占34.02%;中专及高中文化程度以下的30名，比上届少9名，占15.46%。从年龄结构看，当选代表中，年龄最小的25周岁，年龄最大的62周岁；35周岁以下的16名，占代表总数的8.25%；36至55周岁的151名，占代表总数的77.84%；56周岁以上的27名，占代表总数的13.92%。从行业结构看，当选代表中，有在全县政治、经济、文化和社会建设各个方面做出突出贡献的优秀人员，有政党、人民团体、国家机关、企事业单位的代表，有来自农村和社区的代表，有教育、科技、文化、卫生、金融、商业、社会服务业和其他社会组织中的代表人物。

【人大数字化改革和研究宣传】2022年，县人大推广使用由省市人大统一开发建设的浙里人大代表履职应用场景，实现数据贯通。

开发建设“松智汇”数字人大特色应用场景，获全省人大数字化改革创新暨第三届“浙江人大工作与时俱进通报表扬”提名奖，推进“松智汇”2.0迭代升级。松阳人大数字化改革工作经验多次在《浙江日报》《浙江人大》等刊发，成功打造松阳人大数字化改革标志性成果。梳理人大相关制度及改革需求，研究制定制度体系建设清单，协同推进人大制度建设与数字化改革。修订《松阳县人民代表大会常务委员会议事规则》，研究制定《松阳县人大代表联络总站工作制度》等6项制度办法，废止《松阳县荣誉市民称号授予办法》。落实《浙江省街道人大工作条例》要求，听取街道人大工委年度工作报告，指导街道人大工委召开居民议事会，完成街道人大工委委员换届。定期召开践行全过程人民民主基层单元建设推进会和工作例会，为乡镇（街道）人大基层单元建设工作提出指导意见，古市镇、大东坝镇被丽水市人大常委会评为2022年度“践行全过程人民民主基层单元建设先进单位”。认真贯彻落实《关于有序推进我省开发区人大工作的指导意见》，研究出台《松阳县人大常委会关于推进浙江松阳经济开发区人大工作的实施方案》，推进开发区人大工作。出版《松阳人大》杂志4期，在“学习强国”平台、省市人大刊物、网站、微信公众号等平台上发表信息宣传报道263篇。吸引省市人大常委会领导、市内其他县市单位以及江苏、四川、陕西、湖南等地的人大单位，到松阳考察学习人大数字化改革、代表联络站建设等工作经验，共计50余批500余人次。

（县人大常委会办公室）

重要会议

【县十三届人大一次会议】松阳县第十三届人民代表大会第一次会议（以下简称县十三届人大一次会议）于2022年2月13—17日在县城召开。

2月13日下午，大会召开预备会议，会议听取县十二届人大常委会代表资格审查委员会主任委员阙晓明所作的关于代表资格审查的报告，会议通过各项决议、决定的表决方式，以及会议议程、会议主席团和秘书长名单、议案审查委员会和预算审查委员会名单。会议表彰了先进，并邀请部分人大代表交流履职经验，组织观看警示教育片《警钟长鸣》。中共松阳县委书记莫靓在预备会上作讲话，县人大常委会主任徐为民主持会议。

2月14日，县十三届人大一次会议在县会议中心正式召开，会期4天。出席会议正式代表共194人，会议列席人员共65人（线上列席140人）。会议听取和审查县人民政府、县人大常委会、县人民法院、县人民检察院的工作报告，审查批准松阳县2021年国民经济和社会发展计划执行情况的报告及2022年国民经济和社会发展计划，审查松阳县2021年财政预算执行情况的报告和2022年财政预算草案，批准松阳县2021年财政预算执行情况的报告和2022年财政预算，审议松阳县2021年环境状况和环境保护目标完成情况的报告。会议选举徐为民为松阳县第十三届人民代表大会常务委员会主任，黄德慧、毛胜法、叶向东、阙晓明、刘金理为松阳县第十三届人民代表大会常务委员会副主任，王旭红等25人为松阳县第十三届人民代表大会常务委员会委员；选举梁海刚为松阳县人民政府县长，张尚军、潘永水、彭敏、温小运、梅显云、杨健勇、林嘉栋为松阳县人民政府副县长；选举叶海霞为松阳县监察委员会主任；选举陈伟平为松阳县人民法院院长；选举汪兴为松阳县人民检察院检察长；选出叶旭勇等28人为松阳县出席丽水市第五届人民代表大会代表，会议通过了松阳县第十三届人民代表大会财政经济委员会、法制（监察和司法）委员会、社会建设委员会组成人员名单。票决产生2022年松阳县十件民生实事项目。会议期间共收到代表10人以上联名提出的代表议案23件，建议188件。

【县人大常委会会议】2022年，松阳县第十二届人大常委会和第十三届人大常委会共举行常委会会议8次。会议听取和审议“一府两院”专项工作报告52项，依法作出决议、决定22个，任免地方国家机关工作人员92人次。

县第十二届人大常委会第四十次会议于1月24日下午和25日上午在县委五楼会议室召开，县人大常委会主任徐为民主持会议，县人大常委会党组副书记黄德慧列席会议；副主任毛胜法、杨水文、阙晓明、刘金理及委员共27人出席会议。会议听取和审议县人民政府关于县十二届人大五次会议代表建议和重点督办件办理情况审议意见落实情况的报告，并对落实情况进行满意度测评。会议听取和审议了自然资源和规划局局长翁金豪受政府委托所作的县人民政府关于全县香榧产业全产业链发展情况报告的审议意见落实情况的报告、县发展改革局局长许明标受政府委托所作的县人民政府关于2020年政府重大投资项目计划执行情况及2021年政府重大投资项目计划报告审议意见落实情况的报告。会议听取和审议了叶凌、周旭锋、谢筱俊分别作的西屏街道、水南街道、望松街道人大工委年度工作报告。听取和审议4名县人大常委会任命干部的2021年度履职情况报告，并进行满意度测评，书面审阅其他县人大常委会任命干部的2021年度履职情况报告。会议听取县人大常委会代表与选任工委主任徐发余所作的县十二届人大常委会代表资格审查委员会关于代表资格审查的报告、县人大常委会副主任毛胜法所作的县人大常委会主任会议关于调整代表资格审查委员会组成人员的议案、县人大常委会办公室主任蓝海所作的关于县十三届人大一次会议筹备情况的报告，并作出相关决议决定。会议初审政府工作报告和2022年松阳县十件民生实事项目候选项目、松阳县2021年国民经济和社会发展计划执行情况及2022年国民经济和社会发展计划草案的报告、松阳县2021年财政预算执行情况及2022年财政预算草案的报告、松阳县2021年环境状况和环境保护目标完成情况的报告、县人大常委会工作报告、县人民法院工作报告和县人民检察院工作报告。审议县人民政府常务副县长张尚军受代县长梁海刚委托提出的关于提请卢丁方免职的议案。经会议表决，决定接受卢丁方提出的辞去松阳县人民政府副县长职务的请求，报县十三届人大一次会议备案。会议以书面形式审议通过2021年松阳县人大常委会信访工作报告。

县十三届人大常委会第一次会议于2022年2月17日在县委五楼会议室召开，会期半天。县人大常委会主任徐为民主持会议，副主任黄德慧、毛胜法、叶向东、阙晓明、刘金理及委员共31人出席会议。会议听取和审议人事任免议案，作出相关人事任免决定。县人大常委会主任徐为民在会上作总结讲话。会议还举行新任命人员的宪法宣誓仪式。

县十三届人大常委会第二次会议于2022年4月14日下午在县会议中心102会议室召开，会期半天。县人大常委会主任徐为民主持会议，副主任黄德慧、毛胜法、叶向东、阙晓明、刘金理及委员共30人出席会议。会议传达学习丽水市五届人大一次会议精神。会议听取和审议县人大常委会主任会议关于确定县十三届人大一次会议代表建议重点督办件的报告，审议通过松阳县公共租赁住房管理办法。会议听取和审议人事任免议案，作出相关人事任免决定。县人大常委会主任徐为民在会上作总结讲话。会议还举行新任命人员的宪法宣誓仪式。

县十三届人大常委会第三次会议于2022年5月16日在县委五楼会议室召开，会期1天。县人大常委会主任徐为民主持会议，副主任黄德慧、毛胜法、阙晓明、刘金理及委员共30人出席会议。会议听取和审议县人民政府副县长、县公安局局长梅显云所作的县人民政府关于2021年度法治政府建设工作的情况报告、县公安局副局长肖波峭受政府委托所作的县人民政府关于落实防范打击治理电信网络诈骗工作审议意见的报告、县发展改革局局长许明标受政府委托所作的县人民政府关于2021年度政府重大投资项目执行情况及2022年政府重大投资项目计划（草案）的报告、县财政局副局长江剑武受政府委托所作的县人民政府关于2021年政府

2022年4月14日，新任命的松阳县国家机关工作人员在宪法宣誓仪式上宣誓

（县人大常委会办公室供图）

性基本建设预算执行情况和2022年基本建设预算草案的报告、县人大常委会财政经济工委主任冯汉饶受县人大常委会委托所作的县人大常委会执法检查组关于节约能源法执法检查情况的报告。会议听取和审议了人事任免议案，作出了相关人事任免决定。

县十三届人大常委会第四次会议于2022年7月1日上午在县委五楼会议室召开，会期半天。县人大常委会主任徐为民主持会议，副主任毛胜法、叶向东、阙晓明、刘金理及委员共28人出席会议。会议听取和审议了县财政局副局长吴振宏受政府委托所作的县人民政府关于2021年度全县国有资产管理情况的报告、县政府办公室副主任刘军所作的县人民政府关于2022年上半年十件民生实事项目办理进展情况的报告。会议听取和审议了县政府办公室副主任刘军、县人民检察院检察委员会专职委员毛建辉所作的县人民政府、县人民检察院关于检查加强检察机关行政公益诉讼工作决定贯彻实施情况报告的审议意见落实情况的报告。会议还对相关报告进行了满意度测评，县人大常委会组成人员对县人民政府、县人民检察院落实县人大常委会关于检查加强检察机关行政公益诉讼工作决定贯彻实施情况报告的审议意见情况结果均为满意。会议听取和审议了人事任免议案，作出了相关人事任免决定。

县十三届人大常委会第五次会议于2022年8月24日在县委五楼会议室召开，会期1天。县人大常委会主任徐为民主持会议，副主任黄德慧、毛胜法、叶向东、阙晓明、刘金理及委员共30人出席会议。会议听取和审议了县人民政府县长梁海刚作的县人民政府关于2022年上半年全县经济社会发展情况和下半年政府工作的报告、县政府办公室副主任刘军作的县人民政府关于代表建议办理工作和重点督办件落实情况的报告、县经济商务局副局长叶君红受政府委托所作的县人民政府关于2022年上半年工业经济运行情况的报告、县财政局副局长占友受政府委托所作的县人民政府关于2021年度财政决算（草案）的报告、县人民政府关于2022年上半年财政预算收支执行情况的报告、县人民政府关于提请审议2022年地方政府债务限额的报告、县审计局局长吴思平受政府委托所作的县人民政府关于2021年度财政预算执行和其他财政收支情况审计工作的报告、县农业农村局副局长叶金军受政府委托所作的县人民政府关于“非粮化”整治后农业产业发展、农民持续增收工作的报告、县住房和城乡建设局局长潘毅受政府委托所作的县人民政府关于建筑垃圾管理与综合利用专题询问审议意见落实情况的报告。会议听取和审议县卫生健康局局长何群荣、县交通运输局局长潘伟光、县应急管理局副局长徐金俊、县民政局局长宋伟林受政府委托所作的县人民政府关于60周岁以上老年人群“两慢病”常用药免费服用供给、农村公路改建提升工程、基层防火灭火救援队伍装备优化工程、重点人群居住条件改善四件民生实事项目进展情况的报告。会议听取县人民法院常务副院长王心阳所作的县人民法院关于“共享法庭”建设情况的报告。会议书面审议县人民政府关于2022年上半年全县国民经济与社会发展计划执行情况的报告。书面听取西屏街道、水南街道、望松街道人大工委2021年度工作报告审议意见落实情况的报告。会议对相关决议决定进行表决，决定通过松阳县人大常委会关于批准松阳县2022年地方政府债务限额的决议（草案）和松阳县人大常委会关于批准松阳县2021年度财政决算的决议（草案）。县人大常委会组成人员对县人民政府关于建筑垃圾管理与综合利用专题询问审议意见落实情况进行满意度测评。会议听取和审议了人事任免议案，作出相关人事任免决定。会议还举行新任命人员的宪法宣誓仪式。

县十三届人大常委会第六次会议于2022年11月15日在县委五楼会议室召开，会期1天。县人大常委会副主任毛胜法主持会议，主任徐为民，副主任叶向东、阙晓明、刘金理及委员共26人出席会议。会议听取和审议县发展和改革局局长许明标受政府委托所作的县人民政府关于2021年政府重大投资项目计划执行情况及2022年政府重大投资项目计划报告审议意见落实情况的报告、县人民政府关于《中华人民共和国节约能源法》和《浙江省实施〈中华人民共和国节约能源法〉办法》执法检查报告审议意见落实情况的报告，会议还对以上报告进行满意度测评，测评结果均为满意。会议听取和审议县财政局副局长江剑武受政府委托所作的县人民政府关于提请审议松阳县2022年财政预算调整方案的议案、县综合行政执法局局长邓慧勇受政府委托所作的县人民政府关于《浙江省综合行政执法条例》贯彻落实情况报告、县人大常委会法制监察司法工委主任毛先法受县人大常委会委托所作的县人大常委会执法检查组关于《浙江省综合行政执法条例》执法检查报告、县文化和广电旅游体育局局长叶经伟受政府委托所作的县人民政府关于全域康养胜地建设情况的报告。会议听取了县监察委员会主任叶海霞所作的县监察委员会关于开展农村宅基地领域腐败问题和不正之风专项整治工作的报告。会议书面听取县人大常委会关于规范性文件备案审查工作情况的报告。会议听取和审议县人大常委会办公室主任蓝海受县人大常委会主任会议委托所作的关于提请废止《松阳县荣誉市民称号授予办法》的议案、县人大常委会法制监察司法工委副主任叶勇军受县人大常委会主任会议委托所作的关于《松阳县人大常委会议事规则（草案）》修正稿起草情况的说明。经会议表决，通过松阳县人大常委会关于废止《松阳县荣誉市民称号授予办法》的决定（草案）和关于修改《松阳县人民代表大会常务委员会议事规则》的决定（草案）。会议听取和审议了人事任免议案，作出相关人事任免决定。

县十三届人大常委会第七次会议于2022年12月9日下午在县委五楼会议室召开，会期半天。县人大常委会主任徐为民主持会议，副主任黄德慧、毛胜法、叶向东、阙晓明、刘金理及委员共31人出席会议。会议听取和审议了人事任免议案，作出相关人事任免决定。会议还举行任命书颁发仪式及宪法宣誓。

（县人大常委会办公室）

重大事项决定与人事任免

【重大事项决定】2022年，县人大常委会依据宪法和法律赋予的权力，并根据《松阳县人大常委会讨论决定重大事项的暂行规定》，作出重大事项决议决定22个。听取代表建议议案，先后作出《松阳县人大常委会关于代表资格审查报告的决议》《松阳县人大常委会关于调整代表资格审查委员会组成人员的决定》《松阳县人大常委会关于召开松阳县第十三届人民代表大会第一次会议的决定》等，确保县十三届人大一次会议召开，依法完成换届选举工作，票决产生十大民生实事项目。作出《松阳县人大常委会关于批准2022年政府性基本建设预算的决议》《松阳县人大常委会关于批准松阳县2021年度财政决算的决议》和《松阳县人大常委会关于批准松阳县2022年地方政府债务限额的决议》，加强财政监督，促进县域经济发展。加强人大依法管理，作出《松阳县人大常委会关于废止〈松阳县荣誉市民称号授予办法〉的决定》和《松阳县人大常委会关于修改〈松阳县人民代表大会常务委员会议事规则〉的决定》。

【人事任免】2022年，县人大常委会坚持党管干部与依法行使任免权相统一，共任免地方国家机关工作人员92人次。任免干部实行任前法律知识考试和任职见面表态制度、被任命干部履职情况报告制度。推动“一府一委两院”及有关部门落实宪法宣誓制度，实现全覆盖，增强被任命干部的法治意识、人大意识、公仆意识，提高任命干部依法行政、公正司法的自觉性。

（县人大常委会办公室）

人大监督

【预算审查监督】2022年，县人大常委会实行预算全口径审查和全过程监管，推进财政预算国资数字化监管。听取和审议预算执行、审计工作、地方政府债务限额等报告，审查批准财政决算、年度财政预算调整方案，对7个预算项目进行集中评审，推动政府核减当年预算资金5523万元。听取审议国民经济和社会发展计划执行情况、政府重大投资项目计划、国有资产管理、工业经济运行和低效闲置工业用地处置等专项工作报告，针对问题提出审议意见并监督落实，保障全县经济运行平稳有序。组织开展“不锈钢产业转型升级”专题调研，出台监督意见。聚焦全县建筑业发展情况并开展专题调研，形成《关于我县建筑业发展情况的调研报告》，得到县委主要领导批示肯定并转办。

【社会事业监督】2022年，县人大常委会围绕与人民生活息息相关的教育、文化、卫生等领域，依法开展监督，增进民生福祉。聚焦“幼有所育”“老有所养”，听取县政府关于全县学前教育建设情况的报告，对“双减”背景下教育提质工作和养老服务体系建设进行跟踪监督，针对问题和不足提出意见建议，推动政府整改落实。聚焦公共文化服务高质量发展，探索公共服务能级提升的监督新路径，组织开展工坊、驿站、乡村博物馆等设施建成后的运维问题专题询问，跟踪监督全域康养胜地、国家传统村落公园建设，开展古井保护工作情况调研，促进城乡公共文化服务建设再上新台阶，让群众享受均等可及的优质公共服务，《关于全域康养胜地建设情况报告的审议意见》被丽水市人大常委会评为2022年度优秀审议意见。

【农村与资源保护监督】2022年，县人大常委会聚焦共同富裕示范区建设，开展家庭农场、“三位一体”（生产、供销、信用）农合联改革、“非粮化”整治后农业产业发展、农民持续增收工作、流动供销致富车运行情况和花园乡村建设等工作调研，听取相关工作报告。监督国家传统村落公园建设、建筑垃圾管理与综合利用、促进全县乡村振兴战略有效实施。调研“非粮化”整治后农业产业发展和农民持续增收工作，开展精准“非粮化”整治后农业产业发展情况监督，督促政府抓好3333.33公顷“吨粮田”改造提升、28个宜机化改造项目、5个良种繁育基地等相关配套项目建设。与19家种植主体签约，落实种植面积2454公顷，保障粮食生产能力提高。

【生态环境保护监督】2022年，县人大常委会始终坚持习近平生态文明思想，深入践行“两山”理念，把生态环境保护作为人大监督的重点。开展国土空间总体规划编制情况调研，听取《松阳县国土空间总体规划》编制情况的报告，推动全县生态生产生活空间布局不断优化，保障高水平生态文明建设和高质量绿色发展。听取松材线虫病防控情况专项工作报告，助推松材线虫病防控工作开展。开展饮用水源地保护专题调研，推动相关责任部门切实履行保护职责，保障全县人民用水安全。坚持在县乡两级人民代表大会及街道居民议事会上审议本辖区环境保护工作报告，实现年度环境状况和环境目标完成情况报告全覆盖。听取松古平原水系综合治理工程建设情况的报告，助力全省山区水利现代化先行县试点建设。

2022年9月1日，松阳县人大常委会组织开展建筑垃圾管理与综合利用问题现场监督（县人大常委会办公室供图）

【干部任后监督和工作评议】2022年，县人大常委会对干部任后监督进行新探索，将法官、检察官履职情况纳入听取报告范围，专题听取和审议64名人大任命干部的履职情况报告。开展“百名人大代表、政协委员评机关”活动，对全县37个部门开展集中评议，评议结果纳入县直机关单位年度目标管理责任制考核。制定《松阳县县直部门机关人大工作考核办法》，对部门接受人大监督工作情况进行量化考评，推动人大工作更加有力有效。

【法律监督】2022年，县人大常委会以推进法治松阳建设为中心，加强法律实施和司法工作的监督。配合全国人大做好立法法和监督法的修订调研，提出修订意见12条；配合省市人大开展《浙江省公安机关警务辅助人员条例》《丽水市居家养老服务条例》等地方性法规立法和《丽水市物业管理条例》的贯彻落实情况调研。与上级人大联动开展乡村振兴“一法一条例”、节约能源“一法一办法”、《中华人民共和国就业促进法》、《中华人民共和国环境保护法》、《浙江省综合行政执法条例》实施情况执法检查，确保相关法律法规在全县得到有效实施。听取法治政府建设专项工作报告，对防范打击治理电信网络诈骗工作开展跟踪监督。落实中央决策部署，听取县监察委员会关于开展农村宅基地领域腐败问题和不正之风专项整治工作情况的报告。关注法院审执工作，作出《松阳县人大常委会关于推动切实解决执行难问题的决定》，维护司法公信和社会诚信。持续关注检察院行政公益诉讼工作，探索代表建议与检察建议的衔接转化，打造法治监督共同体。深耕行政执法办案质量检查，促进执法机关执法水平提升。认真开展规范性文件备案审查工作，完成规范性文件备案审查27件。

（县人大常委会办公室）

人大代表工作

【代表察民情惠民生渠道拓宽】2022年，县人大常委会组织代表参与省、市、县、乡四级人大八万人大代表助力八大攻坚行动（常态化疫情防控与经济社会发展双赢、强化政策集成落地、稳企业强主体、畅循环稳工业、扩投资优结构、稳外贸稳外资促消费、优化要素保障、稳就业惠民生）、“六访六促”（访美好生活期盼、促为民办实事长效机制深化，访企业生产运行、促经济高质量发展，访城乡区域发展、促乡村振兴农民共富，访生态环境治理、促生态富民惠民，访亚运组织建设、促亚运会高水平筹办，访共富法治需求、促共富立法民主化科学化）推动高质量发展建设共同富裕示范区等主题活动，开展活动23场，接待选民1000余人次，收集建议966条。举办“9·15”全县代表集中活动日主题活动，代表身份的县领导、“一府一委两院”领导、相关部门负责人到所在选区的代表联络站听取代表、选民意见，全县联络站同步进行，通过“松智汇”平台实时互联互通。

【民生实事项目人大代表票决制】2022年，民生实事项目人大代表票决制工作实现全覆盖，全县票决产生民生实事项目124个，其中19个乡镇街道产生的民生实事项目114个，项目总投资额5.68亿元。县人大常委会协调县财政局落实单列补助资金1000万元用于乡镇（街道）民生实事项目建设。票决产生2022年松阳县十件民生实事，分别为60周岁以上老年人群“两慢病”常用药免费服用供给、农村路灯亮化工程、农村公路改建提升工程、公共交通服务提升工程、基层防火灭火救援队伍装备优化工程、重点人群居住条件改善、实施病险水库加固、山塘整治等项目、食品安全数字化监管工程、医事药事服务提升工程、全民健身设施建设。县人大常委会分阶段听取审议县政府十大民生实事项目进展情况报告，开展满意度测评，评测结果均为满意。

（县人大常委会办公室）

议案建议

【概况】县十三届人大一次会议期间，共收到代表10人以上联名提出的代表议案23件，其中财政经济方面2件、农业农村方面9件、城建环资方面9件、教科文卫方面3件，全部转为建议处理；同时，代表共提出建议188件，对以上211件建议进行分析研究，对内容相近、承办部门相同的进行并案处理，并案后代表建议为153件。经县十三届人大常委会第二次会议确定，重点督办件5件。2022年闭会期间，累计收集代表意见240余条，梳理筛选代表建议33条，均交办政府相关部门办理。

【关于修订工业、服务业、电商等扶持政策，助推全县“二次创业”的建议】县十三届人大一次会议上，由宋昌琪等代表提出《关于修订工业、服务业、电商等扶持政策，助推全县“二次创业”的建议》。随着全县经济社会的发展，部分原有的关于工业、服务业、电商、茶产业、历史文化地段业态等政策存在政策绩效不明显、扶持重点不突出等情况，不能体现集中财力办大事的政策扶持导向。建议由县政府办公室牵头成立各项政策专班，对现有的相关政策进行全面绩效评价，并根据评价结果予以修订（取消、整合、完善）；主管部门根据县第十一次党代会精神，以集成精准为导向，牵头负责提出修订意见；明确每项政策执行期限，执行期限结束后组织绩效评价。

【关于加强建筑垃圾管理和综合利用的建议】县十三届人大一次会议上，由程军民等5名代表提出《关于加强建筑垃圾管理和综合利用的建议》。提出根据县域实际情况和需求，合理设置建筑垃圾临时堆放点，分片区设置建筑垃圾堆场，覆盖全县范围。规范建筑垃圾清运管理，核准参与建筑垃圾运输的企业，并加强监管。推动联合执法，提高协同治理能力。

【关于加快龙湖公园建设的建议】县十三届人大一次会议上，由汤根木等代表提出《关于加快龙湖公园建设的建议》。建议组建专班负责该项目的征地、拆迁、资金等方面政策处理。考虑项目投资额较大，结合县财政情况，建议分2～3年实施，稳步推进。

【关于“非粮化”整治后多措并举推动农业产业发展、实现农民持续增收的建议】县十三届人大一次会议上，由兰土金等6名代表提出《关于“非粮化”整治后多措并举推动农业产业发展、实现农民持续增收的建议》。建议根据整治区块面积和现有分布格局，引进专业队伍进行设计和规划，解决原先功能区机械化不可操作等问题。加大功能区范围内的农田水利设施项目配套建设力度，发展节水灌溉。

【关于松阳县城区建公办幼儿园的建议】县十三届人大一次会议上，由吴昊英代表提出《关于松阳县城区建公办幼儿园的建议》。目前主城区公办幼儿园仅为2所，共11个班可招生275人。2022年，西屏街道户籍适龄幼儿人数（公安数据）480人，存在明显缺口，且无法满足主城区有房或经商的非主城区户籍适龄幼儿入学需求，建议加快主城区公办幼儿园建设。

松阳县十三届人大一次会议代表建议重点督办件一览表

表5

序号	提议人	案　由	督办领导	督办工委	办理情况
1	宋昌琪	关于修订工业、服务业、电商等扶持政策，助推全县“二次创业”的建议	毛胜法	财经工委	《2022年度松阳县加快生态工业跨越式高质量发展意见》于6月21日由县委办公室、县政府办公室联合正式发文；《松阳县促进电子商务高质量发展的若干意见（试行）》于6月24日由县政府办公室正式发文；《松阳县关于推动现代服务业高质量发展二十条意见》于7月19日由县政府办公室正式发文
2	程军民 李会发 曾海土 曾延富	关于加强建筑垃圾管理和综合利用的建议	叶向东	城建环资工委	起草《松阳县建筑垃圾管理办法（试行）》《松阳县建筑垃圾运输服务企业管理实施细则（试行）》等文件；8月中旬完成辖区内建筑垃圾乱堆放点位排查清理、建筑垃圾临时堆放场所设立等工作
3	汤根木	关于加快龙湖公园建设的建议	叶向东	城建环资工委	将龙湖公园、金山路道路工程及配套停车场等项目整合包装成龙湖区块基础设施及配套项目，总投资1.57亿元，取得专项债资金6000万元。项目计划分三期建设，一期计划2023年3月完工；二期2024年6月完工；三期2024年6月完工
4	兰土金 洪伟林 曹森火 毛小军 吴定云 雷发明	关于“非粮化”整治后多措并举推动农业产业发展、实现农民持续增收的建议	黄德慧	农业农村工委	整合607万元资金用于急需的水渠、田埂修复等基础设施建设，申报“吨粮田”改造提升建设5万亩、宜机化改造项目28个、良种繁育基地5个等相关配套项目。与19家种植主体签约，落实种植面积3.681万亩。建成新型种植模式示范基地6家。开展5年10万人农业技术普及性培训
5	吴昊英	关于松阳县城区建公办幼儿园的建议	刘金理	教科文卫工委	文教园区幼儿园主体工程于2022年结顶，建成后可新增学位450个，计划2023年春季开园招生；第三实验幼儿园于10月份开工建设，2023年完工，2024年开园招生，建成后可新增幼儿园学位450个

（县人大常委会办公室）

松阳县人民政府

综　述

【经济发展情况】2022 年，松阳县实现地区生产总值 142.98 亿元，比上年增长 7.3%，位居全省第二、山区 26 县第一；财政总收入 15.3 亿元，比上年增长 8.83%，其中一般公共预算收入 10.03 亿元，比上年增长 12.33%；固定资产投资 66.11 亿元、比上年增长 15.1%。社会消费品零售总额 63.35 亿元，比上年增长 7.3%。城乡居民人均可支配收入分别达到 49911 元、25324 元，比上年分别增长 8.2% 和 6.1%，城乡居民收入倍差缩小至 1.97。低收入农户人均可支配收入 15880 元，比上年增长 16%。

【民生实事项目】2022 年，松阳县第十二届人民代表大会第五次会议票决确定 60 周岁以上老年人群“两慢病”常用药免费服用供给，农村路灯亮化工程，农村公路改建提升工程，公共交通服务提升工程，基层防火灭火救援队伍装备优化工程，重点人群居住条件改善，实施病险水库加固、山塘整治项目，食品安全数字化监管工程，医事药事服务提升工程，全民健身设施建设 10 件民生实事项目。至 12 月底，全面实现 10 件民生实事项目年度目标。

2022 年松阳县 10 件民生实事项目完成情况一览表

表 6

序号	民生实事项目	年度目标	完成情况
1	60 周岁以上老年人群“两慢病”常用药免费服用供给	实施 60 周岁以上老年人群“两慢病”常用药免费服用供给，预计为 8000 人以上高血压患者和 1700 人以上糖尿病患者提供服务	提供高血压免费服药人数 11833 人，完成率 147.91%；提供糖尿病免费服药人数 2357 人，完成率 138.65%。共计为 60 周岁以上“两慢病”人群减免药费 103.23 万元
2	农村路灯亮化工程	新增农村路灯 1000 盏	共计实施安装 49 个村 1108 盏路灯
3	农村公路改建提升工程	实施（新）改建农村公路 12 公里，农村公路养护工程 28 公里	完成（新）改建农村公路 12 公里，共涉及 4 条线路，分别是斋坛—大路、白角外—庄门、泉大线、平田—塘后提升工程。完成农村公路养护工程 28 公里，共涉及 6 条线路，分别是新兴镇泉庄—大石、望松街道麻洋塔—半岭、玉岩镇玉黄线、裕溪乡小槎埠头—木岱坑、西屏街道龙丽线—林村林场、叶村庄后—岱头段

续表 6

序号	民生实事项目	年度目标	完成情况
4	公共交通服务提升工程	新建乡镇“客货邮松州驿站”5个、城乡公交换乘站1座，建设智能公交电子站牌及配套设施3套，建设物联网智慧公共交通出行配套设施6套	新建乡镇“客货邮松州驿站”5个，三都里庄站、枫坪南胜站、板桥桐榔站、玉岩站、大东坝站于10月底前完成并运营。新建城乡公交换乘站弓桥站于11月底前完成。建设完成智能公交电子站牌及配套设施3套，建设物联网智慧公共交通出行配套设施6套
5	基层防火灭火救援队伍装备优化工程	更新乡镇（街道）森林火灾扑救装备，包括背负式风力灭火机115台、高扬程森林消防水泵16台、灭火拍450把、LED多功能爆闪肩灯700只	发放背负式风力灭火机115台、高扬程森林消防水泵16台、灭火拍450把、LED（半导体发光二极管）多功能爆闪肩灯700只至各乡镇（街道）、国有林场；建立健全防火物资管理制度，落实专人专管，发挥装备效能
6	重点人群居住条件改善	实施低保家庭善居工程60户；实施困难老年人家庭适老化改造40户	完成实施低保家庭善居工程60户；实施困难老年人家庭适老化改造46户。
7	实施病险水库加固、山塘整治项目	完成竹溪源、水碓垄2座水库除险加固，完成整治大塘山塘，新建白沙湖、古湖坑、新兴、弓桥4个水位站	完成竹溪源、水碓垄两座水库除险加固。大塘山塘整治完成。建成白沙湖、古湖坑、新兴、弓桥4个水位站
8	食品安全数字化监管工程	建成食品生产企业“阳光工厂”10家，新增全程可追溯的食品生产经营主体30家，抽样并定量检测各类食品、食用农产品1000批次以上	建成食品生产企业“阳光工厂”21家，并接入“浙食链”数字化应用系统。新增全程可追溯的食品生产经营主体30家，并接入“浙食链”数字化应用系统。抽样并定量检测各类食品、食用农产品1153批次，检验完成数945批次，抽检合格率97.04%
9	医事药事服务提升工程	新增“移动药箱”70套，服务范围覆盖所有行政村。改建提升民生药事服务2家，新增24小时“网订店送”药房6家	新增“移动药箱”70套，70个签约医师团队派出医务人员613人次、诊疗2102人次，服务群众5520人次，单据金额48262.24元。改建提升民生药事服务站2家（三星级），至12月底，县内4家民生药事服务站累计开展药事服务16071人次，开展各类宣传和科普讲座10余场次。新增24小时“网订店送”药房6家，全县有24小时“网订店送”药房8家，完成配送药品、医疗器械11076单
10	全民健身设施建设	新建乡镇（街道）全民健身中心1个，新增百姓健身房4个、社区多功能运动场4个、体育设施进公园1个，村级全民健身广场1个；改造提升基层体育场地设施3个；新增行政事业单位和国有企业体育场馆错时开放3个场地以上	基本完成水南街道全民健身中心项目足球场、室内羽毛球场建设；建成象溪镇雅溪口村、裕溪乡裕溪村、板桥畲族乡板桥村、古市镇塘湾村4个百姓健身房；建成应急管理局运动场、古市镇旧市社区、西屏街道白沙村、西屏山公园等社区多功能运动场4个；完成生态滩公园体育设施进公园项目。建成玉岩镇玉湖小区村级全民健身广场；改造提升县矛调中心羽毛球场、县消防救援大队篮球场、西屏山地掷球场等基层体育场地设施3个；新增法院羽毛球场、篮球场等行政事业单位和国有企业体育场馆错时开放3个场地以上

（县政府办公室）

重要会议

【县政府全体会议】2022年9月27日，中共松阳县委十一届三次全体（扩大）会议暨县政府第一次全体会议召开。县委副书记、县长梁海刚围绕“全力冲刺四季度，确保奠定全年胜”就下阶段重点工作做具体部署。会议强调：要强化数据运行分析，扬长避短争先进位，应统尽统“颗粒归仓”，做到竭智尽力推动重点指标争先进位。要聚焦市场主体需求，对标政策抓落实、问题导向促发展，持续优化营商环境，做到精准发力助企纾困发展。要加快主导产业培育和企业梯度培育，狠抓工业空间拓展，做到开足马力壮大生态工业。要在招大引强上精准发力，在项目建设上提档加速，在项目谋划争取上多想办法，在项目严格管理上多出实招，做到群策群力扩大有效投资。要守牢粮食安全底线，抓好产业提升，扎实推动农民致富增收，做到同心协力力促乡村全面振兴。要强化文旅项目建设及推介，搭建完善消费平台，创新开展促销活动，有效激活房地产市场，做到竭尽全力推动消费回暖复苏。要强化规划引领，提升城市品质，建设美丽乡村，优化生态环境质量，做到齐心协力推动城乡融合发展。要加快数字化改革应用场景推广，推动各级试点见效，加快推进国企二轮改革，推动山海协作走深走实，加大科技创新步伐，做到悉心毕力推进改革创新。要慎终如始抓好新冠疫情防控，开展“除险保安”百日攻坚，守好经济风险底线，用心用情抓民生实事，做到不遗余力推进“除险保安”。要坚持精心谋划、精雕细琢和精准落实，突出目标、问题和责任导向，突出决策的前瞻性、科学化和规范化，注重细化工作目标、政策举措和落地实施的“颗粒度”“精准度”，做到用心用力提高政府执行力。

【县政府常务会议】2022年1月27日，松阳县人民政府2021年第九十三次常务会议召开。听取关于松阳县自然资源价格体系编制项目成果、实施松阳县域城乡公交一体化发展专项行动方案等情况汇报，审议《2022年政府工作报告》《2022年民生实事项目征集情况》《松阳县2021年国民经济和社会发展计划执行情况及2022年国民经济和社会发展计划草案的报告》《松阳县2021年预算执行情况和2022年预算草案的报告》《松阳县2021年生态环境状况和环境保护目标完成情况报告》等事项。

2月17日，县政府2022年第一次常务会议召开。传达学习省委书记袁家军在全省高质量发展建设共同富裕示范区推进大会上的讲话精神，审议《政府工作报告2022年度重点工作清单》《松阳县人民政府县长办公会议事规则》《松阳县人民政府政府常务会议事规则》等事项。

3月18日，县政府第二次常务会议召开。传达学习中共中央、国务院关于做好2022年全面推进乡村振兴重点工作的意见、省委农村工作会议暨粮食安全工作会议精神、中共中央办公厅国务院办公厅关于更加有效发挥统计监督职能作用的意见等内容，审议《松阳邮政管理局筹建方案》《松阳水网——松古平原水系综合治理工程建设用地补偿方案》《松阳县历史文化名城沿街建筑和传统建筑保护修缮利用补助实施办法》等事项。

4月7日，县政府第三次常务会议召开。传达学习全国安全生产电视电话会议精神，分析“除险保安”工作评价指数，听取集体经营性建设用地入市改革工作相关事宜汇报，审议《松阳县“大综合一体化”行政执法改革细化方案》《松阳县乡镇(街道)综合行政执法体制改革工作实施方案》《松阳县执法人员编制下沉方案》等事宜。

4月29日，县政府第四次常务会议召开。传达学习国务院第五次廉政工作会议、省政府第五次廉政工作会议精神、省长王浩在丽水调研指示精神以及中共中央办公厅、国务院办公厅关于加强打击治理电信网络诈骗违法犯罪工作的意见等内容，审议《关于支持丽水农林技师学院（筹）发展的若干举措》《松阳县农村供水保障行动计划（2022—2024年）》《关于调整特困人员基本生活费和护理费的通知》等事项。

5月20日，县政府第五次常务会议召开。传达学习全国新冠疫情防控工作电视电话会议精神、国务院食安委会议精神、省食药安委会议及省食品药品安全工作会议精神等内容，听取“七张问题清单”有限空间作业安全整治工作汇报，审议《松阳县新增综合行政执法事项目录（地方扩展事项）的通告》《松阳县人民政府关于将部分部门行政处罚权交由水南街道办事处等15个乡镇人民政府（街道办事处）行使的通告》《关于全面推进古市镇千年古城复兴试点工作的若干意见》等事项。

6月8日，县政府第六次常务会议召开。传达学习全国稳住经济大盘电视电话会议及全省经济稳进提质攻坚行动工作推进会精神、市委书记胡海峰在松阳调研讲话精神、《浙江省人民政府办公厅关于加强土地出让管理工作的通知》等土地出让法律法规和有关知识，听取拟出台进一步发挥行政复议化解行政争议主渠道作用改革方案相关事宜汇报，审议《松阳县经济稳进提质八大攻坚行动实施方案》《松阳县工业投资项目优化审批服务实施办法（试行）》《松阳县塘寮区块城中村改造项目房屋征收补偿安置方案》等事项。

6月17日，县政府第七次常务会议召开。学习《浙江省公共数据条例》，听取2022年一季度全市营商环境大比拼晾晒通报结果分析及相关排名落后指标情况说明，审议《关于加快推进分布式光伏规模化开发实施意见》《规范松阳县民办汇文学校发展工作实施方案》《松阳县关于进一步促进开放经济稳定增长的若干意见》等事项。

7月4日，县政府第八次常务会议召开。传达学习全国政协调研组到松阳调研指示精神、省委书记袁家军在山区26县高质量发展暨山海协作工程推进会上的讲话精神、全市第三轮强降雨复盘分析会议精神等内容，审议《松阳县关于推动现代服务业高质量发展二十条意见》《开展残疾人按比例就业实现多渠道就业试点工作方案》《松阳县超比例安排残疾人就业奖励工作方案》等事项。

7月18日，县政府第九次常务会议召开。研究《松阳县轻微违法行为不予行政处罚(告知承诺)事项清单（第一批）》相关事宜，审议《2022年度松阳县村级工程“集体建”实施办法（试行）》《松阳县“县中崛起”行动计划》《松阳县关于支持“县中崛起”的九项措施》等事项。

8月1日，县政府第十次常务会议召开。传达学习省政府第十一次全体（扩大）会议精神、市政府第一次全体（扩大）会议暨全市经济稳进提质大会精神、省市“除险保安”百日攻坚行动推进会精神等内容，听取2022年上半年安全生产工作情况及下半年工作计划、2022年上半年消防安全形势及下半年工作计划、2022年上半年经济运行情况分析及下半年工作计划等汇报，审议建设浙江中医药大学松阳研究院相关事宜等事项。

8月18日，县政府第十一次常务会议召开。传达学习全省服务业高质量发展大会精神、《浙江省人民政府办公厅关于进一步支持建筑业做优做强的若干意见》文件精神、市委农村工作领导小组第二次会议暨全市花园乡村建设现场推进会精神等内容，听取2022年上半年民生实事进展情况及下半年工作计划、2022年上半年法治政府建设情况及下半年工作计划汇报，审议《松阳县建筑垃圾管理办法（试行）》、2021年度“亩均论英雄”工业企业综合评价结果、《松阳县深化“亩均论英雄”改革推进企业综合评价的实施意见》等事项。

9月6日，县政府第十二次常务会议召开。传达学习全省新一轮制造业“腾笼换鸟、凤凰涅槃”攻坚行动现场会暨“415X”（4个世界级先进产业群、15个“浙江制造”省级特色产业集群和一批高成长性“新星”产业群）产业集群推进会精神、《“十四五”文化发展规划》文件精神、全国深化“放管服”改革持续优化营商环境电视电话会议精神等内容，研究部署中秋节、国庆节期间党风廉政工作，听取2018年以来重点项目管理质量评估整改工作情况汇报，审议《余姚—松阳山海协作“产业飞地”建设方案》《松阳特色生态产业平台建设方案》、简化国有存量资产土地所有权和使用权确权程序事宜等事项。

9月21日，县政府第十三次常务会议召开。传达学习全市审计整改工作推进会议精神、地方政府专项债券管理工作系列文件精神、《中华人民共和国行政复议法》等内容，听取县政府班子成员关于习近平总书记在丽水调研时的重要讲话精神学习情况汇报，研究部署安全生产和新冠疫情防控工作，审议《松阳县关于充分发挥行政复议化解行政争议主渠道作用的实施意见》《松阳县人民政府关于公布松阳县2022年第二批新增综合行政执法事项目录的通告》《松阳县党政机关办公用房管理实施细则》等事项。

10月8日，县政府第十四次常务会议召开。传达学习国务院总理李克强在全国大众创业万众创新活动周启动仪式上关于持续推进大众创业万众创新的重要讲话精神、省长王浩在省政府专题会议上的重要讲话精神、《国务院办公厅关于进一步优化营商环境降低市场主体制度性交易成本的意见》等内容，听取县政府第一次全体（扩大）会议任务分解情况汇报。

10 月 24 日，县政府第十五次常务会议召开。学习《财政部关于加强“三公”经费管理严控一般性支出的通知》《浙江省建设工程勘察设计管理条例》《浙江省发展和改革委员会工程初步设计审批的若干规定》等文件精神，研究抽水蓄能电站项目推进情况及下步工作计划和近期新冠疫情防控工作。

11 月 8 日，县政府第十六次常务会议召开。学习国务院颁布的《促进个体工商户发展条例》和国家市场监管总局等五部门印发的《公平竞争审查制度实施细则》、省长王浩在省政府常务会议分析前三季度经济运行情况时的讲话精神等内容，《松阳县工业项目“标准地”补充规定》、企业职工基本养老保险提标扩面工作事宜等事项。

11 月 21 日，县政府第十七次常务会议召开。传达学习国务院二十条、省二十三条新冠疫情防控优化举措及全省新冠疫情防控工作视频会议精神，听取跨乡镇全域土地综合整治与生态修复工作情况汇报，审议浙商证券股份有限公司松阳长松路证券营业部总部经济招引协议、浙江广松贸易有限公司总部经济企业招引协议、《松阳县关于进一步强化食品安全属地管理责任和企业主体责任的实施方案》等事项。

11 月 28 日，县政府第十八次常务会议召开。审议《松阳县赤寿生态工业区块（二期）第一阶段开发项目矿地综合开发利用项目建筑用石料矿出让方案》、《浙江松阳抽水蓄能电站项目土地征收（用）补偿方案》、义龙庆高速义乌至龙泉段（丽水段）投资建设运营合作协议等事项。

12 月 5 日，县政府第十九次常务会议召开。传达学习习近平总书记对河南安阳市凯信达商贸有限公司火灾事故的重要指示精神、全省新冠疫情防控工作视频会议精神、《财政部关于盘活行政事业单位国有资产的指导意见》等内容，听取山区 26 县考核工作情况汇报、工程建设项目领域专项行动开展情况汇报，审议《关于进一步规范松阳县政府投资项目造价咨询服务框架协议的实施意见》《松阳县智慧交通产业发展三年行动计划（2023—2025）》《关于进一步加强法治政府建设的实施方案》等事项。

（县政府办公室）

重大施政

【千年古城复兴试点】2022 年，松阳县根据《浙江省人民政府办公厅关于印发浙江省千年古城复兴试点工作方案的通知》《关于公布第一批千年古城复兴试点建设名单的通知》精神，推进古市镇千年古城复兴试点工作（2021—2025 年）。依据省《千年古城复兴综合规划编制导则》，结合全县国土空间规划及《松阳县古市镇历史文化名镇保护规划》《松阳县古市镇镇区有机更新规划》，编制《松阳县古市镇千年古城复兴综合规划》，明确建设“规划引领有序、古迹保存完好、文化标识鲜明、产业发展兴旺、公共服务优良、改革活力凸显”的新时代千年古城目标。组建古城文旅专班，获得国家长江经济带中央资金 3074 万元，用于古城区修复建设，开展《古市镇志》《古市记忆》等文史资料编撰。

【涉企“综合查一次”改革】2022 年，松阳县涉企“综合查一次”应用场景主要涵盖“政府治理端”“企业服务端”两个方面，重点构建“基础数据管理、检查计划管理、检查任务管理和综合评价管理”四大核心业务板块，成立以综合行政执法指导办牵头、各执法部门参与的检查监管专班，通过“一专班、一清单、一站式”，实现“任务分解深下去、综合集成升上来”的闭环管理模式。该应用场景的正式上线，实现了“进一次门、查多项事、一次到位”，有效破解“多头执法、重复执法、交叉执法”等扰企问题，全面提升执法监管的公平性、高效性、规范性，激发企业发展活力。至 12 月底，全县 6 个执法部门共对 89 家企业开展“综合查一次”联合执法监督检查，缩减检查频次 83.3%。

【民宿业发展】2022 年，松阳县出台《松阳县金融支持民宿业健康发展的若干意见》，明确将金融支持民宿业发展纳入基层政策性农业信贷担保服务体系；创新农房使用权预期收益抵押融资模式；加快完善农房改民宿的相关审批和验收程序。引导银行机构对精品民宿示范项目等市场主体加大信贷投入，在原有利率基础上给予至少 100BP（百分之一）的

2022 年 5 月 22 日，松阳农商银行工作人员上门为民宿业主办理民宿贷
（松阳农商银行供图）

利率优惠。加大"减费让利"力度，各类手续费应免尽免、应减尽减，杜绝各类不合理收费。纳入政银担业务范围的，贷款利率不超过当期 LPR（贷款市场报价利率）加 50 个基点，并给予年 1.3%的财政贴息。至 12 月底，全县银行业发放民宿贷款 267 笔，贷款余额 1.22 亿元，比上年增长 55.33%。

（县政府办公室）

县政府综合事务

【公文处理】2022 年，县政府办公室撰写、处理公文 390 余份，处理省、市、县各类公文 8300 余件，承办县政府常务会议 22 次，县长办公会 39 次，周碰头会 33 次，招商决策例会 5 次，指标分析研判会 7 次。全年制发全口径文件和召开口径内会议，全面实现省、市不超过上年的既定目标。加强传阅文件的组织和管理。按照文件传阅程序及时送达给县政府领导传阅，对密级文件严格控制传阅范围并落实好保密措施。按照公文办理各文种要求进行公文拟制，并审核把关。做好收到公文的签收、登记、拟办、请办、分发、传阅、承办和催办等工作，发文经起草、校核和领导审批签发后做好核发、登记、印制和分发等工作。办毕公文及时归档，纸质公文做好分类留档保存，密级文件严格按照保密工作条例进行处理。

【政务信息报道】2022 年，县政府办公室完成各类综合材料 100 余份为县政府决策提供参考。围绕政府重点工作、中心工作，组织采编信息，及时报送有关县领导参阅，总结提炼松阳特色亮点工作，提高信息上报录用率和领导批示率。全年编发县级《政务信息》4 期、《每日要情》248 期、《专报信息》5 期；上报省、市府办信息 1013 条，被国办采用 25 条，获国务院领导批示 6 条；被省府办采用 96 条、获省政府领导批示 7 条；被市府办采用 376 条，获市政府领导批示 3 条。健全紧急信息报送制度，各类紧急信息均做到第一时间准确报送。

【政务督查】2022 年，县政府办公室开展"1+4+10"（1 套指标体系、4 张动态清单、10 大行动）专项督查、重点项目、民生实事等各类督查检查 42 次，印发《政务督查专报》《督查通报》共 8 期、交办落实县政府主要领导批示（指示）138 件，领导重要事项交办单 91 期、255 项，办结率 95% 以上。将县政府工作报告、全会工作报告任务，与县委提出的"1+4+10"工作体系内容衔接，梳理政府工作报告任务清单工作任务 160 项、全会报告工作任务 136 项，并细化分解，明确节点目标、完成时限、责任领导、具体措施等。落实省政府民生实事项目 31 项、市政府 35 项、县政府 10 件 22 项，完成年度目标任务。编制《2022 年民生实事项目任务分解清单》经县政府常务会议审议通过，于 4 月 20 日召开交办会交办落实。把民生实事项目列入《2022 年度"1+4+10"行动方案》进行专题督查督办，不定期抽查暗访，每月分析研判。出台《民生实事项目考核细则》，从完成情况、推进情况、满意度情况等多维度对实事推进进行考评。

【政府信息公开发布】2022 年，县政府办公室运维管理微信公众号"松阳发布"。全年微信公众号关注人数 2.38 万人，推送各类信息 1300 余篇。统筹运维"松阳县人民政府"门户网站，督促相关单位建立并落实信息审核发布制度，在规定期限内做到栏目更新及时，内容准确规范。全年网站总访问量3391.4万人次，发布信息10468条，维护专题专栏11个，修改一般错误表述13836条。

（县政府办公室）

人事人才

【概况】2022年，松阳县规范人事管理，推进岗位聘用人员调配，核准变更事业单位岗位设置16家，岗位175个。完成首轮全县事业单位管理岗位职员等级晋升工作。事业单位人事工资管理服务系统单位信息完整度97.02%、人员信息完整度99.45%、人事工资联动率105.68%，聘用合同签订率100%。完善人才引育机制，举办人才科技峰会，引进各类人才5725人，新增高技能人才964人，评选“松阳工匠”48人。

【机关事业单位工作人员招聘】2022年，松阳县按照《浙江省公务员录用办法》和《浙江省事业单位公开招聘人员暂行办法》，坚持“信息公开化、操作程序化、监督全程化”，严把报名、笔试、面试、体检、考察环节关。针对面试环节，实行全部外县考官制，聘请外县具有考官资格的干部担任面试考官；由县纪检监察部门全程监督，并邀请县人大代表、县政协委员协助监督；对面试情况全程录音录像，设立举报电话，增加工作的透明度，确保面试环节公平公开。全年招聘工作无举报、无差错，零投诉。全年县人力资源和社会保障局先后会同县委组织部、县教育局、县卫生健康局、县民政局、县公安局等单位组织开展公务员、事业单位综合岗位、教师、卫技人员、高层次人才引进、人武部民兵训练员、法院司法雇员等人事招聘考试笔试14场、面试22场，累计参加考试考生7290人次，招聘公务员63人，事业人员198人，机关事业单位编外用工、公安辅警、社区工作者、民兵训练员、司法雇员等编外人员共146人，国企18人，选调机关事业单位工作人员22人。12月，建成人事考试保密库房，并通过省市验收。

【事业单位岗位设置与管理】2022年，松阳县完成首轮全县事业单位管理岗位职员等级晋升工作。将事业单位管理岗位职员等级晋升作为树立实干导向、激励担当作为的重要方式和手段，坚持择优晋升，晋升人选均由单位或主管部门书面推荐，综合考虑干部的德才表现、职责轻重、任职资历等情况。全年完成晋升单位29个，涉及47人，其中晋升七级职员10人、晋升八级职员37人。核准事业单位岗位，调整符合晋级条件的岗位聘用人员级别。全年核准变更事业单位岗位设置16家，岗位175个。办理岗位聘用235起、计965人。办理事业单位人员交流、新招聘人员入职手续148人。

【机关事业单位工资改革和管理】2022年，县人力资源和社会保障局审批机关事业晋升级别档次（薪级）工资6037人；办理机关事业单位工作人员职务（岗位）变动调整工资634人；工作调动、工龄认定等原因重新套改工资128人；审核办理录用和调动人员工资转移手续317人。按照干部管理权限发文批准机关事业单位工作人员退休121人，其中机关干部55人、事业专技53人、机关工人2人、事业工人9人、事业管理人员2人。审核机关事业单位工作人员和离退休人员死亡后享受丧葬费和抚恤金54人，其中离休3人、退休47人，在职4人，发放丧葬费21.6万元、抚恤金793.43万元。审批遗属生活困难补助5人。落实机关事业单位离休干部12人，企业离休干部6人每年生活补助费增发工作。调整审批机关事业单位工作人员基本工资标准6309人，人均月增资300元左右。会同县委组织部、县财政局等部门填报全县公务员规范后各职务职级层次工资收入水平，出台《松阳县2022年度公务员基础绩效考核奖和机关事业单位年度考核奖等奖金补贴发放方案》。

【人才引进】2022年，松阳县开展人才引进需求情况调查摸底，组织企事业单位参加线上线下招聘活动41场次。其中，组织649家次企事业单位到省内外参加线下人才招聘会28场次。组织企事业单位参加2022年浙江省春季人才交流大会、“智汇丽水·发展同行”——湖南师范大学师范类校园专场招聘会等线上线下引才活动。全年引进人才5725人，其中博士研究生210人、硕士研究生192人。根据省、市要求推进人才服务数字化改革，全年开展“人才码”活动10场，共3600余人参加。

【技能人才培养】2022年，松阳县开展职业技能培训7281人次，新增技能人才2542人，其中高技

2022 年 6 月 21 日，松阳县举办“松阳工匠”系列竞赛茶艺师职业技能大赛
（县总工会供图）

能人才 964 人。搭建“松阳工匠”系列职业技能竞赛大比武平台，以民生服务从业人员、乡村振兴实用人才及创业就业人员为主要对象，培养当地技能人才。开展竞赛 12 场，涉及电子商务师、养老护理员、插花花艺师等职业（工种），评选“松阳工匠”48 人。协助丽水农林技师学院筹建工作，指导该学院完成专业设置 5 大系 15 个子系，联合 11 个部门出台《支持丽水农林技师学院（筹）发展的若干举措》，注册学生学籍 781 人。开展新时代“浙江工匠”遴选工作，会同县总工会、团县委做好优秀工匠摸底遴选推荐工作，1 人入选“浙江工匠”培养项目人员名单，3 人入选“浙江青年工匠”培养项目人员名单，1 人入选丽水市“绿谷英才”高技能精英，1 人入选丽水市“绿谷英才”社会建设领军人才，3 人入选“百师千徒”结对大师名单。

【人才项目建设】2022 年，松阳县开展博士后工作站建站工作，通过以才引才的方式助力博士后人员引进。新建浙江科马摩擦材料股份有限公司博士后工作站 1 家，引进博士后研究员 1 人。实施“双百人才引领计划”，柔性引进挂职博士专家人才 7 人。其中，水南街道、樟溪乡、板桥畲族乡 3 个乡镇（街道）被列入丽水市博士入乡镇人才计划试点，浙江华威门业有限公司等 4 家企业被纳入“丽水市百名博士入百家企业引领计划”管理。发放“百名博士入百家企业”项目奖励 6 家共计 35 万元。

【职称评审制度改革】2022 年，松阳县人力资源和社会保障局推进职称评审制度改革，在专业技术人才集中的教育、卫生系统推进自主评聘改革。县教育系统自主评聘试点学校有 11 所，其中县第一中学、县第二中学和县职业中等专业学校为省级试点，县民族中学、县城北小学等 8 所教育学校为市级试点。各自主评聘学校共有 259 人进行申报评审，通过评审的助理级人员 42 人、中级 57 人、副高级 22 人和正高级 1 人。卫生系统自主评聘试点单位 2 家，分别是县人民医院医共体、县中医院医共体，试点医院医共体自主评聘副高级 17 人，正高级 13 人。根据《丽水市人力资源和社会保障局关于开展 2022 年度创新创业人才职称“直通车”认定和评审工作的通知》文件精神，开展直通车认定与评审，通过中级 2 人。指导农业工程、工业与信息化领域、生态环境工程、交通工程、林业工程、水利工程、教育、卫生等系列的职称评审委员会做好职称评审和推荐。企业工程专业技术人才评审通过初级人才 9 人，推荐通过中级 24 人。大中专毕业生初定专业技术职务确认初级资格 106 人，推荐通过具有中级专业技术职务任职资格 3 人。全年通过职称评审（初定）324 人，其中初级 184 人、中级 87 人、副高 39 人、正高 14 人。

（县人力资源和社会保障局）

行政审批服务

【概况】2022 年，松阳县行政服务中心进驻部门 20 个，工作人员 200 余人，设有婚姻登记、车管、社保（医保）3 个分中心。2022 年，县行政服务中心推进政务服务、大厅标准化建设，提升窗口服务水平。全年中心大厅收件 32.48 万件，全部办结，其中政务服务 2.0 收件 31.64 万件。万鸿汽车零部件项目获评 2022 年上半年松阳县“金牛奖”服务类事项，《松阳县“全域代办”实现偏远山区群众“办事不出村”》在《竞跑者》中刊发，全流程电子化率、不见面开标率、统一移动电子证书（CA）互认、保函平台4个二级指标均居全市第一。

【服务大厅标准化建设】2022年，县行政服务中心实行“领导带班巡查、大厅经理日常检查、视频实时监查、月度情况通报、代表委员民主监督”等模式，精细化管理大厅各区域物品摆放，做到定点定位整齐有序，下班后做好内务清洁、可视化标签定位等标准化建设工作。入口处配备“防疫卫士”扫码读卡机和“小青松”志愿者，协助老年群体通过，提供代帮办服务，破解老年人智能电子设备使用困难、“浙丽码”扫码难等问题。

【“放管服”改革】2022年，松阳县制定下发《关于调整松阳县推进政府职能转变和“放管服”改革协调小组的通知》《2022年度松阳县深化“放管服”改革工作重点任务清单》，建立推进“放管服”改革“四项工作制度”，包含工作例会制度、工作督查考评制度、问题汇总对照整改制度、工作信息报送制度，促进县域“放管服”改革，优化营商环境。制定《松阳县优化营商环境十条措施》，围绕“市场环境、政务环境、法治环境、人文环境、创新环境”5大主题，制定“市场准入轻松办、纾困解难贴心办、项目审批快速办、个性服务创新办、惠企政策一网办、综合监管组团办、人文关怀舒适办、信用修复一次办、创新发展扶持办、要素配置集约办”10条优惠政策，全面提升服务企业的力度、速度和温度。

【窗口服务水平提升】2022年，县行政服务中心组建导服人员16名，设立大厅厅长4名，在智能导服区、综合受理区、24小时自助服务区为老年人、残疾人等特殊群体提供代帮办服务。推动政务服务“以部门为中心”向“以事项为中心”转变，严格执行首问负责、一次性告知和限时办结等制度，规范审批服务行为，并建立延时、错时、周末预约机制。举办窗口能力提升培训班，建立健全《中心窗口服务考评办法》等4大类39项制度，连续8年举办窗口能力提升培训班，通过“青蓝结对”传帮带的方式，对19个乡镇（街道）便民服务中心综合受理人员开展全员培训，提升县乡两级人员的业务能力和服务水平。全年对22个窗口143人次实行绩效扣分处理，约谈提醒6人次，评选服务标兵32人，流动红旗72个。

【网上中介竞价平台管理】2022年，松阳县持续推进行政审批中介市场化改革，优化营商环境。县行政服务中心参与“网上中介”竞价项目总数6289个，成交项目总数5361个，成交金额4689.55万元，降价率21.29%，竞价项目总数和成交项目总数位居全市第一。

【乡镇延伸服务】2022年，松阳县聚焦山区乡镇村庄分散、留守老人等弱势群体较多等实际，以数字化改革赋能政务服务便利化，构建全县域集成办公服务体系。全县共组建村级代办员468人，为偏远山区群众代办各类事项4万余件。5月，县行政服务中心党支部与新兴镇党委、县农商行党委签订联盟协议，组织人员开展“跨省通办”等业务培训，对当地省外茶商、采茶工开展跨省业务服务。

【工业投资项目审批优化】2022年，县行政服务中心制定出台《松阳县工业投资项目优化审批服务实施办法（试行）》，推动县域新拿地简易、一般、特殊三类工业投资项目“拿地15天、30天、60天”开工。开展全程服务、高效协同办理、组建服务团队等方式，提升项目审批服务质量和审批效率，促进项目实现早落地、早开工、早达产。自运行全新审批服务模式后，完成一般工业投资项目施工许可证办理5个，平均审批办理时间18天，最短用时15天。

（县行政服务中心）

综合行政执法

【概况】2022年，松阳县全力推进“大综合一体化”改革，全县19个乡镇（街道）中，赋权的15个乡镇（街道）全部成立乡镇（街道）综合行政执法队，4个乡镇（街道）以派驻、辐射模式开展行政执法工作，整合形成“1+8”（综合执法+市场监管、生态环境、文化旅游、交通运输、农业农村、应急管理、自然资源、卫生8支专业执法队）的行政执法队伍，实现“一支队伍管执法”。全年累计办理一般程序案件638起，开展行政检查529次。

【城市执法精细化管理】2022年松阳县以数字化改革为引领，依托“高空喊话”“蓝天卫士”“智管通”等应用场景，构建集动态管理、巡查执法于一体的非现场执法机制，以点带面构建全方位覆盖、全天候延伸的精细化管理体系，全年共处置无证经营商贩8787起、乱堆物料213起、沿街晾晒66起、店外经营321起、噪声扰民57起。坚持疏堵结合、因地制宜，通过制定区域、规范经营、统一管理等举措，科学释放“地摊经济”，打造具有区域特色的经济示范点。

【专项综合行政执法行动】2022年，松阳县以省示范文明县城创建工作为契机，组织开展各项专项整治行动。建立智能天眼预警平台闭环管理机制，组织开展秸秆禁烧夜间专项整治活动及高峰期专项整治月行动，全年共立案查处焚烧秸秆案件264起;全年开展犬类专项整治行动220余起,抓捕流浪犬只公示206只,立案处罚98起；建立常态化巡查机制，全年开展餐饮油烟及蜂窝煤“回头看”检查60余次，累计排查餐饮商户370余家,下达限期整改通知书11份。县综合行政执法局联合县住房和城乡建设局、县市场监督管理局、市生态环境局松阳分局等部门组织定期开展“综合查一次”检查行动，共出动执法人员150余人次，检查相关商户共200余家。

【行政执法体制改革】2022年，县综合行政执法局推进“大综合一体化”改革，建立形成“1+3”（全县执法事项总目录和综合执法目录、专业执法目录、乡镇执法目录）全覆盖的执法事项管理体系。精简原有专业执法队，整合形成“1+8”行政执法队伍，完成专业执法清单3339项。6月9日举行乡镇（街道）综合行政执法队集中授牌仪式；12月7日，松阳县行政执法统一协调指挥中心挂牌成立，作为常驻机构入驻县社会治理中心。“企轻松”“茶叶在线”2个应用场景入选全市第一批“大综合一体化”行政执法改革标志性成果。

【行政执法宣传】2022年，县综合行政执法局共发放宣传资料6000余份,开展法律宣传讲解120余人次，切实增强广大市民遵纪守法意识。围绕城市精细化管理、防违控违、砂石资源管理等工作，加强同松阳政府网、松阳电视台等本级媒体沟通协调；强化党委、政务信息报送，在2022年丽水市各县（市、区）综合行政执法局信息考核和松阳政务信息B类部门考核中均排名第一。松阳县涉企“综合查一次”模式获得副省长高兴夫批示肯定。报送的信息“松阳县探索‘非现场执法’破解城市顽疾”被省委办公厅《浙江信息》录用。松阳县智治融合推进“大综合一体化”行政执法改革显成效做法获丽水市委副书记、市长吴舜泽批示肯定。

【基层综合行政执法事项】2022年，县综合行政执法局结合“大综合一体化”，共划转1435项行政处罚事项，制作处罚事项清单和职责边界清单，监管职责清单“三张清单”，科学、合理界定综合行政执法的职权范围，厘清综合行政执法部门与有关行政主管部门之间的关系。围绕城市治理的难点、堵点和痛点，开发城市治理“一件事”应用场景，将噪声污染、餐饮油烟、交通治堵、环境保护等领域纳入在线管理，综合集成多部门、跨领域执法监管，形成现代化治理新模式。

（县综合行政执法局）

公共资源交易

【概况】2022年，松阳县推进“一个体系、一个平台、一个试点”（市县一体化体系、丽水市公共资源交易网2.0、房建市政监理试点）3大改革，推广丽水市公共资

2022年7月21日，松阳县综合行政执法局工作人员到枫坪乡根下村开展法治宣传活动 （包叶雯/摄）

源电子交易平台 2.0 系统升级应用，推进建设工程“市县一体化”远程不见面开标、公共资源交易金融服务平台、公共资源交易电子档案管理系统等应用，开展政府采购“市县一体化”远程异地开评标试点工作，落实网上超市管理制度，加强代理机构进场管理，迭代升级交易平台服务。至 12 月底，县公共资源交易中心受理各类进场交易项目 474 宗，涉及交易总额 29.84 亿元，政府增收节支 1.93 亿元。

【公共交易平台建设】2022 年，松阳县推动公共交易平台 2.0 系统迭代升级，创成该系统监理类项目全流程不见面开评标试点并在全市推广使用，配置住建、水利、交通、发改、农业农村、环保、文广旅体等 7 类行业审批备案模块，实现进场交易项目线上备案全覆盖。利用 2.0 系统建立在线题库，实现在线培训、线上考试，与 34 家代理机构在线签订进场交易合同，根据《代理机构进场交易行为履约评价标准》，对 7 家代理机构 14 个项目做出记分处理，扣分 41 分；对 2 家代理机构配合工作进行加分奖励。开展金融服务平台投标贷、中标贷宣传推广，9 月 21 日办理首单电子保函。完成《风桥镇大星村厉家村 2021 年市级美丽乡村精品村项目（含区级美丽乡村示范点）》工程建设项目省、市联动异地评标工作，是全市 3 个率先完成的县之一。

【“政采云”平台管理】2022 年，松阳县通过“政采云”平台完成项目交易 137 个，成交金额 1.84 亿元；对 25 家网上超市供应商进行价格违规处罚，暂停网超资格 33 个月，处罚诚信分 425 分。开展网上超市价格动态巡检 11 次，监测供应商 867 家、商品 5402 件，26 家供应商因违规被处以扣减诚信分或暂停网超资格处理，29 件违约商品被下架。完成全流程交易项目电子档案收集归档 28 个，入库 3 个。升级政府采购“市县一体化”远程异地开评标项目 104 个。完成首个政府采购主场项目，配合市交易中心、龙泉市交易中心，莲都区交易中心，完成 3 个副场项目。联合龙泉、庆元分中心开展异地开评标松阳县 2022—2023 年度松树注干剂采购项目。

【公共资源交易综合监管】2022 年，松阳县将《松阳县政府投资项目中介服务合同签订指导意见》落实情况纳入年度目标责任制考核及县委巡察工作。开展限额以下工程项目发包专项整治。开展工程建设项目招投标领域突出问题专项整治工作。县公共资源交易中心主动对接县委巡察办、县财政局、县审计局等部门，将《松阳县政府投资项目中介服务合同签订指导意见》落实情况纳入巡察、项目预结算审核、项目审计的范围，从源头上加强工程中介机构管理。围绕县重点工程项目，结合招投标评定分离改革，扶持本地企业发展等工作给予建设性的合理化意见和建议，并就抽水蓄能电站项目投资主体选择等重大项目提供技术支持。联合县住房和城乡建设局、县交通运输局、县水利局等部门，开展政府性投资项目招投标工作联合专项检查。抽查大东坝镇、赤寿乡等 20 个单位的项目 20 个，针对存在的未按规定设置投标人资格、中介服务合同签订不规范等问题，发出整改函 20 份。落实《浙江省综合性评标专家库管理办法实施细则》和《浙江省综合性评标专家“一标一评”管理实施细则》，全县工建项目“一标一评”率达 100%。修订完善《松阳县代理机构进场交易行为管理办法（试行）》，与 34 家代理机构签订进场交易合同，并对 7 家代理机构的 14 个项目进行扣分处理，对 2 家代理机构进行加分奖励。

（县公共资源交易中心）

大数据管理

【概况】2022 年，松阳县推进一体化智能化公共数据平台建设。至 12 月底，“浙政钉”累计激活用户约 1.14 万人，年平均活跃度 84%以上，未发生重要信息外传事件。“浙里办”用户注册数和月均日活跃数为 8.76 万人和 0.77 万人。自 6 月起，3 次省对县双月评价和年终评价居全市前三（6 月全市第一，8 月全市第二，10 月全市第一，12 月全市第三）。开展精密智控平台相关培训演练 30 余次。

【电子政务基础设施及系统运维管理】2022 年，松阳县开展“三高一弱”（高危漏洞、高危外联、高危端口、弱口令）整改专项行动，全县问题数量下降至个位数。全年督促各单位整改省、市下发的政务信息系统安全隐患通报 21 起。加强虚拟专用网络（VPN）账号管理，增加设置账号有效期、账号登录限制、强制密码复杂度等限制措施，清理长期未使用账号 25 个。统筹全县政务云安全产品，整合病毒防护软件、堡垒机、运行于互联网的系统（web）应用防护墙等，每年节约财政资金约 78 万元。县大数据和金融发展中心联合县委网信办、县公安局开展网络安全专项检查和重大活动期间安保值班值守，未发生重大网络安全事件。

【“两端”平台管理】2022 年，松阳县推动“浙政钉”成为政务办公总入口，“浙政钉”累计激活用户数约 1.14 万户，年平均活跃度达 84%以上。用户体系质量达标，组织架构和用户关键信息规范完整度高于 99%。县大数据和金融发展中心联合县行政服务中心对县政务服务“一网通办”运行情况进行每月晾晒，督促相关部门整改。印发《松阳县人民政府门户网站管理制度（试行）》，规范政府门户网站信息管理。

【数据支撑供给】2022 年，松阳县推进县级数据仓建设，接收省回流数据表 521 张，市回流数据表 12 张，区县当地归集数据表 107 张，合计 640 张，数据量 2 亿余条；新编制目录 580 条，目录数量由 2021 年的 560 条提升至 1007 条。按《浙江省公共数据条例》要求调整 73 个目录的共享属性、开放属性，修改 303 个目录的共享条件、开放条件。累计收到数据需求 389 个，需求满足率 100%，审批及时率 100%，平均审批时长 58 分钟。依据数据动态更新的要求，整改 70 个未按期上报的数据目录，实现现有上报任务百分之百按期更新。累计治理数据 66.53 万条。支撑 6 大领域和“茶叶在线”“拯救老屋”等县域特色应用建设开发。

（县大数据和金融发展中心）

招商引资

【概况】2022 年，松阳县引进大项目（投资额一产 5000 万元以上，二产 1 亿元以上，三产 2 亿元以上的项目）21 个，其中制造业大项目 18 个，年内落地项目 21 个，开工 18 个，总投资 85.68 亿元。工业投资、制造业投资分别增长 62.6%和 61.5%，规模以上工业企业亩均税收增长 23%。新增省级专精特新中小企业 8 家、产值超亿元企业 6 家，新上规、小升规企业 9 家。2022 年 3 月，全县抽调干部 12 人成立双招双引服务—招商专班，分为 6 个驻外分局，围绕智慧交通、高端汽车零部件、高端装备制造三大产业方向进行招商。县招商工作连续三个季度进入全市“双招双引”晾晒比拼榜前三。

【优化营商环境】2022 年，松阳县出台加快生态工业跨越式发展的实施意见，为项目招引落地提供政策要素保障。实施“双招双引”提质行动、生态工业强基行动，印发《松阳县全力发展壮大市场主体推进“二次创业”行动方案》推出助企 30 条，《松阳县联企服务员工作机制》为企业纾难解困。执行每周“招商工作例会”制度，确保每周增加一个制造业深度洽谈项目。对于固定资产投资 2 亿元以上，固定资产投资 1500 万美元以上的外资项目，实行“一事一议”个性化扶持。

【招商项目选择】2022 年，松阳县围绕以高端不锈钢管产业、综合交通产业为主导，新能源、生物医药等产业为补充的“2+X”的产业招引方向，建立由县四套班子主要领导担任总链长的“4+X”产业链“链长制”机制，推动资源集聚、政策集成、服务聚焦，打造有引领性研发机构、有龙头企业和单项冠军、有大好高项目、有产业创新服务综合体的“2+X”产业链，促进“撒网式”招商向靶向精准招商转变。

【招商引资机制创新】2022 年，松阳县在原有的两只基金——规模 1 亿元的松阳县田园经济产业基金、规模 3 亿元的松阳县生态经济产业基金基础上，组建规模 10 个亿的松阳县创新集群发展基金，采用基金招商方式，招引硅迈科技（东莞）有限公司微电子机械系统智能传感器模组华东基地项目，签约投资金额 5 亿元，其中基金投资 8000 万元；深圳荆虹科技有限公司人工智能（AI）视觉传感器产品生产基地项目，签约投资金额 5 亿元，其中基金投资 3000 万元等项目，深化与富浙资本、复华安鸿等基金公司合作，储备全路程科技、航天宏图等科技型企业。利用基金工具集中力量招引智慧交通产业链上优质企业，推动产业与资本的融合。

（县招商服务中心）

县直机关事务

【概况】2022 年，松阳县机关事务保障工作以管理、保障、服务为主线，利用自有资源，变“对外经营”为“对内保障”，逐步形成以“食堂为主、酒店为辅”的公务接待模式；落实全省办公用房“五统一”（统一规划、统一权属、统一配置、统一维修、统一处置）的要求，县机关事务保障中心会同县财政局、国投集团、各办公用房产权单位，以房产集中管理为原则，理顺全县办公用房权属问题；贯通“浙里好管家”全省公务用车管理集成应用平台，提升公务出行平台整体智治能力，提高机关事务和后勤保障工作水平。

【办公用房管理】2022 年，松阳县制定《松阳县党政机关办公用房管理实施细则》，弥补全县在办公用房管理制度上的空白。修缮原县委党校行政楼，开展各类零星维修 160 余次，投资 105.18 万余元；调剂办公用房 6 批 108 间 1972.53 平方米，解决临时机构、大院办公楼除危、社会治理中心改造等办公用房需求；组织开展办公用房使用情况网上督查巡查 2 次，现场抽查 1 次；划转办公用房产权 3 宗，推进办公用房权属统一登记工作。

【公务接待】2022 年 5 月 18 日，县机关事务保障中心联合县文广旅体局开展“松阳县标准化服务接待贵宾级（接待服务工作流程）顾客培训班”公务接待培训活动，提升酒店、民宿等服务从业人员基本功，增强精细化接待水平。完成全国政协调研组调研活动、第九届禅茶文化论坛等各项接待保障任务，全年接待各级宾客 210 余批次，接待逾 2800 人次。

【公务用车保障】2022 年，松阳县规范车辆管理，更新车辆处置模式。首次采用公车拍卖的形式处置公务车辆 9 辆，报废 1 辆，合计拍卖 11.63 万元，增加财政收入。县机关事务保障中心联合市机关事务服务中心开展公务用车专项督查，深化全县公务用车使用管理规范化、信息化、透明化。组织开展新冠疫情防控车辆保障应急演练，提升公务用车疫情防控车辆保障能力和实战水平；召开事业单位保留车辆管理专项整治工作会议，加强公务用车规范化管理。2022 年，公务出行“一张网”县本级平台提供车辆保障 1.24 万次，安全行驶 184.56 万公里，提供助企直通车服务 17 次。

【固定资产采购工作】2022 年，县机关事务保障中心为数字化改革专班调剂电脑、打印机、办公桌椅等 32 件，节约购置资金 4 万余元；为上级工作组调剂保障电脑、碎纸机、打印机等办公设备 35 件，节约购置资金 5 万余元。在新冠疫情防控工作中，为应急保障电脑、打印机等办公设备支出采购经费 14 批次 110 万余元。通过合理利用闲置物资，资产调剂减少采购支出，提升资产管理水平。

【后勤服务提升】2022 年，县机关事务保障中心推进机关后勤服务社会化，完成县机关食堂劳务外包服务、保洁服务的新一轮招投标工作。以“健康食堂、清廉食堂”建设为载体，开展特色菜肴进机关和高山优质农产品进机关活动，全年服务就餐 11.56 万余人次，满意率达 95%以上；食堂小卖部提供换购服务 1.33 万人次，换购金额 191.5 万元；执行维修申报制度，开展水电零星维修和门锁、空调故障维修工作，全年完成水电维修 223 次，空调、门锁等设备维修 173 次。联合县垃圾分类办对 78 家申报创建松阳县党政机关等公共机构生活垃圾分类示范单位进行验收，均完成创建。

【安全保卫】2022 年，县机关事务保障中心做好县政府大院安保、消防和日常工作，配合公安和信访部门做好信息收集工作，登记来访人员 8.19 万余人。对大院 1 号楼、县纪组宣办公楼前车棚 34 个充电桩，进行电动自行车充电设施智慧化改造升级，解决车辆充电安全隐患问题，管理保障区域停车秩序。在县委机关食堂停车场建立智能停车管理系统，缓解停车场区域停车难、停车乱等问题。

（县机关事务保障中心）

中国人民政治协商会议松阳县委员会

综　述

【政协自身建设】2022 年，中国人民政治协商会议松阳县委员会（以下简称县政协）履行政治协商、民主监督、参政议政 3 项职能，发挥社会主义协商民主重要渠道和专门协商机构作用。完善《政协松阳县常务委员会工作规则》《政协松阳县委员会主席会议工作规则》等 8 项制度,制定《松阳县政协党组成员联系界别委员、党员委员联系党外委员制度》，构建多层次联系服务委员机制。按照新时代政协党建要求，设置县政协机关党委，下设 7 个专委会党支部，延伸设置 7 个相应界别的临时党支部，“同心向党·三味政协”党建工作品牌入选全市机关党建十佳创新案例。举办“润德微讲堂”“委员荐书”“人人争做红色领读员”等特色活动。政协委员季荣富被授予年度丽水市“最美政协人”称号。

【政协委员构成】2022 年，县政协第十届委员会共有政协委员 195 人，界别 20 个。其中，经济界别 20 人、农业界别 15 人、科技界别 12 人、社会科学和社会保障界别 13 人、民盟界别 8 人、侨台界别 9 人、民族界别 7 人、宗教界别 5 人、工商联界别 14 人、无党派界别 8 人、工会界别 7 人、共青团青联界别 8 人、妇联界别 7 人、民革界别 5 人、教育界别 12 人、医卫界别 10 人、文学艺术界别 7 人、新闻出版体育界别 7 人、中共界别 12 人、特邀界别 9 人。

【交流宣传】2022 年，县政协创新开展政协机关“青年论坛”，开展社情民意信息培训、读书心得分享等主题活动。实施多维度委员培训实践活动，通过“请进来、走出去”方式开展委员履职培训。邀请省、市政协业务专家到松阳对全体政协委员和机关干部进行系统的业务培训。组织委员接受红色教育培训，通过专家解读、委员谈心声、现场研学等学习形式，增强委员履职的责任感和使命感。2022 年，县政协获评全省政协《联谊报》宣传工作先进单位。

【文史编研】2022 年，县政协坚持特色打造精品,突出地方特色、地域特点，深挖当地优秀人物事迹和历史事件，征集地方特色专题文史资料。启动征集《古市记忆》，共收集文献资料 211 篇，图片 791 张,发挥存史资政团结育人的独特功效。运营松阳政协网、“松阳政协”公众号，编印《松阳政协》季刊。《民生议事堂丨松阳县政协：年度首场议事进村关注“非粮化”整治后半篇文章》等 72 篇新闻稿件在“学习强国”平台、《人民政协报》、《联谊报》等国家、省、市级媒体发表。

（县政协办公室）

重要会议

【概况】2022 年，县政协第十届委员会召开全会 1 次,常务委员会会议(以下简称常委会会议)4 次，主席会议 7 次。

【县政协全体会议】2 月 13—15 日，县政协第十届委员会第一次会议在县会议中心举行。会议听取并审议第九届县政协主席廖宝云所作的《第九届县政协常委会工作报告》和第九届县政协副主席陈忠华所作的《九届五次会议以来提案工作情况的报告》，听取22名委员的上台发言和即席发言。全体委员列席县十三届人大第一次会议听取县长梁海刚代表松阳县人民政府所作的《政府工作报告》、县人大常委会主任徐为民所作的《松阳县人大常委会工作报告》、县人民法院院长陈伟平所作的《松阳县人民法院工作报告》、县人民检察院检察长汪兴所作的《松阳县人民检察院工作报告》，并进行分组讨论。

2月16日下午，县政协第十届委员会第三次全体会议（选举会）召开。会议选举卢寿亮、林童2人为政协第十届松阳县委员会常务委员会委员。表彰县政协2022年先进界别活动组、优秀委员、优秀提案、社情民意积极分子和2022年优秀大会发言。审议通过会议决议和两个工作报告。

【县政协常委会会议】2022年，县政协第十届委员会召开常委会会议4次，会议听取并讨论“一府两院”工作报告及各类专题协商纪要、调研报告、民主监督报告14份。

县政协第十届常委会第一次会议于3月1日上午举行，会期半天，县政协常委会组成人员31人出席会议。会议审议通过相关人事任免。

县政协第十届常委会第二次会议于5月26日上午举行，会期半天，县政协常委会组成人员33人出席会议。会议表彰2021年度市政协最美政协人；审议相关人事任免；审议通过《中国人民政治协商会议松阳县委员会全体会议工作规则（修订案）》；审议通过《中国人民政治协商会议松阳县委员会常务委员会工作规则（修订案）》；审议通过《松阳县政协界别活动组工作考评办法（草案）》（修订案）；审议通过《松阳县政协委员履职情况量化评价办法（草案）》（修订案）；审议通过《松阳县“请你来协商·民生议事堂”平台建设实施细则(试行)》（草案）；审议通过《关于十届一次会议提案审查立案情况的报告（草案）》；审议通过《关于“请你来协商·闲置低效用地处置工作”的专题调研方案》；审议通过《关于“请你来协商·开展县域社会治理141”［“1”指县级社会治理中心、“4”指乡镇（街道）基层治理“四个平台”、“1”指村（社区）网格体系完善情况］调研协商的实施方案》；审议通过《关于建设禅修康养小镇的专题协商实施方案》；审议通过《关于“培育龙头企业，助推有机茶乡建设”专题协商的实施意见》；审议通过《关于“关于加强招才引智工作的专题协商”课题实施方案》；审议通过《关于“请你来协商·高质量筹建丽水农林技师学院”的专题调研协商方案》。

县政协第十届常委会第三次会议扩大会议于8月5日下午举行，会期半天，县政协常委会组成人员32人出席会议。会议听取县政府关于2022年度上半年经济社会运行情况的通报；审议通过相关人事议题；审议通过高质量筹建丽水农林技师学院专题协商建议案（审议稿）。

县政协第十届常委会第四次会议扩大会议于11月10日下午举行，会期半天，县政协常委会组成人员24人出席会议。会议通过相关人事任免；审议通过《关于“培育龙头企业 助推有机茶乡建设”的建议案》；审议通过《关于完善县乡村三级物流体系建设的建议案》；审议通过《关于完善县域社会治理“141”体系的建议案》；审议通过《关于全县营商环境提升工程实施情况民主监督的建议案》；听取“创建学前普及普惠县，推动教育高质量发展”工作的通报；听取慢性病综合防控工作的通报。

（县政协办公室）

协商议政

【概况】2022年，县政协依托“请你来协商”平台，构建“6+X”协商模式（每年开展6次主协商，在此基础上开展灵活、多样、小微的活动），通过政协秘书长主任会议、主席会议、常委会会议先后审议确定议题报县委常委会审议，最终确定6个政协常委会重点协商课题和7个专门委员会、界别组协商课题。结合乡镇（街道）的特色风情、主导产业等个性特征，建成19个各具特色的民生议事堂阵地，同时兼具委员工作室、社情民意信息联系点功能。制定《民生议事堂实施细则》，由乡镇（街道）党（工）委副书记担任“民生议事堂”的负责人，规范基层民主协商的频次和议题，7个民生议事堂获评星级民生议事堂。全年开展43场民生议事堂协商活动，750人次参与协商，共提出意见建议366条，《发展水经济 助力共同富裕》等3个协商案例入选省民生议事堂经典案例集。充分利用村（社区）办公场所、广场公园、凉亭廊桥等公共空间建设协商驿站，实现民主协商进一步向基层延伸。

【“请你来协商”工作】7月8日，“请你来协商·高质量筹建丽水农林技师学院”专题协商会在丽水农林技师学院（筹）举行，协商课题调研组成员、县直有关部门主要负责人，部分政协委员，《松阳政协》主编，相关企业负责人及社会各界人士共66人参加会议。会议认为，建好技师学院有利于促进乡村全面振兴、有助于打造共同富裕示范区建设山区样板、服务现代化“田园松阳”建设、契合人民群众美好生活期盼，但在“摘筹”过程中还存在硬核支撑不够、校企合作不实、内涵建设不深、机制保障不强等短板问题，为高质量筹建技师学院工作，经县政协常委会会议协商，向县委、县政府提交“加强组织领导，强化保障机制”“对标查漏补短，精准挂图作战”“深化产教融合，推进校企合作”“转变办学理念，加强内涵建设”4个方面的建议。

9月30日，“请你来协商·关于培育龙头企业 助推有机茶乡建设”专题协商会在县会议中心102会议室举行，协商课题调研组成员、县直有关单位和19个乡镇（街道）分管领导，部分县政协常委，农资环委主任、副主任等共45人参加会议。会议认为，有机茶乡建设工作存在“有机茶基地认证面积小”“有机茶基地持续新增困难”“茶农有机意识缺乏，建设积极性不高”“有机茶加工企业少，带动能力弱”“有机茶销售市场小，销售溢价难以体现”等问题，为进一步做强松阳茶产业，助推中国有机茶乡建设，经县政协常委会会议协商，向县委、县政府提交“加快有机茶基地提质扩面步伐，为产业链发展提供坚实基础”“通过‘内培外引’，切实提高有机茶加工生产能力”“拓展有机茶销售渠道，帮助有机茶企抢占市场份额”“鼓励企业开展品牌建设，提升有机茶产出效益”4个方面的建议。

10月14日，“请你来协商·县域社会治理‘141’［县级矛调中心（社会治理中心）、乡镇（街道）基层治理四个平台、村（社）全科网格］体系完善情况”专题协商会在县矛盾调解中心会议室举行，协商课题调研组成员、县直有关部门及部分乡镇主要负责人，部分县政协委员，《松阳政协》主编共53人参加会议。会议认为，“141”体系运行过程中还存在县级社会治理中心的牵引作用发挥还不够充分、“基层治理四平台”的支撑作用发挥还不够有力、村社网格的底座作用发挥还不够坚实等问题，经县政协常委会会议协商，向县委、县政府提交加快推进县级社会治理中心建设、谋深做实乡镇（街道）“基层治理四平台”、提质规范村社基层网格3个方面的建议。

10月21日，“请你来协商·打造水韵畲乡风情片区 助力民族乡村共同富裕”专题协商会在矛盾调解中心会议室举行，协商课题调研组成员，县直和乡镇有关负责人、部分政协委员和各界代表人士、《松阳政协》主编等参加会议。会议认为，打造水韵畲乡风情片区，是实现民族乡村共同富裕的重要抓手，但当前水韵畲乡风情片区建设过程中还存在片区联动不充分、规划引领不够强、产业特色不明显、“畲”字文章不够浓、基础配套不够全面等不足，为更好推动民族乡村发展，经县政协常委会会议协商，向县委、县政府提交“加强领导，做好联动文章”“拓宽视野，做好规划文章”“产业带动，做好共富文章”“文化赋能，做好‘畲’字文章”“精心谋划，做好项目文章”5个方面的建议。

12月1日，“请你来协商·闲置低效工业用地处置工作”专题协商会在县会议中心举行，协商课题调研组成员、县直有关部门主要负责人，部分市、县政协委员，《松阳政协》主编，部分不锈钢行业协会成员、企业负责人共45人参加会议。会议认为，当前闲置和低效工业用地处置部分工作存在企业数据库建立进度偏慢、用地项目契约管理尚需加强、重点低效工业用地推进工作偏慢、涉法涉诉工业用地出清成功率低等问题，为做好当前阶段闲置和低效工业用地处置工作，经县政协常委会会议协商，向县委、县政府提交强化规划引领、夯实全生命周期管理基础、群策群力打好组合拳拿下提升攻坚战、分类施策疏堵结合4个方面的建议。

7—10月，协商课题组开展“关于加强松阳县招才引智工作”系列专题调研。12月9日，召开专题协商会，县政协主席廖宝云主持会议，县委常委、副县长诸跃波、课题组政协委员，县委组织部（人才办）、县委编办、县教育局、县科技局、县财政局、县人力资源和社会保障局、县住房和城乡建设局、县卫生健康局、松阳经济开发区管委会等分管领导参加会议。会议认为，松阳招才引智工作存在着全民引才氛围不浓、聚才留才措施不多、人才发展环境不优等问题，为在招才引智工作中找准松阳“跑道”，体现松阳特色和优势，经县政协常委会会议协商，向县委、县政府提交进一步营造重才爱才浓厚氛围、进一步拓宽人才引进渠道、进一步优化人才发展环境3个方面的建议。

【“田园松阳”论坛】2022年11月3—5日，由浙江省社会科学界联合会、中共松阳县委、松阳县人民政府主办，政协松阳县委员会、中共松阳县委宣传部、松阳县社会科学界联合会承办的第十一届“田园松阳”论坛在县会议中心举行。省政协副秘书长梁细弟，浙江省社科联党组书记、副主席郭华巍，浙江省社科联党组成员、副主席谢利根，丽水市政协副主席邵祥军，县领导梁海刚、徐为民、廖宝云、陈建广及相关业界人士300余人参加论坛。本届论坛的主旨报告会以“聚焦缩小城乡差距领域 争当‘两个先行’（共同富裕先行、省域现代化先行）山区样板”为主题，共同探讨如何缩小城乡差距，补齐山区发展短板，为松阳争创高质量发展建设“两个先行”山区样板建言献计。在专题报告会上，省委党史和文献研究室副主任王祖强，浙江省社会科学院副院长查志强，浙江省发展规划研究院（简称省发规院）区域高质量发展战略研究中心执行主任朱李鸣分别作题为《争当“两个先行”山区样板，必须深入学习并始终如一地坚决贯彻习近平总书记的相关重要指示精神》《省委对山区“两个先行”、共同富裕提出的工作要求》《后发展山区“两个先行”、共同富裕发展路径》主旨报告。浙江大学、中国（丽水）两山研究院、浙江农林大学、省发规院产业发展研究所、杭州电子科技大学等高校、研究院所的专家、学者围绕以城乡人口双向流动融合促进乡村共富、推动松阳实现共同富裕、争当全省山区高质量跨越式发展先行标杆、解读“两个先行”山区样板松阳未来发展路径等主题作交流发言。论坛筹备期间，省发展规划院、杭州电子科技大学、中国（丽水）两山研究院等专家团队到松阳调研，形成调研成果6篇，获省委、省政府领导的批示；制作完成松阳共富主题宣传片《聚力“二次创业”奋进“两个先行”，加快建设富民强县的现代化“田园松阳”》。

（县政协办公室）

2022年11月3日，第十一届“田园松阳”论坛在县会议中心举行

（县政协办公室供图）

民主监督

【概况】2022年，县政协先后开展“非粮化整治优化”的“后半篇文章”“省示范文明县城创建情况”等民主监督。全年组织监督49次，实地检查点位245个，提出意见建议300余条。

【“非粮化”整治优化专项监督】2022年3月，县政协通过走访座谈和征求意见，拟定专项民主监督的实施方案，成立调研组。4—7月，组织开展监督调研5批次，向相关部门反映基础设施薄弱、规模化生产推进难、监管难度大等问题10余个，提出完善基础设施、开展规模化经营、促进农民增收等意见建议15条。

【创建省示范文明县城专项监督】2022年，县政协成立民主监督课题组，通过座谈、走访、视察等方式开展民主监督，并向县创建办提出做好初测迎检工作、完善创建工作体系、提高台账资料质量、加强问题督办整改、营造创建良好氛围等5个方面的意见建议，有效促进省示范文明县城的创建。

【营商环境专项监督】2022年4月，县政协通过走访座谈和征求意见，拟定专项民主监督的实施方案，成立调研组。4—9月，组织开展营商环境专项监督调研5批次，向相关部门反映问题10余个，提出思想认识要再提高、建立问题公开收集机制、建立问题交办解决机制等意见建议15条。

【扩大有效投资专项监督】2022年，县政协组织扩大有效投资专项监督2次，参与人员23人次，提出提高项目审批效率、加强项目谋划能力、提升项目管理能力等建议7条。

【百名人大代表　政协委员评机关活动】2022年11月7日，松阳县百名人大代表、政协委员评机关部署会召开，会议肯定上年评议工作取得的成效，提出聚焦优化营商环境、细化工作颗粒度、执行力建设、锻造放心靠谱的铁军干部4个方面，开展年度评议活动。县政协全年组织百名人大代表、政协委员评机关活动49次，实地检查点位245个，提出意见建议300余条，均得到落实。

（县政协办公室）

提案与社情民意

【概况】2022年，县政协十届一次会议召开以来，共收到以提案形式提出的意见建议284件，其中以政协参加单位、专门委员会、界别组等集体名义提出的意见建议85件，委员个人建议199件，立案211件，转来信73件，并案处理后交办147件，全部办复。提案交办后，即时予以落实、已得到落实、部分落实及列入计划落实的有140件，占95.2%；因受政策制约、条件限制等留作参考的有7件，占比4.8%。其中，教育、民盟等界别提交的《未雨绸缪　对标补短　建好丽水农林技师学院》等6件提案被列为重点提案，由县委、县政府领导领办，相关建议均转化为实际成果。2022年，县政协收到社情民意信息142篇，编报党派团体、专门委员会和委员个人反映的社情民意信息85期。其中，《基层反映“山改田”水稻发展面临四大难题亟待关注》上报全国政协，《保障中小学幼儿园安全，亟待加强入职人员精神病核查》等30篇被省、市政协录用，获县委、县政府主要领导批示10余条。

【未雨绸缪　对标补短　建好丽水农林技师学院】在县政协十届一次会议上，教育界别组提交《未雨绸缪　对标补短　建好丽水农林技师学院》提案。提案建议：完善人才招引政策，制定人才培育新政，完善师资调配制度，创新走教模式，推出技师学院学生学费优惠政策；加快推进产教融合中心大楼建设，改革专业设施，深化校企合作模式；通过“绿色通道”“双招双引”等方式引进教师，申请财政经费培养一批专业教师，自主培养专业人才。

【关于闲置低效用地处置工作的建议】在县政协十届一次会议上，经济界别组、吴坛伟委员提交《关于闲置低效用地处置工作的建议》提案。提案建议：建立企业全生命周期管理数据库，部门共享工业用地绩效信息，健全退出机制，将退出条款写入履约协议；处置华东特钢等重点企业闲置用地，推进破产企业拍卖进程；划分企业绩效“及格线”，实施末位淘汰制度；组建实体化运作专班，开展专项联合整治，及时宣传成功做法和优秀典型。

【关于“蜘蛛网”——空中管线整治工作的建议】在县政协十届一次会议上，叶岳娟、叶扬委员，民盟界别组提交《关于“蜘蛛网”——空中管线整治工作的建议》提案。提案建议：由职能部门制定具体整治工作方案，规范各小区线缆铺设工作；电力部门对老城区电线、电缆开展全面排查及整改，对变压器开展集中维护；开展“蜘蛛网”线路专项整治行动，设立专项资金，整合各部门合力；统筹线路与道路铺设，对影响城市景观的电缆改为地下铺设，提升安全指数的同时美化小区环境。

【关于集体经营性建设用地入市的建议】在县政协十届一次会议上，无党派界别组提交《关于集体经营性建设用地入市的建议》提案。提案建议：选择业态相对成熟、资源相对丰富的四都、斋坛、大东坝等乡镇作为试点，开展集体经营性建设用地改革；建立集体经营性建设用地信息共享平台，有效衔接市场；加快新一轮国土空间规划修编，鼓励优先使用存量用地；引导村集体、农户进行合理的产权置换，腾退入市资源。

【关于优化物流体系建设助推电商产业的建议】在县政协十届一次会议上，民盟松阳县基层委员会、民盟文教支部、民盟界别组提交《关于优化物流体系建设助推电商产业的建议》提案。提案建议：由邮政部门牵头组建乡村物流配送企业，选址建立物流共享配送产业园；建设物流共享建设平台，引导线上线下多点互动运行和协同合作；增设、整合物流配送网点，统一建设标准；优化城乡物流配送线路，合理增设乡村物流网点。

【关于茶叶电商品牌建设的建议】在县政协十届一次会议上，工商联界别组、陈凌杰委员提交《关于优化物流体系建设助推电商产业的建议》提案。提案建议：加强品牌建设力度，运营好“松阳香茶”类目，提升“松阳香茶”品牌价值；推进供应链体系建设，以集采+供应链模式，统一定制“松阳香茶”外包装、宣传赠品等辅料，通过集采方式降低运营成本，引导国有资本、电商龙头企业、茶叶经销企业等多方力量，共建茶叶供应链体系，针对线上销售的茶叶进行统一供应，并结合国家电子商务进农村综合示范项目，统一开展溯源码和宣传码赋码。

2022 年松阳县政协重点提案一览表（十届一次会议）

表 7

序号	案　由	备注	提案人	领办领导	督办领导	办理情况
1	未雨绸缪 对标补短 建好丽水农林技师学院		教育界别	莫　靓	廖宝云	2022 年 8 月 23 日，丽水农林技师学院授牌，新开设新能源汽车、电气自动化设备、酒店管理与数字化运营、茶叶生产与加工、无人机等 15 个专业，合计招收 965 人，招聘 14 位报备员额教师。至 12 月底，有长期稳定校企合作企业 62 家，校企共建校外实习实训基地 32 家，校企共同开发教材 10 余本
2	关于提升工业用地绩效的几点建议 关于整治华东特钢等闲置低效工业用地的建议	关于闲置低效用地处置工作的建议 （2 件并案）	经济界别、吴坛伟	梁海刚	卢丁方	制订《松阳县闲置和低效工业用地提质增效三年行动计划（2022—2024 年）》《松阳县闲置和低效工业用地提质增效若干政策意见（试行）》等配套政策方案。盘活闲置和低效工业用地 25.61 公顷，完成年度 500 亩任务目标的 76.83%，但进度低于预期 7 个百分点，其中自我提升初步完成 23.98 公顷；司法处置已完成 1.67 公顷，司法网拍公告中 5.53 公顷，已评估 22.53 公顷；纳入政府收储 18.53 公顷
3	关于对老旧小区及城中旧村通信线缆（蜘蛛网）整治工作的建议 关于加强我县空中线网及电线杆的管控与整改的建议 美丽乡村建设 加快推进农村线路专项整治的建议	关于“蜘蛛网”——空中管线整治工作的建议 （3 件并案）	叶岳娟、叶　扬、民盟界别	陈建广	潘力平	2022 年 9 月，梳理《松阳县省示范文明县城创建重难点整治清单（第一期）》，完成人民大街、荷田岭路 2 个试点路段的先行治理。将县城划分为 6 个区块，实施空中缆线序化项目。制定印发《松阳县 2022 年农村杆线序化整治方案》，20 个村列入今年农村杆线序化项目村名单
4	关于集体经营性建设用地入市的建议		无党派界别	张尚军	杨水文	筛选四都乡汤城自然村作为试点，完成入市前期准备工作，待地块容积率经过专家论证会通过后挂牌出让。2022 年，入选浙江省集体经营性建设用地入市试点县，在四都乡汤城村基础上新增 4 个试点

续表 7

序号	案由	备注	提案人	领办领导	督办领导	办理情况
5	优化物流产业助推乡村电商发展 关于推进我县城乡电商快递物流配送体系建设的建议 关于“打通最后一公里”助推电商发展的建议	关于优化物流体系建设助推电商产业的建议（3 件并案）	民盟松阳县基层委、民盟文教支部、民盟界别	潘永水	陈忠华	建立多部门协同配合保障的体制机制，设立“以奖代补”资金给予补助,2022 年下发补助经费 700 余万元；发布《松阳县城乡电商快递物流配送体系项目实施方案》。完成 9 个客货邮运输服务站建设，25 个一点多能服务点建设。计划到 2024 年建成运行一个县城乡快递物流共配中心、16 个乡级客货邮融合运输服务站、70 个“一点多能”农村物流服务点，组成农村物流服务网络，实现行政村县域 100%覆盖
6	关于茶叶电商品牌建设的几点建议 关于加强松阳茶叶线上品牌影响力建设的建议	关于茶叶电商品牌建设的建议（2 件并案）	工商联界别、陈凌杰	彭　敏	叶伟兰	制定出台《松阳县促进电子商务高质量发展的若干意见（试行）》等文件政策，鼓励电商企业多元化发展；全年兑付 2021 年度电商经营奖补资金 943.12 万元，品牌建设奖励资金 443.9 万元；联动淘宝、抖音两大电商平台，举办“松阳香茶线上营销专场”活动，松阳茶叶单日销售额达 1100 余万元；推广极简登记审批模式，全年新增 SC 取证企业 7 家；推出崇觉罗汉茶（禅茶）、延庆茶（宋韵茶）等具有特定文化内涵的松阳特色茶，打造高端松阳茶品牌

（县政协办公室）

联谊交流

【概况】2022 年，县政协搭建平台、创造条件，加强与各民主党派、工商联、人民团体和无党派人士的联系沟通，组织政协委员外出学习培训、考察调研，以提升履职能力。

【联络联系畅通工作】2022 年，县政协贯彻《松阳县政协党组成员联系界别党员委员 党员委员联系党外委员制度》，每名党员委员联系帮带 1 ~ 3 名党外委员，重点在思想引领、履职带头、互助示范等方面发挥作用。立足“学习交流新载体、联系群众新纽带、协商民主新路径、团结联谊新平台”的功能定位，建好用好茶业委员会客厅、委员工作室，开展各类活动 16 次。加强政协组织间的沟通交流，全年接待上级政协和省内外兄弟政协单位到松阳考察 71 批次，为促进地方经济文化的交流合作作出积极努力。

【委员学习交流培训】2022 年，县政协开展多维度委员培训实践活动，多元化设定培训内容，增强委员履职的责任感和使命感 。7 月分三批（11—15 日、18—22 日、25—29 日）举办松阳县政协委员（机关干部）“三味政协”提质行动培训班。参加本次培训学习的有全体县政协委员、政协机关干部等 250 人。该次学习活动以专题讲座和现场教学为主，主要学习“提升履职能力，有效参政议政”“乡村振兴与产业发展”等课程内容。

（县政协办公室）

中国共产党松阳县纪律检查委员会
松阳县监察委员会

综　述

【规范执纪执法】2022年，县纪委监委制定《松阳县纪检监察系统案件办理“优质全流程”工作方案》，构建案件质量提升机制。整理汇编纪委监委机关自办案件内审工作制度、审查调查实务手册、派驻机构案件办理模拟卷、线索处置和案件办理程序常见问题清单等资料，形成《案件办理优质全流程操作指引》，进一步贯通查审各环节，实现案件办理“优质全流程”。

【纪检监察干部队伍建设】2022年，县纪委监委举办全县纪检监察干部综合业务专题研讨班2期，组织纪检监察干部129人到丽水市委党校开展培训，提升干部理论、业务知识水平。继续推行“一堂课”工程，开展各层面授课21次。建立以“全员日学周练月测”“全员专题集中培训”等5大载体为核心的学习体系，引导全县纪检监察干部争学业务、争练本领。组织参加全市纪检监察系统学习党的二十大精神暨“全员大学考”知识竞赛获二等奖。统筹全县纪检监察力量，组建模块式工作组，实现一体化管理。开展专题警示教育活动，组织各级纪检监察干部学习典型案例并撰写观后感。优化松阳县纪委监委廉情地图，开展全县纪检监察干部岗位风险点排查，深入发现风险点，制定有效防控措施，完善机制。全县纪检监察干部开展层级式谈心谈话，并对发现的苗头性问题及时整改。对1名纪检监察干部进行约谈提醒，为2名纪检监察干部澄清正名。2022年，县纪委监委机关获评丽水市平安护航党的二十大系列维稳安保工作成绩突出集体，获评全省纪检监察系统先进工作者1人；取得法律职业资格证书8人。

【纪检工作数字化建设】2022年，县纪委监委推广大数据监督专项及清廉丽水综合平台业务系统建设应用，平台共办理业务31937件，查办红色预警问题311条，查实258条、转问题线索23条，核查率和按期报结率均为100%。通过“监督一点通”服务平台受理转办群众诉求971件，转办率100%。推进阳光体育行政执法领域公权力大数据监督子场景试点工作，新增“体育协会管理及体育类经营”子场景，对公职人员在体育类企业和协会兼职、经营等情况进行动态监管。2022年共产生红色预警47条，转问题线索2条，查实31条，查实率65.9%，处理28人，挽回经济损失58390元。

【聘请第二届特约监察员】2022年2月，根据《中华人民共和国监察法》《国家监察委员会特约监察员工作办法》等有关规定，聘请松阳县监察委员会第二届特约监察员14人，聘期至2024年1月。2月18日，县监委召开第二届特约监察员聘任会，颁发特约监察员聘任证书，各参会特约监察员围绕工作履职作交流发言，并对县监委工作提出建议。

（县纪委监委）

重要会议

【县纪委十一届二次全体（扩大）会议】2022年，中共松阳县第十一届纪律检查委员会第二次全体（扩大）会议于2月21日下午召开。全会以习近平新时代中国特色社会主义思想为指导，全面贯彻落实党的十九大和十九届历次全会精神，按照十九届中央纪委六次全会、省纪委十四届七次全会、市纪委四届七次全会和县第十一次党代会、县委十一届二次全会的部署，回顾总结松阳县2021年纪检监察工作，部署2022年任务。县委书记莫靓出席会议并讲话。梁海刚、徐为民、廖宝云、陈建广等县领导出席会议。县委常委、纪委书记、监委主任叶海霞主持，并代表县纪委常委会作工作报告。会议书面传达中央和省、市纪委全会精神。与会人员观看警示教育片。

【县纪委常委会会议】2022年10月25日，县纪委召开常委会（扩大）会议，传达学习和贯彻落实党的二十大精神以及省、市、县关于学习贯彻工作的部署要求。县委常委、纪委书记、监委主任叶海霞主持会议并讲话。会议指出，全体纪检监察干部要认真学习领会、全面准确把握党的二十大精神，把学习宣传贯彻党的二十大精神作为今后一个时期的首要政治任务，充分发挥监督保障执行、促进完善发展作用，奋力推动中国式现代化在松阳生动实践。会议同时就除险保安有关工作作强调部署。县纪委监委全体班子成员、各派驻纪检监察组组长、各巡察组组长、县纪委机关各科室主要负责人参加会议。

（县纪委监委）

监督执纪

【概况】2022年，县纪委监委围绕护航党的二十大、共同富裕、新冠疫情防控、粮食安全等开展监督395次，发现并督促整改问题1411个，问责处理干部9人，发出通报10期。全年施行监察谈话21次，询问215次，讯问7次，搜查6次，委托鉴定2次，留置5次，调取6次，查询312次，查封、扣押18次。

【监督执纪“四种形态”运用】2022年，全县各级纪检监察组织运用监督执纪“四种形态”（经常开展批评和自我批评、约谈函询；党纪轻处分、组织调整成为违纪处理的大多数；党纪重处分、重大职务调整的成为少数；严重违纪涉嫌违法立案审查的成为极少数）处理288人次。其中，第一、二种形态260人次，占“四种形态”处理总人次的90.28%；第三、四种形态28人次，占“四种形态”处理总人数的9.72%。

【政治监督】2022年，县纪委监委出台《2022年度政治监督工作实施方案》，以“清单化”方式对10个“小切口”监督主题开展政治监督。对全县工矿企业、危化企业、建筑工地等重点场所，检查存在的薄弱环节和突出风险。全年共进行政治监督105次，发现并督促整改问题72个，提出针对性意见建议91条，做法得到县委主要领导批示肯定并转办。

【“一把手”和领导班子监督】2022年，县纪委监委结合《关于印发加强对“一把手”和领导班子监督“五张责任清单”的通知》，制发个性化“五张责任清单”履职提醒函23份，明确县领导履职责任和要求，加强对“一把手”和领导班子监督。通过清廉丽水建设基础应用平台、党组织主体责任履职提醒函、党风廉政主体责任考核、日常监督检查等方式夯实基层主体责任。全年通过清廉丽水建设基础应用平台审核各单位已上报落实情况478件，经审核给予红牌5件，黄牌28件。

【疫情防控专项监督】2022年，县纪委监委围绕疫情防控责任落实、措施落地进行监督。3月，组织开展社区“联建共治”疫情防控工作调研。4月，围绕保障物流畅通促进产业链供应链稳定工作开展监督。10月，对住院病人收治、医疗物资保供等开展监督。全年共开展监督检查929次，推动问题整改1035个，发出通报8期，问责处理干部9名，为疫情防控提供纪律保障。

【粮食安全领域专项监督】2022年，县纪委监委出台《松阳县粮食购销领域腐败问题专项整治工作实施方案》，起底问题线索进行全面排查，形成问题清单，建立问题台账，梳理罗列2大类5个问题。办理全市首起留置案件，党纪政务处分4人，提醒谈话3人，涉案金额430万余元。

【案件查处】2022年，全县各级纪检监察机关立案164起，给予党纪政务处分141人（其中乡科级干部5人），采取留置措施5人（其中乡科级干部3人），移送司法机关6人（其中乡科级干部1人），挽回经济损失690.31万元。有效发挥片区协作机制作用，19个乡镇（街道）纪检监察组织共办理自办案件31件，实现自办案件全覆盖。

（县纪委监委）

清廉松阳建设

【概况】2022年，县纪委监委推进七大清廉单元和廉洁文化建设，制定《2022年度清廉松阳建设工作要点》，组织召开清廉松阳建设推进会，开展省、市清廉建设示范点提档升级工作。县人民医院入选全省100家清廉建设成绩突出单位，县第五中学入选全省首批清廉学校建设示范校，赤寿乡入选2022年度全市乡镇（街道）政治生态优胜榜，界首村入选省级清廉村居建设示范单位。推广“清廉三码”，基层群众通过手机扫码即可快速反映问题、查询信息、参与监督，实现惠民政策“码上知”、便民事项“码上查”、问题隐患“码上督”。开展营商环境“企业评”活动，梳理出企业反映比较集中的意见建议21条，向11个单位发放交办单，逐条督促落实整改。

【清廉文化】2022年，县纪委监委发挥传统清廉文化和红色革命教育基地作用，“松风园”廉洁文化主题公园获评丽水市廉洁文化示范点，大东坝镇横樟村“思廉堂”展示“包氏廉政文化”，全年接待各类学习教育团队200余批次6000余人。将廉洁文化纳入县委党校主体班次的重要内容，开设“坚定落实‘全面从严治党’主体责任，深化推进‘清廉松阳’建设”“加强基层党风廉政建设 推进基层治理现代化”“包拯清廉文化及其现代启示”等课程，增强年轻干部廉洁从业意识和拒腐防变能力，全年开展廉洁专题讲座6场，覆盖学员530人。与县委宣传部联合举办“讲好廉故事 喜迎二十大”廉洁故事征集活动，征集稿件59篇。“小青松”清廉宣讲团以清廉故事“我来学”、廉洁家训“我来说”、廉韵绘画“我来作”等举措为载体开展《筑牢信仰之基 弘扬清风正气》《切实做好靶向式监督》等主题宣讲31场，受众达3800余人。

【清廉机关】2022年，松阳县坚持把学习习近平新时代中国特色社会主义思想作为主题党日第一议题，组织5600余名党员开展党建知识“云上比”活动。开展“自由裁量不自由”行动，推动14个行政执法部门健全规范自由裁量权工作制度，推动县属国有企业党组织统一归口管理，全年相关部门建立和完善自由裁量权工作制度31项；开展“党务工作除险保安行动”，对党务工作事项外包、非党员从事党务工作、委托辅助服务事项不规范3方面问题进行全面排查，排查全县机关基层党组织365个，查出问题31个，完成整改31个。制定《关于构建机关党建责任共同体的实施方案》，明确部门单位党委（党组）主体责任、机关党委领导责任、党支部的具体责任；落实《中国共产党党和国家机关基层组织工作条例》，按照“党支部书记原则上由本单位党员主要负责人担任”规定，对27个未按条例配备支部书记的党组织提出整改要求。

【清廉村居】2022年，松阳县以“百村引领 千村规范”行动为统领，开展“示范促廉、制度固廉、监督守廉、数字助廉、清风护廉”5大行动。出台《松阳县村级集体经济组织债务管理办法》《松阳县村级债务化解工作方案》，组织全县所有行政村开展债权债务清查，对全县债务100万元以上的19个行政村逐一制定债务化解方案。印发《松阳县村集体资金竞争性存放办法》，采取公开招投标方式确定中标银行，全年全县拥有大额定期存款7642万元存入中标银行。升级“浙农经管”应用，指导各乡镇（街道）完善资产卡片、合同管理和会议管理等内容，实现对集体经济运行情况动态监测、统计分析和监督预警，全年实现监督预警2147条，财务预警1060条，资产预警290条，财务提醒603条，资产提醒194条。迭代升级贯通省、市、县、乡、村五级的“基层公权力大数据监督应用”，推进与“浙农经管”应用对接贯通。建立松阳县农村产权数字化流转平台——“松阳农村产权网络竞价平台”，通过平台盘活农村资产，提升农村资产价值；开展“清廉村居这三年”大讨论活动，引导各村党员干部树立忠诚老实、清正廉洁、公道正派的意识。印发《村经济合作社运行问题专项治理方案》，委托中介公司对信访重点村叶村乡叶村村和赤寿乡卯山村进行专项审计，全年推动问题整改143件，专项治理村经济合作社运行问题。

【清廉学校】2022年，松阳县开展清廉学校创建工作，编制2020—

2022 清廉学校创建三年行动计划，创成清廉学校（幼儿园）43 所。其中，松阳县第五中学获评全省首批清廉学校示范校，松阳县实验小学集团学校申报第二批省清廉学校示范校。参加浙江省基础教育生态监测，2022 年获评 A 等，打造“生态监测促教育健康发展”品牌。优化基础教育生态，深化选人用人“十大专项行动”，从严管理干部，加大重大事项报告力度。持续落实《松阳县党员干部和公职人员作风建设提醒卡》“十六严禁”要求。

【清廉医院】2022 年，松阳县持续推进清廉医院建设，相关经验做法 7 次在省、市相关会议上进行交流，多次被中纪委网站、省纪委监委网站、今日浙江、《丽水日报》等各级媒体报道。2022 年，县人民医院获评浙江省清廉建设成绩突出单位，为全省 5 家受到表彰的“清廉医院”之一。坚持数字赋能，开辟医德医风档案、退还红包回扣登记等 7 个管理模块，对药事、耗材日常监控和超常使用实时预警。升级医德医风数字化考评体系，通过平台开展自评、科评、院评三级在线考评，考评结果与绩效考核、职称评聘等相挂钩。推出“清廉码”监督举报平台，全年收到并处置监督投诉 66 起，通报批评医护人员 23 人、科室 16 个，10 人被扣医德考评分，5 人被扣当月绩效工资，患者满意率上升至 99.23%。针对廉洁自律意识不强、民主决策制度执行不力、新冠疫情防控资金监管不到位等 7 个方面开展“加强基层卫生院党风廉政建设”专项整治行动，全年发现并督促上缴涉嫌违纪违规资金 4.63 万元。强化重点领域和“关键少数”监管，制定医院小微权力清单 100 条，建立供应商、医药代表“来访接待、咨询内容、诚信建档”三备案和“时间、地点、人员”三确定机制。全年接待 148 人，开展采购监督 102 次，采购招标价平均下降 20% 以上。

【清廉民企】2022 年，松阳县创成市级清廉民营企业（以下简称民企）示范点 1 家——浙江康恩贝中药有限公司，县级示范点 9 家。由县委统战部牵头，组建由县纪委监委、县经开区管委会、县经济商务局、县工商联等相关部门构成的清廉民企“巡诊队”，每月定期挑选 1～2 个试点企业以及重点企业开展清廉建设巡诊，全年走访浙江康恩贝中药有限公司、松阳隐巷文化酒店有限公司等 10 余家企业，发现解决问题 17 个。邀请县税务局、县经济商务局及县高新技术企业、制造业、小微企业等民营经济企业家代表参加“亲清直通车·政企恳谈会”，全年举办 2 场，收集涉及税收、政策、营商服务、数字化改革等方面问题建议 9 个，其中当场解释答复 6 个，转相关部门办理处置 3 个。落实“千所联千会”（千个律所联合千个商会）机制方案，在松阳 6 家商会全部签订法律顾问合同，实现在松阳商会法律顾问 100%全覆盖，推动构建法治化营商环境。

【清廉国企】2022 年，松阳县建立健全城市发展投资集团有限公司考核办法、城市发展投资集团有限公司政府投资项目主要材料设备询价办法、差旅费和职工教育经费报销的补充规定等制度，形成用制度管人管权管事的内控体系。选择部分项目作为清风工程样板试点，开展年度廉政评议工作，组织施工单位对项目管理人员、设计人员、监理人员等进行评议，通过廉政评议杜绝工程腐败问题。县交通发展投资集团有限公司设置“廉洁从业承诺墙”，推出“清风松阳公交专线”；县城市发展投资集团有限公司结合老旧小区环境提升整治项目，在教师新村小区改造中融入清廉元素，打造“松风园”廉政主题微阵地；县经济发展投资集团有限公司建立工程项目廉政监督工作专班，加强对工程项目的动态监督。

【清廉交通】2022 年，松阳县结合数字科技治理超载，打造全县首个交通廉政教育基地——清廉交通驿站，县域超限率从 2018 年前的 70%以上下降至 1.7%，有效规避“人情执法”。制定《2022 年松阳县交通运输领域突出问题专项整治工作方案》，督促全县交通运输领域压紧压实管党治党责任，全年查摆问题 30 个，整改完成 26 个，修改完善制度 7 项，开展宣传 60 次，推动交通运输各领域清风廉洁的良好氛围。制定《松阳县交通运输局关于印发网上竞价评定实施办法》，完善《松阳县管公路水运建设项目设计评审专家库管理办法》《松阳县交通运输局亲清政商交往正反面清单》《松阳县交通工程领域廉政风险防控手册》4 项制度，完善制度保障。

【清廉松阳建设工作专题会】2022年10月11日，清廉松阳建设工作专题会召开。县委书记莫靓出席会议并讲话。会议通报2022年清廉松阳建设情况，相关部门、乡镇结合各自工作职责作了工作交流或表态发言。会议强调：要提高站位、凝聚共识，切实增强纵深推进清廉松阳建设的政治自觉、思想自觉和行动自觉；要肯定成绩，正视不足，准确把握当前清廉松阳建设的新形势新特征；要坚定信念，持之以恒，纵深推进新时代清廉松阳建设。

（县纪委监委）

党风廉政教育与监督

【概况】2022年，县纪委监委持续加强政治生态建设，深化政治生态（清廉指数）评价体系，健全完善正风肃纪工作机制，开展新冠疫情防控、耕地“非粮化”优化整治等专项监督以及漠视侵害群众利益问题专项治理，推动警示教育常态化，鼓励干部担当尽责，不断净化基层政治生态，推进全面从严治党向纵深发展。

【正风肃纪】2022年9月，县纪委监委制作松阳县党员干部和公职人员作风建设提醒卡，提出16条作风建设要求，累计发放1.9万余份。牵头起草《松阳县党员干部和公职人员酒驾醉驾问题处置“五个一律”》，严肃整治“吃喝风”，严查酒驾醉驾背后问题。全年开展各类正风肃纪检查21次，督促整改问题92个，查处违反中央八项规定精神问题22起25人，处分率名列全市第一。推进漠视侵害群众利益问题专项整治工作，查处群众身边不正之风和腐败问题20起22人，处分率名列全市第一。配合县委开展“二次创业”执行力建设——2022年“奋力奔跑”行动，追责问责37人。

【警示教育】2022年，县纪委监委围绕关键少数和绝大多数，强化领导干部警示教育。在中共松阳县第十一届纪律检查委员会第二次全体（扩大）会议上，向所有参会干部播放《把严的主基调长期坚持下去——今年我省党员领导干部违纪违法案件警示录》。开展“以案为鉴严约束、护航‘窗口’铸铁军”警示教育活动，将纪检监察干部违纪违法典型案例、警示教育片作为干部大会、夜学、片区协作例会的必学课程，组织270余人次学习典型案例、观看警示教育片，收集观后感98篇。挖掘近年来查处的当地农村党员干部违纪违法案例，联合县法院拍摄制作“纪法小课堂”系列微视频，借助“清风松阳”微信公众号推送，以案示警，以案为鉴完成拍摄并推送3期，强化农村党员干部警示教育。

（县纪委监委）

巡察工作

【概况】2022年，松阳县委巡察办把牢政治巡察根本定位，严格落实巡视巡察工作要求，聚焦服务大局、提质增效，聚焦上下联动、贯通融合，聚焦政治统领、整体智治，做深做实巡察“后半篇文章”。

【县委巡察】2022年，县委巡察办制定新一届县委巡察工作规划，明确新一届县委巡察工作监督重点及巡察全覆盖87个单位214个行政村（社区）。开展十一届县委三轮政治巡察，对12个县直部门、4个乡镇、51个行政村开展巡察，移交问题线索26条，给予党纪政务处分12人。配合市委开展上下联动巡察，选取县水利局、县综合行政执法局、县自然资源和规划局及3家沙石料厂家等相关责任单位开展联动巡察，深挖同领域存在的共性问题。

【巡察信息化建设】2022年，县委巡察办探索开发搜索引擎，针对巡察监督涉及领域广、制度多、精准查找难度大等特点，开发“制度查询池”搜索软件。从23个职能部门收集981个文件，分类形成1100余个子目录，实现巡察制度从“人工查找”到“智能搜索”的转变。

【重大巡视问题清单】2022年，县委巡察办作为“重大巡视（巡察）问题清单”的主管部门，对照问题清单、任务清单、责任清单，逐一落实整改任务。每月集中汇总重大巡察问题上报市巡察办，同时梳理省委巡视整改及重大巡察问题整改成效，形成典型案例向上推广。纳入省级重大巡察问题1个、市级重大巡察问题3个、县级重大巡察问题5个；1个巡视整改案例入选省委“重大巡视问题清单”整改案例示范榜。

（县委巡察办）

民主党派　工商联

中国国民党革命委员会松阳县总支部

【概况】2022年5月25日，中国国民党革命委员会松阳县支部升格为中国国民党革命委员会松阳县总支部（以下简称民革松阳县总支部），设“三农”（农业、农村、农民）、法律、联谊3个支部，有党员31人，其中市政协委员2人、县人大代表1人、县政协委员16人，主要来自法律、农业、经济、教育、群团等领域。主动与民革青田县委员会、民革宁波企业总支部、民革建德市委员会、民革德清市基层委员会等进行学习交流。服务台资企业，加强与县台湾工作事务办公室、县台湾同胞联谊会等组织的沟通对接，做好联谊工作。

【思想建设】2022年，民革松阳县总支部坚持每会必学、一月一学制度。开展中共二十大，民革十四大，省、市党代会精神等专题学习会。组织赴红色教育基地——安民乡安岱后村红军学校开展“矢志不渝跟党走、携手奋进新时代”主题教育活动，在红军主会场听故事，瞻仰陈凤生烈士墓。选派党员参加县政协举办的喜迎二十大“书香政协·红色经典”诵读活动和统战部举办的“喜迎二十大 奋进新征程”爱国奋斗事迹宣讲活动。选派党员参加省、市民革，县委统战部等部门举办的各类学习培训活动，共计42人次，全面提高党员的思想政治素养。

【组织建设】2022年，民革松阳县总支部以“四新”（多党合作要有新气象，思想共识要有新提高，履职尽责要有新作为，参政党要有新面貌）“三好”（好参谋、好帮手、好同事）为目标，全面提升“五种能力”（政治把握能力、参政议政能力、组织领导能力、合作共事能力、解决自身问题能力），全力打造“六型民革”（忠诚担当型、学习研究型、团结友好型、奋斗进取型、守正创新型、风清气正型）。全年召开支委（总支）会议15次；开展领导班子“三走进”（走进党员、走进党员单位、走进党员家庭）活动，建设“讲政治、重团结、干实事”的领导集体。5月，经民革丽水市委会研究，同意将民革松阳县支部拆分为三农、法律、联谊3个支部，成立民革松阳县总支部，选举产生新一届班子。新发展党员4名，充实后备人才队伍。

【参政议政】2022年，民革松阳县总支部围绕“社会法制、‘三农’、祖国统一”民革三大特色开展履职。参与起草省政协提案1件。向市政协提交提案1件。在县两会上提交大会发言4篇，获一等奖、二等奖各2篇；提交团体提案5件，个人提案12件，人大建议案2件。获县政协九届五次会议优秀提案一等奖5件，二等奖、三等奖提案各1件。参加提案面商会和数字化改革等民主监督，提出的意见建议被县委、县政府采纳。组织参加党外人士座谈会、统一战线暑期读书会、“一府两院”工作情况通报座谈会、“请你来协商”等各类协商议政活动20余次，提出可行性意见建议。

【调研成果】2022年，民革松阳县总支部围绕山区“非粮化”整治后粮食种植情况、星空康养基地建设情况、235国道松阳段改建工程、传统村落、光伏产业等开展专题调研5次，形成社情民意调研报告22篇，其中被民革中央、省委统战部各录用1篇，市政协录用13篇，县政协录用8篇。《耕地“非粮化”整治更需关注“收成”如何》被县政协录用并获县领导批示。《开启产业富民新模式 争做山区共富模范生》等4篇文章被民革中央第五届莫干山乡村振兴论坛录用。

【社会服务】2022年，民革松阳县总支部“三农”支部持续开展“十联同心、十产带富”［十联指民革松阳县“三农”支部、民盟松阳县基层委员会、农工党松阳县小组、松阳县工商联、松阳县侨联（留联会）、松阳县知联会、松阳县网联会、松阳县新联会、松阳县社联会、松阳县新企联和松阳县委统战部机关；十产指香榧、电商、中草药、不锈钢管、民宿、蜂蜜、茶叶、红色文化、文创旅游、山茶油产业］工程，举办主题培训6次，发放技术指导手册500本。与县科学技术协会联合举办2022年度松阳县林业生产人员培训班，邀请浙江农林大学专家指导松阳香榧产业发展。参与组织松阳县第五届农民丰收节暨玉岩镇首届香榧炒制节。法律支部开展法律服务进企业、进社区、进集市、进乡村6次，发放各类法治宣传资料1500余份；办理各类法律援助案件50余件，免费代写法律文书20余件，接受各类法律咨询1000余人次；为全县基层工会干部开展“劳动保障”专项法律讲座，增强干部、职工的法治意识和维权意识。联谊支部持续牵头开展“慈善·博爱”护肾公益行动，召开“慈善·博爱”护肾公益行动座谈会，对全县207名患者进行生活现状调查，为精准帮扶提供参考，走访慰问困难患者6人次。走进结对社区、结对村和结对学校的帮扶对象家中，开展“博爱·牵手”暖冬行系列活动，慰问困难群众23人次；到安民乡中心小学开展“六一”国际儿童节关爱活动；常态化开展走访慰问抗战老兵活动。到大东坝小学开展非遗剪纸公益课8次。牵线民革宁波企业总支部向三都乡居家养老服务中心捐赠电视、冰柜、热水器、空调等物资，价值8万元。

（民革松阳县总支部）

2022年6月22日，民革松阳县总支部到大东坝小学开展非遗剪纸公益课活动

（民革松阳县总支部供图）

中国民主同盟松阳县基层委员会

【概况】2022年，中国民主同盟松阳县基层委员会（以下简称民盟松阳县基层委员会）设有县第一中学支部、文教支部、医卫支部、丽水中专支部、经济支部、科技支部、环境资源支部7个支部，全年发展新盟员6人。至12月底，全县盟员131人。其中，教育界43人，占32.82%；医卫界32人，占24.43%；律师、企业家、科技人员30人，占22.9%，其他26人，占19.85%；女盟员57人，占43.51%；男盟员74人，占56.49%；退休人员33人，占25.19%。

【思想建设】2022年，民盟松阳县基层委员会召开基层委八届全体（扩大）会议2次，组织盟员深入学习领会习近平总书记系列重要讲话精神，学习中共二十大，浙江省第十五次党代会，民盟浙江省第十三次代表大会以及省、市、县重要会议精神。组织骨干盟员参加中共丽水市委统战部举办的民主党派领导班子培训班，提升盟员履职能力；组织盟员参加学习培训120余人次，在松阳民盟钉钉学习群发布《盟史学习资料》12篇，加强“报刊、网站、公众号、钉钉群”四位一体宣传平台建设。

【组织建设】2022年，民盟松阳县基层委员会建立健全各类规章制度，落实班子成员分工，对每位委员年度分管联系工作情况开展考核。召开主委会议5次、全体（扩大）会2次、专题学习会7次、民主测评会1次。贯彻全面从严治党要求，与民盟浙江省直第五基层委二支部签订合作协议，利用“三·八”国际妇女节及重阳节等节日组织盟员开展组织活动。按民盟组织发展重点分工领域、市委会组织发展盟员工作流程，发展新盟员6人，平均年龄37.5岁，大学本科及以上学历100%，其中硕士研究生及以上学历2人，占33.33%。对新发展盟员进行集体面谈，增强党派意识。

【参政议政】2022年，民盟松阳县基层委员会在市“两会”(市五届人大一次会议和市政协五届一次会议）上，提交市人大提案2件，市政协提案7件；在县“两会”（县第十三届人大一次会议和县政协十届一次会议）上，盟员吴伟松代表民盟松阳县基层委员会和共青团青联界别作《持续推进电商经济高质量发展的建议》口头发言；盟员杨仙和代表医卫界别作《舞好医共体龙头 让群众有“医”靠》口头发言；盟员陈彬、叶丽琴分别作《整治蜘蛛网》（金黎艳执笔）、《今天谁带娃》的大会即兴发言，其中吴伟松、杨仙和、陈彬获大会发言一等奖（优秀大会发言）。提交县政协提案60余件，其中4篇盟员领衔提案被列为重点提案；2篇盟员领衔的提案列为重要提案。王国华、陈彬获评优秀政协委员；金黎艳和叶逢彬获评反映社情民意积极分子。全年盟员报送社情民意信息43篇，被省政协录用1篇，民盟省委会录用22篇，市政协录用12篇，县政协录用19篇，其中2篇被县领导批示；撰写《新时代背景下提升我市0～3岁婴幼儿照护服务》《农村电商助力共同富裕专题》2篇调研报告。叶向东、叶逢彬、潘银燕被民盟市委评为2022年度参政议政工作先进个人。

【社会服务】2022年，民盟松阳县基层委员会落实民盟丽水市委会提出的民盟“112N”（“1个县级组织”+“1位乡村振兴共富员”+“2个市直属支部”+“N个其他盟内外组织、机构”组成帮扶团队），发挥盟内外资源，在象溪镇雅溪口村建立乡村振兴实践基地，丽水市政协副秘书长、民盟丽水市委会专职副主委吴敏一行到该基地开展专题调研。民盟松阳县基层委员会到象溪镇雅溪口村开展“情暖重阳 关爱老人”服务活动；邀请民盟丽水市委会委员、丽水中学副校长吕驾宇为古市中学全体初三师生作题为《我们该怎样正确看待这个世界——和初三同学谈压力管理》的讲座；邀请松阳二中教师、国家二级心理咨询师陆秀云为民盟班的孩子们带来《挖掘潜能，笑赢中考》的班会课。开展“牵手关爱 陪伴成长”——“大手拉小手”关爱留守学生结对帮扶活动；由盟省委牵头，盟员屈小武开设的特级教师工作站开展线上“送教下乡”活动10余次；联合浙大“九三学社”到枫坪乡中心小学开展帮扶助学活动。组织盟内的书法家，到项桥下村开展“迎新春、送春联”活动。文教支部到古市小学开展“精准教学”送教下乡活动；医卫支部到象溪镇、大东坝镇等地推进癌症防治专项行动；副主委叶关毅到水南街道松洲培训学校、县老年电大开展专题讲座。连续九年开展松阳“民盟林”植树活动。徐璐被民盟丽水市委评为2022年度社会服务工作先进个人。

（民盟松阳县基层委员会）

松阳县工商业联合会

【概况】2022年，松阳县工商业联合会（以下简称县工商联）所属基层商会15个，其中异地商会1个、行业商会3个、所联系商会9个。商会党支部13个，商会工作支部2个，副主席（副会长）企业党支部2个。工商联执委以上成员141人。2月，召开县工商联（总商会）七届二次常委会。县工商联(总商会)常委、新生代企业家、联合会优秀代表等50余人参加。

【民营经济人士培训教育】2022年8月，县工商联举办年度工商联系统骨干暨共同富裕主题培训班，组织工商联机关干部、执委企业家、商会有关负责人70余人，到长沙开展为期一周的学习培训。通过听取专家讲座和现场教学，持续提高工商联系统骨干的综合素质，引领非公有制经济健康发展。组织60余名企业家到人武部赤寿民兵训练基地，体验军营生活，接受国防教育，强化国防意识。

【商会建设】2022年，县工商联根据商会考核办法、商会会长和秘书长考核办法，组织开展考核

2022 年 3 月 10 日，松阳县工商联组织“我为亚运种棵树 助力亚运‘碳中和’”志愿植树活动（县工商联供图）

工作。召开 2021 年度工作总结会暨会长、书记会议。支持松香商会、义乌松阳商会、松阳县建材商会等商会开展新春走访慰问活动。统筹推进乡镇（街道）商会建设，协助古市商会、西屏商会完成初步筹建。2 月，组织开展“我为亚运种棵树，助力亚运‘碳中和’”义务植树活动。民营企业家 90 余人参加，扫码种植专属树木 100 余棵。

【民营企业人才培育】2022 年，松阳县开展新生代企业家到部门挂职工作，7 名新生代企业家到有关部门挂职 3 个月。11 月，县工商联联合县委两新工委组织开展新生代企业家学习贯彻党的二十大精神“双传承”示范培训班，30 余名新生代企业家参加培训。

【参政议政】2022 年，县工商联联合县税务局、县经济商务局开展 2 次“亲清直通车·政企恳谈会”活动。收集涉及税收、政策、营商服务、数字化改革等方面问题建议 9 个，其中当场解释答复 6 个，转相关部门办理处置 3 个；建立工商联执委和各商会中的“两代表一委员”交流群，互通有无，加强交流。

【民营经济会员企业党建】2022 年，县工商联突出党建引领，推动商会建设。评选表彰 2021 年度先进支部 4 家、“学习强国”学习先进支部 2 家、优秀党员 21 名、优秀党务工作者 5 名。8 月，召开中共松阳县工商联直属机关委员会第三次代表大会。会议听取和审议中共松阳县工商联直属机关第二届委员会工作报告；选举产生新一届中共松阳县工商联直属机关委员会和新一届工商联直属机关纪律检查委员会。2022 年，全县成立民营企业党支部 1 个，吸收预备党员 12 人，转正党员 14 人。指导 8 个商会党支部换届，增强商会党建引领意识，助推商会建设水平提升。

【民营经济社会服务】2022 年，县工商联开展抗疫及复工复产大走访慰问活动，走访企业 40 余家，宣传惠企政策，引导企业坚定发展信心。配合开展山海协作——村企结对工作，促成安吉县 6 家企业与新兴镇的 5 个村、板桥畲族乡的 1 个村结对帮扶。协助开展湖州市调研组到松阳调研山海协作工作。完成 8 个定向招工式“共富工坊”建设任务，助力县域乡村振兴。

【“共享法庭”活动】2022 年，县工商联配合支持县法院开展“共享法庭”建设。3 月，联合县法院、县装饰装修家居建材商会推出“共享法庭”活动，打造一站式诉讼服务、一站式多元解纷、一站式基层治理，进一步构建法治化营商环境。

【清廉民企建设】2022 年，县工商联联合县委统战部，选取西屏街道、古市镇等 5 个乡镇（街道），筛选新一批清廉民企建设示范企业，其余各乡镇筛选整理清廉民企“孵化点”，涵盖一二三产业。建立乡镇统战委员、干部联系对接机制，加强走访指导，收集企业意见，出台政商交往正反面清单，助力清廉民企建设。全年新创建清廉民企 5 家、清廉商会 1 家、清廉电商园 1 家。

（县工商联）

群众团体

松阳县总工会

【概况】2022年，松阳县加强基层工会建设与管理，工会会员实名制系统登记的工会组织从年初的353家增加至361家,工会会员人数从19339人增加至21121人。举办基层工会主席培训班，组织全县基层工会干部90人开展基层工会主席业务培训。推动新业态建会入会，制定印发《松阳县总工会联系指导新业态头部(重点)企业工会制度》《松阳县总工会职业化工会工作者联系新业态基层工会安排》《松阳县总工会联系新业态基层工会工作安排》，成立推进新业态、新就业群体工会领导小组，指导新业态基层工会开展工作，宣传工会的普惠政策。开展全国模范职工之家与新业态基层工会结对共建试点活动，全国模范职工之家浙江康恩贝有限公司工会委员会与县家庭服务业联合工会委员会结对共建。2022年，丽水赛丽生物质发电有限公司林贤华获“浙江工匠”称号，林贤华技能大师工作室获评丽水市高技能人才（劳模）创新工作室。

【新业态工会建设】至2022年12月底，松阳县建立民宿、外卖、家庭服务（含护工护理）、保安、快递、电商、物流7个新群体、新业态工会组织，会员3000余人。县总工会为建立工会组织的8家新业态联合工会集中授牌，颁发会员证、会徽、宣传资料及纪念品等。推荐2名新业态从业者被评为县劳动模范（以下简称劳模），1名被评为县道德模范。邀请省劳动模范曹世亮开展“劳模大讲堂”走进新业态宣讲活动。劳模徐长缨结合“守好红色根脉 班前十分钟活动”，开展党的二十大精神宣讲。

【职工思想政治引领】2022年，县总工会组织广大职工和工会干部深入学习贯彻习近平新时代中国特色社会主义思想和党的二十大精神，团结引导职工群众坚定不移听党话、矢志不渝跟党走。深化“中国梦·劳动美”主题宣传教育活动，宣传贯彻《中华人民共和国工会法》，制作工会职能宣传动画片《工会在您身边》。开展“班前十分钟”工作，推荐丽水飞洲电缆有限公司、浙江康恩贝中药有限公司、浙江以诺电气有限公司工会申报“守好红色根脉·班前十分钟活动”优秀案例。

【职工技能培训】2022年，松阳县助力新业态职工参加国标电动车培训考证，为60名职工提供每人500元补助。组织家政收纳、中医适宜技术技能培训班2期,培训人员100人。

【职工技能竞赛】2022年，松阳县围绕“十四五”规划和全县发展战略，推动竞赛活动向新业态、新群体覆盖，组织开展护工护理员、插花花艺师技能等技能竞赛，全年开展各类职工培训和技能竞赛15场，吸引1533名职工参与。联合各行业主管部门开展2022年“松阳工匠”系列职业技能竞赛，48名获奖者被授予“松阳工匠”称号。

【劳模（工匠）关爱服务】2022年，松阳县弘扬劳模精神、劳动精神、工匠精神，开展县劳模评选工作，评选产生县劳模20名，模范集体8个；投资15万元，打造以“劳动文化”为主题的街区；组织举行全县各级劳模座谈会暨重点工程参观活动，各级劳模20余人参加活动；拍摄制作《劳动创造幸福》《致敬新时代劳模》宣传片，通过电子显示屏、松阳新闻网等多渠道开展劳模、工匠精神宣传；开展"喜迎二十大，先锋展英姿"主题摄影展活动，为21名劳模拍摄照片，并制作劳模展牌；组织全县各级劳模志愿者集中开展劳模志愿服务活动10场次。

【职工文体活动】2022年，松阳县组织开展第四届全县职工乒乓球比赛，来自全县16支代表队的100名职工参加。组织开展第十七届"红五月杯"全县职工气排球比赛，来自全县70支队伍的700余名职工参加比赛。组织开展"建功杯"全县职工篮球赛，来自全县机关企事业单位的24支球队300余人参加活动。全年组织开展新业态基层工会趣味运动会、体育运动会、工建活动、篮球赛等活动5场。开设"松工益"工人文化宫公益课程，开设7个春季班，招收学员220余人；8个秋季班，招收学员230余人。为浙江四方安保有限公司工会组织开展的职工体育运动会给予全额补助。

【职工权益维护】2022年，县总工会聘请常年法律顾问协助开展法制宣传教育和法律培训等相关业务，组织全县工会两委委员和系统工会80余人开展《中华人民共和国工会法》培训；联合县工商联、县人力资源和社会保障局等部门出台多元化劳动争议调解部门协作制度，重新梳理和绘制工会受理信访接待法律援助工作流程；到非公企业和市政广场开展"尊法守法携手筑梦"法律公益服务活动，发放《中华人民共和国民法典》《中华人民共和国工会法》《中华人民共和国劳动法》、工伤预防、工会劳动法律监督条例等相关法律法规宣传资料2000余份，在公众号发布以案释法宣传12期，邀请市专家到浙江旭峰布业有限公司和浙江泰鑫合成革有限公司为500余名职工开展安全生产知识讲座。组织开展2022集体协商"要约行动"，指导企业开展能级工资集体协商。排摸职工队伍稳定情况，对建筑工地发生的欠薪情况进行动态跟踪；全年共接待职工法律咨询43人次，信访接待21人次，参与劳动争议调解并帮助5名职工追回工资1.3万余元，参与安全生产事故调查5起。组织开展劳动关系协调员培训，参训100余人，委托第三方机构对104家企业开展用工体检。

【工会普惠服务】2022年，松阳县开展2021年度职工医疗互助保障报销，全年保障金累计给付1313人次，给付金额66.04万元，为历年新高。全县共有10781名职工参加职工医疗互助保障，参保金额为107.81万元。为建档的13名困难职工发放帮扶资金4.16万元，为8户困难职工家庭发放"金秋助学"帮扶资金4万元。开展困难职工调查摸底，确定县本级送温暖对象32人，建档10人。到县内重点工程、新业态行业及工业园区重点企业等24家单位开展走访慰问送清凉活动，送出3241份清凉用品。联合县人力资源和社会保障局开展线上就业招聘会3次，在公众号发布就业招聘信息18次，327家企业提供岗位4600余个。举办暑期"爱心托班"2期招收60人，为全县双职工家庭和新业态群体提供非营利性暑期托管服务。新建"妈咪暖心小屋"2家，并为12家"妈咪暖心小屋"送去尿不湿、溢乳垫、湿纸巾等用品。组织开展"浙工缘"青年职工相亲交友活动2场，全县各基层工会单身青年职工100余人参

2022年7月29日，松阳县总工会工作人员到浙江亿脉不锈钢有限公司为一线员工发放清凉用品（县总工会供图）

加。做好新就业形态职工的温暖行动，为新业态职工开展送清凉活动发放慰问品 467 份；为 106 位交过职工医保的新业态职工参保医疗互助；组织 14 人参与一线职工疗休养；为 7 个行业的 70 名新业态职工免费体检。投入资金 5 万元，新建西屏山公园户外劳动者服务站点。

【“松心圆”（试运行）版本场景应用】 2022 年，松阳县以数字化工会改革为引领，加强全县工会工作网格化管理与服务。在“松阳总工会”微信公众号推出“松心圆”（试运行）版本场景应用，收集职工在“松心圆”平台的诉求，为职工提供会员入会、政策咨询、法律援助、困难救助、就业帮扶、联谊交友、技能培训、职工疗休养、公益课培训等各类服务活动，由职工服务中心受理后转办到县四个平台，全年共收到 19 个心愿诉求并全部办结。

（县总工会）

中国共产主义青年团松阳县委员会

【概况】 2022 年，松阳县有县级以下团组织 669 个，其中团委 32 个，团工委 8 个，团总支 21 个，团支部 608 个，团员 8618 人。2022 年，中国共产主义青年团松阳县委员会（以下简称团县委）立足基层基础和县域特色，围绕主责主业，系统实施“奔跑者计划”“萤火虫计划”“向阳花计划”，团结带领广大团员青年积极建设“青年发展型县域”，打响“青松向阳”县域品牌，结合乡镇（街道）、部门团组织季度例会，依托“青年学习会”“青年会客厅”等载体，打造“青年直播间”5 场，组织“小青松”青年宣讲团深入企业、农村、机关、校园、社区开展各类宣讲 70 余场，覆盖 4100 余人次。全年开展各类学习研讨会议 20 余次。举办“青松向阳”松阳青年领导小组讨论会，围绕党的二十大精神，为建设“青年发展型县域”建言献策。2022 年，团县委被团中央评定为全国县域共青团基层组织改革试点工作良好等次；授予浙江省“五四”红旗团委称号，松阳县 2021 年度改革工作突出贡献集体。

【团组织建设】 2022 年，松阳县以全国县域共青团基层组织改革试点为契机，全力构建“凝聚青年、服务大局、当好桥梁、从严治团”的工作格局。组织 2022 年度团干培训班，开展履职绩效考核评价。满编配齐配强“专、挂、兼”副书记，下属事业单位“新青年发展服务指导中心”新增事业编 2 名。新聘任 14 名优秀青年挂职乡镇团委副书记，全年新发展团员 420 人。构建“团县委+N”联席会议制度，开展青年工作、志愿服务、团教协作、银团协作等联席会议。

【青少年思想政治引领】 2022 年，松阳县聚焦培养社会主义接班人、传承红色基因、政治启蒙和价值观塑造，全面加强党对少先队工作的领导。强化理论学习，通过团教协作会议等载体，组织带动全县各级团组织和少先队工作者学深悟透习近平总书记关于青少年和少先队工作的重要论述。把少先队工作纳入党建工作规划，列入县委常委会会议议题，列入中小学党建督导考核范围。开展“红领巾喜迎二十大 争做新时代好队员”等主题教育系列活动。安岱后党史学习教育基地被命名为第二批浙江省青少年红色基因传承基地。

【青少年权益维护】 2022 年，团县委开展“开学法治第一课”活动、暑期“青春自护·暑期安全”青少年自护教育等活动 45 场，覆盖青少年人数达 2.41 万余人。依

2022 年 3 月 1 日，团县委在枫坪乡小学开展“青春护航 法润成长”——“开学法治第一课”活动 （团县委供图）

托县“社工协会”“萤火虫社工服务站”等青少年事务社会组织，持续购买服务，引导社会力量参与预防青少年违法犯罪工作，开展专题活动20余场，联合松阳县实验小学集团阳溪校区一同开展“播种健康新希望”12355（青少年心理咨询和法律援助热线电话）青少年健康守护行动，为青少年进行个案帮扶心理疏导150人次。

【青少年先进典型选树培育】2022年，“松阳青年故事”登上央视、“学习强国”平台、《中国青年报》等主流媒体，松阳青年叶芳阳获评首届“全国乡村振兴青年先锋”，麻功佐获“2021年度浙江青年创业奖”。《乡村变迁·建筑视角下的松阳青年创业故事》作为教育部中外语言交流中心重要策展项目，向世界讲述“松阳青年故事”。

【青年就业创业服务】2022年，松阳县探索“乡村双创”新构架，建立“团县委+政府部门+青年组织+青创导师团+回归创业青年”五位一体的乡村双创构架，组建青创导师团，连续20年发放青年创业贷款累计2.82亿元，受益1600余人。培育“网红经济”新业态，抖音平台松阳万粉达人超550人，其中百万粉5人。联合浙江省青少年发展基金会举办2022年浙江省农村创业青年直播人才训战班。建设青年发展型县域相关做法入选中国共产主义青年团中央委员会优秀案例，并在全团作经验交流，在《浙里共富（实践创新）》《浙江青年工作信息》《丽水信息（工作交流）》刊登。

【青年人才服务】2022年，松阳县构建青年发展新体系，召开青年发展型县域建设动员会，在全省率先编制青年发展型县域建设三年行动计划。出台青年发展新政《“青松向阳”青年发展新政十条》，全年引进高校毕业生4929人。建立“青松向阳·青年网络阵地”，辐射带动全县正能量账号200余个，微博话题#青松向阳#阅读量超2800万次。联合余姚、南浔、安吉开展“青春协作 携手共富”青年人才交流活动。畅通青年人才成长新渠道，3名青年团干部被提拔至副科级领导岗位，2名青年成为团省委委员，其中1名成为团省委常委。

【青年志愿服务】2022年，松阳县组建青年突击队，在县重点工程建设征迁、抗击新冠疫情、抢险救灾中发挥积极作用。5月13日，召开松阳县志愿者联合会成立大会，成立志愿者联合会，构建“志愿者联合会+志愿者协会+志愿组织+志愿者”四位一体的县域志愿服务体系，吸引青年投身社区治理和服务体系建设。至12月底，全县有志愿服务队伍398支、志愿者28154人，累计志愿服务时长47.8万小时，形成“小青松”志愿服务品牌。

【少先队工作】2022年7月4日，中国少年先锋队松阳县第四次代表大会召开，会议主题围绕推动党、团、队育人链条相衔接、相贯通，全力打造新时代山区样板少先队。2022年，松阳县出台少先队工作指引，落实“名誉主任”+“双主任”制度，全年新成立社区（村）少先队工作委员会（以下简称少工委）11个。制定《松阳县“红领巾奖章”实施办法》，1名少先队员、1个少先队集体分别被评为“2022年浙江省少先队成绩突出个人和集体”，10人授予市级“新时代好少年”称号。全县少先队总辅导员和少先队大、中队辅导员配备率100%，新任大队辅导员实现全员培训。承办第十届丽水市少先队争章技能展示活动，获优秀组织奖，3名辅导员获个人金奖。1名辅导员获省级“辅导员素质技能”金奖。新建红领巾学院分院10家，红领巾e站1013（少先队建队节）阵地1个，红领巾实践基地10个。新创设“红领巾e站1013”研学路线10条。全年开展流动少年宫活动16场，服务近5000人。1个案例入选浙江省第十批“双减”（减轻义务教育阶段学生过重作业负担和校外培训负担）优秀实践案例。

【新业态团组织建设】2022年，团县委联合两新组织（新经济组织和新社会组织），探索建立新业态新就业群体团组织。至12月底，建立康洁电商园团委、绿谷先锋团委、快递物流团工委3个新业态团委组织。其中，康洁电商园团委下设团支部8个，有团员8人；绿谷先锋团委下设团支部11个，有团员32人。开发“青松向阳·青松创”数字化场景应用，创设“数字村民”身份标识，开辟“青松数字广场”，建立“青松双创孵化器”，入选浙江共青团数字化改革第二批地方试点。

【“零创空间”建设】2022年，松阳县推行经营场所使用“零费用”、经营主体设立“零费用”、综合赋能“零费用”做法，建成“松 YOUNG 空间”“潮玩基地”“实习基地”等创业基地，招引青年创业项目，打造青年特色街区。至12月底，吸引180余户青年经营主体入驻“零创空间”、5000余名青年“回巢”从事电商创业，累计减免各类费用370余万元，培育电子商务企业（网店）2000余家，带动就业1万余人。结合基地建设，开展“返家乡”社会实践活动，推出乡村振兴、非遗传承等各领域实习岗位832个，吸引全国1462名大学生到松阳实习实践。

（团县委）

松阳县妇女联合会

【概况】2022年，松阳县建立妇女联合会（以下简称妇联）、妇女委员会35家，新领域妇联2家，配备乡镇（街道）妇联主席19人，执行委员会委员287人；村（社区）妇女委员会主席214人，执行委员会委员1506人。2022年，县妇联制定印发全县妇联系统十大重点工作任务清单，对全年重点工作实行清单化管理和闭环化落实。开展喜迎党的二十大“凝心聚力跟党走 赶超跨越创新业”庆“三八”毅行活动和“我为群众办实事”活动，实现“家门口”解妇忧、办实事，至12月底，为妇女群众解决问题381个。围绕扶贫救助、社会保障、就业创业、医疗服务、公共教育等主题，征集妇女儿童民生实事相关提案、建议24个。与县统计局联合开展松阳县妇女“共富路上奋力奔跑”相关情况调查，为联系服务妇女提供决策参考。

【妇联基层组织建设】2022年，松阳县推进“浙里家·连心桥”数字应用，召开乡镇（街道）妇联主席“浙里家·连心桥”应用培训会，对富有针对性的场景应用进行操作培训，实现走访信息同步录入、问题处置分类协同、解决进度持续跟踪、反馈评价形成闭环一体化程序。6月13—17日，举办全县优秀女干部培训班，50余名优秀女干部到湖州市委党校参加女性干部现代化建设能力提升培训。开展基层妇联阵地建设，实施妇联组织建设改革“破难行动”，推动两新领域妇联组织覆盖工作，新成立2家妇联组织。开展竞争性选拔乡镇（街道）妇联主席人选工作，着力选拔政治坚定、扎根基层、崇尚实干、群众公认的干部，综合比选8名优秀年轻干部，充实到基层妇联组织队伍。县妇联指导乡镇（街道）妇联换届工作，6月底完成全县乡镇（街道）基层妇联换届。吸纳1名新生代企业家到妇联挂职。

2022年3月2日，县妇联开展喜迎二十大“凝心聚力跟党走 赶超跨越创新业”庆“三八”毅行活动（县妇联供图）

【妇女思想政治引领】2022年，松阳县以“巾帼心向党 喜迎二十大”“巾帼心向党·奋进新征程”为主题，线上推出“田园妮子”系列微宣讲视频50余期，线下组织全县近万名妇联干部、执委、平安丽姐志愿者，深入学校、企业、农村、社区开展党的二十大精神以及省第十五次党代会、市第五次党代会、市第五次妇女代表大会精神和县第十一次党代会等精神宣讲。在县妇联微信公众号开设专栏，开展巾帼建功标兵、巾帼文明岗、最美家庭、来料加工经纪人、巾帼共富能手、巾帼创新带头人等各类先进典型宣传80余期。

【服务妇女创业创新】2022年，松阳县妇联征集女性创业创新优秀作品40余件，在“丽姐创业创新成就展”和“三八”国际妇女节晚会上展陈。组织松阳厨娘、巧妇团队参加省、市妇联举办的“妈妈的味道”主题大赛，推广松阳特色小吃、手作。县妇联与县人才办、县人力资源和社会保障局联合举办“松阳工匠”中式面点师、中式烹调师等培训8期，提升妇女职业技能本领，拓宽创业渠道。走访调研女企业家和乡村女性致富带头人，建立动态女性人才库，建立女性创客空间和村播丽姐实训基地，促进乡村女性创业人才交流合作。推广金融扶持女性“创业贷”，与县农商银行合作，授信2500万元支持妇女创业创新。

【巾帼建功行动】2022年，松阳县开展乡村振兴巾帼行动，创立“松阳厨娘”“松阳巧妇”两大巾帼品牌，激励巾帼建功助力“二次创业”。组织巾帼文明岗创岗单位到青田县考察学习巾帼文明岗创岗工作，推动巾帼文明岗创建活动提质扩面。国网松阳供电公司象溪供电所营业厅、浙西南革命根据地竹溪区苏维埃旧址（纪念馆）2个单位被评为省巾帼文明岗，县纪委监委机关妇委会、县档案馆档案查阅利用中心、力溪连环画乡村艺术馆、浙西南革命根据地中心区域枫坪革命遗址群4个单位被评为市巾帼文明岗。国富鞋业有限公司总经理何王蓉、云上平田乡村旅游发展有限公司总经理叶丽琴被评为市巾帼建功标兵。

【妇女儿童权益保护】2022年，县妇联每月8日同乡镇（街道）联合开展 “平安丽姐”之田园妮子妇女儿童权益日活动，组织“平安丽姐”队伍现场化解矛盾、纾难解困、家庭调和、维护权益等服务，助力基层治理。在县矛盾调解中心、“妇儿驿站”“妇女微家”等设立“田园妮子”工作室，设立松阳县婚姻家庭纠纷人民调解委员会驻西屏街道、大东坝镇、古市镇新铺社区工作室，开展婚姻家庭矛盾纠纷化解工作。“共享法庭”入驻县“田园妮子”工作室，维护妇女儿童权益。至12月底，全县开展婚姻家庭矛盾纠纷化解396件，其中县妇联本级接访化解56件。“平安丽姐治理‘她’模式护航幸福平安家”入选2022年度第一批法治丽水（法治政府）建设“最佳实践”培育项目。开展“三八”维权周、“八五”普法活动。以“5+X”（教育培训、维权调解、创业帮扶、公益关爱、儿童服务）的一站式服务模式为基准，对标“六有”（有固定场所、有规范标识、有专人管理、有活动项目、有制度机制、有档案管理）建设标准，整合现有的“儿童之家”“社区综合驿站”“共享小院”“妇女微家”等阵地，打造具有妇联辨识度的省、市级妇女儿童综合服务驿站，古市镇新铺社区妇女儿童驿站获评全省首批三星级妇女儿童驿站。

【困境妇女儿童帮扶】2022年，松阳县落实困境妇女儿童的关心关爱，开展“把爱带回家、爱心圆梦进社区”“快乐的小脚丫——16~38码的爱”、2022年乡村儿童“六一”关爱行动等系列活动20余场次。推进“暖秋关爱”行动，安排4万元专项资金为全县50名困境家庭老年妇女送去关爱。开展妇女“两癌”防治知识到村庄、到社区活动，为360名低收入妇女投保康乃馨女性健康保险，帮助5名低保患病妇女申报省妇儿基金会救助补助金，1名患病妇女获中央彩票公益金低收入救助款。围绕“温暖型县域”打造，结合现有优惠帮扶政策，梳理“田园妮子”妇儿暖政十五条。

【家教家风家庭文明建设】2022年，县妇联依托县妇女儿童发展指导中心平台，打造“田园家语”家教品牌，推出“田园家语”讲堂及家教小故事系列云课堂，开展家教家风家庭主题宣传月活动，联合县教育局以专业化家教指导服务队伍为支撑，开展以“送法进万家 家教伴成长”为主题的亲子阅读、家庭教育讲座、心理咨询等家庭教育指导实践活动20余场次。成立松阳县社区家庭教育指导服务中心，聘请6名家庭教育工作者为全县首批家庭教育讲师，共同构筑家、校、社协同育人网络，形成县—街道（乡镇）—社区（村）三级家庭教育指导服务工作体系。组建家庭教育讲师团、创业帮扶团、心理辅导服务团等志愿服务队伍，形成“专业社工+社会组织+志愿者服务”运行模式。

【巾帼“共富工坊”建设】2022年，松阳县开展来料加工共富产业大调研大走访，起草《松阳县进一步加快新时代来料加工共富产业发展的实施意见》（征求意见稿）。加强来料加工从业队伍建设，分层分类开展各类培训20余期，吸纳农村妇女和低收入农户就近就地灵活就业。举办来料加工经纪人能力培训班，全县50余名经纪人参加培训。组织来料加工经纪人参加商洽会、中国义乌国际小商品（标准）博览会等展销活动，拓宽市场渠道，评选“优秀经纪人”2人。至12月底，全县建成巾帼“共富工坊”13家，培育来料加工经纪人250人，加工从业人员2.6万人，发放来料加工费2.6亿元。

【特色家庭创建】2022年，松阳县开展“绿色家庭”“洁净家庭”等特色家庭创建工作。通过送课下乡、电视台图文频道滚动播放及手机短信等方式推送“洁净小窍门”，加强“洁净家庭·美丽庭院”创建宣传，营造创建氛围。评选各类特色家庭，获评全省“最美家庭”“绿色家庭”2户，市级最美“侨胞家庭”1户。推进“洁净家庭 美丽庭院”“花园庭院（阳台）”活动，助力省示范文明县城创建。组织妇联干部每月入户进行指导评分，创成花园庭院（阳台）样板村1个，花园庭院（阳台）示范户1525户，县妇联绿色家庭创建创新案例入围全国妇联备选案例。

（县妇联）

松阳县科学技术协会

【概况】2022年，松阳县科学技术协会（以下简称县科协）所属学（协）会13个，个人会员2275人，团体会员36家。组织开展优秀自然科学论文评选工作，评选出年度松阳县第九届自然科学优秀论文一等奖2篇，二等奖5篇，三等奖9篇，推荐13篇优秀论文参加市级评选。开展丽水市第一批“绿谷英才”特殊支持计划选拔申报推荐工作，推荐上报“绿谷英才”科技新秀9人，涉及农业、工业、教育等专业领域。开展松阳县第十五届青少年科技创新大赛，评选出一等奖13项、二等奖13项、三等奖17项，优秀指导老师12人，其中13项获市级奖项，4项获省级奖项。

【科协基层组织建设】2022年，松阳县加强学（协）会建设，出台《松阳县科协所属学（协）会年度工作考核评估办法（试行）》，根据自评结果、实地审查、申报材料等形式,表彰学（协）会7家，进一步加强学（协）会组织建设，整体提升学术能力、经济能力、管理能力、活动能力等。强化学（协）会的考核机制和人员调动的积极性。县科协组织县卫生健康局、县教育局、县农业农村局、县科技局相关负责人召开“三长带三会”［“三长”指乡镇（街道）卫生院院长（基层医疗卫生机构负责人）、学校校长（园长）、农技站站长（基层农业农村服务机构负责人）、科技特派员；“三会”指农业农村技术联合会、教育科技志愿联合会、健康服务联合会］工作座谈会,制定印发《关于加强乡镇（街道）科协组织建设暨开展实施“三长带三会”工作的实施意见》，召开全县乡镇科协主席工作会议，对全年“三长带三会”的具体工作提出明确的目标和要求。聚焦服务企业，巩固企业创新主体地位，建立6家企业科协，申报博士创新站9家，柔性引进博士17人，开展项目合作16项。

【科普活动】2022年8月，在省天文学会指导下，县科协与团县委、县少工委等单位在星辰山星空博物馆共同举办“一起去看流星雨”活动。与团县委等单位联合举办少年天文夏令营，省天文学会指派老师，带领少先队员了解天文知识，培养青少年天文兴趣爱好。围绕“古韵赤寿 产业新城”主题，在赤寿乡打造科普长廊，展示科普发展成果，提升全民科学素质。全年举办科普进校园、进社区、进企业等活动20余场次。

【科普宣传】2022年，松阳县围绕县重点工作，开展创建省示范文明县城等科普宣传，以“创新争先 自立自强”“喜迎二十大 科

2022年9月30日，松阳县科学技术协会在靖居小学开展2022年全国科普日系列活动——科普进校园

（毛雅妃/摄）

普向未来”等为活动主题，开展“全国科技工作者日”“全国科普日”活动两大科普系列活动。组织开展母亲科普宣讲、冷链冻干食品、科普助力“双减”“银龄”跨越数字鸿沟等5大科普专项行动，邀请丽水市宣讲团讲师、中国科学院老科学家，在叶村乡、城东社区、枫坪小学等村（社区）、学校，向母亲、学生、中老年朋友等各类群体提供科普服务。创新科普宣传载体，打造以“体育运动与健康”为主题的特色街巷。全年发送科普短信8万余条，普及受众达1万余人次，发放宣传资料8000余份。

【科普服务】2022年，松阳县落实“希望之光”组合式人才帮扶团工作，签订“山区海岛县‘希望之光’组合式人才帮扶团合作协议”。开展“长三角汽车产业高峰论坛”、省汽车工程学会学术交流会、汽车工程人才培训等活动，推动智慧交通产业体系成型。组织“丽水市百名专家连百村 科技服务乡村振兴”活动，做好常态科技服务对接工作。17名结对专家通过成果转化、项目合作、技术指导、科技攻关等方式，以“推广一批科技成果、建立一个核心基地、培养一批技术人才、培育一个农业主体”的工作举措，实现帮扶对象产业振兴。全年开展培训指导93次，培训学员679人次，发放诱虫板2万张，有机肥1000千克，资料900余份，推广新品种48个，推广成果27个，培育产业规模110.53公顷。

【科普助农】2022年，松阳县优化升级星级科技示范户评选办法，培养一批有文化、懂技术、会经营的高素质农民，全年评选出松阳县科技示范户7户、星级科技示范户4户、植物医院示范基地12个，12户获评第七批市级农村科技示范户。开展农民技术职称评定工作，35人参加初中级评定（晋升），3人通过高级农艺师职称评定。举办农林业生产人员专题培训，培训人数达100人。联合市级科技示范户、丽水市农林科学研究院优秀农民讲师季荣富在玉岩镇吴往村打造“乡村振兴科技讲堂”，开展技术培训、调研座谈、交流学习、科普研学等活动10余场次，帮助首批5户低收入农户增收1万余元。持续开展植物医院“专家坐诊”常态化，聘请46位植物医生在惠农、和平、绿农、龙腾等10家门诊部坐诊。全年植物医生坐诊500余人次，服务农户3000余人次，开展各类科技培训10余场次，累计培训农民3000余人次。新编印《茶园蜘蛛种类作用及保护利用专辑》、《生态农业植保手册》（第4辑）3000册，免费向农户发放植保科普资料5000余册。

【天文特色县建设】2022年，松阳县借助省天文学会资源优势，以“一县一业一学会”项目为契机，就天文科普产业化提供政策咨询、专业指导和落地服务，举办学术交流活动，建设天文特色县。4月15日，组织召开松阳县星空文旅基地建设工作会，通报星空观测与天文文旅项目规划设计方案。成立“卢燎亚天文名师工作室”、松阳一中天文社团。8月，联合省天文学会、团县委举办少年天文夏令营活动，吸引42名学生参加。12月16—18日，省天文学会2022年学术年会活动在松阳举行。

（县科协）

松阳县文学艺术界联合会

【概况】2022年，松阳县文学艺术界联合会（以下简称县文联）有直属艺术家协会11个，协会会员892人，其中国家级会员35人、省级会员104人、市级会员134人。主办季刊《松阳文艺》并开设有同名微信公众号平台。8月11日，松阳县文学艺术界联合会六届五次全委会召开，审议通过县文联六届关于《牢记初心使命 坚持守正创新 高质量谱写新时代松阳文艺事业新篇章》的工作报告。

【文艺人才队伍建设】2022年，松阳县艺术家协会新增国家级会员3人，省级会员20人，市级20人。6月，由县文联组织举办“田园松阳美术人才研修班”艺术培训项目，分花鸟、山水2个班，为期7个月，培训学员27人。

【文艺志愿者服务惠民活动】2022年1月，县文联在县城明清古街松阴文社举办“艺心向党 送福到家”迎新春文艺惠民志愿服务活动启动暨县书法家协会挂牌仪式，并进行“百名艺术家入驻乡村”现场签约，向联系部门和部分乡镇赠送对联及福字3000余幅。承办“浙风十礼 艺路同行”文艺志愿服务暨走进山区26县巡演活动。开展“文艺拥军、情系警营”优秀字画作品进军营活动，捐赠

2022 年 1 月 12 日，松阳县文学艺术界联合会在县城明清古街松阴文社举办“艺心向党 送福到家”迎新春文艺惠民志愿服务活动启动暨县书法家协会挂牌仪式 （县文联供图）

书法、绘画作品各 6 幅。9 月 22—23 日，协助市文联文艺骨干到象溪镇、大东坝镇等地开展 2022 年度丽水市文联“艺术乡建”助力共富文艺志愿服务及丽水市文艺骨干主题创作采风活动。

【文艺“村长”】2022 年，松阳县在各艺术协会设立文艺“村长”，负责联系村基层文艺宣传、艺术人才培养、文艺活动开展、文创项目推进等工作。至 12 月底，在作家协会、摄影家协会、美术家协会、高腔研究会 4 个协会设立文艺“村长”。在文艺“村长”带动下，建成叶村乡南岱问山民宿、南岱问山美术馆，全年开展各类活动、接待 36 批次；推出“全年不间断、月月有展陈”的“南岱问山计划”，全年举办各类展览 6 次，其中国家级展览 2 次、省级展览 2 次、雅集 2 次。

（县文联）

松阳县残疾人联合会

【概况】2022 年，松阳县残疾人联合会（以下简称县残联）指导成立松阳县孤独症人士和亲友协会，选举产生首届协会领导班子。指导肢残协会、盲协、聋协、精亲协会、智亲协会召开会员大会及时换届。申报自强先进典型，浙江科马摩擦材料股份有限公司、中国狮子联会浙江 K 分区松古服务队等 5 个单位获评丽水市助残模范集体，叶先高获评丽水市自强模范，雷明春获评丽水市助残模范个人，王军、叶利财、汪水翠等 9 人获评丽水市最美残疾人。

【助残民生实事建设】2022 年，松阳县全力打造浙版“残疾人之家”品牌，按“八个有”（有合法的主体、有统一的标牌标识、有稳定的服务对象、有适宜的服务场所、有配套的设施设备、有完善的服务功能、有专业的管理服务团队、有健全的管理制度）要求，全年新建“残疾人之家”（新兴镇残疾人之家、象溪镇残疾人之家）2 个，提升 1 个（松阳县残疾人之家）。至 12 月底，全县共建成残疾人之家 12 个，为 300 余名精神、智力及重度残疾人提供庇护照料服务，通过定期对残疾人之家运营督查、指导，全面提升管理人员服务水平。提升建设规范化儿童康复机构 1 家，入训残疾儿童 27 人。

【县乡两级残联换届】2022 年 9 月，县残联组织召开县、乡两级残联换届工作部署会，指导各村（社区）、乡镇（街道）残联按要求召开代表大会，完成换届各项工作任务，上报选举结果。10 月 25—26 日，按程序召开县残联第八次代表大会，选举产生新一届主席团、出席丽水市残疾人联合会第八次代表大会代表，推荐市残联第八届主席团委员候选人，推举产生新一届执行理事会。

（县残联）

松阳县红十字会

【概况】2022 年，松阳县红十字会推进红十字救护站建设和常态化应急救护服务。全县 19 个乡镇（街道）全部建会，建会率 100%。村级建会数 105 个，建会率 52%，发展会员数 3492 人，完成 4 个（象溪镇、大东坝镇、枫坪乡、水南街道）博爱家园示范点建设。全年募捐资金 31.97 万元，物资 100 万元。2022 年，县第五中学红十字生命教育体验馆获评浙江省红十字生命教育示范基地，获省长专项资金奖励 10 万元。县城东社区博爱家园申报浙江省 26 个县山区行公益培训项目，获专项基金 8 万元支持。县城东社区救护培训基地、县第五中学救护培训基地获省示范救护培训基地奖励资金各 5 万元。新建象溪镇、水南街道程徐村、枫坪乡、大东坝镇山头村红十字博爱家园4家,全县建成红十字博爱家园10家。实施民生实事项目，公共场所新安装自动体外除颤器（AED）37台，实现全县中小学校全覆盖，全县安装AED97台。投资3万元建成双童山景区红十字救护站。2022年，松阳县红十字会获评丽水市红十字工作综合优秀单位。

【应急救援】2022年，松阳县红十字山鹰救援队有队员58人，取得红十字会救护培训资格证58人。全年日常救援业务经费支出4.17万元，开展应急救援5次，志愿服务时长600小时。

【救护培训】2022年，松阳县开展“救在身边”十大专项行动，全县有红十字救护员3650人，新增救护师资23人，复训师资10人，年度新增应急救护持证率≥1.5%，培训3650人。开展自救互救及应急救护知识与技能培训，2022年县红十字会进机关、企业、学校、社区开展日常应急救护知识普及，为13家企业一线员工提供免费应急救护培训活动，全县救护普及培训2万余人次。县红十字会与县青少年宫联合开展学校救护培训活动，全县28所中小学校学生应急救护普及和教师救护员取证培训实现全覆盖。县民生实事采购安装AED5台，接受蔡崇信基金会捐赠AED32台，实现全县所有中小学校AED全覆盖，每个点位配置红十字救护员5人。新建丽水中等专业学校救护培训基地。

【生命关爱工程】2022年，县红十字会指导全县无偿献血及造血干细胞志愿服务团队开展志愿服务54场次，为全县无偿献血及造血干细胞捐献工作服务，志愿服务时长1274小时。全年开展造血干细胞捐献采集入库28人份，初筛17人，再动员1人。规范开展人体器官（遗体、组织）捐献工作，全年遗体捐献1例、角膜捐献1例，人体器官捐献志愿登记329人。中国彩票公益基金小天使基金补助3名松阳籍患白血病儿童13万元。

【红十字会文化宣传】2022年，松阳县利用“5·8”世界红十字日和红十字青少年活动月，开展社区减灾、防灾及应急宣传教育，用好“浙里办”、浙江政务服务网人道服务统一窗口，宣传推广“救在丽水”“浙里急救”“群帮惠”等服务的使用，通过浙里办“数字红会”来学习、了解和办理红十字相关业务。在省级和市级党报党刊、电视广播、门户网站、主流公众号，宣传红十字文化。全年被浙江省红十字会网站录用信息3篇,被丽水市红十字会网站录用9篇,县级主要媒体录用26篇。

【人道救助】2022年，松阳县开展公益关爱、人道救助活动，救助712人，发放人道救助金26.9万元。其中，县红十字人道救助基金救助重病患者82人，发放救助金6.65万元。开展博爱送万家活动，省红十字会到松阳慰问15户，发放慰问金3万元。市红十字会到松阳慰问“三老”（老红军、老交通员、老党员）活动，慰问“三老”6人，发放慰问金1.8万元。县红十字会慰问困难群众、重点疾病患者200户,发放慰问金10万元。开展慰问抗击新冠疫情医务人员活动2次,发放慰问物资10.7万元。开展康恩贝健康之旅——心脑血管疾病防治博爱活动和万邦德健康之旅——关爱老年病患者活动,发放药品价值100.4万元。实施关爱困境儿童项目,对5名白血病患儿和2名先天性心脏病患儿施行营养补助，发放慰问金5.4万元。

【红十字博爱周暨“5·8”人道公益日活动】2022年4月25日，县红十字会在县人民医院开展“守护生命健康 红十字救在身边”红十字博爱周暨“5·8”人道公益日活动。县红十字会依托腾讯公益平台发起“助力松阳山鹰救援”和“关爱松阳重病儿童”2个项目募捐，其中“助力松阳山鹰救援”筹集善款20503.74元、“关爱松阳重病儿童”筹集善款45207.95元，合计善款总额65711.69元，3613人次参与。

（县红十字会）

松阳县计划生育协会

【概况】2022年，松阳县计划生育协会（以下简称县计生协会）全年以促进人口长期均衡发展与家庭和谐幸福美好为主线，以生育关怀与家庭健康促进为主题，落实宣传教育、生殖健康咨询服务、优生优育指导、计划生育家庭帮扶、权益维护、流动人口服务6项重点任务。利用春节、中秋、“5·29”（计生协会成立纪念日）等时间节点，开展慰问帮扶、“微心愿”兑现，创新开展第三方计生特殊家庭帮扶模式。落实独生子女中考加分优惠，全县296名符合条件的农村独生子女享受中考加分优待。

【优生优育宣教】2022年，松阳县围绕“喜迎二十大 树婚育新风 促健康和谐”主题，根据省、市计生协部署，开展“5·29”宣传服务月活动。开展婚育新风进万家宣传，倡导“尊重生育的社会价值、适龄婚育、优生优育、责任共担、代际和谐、破除高价彩礼”等新型婚育文化，通过健康松阳公众号、各级计生协微信工作群宣传发放《婚育新风进万家倡议书》，印制宣传页张贴至各社区、村宣传栏，入户发放至广大群众手中。5月31日，县计生协会联合县爱卫办、县疾控中心、县人民医院、县中医院等单位开展“5·29”会员活动日暨“世界无烟日”广场宣传活动，免费为群众测量血压、血糖，提供优生健康咨询指导，现场发放优生优育、控烟宣传与健康生活方式宣传资料，号召居民摒弃不良习惯，营造无烟生活环境，提升群众健康素养。“5·29”活动日期间，全县开展宣传教育服务活动248场次，宣传12147人次，发放资料1.4万余份；慰问153场次，慰问681人次，慰问金额10.36万元。

【计生特殊家庭帮扶】2022年，县计生协会以精准帮扶为目标，组织各级计生协会志愿者及广大会员对失独家庭等特殊群体开展有针对性的帮扶。春节期间，组织志愿者们看望结对家庭并赠送年糕、香肠等年货礼盒。结合“5·29”活动日、母亲节等特殊时间节点，组织各级计生协会及志愿者走访慰问计生特殊家庭，提供助孕、心理援助等服务。中秋节期间，组织全县志愿者，走访慰问失独家庭140户，并送上慰问品。11月，为失独家庭开展免费体检。联合县慈善总会，采取向第三方社会机构购买服务方式，为计生特殊家庭老人提供生活照料、家政服务、陪同就医等服务，开展慈善计生特殊家庭助老服务项目。至12月底，全县有46户计生特殊家庭老人接受助老服务。5月30日，县计生协会获慈善项目优秀实施单位“慈善之星”称号。

【困难计生家庭慰问】2022年，县计生协会利用春节、“5·29”会员活动日等时间节点，对困难群众和基层工作人员进行慰问补助。对失独家庭、失独后进行医学辅助生育家庭及节育并发症家庭开展常态化扶助。全年为167户生活困难的计生家庭提供公益金补助，累计发放公益慰问金21.05万元。联合中国人寿松阳支公司开展“生育关怀圆梦微心愿”活动，为100户困难家庭兑现微心愿，赠送煤气灶、书包、电饭锅、电风扇等物品，价值3万余元。

【计划生育优惠政策落实】2022年，松阳县全面推广计生系列保险，增强计生群众抗灾化险能力。计生系列保险涵盖独生子女家庭意外险、计生特殊家庭保险、女性安康保险、男性安康保险、计生特殊家庭住院护理险5个险种。全年投入60万元，为全县独生子女家庭提供每户6万元意外伤害、6000元意外医疗及22周岁以下独生子女疾病身故2万元的保障，投入8.97万元为299名计生特殊家庭成员投保重大疾病及住院护理保险，为特殊家庭成员提供每人1万元重大疾病保险、每天100元住院护理保险。召开县计生系列保险推进会，部署2022年两性安康保险工作。全年计生家庭成员出险584人，获理赔322.32万元。

【青少年健康教育】2022年，县计生协会联合丽水学院幼儿师范学院、幸福成长营开展松阳县2022年青春健康大讲堂进高校活动，在丽水学院幼儿师范学院进行3次“成长之道”——同伴交往主题教研活动，学院全体班主任、县青春健康教育教师参与。将青春健康教育纳入县关工委“红色传承”主题巡回宣讲活动，营造青春健康教育部门齐抓共管的良好氛围。组织开展青春健康教育“乡乡一堂课”活动，对青少年学生开展性与生殖健康主题教育，促进青少年健康成长，促进幸福家庭创建。在县第一中学、县第二中学、县职业中专及丽水学院松阳校区开展“同伴教育”活动，共开课26节，受益学生1318人次。

（县计生协会）

法 治

政法委与综治

【概况】2022 年，中共松阳县委政法委员会（以下简称县委政法委）完成春节、北京冬奥会、冬残奥会、全国“两会”、省第十五次党代会、党的二十大等系列安保任务。开展非法宗教专项整治行动，联合取缔非法宗教活动聚会点 3 处，查处非法组织暑期培训班 1 个。推进“平安松阳”建设，成立除险保安晾晒工作领导小组及工作专班，建立“除险保安”晾晒 3 项工作机制和日、周、月、季晾晒举措。常态化推进扫黑除恶斗争、打击整治养老诈骗专项行动。深入推进网格体系重要工作，优化网格工作体系，提供网格经费保障，组建 426 支“1+3+N”网格团队，1079 个“1+N”微网格团队。2022 年 4 月，松阳县被命名为浙江省 2021 年度平安县。

【社会稳定维护】2022 年，松阳县开展“除险保安”系列行动，落实落细各类风险隐患排查工作措施，全力筑牢安全稳定严密防线，确保全县政治和社会大局持续和谐稳定。召开“除险保安”系列推进会、部署会、研判会，开展“四不两直”（不发通知、不打招呼、不听汇报、不用陪同接待、直奔基层、直插现场）督查暗访，梳理“风险清单”，凡发现工作不到位，一律依纪依法严肃追责。推进风险隐患“大排查大起底大整治”专项行动，全年摸排出各类涉稳风险隐患 196 件，化解 188 件，化解率 95.9%，防控率 100%。把重大决策社会风险评估工作纳入“除险保安”晾晒及年终考核，强化指导、定期通报，落实常态化全程管理，全年报备 38 件、立项 44 件、完成 41 件，重大决策社会风险做到应评尽评。

【平安建设】2022 年，松阳县开展夺取“二星金鼎”行动，推进“平安松阳”建设。依托县委、县政府“1+4+10”（1 套指标、4 张清单、10 大行动）工作体系，对表推进“除险保安六大子行动”“除险保安百日攻坚十大专项行动”。根据阶段性社会治安形势及省市县平安督查情况，着重就安全生产、道路交通、消防安全等重点领域开展全面集中排查整治行动，落实严防严治。对上级挂牌整治问题实施跟踪督办，确保安全隐患及时消除在萌芽状态。打击开设赌场、敲诈勒索的犯罪团伙 2 个，排查整治涉老“食品”“保健品”领域问题隐患 4 个，侦破涉老诈骗案件 1 起。全县未发生平安考核“一票否决”事项。

【基层治理推进】2022 年，松阳县围绕“矛盾调处、综合指挥、情指研判”3 大工作体系开展建设工作，明确信访矛盾调解、事件处置、预测预警、应急联动、一体执法、“县乡一体、条抓块统”6 方面 19 项工作任务，以及“党建工作”“组织推进”“闭环运行”“管理考核”4 项运行机制。全年基层治理“四平台”（党建统领、经济生态、平安法治、公共服务）上报处置各类事件 24492 件，办结率 99.67%，公众爆料转事件办结率 99.86%，网格日上报打卡率 99.52%。以“党群连心、网格走亲”为载体，以“不漏一户、不落一人”为标准，常态化进行连心走亲“大走访”。划分全县 19 个乡镇（街道）214 个村（社区）为 426 个网格，拥有网格员 1405 人。出台《2022 年松阳县网格事务准入事项》，明确14大项41小项准入事项，并建立网格事务准入“三大机制”，即准入退出机制、报办分离机制、即报即办机制，实现网格员减负。

【数字化指挥中心建设】2022年，松阳县数字化指挥中心动建。数字化指挥中心选址为原县体育局三楼，指挥室建筑面积220平方米。指挥中心装修改造完成项目立项、预算、预审及招投标，完成信息化指挥系统硬件采购及投用，包括会议系统、指挥系统、电路系统，信息化系统。该项目由县大数据运营有限公司作为代业主，完成设计、预算、预审，采用竞争性磋商方式进行采购，于10月底完工。

【矛盾纠纷调解】2022年，县委政法委对省司法厅、市司法局“法助共富、法护平安”专项行动进行细化和本土化，开展“解纷护安”专项行动。3月，出台《松阳县司法局关于印发社会矛盾纠纷“大排摸、大预防、大化解”专项行动暨“解纷护安专项行动”实施方案》，有针对性地化解矛盾纠纷,为全县经济社会发展创造安全稳定的社会环境。全年全县各级调解委员会调处矛盾纠纷3359件，成功调处3357件，调处成功率99.94%,涉及金额34003.84万元。通过外来采茶工、茶商及游客推送“一对一”精准纠纷化解温馨提示短信,开展源头治理预防排查工作，告知如遇矛盾纠纷后寻求帮助的途径，为广大茶商、茶农、采茶工和游客提供高效便捷的人民调解和法律服务。创新“乡贤+人民调解”模式,助力“除险保安”。重视人民调解组织队伍建设，构建多层次的调解组织网，推动更多法治力量向引导和疏导端用力，发挥乡贤调解团在基层调解中的积极作用。至12月底，全县共聘请乡贤调解员148名，各乡镇（街道）均建立乡贤调解团。通过“轮驻坐诊、线上云驻、邀请协助”等多种方式，按照“一般案件即时调、疑难案件共同调、重大疑难案件会商调”等方法，协助做好基层矛盾纠纷化解工作。

（县委政法委）

法治政府建设

【概况】2022年，松阳县法治丽水（法治政府）建设考核位列全市第四名，获法治丽水建设考核先进单位称号。全县12个项目被列入2022年度法治丽水（法治政府）建设“最佳实践”培育名录。全面构建法治建设工作体系，制定《法治松阳（法治政府）“一本账”2.0版》，以“一局一档一函”的形式交办工作任务。深化法治建设“晒、督、考”工作机制，全年组织开展法治巡察、法治督察2轮次，发出督察通报2期，晾晒清单7期。进一步加大法治建设考核比重，推动法治建设各项工作落实落细做出实效。法治浙江建设社会满意度测评连续两年居全省前十名。

【行政执法监督】2022年，松阳县深入推进行政执法规范化建设。县司法局对县交通运输局、县农业农村局、县综合行政执法局等11个重点执法部门的257卷案卷进行集中评查。开展专项执法监督巡查4轮次,制发行政执法监督通知书8份，提出执法建议120余条。牵头制定《进一步加强法治政府建设的实施意见》。

【合法性审查】2022年，松阳县全力提升法治政府建设水平。制定重大行政决策目录化管理重要提示及档案归档要点，对列入目录管理的重大行政决策事项进行跟踪管理。县司法局联合县委办公室档案执法科、县档案馆对全县重大行政决策工作开展督查，规范全县重大行政决策事项各项程序。通过数字赋能乡镇（街道）合法性审查工作，推广“码上审查”应用，全县乡镇（街道）全年办理合法性审查事项793件。

【行政争议化解】2022年，松阳县突破行政争议实质化解，推出行政复议化解行政争议主渠道作用措施20条，构建行政复议化解行政争议主渠道作用的制度架构，被省司法厅列为省法治政府建设重点培育项目，《松阳县发挥行政复议化解行政争议纠纷主渠道作用改革》获评全市年度创新推进项目。全年化解行政争议55件，其中行政诉讼案件16件、行政复议案件39件。县司法局被评为全省司法行政法治建设行政复议工作成绩突出集体。

【政务公开】2022年，松阳县推进“互联网+政务服务”改革，实现民生事项“一网通办”100%。加强“双随机、一公开”（随机抽取检查对象、随机选派执法检查人员；抽查情况及查处结果及时向社会公开）监管，跨部门监管率达32.78%，信用规则引用率达99.06%。建设具有山区特色的公共法律服务体系，律师万人比提升至万分之二点九八。建立公民和企业全生命周期公共服务优质共享机制，实现公民（34件）、企业（19件）全生命周期"一站式"办理。

【普法宣传活动】2022年，松阳县落实"谁执法 谁普法"责任制，依托"松阴溪"法治绿道，推进精准普法，全县围绕"法助共富 法护平安""乡村振兴 法治同行"等主题，开展"新冠疫情防控""民法典宣传月""安全生产月"等法治宣传活动100余场次，受益群众6万余人。推进法治乡村建设，新创成市级民主法治村（社区）42个、省级民主法治村（社区）10个，四都乡陈家铺村被命名为"全国民主法治示范村（社区）"。

【公益法律服务活动】2022年，松阳县持续优化法治化营商环境，开展民营企业"法治体检"公益法律服务活动，开展"千所联千会"（千个律所联合千个商会）工作，全县2家律师事务所与县工商联和各行业商会等7家签订合作协议，帮助出具法律意见建议12项，协助制定和修订行规行约和团体标准2个，参与商会民事调解13件，开展联合调研和情况会商3次，提供法律咨询解答85次，开展普法宣传9次，开展法治体检20家。全面推进"法助共富、法护平安"行政规范性文件专项清理工作，修改文件1件，废止文件13件。

（县司法局）

公 安

【概况】2022年，松阳县公安局内设科、所、队、室28个，其中基层派出所7个。全年有效接警43565起；受理治安案件904起，比上年下降32.98%。开展"除险保安"百日攻坚、夏季治安打击整治和夏季道路交通安全"百日行动"，确保一方平安；开展危爆物品管控、网络安全治理、禁毒整治，维护社会稳定。护航地方重点工程建设，为地方经济社会发展提供法治保障。推进科技信息化建设，"公安大脑"建设被省公安厅列为"大情报体系建设"省级试点。

【打击犯罪】2022年，松阳县统筹推进禁毒、追逃、打击跨境赌博等工作，县公安局先后侦破跨境涉案数百亿元网络赌博案，全省首例"黑客"侵入金融机构话务系统实施电信网络诈骗案、全市首例虚拟币非法传销案等一批大要案件，暂扣涉案资金6000余万元，被国家版权局表彰为有功集体，多个专项战果位居全市前列。抓获1名潜逃25年的命案逃犯，实现连续26年107起命案全破且案犯全部归案。

【刑事侦查】2022年，县公安局维护辖区社会安全稳定，收集研判刑事犯罪信息，研究拟定侦查预案，严厉打击刑事犯罪活动。全年刑事立案760起，比上年下降10.05%。刑事诈骗立案254起，比上年下降20.12%，其中电信诈骗16起、网络诈骗117起、其他诈骗121起，比上年分别下降61.90%、20.94%、5.46%。侦查经济犯罪刑事案件14起，移送起诉37人；"食药环知"（食品、药品、生态环境、知识产权）刑事案件13起，移送起诉35人。在夏季治安整治"百日行动"中，采取刑事强制措施172人。

【社会治安管理】2022年，县公安局推进"除险保安"百日攻坚、夏季治安打击整治"百日行动"，梯次升级社会治安防控等级响应，完成北京冬奥会、党的二十大等一系列重大安保任务。在夏季治安整治"百日行动"中，组织5次统一清查行动，开展治安巡逻，联合社区、乡镇（街道），投入大量群防群治力量，组织常

2022年6月24日，松阳县公安局民警到西屏街道城南社区开展反诈骗、防诈骗宣教活动 （县公安局供图）

态化夜间巡逻，抓获各类违法犯罪嫌疑人666人,其中采取刑事强制措施172人。编发信息专刊289期，赋能县域社会治理。升级全社会反诈骗防诈骗宣防措施，损失金额比上年下降20.96%。推进矛盾纠纷排查见底行动，排查矛盾纠纷2081起，推动化解2001起，化解处置率96.16%，实现全年“民转刑”“刑转命”案件零发生，创新开展的“1234”（明确1个主体，提高矛盾化解合力；把握2条路径，提高警情分流效力；夯实3项措施，提高预警发现能力；建强4个阵地，提高基层治理活力）矛盾纠纷排查化解工作法在全市警源治理会议中作先进工作交流。发挥平安建设主力军作用，全年有效接处警、治安受案、刑事立案、交通亡人事故保持下降态势。

【重点工作安全保卫】2022年，县公安局为地方党委、政府部署的“非粮化”整治、塘寮区块城中村改造、赤寿生态产业园西拓项目、抽水蓄能电站建设等中心工作保驾护航，在塘寮区块城中村改造中，在服务攻坚同时，提供法治保障。出台“护企优商”十五条措施，梳理发布50项惠企利民举措，优化法治营商环境，相关护航事迹被《人民日报》头版“党的十九大以来全国公安工作和队伍建设综述”收录。

【危爆物品管控】2022年，县公安局牵头推进全县危爆单位隐患见底清零、“除险保安”工作、公安机关公务用枪管理使用隐患大排查等专项工作，消除和整治涉危险物品的重大安全隐患和突出违法犯罪，及时制止一起未按规定实施现场爆破作业，行政处罚危爆企业1家，罚款人民币5万元，收缴土铳4支，全年未发生危爆物品“流失、盗抢、打响、炸响、火灾、泄漏”等案事件。

【公安科技信息化建设】2022年，县公安局坚持“一号工程”定位，推进“公安大脑”建设，被省公安厅列为“大情报体系建设”省级试点，承接省公安厅子场景2项，数据建模、理论制度创新、指标指数成果全市靠前。自主设计开发的管理平台全市推广应用，纳入省委政法委数字法治改革“一本账S_2”，被评为全市优秀应用、省公安厅特色场景应用。“流调信息协作”平台实战效果明显，被市委“改革先锋”宣传报道。

【网络安全治理】2022年，县公安局互联网信息管理工作名列全市第二，实行每日情报会商制度，汇总专报289期。全年开展网络安全检查115家次，行政处罚5家单位，下发责令整改文书17份。

【禁毒整治及宣教】2022年，松阳县推进“清源断流”“云战8号”等专项行动，整治毒品工作平安考核列全市第一。2022年4月20日，获批省公安厅2022—39毒品目标案件。4月26日，县公安局组织警力跨省抓捕，先后抓获谢某某等10名犯罪嫌疑人，捣毁贩毒团伙2个，斩断一条经福建、安徽进入浙江的毒品通道。开展“毒驾”专项整治，组织查缉临检10次，排查重点岗位驾驶人430人。强化易制毒化学品企业检查，对全县59家易制毒化学品企业全覆盖大检查，开展防范制毒基础管控大排查，排查矿山、养殖场、无人村共87家，铲除罂粟原植物，全力消除各类涉毒风险隐患。禁毒宣传月期间制作禁毒微电影《等》在丽水公安微信公众号平台播放，邀请十里坪强制戒毒所宣讲团到县职业中专学校、大东坝镇茶排村等地开展禁毒宣讲活动3场，全县25所中小学校通过参观县禁毒教育基地、主题班会、禁毒宣誓、禁毒专栏、电子屏等形式开展教育活动。6月26日“国际禁毒日”，在县城新华路老电影院广场开展全民禁毒日宣传活动，向群众讲解禁毒知识、发放宣传折页、循环播放禁毒音乐快板、禁毒歌曲，开展主持人现场有奖竞答等活动。

【道路交通安全管理】2022年，松阳县开展“除险保安”和夏季道路交通安全“百日行动”，预防和减少道路交通事故发生，确保全县道路交通安全畅通。全县交通事故死亡人数比上年减少7人，下降24%，查处大货车“超限超载”1186起，大型车辆右转弯不礼让违法行为356起，驾乘汽车不系安全带16698起，涉牌涉证、非法改装等违法行为454起，非机动车不戴头盔、违规载人等违法行为32578起，累计查处醉驾110起、酒驾409起，拖移违停车辆900余辆，“僵尸车”100余辆。持续推进“我为群众办实事”活动，提升改造交通信号灯控制路口27处，渠化路口11处，增划停车位600余个，完成长松路1655米全线升级改造，全面提升群众的安全感和对公安交管工作的满

2022 年 2 月 23 日，松阳县公安局交通警察大队开展“除险保安”行动，清除道路积雪 （县公安局供图）

意度。推进综合受理一窗通办服务模式，实现机动车注册、转入、转移等业务通道式办理，全年办理各类车驾管业务 66347 起，比上年增长 14%。

【经济犯罪侦办】2022 年，县公安局侦办经济犯罪刑事案件 14 起，移送起诉 37 人。其中，查处 3 起虚拟币组织、领导传销活动案，专案组民警多次到湖南长沙、浙江杭州等地蹲点抓捕，共抓获犯罪嫌疑人 38 人，扣押虚拟货币、人民币总价值 2500 余万元。10 月 12 日，破获一起美容美发店合同诈骗案，抓获犯罪嫌疑人 4 人。12 月 1 日，在浙江锐奇鞋业有限公司设立“为企警务服务站”，定期开展重点企业内部安全检查，督促企业落实主体责任，强化制度建设，落实人防、物防、技防措施，加强内部风险防控。

【“食药环知”案件查处】2022 年，县公安局侦办食药环知（食品、药品、生态环境、知识产权）刑事案件 13 起，移送起诉 35 人，查处销售假冒注册商标的商品案 11 件，组织全局多名警力到江苏、江西、安徽等地昼夜蹲点抓捕，抓获犯罪嫌疑人 31 人，捣毁窝点 12 处，扣押涉案财物万余件，案值逾千万元。4 月，立案一起涉及生产、销售乌梢蛇蝮蛇胶囊、蚂蚁蛇蝎丸等 4 个品种药物的案件。10 月，经市市场监管局认定并出具假药确认书，犯罪嫌疑人余某某于 10 月 10 日被县公安局刑事拘留，11 月 16 日被逮捕，初步认定涉案假药价值 50 余万元。

【公安执法办案管理】2022 年，县公安局落实省公安厅决策部署，出台《松阳县公安局派出所办理刑事案件负面清单规定指导意见（试行）》，规范刑事案件集中办、专案专办的运行机制，县局刑事办案集约化和专业化水平得到提升，派出所进一步回归“服务群众、参与社会治理”的主责主业。全年县局执法办案管理中心集中办案率、业务警种办案率和刑事案件快办率分别达到 94.38%、67.23% 和 30.77%，相关执法大数据均名列全市前茅。落实各项执法制度，发挥执法监督、审核审批、检法协调动能，强化法制服务保障，全年审核行政案件 462 起，刑事案件 377 起，行政处罚 813 人，移送起诉 394 人，全市执法质量考评该局名列第五，获评 2022 年度全省公安机关执法质量优秀单位。

【监所安全管理】2022 年，县公安局监管场所实现监所连续 22 年安全无事故。倡导“精细化管理”教育理念、每日开展不少于 60 分钟的队列训练和行为养成教育。在押犯罪嫌疑人员精细化管理模式被市局监管支队在全市监所推广。全年未出现队伍违规违纪情况，实现队伍零减员、事故零发生。民警叶建胜获全省抗击新冠疫情先进个人，民警叶昌盛获市公安局 2018—2022 年度全市优秀人民警察，辅警周晨阳获公安部抗击新冠疫情优秀个人通报表扬。

【户政管理】2022 年，县公安局受理申领换发第二代居民身份证 11062 张，办理临时居民身份证 2887 张，办理出生登记 1263 人、死亡注销 1530 人、迁入登记 428 人、迁出 1014 人、市内迁移 739 人次，分户 864 户，全城通办办理 330 件，长三角地区迁移通办 101 人次，办理各类变更更正登记业务 71248 项。为贯彻打击拐卖妇女儿童犯罪专项行动精神，逐人逐号核查 2012 年以来出生证编号错误、缺失和重复人员名单（涉及全县 703 人）。逐步规范日常工作办理流程，落实核查工作，全年发现疑似假证 5 张，并通过鉴定确认，均依法注销，自主发现跨省重复户籍人员2人，1人由松阳注销，1人由江西注销。

（县公安局）

检　察

【概况】2022年，松阳县践行习近平总书记在浙江工作期间对检察工作提出的“敢于监督、善于监督、勇于开展自我监督”重要指示精神，落实《中共中央关于加强新时代检察机关法律监督工作的意见》。全年召开检察委员会会议5次，讨论上会案件11件，讨论上会事项1件。检察长列席审判委员会会议2次，副检察长列席3次。全年办理监督类案件89件，起诉类案件282件444人，逮捕类案件90件135人。松阳县人民检察院（以下简称县检察院）全年获得市级以上集体和个人荣誉41项，其中国家级荣誉8项、省级荣誉16项。

【刑事检察】2022年，县检察院刑检部门成立刑检数字检察办案小组，通过浙江政务服务网、裁判文书网、检察数据应用平台获取数据建模筛查，运用数字思维并通过对撞裁判文书数据库核查数据，数字检察与人工审核相融合。全年审查逮捕案件87件133人，其中批准逮捕78件102人；审查起诉案件248件366人，其中提起公诉186件323人。在刑事审判专项监督一项立案1件，依法提请抗诉并获改判。

【民事行政检察】2022年，松阳县融合人大监督与检察监督，实现代表建议、检察建议双向衔接与转化，针对人大代表关注的建筑垃圾处置、道路交通安全等问题，县检察院向有关行政机关制发检察建议7份。设立“人大、检察融合监督联络处”，构建人大监督与法律监督融合贯通的大监督格局。落实防止干预司法“三个规定”，主动报告过问或干预、插手检察办案等重大事项及相关接触交往行为。全年办理民事检察案件32件，其中审判执行程序24件，生效裁判监督8件（再审3件，提抗5件）。实施民事检察的数字化监督，通过数字检察办案发出检察建议17件，其中虚假司法确认11件、车辆查封扣押执行监督6件。建章立制2个，分别与县法院、县公安局建立车辆查封专项的机制和与涉住房公积金司法办案协作机制。全面开展打击整治养老诈骗专项行动，依法办理涉养老诈骗案件1起，涉案金额20余万元。开展职务犯罪案件的认罪认罚工作，全年办理县监察委移送审查起诉案件7件7人，认罪认罚7件7人。

【公益诉讼检察】2022年，县检察院优化公益诉讼监督质效，重点跟进监督松阴溪禁渔、湿地公园擅自放牧、河道环境卫生治理等问题，推进松阴溪湿地公园系统治理。督促有关部门追缴应收未收的耕地占用税，办理红色革命根据地旧址、古建筑等省级文物保护案件。全年办理行政公益诉讼诉前程序23件，纯民公益诉讼案件1件，刑事附带民事公益诉讼案件5件，覆盖行政公益诉讼“3+2”领域。其中，判决和调解的民事公益诉讼起诉案件诉讼标的9万余元诉请全部获法院支持。所办理的案件被《检察日报》《浙江法制报》刊登报道，办理的固体废物系列案获县人大常委主任批示肯定。

【未成年人检察】至2022年12月底，县检察院受理未成年人提请批准逮捕案件7件7人，其中未成年人犯罪案件2件2人（批准逮捕2件2人），侵害未成年人犯罪案件5件5人（批准逮捕5件5人）；受理未成年人审查起诉案件19件22人，其中未成年人犯罪案件14件16人，侵害未成年人案

2022年5月7日，松阳县人民检察院“小红花”未成年人检察办公室开展“法治进校园之汇文小学”活动

（县检察院供图）

件7件7人，审查后提起公诉12件17人，相对不起诉2人，附条件不起诉5人；办理公益诉讼案件4件，发出社会治理检察建议2件，以上均被采纳。设立“小红花”未成年人检察办公室，原创主题宣传片《送你一朵小红花》获全国检察新媒体月度优秀作品奖。深化未成年人法治宣传教育，深入开展“法治进校园”宣讲活动7期，受教育师生达1700余人次，发放资料2.5万份。联合县委政法委等相关部门出台《附条件不起诉未成年人进入特定场所预警工作机制》，加强未成年人犯罪预防和矫治工作。

【检察监督】2022年，县检察院办理执行刑罚和监管各类案件24件。其中，纠正违法案件8件（财产刑执行监督2件、看守所监管活动监督1件、社区矫正监督5件），检察建议1件（看守所监管活动监督）均已回复，采纳率100%。办理收监执行案件3件（建议收监2件、同意收监1件）；暂予监外执行审查案件4件；重大案件侦查终结前讯问合法性核查案件7件；被评为市级典型案事例2件。行使自行补充侦查权，全年自行补充侦查9件次。在办理钟某某诈骗案中，通过自行补充侦查夯实证据，增加认定涉案金额8.88万元，促进案件事实的精准认定和追赃挽损的有效进行。全年捕后轻缓刑率7.5%，审前羁押率27.4%，均达到省检察院考核指标。

【检务公开】2022年，县检察院自觉接受制约监督，努力践行把全过程人民民主贯穿检察履职始终，自觉接受县人大监督，主动向人大常委会专题报告法律监督工作开展情况。自觉接受民主监督，向民主党派、工商联等通报检察工作，聘任5名党外人士担任首届“特约检察员”，强化对检察工作的民主监督。落实整改百名人大代表、政协委员评机关提出的问题。自觉接受社会监督，公开案件程序性信息626条、法律文书143份，发布检察工作动态210篇。

【批捕起诉】至2022年12月底，县检察院受理提请批准逮捕案件87件133人，审结90件135人，其中批准逮捕78件102人、不批准逮捕12件33人。无捕后撤案以及判无罪案件，捕后轻刑案件。监督立案9件13人，生效判决4件7人；监督撤案4人。受理审查起诉案件248件366人，审结案件276件433人。其中，提起公诉186件323人，不起诉86件105人（相对不起诉84件103人，证据不足不起诉1件1人），附条件不起诉3件3人。无起诉后无罪、撤回起诉案件。追诉漏犯获生效判决1人。提请抗诉案件1件，获改判。强化侦查活动监督，全年发出纠正违法通知书3份。全面推进认罪认罚工作，全年认罪认罚适用率94.3%，确定定刑量刑建议提出率97.6%，采纳率100%。

【检察改革创新】2022年，县检察院推进数字办案，检察长带头办理有影响力的数字监督案件1件，办理新领域数字监督案件1件；落实省检察院17个专项监督部署，有8个专项成案，共办理案件44件。推进数字应用，司法网拍卖监督系统获评全国检察机关大数据法律监督模型竞赛一等奖；《网络司法拍卖民事执行违法犯罪类案监督》一文被收录至《大数据法律监督办案指引》，《网络司法拍卖大数据监督案》一文在《中国检察官》杂志上发表。

（县检察院）

法 院

【概况】2022年，松阳县人民法院（以下简称县法院）打造“前端强治理，中端重质量，末端抓执行，全程畅监督”的闭环体系，履行宪法法律赋予的职责，持续巩固法院改革发展成果。全年新收各类案件7176件，办结6983件（含旧存，下同），一线法官人均结案263.12件，全市排名第二。3月，获评市法治宣传教育基地。8月，获评县青少年学生法治教育基地。

【刑事审判】2022年，松阳县依法惩治各类犯罪，审结刑事案件190件，判处罪犯311人，有力维护县域平安。深入开展打击电信网络诈骗暨养老诈骗犯罪专项行动，审结案件33件73人，追缴金额186万元。县法院依法审理钟某虚构中奖信息电信诈骗案件，入选全省法院十大典型案例。审结黄赌毒、盗抢骗等严重危害群众安全的犯罪77件。严惩职务犯罪，审结贪污贿赂、失职渎职等案件6件，判处8人。落实宽严相济政策，适用认罪认罚程序案件162件。为51名符合条件的被告人指定辩护，指定辩护率100%。

开展重点信访案件专项攻坚行动，建立健全涉法涉诉信访化解长效机制。化解信访积案15件，其中化解1起历时25年信访积案，获省委政法委书记王昌荣批示肯定。

【民事审判】2022年，县法院依法适用《中华人民共和国民法典》，审理各类民事案件3487件，案件平均审理天数33.21天，位居全省第一。其中，审结人身损害赔偿、医疗纠纷、劳动争议等案件59件；审结婚姻、赡养等家事纠纷301件。深化道路交通一体化改革，审结道路交通案件161件，自动履行率94.4%。充分保障妇女、儿童权益，发放人身安全保护令16份。坚决打击虚假诉讼、恶意诉讼等滥用诉讼行为，及时更新职业放贷人名录，训诫、罚款、拘留、移送公安机关29人次，专项治理民间借贷纠纷，收案数比上年下降19.1%。

【行政审判】2022年，县法院推进行政案件全域智治集成改革，审结行政案件36件、非诉审查21件。深化司法与行政良性互动，常态化召开县政府与县法院联席会议，推动行政机关负责人“出庭发声”。连续7年发布行政审判白皮书，发送司法建议，促进行政机关依法行政，引导群众依法维权。推动行政争议调解中心建设，加强对重点敏感案件风险评估及协调化解力度。

【案件执行】2022年，县法院推行自动履行正向激励机制，审结自动履行案件1067件2.48亿元，自动履行率达到53.7%，比上年上升29.98个百分点，上升幅度居全省第二。推动切实解决执行难，加大执行力度，加强执行惩戒，预处罚160人次，涉嫌犯罪预移送告知书15份；查封车辆366辆、股权12件、房产271处。严惩失信行为，通过微信公众号、村务公开栏等形式，分片区对失信被执行人进行精准曝光；依法限制高消费2322人次，纳入失信名单2343人次，限制出境398人，罚款1705人，司法拘留35人，向公安机关移送涉嫌拒执犯罪25件30人，判处拒执犯罪5件6人，开展集中执行行动17次。全年执结案件3249件，执结率89.23%，执行到位金额6.15亿元，比上年上升188.7%。坚持善意文明执行，采取活封活扣措施，在不损害债权人利益的前提下，允许被执行人在法院监督下处置财产，尽可能保全财产市场价值；对有发展前景但暂时存在资金困难的企业，在条件允许的情况下可以为企业预留必要的流动资金和往来账户，或者依法采取债转股、分期执行、执行和解等方式方法，尽可能不影响企业的正常生产经营活动，最大限度减少司法活动对当事人正常生产生活的影响。针对终本案件（指法院的执行案件，由于被执行人没有可供执行的财产，而裁定终止本次执行程序）这一人民群众关注的“急难愁盼”问题，认真落实县委“出清执行案件终本库 提升司法公正感受度”专项攻坚行动部署，第一阶段出清终本案件1220件，执行到位金额3.96亿元，比上年增长400%。

【环境资源审判】2022年，县法院全面实行环境资源“三合一”审判，审结非法捕捞、滥伐盗伐林木等破坏生态环境类犯罪案件3件，判处罪犯3人。探索建立生态保护修复性司法机制，联合县检察院、四都乡开展“我为亚运种棵树”植树活动，在“特色经济林”生态修复基地延伸种植3.5千米，收入用于消除集体经济薄弱村工作，相关做法被《法制日报》《浙江日报》等媒体报道。开展“国际生物多样性日”保护

2022年4月19日，松阳县人民法院环境资源巡回法庭在案发地审判一起盗伐林木刑事附带民事公益诉讼案件（县法院供图）

古树名木和野生动物保护等活动，组织学生寻访生态家训，被浙江天平专题刊载。设立“森林法官”工作室，在案发地巡回审判盗伐林木刑事附带民事公益诉讼案件，达到“审理一案，教育一片”的效果。

【民事诉讼改革】2022年，县法院民商事立案窗口入驻县社会矛盾纠纷调处化解中心；运用数字化手段，推广全流程、全要素式的无纸化审判执行模式，实现在线提交诉讼材料、办理退费、电子送达等，从诉讼源头上减少纸质材料，实现全程无纸化。试点推行“人民陪审员一件事”改革，实现对人民陪审员的数字管理、随机抽选、科学考评、智能运作，该项改革由省高级人民法院发文向全省推广。

【审判管理】2022年，县法院加强“四类案件”监管，防范办案风险，提升办案质量。出台案件质量管控实施方案，构建案件质量管控体系，每月召开质效分析会，强化对案件的动态监管。全面落实司法责任制，完善审判委员会和专业法官会议规则，推行类案与关联案件强制检索机制，确保“类案同判”，满足人民群众对司法公正的朴素要求。常态化开展案件评查工作，重点评查改判、长期未结、投诉举报等案件，倒逼案件办理规范化、精细化，改判发回瑕疵率为零，服判息诉率95.22%。

【诉源治理】2022年，县法院以“共享法庭”为载体，突出解决松阳县“诉源治理”短板，在全县推广建设“共享法庭”251个，实现乡镇（街道）村（社区）全覆盖，指导调解601件次，化解纠纷659件，网上立案330件，在线诉讼269件，普法宣传25场。开展“人民法庭+共享法庭”基层解纷一件事改革，在全县推广运用“基层解纷在线”，1576件矛盾纠纷通过平台录入分发，其中1025件调解成功。建立以调解员为核心，“共享法官”“共享警官”“共享律师”为支撑的县、乡、村三级解纷团队，重塑县域解纷力量和考核机制。该项目被纳入2022年浙江省数字法治系统一本账及全域数字法院“育苗造林”项目清单，入围丽水市数字化改革优秀应用。改革调研文章获最高人民法院第三届人民法庭高质量发展论坛征文活动的省级以上奖项3个，信息被省委办刊物刊载。全年万人成讼率为85.4%，比上年下降14.5个百分点，下降幅度居全市第二。

【多元解纷和诉讼服务体系建设】2022年，县法院服务“六稳”（稳就业、稳金融、稳外贸、稳外资、稳投资、稳预期工作）“六保”（保居民就业、保基本民生、保市场主体、保粮食能源安全、保产业链供应链稳定、保基层运转），深入开展法助共富专项活动，助力营造一流法治化营商环境。审结涉企纠纷1404件5.93亿元、金融纠纷214件0.98亿元，有力维护县域经济社会健康发展。对接市场主体需求，制作发布200余份松阳县民营企业法律风险防范问答手册。聚焦县域“四张金名片”（智能制造新城、中国有机茶乡、全域康养胜地、国家传统村落公园），开展护航“二次创业”十大行动。支持和规范新就业形态，联合市中级人民法院在电商园区成立“电子商务共享法庭”。成立县人才科技司法服务保障中心，完善涉人才科技纠纷源头预防和实质化解机制，激发创新活力，审结涉人才科技和知识产权案件134件。开展涉案低效土地处置专项攻坚行动，多措并举盘活闲置资源，出清土地10.33公顷。优化审判资源配置，诉前调解纠纷3256件，满足当事人多元、高效、便捷的解纷需求。

【“共享法庭”建设】2022年，县法院坚持发展新时代“枫桥经验”，推进“人民法庭+共享法庭基层解纷一件事”改革项目，并于9月正式上线“基层解纷在线”应用。在县综合行政执法局设立“共享法庭”，并依托“人民法庭+共享法庭”一件事，下沉行政争议解纷力量，通过协调促使原告主动撤诉16件，诉前调解13件。

（县法院）

司法行政

【概况】2022年，县司法局推进法治建设和司法行政各项工作，获评法治丽水建设考核先进单位，“乡村振兴·法润田园”普法项目获评全省年度创新推进项目，行政复议化解行政争议主渠道改革获市级年度创新推进项目，获评全省司法行政系统法治建设行政复议工作成绩突出集体和民主法治村（社区）建设成绩突出集体、丽水市司法行政系统工作考评优胜单位，行政复议化解行政争议主渠道改革，“乡村振兴、法润田园”乡村普法2个项目入选省创新项目试点。

【公共法律服务体系建设】2022年，松阳县建有公共法律服务中心1个，公共法律服务站29个、村居（社区）公共法律服务点214个，构建县、乡、村（社区）三级公共法律服务体系。开展法治宣传“进社区、进集市、进村居、进学校”系列活动9场次，发放法治宣传资料2000余份。聚焦共同富裕律师万人比2.0指标，出台政策文件鼓励全县干部参加法律职业资格考试，全县新增公职律师14人，律师万人比从上年万分之一点八提升至万分之二点九八。

【人民调解】2022年，松阳县深化人民调解“松阳模式”，探索乡贤参与调解新机制，全县19个乡镇（街道）建立乡贤调解团，共聘请148名乡贤调解员，化解涉茶、涉松材线虫病松木砍伐、涉南城塘寮区块征迁等重大项目矛盾纠纷，形成基层矛盾纠纷多元化调解模式。全年全县各级调解委员会共调处矛盾纠纷案件3359件，成功调处3357件，调处成功率99.94%，涉及金额3.4亿余元，其中信访案件108件、疑难复杂案件855件。

2022年松阳县矛盾纠纷调解情况一览表

表8

名称	调委会（个）	调解人员(人)	统计纠纷（件）										调解成功率
			婚姻家庭纠纷	邻里纠纷	房屋宅基地纠纷	合同纠纷	生产经营纠纷	损害赔偿纠纷	劳动争议纠纷	道路交通事故纠纷	其他纠纷	总数	
西屏街道	29	129	2	17	3	2	0	9	3	0	75	111	99.1%
水南街道	14	67	0	0	15	14	0	4	0	0	21	54	100%
望松街道	12	52	6	0	4	8	0	11	13	2	77	121	100%
古市镇	18	75	3	8	1	5	0	24	26	1	41	109	100%
象溪镇	14	69	13	11	3	8	0	32	14	3	31	115	100%
玉岩镇	15	60	2	4	4	0	0	25	9	3	63	110	100%
大东坝镇	18	87	2	2	1	2	0	13	0	0	42	62	100%
新兴镇	23	79	1	2	6	4	0	17	47	2	87	166	99.4%
叶村乡	9	33	0	13	5	0	0	19	6	0	13	56	100%
斋坛乡	8	34	2	8	1	3	1	15	1	0	5	36	100%
三都乡	11	47	0	4	0	2	0	15	1	0	25	47	100%
四都乡	6	22	1	1	1	0	1	6	6	0	19	35	100%
竹源乡	8	49	0	0	2	0	0	13	1	0	8	24	100%
樟溪乡	9	36	0	0	0	0	0	6	2	1	6	15	100%
赤寿乡	9	36	0	0	0	0	0	5	3	0	41	49	100%
枫坪乡	11	42	0	2	0	0	0	43	3	0	7	55	100%

续表 8

名称	调委会（个）	调解人员（人）	统计纠纷（件）										调解成功率
			婚姻家庭纠纷	邻里纠纷	房屋宅基地纠纷	合同纠纷	生产经营纠纷	损害赔偿纠纷	劳动争议纠纷	道路交通事故纠纷	其他纠纷	总数	
安民乡	5	16	0	0	0	0	0	0	0	0	14	14	100%
板桥畲族乡	6	23	2	11	4	0	0	8	1	0	20	46	100%
裕溪乡	8	26	0	7	0	0	0	12	8	0	10	37	100%
县调委（含诉委）单独县调委	1	3	15	1	2	18	2	24	17	5	96	180	100%
交调	1	3	0	0	0	0	0	0	0	226	0	226	100%
劳调	1	3	0	0	0	0	0	3	60	0	0	63	100%
婚调	1	13	41	0	0	0	0	0	0	0	0	41	100%
财产保险	无	0	—	—	—	—	—	—	—	—	—	—	—
信访纠纷调委会	无	0	—	—	—	—	—	—	—	—	—	—	—
医调	1	3	0	0	0	0	0	0	0	0	15	15	100%
物调	1	3	0	0	0	0	0	0	0	0	113	113	100%
诉调（录入到人民调解大数据平台的案件数）	1	7	6	0	2	269	2	6	0	0	647	932	100%
知识产权	1	4	0	0	0	0	0	0	0	0	0	0	0
工业园区	1	3	0	0	0	0	0	0	121	0	0	121	100%
其他	—	—	—	—	—	—	—	—	—	—	406	406	100%
合计	242	1024	96	91	54	335	6	310	342	243	1882	3359	99.94%

【社区矫正和安置帮教】2022 年，县司法局严格管理社区矫正对象，全面落实“必接必送，无缝对接”措施，守好监狱释放人员新冠疫情防控的“第一道防线”，实现工作人员、刑满释放人员“零感染”，犯罪人员家属“零投诉”。推动“社区矫正执法规范化”提升年活动，检查问题 45 个，制定整改措施 61 条，明确整改时限，确定整改责任人。

【法治宣传】2022 年，松阳县做深做实乡村普法赶集品牌，“‘乡村振兴·法润田园’让法治点亮乡村”项目入选浙江省司法厅 2022 年度创新推进项目。开展“法治带头人”“法律明白人”培育工作，实现每个行政村有“法治带头人”2 人，“法律明白人”5 人，覆盖率 100%。创成市级民主法治村（社区）42 个，省级民主法治村（社区）10 个，四都乡陈家铺村创成第九批全国民主法治示范村（社区）。全县有市级以上民主法治村（社区）200 个。县司法局被评为全省司法行政系统法治建设——民主法治村（社区）创建成绩突出集体。推进公民法治素养提升行动观测点创建，创建县级观测点 17 个，市级观测点 9 个，省级观测点 1 个。培育乡村“法治带头人”406 人，“法律明白人”1015 人。完成松阴溪普法

2022年5月25日，松阳县司法局开展“流动少年宫之民法典进大东坝小学”活动 （县司法局供图）

集散地——县域数字化普法一体集成平台第一期建设，创成市级法治宣传教育基地4个、市级诚信守法企业2家、市级普法农家院4家。推进《中华人民共和国民法典》《中华人民共和国宪法》主题宣传活动，结合“流动少年宫”进学校，开展“法治+研学”主题活动。

【律师管理】2022年，松阳县拥有律师60人，其中社会律师15人、法律援助律师1人、公职律师44人，律师万人比达万分之二点九八。召开律师、法律工作者工作季度例会，开展律师行业突出问题专项治理活动。对县域3家律师事务所和2家基层法律服务所在业务活动过程中依法执业、依法管理、受理举报投诉等情况开展“双随机、一公开”抽查，对抽查发现的问题督促及时整改，促进管理规范化。持续完善机制，强化日常管理，指导村（社）法律顾问开展形式多样的基层法律服务。完成律师事务所、法律服务所的年检注册初审工作和律师、法律工作者的年度考核。

【法律援助】2022年，松阳县法律援助中心落实“法助共富、法护平安”专项行动，开展法律援助工作。全年受理法律援助案件205件，其中刑事113件、民事92件；认罪认罚法律帮助案件310件；接受法律咨询2000余人次；免费代写法律文书15件；指引诉讼50余人次。加大对特殊人群的援助力度，开通农民工、妇女、老年人、未成年人、残疾人的法律援助绿色通道，及时办理相应人员的法律援助申请。全年受理农民工维权案件13件，妇女权益维护15件，老年人权益维护15件，未成年人23件，残疾人5件。参与援访衔接、援调衔接，采取多元化途径解决矛盾纠纷。指派律师参与信访积案听证会2人次，参与信访事件会商2人次，终结信访积案4件；为1起2014年终审结案的农民工工资涉诉信访案件提供法律援助。

【公证服务】2022年，松阳县公证处参与衢丽铁路松阳段工程建设项目水南街道、叶村乡、斋坛乡的房屋征迁建房宅基地安置抽签活动，协助县法院审结案件执行10余场次；各类招投标现场监督活动65场次。深化公证服务“最多跑一次”改革，涉及公证事项25个大类，116项。全年办结案件416件，其中国内民事326件、涉外90件。案件总量比上年下降23.4%，其中国内民事办结案件量比上年下降32.1%，涉外民事办结案件量比上年增长27.2%。

【退役军人法律援助工作站成立】2022年4月12日，松阳县法律援助中心驻退役军人事务局法律援助工作站挂牌成立。该工作站主要为广大退役军人提供解答法律咨询、代拟法律文书、受理法律援助申请、开展法律援助宣传等服务。由退役军人事务局安排专职人员负责来访登记，转交援助诉求；县法律援助中心提供法律服务。全年工作站提供退役军人法律咨询服务15人次。

（县司法局）

军 事

县人武部

【概况】2022年，中国人民解放军松阳县人民武装部（以下简称县人武部）贯彻落实年初军委国防动员部、省军区、市军分区党委（扩大）会议精神，牢记使命职责，主动适应新形势新任务新要求，思想政治建设坚强有力，练兵备战工作扎实推进，国防动员能力稳步提升，全面建设形势持续向上向好。组织县民兵应急连参加丽水市第五届民兵岗位练兵比武对抗获全市第二名，总体综合成绩排全市第二；4个乡基层武装部被评为五星基层武装部。

【练兵备战】2022年，县人武部组织开展民兵连长、专武干部、民兵应急分队等各项集训活动，提升松阳铁军遂行应急抢险任务综合实力。以丽水市第五届民兵岗位练兵比武为契机，在全社会广泛掀起练兵热潮。

【国防教育】2022年，县人武部利用当地红色资源优势创新国防教育新形式，在全社会营造参军报国的浓厚氛围。开展迎老兵送新兵暨“从戎之剑”赠剑仪式、立功受奖送喜报等活动，增强军人军属荣誉感。全年完成2464名学生军训任务，与团县委、县少工委共同举办2期共计111人次的少年军校夏令营活动，进一步提高青少年国防意识。

【思想政治建设】2022年，县人武部结合实际组织一次直播观看、开展一次动员部署、拟制下发一个通知（向全县19个基层武装部及各编兵单位下发关于学习贯彻党的二十大精神的通知，指导各单位认真学习贯彻党的二十大精神）、组织一次专题学习研讨、组织一次党课辅导、筹划一个系列活动（开展“学习二十大，砥砺强军梦”主题党日活动，部机关全体人员实地参观枫坪乡小吉村、斗潭村红色革命遗址等）。11月，举办“学习贯彻二十大精神 争当挺进师新时代传人”微宣讲比赛，全县19个基层武装部各推选1名优秀专武干部或基干民兵参赛，并评选出一、二、三等奖和优胜奖。12月，开展以“深悟强军思想、担当强军重任”为主题的征文比赛和文创作品比赛，常态化开展思想教育。

（县人武部）

2022年11月11日，县人武部举办“学习贯彻二十大精神 争当挺进师新时代传人”微宣讲比赛（县人武部供图）

国防后备力量建设

【概况】2022年，松阳县坚持党管武装基本原则和优良传统，持续巩固党史军史学习教育成果。严格落实党管武装工作述职、党委议军、过“军事日”等制度，组织全县党管武装工作会议、新任乡镇（街道）人武部政治教导员任职命令仪式等活动。县人武部配合做好县国防动员委员会、国防教育委员会改革落实等相关工作，指导各基层武装部规范“三室一库”（办公室，资料室，民兵活动室，物资器材库）及村民兵连连部场所建设。

【民兵工作】2022年，县人武部聚焦新形势、新任务抓好民兵职能建设，锻造备战打赢能力素质。贯彻党中央、国务院，中央军委和中央军委主席习近平关于加强和改进民兵建设的一系列决策指示，贯彻落实民兵建设“十四五”规划任务要求，对接潜力需求，布局民兵结构，编实建强各类民兵队伍，应地方政府需求出动民兵参与森林灭火、抗击新冠疫情卡口执勤等任务。

【征兵工作】2022年，县人武部积极适应一年两征新形势，根据人事变动情况调整征兵工作领导小组及征兵办公室成员单位，建立职责清单和运行机制，提高征兵工作运转效率。举办欢送新兵暨“从戎之剑”赠剑仪式2次，在全社会营造浓厚参军氛围。

【全省征兵工作“一个过程”规范化试点建设观摩活动】2022年5月18日，全省征兵工作“一个过程”规范化建设试点观摩活动在松阳县民兵训练基地举行，省军区、市（地）军分区（警备区）、县（市、区）人武部主官参加活动。松阳县主要负责示范教育微课2节、《大鹏一日同风起》——役前教育训练组织实施工作纪实片及《预定新兵役前教育训练组织实施工作手册》的拍摄和制作，为全省征兵规范化建设提供可复制性样板。

（县人武部）

武警松阳中队

【概况】2022年，中国人民武装警察部队松阳中队（以下简称武警松阳中队）打造“忠坚似松，斗志如阳”的特色品牌，突出“职责立队、精细建队、学习强队、素质亮队”的严格标准，参加驻地经济社会建设，实现执勤目标连续38年安全无事故。2022年，被武警浙江总队评为先进中队。

【备战执勤】2022年，武警松阳中队紧跟形势抓战备，常态化开展拉动演练，确保中队处于高度戒备状态。紧贴任务实际，及时开展抢险救灾、处突反恐训练、完善各类任务预案、随时做好上一线、打头阵准备。紧贴任务抓执勤，落实各项执勤制度，细化职责分工。全年中队先后担负武装押解勤务和党的二十大召开期间巡逻任务，提升目标安全系数，中队连续38年执勤无事故。

【军事训练】2022年，武警松阳中队把“能打仗、打胜仗”的过硬基层作为建队目标，以军事训练龙虎榜为载体，营造“训练有为、训练有位”的氛围。坚持每日一检验、每周一小考、每月一大考的制度，以考促训，全员纳入军事考核，在年度支队开展群众大练兵活动中获第二名。

【思想文化教育】2022年，武警松阳中队推进“忠诚维护核心，矢志奋斗强军”和“传承红色基因，担当强军重任”主题教育。协调地方专家到中队授课辅导，提升官兵理论武装头脑；组织官兵参观松阳县博物馆，体验驻地经济和社会发展成就，进一步坚定政治信仰。每月开展学习征文和演讲比赛，丰富官兵精神内涵；利用板报、宣传栏和网络等载体营造浓厚的学习氛围，提升官兵践行革命军人核心价值观的自觉性。开展“学强军思想、讲强军故事、干强军事业”群众性实践活动，开展“身边最美强军典型”评选活动。与县文化馆举办联欢晚会，强化中队“文艺半小时”能力培养；建设“一队一品”特色文化，丰富官兵的文化生活，激发官兵学习热情；鼓励战士周末外出购书，协调县图书馆在中队建立流动图书站，培养战士“多读书、读好书、善读书”好习惯。

（武警松阳中队）

退役军人事务

【概况】2022年，松阳县常态化组织迎退役军人返乡、送立功喜报、悬挂光荣牌、走访慰问、就业帮扶等工作。开展退役军人和其他优抚对象建档立卡和优待证申领工作，接收安置转业军官1人和符合政府安排工作退役士兵1人。全县拥有236个退役军人服务中心（站），其中县级1个、乡镇级19个、村（社区）级214个、机关单位1个、企业1个。至12月底，全县累计有14个乡镇（街道）、28个村（社区）退役军人服务站通过省级“新时代枫桥式退役军人服务站”验收。

【退役军人就业创业】2022年，松阳县举行退役军人专场招聘会2场，45家企业参加并提供330余个岗位选择，通过短信平台发布就业创业相关信息5万余条，推送就业岗位600余个。设置1个公务员、2个事业岗位面向退役军人专招。县直各单位设置编外岗位面向退役军人优先招聘，全年有多名退役军人入职各类编外岗位。持续推出各类“拥军贷”信贷产品，帮助解决创业融资难等问题。选送优秀退役军人企业代表参加丽水市退役军人创业创新大赛获一等奖。

【退役军人教育培训】2022年，松阳县通过单列计划、单独招生、加分投档、免试入学以及免学费和助学金资助等措施，为退役军人接受高等教育提供平台，多名退役军人继续接受学历教育。退役军人返乡报到时提供职业技能培训、岗位推荐、政策宣传等服务。举办退役军人电子商务师、无人机操作等培训，110人次参训。县退役军人事务局连续两年采取与企业、培训基地合办培养人才定向班的“靶向培训”模式，与浙江中金电力建设有限公司和松阳县中金职业技能培训学校共同为退役军人开设为期2个月的电力技术工培训，考核合格与企业签订就业合同。

【优待抚恤】2022年，松阳县开展退役军人和其他优抚对象建档立卡和优待证申领工作，完成建档立卡工作，其中98%完成制证并发放。完成发放各类抚恤补助工作。落实县一级至六级残疾军人门诊定额补助待遇。对低保、低保边缘家庭中的退役军人增发10%生活补助和医疗援助，并按期发放到位。

【拥军优属】2022年，县退役军人事务局牵头组织春节、“八一”建军节等重大节日开展慰问活动。县四套班子领导走访慰问丽水军分区、驻松部队官兵、在松军队离休干部、优抚对象，组织县域54家企事业单位到驻松部队开展慰问。免费为现役义务兵家属开展健康体检。开展松阳县“拥军商圈”建设，首批36家商户加入“双拥商圈”，为全县现役军人、退役军人和其他优抚对象提供专属优惠。

【褒扬纪念】2022年，松阳县为立三等功及获优秀士兵等荣誉称号的现役军人家庭送立功喜报和奖状。制作双拥特色连环画《鱼水情——挺进师与松阳人民》。组织优秀退役军人参选丽水市最美退役军人评选活动、寻找丽水“麦香”式优秀军烈属等评选宣传活动，1人获评“中国好人”。优选6名优秀退役军人组建松阳县“老兵宣讲团”，其中1人入选省“老兵宣讲团”。9月30日，组织机关、企事业单位、学校等人员到县烈士陵园举行“烈士纪念日”祭奠英烈纪念活动。

【松阳县老兵宣讲团成立】2022年3月，松阳县退役军人事务局组织6名松阳籍退役军人，成立松阳县老兵宣讲团，结合自身经历讲革命故事、英雄故事、老兵故事，并依托当地红色资源，宣传红色

2022年12月23日，松阳县老兵宣讲团成员刘永根到松阳金卫安保退役军人服务站开展党史宣讲　（县退役军人事务局供图）

正能量，传承红色基因，开展国防观念、战备知识的教育。全年老兵宣讲团进校园宣讲 13 场，参与师生 1500 余人。宣讲团成员刘永根入选首批浙江省老兵宣讲团（全省 8 人）成员，并在 12 月召开的全省退役军人系统会议上作《军魂永远在心中激荡》的宣讲。

【退役军人服务中心（站）建设】2022 年，松阳县完成 6 个退役军人服务站"新时代枫桥式退役军人服务站"标准提升工作，10 家乡镇服务站、11 家村（社区）服务站通过省级枫桥式服务站创建验收。成立首家企业退役军人服务站——金卫安保退役军人服务站。实行轮值站长制度服务站 103 所，轮值站长 693 人。在县退役军人服务中心建立松阳县法律援助中心驻退役军人事务局法律援助工作站，提供法律咨询服务。

（县退役军人事务局）

2022 年 12 月 14 日，松阳县首家企业退役军人服务站——金卫安保退役军人服务站成立暨挂牌仪式举行　（县退役军人事务局供图）

人民防空

【概况】2022 年，松阳县坚持以习近平新时代中国特色社会主义思想为指导，深入学习贯彻党的二十大和第七次全国人防会议精神，全面落实全省人防工作会议精神。县人防办全年按季组织人员对县域人防工程进行监督检查，重点检查人防工程主体结构、标识标牌、风水电系统等方面，共检查 44 次，辖区内人防工程设施设备完好率 100%。

【人防知识宣传】2022 年，松阳县先后在 3 月 1 日"国际民防日"、5 月 12 日"国家防灾减灾日"、"九一八事变纪念日"、10 月 31 日"人防创立日"等时间节点，开展防空防灾宣传教育系列活动，向社会公众发放《人民防空应急手册》《安全防护知识手册》《旅游出行民防指南》等宣传折页，推动人防知识进学校、进社区、进企业，引导公众进一步认识人防、了解人防，增强全社会对人防工作重要性认识和社会公众居安思危意识，提升全民防空防灾能力。

【人防信息化建设】2022 年，松阳县落实指挥信息系统、短波电台联调、防空警报装置等管理制度，加强机房设备维护保养，确保指挥信息系统运行良好。7 月，完成人防警报数字化改造工作，除大东坝镇因地处山区且离县城较远外，其余均实现无线统控，音响覆盖率达 97%以上，全部人防警报点均安排有专人维护管理，警报装置完好率 100%，指挥信息系统运行良好，完成"5·12"防灾减灾日防空防灾警报试鸣、"9·18"防空警报试鸣、江泽民追悼大会默哀时防空警报鸣响任务。11 月 11 日，按要求完成以松阳为主场的丽水市人民防空实战化演习保障任务。

【人防救援队伍建设】2022 年，县人防办在上级业务主管部门的指导支持下，加强队伍建设，提升应急救援能力，参与公益救援、志愿服务和安全防护知识技能教育培训等活动。全年组织开展救援活动 15 次共 22 天，出动队员 287 人次，协助交通等部门开展志愿服务活动 6 次，开展安全防护知识技能教育培训 18 次，受众 1500 余人，防护知识技能教育培训项目获松阳县公益创投大赛二等奖。

（县人防办）

数字化改革

综　述

【“1612”改革体系架构】2022年，松阳县按照“1612”改革体系架构［“1”即一体化智能化公共数据平台（平台+大脑），“6”即党建统领整体智治、数字政府、数字经济、数字社会、数字文化、数字法治6大系统，第二个“1”即基层治理系统，“2”即理论体系和制度规范体系］，一体推进数字化改革、全面深化改革和共同富裕示范区重大改革。成立数字化改革专班、执行力建设专班和重点场景应用攻坚专班，编制“改革动态清单”，建立“奔跑指数”评价体系，对各改革项目进行全过程跟踪督办。

【数字化改革任务试点】2022年，松阳县以数字化改革为引领，省级重大应用实现“应通尽通”，应用活跃度排名全省第十，承接省级数字化改革任务试点32项，列入全省数字化改革重大应用“一本账S_2”（省级层面确定的数字化改革重大应用清单目录，“S_2”为系统版本）4个。“司法网拍”“拯救老屋”“松智汇”“茶叶在线”等入选国家、省、市优秀应用场景。与市检察院共建的“司法网拍智能审查”应用获全国检察机关大数据法律监督模型竞赛一等奖，并入选全省“一地创新、全省共享”“一本账S_0”(数字化改革重大应用“一本账S_0”目录)；“拯救老屋”应用获评全省数字文化系统第三批优秀应用；“松智汇”应用获全省人大数字化改革创新暨第三届“浙江人大工作与时俱进通报表扬”提名奖。

2022年松阳县数字化改革承接省级任务试点情况一览表

表9

序号	系统平台	试点内容	启动时间
1	党建统领整体智治	人大代表联络站被列入首批人大践行全过程人民民主基层单元培育对象	2022年5月7日
2	党建统领整体智治	浙江数智党校集成应用第三批试点建设单位	2022年6月30日
3	党建统领整体智治	公权力大数据监督应用“体育系统”——体育协会管理及体育类经营子场景	2022年7月18日
4	党建统领整体智治	公权力大数据监督应用“大综合一体化行政执法领域”——体育子场景	2022年7月18日
5	数字政府	“浙农富裕”应用农房盘活数字化场景第一批“先行先试”推广应用	2022年5月13日
6	数字政府	浙江审计整改一体化智能管理系统第二批试点	2022年6月8日
7	数字经济	省智慧交通产业发展试点县	2022年4月10日
8	数字经济	人工智能典型应用场景（AI-EHS智慧安全管理系统）	2022年3月30日
9	数字经济	“农业双强”攻坚试点	2022年7月8日

续表 9

序号	系统平台	试点内容	启动时间
10	数字经济	农业农村系统重大改革(重大应用)场景第一批“先行先试”名单——种植业产业大脑“浙茶香”场景	2022 年 5 月 24 日
11	数字经济	松阳不锈钢管产业	2022 年 8 月 30 日
12	数字经济	2022 年第一批智能工厂（数字化车间）	2022 年 9 月 6 日
13	数字社会	第一批未来乡村建设试点	2022 年 1 月
14	数字社会	未来乡村	2022 年 3 月 25 日
15	数字社会	“浙里无碍”试点应用	2022 年 2 月 14 日
16	数字社会	第五批未来社区	2022 年 5 月 24 日
17	数字社会	人事考试考务管理工作规范	2022 年 2 月 7 日
18	数字社会	2022 年人社数字化改革重点试点——居家养老“一卡通”	2022 年 4 月 2 日
19	数字社会	“浙里助残”无碍行场景应用试点	2022 年 6 月 24 日
20	数字社会	2022 年教育领域数字化改革创新试点——青少年体质健康监测	2022 年 9 月 9 日
21	数字社会	共青团数字化改革第二批地方试点——青松向阳“青松创”	2022 年 9 月 13 日
22	数字文化	2022 年度体育数字化改革试点——机关企事业单位体育场所设施开放服务	2022 年 6 月 28 日
23	数字文化	数字化改革第二批试点应用——“拯救老屋”	2022 年 7 月 29 日
24	数字法治	人民陪审员智能管理试点——人民陪审员“一件事”应用	2022 年 4 月 28 日
25	数字法治	当事人“一件事”改革	2022 年 4 月 28 日
26	数字法治	禁毒的“重点人群、部位预防宣传”子场景	2022 年 6 月 10 日
27	数字法治	食药环知的“全省食药侦部门人力情报建设”子场景	2022 年 6 月 10 日
28	数字法治	智慧管理	2022 年 6 月 30 日
29	基层智治	水域监管“一件事”	2022 年 9 月 7 日
30	数字社会	第六批未来社区	2022 年 11 月 15 日
31	数字政府	质量监管与发展试点	2022 年 11 月 10 日
32	数字政府	首批粮补直达应用试点	2022 年 11 月 4 日

（县委办公室）

一体化智能化公共数据平台

【概况】2022 年，松阳县围绕全省数字化改革推进大会要求，全面推进一体化智能化公共数据平台建设。全县通过浙江省一体化数字资源系统（Integrated Resources System，简称 IRS）新增录入应用 10 个，共 49 个应用在管，终审通过率 100%，应用累计产生数据目录 797 个、使用云资源实例 159 个，产生数据应用占比 100%。全年新上架两端（浙政钉、浙里办）应用 8 个，两端发布率达 100%。通过 IRS 组件超市，实现组件复用，统一组件利用率达 100%。自 6 月起，3 次省对县双月评价和年度评价均居全市前三，其中 6 月居全市第一、8 月居全市第二、10 月居全市第一、12 月居全市第三。

【一体化资源系统管理应用】2022 年，松阳县依托一体化数字资源系统（IRS），管理全县数字资源，整合全县应用、组件、数据、云资源账目，组建IRS应用目录编制小组，点对点对接部门在IRS上动态更新管理应用数字资源，推进IRS资源管理。至12月底，全县49个应用终审通过率100%，两端发布率100%，“乡村振兴互助贷”被提级复用为全市应用。县级数据仓累计接收归集数据2亿余条，新编制目录580条，收到数据需求389个，需求满足率100%，支撑六大领域和“茶叶在线”“拯救老屋”等县域特色应用建设开发。

【项目信息化管理】2022年，松阳县实施政府投资信息化项目管理办法（暂行），常态化组织开展全县政府投资信息化项目方案审查工作，形成县发展改革局、县经济商务局、县财政局、县大数据和金融发展中心4个部门联审工作机制，统筹信息化项目管理，全年完成项目审查审批38个，造价审核累计节约财政资金1663万元。

（县大数据和金融发展中心）

党建统领整体智治

【概况】2022年，松阳县全面推进党建统领整体智治系统建设，形成党政机关整体智治系统“学改革、谋改革、抓改革、督改革、促改革”浓厚氛围。承接“七张问题清单”、应急处突、公权力大数据监督等党建统领重大改革项目15个，推进全省重大应用贯通工作，贯通率排名全省第七、全市第一。获得党建统领整体智治系统省级重大应用数字化改革试点5个，其中全省公权力大数据监管重大应用子场景——体育系统监管试点纳入全省重大改革（重大应用）“一本账S_2”。《松阳县体育协会管理办法》提升为公权力大数据监督市级制度。入选“七张问题清单”省级分清单示范榜2项。

（县委组织部）

【“松智汇”应用推广】2022年2月，“松智汇·松阳数字人大系统”在浙政钉系统上线，推进8大任务15个应用场景建设。至12月底，发布活动近百次，收集社情民意580条，形成意见建议104条、交办104条，开展《代表在监督》专题监督4期，促进民生难题解决18个。民意收集从每年反馈一次，到线上实时获得，监督的方式从结果监督向过程监督转变。

（县人大常委会办公室）

【“点亮古村落”场景应用】2022年，松阳县迭代升级“点亮古村落”场景，通过集成已建应用、共建应用、在建应用数据信息，归集“全量信息图”“浙农码”“拯救老屋”“松阳茶叶在线”“幸福小港”等10多个场景数据资源，保障数据支撑。根据4大指标评价情况，以待亮、微亮、放亮、明亮4种形态，评价古村落的发展状态。

（县委组织部）

数字政府

【概况】2022年，松阳县全面承接推进国土空间治理改革、强村富民乡村集成改革、新型监管机制改革、审计常态化“经济体检”改革等现代政府体制重大改革，有序推进种植业产业大脑“浙茶香”“浙农富裕”“农村综合性改革试点”等试点建设。入选全省中医药综合改革先行区、城乡社区治理和服务创新实验区、特色产业农业“机器换人”高质量发展先行县。

（县政府办公室）

【“最多查一次”涉企改革】2022年，松阳县根据“大综合一体化”行政执法改革要求，推出“最多查一次”涉企改革，构建全闭环行政执法监管体系。将全县4192家企业纳入执法检查监管范围，涉及20家执法部门、1400余项执法检查监管事项。企业可在线查看检查结果和检查意见并对执法过程进行评价，实现申报检查、处罚整改、结果查询、评价反馈的全流程管理。至12月底，县综合行政执法局联合9个执法部门累计开展涉企“最多查一次”联合执法监督检查72次，缩减检查584次、缩减检查频次80%以上，获浙江省副省长高兴夫批示肯定。

（县综合行政执法局）

【“乡呼县应 全域联动”工作机制】2022年，松阳县配套N个便利化基层办事网点的“1+N”政务服务体系，设置村前台综合受理，县、乡后台分类办理服务流程，实施村级可代办事项清单、村级网上可办事项清单和村级代办员管理办法，组建村级流动服务代办点，推进“乡呼县应，全域联动”工作机制建设。至12月底，开通村（社区）一网通办点115个，覆盖率达53.5%，各村代办员受理电话预约件2000余件，累计为偏远山区群众代办事项2.7万余件。

（县行政服务中心）

【采茶工服务“一件事”暨灵活用工服务平台上线】2022年2月，由县人力资源和社会保障局开发的松阳县采茶工服务“一件事”暨灵活用工服务平台正式推广使用，平台设置采茶工申报、保障、采茶工中介、纠纷处置等子场景，探索“精准供需对接+智能线上监管+在线贴心服务+一键纠纷处置”灵活用工模式。平台上线以来采茶用工投诉从2019年的212起降至2022年的58起。2月14日，被省发展改革委发文认定为2021年度浙江省数字赋能促进新业态新模式的57家典型企业和平台之一，获“全国第二届公共就业服务专项业务竞赛浙江选拔赛”就业服务成果优胜奖。

（县人力资源和社会保障局）

数字经济

【概况】2022年，松阳县立足县域实际，先后出台《松阳县推进产业数字化的行动方案》《松阳县关于加快推进产业数字化的扶持政策》等优惠政策，通过政策集成、资源集聚、资金集中，加大对企业在数字化改造提升、人才引培、企业认证认定等方面的政策支持，并对达到要求的企业给予梯次奖励。通过“政府补大额、企业付小款”的方式引进蒲惠智造科技股份有限公司，规模化推动企业数字化转型。至12月底，全县开展规模以上企业数字化改造55家，入围全省中小企业数字化改造试点县第二批培育名单。

【不锈钢企业数字化改造】2022年，松阳县完成规模以上不锈钢企业数字化改造37家，占规模以上不锈钢企业总数的77.1%。引进科大讯飞股份有限公司。完成政府侧、企业侧软件开发，硬件方面完成8家企业共50台（套）哑设备的数字化改造。

【AI-EHS智能识别安全生产系统应用】2022年，松阳县推送由上上德盛集团开发的“AI-EHS智慧安全管理系统”获评全市最优秀的六大场景之一。该系统包括员工价值数字化、财务管理数字化、产供销数字化、设备动态管理数字化、环境健康安全（EHS）管理数字化、项目管理数字化6大板块。系统应用以来，连续两年实现“零工伤”，隐患处置速度降至分钟级；连续3年实现污水“零排放”，累计回用废水6500万千克；设备综合效率由55%提升至96%；产品生产周期从35.83天缩减至21.33天；一次性合格率由上线前的70.1%上升至93.6%；人均产值从90万元/年提升至210万元/年。

（县经济商务局）

数字社会

【概况】 2022年，松阳县按照浙江省数字化改革“两年大变样”决策部署，推进数字化改革、全面深化改革、共同富裕示范区重大改革一体融合，迭代完善数字社会建设体系架构，编制印发《松阳县数字社会建设2022年度工作要点》。累计形成国家级制度成果2项。

（县发展改革局）

【“数字人社”建设】2022年，松阳县被列入省人力资源社会和保障厅居家养老“一卡通”人社数字化改革创新项目联合试点县。县人力资源和社会保障局成立数字化改革工作专班，对接数字化改革试点工作。将居家养老“一卡通”项目与送餐服务业务合作，专班人员参与市局统一系统的开发、测试，至12月底完成开发并上线“浙里办”进行试运行。按时完成省人社厅重点群体就业帮扶、浙里人力资源等8个应用系统的贯通工作，采茶工驿站正式上线“浙里办”。

（县人力资源和社会保障局）

【中医智能医联体建设】2022年，松阳县持续推进集共享阳光药房、中医智能诊疗、中医药大数据、中医药统一配送溯源等功能于一体的中医智能医联体建设，实现处方审定、中药饮片、颗粒处方调配、代煎、免费配送上门和业务培训等上下一体服务，群众可在“浙里办”随时查询中药调配、煎煮、配送全过程。至12月底，全县社区、乡镇卫生院上传中药处方5.9万余张，为群众配送中药31.8万余帖。

（县卫生健康局）

数字法治

【概况】2022年，松阳县成立数字法治建设工作专班，认真落实每周例会、汇报每月工作进展、研究双月综合评价考评细则。全年向市专班报送41个重大应用。重大应用贯通落地做到与省市同步，实际贯通应用31个。承接省、市试点工作4个（“基层解纷在线”“人民陪审员一件事”“重点人群、部位预防宣传”“全省食药侦部门人力情报建设”）。出台《关于建立涉养老诈骗行刑衔接案件协作配合机制的意见》《松阳县深化诉源治理实施方案》《松阳县解纷团队管理办法》《松阳县“庭务主任”管理办法的通知》《基层治理综合应用“浙里社区矫正协同”事件处置规范》等文件为数字法治建设提供制度保障。

【数字法治成果】2022年，由县检察院撰写的《网络司法拍卖民事执行违法犯罪类案监督》被省级刊物《大数据法律监督办案指引》收录，《网络司法拍卖大数据监督案》被《中国检察官》收录，被评为省数字化改革“最响话语”成果之一。《探索人民法庭推进“四治融合”助力乡村振兴的实践路径——以松阳县人民法院“人民法庭+共享法庭”解纷“一件事”数字化项目为视角》获“法治浙江论坛”三等奖。司法网拍应用入选“一地创新，全省共享”应用，获全国检察机关大数据法律监督模型竞赛一等奖，被评为市数字法治系统优秀应用，被列入省数字法治系统“一本账 S_3”、2022第五批“数字法治好应用”清单。“智慧审判”“智慧管理”应用被列入省数字法治系统“一本账 S_2”。“码上审查”应用3月运行以来通过线上提交审核案件657件，入围浙江省司法行政系统“好应用”评选。

【基层解纷“一件事”（解纷在线）应用正式运行】2022年9月16日，基层解纷“一件事”（解纷在线）应用全县正式运行，当事人通过扫码填写即可提交矛盾纠纷处理事项，并针对老年人开设热线电话，由矛盾纠纷指挥中心调度员进行情况核实与任务分派。全年受理矛盾纠纷1473件，化解969件。

（县委政法委）

数字文化

【概况】2022年，松阳县在7—8月市数字文化系统数字化改革工作综合评价中，获省级评价五星、试点任务推进优秀、应用贯通落地良好、地方特色创新优秀、改革争先争优优秀、响应度评价优秀，综合评价为“推进有力，值得肯定”。9—10月，在全省数字化改革工作推进会上，松阳县获评五星，排名全市第一。

【“数字文化系统”建设】2022年，松阳县按照全省数字化改革推进大会首次划定的“数字文化系统”构架，成立数字文化工作专班，并结合松阳实际认真谋划特色数字文化场景应用。推进省、市重大应用贯通落地，细化数字文化系统重大应用贯通责任，做到“应通尽通”。至12月底，“志愿浙江”“礼堂家”“最美浙江人”“红色资源在线”“全民阅读在线”“浙文创”“全域文明数智通”“品质文化智达惠享”“浙影通”“数智试听”“青少年成长守护”等省级重大应用按照进度要求100%贯通。

【“拯救老屋”场景应用上线】2022年8月，松阳县开发的“拯救老屋”场景应用在浙政钉平台上线，该应用针对老屋日常监管难、修缮过程繁、活化利用低、推广成效弱等问题，以老屋修缮管理、日常监测、资源展示、活化利用、项目申报、文旅推荐等多场景应用为基础，开发“云”管、“云”护、“云”富、“云”游老屋4个子场景，纵向贯通县乡村户4级，横向协同15个部门51条跨业务，实现3大方面的改革突破。健全老屋修缮审批、评估等机制，缩减审批流程7个。全年应用新增注册人数831人，点击率8195次。该应用入选全省数字文化系统优秀应用、浙江省文化和旅游数字化改革第二批试点应用、省数字文化系统“市县特色应用”，相关工作经验被《浙江信息（增刊）》第72期刊发。

（县委宣传部）

经济管理

宏观经济调控

【概况】2022年，松阳县统筹推进重大项目管理、共同富裕区建设、大花园示范县建设、固定资产投资和审批、能源发展、山海协作、东西部协作、粮食安全和物资储备、价格监测等改革发展各项工作，深化“二次创业”，建设现代化“田园松阳”。县发展改革局被国家发展改革委评为2019—2021年度“全国农产品成本调查工作先进集体”，被中共丽水市委、丽水市人民政府表彰为2021年度问海借力突出贡献集体。

【重点项目建设】2022年，松阳县安排重点建设项目54个。其中，新开工建设项目16个、续建项目29个、重点预备项目9个。另有重大前期项目14个。计划投资50.36亿元，实际完成投资51.37亿元，完成年度计划的102%。仙居至庆元公路松阳县水南至枫坪段工程、235国道松阳段改建工程2个项目继续被列为省重点建设项目。16个重点新开工项目完成投资21.85亿元，实现年度投资计划的97.5%，“松阳水网”——松古平原水系综合治理工程、第二污水处理厂工程、江南社区、瓦窑文旅综合体等一批大项目开工建设；29个重点续建项目完成投资29.52亿元，完成年度投资计划的105.6%，老旧小区改造一期、古市供水区域管网改造工程、江北灌区续建配套与节水改造项目（2021—2022）、南山大健康文化园（一期）等项目完工或基本完工，城乡垃圾资源化利用处置项目城区处置中心试运行。松阳县建县以来投资额最大的单体项目——浙江松阳抽水蓄能电站项目获省发展改革委核准，先导工程于11月2日开工，成为全国“十四五”新列入规划中首批实现核准、开工的项目之一。实施项目亮灯亮牌警示督办机制，通过“红黄”双色亮灯督办、亮牌警示等措施，实现重点项目全程跟踪督办，全年协调破解项目难题10个，推动6个重大项目入选年度省重点建设和预安排项目、5个项目入选省集中开工项目、3个项目入选全市提速项目“先锋榜”、1个项目入选省重大产业项目。

2022年11月，南山大健康文化园（一期）项目结顶

（县发展改革局供图）

2022 年松阳县重点工程建设情况一览表

表 10　　　　单位：万元

序号	项目名称	建设规模和内容	总投资	开工累计	2022 年完成情况			组织实施单位
					1—12 月完成投资	完成率（%）	形象进度	
1	2022 年全域土地整治和生态修复项目	垦造耕地项目 100 公顷（水田 66.67 公顷，旱地 33.33 公顷），旱改水项目 33.33 公顷，建设用地复垦 13.33 公顷	22690	22690	22690	100	垦造耕地验收约 45.79 公顷，旱改水验收 4.95 公顷，建设用地复垦验收约 38.03 公顷	各乡镇（街道）
2	江南社区	总用地 22.85 公顷，总建筑面积 41.49 万平方米，新建安置房、人才公寓、邻里中心、商办公寓楼、瓦窑遗址公园、滨溪生态公园等	425700	100000	37000	37	滨河公园区块公厕及配套用房主体结顶，塘寮安置区块房屋拆除	铁建城发（松阳）开发建设有限公司
3	第二污水处理厂工程	总用地 6.73 公顷，总建筑面积 13271 平方米，总规模 12 万立方米/日，其中一期新建 1 座规模 6 万立方米/日污水处理厂	38128	9520	9520	100	抗拔桩、灌注桩施工	松阳县供排水公司
4	国家传统村落公园核心区绿色发展示范项目	包括拯救老屋、古道修复提升、智慧乡村建设、农村生活污水提升、环境综合整治、古村复兴、传统村落门户、游客中转服务中心及停车场、乡村旅游（民宿）产业发展、精品农业基地创建和农村饮用水提升等项目	43100	4356	4356	100	三都乡：30 个子项目中 29 个项目完工（余游客中心未完工，完成主体建设），完成报账 2219.4 万元；四都乡 18 个项目已全部完工，完成报账 2136.6 万元	三都乡、四都乡人民政府
5	赤寿生态工业区块二期第一阶段基础设施工程	近期规划开发用地 233.33 公顷，建设内容包括道路、桥梁、给排水、强弱电、消防、挡墙、智能监控等基础设施工程	115000	16107	400	2.48	先行启动土石方平整工程	松阳县经投集团
6	年产 10 万台智能全地形车、电动车及轻量化配件项目	总用地 6.67 公顷，一期用地 4 公顷，建设双机器人弧焊工作站及钣金、涂装、整车装配生产线等，二期用地 2.67 公顷，建设整车装配线	21861	2650	2650	44.2	项目停工	—
7	浙江新鑫冷链设备制造有限公司年产 1800 只冷链不锈钢罐式集装箱项目	总用地约 3.11 公顷，总建筑面积约 7.6 万平方米，建设年产 1800 只冷链不锈钢罐式集装箱生产线	12000	5600	5600	112	厂房、综合楼结顶，设备进场安装	浙江新鑫冷链设备制造有限公司
8	浙江牧行工贸有限公司年产 200 万套户外休闲家具项目	总用地约 3.33 公顷，总建筑面积 6.13 万平方米，新建年产 200 万套户外休闲家具生产线	10800	6061	6061	303.1	办公楼结顶，厂房主体施工	浙江牧行工贸有限公司

续表 10

序号	项目名称	建设规模和内容	总投资	开工累计	2022 年完成情况			组织实施单位
					1—12 月完成投资	完成率（%）	形象进度	
9	浙江润丰能源集团有限公司新能源电力电子产品智能制造产业项目（一期）	总用地 3.12 公顷，分两期实施，其中一期项目投资 1 亿元，用地 1.79 公顷，新建 8 条光伏逆变器和 1 条储能逆变器生产线	17500	0	0	0	完成工程规划许可办理、环评审批。场地平整	浙江润丰能源集团有限公司
10	浙江万鸿汽车零部件有限公司年产 250 万套汽车制动器衬片生产线项目	总用地 2.72 公顷，总建筑面积 10 万平方米，建设年产 250 万套汽车制动器衬片生产线	12000	6457	6457	107.6	厂房、综合楼结顶，粉刷砌砖施工	浙江万鸿汽车零部件有限公司
11	瓦窑文旅综合体	总用地 3.67 公顷（其中新建建筑建设用地面积约 0.87 公顷，保留建筑建设用地面积约 2.8 公顷），总建筑面积约 3.35 万平方米，主要建设集遗址公园、影视创作工坊、松阴市集、精品民宿度假酒店四大区块功能为一体的文旅综合体	41592	7300	7300	146	新建区块主体结构结顶，保留建筑区块 8 栋建筑主体改造施工	浙江枫澜商业管理有限公司
12	“松阳水网”——松古平原水系综合治理工程	总用地 12.37 公顷，新建输水线路 44.32 千米，新建消能电站一座；综合治理河道 70.09 千米，新建改建堰坝 58 座；新建分洪隧洞 8.2 千米，扩建改建小（1）型水库 2 座，新建排涝闸泵站 2 座	286593	20000	20000	100	河道治理、隧洞施工	松阳三峡水环境治理有限公司
13	四都流域农田生态修复和提升工程	新建小（2）型上四都水库，配套输水管道约 9 千米，修复和改善流域农田生态系统面积 200 余公顷；扩建生态水源工程四都源水库，保障下游 4 条河流生态环境用水；新建库尾湿地 1.5 公顷，河道生态化治理 1 千米	19150	5000	5000	100	河道治理工程堤防护岸基础开挖，进行库区内临时施工便道开辟	松阳三峡水环境治理有限公司
14	小港综合治理工程（二期）	综合治理河道 22.81 千米，其中新建堤防 5.27 千米、护岸 2.83 千米、滨水绿道 24.01 千米、堰坝 6 座、桥梁 4 座，堤防加高加固 4.43 千米，改造堰坝 8 座，景观节点 8 处	17547	3400	3400	100	堤防、堰坝、水面桥施工	松阳县水利发展有限责任公司

续表 10

序号	项目名称	建设规模和内容	总投资	开工累计	2022 年完成情况			组织实施单位
					1—12 月完成投资	完成率（%）	形象进度	
15	古市医院医养中心项目	总用地 1.27 公顷，总建筑面积 1.69 万平方米，设置医养床位 200 床，新建一幢九层医养中心楼及配套工程	10500	2171	2171	180.9	完成土方开挖及地下室底板浇筑，开展顶板施工	松阳县古市医院
16	职业中等专业学校产教融合中心大楼	总用地 0.75 公顷，总建筑面积 2.4 万平方米，主要建设产教融合中心大楼及附属设施	16000	6000	6000	100	八层主体结顶	松阳县职业中等专业学校
17	衢丽铁路（松阳至丽水）松阳段	松阳段全长 24.1 千米，双线、速度目标值 200 千米/小时	320000	61450	41450	103.6	活源斜井正洞掘进约 2100 米；二标清路特大桥、东坞特大桥、岩西大桥、包安山特大桥桩基施工，杨山、松阴、头杆岭、郑弄口等隧道进隧施工	浙江衢丽铁路有限公司
18	仙居至庆元公路松阳县水南至枫坪段工程（西竹玉公路）	二级公路，主线全长约 37.36 千米，其中新建段长约 34.71 千米，同步建设小竹溪连接线约 0.35 千米，设计速度 60 千米/小时	154010	92407	25248	101	市口隧道、黄埠坞、竹源、呈田 1#、2#、3#、八旦、丁坑口隧道贯通，屋后岗隧道开挖	山西路桥松阳交通建设公司
19	235 国道松阳段改建工程	二级公路，路线全长 31.5 千米，设计速度 80 千米/小时，部分路段 60 千米/小时	127487	63760	30073	100.2	周垄互通匝道桥盖梁施工，西山隧道贯通，石仓隧道贯通，大阳岭隧道进洞开挖	松阳县交通发展有限公司
20	智能装备制造产业项目	用地约 24.04 公顷，其中，一期建设 16 幢厂房及 1 幢办公物业综合楼，二期建设 16 幢厂房、宿舍楼、一幢综合服务中心等，三期建设 5 幢生产车间、2 幢办公楼等	148264	34160	11160	79.7	一期厂房完工；二期厂房部分结顶	浙江恒兆置业有限公司
21	宝丰钢业集团有限公司不锈钢智能化产业园项目	用地面积 18.92 公顷，总建筑面积约 17 万平方米，建设车间 4 幢、办公楼、仓库等，形成年产 14 万吨（80000 吨不锈钢无缝管+60000 吨不锈钢焊接管）不锈钢钢管产品生产能力	50000	18000	8000	100	部分车间设备安装、试生产	宝丰钢业集团有限公司
22	浙江云中马股份有限公司新增年产 5.0 万吨革基坯布生产线项目	总用地 5.49 公顷，建筑面积约 6.5 万平方米，新建 3 幢车间，形成年产 50000 吨高性能革基布坯布的生产能力	50000	16150	8500	106.3	厂房基本完工	浙江云中马股份有限公司

续表 10

序号	项目名称	建设规模和内容	总投资	开工累计	2022 年完成情况			组织实施单位
					1—12 月完成投资	完成率（%）	形象进度	
23	浙江新创泰业不锈钢有限公司年产 12 万吨不锈钢管项目	总用地 11.87 公顷，总建筑面积约 10.2 万平方米，形成年产 12 万吨不锈钢管及制品生产能力	35000	33649	18600	124	厂房完工，部分车间投产。办公楼、综合楼完成主体结构	浙江新创泰业不锈钢公司
24	浙江华威门业有限公司高端智能门窗项目	总用地 8.47 公顷，建筑面积约 20.8 万平方米，主要建设年产 20 万樘高端装甲门、5000 樘智能车库门、2 万平方米铝艺制品等生产线	26000	24117	14000	140	厂房完工；综合楼、宿舍楼结顶	浙江华威门业有限公司
25	浙江瓯江实业有限公司年产 207 万件（套）汽车配件与 2750 万件（套）摩托车（电动车）配件生产线项目	总用地 6.69 公顷，建筑面积约 9.4 万平方米，主要建设生产车间、产品研发中心等	26000	7000	6000	100	一期厂房内部装修，综合楼结顶；二期厂房钢结构结顶，办公楼及宿舍楼结顶，开展室内装修	浙江瓯江实业有限公司
26	浙江科马摩擦材料有限公司产业园建设项目	用地面积 6 公顷，建筑面积约 9.5 万平方米，主要建设生产车间、产品研发中心等	31000	19000	12000	100	厂房完成建设。综合楼、宿舍楼结顶，装修施工	浙江科马摩擦材料有限公司
27	赤寿生态工业区块近期第二阶段基础设施工程	近期开发 436 公顷，规划区块的场地整理、电力、给排水等基础设施建设	104059	12500	4500	100	基础道路、管网施工	松阳县经投集团
28	南山大健康文化园	分二期建设，一期计划投资 7600 万元，主要建设康养社区服务中心（原中医文化养生村项目）；二期主要建设康养医院、国学院、禅文化园、滨水商业街、中草药种植园、香文化种植园等	206855	7032	3000	150	项目一期主体结顶，室内装修施工、设备安装	松阳县南山白云健康产业发展有限公司
29	卯山森林康养项目	分二期建设。其中一期投资 3 亿元，建设用地约 3 公顷（其中，仙人谷区块约 0.2 公顷）	168000	4700	2700	135	地块一、二主体基本完成，装饰装修工程施工；地块三主体完成 70%	松阳县十里芳菲文化发展有限公司
30	清露乡隐旅游度假区	规划用地 133.33 公顷，建设用地 33.33 公顷，总建筑面积 43.7 万平方米，主要建设双童山景区、风情商业街、双童度假小镇、马蹄泉环湖隐逸休闲区、清露乡隐文化园等	166000	59840	9000	180	双童小镇 D 区块完工，B 区块土建结顶，外立面装饰施工；商业街室外附属扫尾；宴会厅主体装饰施工	浙江清露乡隐投资有限公司
31	全民健身中心	总用地 15.3 公顷，总建筑面积 7.21 万平方米，建设体育场、体育馆、游泳馆等	61836	61800	11800	99.7	体育场钢结构施工；体育馆屋面和外立面基本完成；游泳馆屋面完成，幕墙施工。室内装饰装修施工	松阳县大丰文体发展公司

续表 10

序号	项目名称	建设规模和内容	总投资	开工累计	2022 年完成情况			组织实施单位
					1—12 月完成投资	完成率（%）	形象进度	
32	老旧小区改造	县城城北、城西、城东、古城、城南五个社区的 37 个老旧小区（宿舍）基础设施改造、老城片区内公共服务功能配套改造和古城改造提升三部分	45000	22100	5300	72.6	基本完工	松阳县兴民新农村建设公司
33	要津南路延伸段道路工程	城市次干道，用地面积 8.86 万平方米，道路全长 1880 米，标准红线宽 26.5 米，其中下穿龙丽温高速公路段道路红线宽 39.6 米	16400	13900	3600	59	完成第一次高速改道。起点至高速桥下段路基施工	松阳县兴民新农村建设公司
34	城乡垃圾资源化利用处置项目	处置中心用地约 0.98 公顷，总建筑面积 6813 平方米；建设古市、斋坛、玉岩、大东坝、象溪垃圾中转站	11576	10300	5300	80.6	处置中心试运行。古市、斋坛中转站完成改造	松阳旺泰环境工程公司
35	古市供水区域管网改造和应急指挥调度中心工程	新建供水进村管道 18.3 千米、配水管网 183 千米、加压泵站 2 座和应急供水调度指挥系统、智慧水务平台	7194	6794	1794	100	古市供水区域管网改造工程完工；应急指挥调度中心系统开发	松阳县供排水有限公司
36	城市燃气管道建设工程	建立城市门站一座，铺设中高压管线约 63 千米	10237	8621	1951	102.7	完成中压管线 9.65 千米	松阳港华燃气有限公司
37	城区截污纳管雨污分流工程	主城区范围内未进行雨污分流的主次干道、封闭小区、老旧小区、历史文化名城保护区等区域内部分给水、电力、电信管网的提升改造等	42069	34010	4310	99.8	小区部分：已完工；道路部分：人民大街、长松路完工，环城西路完成约 96%，要津路完成约 35%，污水零直排完成约 99%	松阳县城市建设发展有限公司
38	县域供水一体化管网工程（象溪、大东坝、裕溪、板桥片）	铺设屏安东路至象溪镇、大东坝镇、裕溪乡和板桥畲族乡的供水主管道及进村主管道共 98.2 千米，新建 10 座加压泵站	9568	7600	1100	100	完成板桥片管道安装 23.3 千米	松阳县供排水有限公司
39	育英小学	总用地 4.94 公顷，建筑面积 41379 平方米。新建 48 个班，在校生 2160 人，主要建设教学楼、综合楼及配套设施等	21682	16000	11000	110	主体建筑结顶，内外装饰完成 60%，室外附属工程施工	松阳县教育局
40	江北灌区续建配套与节水改造项目（2021—2022）	改建引水渠道 6 千米，防渗加固干、支渠 16 千米，渠顶巡查道路改建，沿山 20 千米干渠进行疏浚及截洪排洪设施改造	10198	8000	4000	100	基本完工	松阳县水利发展有限责任公司

续表 10

序号	项目名称	建设规模和内容	总投资	开工累计	2022 年完成情况			组织实施单位
					1—12 月完成投资	完成率（%）	形象进度	
41	松阴溪流域水生态保护修复项目（一期）	封育治理 8001.14 公顷，经济林地治理 53.84 公顷，排水沟 8299 米，沉砂池 31 座；护岸工程，新建护岸 2.33 万米；拦沙堰 23 座；村庄美化绿化 4500 平方米	11724	4600	4000	100	完成 39 平方千米水土流失治理	松阳县水利发展有限责任公司
42	档案馆、现代农业服务中心、环境监控检测中心联合大厦	总用地 1.03 公顷，总建筑面积 3.93 万平方米，主要建设综合档案馆、现代农业服务用房、环境监控检测用房等	29423	20309	8000	100	土建基本完成	松阳县水投集团
43	中医医院迁建工程	总用地面积 5.67 公顷，总建筑面积约 7 万平方米，规划床位 500 张（其中康复医疗床位 200 张），主要建设医疗综合楼、后勤楼、发热门诊、地下车库及配套工程等	46942	23429	10159	101.6	主体结构完工，电梯空调安装	松阳县中医医院
44	人民医院改扩建项目	原预留用地上新建建筑面积 51960 平方米，改造面积 10245 平方米，扩建新增床位 400 张，主要建设急诊综合楼和住院楼等	37000	17532	7426	123.8	主体建筑结顶	松阳县人民医院
45	整县推进分布式光伏试点项目	总装机容量 10 万千瓦	45000	31200	21200	141.3	完成光伏并网约 5.3 万千瓦	松阳县强村公司、供电公司、三峡新能源公司等

【大花园（创新区）建设】2022 年，松阳县推进大花园示范县建设，编制发布全国首个市级《绿道养护技术规范》地方标准，获得资金支持 80 万元。引进丽水职业技术学院、北京土人公司、中国美院等团队深度参与“增花添彩”方案设计，编制松阴溪沿线、松阳城区、古市片等赏花景点导览图，建成或加快建设“水墨小港”、古市镇乐成长基地等 20 余个“增花添彩”重点项目，新增种植鲜花 106.67 公顷，建设美丽林相 4333.33 公顷，2 个省大花园重点项目投资 2.65 亿元，完成年度投资计划的 152.34%。大花园核心区建设获 2022 年度考核全市优秀等次，松阴溪湿地顺利入选省级重要湿地名录。

【绿色产业发展】2022 年，松阳县深化国家级整县推进分布式光伏试点建设，加快推动能源结构调整优化，配套制定《2022 年松阳县整县推进光伏试点项目作战图》，编制出台《关于加快推进分布式光伏规模化开发的实施意见》，研究提出“十四五”全县光伏产业发展目标，创新谋划“光伏+农业”“光伏+工业”“光伏+商业”“光伏+学校”“光伏+医院”“光伏+公共建筑”“光伏+交通”等 8 项重点实施工程。至 12 月底，松阳县光伏发电装机总容量达 16.52 万千瓦，全年新增装机容量 5.27 万千瓦，比上年增长 46.93%，均为分布式屋顶光伏装机新增容量，比上年增长 97.6%。在丽水市光伏发电规模化开发考核中排名第二。

【生态产品价值实现机制试点】2022年，松阳县贯彻新发展理念，探索生态产品价值实现机制，拓宽“两山”转化通道。核算2021年度生态系统生产总值（GEP），推动新兴镇入选新一批生态产品价值实现示范乡镇，编制《传统村落生态产品价值核算指南》，获得重大区域发展战略建设长江经济带绿色发展项目中央预算内投资3074万元，推广个人生态信用积分“绿谷分”应用，全年新增“绿谷分”注册人数2149人，加快绿色金融创新下沉，扩大“两山贷”和“生态贷”模式应用。至12月底，“生态贷抵（质）押贷”余额新增7.47亿元，“两山信用贷”余额新增1.14亿元，有效解决群众融资困难，提升个人生态信用，实现生态保护和产业发展的良性循环。

【全面深化改革】2022年，松阳县深化“放管服”改革，制定出台《松阳县优化营商环境十条措施》，推动政策落地见效，着力打造市场化、国际化、法治化的营商环境。强化营商环境“无感监测”落后指标责任落实，全面梳理整改清单，制订工作计划，实现办理建筑许可、政府采购、信用体系和信用监管、知识产权活力等落后指标提升，实现县域营商环境便利度排位从全市末位前移至全市第五。出台《松阳县金融业激发市场主体活力支持“二次创业”二十条意见》《扶持个体工商户纾困发展若干意见任务实施清单》《促进建筑业持续健康发展的十二条意见》等10余项助企纾困政策文件。上线运行涉企“综合查一次”应用场景，将全县4192家企业纳入执法检查监管范围，涉及20家执法部门、1400余项执法检查监管事项，检查频率降低80%。出台《松阳县工业投资项目优化审批服务实施办法（试行）》，提升投资项目审批效率，加快项目落地开工，全年新开工项目基本实现拿地后3个月内开工，平均缩短周期3个月，如万鸿项目从拿地至开工仅用时18天。深化“大综合一体化”行政执法改革，探索开发“企轻松”应用场景建设，通过“一专班、一清单、一站式”，实现“进一次门、查多项事、一次到位”，提高执法效能，企业开办全流程“一网通办”，办结时间均在0.5个工作日以内。拓展“非接触式”办税事项，深化税银、税邮合作，设立微税厅（点），打造“税费便捷办理服务新格局”，建设社会化办税网格体系，网上办税率达98.7%。贯彻落实国务院稳住经济大盘会议及省委经济稳进提质会议精神，实施经济稳进提质攻坚行动，承接国务院33条、省政府 38条和市政府32条一揽子政策，成立由县党政主要领导任总召集人，由6个专项小组组成的经济稳进提质专班，制定出台《经济稳进提质八大攻坚行动实施方案》，涵盖8方面内容34项政策，涉及资金2600余万元。出台《松阳县产业政策奖补资金兑现管理办法》，简化办理流程，加快资金兑现，解决企业资金困难。严格执行国家增值税留抵退税政策，惠及企业220家，涉及金额1.29亿元。

【固定资产投资和审批服务】2022年，松阳县争取专项债券额度8.3亿元，争取“4+1”（交通投资，高新技术投资， 生态环保、公共设施投资，民间投资及市、县长领衔项目）重大项目1个、部分领域设备购置贷款贴息项目5个，2个政策性开发性金融工具项目通过国家发展改革委审核，25个项目列入“三区三线”（生态空间、农业空间、城镇空间；永久基本农田控制线、生态保护红线、城镇开发边界）省级重点项目清单，宝丰钢业集团有限公司年产14万吨不锈钢钢管建设项目入选2022年浙江省重大产业项目名单。完成固定资产投资66.11亿元，比上年增长15.1%，全市排名第七。其中，建安投资增长32%，全市排名第一。4个投资结构指标：民间投资增长36.7%，全市排名第一；交通投资增长59.2%，全市排名第二；高新技术产业投资增长100.2%，全市排名第二；生态环保、城市更新和水利设施投资降低2.1%，全市排名第七。

（县发展改革局）

自然资源管理

【概况】2022年，松阳县完成政府性资金收入27.03亿元，其中收取土地出让金9.41亿元、指标调剂收入17.62亿元。全县新增建设用地土地指标47.49公顷，完成报批47.49公顷，用地计划指标执行率达100%。破解耕地占补平衡难题，统筹用好土地指标，实现全县所有项目用地应保尽保。落实占补平衡和进出平衡“双平衡”制度，为重点工程抽水蓄能和义

2022年5月12日，松阳县人民政府与中国林科院亚林所共同推进松阳建设共同富裕示范区战略合作框架协议签约仪式举行

（县自然资源和规划局供图）

龙庆高速占用永久基本农田做好补划方案。获得抽蓄项目林地先行用地审批政策支持，林地定额指标由省林业局统筹落实，争取省林业局追加赤寿生态工业区块林地定额指标68公顷，项目第一阶段开发占用林地96.59公顷，上报省林业局完成审批。城镇集中建设区内保障新增城镇建设用地369.19公顷，其中重点保障赤寿园区新增建设空间277.43公顷、中心城区保障新增空间66.7公顷。6月10日，完成松阳抽蓄项目省级规划选址和用地预审暨生态保护红线不可避让论证，并于7月12日上报自然资源部，提前完成任务。5月12日，县政府与中国林业科学研究院亚热带林业研究所签订共同推进松阳建设共同富裕示范区战略合作框架协议。

【自然资源调查监测评价】2022年9月，县自然资源和规划局落实年度变更日常举证工作，日常变更举证图斑6585个，举证面积1831.04公顷，主要包含非粮整治图斑6305个、2022年验收新增耕地图斑190个、农转供地图斑16个、林地及其他图斑74个，所有图斑均已举证，举证率达100%。

【自然资源开发利用】2022年，松阳县出台县全域土地综合整治农村存量宅基地盘活利用实施办法，采取房票安置方式政策，弥补“大搬快聚”政策的“必须全拆”“以搬促拆”等短板，促进人口向县城集聚。在赤寿乡、古市镇、望松街道的33个行政村、3个社区、158个自然村范围内谋划松古平原全域土地综合整治与生态修复工程，项目区域总面积866.67公顷，包含实施农用地整治、村庄整治、低效工业用地和城镇低效用地整治、生态保护修复（“三整治一修复”）等项目子工程27个，该项目入选省级试点。在赤寿生态工业区二期第一阶段开发项目中采用矿地综合利用模式，项目总用地面积2.41平方千米，区块内为低缓山丘，区内整体高程为163.84～269.59米，高差105.75米，通过前期地质勘测，基本符合矿地综合开发利用项目采矿权设置要求。至12月底，范围内林地已完成审批，并委托省自然资源厅挂牌出让。成立农村集体经营性建设用地入市试点工作领导小组，出台入市试点实施方案，明确调节金征收比例及入市收益分配办法，推进集体经营性建设用地入市。确立四都乡汤城自然村民宿康养项目为全县试点，完成入市前期准备工作。

【耕地保护】2022年，县自然资源和规划局落实“党政同责”要求，压实乡镇（街道）耕地保护主体责任，细化实化耕地保护措施，明确专人专班，建立巡查、上报、处置、销号的闭环机制，设立各级田长及巡查员584名，安装“耕地智保”视频监控158个并投入使用，全县耕地监控覆盖率达88.7%，平原地区98.76%。开展巡查任务7854次，发现问题并现场核实343个，涉及面积279.53公顷，形成田长巡田闭环式管理机制。

【土地利用规划】2022年，县自然资源和规划局根据自然资源部、省自然资源厅的工作部署和相关技术导则，经全国和省级多轮论证研究形成“三区三线”成果，实际划定全县永久基本农田面积5733.33公顷，生态保护红线面积3.1万公顷，城镇开发边界总规模2766.67公顷，于9月正式启用。调整西屏街道幼儿园（原烟草仓库）地块、水南街道屏安东路与绿溪路交叉口东南角地块、原丽水生态产业集聚区松阳分区一期18号地块等11个地块的规划并报批；基本完成茶文化商业街修建详细规划。出具规划设计条件36个，审查公共配套、工业、市政管线等项目规划设计方案 75个，引领项目落地建设。

【土地征用及管理】2022年，松阳县征用土地56.59公顷，支付征地补偿费2486.61万元，测算下达参保名额133个，确保失地农民基本生活有保障。注重节约集约用地，全县盘活存量建设用地任务26.67公顷（不含二次开发），完成28.07公顷；城镇低效用地再开发任务9公顷，完成14.65公顷；2009—2018年批而未供土地消化利用任务37.73公顷，完成40.66公顷；闲置土地处置任务1.13公顷，完成1.25公顷。

【土地出让】2022年，县自然资源和规划局编制年度国有建设用地供应计划，计划供应国有用地54宗，面积230.82公顷，完成出让30宗，面积42.54公顷，收入土地出让金7.43亿元，收取土地划拨以及二级市场转让补缴1.98亿元，合计收取土地出让金9.41亿元。统筹全县土地出让项目，把握经营性用地出让规模、结构和时序，动态监管项目进度。

【自然资源和不动产权确权登记】2022年，松阳县不动产登记中心办理各类不动产登记业务19443件（套），各类查询登记9049次。其中，存量房网签757套，二手房交易1911件，各类转移登记3237件，首次、变更登记2505件，抵押登记4359件，预告登记996件。2022年，全县有青田码道、项弄、瓦窑头新苑、玉湖小区、西垒小区5个安置小区，其中青田码道登记发证444户，项弄登记发证309户，瓦窑头新苑登记发证956户，玉湖小区登记发证13户，西垒小区登记发证48户。全年新增林地流转面积535.73公顷，培育新型林业经营主体9家，其中家庭林场7家，林业专业合作社2家。完成农村产权改革促增收富民计划中林权流转增收279.96万元。

【林业湿地资源管理】2022年，全县配备县、乡、村三级林长475人，县公安局分别向各乡镇（街道）派驻副林长兼林区警长19人，实行分级分片负责，巡林巡护全覆盖。将森林覆盖率、森林蓄积量等约束性考核指标通过林长目标责任书下达乡镇（街道），开展“林长+森林法官”“林长+检察官助理”“林长+林区警长”等工作机制，构建党政同责、属地负责、部门协同、源头治理、全域覆盖的长效机制。2022年，松阳县完成森林生物量、碳储量调查、松阴溪湿地碳汇基础性研究项目，为省内其他县市区工作开展提供示范参考。

【自然资源督查和行政执法】2022年，松阳县整改违法用地问题5个、卫片执法图斑822个、2021年度例行督察问题清单27个、“非农化”整治图斑16宗。受理土地类、林业类、矿产类举报线索44起，通过巡查发现新增违法占用农用地从事“非农化”建设点位8个，均整改到位。依法立案查处非法占地案件5件，非法采矿及转让矿产资源案件1件，擅自改变林地用途案22起，滥伐林木案14起，过失引起森林火灾案5起，非法狩猎案3起，毁坏林地案2起，盗伐林木案件1起。立案调查中案件2起，依职权移送乡镇（街道）案件23起。收缴罚没款29.49万元。

【地质灾害监测】2022年，全县新增地质灾害（地质环境）监测预警实验点项目建设19处，调查、处置地质灾害灾险情22处，审查发放避让搬迁资金1个批次40户73人，合计发放资金58.4万元。完善“地灾智治”子场景，更新地灾感知、分析研判、执行调度、响应决策4大功能模块。4月入汛以来，全县组织112名群测群防员（网格员）对184个风险防范区开展巡查排查，巡查1200余人次，抓好地质灾害防治。

【矿藏资源管理】2022年，全县有持证矿山10家，其中地下开采矿山3家、露天开采矿山7家，除峰洞岩高岭土矿为中型矿山外，其余均为小型矿山。10家矿山中6家矿山正常生产，2家停产（鲁峰钼矿、安路源建筑用石料矿），1家开展矿山基础建设（牛路潭普通建筑用凝灰岩矿），1家开展生态恢复性治理（毛弄采石场）。8家矿山创建入库绿色矿山，其余2家矿山暂不具备绿色矿山创建条件。10家矿山计提矿山地质环境治理恢复与土地复垦基金1187.3万元。

【基础测绘工作】2022年，县自然资源和规划局推进完善地理信息公共服务平台数据内容，为建立省域空间治理数字化平台2.0系统提供县级数据支撑。全年平台申领1：2000线划图18次，申领地图6104幅、6104平方千米。在提高工作效率的同时，避免基础地理信息数据重复投资与重复建设，促进信息资源共享与开发利用。以“规范使用地图 一点都不能错”为主题，组织开展“8·29”全国测绘法宣传日暨国家版图意识宣传周活动，不断强化公众的国家版图意识，让“规范使用地图”成为全民自觉。

（县自然资源和规划局）

国有资产监督管理

【概况】2022 年，松阳县推进全县国资国企建设，完成国企改革三年行动目标，全县拥有全资、控股企业 81 家，资产总额 282.53 亿元，负债总额 149.37 亿元，所有者权益总额 133.16 亿元，全年实现营业收入 29.24 亿元。

【国企二轮改革】2022 年，松阳县启动全县国有企业二轮改革行动，制定全县国有企业第二轮改革方案，绘制形成重组方案股权架构图和集团公司及子公司重组架构图，编排完善第二轮全县国有企业改革和资产整合工作时间进度表，将原有的八大国有公司整合重组为五大国有公司。

【国有资产效能提升】2022 年，松阳县盘活存量资产，利用县域内各项资产资源，发挥国有资产资源效益，壮大全县国有企业，提升国企投融资能力，由县国资办牵头，通过成立工作专班和定期召开研讨会的方式，推进资产整合工作。结合《浙江省进一步盘活存量资产扩大有效投资的意见》的文件精神，由县国资办牵头县各相关部门，完成停车泊位、绿化苗木资源、广告位、水库、砂石、矿山资产资源的规划、勘测、评估等工作，评估总价值达 96.16 亿元。

［县财政局（国资办）］

【国有资本投资运营】2022 年，松阳县国投集团全年为全县国有企业担保金额 50.56 亿元，总融资金额 8.5 亿元。与浙江省国有资本运营有限公司合作，由浙江富浙资本管理有限公司设立共富基金，基金总规模为 30 亿元，县国投集团出资 3 亿元投资共富基金。

投资经营　2022 年，松阳县出资 3000 万元入股丽水市政策性融资担保有限公司，占股比例 5.28%，在松阳设立分公司，主营融资担保业务，兼营非融资担保业务。2022 年，丽水市国资公司发起设立丽水市跨山同富股权投资基金，基金总投资规模 20 亿元，县国投集团认缴出资 2000 万元。出资成立松阳县创新集群发展基金有限公司，基金总规模 10 亿元。与东莞硅迈科技公司签订增资协议、股东协议，投资 8000 万元，占股 16%，用于东莞硅迈科技公司在松阳县投资建设微机电系统（Microelectro Mechanical Systems，英文简称 MEMS）产品传感器模组华东基地项目（浙江晶宇半导体科技有限公司）。与深圳荆虹科技有限公司签订增资协议、股东协议，投资 3000 万元，占股 5.77%，建成车载芯片全自动封装线 1 条、图像测试设备自动线项目 1 个。整合丽水九月文化服务有限公司、博雅职业技能培训学校、田园乡村建设培训有限公司，全年实现营收 977 万元，比上年增长 104%。成立松阳县国盛人力资源有限公司，开展人力资源、劳务派遣等服务，全年实现营业收入 3325 万元。与松阳华数公司共同出资成立丽水数广信息科技有限公司，注册资本 200 万元，其中县国投集团出资 102 万元，占股 51%。将县内所有行政事业单位和国有企业用电用户的智慧电务运维业务统一授权松阳县中鸿置业有限公司承接，统一组织实施智慧电务运维服务、对外联系相关专业维修维护业务。

资产管理　2022 年，县国投集团总资产 57.33 亿元。账面资产 65 宗，管理资产 48 宗。新办理产权证房产 2 宗，价值 140 万元。开展资产整合划转工作。资产运营部共办理凌霄小区、环城西路 87B 等 2 宗资产过户手续，账面价 120 余万元。组织 3 次资产拍租会，成交资产租赁 32 宗，年成交租金 180.68 万元。房租收入 1962 万元，比上年增长 128%。新冠疫情防控期间，减免国有企业租户（个体工商户、小微企业）房租 82 户（包含下属公司），减免租金 96.93 万元；代管房产 52 户，减免租金 41.87 万元。做好松阳县域内机关事业单位废旧物资回收利用，规范国有资产处置和回收，全年废旧物资回收销售额为 9.39 万元，上缴财政国有资产处置收益 7500 万元。会同县法院、县公安局、县执法局、属地乡镇，依法依规腾空，收回被侵占资产 3 宗，收回追偿租金 3.32 万元。

企业融资　2022 年，县国投集团为全县国企担保 50.56 亿元。其中，县文化旅游发展投资集团有限公司（以下简称县文旅投集团）1.26 亿元；县水务发展投资集团有限公司（以下简称县水投公司）4.3 亿元；县城市发展投资集团有限公司（以下简称县城投集团）5.8 亿元；县交通发展投资集团有限公司（以下简称县交投集团）1.95 亿元；县经济发展投资集团有限公司（以下简称县经投集团）2.65 亿元；大搬快聚开发有限公司 22.59 亿元；黄南水库 8.46 亿元；强村公司 1.4 亿元；中鸿置业 2.15 亿元，融资总金额 8.5 亿元。由浙商证券牵头代销，委托杭州利安达会计师事务所对集团 60 家公司 2022 年 1—9 月财务情况进行审阅并出具财务合并报表；省担保公司为县国投集团公司出具发行公司债担保函；上海远东评级公司重新出具 AA 评级报告；上海证券交易所正式通过公司债发行备案，许可公司发行公司债 5.8 亿元。

担保公司业务　2022 年，县国投集团按照相关文件要求，授权松阳县政策性融资担保有限公司承接全县国企工程款支付担保业务，全年承接业务 47 笔，担保 117.56 万元，做活、做稳担保公司业务。松阳县政策性融资担保公司全年追偿金额 93.64 万元（担保追偿 23.64 万元，短期借款 70 万元），持续做好外借、担保代偿等债权追偿工作。

（县国投集团）

【经济发展投资】2022 年，县经投集团下辖子公司 6 家，分别为县西屏工业园开发有限公司、县中小企业孵化基地开发有限公司、县大搬快聚开发有限公司、县舜龙山海协作产业园开发有限公司、县经信贸易有限公司、县智成科技有限公司。全年累计完成投资 4.16 亿元，完成年度计划的 119%。全年融资授信 14.4 亿元，比上年增长 284%。动建松阳县经济开发区配套设施项目（一期）中的双创产业园项目第Ⅰ标段项目、赤寿生态工业区块不锈钢仓储物流（贸易）中心项目第Ⅰ标段露天堆场工程、集聚区一期基础设施改造工程项目。成立全资子公司——松阳县经信贸易有限公司，与浙江新创泰业不锈钢有限公司、松阳宏泰不锈钢有限公司、新创圆钢有限公司、物产中大集团股份有限公司、浙江国贸云商控股有限公司、丽水市城投贸易有限公司等建立贸易合作，全年实现贸易总额 15.56 亿元。全年招引高层次人才 74 人，其中博士 3 人、硕士 12 人、本科生 28 人。落实招商引资及总部经济协议 20 余份，兑现资金 4500 余万元。成立全资子公司——松阳县智成科技有限公司，与上海第二工业大学何成教授团队合作研发“无缝钢管裂纹与壁厚智能检测打磨系统”技术项目，助力生态工业提质增速。

（县经投集团）

【城市发展投资】2022 年，松阳县城市发展投资集团有限公司项目建设计划总投资 14.94 亿元（概算数），负责建设项目 21 个（新建项目 9 个、续建项目 9 个、重点预备项目 3 个），其中市重点项目 4 个，为要津南路延伸段道路工程、城乡垃圾资源化利用处置项目、县人民医院改扩建项目、江南社区。至 12 月底，实际建设项目 27 个（新增原丽水中等幼师专业学校地块开发、象溪能源汇集站等项目），其中民兵训练基地项目、青龙（横山头）地下停车场及其配套工程、水南安置房项目、白龙圳道路延伸段道路工程、南城 2 号、3 号地块间道路工程 6 个续建项目完工并通过验收。全年实现总投资 20.76 亿元，完成率 138.96%，超额完成全年计划投资数。对接县内金融机构，全年融资 32.9 亿元，占全县全年固定资产计划投资总额的 42.71%，其中到账资金 21.71 亿元。

（县城投集团）

【交通发展投资】2022 年，县交投集团内设综合部、投资建设部、经营管理部和财务审计部 4 个机构；辖（或有）交通发展公司、华顺交通公司、城乡公交公司、交通运输公司、交通规划设计院公司和三鑫公司 6 家下属子公司；辖（或有）交通客运公司、公用型客运中心站公司和交通汽车修理公司 3 家孙公司；由县浙石油综合能源销售公司（交通发展公司与浙江浙石油综合能源销售公司共同出资成立，分别占股 49%、51%）和浙江畅阳交通科技有限公司（松阳交投集团占股 45%、浙江省顺畅养护公司占股 43%、松阳城投集团占股 6%、松阳经投集团占股 6%）2 家参股公司。至 12 月底，公司资产总额 40.43 亿元，实现营业收入 16.75 亿元，利润 1472 万元。公司有职工 260 余人，其中高级工程师及以上专业技术人才 3 人。全年公交发送 165898 班次，安全运营里程 239.28 万千米，公交 IC 卡刷卡量 83.55 万人次。客运行车总里程 441 万千米，发送旅客 8.05 万次。与浙石油合作，完成秀峰路加油站升级改造并营业，全年实现销售额 547.8 万元，净利润 5 万元。下属华顺公司开展自主融资，拓展机械工程、设备仪器、沥青、水泥、钢筋、碎石、护栏、沥青混凝土等销售业务，至12月底，累计实现销售收入18.95亿元，比上年增长94.75倍，实现利润442.55万元，产生税收279.77万元。投资2572.69万元，建成集新时代文明实践中心、数字诗路e站、新城市规划展览馆、智慧交通馆、党群服务中心五合一的综合性展馆——松阳之窗，于12月开馆运营。

（县交投集团）

【水务发展投资】2022年，县水投公司完成固定资产投资7.15亿元，超出年初目标4亿元的78.75%，续建总投资2.9亿元的联合大厦项目，全年完成投资8000万元；续建总投资5809万元的小港综合治理一期工程，全年完成总工程量95%，完成投资2000万元，并创成2022年度省级美丽河湖；续建总投资1.02亿元的江北灌区续建配套与节水改造工程，基本建成观口堰、后塘畈闸站，完成梧桐源西上、东上、庄门源渠首、四都渠首闸站土建部分工程，山下阳引水隧洞贯通，全年完成投资3000万元；续建总投资2.5亿元的松阴溪干流河流综合治理项目，西屏段、古市段主体基本完工，干流段全年完成投资1550万元；续建县域供水一体化管网工程，全年完成板桥畲族乡管道安装23.3千米，完成投资1100万元；续建总投资1800万元的东坞二级电站迁建扩容工程，完成投资约760万元。总投资1.7亿元的小港综合治理二期工程3月落地，涉及大东坝镇7个行政村，全年完成投资2000万元；新开工建设总投资5138万元的松阴溪流域水生态保护修复项目（一期），完成投资1600万元；新开工建设总投资4.17亿元的第二污水处理厂项目，规模6000万千克/日；投资1000万元建成供水应急指挥调度中心，进入试运行阶段。完成总投资2.1亿元的第二水厂项目立项批复和可研文本编制，并入选专项债国家库；松阴溪流域水生态保护修复项目（一期）2023年度项目于2022年11月28日提前完成工程总承包招标。

（县水投公司）

【文化旅游发展投资】2022年，县文旅投集团下辖松阳县旅游发展有限公司、松阳县四方保安有限公司、松阳县档案服务有限公司、松阳县广播电视广告有限责任公司、松阳高腔传承发展有限公司、松阳县田园风光旅行社有限公司6个子公司，有工作人员107人，实现营业收入6971万元，比上年增长4.2%。承接杭州恒逸石化公司团建、县青少年宫大路潭露营、禅茶文化论坛、字节跳动乡村守护人节目录制、大木山茶园景区暑期研学等20余场活动，设计青春国潮风、宋式兰雪集、轻便携带式3款茶叶包装礼盒等文旅产品。收购改造“酉田花开”民宿；推进大木山茶园项目招商，与上海驰旅健康管理集团有限公司、杭州绿风生态旅游集团股份有限公司、中铁建等企业深入对接合作事宜；推进独山驿站基础设施改造提升及黄家大院民国时光馆前期工作。通过公开招租方式，完成老城综合服务中心房产招租，出租造纸工坊房产，打造特色文化露营基地，运营效果良好，带动所在村及新兴片区发展。对接社会资本洽谈黄家大院项目、大木山景区项目。申报专项债券项目、金融工具项目等，以多渠道解决项目建设资金问题。

（县文旅投集团）

2022年12月，松阴溪（松州大桥—吕潭村）获评年度省级美丽河湖

（县融媒体中心供图）

【县田园强村投资】2022年，松阳县田园强村投资有限公司（以下简称县强村公司）下辖松阳县两山生态发展有限公司、松阳县绿州林业规划设计有限公司、嘉兴市松州飞地实业有限公司、松阳县石仓白老酒工坊有限公司、松阳县红跃农业科技发展有限公司5个子公司。全年实现营业收入

2022 年 10 月，古市镇上河村“非粮化”整治区块水稻丰收 （县强村公司供图）

671.85 万元，比上年增长 27.86%，利润总额 206.18 万元，比上年增长 82.51%。开展“非粮化”整治工作，选取 6 家种植经验丰富、农机设备齐全的专业粮食种植企业开展合作，在当地选取 9 家种植户共同实施后续粮食种植。与所有种植方签订松阳万亩高质量绿色粮食生产基地项目土地农业种植合作协议，明确各方责任义务，全年全县“非粮化”整治区块签约面积 3006.67 公顷，全部落实种植计划。9 月，动建粮食烘干中心。该项目用地面积约 4.67 公顷，新建粮食烘干厂房 2 栋，大型育秧中心 1 栋和大米加工厂房 1 栋，项目总投资 6600 万余元。建设余姚和嘉兴 2 个消薄“飞地”项目，全年进行 2 次收益分红，收益总计 803.31 万元，惠及全县 170 余个行政村。实施光伏项目，全年分布式光伏项目光伏组件安装完成 13942.8 千瓦，并网 10561.45 千瓦。

（县强村公司）

财　政

【概况】2022 年，松阳县财政总收入 15.3 亿元，比上年增长 8.83%，一般公共预算收入 10.03 亿元，自然口径增长 12.33%，同口径增长 19.47%，首破 10 亿元大关。其中，税收收入 7.29 亿元，非税收入 2.74 亿元。一般公共预算收入占财政总收入的比重为 65.55%，占全县地区生产总值比重为 7.01%，比上年同期提高 2.04 个百分点。一般公共预算支出 54.47 亿元，比上年增长 9.69%，全县地方财政实现收支平衡。税收收入占一般公共预算收入的比重为 72.7%，比上年同期下降 8.3 个百分点。非税收入总额 27.38 亿元，国有资本经营预算收入 991 万元。

2022 年松阳县财政预算收入情况统计表

表 11　　单位：万元

收　入　项　目	12 月底累计执行情况					
	年初预算	执行实绩	执行预算率	与上年同期		
				执行数	自然口径增长率	同口径增长率
财政总收入	153595	152993	99.61%	140580	8.83%	
一、一般公共预算收入合计	97495	100288	102.86%	89279	12.33%	19.47%
(一)税收收入	78680	72907	92.66%	72314	0.82%	9.93%
增值税（50%部分）	36400	30391	83.49%	33211	−8.49%	
企业所得税（40%部分）	9300	11037	118.68%	8824	25.08%	
个人所得税（40%部分）	3700	3751	101.38%	3106	20.77%	
城建税	3380	3099	91.69%	3117	−0.58%	
耕地占用税	1000	1637	163.70%	611	167.92%	

续表 11

收 入 项 目	12月底累计执行情况					
	年初预算	执行实绩	执行预算率	与上年同期		
				执行数	自然口径增长率	同口径增长率
契税	8200	6151	75.01%	7535	−18.37%	
其他税收	16700	16841	100.84%	15910	5.85%	
(二)非税收入	18815	27381	145.53%	16965	61.40%	
专项收入	5297	6756	127.54%	5902	14.47%	
行政事业性收费收入	3800	4495	118.29%	3275	37.25%	
罚没收入	4918	5480	111.43%	3100	76.77%	
其他非税收入	4800	10650	221.88%	4688	127.18%	
二、上划中央“六税”收入合计	56100	52705	93.95%	51301	2.74%	
(一)消费税、增值税小计	36600	30522	83.39%	33406	−8.63%	
消费税	200	131	65.50%	195	−32.82%	
增值税（50%部分）	36400	30391	83.49%	33211	−8.49%	
(二)所得税小计	19500	22183	113.76%	17895	23.96%	
企业所得税（60%部分）	13950	16556	118.68%	13236	25.08%	
个人所得税（60%部分）	5550	5627	101.39%	4659	20.78%	

2022年松阳县财政预算支出情况统计表

表 12　　单位：万元

支 出 项 目	年度预算	本年累计执行情况			
		累计支出	完成预算率	上年累计支出	比上年增长率
合　　计	544536	544672	100.02%	496540	9.69%
一般公共服务支出	58295	58295	100%	52938	10.12%
公共安全支出	22706	22706	100%	24279	−6.48%
教育支出	75466	75466	100%	69666	8.33%
科学技术支出	8575	8575	100%	7051	21.61%
文化旅游体育与传媒支出	11594	11594	100%	10387	11.62%
社会保障和就业支出	70808	70808	100%	73752	−3.99%
卫生健康支出	55469	55605	100.25%	47918	16.04%
节能环保支出	8558	8558	100%	9712	−11.88%

续表 12

支 出 项 目	年度预算	本年累计执行情况			
		累计支出	完成预算率	上年累计支出	比上年增长率
城乡社区支出	39963	39963	100%	31746	25.88%
农林水支出	102047	102047	100%	81012	25.97%
交通运输支出	49784	49784	100%	49152	1.29%
资源勘探信息等支出	1879	1879	100%	2142	−12.28%
商业服务业等支出	1801	1801	100%	2566	−29.81%
金融支出					
自然资源海洋气象等支出	9685	9685	100%	6198	56.26%
住房保障支出	8621	8621	100%	10943	−21.22%
粮油物资储备支出	1404	1404	100%	700	100.57%
灾害防治及应急管理支出	3834	3834	100%	3124	22.73%
其他支出	14047	14047	100%	13254	5.98%

【财政改革】2022 年，松阳县推进财政预算管理一体化改革，依托预算一体化系统，在全省统一的预算支出标准体系框架内，规范 7 大类 36 小类 85 项开支范围，运用“经济科目 + 支出类别”双控制的方式，划清基本支出与项目支出边界，更好发挥支出标准在预算编制中的基础支撑作用。制定关于建设变革型财政组织的实施方案和创建变革型财政组织试点任务清单（2022 年度），推进变革型财政组织建设。

【保障民生支出】2022 年，松阳县财政民生保障支出 40.39 亿元，比上年增长 10.23%，占一般公共预算支出比重的 74.16%。农林水支出 10.2 亿元，比上年增长 25.97%。松古平原水系综合治理工程项目被列入省级水利重大项目，古市镇“飞地”抱团“消薄”和大东坝豆腐工坊入选全省深化党建联建机制党建引领“共富工坊”建设首批 50 个优秀案例。科技支出 0.86 亿元，比上年增长 21.61%，建成松阳茶产业创新服务综合体、百度阿波罗（Apollo）智能交通生态联盟（松阳）创新中心、浙江中医药大学松阳研究院。教育支出 7.55 亿元，比上年增长 8.33%，有力推进“县中崛起”工程，丽水学院松阳校区正式揭牌。文化支出 1.16 亿元，比上年增长 11.62%。卫生健康保障支出 5.56 亿元，比上年增长 16.04%。

【财政风险防范】2022 年，松阳县落实“三保”（保工资、保稳定、保增长）支出主体责任，坚持“三保”支出在财政支出中的优先顺序。全年“三保”预算安排 16.83 亿元，支出到位 100%。对各项社保基金进行收支跟踪和分析，提醒支付风险。按时足额上缴企业养老保险县级分担额和医疗保险中县里承担的归集资金，保障待遇支付。从年初预算安排和土地出让金中按比例提取社保风险准备金，全年筹措社会保障风险金 6366 万元。

【财政政策落实】2022 年，松阳县预算安排县本级资金 1.5 亿元专项用于财政奖补政策兑现和助企纾困补助，比上年增长 100%，实际兑现财政奖励资金 1.97 亿元；3 月，出台《松阳县产业政策奖补资金兑现管理办法》，实现惠企政策直通企业。房租减免实现“应减尽减”，加快国有房产租金减免政策实施，全县国有企业应减租金 223.29 万元，行政事业应减租金 87.72 万元，100%减免到位。

【政府债务管理】2022 年，松阳县通过收缴项目收益、盘活国有资产、安排预算资金，推进隐性债务任务化解，完成 10.36 亿元化债目标。建立健全财政存量资金动态管理机制和定期清理机制，出台关于加强资金统筹盘活存量资金有关事项的通知。全年收回结余结转资金3.01亿元，用于保障全县重点项目建设。

【预算绩效管理】2022年，松阳县财政局对10个预算项目开展绩效目标审核，提出项目管理合理化建议26条，取消3个不合格项目预算，共核减年度预算资金5523万元。3月，松阳县财政预算绩效管理改革试点入选省财政厅优秀案例。

【会计管理】2022年，松阳县推进行政事业单位内控建设，开展内控制度专项检查，编制全县行政事业单位内部控制报告，上报行政事业单位内控报告172份。印发《松阳县乡镇（街道）内部控制指引》，推广内控指引建设试点经验；组织参加全省财会知识大赛网络比赛，参赛率位列全省第二；做好会计代理机构日常监督管理和年度备案工作，实现代理记账机构“零上门”服务要求；完成会计职业道德方面论文5篇；推进会计人员全生命周期信息采集工作，实现县域行政事业单位会计人员信息采集全覆盖。

【政府采购管理】2022年，松阳县针对政府采购的法律、行政法规和规章的执行情况；采购范围、采购方式和采购程序的执行情况；政府采购人员的职业素质和专业技能开展监督检查。2022年度优化营商环境“无感监测”指标均达标，位列全市第一。2022年9月，提前完成2022年度832平台乡村振兴政府采购预留份额32万元。2022年11月，组织开展集中采购机构考核工作，对2020年1月1日至2022年8月31日期间，松阳县集中采购机构（县公共资源交易中心）的机构建设、制度建设、业务建设、队伍建设、社会评价等情况进行考核亮化打分，考评结果为优秀等次。

【债券使用考核】2022年，松阳县建立债券支出进度通报预警和考核机制，将专项债券的申报、支出进度与部门考核挂钩，“用快用好”专项债券，专项债券拨付使用进度有效提升。全年发行专项债券资金8.3亿元，资金拨付率100%。

【共富村建设】2022年，财政部大东坝农村综合改革试点区域村集体经济总收入达1700万余元，辐射带动当地600余户农户增收，解决劳动力就地就业300余人，带动农民增加收入300万余元。入选省财政厅共富村试点，根据省财政厅工作要求，结合财政部农村综合改革试点试验项目建设，选取大东坝镇域大东坝村、茶排村、黄南村、山头村、蔡宅村5个村作为共富村试点，全面启动建设项目，共富村联合体展销体验中心开业，完成投资3771万元。通过系统实施乡村产业发展（生态产品价值转化）、数字乡村发展、促进农民增收、改善乡村治理4大工程，发挥改革政策集成作用，突破试点试验区域原有乡村发展运行体制机制格局，推动试点试验区域传统产业变革式发展，实现数字赋能乡村产业。

（县财政局）

税　务

【概况】2022年，松阳县组织税费收入35.32亿元，比上年增长24.39%。其中，组织税收收入13.49亿元，比上年增长3.49%，扣除留抵退税因素后增长13.48%；一般公共预算收入8.11亿元，比上年增长9.25%。办理出口退（免）税9717万元，其中办理免抵税5800万元。社会保险费收入11.3亿元，比上年增长10.52%；非税收入10.53亿元，比上年增长105.06%。社保费和非税收入两项合计比重达到61.81%。2022年，国家税务总局松阳县税务局（以下简称县税务局）全年工作获省、市、县主要领导批示3次，其中省税务局主要领导1次。

【税收征管】2022年，松阳县加大税收征管改革落实力度，推进“全面数字化电子发票”（“数电发票”）改革，按上级党委部署完成试点受票工作。6月21日，松阳港能投智慧能源有限公司接收全市首张跨省“数电发票”。开展不锈钢行业征管评估，督促行业开展自查自纠；规范高新技术企业税收管理，针对高新技术企业研发费用加计扣除开展纳税辅导；加强砂石行业税收征管，主动参与县砂管办的砂石行业整顿。持续开展风险应对，组织开展2022年度“双随机、一公开”自查辅导工作。加强对总部经济、平台经济等企业的风险防范措施，规范发票领用，认真落实商贸企业“三核一谈一底稿”（“三核”指核对人员身份、核对单位住址、核对经营业务；“一谈”

指企业增值税一般纳税人法定代表人约谈笔录；“一底稿”指企业风险核查工作底稿）等工作制度，切实防范涉税风险。

【减税降费】2022年，松阳县坚持“全面顶格+第一时间”承接落实国家稳经济一揽子政策及接续措施中的涉税内容，推动新的组合式税费支持政策特别是大规模留抵退税政策“快稳准好”落地落细。县税务局进一步强化政策宣传，联合县工商联开展“政企恳谈会”、依托“税惠茶香党员工作室”“超乐党员工作室”、征纳沟通平台等精准宣传辅导，确保政策红利直达快享。全年累计新增减税降费及退税缓税缓费6.13亿元，完成留抵退税1.81亿元。按比例进行事后抽取跟踪，主动查找退税风险点。

【依法治税】2022年，松阳县落实税收法定原则，推动《中华人民共和国印花税法》落地。推行权力清单和责任清单制度，建立国家税务总局松阳县税务局权力和责任清单和国家税务总局松阳县税务局西屏税务所权力和责任清单。健全执法全过程记录制度，重点规范税款征收、行政许可、行政处罚、行政强制、行政检查等执法行为，推进执法规范化、标准化、数字化，提高效率、降低风险。推行非强制性执法方式，落实税务行政处罚“首违不罚”制度。开展组合式税费优惠政策落实督察工作，排查梳理政策落实过程中存在的问题，确保留抵退税政策落地见效。强化内控机制建设，运用“内控监督平台”“网格化内控管理平台”加强日常监控，结合业务办理流程深入分析、查找，对风险点及时开展监控预警，将风险防范落实到事前、事中环节，及时堵塞漏洞。健全以“信用+风险”为基础的税务监管新体系，落实“一户式”管理机制和增值税发票风险全链条快速反应机制。推进企业所得税税前扣除凭证（发票）“跟票管”“按户管”。优化完善资源税和环境保护税管理全流程风险指标体系、土地增值税风控体系。

（县税务局）

金融监管

【概况】2022年，松阳县运用央行浙江数字化平台对地方法人金融机构流动性、存贷款等数据进行实时监测，重点关注异常波动，采取约谈主要负责人、月度信贷情况通报等方式对风险较高的金融机构开展风险预警提示。推动完善尽职免责条款、开展流动性应急演练和不良贷款清收专项行动，防范化解金融机构各类风险。至12月底，全县不良贷款余额1.68亿元，不良率0.67%。推进一体化智能化公共数据平台建设。贯彻稳健货币政策，聚焦小微、民营、制造业、科创、绿色等领域，促进融资畅通。全年实现金融业增加值8.42亿元，比上年增长12.1%，金融业增加值占地区生产总值和服务业增加值比重达到5.89%和12.28%。

【银行业监管】2022年，松阳县围绕银行业机构重点风险领域，持续加强行业管理与整治，按照监管要求进行资产分类，提足风险准备金。按月统计监测辖内机构不良贷款相关数据情况，运用央行浙江数字化平台对地方法人银行业机构流动性、存贷款等数据进行实时监测，重点关注异常波动，采取约谈主要负责人、月度信贷情况通报等方式对风险较高的银行业机构开展风险预警提示。通过完善尽职免责条款、开展流动性应急演练和不良贷款清收专项行动的方式，防范化解银行业机构各类风险。至12月末，全县不良贷款余额1.68亿元，不良率0.67%，比上年下降0.11%。

（人行松阳县支行 松阳银保监组）

【保险业监管】2022年，松阳加强保险市场行为监管，持续推进保险市场乱象整治和合规经营。开展电动摩托车交强险专项整治2次，严禁电动摩托车交强险搭售商业险行为，督促整改违规问题和风险隐患。开展保险行政许可初审，加大车险领域督查和侵害个人信息乱象整治，促进保险市场规范健康发展。督促县域各人身险公司提升客户服务质量，抓好客户咨询投诉和保险理赔等各项服务。召开县域保险业安全生产会议，落实主体责任，全年县域保险业未发生安全事故。

（松阳银保监组）

【项目统筹管理】2022年，县大数据和金融发展中心根据《松阳县政府投资信息化项目管理办法（暂行）》规定，牵头组织开展全县政府投资信息化项目方案审查工作，形成县大数据和金融发展中心、县发展改革局、县经济商务局、县财政局4个部门联合审批的工作机制。动态更新发布项目建设指南细则，指导全县各项目业主单位规范开展方案编制、建设、验收、数据安全、绩效评价等项目全生命周期工作。至12月底，审查审批项目38个，造价审核累计节约财政资金1663万元。

【非法金融活动整治】2022年，中国人民银行松阳县支行（以下简称人行松阳县支行）从“账户源头治理、柜面拦截挽损、银行监督问责、警银联合宣传”4个方面对电诈和跨境赌博工作开展整治，组织金融防诈骗宣讲团进机关、进企业、进学校、进社区、进农村开展宣传，核查银行账户34.8万个，倒查涉案账户88个，最大程度保障人民群众财产安全。至12月底，完成柜面拦截63.66万元，涉案账户数比上年下降50%。加强对县域银行业机构反洗钱履职问题的源头治理，对长期零报告的机构根据实际情况开展监管走访等监管措施。加强与县检察院、县法院等部门会商联动协调，推动《打击治理洗钱违法犯罪三年行动计划（2022—2024年）》落地落实，全年向公安机关移送可疑交易线索4条，推动首笔涉毒洗钱案宣判。

【金融风险防范】2022年，松阳县推进农村担保互助社解散工作，提高资金使用精准度。设定银行业机构不良贷款率1%、关注类贷款率3%预警线。组织开展风险暴露和隐性风险排查，按照监管要求进行资产分类，提足风险准备金，制订核销和清收计划。全年按月统计监测辖内银行业机构不良贷款相关数据，通过向上风险报告和向下监管提示等方式严控辖内信用风险。至12月底，全县银行业机构不良贷款余额1.66亿元，不良贷款率0.67%，比上月下降0.11个百分点，比上年上升0.02个百分点。全年处置不良贷款金额2.22亿元，较上年同期增加0.29亿元，完成上年全年不良处置金额的115%。

【金融消费者保护】2022年，人行松阳县支行健全法治央行和金融消费者保护（以下简称消保）工作机制，推进法治央行建设，制定《松阳县支行法治宣传教育第八个五年规划》《松阳县支行法治央行建设实施方案(2021—2025年)》，落实依法行政工作。压实金融机构消费者权益保护主体责任，推进“金惠工程”建设，完成14家绿色专区、10家星级消保工作站和2家金融教育示范基地创建和预申报工作。全年组织开展金融消保知识大型宣传活动6场。

（人行松阳县支行）

【金融秩序维护】2022年，松阳县推进乱象整治和合规工作。全年开展摩托车交强险专项督导、政策落地“两个闭环”落实情况督导、地方中小银行股权相关问题专项治理核查、车险领域督查抽查，督导涉企乱收费专项整治、侵害个人信息乱象整治、金融消费者权益保护宣传，督导安全风险专项排查等，对督查发现的问题均要求相关单位闭环整改到位。加强金融消费者权益保护，中国银行保险监督管理委员会丽水监管分局松阳监管组（以下简称松阳银保监组）与县大数据和金融发展中心、县政法委、县法院、人行松阳县支行、县司法局联合印发《关于加强金融纠纷多元化解机制建设的实施办法》，推进金融纠纷调解组织建设、构建务实高效的非诉解决机制、强化指标考核和结果运用，推动金融纠纷多元化解机制落到实处、取得实效。开展清理不规范使用“银行”字样行为，11月函请县政府和县市场监管局纠正2处“绿源光伏屋顶银行”字样的广告牌。

（松阳银保监组）

【外汇管理】2022年，人行松阳县支行推动外汇管理和服务提质升级，在外汇形势动荡大背景下，推动“外汇联络员暖心助企”活动提质增效。全年组织137人次“助企专员”下企业宣传汇率避险政策，为企业提供外汇指导。开展重点出口企业的走访调查工作,并对辖内2家银行网点外汇业务进行突击检查，监督网点外汇业务合规经营。

【反洗钱工作】2022年，人行松阳县支行落实反洗钱监管，加强对银行机构反洗钱履职问题的源头治理，对长期零报告的机构根据实际情况开展监管走访，落实监测主体责任等监管措施。加强与县检察院、县法院等部门会商联动协调，推动《打击治理洗钱违法犯罪三年行动计划（2022—2024年）》落地落实，全年向公安机关移送可疑交易线索4条,推动辖内首笔涉毒洗钱案宣判。

（人行松阳县支行）

【推进企业上市】2022年，松阳县实施“凤凰行动”计划，推进上市企业量质齐升。11月18日，浙江云中马股份有限公司在上海证券交易所挂牌上市，成为松阳县首家上市企业。浙江科马摩擦材料股份有限公司创业板首次公开募股审核获深圳证券交易所回复。上上德盛集团股份有限公司完成股改，浙江华威门业有限公司、宝丰钢业集团有限公司拟启动股改，全县域企业上市渐成梯次格局。

【政保合作】2022 年，县大数据和金融发展中心与中国人民财产保险股份有限公司松阳支公司开展政保合作，推进采茶工保险线上化，通过“松阳县采茶工服务平台”线上申报数据，为非松阳籍采茶工投保雇主责任险，惠及外地采茶工 13341 人，累计承担风险保额 3.2 亿余元。在水南村落地全市首单政策性水稻完全成本保险。签下全市首单浙江商业性竹林碳汇价值综合保险，为县域 49.33 公顷竹林提供 60 万元风险保障，助推县域保险业迈进绿色保险发展新模式。中国太平洋财产保险股份有限公司松阳支公司、中国人寿财产保险股份有限公司松阳县支公司创新知识产权保险产品，首批推出知识产权被侵权损失保险和知识产权执行保险 2 个险种。

（县大数据和金融发展中心）

审　计

【概况】2022 年，松阳县审计局完成审计项目 14 个，查出各类管理不规范资金和违规资金 4.18 亿元，促进增收节支和挽回损失 1275.26 万元。审计揭示各类问题 220 个，完善出台制度 48 项，综合提炼审计专报 70 余篇，其中《加强市政工程质量监督管理》《省以上专项转移资金支付进度过慢问题应引起重视》等 11 篇专报获县委、县政府主要领导批示，90 余篇审计信息被各级审计信息刊物和新闻媒体录用，审计项目质量稳步提升。2 个审计项目获全市优秀审计项目，在推动政策落实见效、提升财政资金绩效、促进保障和改善民生、规范权力运行和责任落实等方面发挥积极作用。

【政策落实情况跟踪审计】2022 年，松阳县组织实施招商引资专项审计调查、住房与城市建设专项资金使用和绩效审计项目。发现 8 个招引项目未达到协议规定、部分招引协议承诺事项无约束条款导致停工项目无法追诉相关责任、未及时分配住房和城建专项资金、工程边设计边施工边预算、未按照招标文件约定基数确定施工合同价等 37 个问题。推动完善相关政策制度，规范资金使用和项目建设。

【内部审计】2022 年，县审计局推进第四轮“三年轮审”计划，指导部门、乡镇（街道）制订 2022—2024 年的内部审计计划。加强对内审单位的监督指导，以《2022 年度全县内审指导和监督工作方案》，指导内审单位进一步改善单位内部控制。先后组织召开全省卫生健康系统内审人员培训会、政府投资审计业务培训会，有效提高内审人员业务水平。邀请县教育系统内审人员参与国家审计经济责任项目，以审代训，提升全县内审人员综合素质。10 月，成立丽水市首家县级内部审计协会，并出台《关于加强内部审计工作的实施意见（试行）》，进一步提升内部审计工作质量。

【财政资金审计】2022 年，县审计局组织开展县本级预算执行和决算（草案）审计和 4 个乡镇财政决算审计。审计发现往来款长期挂账、违规出借财政资金等问题 18 个，通过审计整改，清理各乡镇（街道）、部门往来款 412 万元，收回出借县国有资本投资运营集团有限公司 1 亿元资金。推动出台《松阳县党政机关办公用房管理实施细则》《松阳县党政机关办公用房租金管理暂行规定》等制度，促进规范财政预决算管理，提高财政资金使用绩效。

【经济责任审计】2022 年，县审计局完成 4 个部门、3 个乡镇领导干部经济责任审计任期（离任）审计和 3 个乡镇的领导干部自然资源资产离任审计。发现“三重一大”（重大事项决策、重要干部任免、重要项目安排、大额资金的使用）决策制度执行不到位、公务接待管理不到位、对专项资金使用情况跟踪监管不到位等 90 个问题，促进有关单位清理往来款项，建立健全财务管理、资产采购等制度。推进国家审计与内部审计相融合，在县自然资源和规划局及乡镇经济责任审计时，同步指导内部审计人员对下属单位、村级开展内部审计，促进内部审计工作常态化。结合全县实际，出台领导干部经济责任审计分类管理办法，促进领导干部履职尽责、担当有为。

【政府投资审计】2022 年，县审

2022 年 6 月 24 日，松阳县举行政府投资项目审计业务培训会（县审计局供图）

计局报送审计专报 16 篇，推动县政府及主管部门层面出台制度 12 个，移送案件线索 4 宗，出台政府投资项目工程变更管理暂行办法，以加强政府投资项目变更管理，修订完善村级工程建设实施办法，进一步规范推进村级工程建设，提高财政资金使用绩效；编印《政府投资项目审计提醒您》手册，帮助全县党政机关、企事业单位、乡镇（街道）更好地履行政府投资项目监管职责，降低政府投资项目风险。6 月 24 日，召开全县政府投资审计业务培训会，46 家单位 80 余名审计分管领导及业务人员参会。

【专项审计调查】2022 年，松阳县开展就业补助资金和失业保险基金、储备粮管理情况、2022 年省政府十大民生实事推进情况专项审计调查。审计发现粮食入库质量检测不到位、向不符合条件人员发放失业保险金、超范围使用“教共体”（义务教育阶段城区或镇区优质学校与乡村或镇区学校结对形成办学共同体，实现以强带弱、共同发展，提升城乡义务教育优质均衡水平的学校发展模式）专项资金、未出台托育机构财政补助政策等 75 个问题。通过审计及问题整改，追回多发放的失业保险金 1.05 万元、多发放的职业培训补贴 2.74 万元，收回多支付粮食订单奖励资金 37.43 万元，收回因询价工作不到位等造成差价 27.24 万元。

【审计问题整改】2022 年，松阳县审计局组织开展问题整改情况“回头看”、动态督查；建立问题整改清单，向各相关单位发放《审计整改函》。县委审计委员会办公室交办审计问题整改清单 43 份，至 12 月底，列入县本级 2021 年度财政预算执行和其他财政收支情况审计工作报告的 108 个问题，完成整改事项 103 个，问题整改率 95.37%。

（县审计局）

统　计

【概况】2022 年，松阳县统计局树立“用数据说话、为发展服务”的工作理念，发挥统计信息、咨询、监督 3 大职能作用，统计工作提标提质提效。“细化服务颗粒度 助推经济大发展”统计服务项目在四季度全县“镇街部门三创”亮赛活动中获一等奖；“奋力奔跑”行动——营商环境“企业评”得分排名全县第一；年度全市统计工作综合评价获“优秀”等次，其中统计法治单项考核获“优秀”等次、统计信息调研工作获一等奖；完成住户调查样本轮换工作，在全省住户调查年报培训工作会上作典型交流；获评松阳县经济社会发展项目投资管理类、区域协作类 2 个先进集体。

【统计基础管理】2022 年，县统计局牵头举办乡镇（街道）及相关部门统计业务分管领导和统计人员培训班，为 130 名统计干部培训统计法律法规及业务知识并进行测试，测试成绩抄报县委县政府主要领导及组织部，并列入年度考核。组织全县统计干部到苏州大学、宁波大学开展综合素能提升培训，邀请浙江省统计局国民经济核算处处长朱天福为松阳县全县领导干部做统计业务专题辅导。由局专业人员担任统计指导员联系网格单位，每人联系 10～20 家企业，落实统计指导员工作制度。结合“摸实情办实事求实效”走访调研等活动开展企业走访，确保数据源头可追溯、数据质量有保证，实现指导服务全覆盖。

【统计调查】2022 年，松阳县制定第五次全国经济普查筹备工作方案，成立专项工作组，在 2 个行业选取 5 家企业开展投入产出台账调研。修订完善《松阳县住户调查辅助调查员考核细则》，制定《松阳县2022年住户调查大样本轮换实施方案》，召开全县住户调查大样本轮换部署会和各阶段业务培训会，11月1日启动新一轮的住户调查大样本轮换工作。县统计局联合县农业农村局、县自然资源和规划局对重点乡镇、重点产业（农产品）开展调研走访，开展农业统计业务培训会3次，培训人数达100余人次。

【统计服务】2022年，县统计局围绕企业行业分类、上规、上限开展指导，通过每周分析、每月预测、定期研判等，监测苗头性、趋势性数据变动，为重点指标稳定增长发挥好参谋助手作用，为县委、县政府科学决策提供统计依据。全年编发《数据要情》103篇、《政务信息》121篇、《松阳统计资料》33篇、《统计专报》8篇等，获市、县各级领导批示15篇，其中8篇《统计专报》获县委或县政府主要领导批示。

【统计数据质量提升】2022年，县统计局印发《松阳县统计局关于坚决防范统计风险确保统计数据质量的通知》《2022年统计法治工作要点》《松阳县统计局加强统计执法统计核查三年全覆盖行动计划（2022—2024）》，以制度建设提升统计数据质量。公布对外举报电话，畅通统计举报。派员参加市统计局、省统计局的统计督察、统计检查。开展全县51家企业执法检查，处罚企业2家，罚款0.1万元。开展“9·20”中国统计开放日、统计法宣传月等统计法治宣传活动。向广大市民宣传统计普法相关知识，发放《中华人民共和国统计法》《中华人民共和国统计法实施条例》宣传折页、普查资料袋等宣传资料，普及统计法律法规知识。

【统计监管】2022年，松阳县落实国家统计督察问题整改和开展防范和惩治统计造假弄虚作假专项纠治工作。印发落实国家统计督察反馈问题整改工作实施方案和开展统计造假不收手不收敛问题专项纠治实施方案；召开全县统计法治工作暨统计造假不收手不收敛问题专项纠治、统计督察问题整改动员部署会，做好国家统计督察问题整改和统计造假不收手不收敛问题专项纠治工作的贯彻落实、指导、督促、检查，按照时间节点强化各乡镇（街道）、各部门整改，形成《松阳县落实国家统计督察反馈问题整改情况的报告》《松阳县统计局关于开展统计造假不收手不收敛问题专项纠治工作情况的报告》，经县委县政府同意后向市统计局报告。统计督察期间，县委、县政府安排集体学习2次，全县19个乡镇（街道）和31个有关部门均完成1次以上学习，建立防范和惩治统计造假、弄虚作假责任制。全县清理2017年以来违反统计法律法规文件13份。

（县统计局）

市场监督管理

【概况】2022年，松阳县推进食品药品安全监管，将食品药品安全工作纳入县级民生实事项目，超额完成“阳光工厂”、食品抽检、新增全程可追溯的食品生产经营主体任务，保质保量完成民生药事项目。建成食品生产企业“阳光工厂”28家，新增全程可追溯食品生产经营主体239家，抽检食品1153批次，建成2家民生药事服务站和6家网订店送药房。开展医疗机构、加油站、综合市场、药店、金店等领域计量器具的强制检定工作，为贸易结算、安全防护、医疗卫生等工作夯实计量基础。全年淘汰7年内非标电

松阳县统计局组织开展“共同富裕 你我同行”9月20日中国统计开放日宣传活动（县统计局供图）

动车 7.31 万辆，淘汰率 95.6%。松阳县市场监督管理局（以下简称县市场监管局）获评浙江省市场监督管理局 2022 年度综合绩效考评优秀单位、2022 年度全市市场监管系统综合考核优秀单位、年度全省市场监管系统“五新月赛、五星月晒”竞赛一等奖，连续两年获省市两级考核优秀等次。

【市场规范管理】2022 年，松阳县构建浙南茶叶市场联防联控工作体系，成立防控工作领导小组，下设管控督导组、驻场管控组，开展浙南茶叶市场新冠疫情联防联控工作。制定《浙南茶叶市场疫情防控工作方案》。县市场监管局指导全县 5 家专业市场及 3 家农贸市场分别建立疫情防控工作专班。定期对市场环境和物品进行检测抽查，浙南茶叶市场和浙西南绿色农产品物流中心采样 2496 个批次产品、3130 个批次外环境样本，营造安全放心的市场交易环境。

【市场主体登记管理】2022 年，松阳县在册市场主体 27053 户，比上年增长 11.95%，增加 2887 户。在册企业总数 4437 户，其中私营企业 3986 户，企业集团 2 户；个体户 22188 户；农业专业合作社 426 户。松阳县贯彻落实《市场主体登记管理条例》，规范注册登记行为；推进商事主体登记确认制改革，打造便利开办体系，企业开办网办率 100%，均在 1 个工作日内办结；深化“证照分离”改革，食品销售、餐饮经营等 11 个事项纳入准入准营一件事办理；加强退出端路径畅通，简易注销占比 88.8%，落实歇业备案制度，办理歇业登记 14 件，打造多元退出体系；推广应用电子营业执照，电子营业执照下载率为 88.82%。

【网络交易监管】2022 年，县市场监管局依托省局“浙江公平在线”系统，网上检查各类网店、网站 1100 余次。根据涉网经营主体分类以及基层所人员配备情况，由网监科负责风险线索查找，基层所分配任务完成固证及风险处置工作，对网店开展线下巡检，实地走访网店经营者 120 余家次。将线上网络巡查和线下巡检结合，提升监管水平。全年新增指标主体库数据 222 条，处置下发违法线索 108 条，其中查处违法行为 72 起，取证固证涉嫌违法线索 198 条，上报并经省局采纳应用有效违法监测模型 11 个。组织开展电商经营交流培训，免费共享电商发展经验，减少消费投诉，降低电商发展成本，提高企业效益。建立电商发展经验交流群，入群电商共享电商发展经验，职能部门工作人员分享电商方面政策、法律法规。全年举办电商培训 4 批，培训 310 余人次，电商投诉举报数比上年下降 35%。获得全市网络交易监督“五新月赛、五星月晒”竞赛第一名，在丽水市市场监管局和省市场监管局的网络交易监督工作会议上作典型经验交流发言。

【信用监管】2022 年，县市场监管局推行市场主体“精准年报”，实行市场主体年报“云上报”，结合年报工作和月度重点监管任务，在 1 月 15 日前确定 1—6 月月度年报目标，对在册市场主体进行催报。1—6 月，松阳县企业年报率 95.84%，其中重点领域年报率 100%；农民专业合作社年报率 97.47%；年报精细化综合绩效考核评分 97.64，排名全省第四。牵头推进“互联网+监管”全面推广与应用工作，抓好市场监管领域的“双随机、一公开”抽查及部门联合“双随机”工作，实现跨部门监管率 35.13%，引用信用规则率 98.98%。推进“小微企业三年成长计划”工作，促进全县小微企业平稳较快发展，获得“浙江省深化商事制度改革加强事中事后监管激励”，系全省 3 个区县之一，“企业在线”激活完成率 154.66%，全省排名第一。落实《关于扶持个体工商户纾困发展的若干意见》，建立《松阳县扶持个体工商户发展联席会议》制度及实施方案，落实减税减租减费政策，推行“歇业一件事”改革、“双随机+信用”监管。开展“线上信用修复”，建立信用修复企业“一企一档”专项档案，定时组织登记在档的信用修复主体进行信用监管相关法律法规的普及与宣传，实现信用修复长效监管。

【消费维权】2022 年，县市场监管局利用“12345”、全国“12315”平台等渠道，发挥消费维权服务站点作用，落实 24 小时值班制度，及时受理和处理消费者诉求。全年受理消费投诉举报 1280 件。其中，投诉 781 件，举报 499 件，涉及争议金额 15.12 万元，挽回消费者损失金额 13.64 万元。全年投诉按时初查率 100%、按时办结率 100%、举报按时核查率 99%。3 月 11 日，全市首个消费纠纷调解“共享法庭”在松阳县消费者权

2022 年 3 月 11 日，丽水市首个消费纠纷调解“共享法庭”在松阳县消费者权益保护委员会揭牌启用 （徐隽/摄）

益保护委员会揭牌启用，通过县消费者权益保护委员会与县人民法院协作机制，推动司法力量和消费纠纷调解力量优势互补，实现消费纠纷源头化解、多元化解。“共享法庭”配齐配强联系法官、庭务主任，组建“法院+市场监管+N联络员”队伍，发挥数字化新优势。共享“浙江消保在线”“共享法庭”应用等数字化系统数据，通过运用数字化平台，整合利用人民法院和市场监管部门的各类调解纠纷资源，实现资源整合、高效利用。利用微信公众号、微博、电视等媒体围绕“共促消费公平”做好消费维权知识的线上宣传工作，借助电商培训活动，向经营户、群众宣贯法律法规并推广“消费宝”（中国电子商会旗下的消费服务保障平台），有序开展“3·15”系列宣传教育活动。活动期间，开展线下宣传培训 4 场，发布消费警示 5 条，推送“3·15”系列公众号 4 期。“消费宝”注册量 2450 户。邀请消费义工、志愿者、外卖平台负责人、媒体监督单位参加外卖订餐消费体验活动，对 25 家外卖平台负责人开展线下约谈 2 次，推进“阳光厨房”建设和“外卖封签”使用推广，推动县域内外卖餐饮经营单位的健康发展和外卖餐饮的食品安全水平。推进“放心消费在浙江”行动，全年培育放心消费单位 504 家，已建成 499 家，完成率为 115%；无理由退货承诺单位 223 家，完成率为 112%；放心工厂 70 家，完成率为 113%。放心消费商圈 2 个，完成率为 200%。

【产品质量监管】2022 年，县市场监管局监督抽查生产、流通领域 56 批次，发现问题产品 10 批次，问题发现率 17.85%，不合格处置率 100%。针对不锈钢管产业开展行业质量提升工作，印发《松阳县不锈钢管行业质量提升专项工作实施方案》，建设松阳县不锈钢管产业质量基础设施“一站式”平台。全年开展质量管理培训 3 次，服务企业 100 余家，培训人员 150 余人。落实兑现质量建设奖励资金，奖励兑现 2021 年度品牌创建和质量建设工作奖励资金 46 万元，激励企业转型提升，提高企业质量创新和品牌培育积极性。动员 5 家企业通过“品字标”浙江制造产品认证。主导制定《松阳县关于鼓励备案非标电动自行车提前淘汰置换实施方案》，开展大型集中淘汰置换活动 1 次，小型集中淘汰置换活动 10 余次。全年淘汰 7 年内非标备案车 73130 辆，淘汰率 95.6%。

【特种设备安全监察】2022 年，县市场监管局开展城镇燃气、除险保安、电梯、叉车等专项整治行动，出动监察人员 838 人次，检查单位 268 家，排查隐患 239 处，下发指令书 66 份，立案 5 起（5 起结案），未发生特种设备安全责任事故，无人员伤亡。其中，“土制餐梯”专项整治被纳入“七张问题清单”市级蓄水池。邀请浙江省特种设备科学研究院专家对县 8 家企业的特种设备安全管理情况提供完善建议 18 条，邀请丽水市特种设备检测院专家对县 2 家企业的特种设备开展技术帮扶。依托“浙江特种设备在线”，推进锅炉、叉车作业人员扫码上岗、电梯维保、检测扫码作业、阳光工厂建设等工作，实现锅炉扫码作业率和电梯维保、检测扫码率 100%、叉车作业人员扫码作业率 95%，建成阳光工厂 38 家，电梯物联感知接入 249 台。组织开展电梯安全培训、叉车培训班 1 期，参训人员 400 余人次。开展习近平总书记关于安全生产工作重要论述精神、一把手谈安全生产等各类专题学习 5 次，组织全局监察员到实地“情景式”教学。深化电梯安全进校园、进社区、进公众聚集场所，燃气安全进农村、进家庭“五进”活动，开展电梯、滑索等特种设备应急演练2场，通过现场模拟、现场讲解、现场演示方式，提升全民特种设备安全防范意识。

【标准与计量监管】2022年，县市场监管局完成国家标准《人类工效学 家居无障碍设计要求》网上招标、专家对接、前期标准草案撰写等事宜，并召开编制研讨会。全年参与制定、修订省级地方标准6项；起草制定发布市级地方标准2项；参与制定市级地方标准2项；新增立项地理标志产品松阳茶1项；发布县级地方技术性规范2项；指导3家企业3项标准获“浙江制造”团体标准立项，松阳县国富鞋业有限公司为主起草的“合成聚氨酯鞋底”标准发布。推动标准化示范项目建设。指导县残联开展乡村共享无障碍设施建设省级标准化试点项目建设工作，指导县发展改革局完成大花园瓯江绿道维护和管理市级标准化试点项目建设工作，并通过验收。加大对加油站、集贸市场、超市、医疗卫生机构及压力表、流量计、能效水效标识等重点民生计量领域专项监督检查力度，严厉打击未依法实施强制检定、缺斤短两、计量作弊等计量违法行为，出动执法人员180人次，检查计量器具使用单位310家次。开展“红盾护农”农资产品定量包装商品净含量专项整治，抽查4家企业共计10批次产品。结合“5·20”世界计量日进行计量主题宣传，开展计量进校园，低碳生活进社区等活动。组织开展小微企业质量管理体系提升行动培训会2期，72家企业100多名管理者、质量负责人参与；举办松阳县不锈钢行业小微企业质量管理体系认证提升行动启动会暨质量管理体系与测量管理体系培训会，全县51家企业，70多人参与培训，培育企业15家，体系导入3家。邀请专家对3家建筑材料检验检测机构、1家机动车检验检测机构、1家食品检验检测机构开展出具虚假不实报告、虚假宣传等违法行为专项检查。全年完成4家“丽水山耕”认证，4家外贸企业的4个产品开展内、外贸产品同线同标同质线上导入工作，1家企业获绿色产品认证证书，深化绿色认证集成改革。

【食品安全监管】2022年，全县食品市场秩序持续稳定，未发生食品安全事故。松阳获评“浙江省食品安全示范县”，实现全县食品生产经营主体包保对应关系完成率达100%，包保干部承诺书签订率达100%，食品安全总监和食品安全员配备率达100%。县市场监管局持续推进基层食安办分级分类管理，实现古市镇食安办五星级管理，赤寿乡食安办四星级管理，新兴镇、叶村乡、裕溪乡、安民乡等食安办三星级管理。对全县384名食品安全网格员和食安办专兼职人员、58名食品安全监管人员开展食品安全业务培训。全年办结各类食品安全案件173件，罚没款112.86万元，其中涉刑移送案件3件。持续开展食安金融信用惩戒工程，向人民银行松阳支行报送178条食品安全不良信息，对27名食品安全失信人员实行金融惩戒，倒逼食品从业者落实主体责任。结合食品安全宣传周、“3·15”国际消费者权益日、宪法日、科技宣传周等活动，深入农村、社区、学校、企业、家庭等地，通过悬挂横幅、发放资料、放置展板、现场咨询等多种形式，开展食品安全知识及法律法规科普活动，提升群众食品安全知晓率和满意度。

【食品生产与流通监管】2022年，县市场监管局完成在产食品生产企业“阳光工厂”全覆盖，“浙食链”应用主体1568家，监督抽检食品安全1204批次，查办各类食品违法案件173件，罚没款

2022年11月22日，松阳县市场监管局工作人员对县城内一家超市开展食品安全专项检查（县市场监管局供图）

112.86万元，收缴销毁问题食品135.3万千克。推进“浙食链”“浙冷链”“GM2D在线”（全球二维码迁移计划）等数字化系统的应用。指导松阳县万家惠超市有限公司、松阳华欣商贸有限公司、松阳县五州品尚副食品超市有限公司等5家商超开展结算系统改造，强化GM2D应用场景，创建良好的转码、用码环境。指导作坊在生产关键控制点安装视频监控，全年安装视频监控32家、接入食品小作坊数字化监管平台17家。查处进口冷链食品违法案件1件，罚款6000元，查获走私牛肚135万千克，并移送公安处理；查处进口水果违法案件7件，罚没款5.07万余元。

【餐饮服务监管】2022年，县市场监管局开展浙江外卖在线攻坚行动，全面核查外卖商家底数。联合网络订餐平台、宽带运营商对未安装阳光厨房的商户进行整改，约谈视频异常商户。召开浙江外卖在线攻坚行动数字化监管培训会，线下检查指导督促餐饮单位安装阳光厨房和使用外卖封签。攻坚期间，出动宣贯人员503人次，培训商户251家，发放告知书270份，出动检查294人次，检查300余家，发放责令整改通知书18份，立案查处违法行为6起，罚没金额1100元，发布网络订餐外卖在线曝光台8期。开展两会食安保障前期隐患排查和专员食安培训以及春节、五一劳动节、端午节、中秋及国庆前食品安全、反对浪费检查。开展春季校园食品安全检查、校园食堂餐饮食品安全风险隐患排查，督察食安台账、加工操作规范化、人员晨检、色标管理、智慧阳光厨房等方面工作，推广使用“浙政钉”掌上执法即时检查，出动执法人员198人次，检查相关单位465家，学校食堂掌上执法专项春秋季检查完成率100%。食堂餐饮从业人员实现线上学考全覆盖，食安管理员抽考合格率100%。开展加强劳动创造幸福主题宣传教育、“光盘行动”“反对浪费”“崇尚节约”“公勺公筷”文明行动，每月巡查以图文并茂的形式推出文明用餐红黑榜公众号推文，利用微信群等向消费者宣传新冠疫情防控、食品安全等知识28次，发布文明用餐食安红黑榜5期，形成制止餐饮浪费文明用餐长效机制。建成家宴阳光厨房2家。

【药品医疗器械监管】2022年，县市场监管局开展麻醉精神药品专项整治、“除险保安”百日攻坚等行动，出动执法人员检查日常药械1083人次，检查药品生产经营、医疗器械经营使用主体单位510家次，发现整改风险隐患69条，药械立案24件（其中移送1件）。对接药品生产企业浙江康恩贝中药有限公司，与第三方数据公司签约搭建中间数据库，上线药品生产企业“黑匣子”应用，通过“黑匣子”上传药品生产数据7515条，保障药品生产质量安全。推进药事服务民生实事项目建设，改建提升民生药事服务站2家，新增24小时“网订店送”药房6家，开展药事服务10071人次，组织各类法规宣传和科普讲座10余场次。

【化妆品安全监管】2022年，县市场监管局通过浙江省行政执法（互联网+监管）平台和“浙政钉”掌上执法模块，出动执法人员300余人次，对辖区内的150余家化妆品经营单位开展双随机检查，根据检查结果进行分类分级监管，提升监管效能。针对美容行业化妆品、儿童化妆品、染烫类化妆品等民生关注度高的品种开展专项检查整治，全年共查处化妆品案件4件，罚没款共计3.2万元。通过日常监督检查、微信公众号、“5·25”全国爱肤日等多种形式开展《化妆品监督管理条例》《化妆品生产经营监督管理办法》等法律法规的宣贯，提升从业人员专业知识和法律责任意识。

【行政执法监督】2022年，松阳县开展“铁拳”“亮剑2022”“利剑”等相关专项执法行动，办结行政处罚案件287件，移送涉刑案件14件，罚没款174万元。对“神医”“神药”虚假违法广告及养老诈骗等开展专项整治，打击涉老“食品”“保健品”等领域市场乱象。县市场监管局出动执法人员168人次，检查相关行业主体42家次，立案查处相关违法行为3起，联合公安部门调查相关案件线索1条，罚没款共计11.5万元。强化进口冷链食品上链管控和销售追溯管理，督促市场主体认真履行进货查验义务。立案查处无“溯源码”的进口“冷链”食品案件8件，罚没款共计5.9万元，向公安部门移送违反防疫规定案件3件。开展打击侵犯知识产权、制售假冒伪劣专项整治行动，办理仿冒奢侈品牌系列案件5件，没收假冒侵权产品价值9万元，罚没款15.2万元，向公安部门移送网络侵犯知识产权保护案件10件，涉案嫌疑人21名，涉及知名品牌数十个，涉案货值1500余万元，其中办结的某金行销售侵犯注册商标专用权的商品案，入选省局“铁拳”“亮剑2022”专项行动典型案例。针对校园周边“无底线营销”行为，结合国家“铁拳”行动，综合运用食品安全法、产品质量法、广告法、未成年人保护法等法律法规，打击校园周边商超、文具店、便利店中存在的抽奖赌博、擦边色情、暴力涉黑等各类侵害未成年人合法权益违法行为。出动执法人员200余人次，查处商家4户，罚没款1万余元。查处涉嫌制售假药治疗痛风类产品4批，移送公安机关立案侦查，实现县市场监管局药品移送案件零突破。开展联合执法行动3次，查处陆路运输无合法来源证明的进口冻品牛肚案1件，查获运输货车1辆、涉案进口牛肚13.53吨，货值金额超105万元。推行柔性执法，做出“首违不罚”处理决定6次，下达免予行政处罚决定书7份，办结责令改正、警告类简案快办案件47件。立案查处婚庆公司联合限制公平竞争行为系列案件8件，罚没款共计9.9万元，该案件先后被松阳新闻、丽水电视台《老白谈天》等电视节目报道，进一步优化县域营商环境，整顿市场破除“壁垒”。开展漠视侵害群众利益问题网络直播营销违法行为专项治理行动。以培养一批示范引领绿色直播间、打击一批网络直播违法大要案、创设一批当地特色网络直播营销行业为目标，集中力量对辖区内网络直播营销主体开展整治。组织学法培训2次，参会企业240家，立案查处相关违法案件36件，办结32件，罚没款共计80.84万元，其中办结2起网络直播营销公司无证生产茶叶案，分别入选丽水市漠视侵害群众利益问题网络直播营销典型案例和省市场监管局网络直播营销违法行为专项治理十大典型案例。

（县市场监管局）

价格监督管理

【概况】2022年，松阳县围绕民生做好重要民生商品保供稳价工作，组织设置市场价格监测点16处，监测品种重要商品价格77个，加强在春节、中秋等重大节日期间的重要商品价格重点监测工作，确保全年物价总水平稳定；根据市场供需和价格形势，密切关注、妥善应对重要民生商品价格异常波动情况，认真执行社会救助和保障标准与物价上涨挂钩的联动机制；开展市场价格异常上涨应急模拟演练，提高松阳县在紧急情况下市场价格异常上涨应急保障能力，完善价格应急工作机制。

【市场价格监管】2022年，县市场监管局对全县11份拟出台的涉及市场经济主体活动的规范性文件进行公平竞争审查，并对其中的5份提出修改建议。通过智慧监管系统抽查，开展公平竞争审查落实情况督查，共抽查文件25份，未发现问题。通过县政府常务会议传达学习《公平竞争审查制度实施细则》。开展元旦、春节、国庆等重大节日市场价格检查，加强与县发展改革局等部门价格监测信息共享，重点关注粮油肉禽蛋奶菜等生活必需品价格变化，严肃查处囤积居奇、哄抬价格等违法行为，全力保障市场价格基本稳定。加强四类药品（退烧、止咳、抗病毒、抗生素）、防疫用品（口罩、消毒液、血氧仪、额温枪等）等防疫物资价格监管，共检查药店等防疫物资经营单位50余家，处理投诉2件，市场价格平稳。实行涉企收费常态化定点监测机制，开展涉企收费专项检查，重点检查“水资源费”“水土保持补偿费”“人防工程易地建设费”等减征政策落实情况。至12月底，共减免“水资源费”62.08万元、“水土保持补偿费”3.95万元，进一步减轻企业负担。每年对6家重点企业开展涉企收费季度监测，关注涉企收费情况。对县内10所学校开展收费检查，发现某学校在学生代收费中违规列支问题，督促学校清退。

【价格调整调查】2022年，松阳县及时调整松阳县非居民管道天然气销售价格。配合城乡交通一体化改革，完善城乡公交票价；落实军人军属、退役军人和其他优抚对象基本优待目录清单。进一步规范转供电环节加价行为，确保降价红利落实到位。建立电力接入工程费用分担机制，优化用电营商环境。联合出台农业水价综合改革工作计划，促进农村水利高质量发展。完善课后服务收费和暑期托管服务收费标准。开展教育、水电气领域、月饼市场收费专项检查行动，规范行业领域收费行为。完成年度普惠性幼儿园认定、幼儿园收费备案、民办事业单位（民办幼儿园和民办中学）公益指数评价工作。开展城市生活垃圾处理、公办幼儿园保教服务、普通高中学费成本监审工作。完成省天然气管道调研会议承办任务。开展城市道路占用、挖掘修复收费情况、闲置和低效工业用地处置情况、物流快递行业收费情况、热力价格机制专项调研。

【价格服务】2022年，县发展改革局贯彻落实省发展改革委各类涉企优惠政策，做好政策宣传和解读工作，协同县市场监管局开展涉企违规收费专项整治，加强对涉企收费的监督检查。创新工作方式，服务“三农”发展，完成省定点开展的种植意向、购买农资、农户存售粮情况3项专项调查及晚籼稻、茶叶种植，生猪养殖成本三项常规调查任务，指导农民生产调结构、降成本、增效益取得积极成效。

（县发展改革局）

知识产权保护

【概况】2022年，松阳县新增有效授权发明专利23件，新增授权实用新型专利370件,新增授权外观设计专利54件。新增注册商标767件（农产品商标154件、服务商标217件），全县有效注册商标5087件（农产品商标1539件、服务商标1217件）。完成摄影、文学、书法等作品类别版权登记30件。

【知识产权执法】2022年，松阳县开展区域公用商标品牌专项检查、冬奥会和冬残奥会奥林匹克标志知识产权保护专项等执法检查5次,出动检查人员470余人次，检查经营主体346户次,全年办理侵犯注册商标专用权案16件，其中涉刑移送案11件，立案查处相关案件5件，罚没款共计15.2万元，案件处置率100%。非正常专利申请撤回率达97.5%、新增知识产权纠纷调解组织2家。

【知识产权保护应用】2022年，松阳县开展知识产权质押融资惠及中小微企业18家，完成知识产权质押融资金额1.69亿元。县域企业许可备案使用专利26件，企业公共存证31件。县市场监管局指导县域5家企业投保知识产权被侵权损失保险，浙江科马摩擦材料股份有限公司实施产业链知识产权预警分析 1 项，浙江华威门业有限公司、宝丰钢业集团有限公司、浙江隆达不锈钢有限公司3家企业被认定为浙江省知识产权示范企业。2022年，全县通过发明专利质押实现高价值发明专利转化,高价值发明专利72件，增速列全省第二，全县每万人高价值发明专利拥有量为3.51件。浙江云中马股份有限公司等2家企业申报省级专利快速审查备案。

【知识产权公共服务】2022年，县市场监管局推动制订松阳茶市级地方标准，会同县农业农村局、县自然资源和规划局等行业主管部门，指导企业规范签订“松阳银猴”“松阳香茶”“松阳香榧”等地理标志商标许可使用合同9份，指导企业申请红标使用，助力地理标志富农工作开展。

【知识产权宣传培训】2022年，县市场监管局结合“4·26”全国知识产权宣传周、“质量月”等平台，开展《知识产权强国建设纲要（2021—2035年）》《浙江省知识产权保护和促进条例》等政策的宣传普及。采取“线上+线下”模式，组织企业参与“浙知行”知识产权线上培训，邀请县融媒体中心对重点企事业单位知识产权创造、保护、运用和管理进行宣传，相关宣传活动在市级媒体刊播；组织贯彻标准认证企业，开展贯彻标准绩效评价工作培训，推进知识产权进企业、进市场、进学校、进园区走访调研，普及知识产权法律法规和基本知识，发放宣传单页1300余份，解答公众关于如何进行商标注册、专利申请等问题60余条。

（县市场监管局）

民营经济

【概况】2022年，松阳县新增民营企业629户,比上年下降4.26 %，占新设企业总数的92.09 %。市场主体中，在册民营企业3986户，比上年增长3.86%；个体户22188户，比上年增长14%。民营企业和个体户占市场主体的96.75%。全县拥有规模以上工业企业118家、上市民企1家。2022年，松阳县出台惠企措施34条，为企业减负降本3亿元,兑现财政奖补资金1.97亿元。金融普惠小微企业2.08万户,向企业减费让利4227万元；小微企业贷款、制造业贷款分别比上年增长71.91%和52.08%。

【民营企业投资经营】2022年，松阳县工业投资、制造业投资、民间投资 、高新技术产业投资比上年分别增长 62.6%、61.5%、36.7%和 100.2%。全县重点工程建设 45 个项目中民营企业参与投资项目 16 个，占重点工程建设项目的 35.56%，完成投资额 12.67 亿元，占完成投资额的 29.2%。其中，完成投资设备制造 2.24 亿元，不锈钢压延加工 2.66 亿元，汽车、摩托车等零部件制造 2.71 亿元，门业、休闲家具 2.01 亿元，化纤织造及印染加工 0.85 亿元，文化旅游综合体项目 2.2 亿元。全年规模以上工业企业研发费用 6.1 亿元，比上年增长 26.6%，增速高出全市平均 10.7%，居全市第一。有研发费用投入的企业 93 家，比上年增加 6 家。

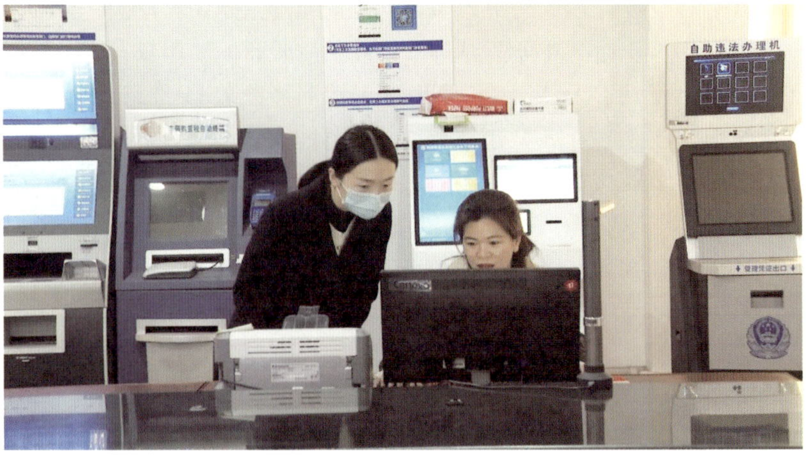

2022 年 12 月 20 日，市民通过设在县行政审批中心的商事登记窗口，快速完成证照办理 （县融媒体中心供图）

【民营企业效益提升】2022 年，浙江松阳经济开发区有规模以上企业 80 家。其中，产值突破亿元企业 44 家，规模以上企业产值 169.69 亿元，比上年增长 23.5%；增加值 32.28 亿元，比上年增长 20.1%；入库税收 4.65 亿元，比上年增长 5.6%。全县不锈钢管产业年产值首次突破 100 亿元，达 105.9 亿元。

（经开区管委会）

【民营企业出口】2022 年，松阳县贸易出口总额 9.45 亿元，出口结构以民营企业钢铁及制品为主。其中，不锈钢出口 4.1 亿元，比上年增长 57.45%；服装出口 0.72 亿元，比上年增长 11.6%；鞋类出口 1.89 亿元，比上年增长 105.89%；印刷板材出口 1.35 亿元，比上年增长 224.03%。浙江锐奇鞋业有限公司、宝丰钢业有限公司、浙江森海新材料股份有限公司 3 家公司年出口额均突破 2000 万美元。

【新兴业态发展】2022 年，松阳县网络零售额 70.69 亿元，比上年增长 36.3%。服装、茶叶电商企业利用平台电商、直播电商等多种网上销售渠道拓展目标客户，限额以上批发零售单位中，通过公共网络实现的零售额达 5.79 亿元，比上年增长 14.6%。

【营商环境优化】2022 年，松阳县全面落实“沟通无障碍、服务零距离、一般不用跑、最多跑一次”理念，建立县领导全周期驻企服务机制，为企业排忧解难确保企业诉求直通快办。全面推行“综合查一次”“拿地 30 天开工”“准入准营一件事改革”“码上监督”等特色改革。2022 年，松阳县出台全力发展壮大市场主体推进“二次创业”行动方案，深化市场主体准入准营“一件事”改革，变革现有营业执照办理与许可证核发业务流程，实现更多市场主体“准入即准营”。免费邮寄营业执照 200 余家次，累计为企业减免开办成本费 40 余万元。

【小微企业扶持】2022 年，松阳县新增小微企业 479 家，任务数 350 家，完成率 136.86%。其中，八大万亿重点产业小微企业 118 家，任务数 70 家，完成率 168.57%。开展小微企业培育库建设，遴选优质小微企业入库培育，建设和提升小微企业园。推广小微企业信用评级贷款模式，拓宽股权质押、专利权质押、商标权质押等融资渠道，推动更多资金以更低门槛、更快速度、更低成本的方式注入小微企业和个体工商户。全年 653 家小微企业通过线上实现融资 4.52 亿元。

（县经济商务局）

农 业

综 述

【产业发展】2022年，松阳水果、蔬菜、食用菌、中药材等特色产业持续发展，形成“1+N”（以茶叶为主导，其他经济作物共同发展）的农业产业发展格局，全年实现农、林、牧、渔业增加值15.05亿元，比上年增长4.5%。浙江卧龙湾农业开发有限公司被评为浙江省骨干农业龙头企业。首次开展县级农业龙头企业申报，至12月底，全县拥有县级以上农业龙头企业38家，其中国家级2家、省级2家、市级24家、县级10家。获评浙江省农业标准地改革试点县7项省级试点。全年引进农业大项目6个，备案投资7.99亿元。

【绿色环保农业】2022年，松阳县推行县域茶园黄色黑刺粉虱信息素诱捕器扦插70余万套，推广应用绿色防控技术2300余公顷。组织开展农药化肥减量增效行动，测土配方施肥2.83万公顷，使用商品有机肥2110万千克、配方肥496万千克，农药化肥分别实现减量2.94万千克和165万千克，回收农药包装废弃物5.72万千克，处置5.67万千克。

2022年4月10日，新兴镇大木山茶园扦插黄色黑刺粉虱信息素诱捕器预防病虫害 （王允祥/摄）

【农业行政执法】2022年，松阳县出动执法人员2108人次，检查农资经营单位、农业生产主体、农业生产基地等711家次，开展渔政巡查检查269次，立案查处一般案件40起，简易案件24起，结案60起，罚没款76.44万元，其中涉刑移交公安部门案件3起，轻微违法告知承诺不予处罚案件2起；下发责令改正通知书31份，开展农业生产事故调查10起。办理的松阳县龙腾农资有限公司经营假农药案获评省级优秀案卷，2个案件获评市级优秀案卷。办理罚没金额5万元以上重大案件5起，单件罚没金额最高达24万元，为历史最高。建成省级“肥药两制”改革农资店5家，市级“5S”［规范（Standard）、安全（Safety）、服务（Service)、节约（Saving）、卫生（Sanitation）］农资店95家，数量居全市第一。

【农业行政审批】2022年，松阳县深化行政审批改革，重点做好政务2.0系统、浙江政务服务网APP、“浙里办”等工作。全年办理各类许可事项3943件，其中动物及动物产品检疫合格证核发3816件，动物防疫条件合格证核发4件，兽药经营许可证（除兽用生物制品以外的其他兽药）4件，植物、植物产品调运检疫证明核发2件，拖拉机、联合收割机操作人员操作证件核发107件，农药经营许可证（适用于经营除限制使用农药）6件，水产原、良种场的水产苗种生产许可证核发4件。

【农资市场整治】2022年，松阳县农业农村局完成全县95家“5S”农资店创建评估验收。持续推进肥药两制改革，全面推广“浙农优品”数字化应用，推进农资经营主体、农业生产主体信息化建设，实现主体信息化全覆盖。激活172家农业生产主体，覆盖率100%，170家农资经营主体系统活跃率全年保持在90%以上。创成省级肥药两制改革农资店5家。

【种子市场监管】2022年，县农业农村局开展“绿剑”护“芯”专项执法行动，重点查处套牌侵权、制售假劣、白皮袋种子、未审先推、无证生产经营、非法制售转基因种子等违法行为。全年出动执法人员15人次，查办种子案件1起，涉案金额0.08万元，罚没金额5万元。

（县农业农村局）

种植业

【概况】2022年，松阳县严守耕地保护红线和粮食安全底线，坚持把确保国家粮食安全作为“三农”工作的首要任务，全面完成全县粮食（油菜）播种面积和产量任务。全县完成涉及15个乡镇（街道）计3333.33公顷的粮食生产功能区任务，并做好后续插花田（分布在他人大片田地中的田）清理腾退工作，实现粮食播种面积7752.67公顷，总产量3856.63万千克（大豆1600公顷、360万千克）任务指标。食用菌、蔬菜、中药材生产规模稳步增长。

【粮食生产】2022年，全县粮食播种面积7752.67公顷，总产量3856.63万千克。推广水稻品种浙粳99、浙粳优1578、中浙优8号、嘉丰优2号、甬优15号、甬优1540等，播种面积2166.67公顷，主导品种覆盖率92.2%。储备农作物种子6.7万千克。

【水果生产】2022年，全县果树生产总面积3029.4公顷，比上年的3339.73公顷减少310.33公顷，下降9.29%。全年果品产值15424.19万元，增加187.43万元，增长1.23%，主要得益于水果种类、品种单价的增长，以及枇杷、桃类水果产量的增加。

【蔬菜生产】2022年，全县蔬菜播种面积4401.7公顷，总产量12020万千克，分别比上年增长2.09%和3%，总产值25899万元，比上年增长4.36%。受播种面积增加、高产高效品种推广等因素影响，蔬菜产量较上年有明显增长。同时，引进大型农业企业及订单模式，推动蔬菜产业稳步发展、提质增效。

【中药材生产】2022年，全县中药材种植面积1857.67公顷，总产量232.48万千克，总产值5869.8万元，分别比上年增长4.15%、1.32%和2.12%。实施省级乡村振兴产业发展示范建设（中医药康养产业发展）项目，新建以芍药、黄精和白芨为主的林下中药材种植基地24个，面积113.07公顷。首次组织2家中药材生产主体单位参加浙江省中药材博览会，松阳县君凯安农家庭农场生产的“君若可”牌九制黄精产品获金奖。

【食用菌生产】2022年，全县食用菌生产规模5494.7万袋，比上年增长6.37%，产量3244.17万千克，比上年增长6.65%，产值32061.23万元，比上年增长8.58%。推广毛竹—杂木基质栽培香菇技术以及高山区域香菇反季节层架式栽培技术；试验香菇定向出菇提升技术、香菇菌棒控温养菌技术；引进示范推广T2（冬季品种，出菇温度5℃～15℃，组织紧密，盖厚柄短，品质好）、七河9号、七河2号香菇品种；采用粮菌轮作模式。

【农作物保护】2022年，全县采购全降解天敌友好型粘虫板及扦插服70万套，在松古平原9个乡镇（街道）的茶园扦插使用，使用面积2300公顷。回收农药废弃包装物5.72万千克，累计处置5.67万千克（包括上年结存1.03万千克），农药废弃包装物回收率103.5%，处置率100%。建成茶叶和水稻“肥药双控”暨病虫害绿色防控示范区各1个，茶叶和中草药化学农药零使用示范区各1个。全年农药减少使用2.94万千克，农药减量4.9%。

【植物疫情监测】2022 年，松阳县以杂交水稻、玉米等主要农作物种子经营单位为重点，检查种子种苗生产经营单位 15 家次，立案查处 1 起“调运未经检疫种子案”，有效提高执法办案能力，提升植物检疫执法形象。对西屏、古市两大集镇的苗木交易市场进行检查，出动执法人员 18 人次，检查柑橘、梨、李等水果苗木 14 万余株，对未经产地检疫的育苗户进行警告。

【测土配方施肥】2022 年，全县推广商品有机肥应用面积 2560 公顷，商品有机肥应用 2110 万千克，测土配方施肥面积 28300 公顷，应用配方肥 496 万千克，减少不合理使用化肥 165 万千克。

（县农业农村局）

茶产业

【概况】2022 年，松阳县推进茶产业有机发展。整合农户茶田 200 公顷，提升大木山茶园国家 AAAA 级旅游景区，辐射带动周边 15 家民宿、农家乐、小超市共增收 810 余万元。全年新增有机转换茶园 215.56 公顷，比上年增长 200%。举办第十五届中国茶商大会·松阳云上香茶节，“松阳银猴”品牌价值估值 28.13 亿元，茶乡小镇项目入选丽水市产业云图招商项目库。2022 年，松阳县入选省农业农村系统重大改革（重大应用）场景第一批“先行先试”单位，省种植业（茶）产业大脑“浙茶香”应用场景应用推广先行先试名单。“松阳香茶”入选 2022 年度“丽水山耕”拳头产品，获奖补资金 30 万元。

【茶叶生产】2022 年，松阳县拥有茶园面积 9100 公顷，其中采摘茶园 8786.67 公顷，茶叶总产量 1490 万千克、总产值 20.49 亿元，比上年分别增长 5.1%和 8.14%。浙南茶叶市场（包括浙南茶叶市场网上商城）交易总量 8170 万千克、交易总额 65.39 亿元，交易量、交易额连续多年居全国同类市场第一，全产业链产值 135.01 亿元。

【有机茶园培育】2022 年，松阳县茶叶产业发展中心围绕“中国有机茶乡建设”的总目标，聚焦有机茶基地创建和茶文化业态培育，重新修订提升茶产业发展政策。通过召集企业代表、乡镇（街道）和县相关部门领导座谈研讨，形成全县推进“中国有机茶乡”建设奖补政策征求意见稿。与中华全国供销合作总社杭州茶叶研究院团队合作，编制全县茶产业高质量发展规划和实施方案。全年共培育有机茶（含转换）286.89 公顷，其中有机茶园面积 71.33 公顷、有机茶转换基地 515.56 公顷。开展低碳茶园建设和茶园碳汇交易实现机制研究。8 月 25 日，与农业农村部农村经济研究中心签订“松阳低碳茶园建设及碳汇价值实现机制”合作框架协议，成交价 97 万元。

【茶产业智能项目实施】2022 年，县茶产业发展中心推进智能采茶机器人及茶叶全程机械化研究与示范应用项目（农业“双强”重点突破试点项目）实施。该项目全年完成投资 2020 万元，项目投资进度 101%。实施采茶机器人名优茶采摘、大宗茶采收相关技术验证试验，工程化改造柴油驱动履带式仿形采茶机，制造工程化验证样机 1 台；完成电动驱动履带式采茶机器人的计算验证样机 1 台。研发第四代采茶机器人，完成相关技术分析，验证履带式样机的多臂采摘运行稳定性和可靠性。调研与筛选全程机械化设备、茶园智能监测与控制等智慧茶园相关设备与系统设计招标工作，扁形茶、香茶、红茶加工流水线进入招投标程序。实施浙南早茶优势特色产业集群项目建设，分 3 个子项目。其中，茶树种质资源收集与智慧茶园示范点建设项目完成投资 1800 万元，项目投资进度 50%；冻干茶粉加工项目（二期）完成投资 1200 万元，项目投资进度 100%；新兴茶香小镇茶叶精深加工区项目完成投资 240 万元。

【茶产业龙头市场建设】2022 年，松阳县除浙南茶叶市场外，在重点产茶乡镇建立标准化茶青交易市场 3 个。浙南茶叶市场拥有营业商铺 306 间，交易摊位万余个，招引全国 20 余个省市的 4000 余名茶商常驻，开辟毛峰、香茶、扁茶、碧螺春、红茶、花茶 6 大功能区块，联结当地茶园 9100 公顷，辐射带动浙江省内及福建、湖北、江西、安徽、湖南等全国主要产茶地区茶园 66.67 万公顷，惠及茶农 300 余万人。

【茶产业品牌培育】2022 年，“松阳茶”纳入国家地理标志产品保护，“松阳银猴”“松阳香茶”注册成为两大地理标志证明商标，其中“松阳香茶”被评为最受消费

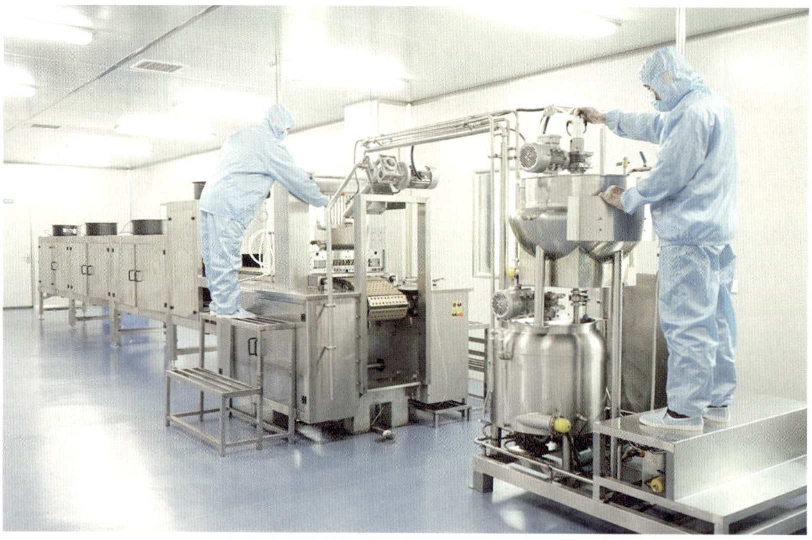

2022年2月17日，浙江茗阳茶业生物科技有限公司员工在无菌车间生产制作茶爽含片 （浙江茗阳茶业生物科技有限公司供图）

者喜爱的中国农产品区域公用品牌。在茶叶主销区建立160余家直营店，形成“松阳银猴”“松阳香茶”“松阳红茶”“银猴龙剑”“银猴白茶”等松阳茶系列产品结构。浙江振通宏企业植物（茶）提取生产项目、年产50万千克冻干粉（固体饮料）加工项目完成建设。至12月底，全县共开发速溶茶粉、茶多酚片、茶爽含片、茶叶熏腿、茶香猪等深加工产品20余种，全年产值7.46亿元。

【茶产业数字赋能】2022年，县茶产业发展中心会同县市场监管局开展“松阳茶叶在线”数字化应用场景建设。围绕茶叶全生命周期，通过数字赋能，开发“茶种植、茶采摘、茶加工、有机茶、茶交易、茶文旅、茶服务”7大子场景，实现茶产业“全景展示、全链监管、全程服务”，破解“用工难”“交易难”“贷款难”等问题，满足不同主体的需求。至12月底，平台完成前期开发，并上架“浙里办”“浙政钉”和“浙茶香”，登记注册加工企业3369家，“浙农码”赋码21284户；“茶采摘”子场景为15063名采茶工、21家中介提供服务，招工5916人次；成交干茶17.02万笔、茶青溯源交易33.16万笔，交易额分别为22.35亿元和1.12亿元。

【茶产业人才培养】2022年，县茶产业发展中心选拔推选人员参加省市部门举办的茶叶加工技能大赛。松阳选手吴巧慧获全市茶艺师技能大赛三等奖，被团市委授予“丽水市青年岗位能手”称号。孟文化获丽水市首届茶叶加工技能竞赛绿茶组第二名，叶洪清获红茶组第五名，并被授予首届丽水市十大茶科技创新能手（制茶大师）称号。

【茶产业扶持政策兑现】2022年，县茶产业发展中心按照《松阳县推进茶产业转型升级扶持办法》《松阳县生态农业发展扶持办法（试行）》的文件精神，开展茶产业转型升级扶持政策兑现工作，审核验收2021年度三品（无公害农产品认证、绿色食品认证、有机食品认证）认证、加工食品生产许可（SC）认证、生态茶园建设、龙头企业培育和品牌培育等项目，兑现奖补资金119.61万元。创建、复审年度松阳茶品牌营销窗口，新建合格商铺34家，复审合格商铺133家，兑现奖励资金236.6万元。

【茶产业专属贷款】2022年，松阳县加强政企融合，推行茶叶产业专属贷款，由县农商银行推出的“茶商贷”“浙里贷”和中行松阳县支行推出的“茶商E贷”等信用贷款产品，年利率低至3.8%～3.85%，单户最高额度1000万元。通过线上办理，信用贷款最快30分钟到账，打通茶产业支付结算通道。全年各金融机构主动对接率100%，授信支持115户，授信总额22983万元。

【茶产业法律保障】2022年，松阳县成立“法治营商服务团”，针对营商环境纠纷案件开设绿色通道，入口设置“12345”热线和“基层解纷在线”一码解纷指引。由县法院、县工商联、县科协、县茶产业发展中心、县茶产业商会等7家单位组成专职法律服务团队，构建矛盾纠纷全周期处置链。至12月底，服务团化解涉茶纠纷37起，诉讼调判18起。县法院组织开展“茶乡执行”专项行动，依托茶乡“共享法庭”，出动执行人员70余人次，执结案件188件，执行到位1726万元，维护茶商茶农茶企合法权益。

（县茶产业发展中心）

【第十五届中国茶商大会·松阳云上香茶节】2022年3月27—30

日，由中国茶叶流通协会、中国国际茶文化研究会、中国茶叶学会、浙江省农业农村厅、浙江省农民合作经济组织联合会、丽水市人民政府主办，浙江省茶叶产业协会、松阳县人民政府、浙江广播电视集团交通之声共同承办的第十五届中国茶商大会·松阳云上香茶节在松阳县举行。大会以“云”发布形式，重点聚焦“广宣传、强赋能、促共富”3大重点，推广松阳香茶。该次节会内容包括“云”开幕、茶商云会直播推介活动、云端春茶会、“喫茶去”免费品茶活动、“品味茶香·松阳印象”征文大赛、“松阳香茶杯”创意茶具设计大赛、“茶十佳”评选活动、“田园松阳·茶觉不同”创意短视频大赛、松阳春茶节—抖音县长直播活动、“浙里·松阳高山老树茶”拍卖会等各类茶事活动。活动期间，全网刷屏数8000余万人次，带动3月松阳浙南茶叶市场交易量397.79万千克、交易额17.78亿元，比上年增长0.71%、4.80%。

（县委宣传部）

林 业

【概况】2022年，松阳县森林面积11.2万公顷，森林覆盖率超过80.18%，林木蓄积量776.8万立方米，生态公益林6.37万公顷，占全县林地面积的54.9%，湿地面积1400公顷，森林覆盖率处于全省前列。建成竹源乡黄庄村闽楠主题保护公园，拯救保护竹源乡呈旺坑村散生濒危古树2株，合计拨付补助资金30余万元。全县林业工作围绕丽水大花园和现代化田园松阳建设，以改善林业生态、增进林农利益为目标，发展生态林业、富民林业、人文林业。

【森林资源监测】2022年，松阳县受理各类建设项目征（占）用林地 63宗，办结63宗，占用林地面积317.20公顷，征收森林植被恢复费6593.93万元。其中，长期占用办结37宗计269.3公顷，植被恢复费6044.57万元；临时占用8宗计37.08公顷，植被恢复费549.36万元；林业生产18宗计10.81公顷。

【林业与生物资源调查】2022年，松阳县被列为“全省湿地资源管理一张图”试点县，完成森林生物量、碳储量调查、松阴溪湿地碳汇基础性研究项目，为省内其他县市区工作开展提供示范参考。先后被省林业局授予“松阳县香榧特色产业示范县”“玉岩香榧产业强镇”“安民森林康养名镇”称号。

【绿化造林】2022年，松阳县开展“新增百万亩国土绿化”行动。全县新增绿化84公顷，完成省下达任务的105%。松材线虫病危害的林地枯死松木清理后林中空地进行生态补植修复规划面积373.33公顷，建设美丽林相4833.33公顷，完成下达任务的116%。建成省级“一村万树”（以1个村新植1万株树为载体，大力发展珍贵树种、乡土树种，构建覆盖全面、布局合理、结构优化的乡村绿化体系）示范村6个，通过市级验收4个。

【森林消防】2022年，松阳县加强野外火源管控，从严从细做好森林火灾隐患排查整治工作，严厉打击野外违法违规用火，劝导违章用火69起，检查中发现隐患182个，均整改落实到位。全年全县未发生重大森林火灾。

【野生动植物保护】2022年，松阳县制定野生动植物保护联席会议制度，组织开展以“守护蓝色精灵，共享美好家园”为主题的省野生动植物保护宣传月暨“爱鸟周”活动，受众达800余人。开展抢救保护珍稀濒危野生植物，繁育景宁木兰种苗500株，野外回归300株，并在县域新发现国家二级重点保护野生植物华顶杜鹃分布点，是目前全市发现的唯一一个野生华顶杜鹃种群分布点。安排专项资金投保野生动物肇事公众责任保险，全年完成赔付9.67万元。

【林业资源保护管理】2022年，全县配备县、乡、村三级林长475人，县公安局分别向各乡镇（街道）派驻副林长兼林区警长19人，实行分级分片负责，巡林巡护全覆盖。将森林覆盖率、森林蓄积量等约束性考核指标通过林长目标责任书下达乡镇（街道），开展“林长+森林法官”“林长+检察官助理”“林长+林区警长”等工作机制，构建党政同责、属地负责、部门协同、源头治理、全域覆盖的长效机制。制定出台林长制县级会议、县级部门协作、巡查、考核办法、信息公开和报送5项配套制度。全年建立并推行“林长制+数字森防+群防群治”模式，完成除治任务面积1.06万公顷，完成率100%，窗口区域完成除治 1306.67 公顷，完成率 100%；清理小斑 1568 个，除治松材线虫病完成率 100%。

【林业行政执法】2022 年，松阳县查处破坏森林、野生动物、非法占用林地等涉林案件 43 起，罚款 17.34 万元，其中擅自改变林地用途案 19 起、滥伐林木案 14 起、过失引起森林火灾案 5 起、非法狩猎案 3 起、毁坏林地案 1 起、盗伐林木案 1 起，均处罚办理到位。

【产业化发展】2022 年，松阳县通过建设林业产业“个十百千万”工程，不断开展竹产业、经济林、林下中药材等新型林业产业培育工作，新发展香榧面积 30 公顷、油茶面积 20 公顷，推进“一亩山万元钱”建设，新建林下套种中药材示范基地 143.33 公顷，发展林下经济 532.2 公顷。累计拨付省级财政资金 669 万元，建设省级香榧特色产业示范县项目；验收裕溪“油香小镇”，完成项目总投资 2196.4 万元。建成博士创新站 3 家，其中林村林场为全省首个国有林场和省林业局共建博士站，为全省林业振兴提供科技支撑；争取安民森林康养名镇项目列入省林业 2022 年重点工作，获得省森林特色名镇补助资金 1000 万元。

（县自然资源和规划局）

畜牧业

【概况】松阳县是省级生猪调出大县和丽水市畜禽养殖重点县，全县畜牧业经济重点以生猪养殖为主，同时推进畜牧产业结构调整，提升家禽、湖羊、肉牛、中蜂等产业发展的整体水平。2022 年，全县肉、蛋、奶产量分别为 1139.5 万千克、167.4 万千克和 12.34 万千克，牧业产值 2.35 亿元，比上年增长 12.7%，占农业总产值的 11.04%。

【畜牧生产】2022 年，全县生猪存栏 4.61 万头，累计年出栏 8.53 万头。至 12 月底，全县家禽存栏 30.49 万羽，累计年出栏 63.28 万羽，其中鸡存栏 27.92 万羽、出栏 53.98 万羽。全县年存栏 1 万羽以上蛋禽场 2 家，其中年存栏 5 万羽以上蛋禽场 1 家。全县羊存栏 0.65 万只，年出栏 0.61 万只，其中山羊存栏 0.27 万只、绵羊存栏 0.34 万只、其他种类存栏 0.04 万只，年出栏 100 只以上羊场 15 家。全县蜜蜂存栏 1.91 万箱，其中中蜂 1.59 万箱，蜂蜜总产量 10.87 万千克，年饲养蜜蜂 100 箱以上养蜂场（户）60 家。

【畜禽养殖污染治理】2022 年，全县 39 家投产的畜禽规模养殖场均配备粪污处理设施，23 家采用异地发酵床处理模式，8 家采用“畜禽—沼—作物”模式，均具备并使用污水处理设施，3 家存栏 2000 头以上养殖场、1 家新建万头猪场均采用粪污工业化处理模式。规模化畜禽养殖场粪污处理设施装备配套率达 100%，全县畜禽养殖粪污资源化利用率达 92%。出台《松阳县 2022 年畜禽粪污工业化处理项目补助方案》。选定 2 家规模养殖场，重点围绕液体粪污达到城市污水管道排放标准、农田灌溉用水标准等深度处理模式，实施污水处理工业化项目建设，通过先支持部分典型规模畜禽养殖场新建或改扩建的方式，逐步推广整县制污水处理工业化模式。

【畜禽疫病防控】2022 年，县农业农村局按照《2022 年度松阳县重大动物疫病强制免疫计划实施方案》要求，严格落实四季动物疫病强制免疫工作，消毒灭源强化源头管控，全县未发生重大动物疫情。出台《松阳县重大动物疫病强制免疫疫苗“先打后补”实施方案（试行）》，把符合要求的规模畜禽养殖场全面纳入“先打后补”实施范围，全面落实养殖场防疫主体责任。按照《松阳县病死动物无害化处理工作实施细则》要求，持续落实好全县病死猪无害化处理监管工作，全年集中处理病死生猪 9218 头，有效保障公共卫生安全。严格执行屠宰环节落实非洲猪瘟自检、官方兽医派驻两项制度，配备非洲猪瘟动物病源（PCR）检测设备，严格落实屠宰生猪逐头检验要求，确保屠宰生猪非洲猪瘟自检率 100%。开展基础设施改造提质，从生猪进厂到肉品出厂的全过程质量安全控制，提升屠宰行业标准化水平和疫病防控能力，切实保障肉品质量安全。

【畜牧业专项执法】2022 年，县农业农村局开展畜牧业专项执法行动。兽药执法重点查处制售假劣兽药、非法添加动物食品中禁止使用的药品及其他化合物、超剂量超范围使用抗菌药等违法行为。饲料和饲料添加剂执法重点查处无证生产、制售假劣饲料和饲料添加剂、使用非法添加物等违法行为。畜禽屠宰执法重点查处私屠滥宰、注水注药、收购和屠宰加工病死畜禽等违法行为。动植物检疫执法重点查处未经备案、报验、落地报告和未经检疫调运生猪、肉牛、活羊以及骗取或伪造变造检疫证明和检疫标志等违法行为。建立健全投诉举报机制，完善电话、邮箱、网站等渠道；按照“上挖源头、下追流向”的工作方针，加强跨区域农业执法协作联动、信息共享。全年抽检兽药、饲料15个批次，立案查处兽药、饲料共3起，罚没金额0.34万余元。

（县农业农村局）

渔　业

【概况】2022年，松阳县渔业养殖面积811公顷，总产量283.2万千克，比上年增长6.15%。其中，养殖产量268.9万千克、捕捞产量14.3万千克；经济总产出15873万元（包括渔业和涉渔业流通与服务业），比上年增长5.34%。开展“放鱼日”活动，依托小鱼治水，调节各类水体的水质状况，改善水生态环境，助推“五水共治”及剿灭劣五类水工作。创成第三批浙江省渔业健康养殖示范县；松阳县昊昱家庭农场创成第四批浙江省水产健康养殖示范场；松阳县合力家庭农场通过浙江省稻渔综合种养省级重点基地验收。

【渔业资源保护】2022年，全县放流各种鱼苗541万尾、中华绒螯蟹10万只、中华鳖6210只。禁渔期期间，组织集市日设摊发放宣传资料和法律法规讲解活动，张贴丽水市禁渔通告300份，悬挂横幅36条，发放宣传手册1000余份，宣传车流动宣传50余次，电视报道2次，短信发送10万条次。

【渔业安全生产】2022年，县农业农村局抽检水产品82个批次，合格率100%。开展渔业安全宣传教育工作，全年出动工作人员60人次，发放安全宣传资料100余份；开展节庆、汛前、汛期等特殊时期安全检查，出动工作人员142人次，检查渔业养殖主体66家。

（县农业农村局）

2022年9月21日，古市镇上河村甲鱼养殖基地全景图　（刘晓飞/摄）

农业机械化

【概况】2022年，松阳县农业农村局借力农业“双强行动”（科技强农、机械强农），落实农机购置补贴政策，实施农机综合保险补贴、开展“机器换人”示范创建等活动，推进农业“机器换人”。开展农机安全生产活动、加强农机安全宣传教育、强化农机安全督导检查、开展上道路行驶拖拉机专项治理。推进中央农机报废更新补贴工作、开展农机免费实地检验、做好日常监管业务工作，抓好农机安全生产。

【农机装备】2022年，全县农业机械总动力12.48万千瓦，比上年增长1%。其中，农用大中型拖拉机31台、联合收割机21台、拖拉机配套农具73台、茶叶加工机械33281台（套）。

【农机作业水平】2022年，全县主要农作物耕种收机械化率77.84%，茶叶机械化率86.51%，畜牧业机械化率66.17%，设施农业机械化率60.14%，渔业机械化率41%。

【农机服务体系建设】2022年，全县19个乡镇（街道）均有农机管理员负责农机购置补贴办理和农机安全监管，为购机者办理补贴提供便捷服务。全县设有8家农机维修网点以及19家农机产销企业提供售后维修保障服务；加强农机领域安全管理，全县有3家农机合作社可为农户提供水稻耕种收等环节全程机械化服务，1家飞防服务公司提供无人机植保服务。

【农机推广】2022 年，县农业农村局落实全县农机购置补贴资金 624.27 万元，其中中央补贴资金 601.17 万元、省级补贴资金 21.86 万元、县级补贴资金 1.24 万元，新增各类先进适用农机装备 3108 台（套）。 全年开展农机安全生产检查 30 次；举办农机操作培训班，提高农机操作手操作技术，保障农机安全生产。

【农机安全监督管理】2022 年，全县未发生拖拉机道路交通责任事故；未发生农业机械人员死亡事故，农机安全生产形势稳定好转。县农业农村局全年为 21 辆拖拉机、11 辆联合收割机核发牌证，核换补发驾驶证 110 本次；组织人员上门为 10 台纯农用拖拉机、8 台联合收割机开展免费实地检验。全年实施报废解体回收手扶拖拉机 3 台、联合收割机 1 台，补贴资金 0.6 万元。开展上道路联合执法检查 8 次，出动检查人员 41 人次，查处违法行为 9 起；组织农机安全生产检查 30 次，检查农机合作社 47 家次、飞防服务公司 4 家次、农机维修网点 3 家次、农机报废回收企业 1 家次、补贴农机产销企业 16 家次、茶叶加工厂 22 家次、农机大户 9 户次；全县参加农机综合保险农业机械 54 台，给予保费补贴 4.65 万余元。

【农机技术与安全培训】2022 年，县农业农村局举办农业机械操作培训班 1 期，56 名学员参加拖拉机和联合收割机驾驶技术培训。组织拖拉机和联合收割机驾驶证考试，其中 56 人均取得联合收割机驾驶证，53 人取得拖拉机驾驶证。

【机械强农行动】2022 年，全县建成农机服务中心 1 个、全程机械化应用基地 2 个。实施省重点突破试点项目——智能采茶机器人及茶叶全程机械化研究与示范应用项目，通过院地合作、充分整合资源、合力技术攻坚等措施，实现关键核心技术突破性进展，累计授权发明专利 20 余件，项目拥有全部核心知识产权。

（县农业农村局）

农业科技

【概况】2022 年，松阳县农业农村局组织农技人员进村入户开展农技指导 6820 余人次，为农业龙头企业、农民专业合作社、家庭农场、种植养殖大户等免费发放《农村信息报》等农技推广资料 800 余份；聘请 45 名农技专家担任植物医院医生，全年坐诊 560 余人次，巡诊田间地头 188 人次。建立各主导产业技术创新与推广服务团队 8 个，选择 35 家在种植、加工、市场营销等环节示范引领作用明显的生态精品现代农业基地，派驻定点联系农技人员，为基地开展全程指导服务。建立省级水稻绿色高产高效示范片 4 个，推广“稻鱼共生”基地 38.67 公顷，其中建成省级稻鱼综合种养示范基地 1 个，新建省级绿色高品质科技示范基地 3 个，聘任农技首席专家 10 人，农技指导员 85 人、责任农技员 105 人，进村入户开展农技指导。全年推介发布主导品种 243 个、主推技术 83 项。

【科技下乡活动】2022 年，县农业农村局组建茶叶、粮油、畜牧、蔬菜、水果、农机、水产、土肥植保 8 个农业产业创新与服务团队，116 名农技人员参与开展科技下乡活动。推广农机 3108 台（套），推广新品种 35 个，新技术 26 项，组织新机械新技术推广现场活动 12 次。

【农业科技创新项目】2022 年，在省农业农村厅牵头指导下，松阳县与浙江理工大学、中国农科院茶叶所开展“智能采茶机”研发攻坚项目。该项目被列入 2022 年度省“双强”重点突破试点项目，争取省级扶持资金 1000 万元。

【“数字农业”建设】2022 年，松阳县全面推动农业农村多领域数字化改革，加快乡村信息基础设施建设，乡村产业数字化转型，乡村治理、服务数字化。推广使用“浙江乡村大脑 2.0”和浙农系列应用，贯通使用率达 100%。推广使用“浙农码”，全年完成“浙农码”赋码量+用码量 40 余万次；建设数字农业工厂、未来农场，浙江茶香牧业有限公司被省农业农村厅评为 2021 年度第一批数字农业工厂（数字牧场）。累计完成数字化种养基地改造 20 家，四都乡陈家铺村、大东坝镇茶排村、枫坪乡沿坑岭头村先后入选省级未来乡村建设试点。松阳县入选全省种植业产业大脑（浙茶香）应用场景第一批“先行先试”单位，“浙农富裕”应用农房盘活数字化场景第一批“先行先试”推广应用县。

（县农业农村局）

农产品质量安全

【概况】2022年，松阳县深化农产品质量安全追溯体系建设，县级以上规模生产主体追溯率100%。全县有效期内“三品”（无公害农产品、绿色食品、有机农产品）认证企业95家137个产品。全县建成各类农业标准化示范基地48个，示范面积达4666.67公顷，主要食用农产品中“三品”比率达到62.2%。省级农产品质量安全例行抽检合格率98%。省、市、县抽检不合格产品处置率100%。有序推进香菇标准化生产示范创建项目。全县农产品质量安全持续向好，未发生农产品质量安全事件。

【农产品质量安全追溯】2022年，松阳县持续推进农产品质量安全追溯体系建设及农安信用监管，落实农业主体责任。推动健全“产地准出”和“市场准入”有效衔接机制。全年开具承诺达标合格证22354张，合格证检测关联率22.83%。81家县级以上规模农产品生产主体全部纳入浙江省农产品质量安全追溯平台，可追溯率100%。全县5家企业通过农产品标准化生产绩效评价被评为C级。

2022年7月20日，松阳县农业农村局质监工作人员到松阳县仙岩谷茶业有限公司开展绿色食品加工检查 （胡小丫/摄）

【农产品质量安全专项整治】2022年，县农业农村局开展农产品质量安全监管工作。推进“治违禁、控药残、促提升”专项行动，先后开展茶叶、稻谷、香菇、蛙类水产品、禽蛋等9个安全专项治理行动，通过重点治理，查纠并举，不断提升食用农产品质量安全保障水平。全年完成县级抽检416批次，省、市级监测354批次，农残速测7412批次，省级例行抽检合格率98%，抽检率基本达到全时段、全产业的覆盖。监督抽检、风险抽检不合格共11个，办理农产品质量安全案件3件，农产品不合格处置率100%。

【绿色优质农产品】2022年，县农业农村局开展“一县一品一策”项目建设，推进农产品绿色高效发展。实施香菇标准化生产示范创建，指导6家生产主体纳入国家良好农业规范（GAP）试点培育并开展名特优新农产品营养品质评价鉴定，应用推广数字化管控技术、太阳能杀虫物理防治等绿色生产技术，提升县域内农产品标准化生产能力和质量安全水平。全年新增“二品一标”（绿色食品、有机产品和地理标志农产品）农产品7个，其中绿色食品6个，基地面积43.33公顷；有机食品1个。通过国家良好农业规范（GAP）认证生产经营主体4家，新申请认证主体6家。全县绿色优质农产品比率62.2%。

（县农业农村局）

工　业

综　述

【工业经济运行】2022年，松阳县规模以上、规模以下工业企业增加值比上年分别增长17.8%和3.5%，增速列全市“双第一”，规模以上工业企业总产值200.9亿元，比上年增长18.1%，占全市的9.4%；规模以上工业企业增加值38.7亿元，比上年增长17.8%，位列山区26县第二、全省第五，占全市的9.7%；新兴产业增加值7.21亿元，比上年增长17.3%；高新技术增加值18.62亿元，比上年增长7.3%；装备制造业增加值9.85亿元，比上年增长86.6%。完成工业投资19.3亿元，比上年增长62.6%。至12月底，全县拥有规模以上企业114家，产值超亿元企业52家，其中1亿～3亿元企业33家，3亿～5亿元企业11家，5亿～10亿元企业6家，10亿元以上企业2家。

【工业门类】2022年，松阳县工业行业以制造业、采掘业为主，其中制造业规上工业企业数占规上工业企业总数的90%以上。制造业以不锈钢管业、有色金属冶炼和压延加工业、装备制造业等行业为主，其中不锈钢管业占据主导地位，是规模以上工业第一大产业。至12月底，全县有不锈钢管业在库规模以上企业52家，贡献全县规模以上工业总产值增长11.51%，对产值增长贡献达63.73%。装备制造业有规模以上企业23家，全年实现产值41.23亿元，比上年增长8.4%。矿产业有规模以上企业12家，全年实现产值5.88亿元，比上年增长12%，贡献规模以上工业总产值增长0.3%。时尚产业有规模以上企业9家，全年实现产值16.93亿元。农产品加工业有规模以上企业7家，全年实现产值3.17亿元，比上年下降7.1%。有色金属冶炼和压延加工业有规模以上企业3家，实现产值12.02亿元，比上年下降29.06%，拉低规模以上工业总产值增速2.9个百分点。

2022年度松阳工业企业部分荣誉一览表

表13

序号	荣誉称号	获得单位
1	全国纺织工业先进集体	浙江云中马股份有限公司定型车间
2	省专精特新中小企业	浙江博盛钢业集团有限公司、益大特钢有限公司、浙江宏海钢管制造有限公司、浙江冠宇管业有限公司、松阳永信机械制造有限公司、浙江鑫通达特钢制造有限公司、浙江隆达不锈钢有限公司、浙江康恩贝中药有限公司
3	浙江省创新型中小企业	浙江博盛钢业集团有限公司、浙江冠宇管业有限公司、浙江鑫通达特钢制造有限公司、浙江隆达不锈钢有限公司、益大特钢有限公司、浙江宏海钢管制造有限公司、松阳永信机械制造有限公司、浙江康恩贝中药有限公司、巨特钢业有限公司
4	浙江省节水标杆企业	浙江云中马股份有限公司

续表 13

序号	荣誉称号	获得单位
5	浙江省节水型企业	浙江万寿建筑工业科技有限公司
6	浙江省人工智能典型应用场景和优秀解决方案（产品）	上上德盛集团股份有限公司的 AI-EHS 智慧安全管理系统（典型应用场景）
7	全省首批中小企业数字化改造试点县（市、区）创建、培育	不锈钢管行业（第二批创建培育）
8	浙江省生产制造方式转型示范项目	浙江泰鑫合成革有限公司 DMF 回收装置节能改造及燃煤锅炉淘汰升级项目（绿色化）
9	“浙江制造精品”	宝丰钢业集团有限公司超低碳奥氏体无缝不锈钢管、浙江云中马股份有限公司仿棉绒湿拉毛品种
10	浙江省第六批服务型制造示范企业（平台、项目）	丽水佳源环保工程有限公司
11	浙江省第一批智能工厂（数字化车间）	浙江云中马股份有限公司的革基布数字化车间
12	丽水市年度制造行业市级企业技术中心	浙江宏海钢管制造有限公司

【企业服务】2022 年，松阳县出台《2022 年度松阳县加快生态工业跨越式高质量发展意见》，加大扶工惠企力度，推动惠企政策快速落地见效，全县共为企业减负 3 亿元，目标值 2.86 亿元，完成率 104.55%，发放 2022 年春节期间企业“留员工稳生产”奖补资金 378.69 万元。建立联企服务员制度，出台《2022 年松阳县联企服务员工作机制》，开展“一对一”助企服务，推进企业综合服务平台建设，落实企业诉求限时办结制度。全年收集企业诉求 56 条，办结 56 条，办结率 100%。开展企业人才培训班 29 次，培训人数 2000 余人次，培育企业人才。松阳县企业服务综合平台（企业码）考核获省级考评优秀。

【全县生态工业“二次创业”大会】2022 年 2 月 28 日，松阳县召开生态工业“二次创业”大会。会议就 2021 年纳税超千万元工业企业、县制造业企业 20 强、县十大优秀制造业企业家、招商引资优秀项目、优秀外贸出口企业、招商引资工作突出贡献乡贤进行了表彰，举行新招引项目集中签约仪式，签订产业基金发布和驻外招商分局责任状，相关企业家代表还在会上作交流发言。

【浙江云中马股份有限公司上市】2022 年 11 月 18 日，浙江云中马股份有限公司股票 A 股在沪市主板上市，证券简称“云中马”。首次发行价 19.72 元每股，发行 3500 万股，募资总额 6.9 亿元，实现全县上市企业“零的突破”。云中马作为全国针织革基布行业龙头企业，从事人造革合成革基层材料——革基布的研发、生产和销售。该首次公开募股（IPO）的资金将主要用于年产 5000 万千克高性能革基布坯布织造生产线建设项目。

（县经济商务局）

经济开发区

【概况】浙江松阳经济开发区（以下简称松阳经开区）于 2021 年 12 月经浙江省人民政府批复成立。2022 年 6 月 27 日，浙江松阳经济开发区党工委、管委会正式挂牌运作。开发区社会管理职能移交属地乡镇（街道），设立开发区综合行政执法队。2022 年，开发区内有规模以上企业 80 家，其中产值超亿元企业 44 家，规模以上企业产值 169.69 亿元，比上年增长 23.5%。新增规模以上企业 6 家，其中新增企业上规模 2 家。

【规划布局】2022 年，松阳县整合紧邻古（市）赤（寿）新产业发展区块的西侧、北侧、东侧 5.81 平方千米和江南区块 0.53 平方千米，整合后面积达 13.66 平方千米。做好赤寿生态工业区块（二期）开发建设，于 6 月底实现（二期）

先行区开工，土地征收成片方案审批完成，土地流转签约率100%。对恒泰阀门、茂林机械、耶米玛、继能科技等低效工业用地进行评估洽谈收购，对亩均税收5万元以下华鑫起重、宜洁刷业等9家企业进行整治提升，整治提升1.31公顷。

【基础设施建设】2022年1月，浙江松阳经济开发区不锈钢示范园（近期）场地平整和水渠工程竣工验收，不锈钢示范区（近期）第一阶段工程、4-02号地块分界道路工程、6-31号地块商住综合体基础配套工程（二期）3个工程完工。全县全年投资600余万元实施零星工程30余个，修复混凝土路面3000余平方米，沥青路面630平方米，更换侧石1000余米，修复检查井22个，修复污水管沟渠19.4米，盖板约16平方米，增设和修复减速带3100米，为浙江万鸿汽车零部件有限公司等10余家在建企业提供临时用电保障以及配套管线迁改服务。

【项目建设】2022年，经开区管委会签约丽水市纤纳新能源科技有限公司年产300兆瓦钙钛矿晶硅叠层组件项目、硅迈科技（东莞）有限公司MEMS智能传感器模组华东基地项目、浙江荆虹科技人工智能（AI）视觉传感器产品生产基地项目等12个项目，正式落地项目9个，固定资产投资20余亿元，出让用地18.67公顷。新落地9个项目中，4个实现拿地30天开工目标，最快实现拿地14天开工，并2次获县项目建设"金牛奖"。全年引进博士8人，完成年度目标的800%；研究生40人，完成年度目标的200%；落地绿谷精英项目2个，实现年度目标的200%。

【产业发展】2022年，松阳县围绕生态工业"2+X"（高端不锈钢、综合交通）体系，抓好高端不锈钢、综合交通两大主导产业发展。开发区管委会制定《不锈钢管转型升级入园标准》《松阳县不锈钢管产业"二次创业"转型升级激励政策》，通过政策引领不锈钢项目用地集约节约，提升装备水平和科研投入。全年不锈钢产业产值105.97亿元，成为首个百亿级工业产业，聚隆特材（浙江）有限公司年产3000万千克高端不锈钢换热器管建设项目、浙江新创银隆特种钢管有限公司年产2300万千克高端无缝管和管件生产线项目，2个高端不锈钢管项目签约落地。百度智能交通（Apollo）生态联盟产业基地——松阳"科创中心"启用，浙江城光联链科技有限公司、大乐致行（浙江）科技有限公司等10余家自动驾驶制造类、智慧交通设施类企业相继入驻。依托百度的链主效应，先后招引新石器慧通（北京）科技有限公司无人驾驶商用车整车项目、松阳康佳智慧产业运营管理有限公司（康佳之星孵化项目）等一批智慧交通产业项目，总投资55.78亿元。

2022年6月27日，硅迈科技（东莞）有限公司MEMS智能传感器模组华东基地项目举行签约仪式（刘广丽/摄）

【企业技改】2022年，经开区管委会开展技改项目46个，15个项目完工后享受设备补助奖励，补助金额计854.9万元。开发区管委会联合县经济商务局、蒲惠智造科技股份有限公司共走访企业30余家，就企业数字化改造进行宣传推广。至12月底，21家企业与蒲惠智造科技股份有限公司签约，其中19家通过百企转型第一批验收。

【山海协作】2022年，经开区管委会分别与余姚、路桥、嘉兴、安吉等地经济开发区签订战略合作协议，在一体化项目招引、产业"飞地"建设等方面开展互相协作，吸引20余批次客商到松阳投资考察。松阳—余姚山海协作产业园通过省首批山海协作特色生态产业平台建设试点，获2400万元启动建设奖励资金。

（经开区管委会）

电力供应

【概况】2022 年，松阳县全社会用电量 10.66 亿千瓦时，比上年增加 1.16 千瓦时，增长 12.26%。其中，第一产业比上年增长 8.81%，第二产业比上年增长 1.09%，第三产业比上年增长 35.05%。最高负荷 17.49 万千瓦，比上年增长 12.17%；连续安全日 7206 天，连续 18 年无事故。

2022 年松阳县各供电区域用电情况一览表

表 14

供电区域	总电量（万千瓦时）
城区	17193.25
延庆	54371.69
古市	19645.15
象溪	4102.01
小港	3641.88

【供电服务】2022 年，国网松阳县供电公司（以下简称县供电公司）落地助企纾困举措，促成当地政府转发电力接入分担机制，市场化售电签约用户占比全市前列。推送企业天然气和热力数据至省能源大数据平台，实现重点企业用能数据监控全覆盖。逐户摸排中央空调可调负荷，储备荷侧 8.03 万千瓦、源侧 2.61 万千瓦响应资源。能效诊断服务用户 171 家，完成泰鑫合成革风机节能改造。促成全县企事业单位智慧电务整体签订。优化营销服务指挥体系，实行“互联网+线上业务”集中管控，提升用户用电体验。

【电力保供】2022 年，松阳县坚持政府主体、电力主动、企业主体原则，成立由县发展改革局牵头，县经济商务局、县供电公司、经开区管委会、县网信办等部门组成的电力保供专班，统筹有序用电和稳定经济工作。逐户摸排可调负荷资源，采取谷时保障用电、白天适时用电等手段，引导企业科学错避峰。开展负荷精准预测和电力电量平衡风险预警，实时调控电站发电出力，强化顶峰效能。

【电网建设】2022 年，县供电公司编制新型电力系统建设方案，形成 4 大示范、5 大突破项目和系列计划。完成 500 千伏松西变选址，220 千伏樟溪变电站纳入上级公司变电站布点规划。落地 110 千伏新处变“熟地移交”模式。配合县抽水蓄能电站核准、动工，确保衢丽铁路按期开工，促成象溪能源汇集站“共建共享”模式。破解宝丰光伏送出难题，实现按期并网发电。促成当地政府召开电网建设推进会，破解 500 千伏丽西—莲都双回线路等工程属地工作难题，110 千伏叶水变顺利投产。建成投运 35 千伏箬寮变等一批重点工程，标准接线率提升至 74.79%。枫坪 35 千伏输变电工程获评市公司基建项目管理优胜团队。

【电网运维】2022 年，县供电公司加快推进配电网智能化改造，深化配电自动化高级应用，投运全市首条集中型配电自动化架空线路，建成全市首个“4G+量子”智能示范网格，投运全自动线路 56 条、“4G+量子”线路 53 条，实现配电自动化有效覆盖率 89.75%。拓展无人机应用范围，自主完成所有线路激光建模、航线规划，线路百公里故障跳闸全市最低。持续延伸不停电作业运用范畴，实现一、二类简单带电作业供电所属地全覆盖、全时段响应，全年减少停电时户数 59830.5 户时。开展春秋季运检专项行动，完成穿刺型避雷器、铜铝鼻子整治，压降户均停电时长至 1.25 小时，居全市第一。供电可靠率 99.99%，居全市第二，实现全年“零投诉”。

【安全生产】2022 年，县供电公司修订领导班子“两个清单”和全员安全生产责任清单，全覆盖签订安全生产承诺书。全面推广安全域应用，以数智化手段增强对计划、队伍、人员、现场安全

2022年9月22日，松阳县供电公司员工到田间地头开展安全用电知识宣传
（县供电公司供图）

管控力度。实体化运作输变电运检中心，提升电网设备本质安全水平，获评省公司安全生产先进集体。开展安全巡查“回头看”、安全隐患大排查大整治专项活动，完成安全专项整治三年行动，公司获评全国“安康杯”竞赛活动优胜单位。修编新一轮应急预案，启用新一代应急指挥系统，全市首家完成省公司应急能力建设评估工作。开展居民安全用电知识宣传，提高群众安全用电意识。

【经营管理】2022年，县供电公司持续推动数智化供电所建设，创新“三合一”（数字管控、安全监督、智能管控）管控组、站所士官管理模式，提升站所风貌、工作质效，延庆所、象溪所获评省公司示范星级供电所，实现省五星级供电所全覆盖。出台提质增效工作方案，形成20项、87条具体举措，全年提质增效2015.94万元，盘活废旧物资238.2万元。开展高损台区“百日攻坚”行动，严控“跑冒滴漏”现象，台区经济运行情况位居全市前列，城供中心2次入围国网线损百强所，入选省公司年度线损管理示范所。强化合规经营，全面梳理受电工程、财务资金安全等领域问题。开展屡查屡犯“清恙”专项监督4次，成效获市公司通报表扬。完成原总经理离任审计。1个项目获浙江省内部审计探索研究型审计实践案例。投产11.12万千瓦分布式光伏全部并网发电，光伏电费回收率达99.9%，光伏运营综合指标位居全市第一。

（县供电公司）

不锈钢产业

【概况】2022年，松阳县有不锈钢管业在库规模以上企业52家，是规模以上工业第一大产业，实现年产值105.97亿元，比上年增长22.66%，首次突破百亿大关，成为首个百亿级主导产业。入库税收2.72亿元，比上年增长18%，占全县工业总税收的49.1%。

2022年松阳县规模以上不锈钢企业一览表

表15

序号	企业名称	序号	企业名称
1	松阳宏泰不锈钢有限公司	10	浙江鹏业不锈钢有限公司
2	宝丰钢业集团有限公司	11	浙江巨龙钢业有限公司
3	浙江新创泰业不锈钢有限公司	12	浙江益宏不锈钢有限公司
4	上上德盛集团股份有限公司	13	浙江博盛钢业集团有限公司
5	浙江鑫通达特钢制造有限公司	14	松阳昊成不锈钢有限公司
6	浙江隆达不锈钢有限公司	15	浙江冠宇管业有限公司
7	巨特钢业有限公司	16	浙江德瑞不锈钢有限公司
8	丽水青山特材有限公司	17	浙江新瑞特钢有限公司
9	浙江宏海钢管制造有限公司	18	浙江弘汇钢管制造有限公司

续表 15

序号	企业名称	序号	企业名称
19	浙江恒源钢业有限公司	36	浙江盛洋不锈钢有限公司
20	浙江正业特钢有限公司	37	浙江华鸣不锈钢有限公司
21	浙江浩鸿不锈钢有限公司	38	浙江永业钢管有限公司
22	浙江金信不锈钢制造有限公司	39	浙江华旭不锈钢有限公司
23	浙江骏达钢管制造有限公司	40	浙江盛丰不锈钢制造有限公司
24	丽水龙东不锈钢有限公司	41	浙江华昌钢管制造有限公司
25	丽水市隆信不锈钢线材有限公司	42	浙江博盛特钢有限公司
26	浙江瑞鑫达实业有限公司	43	世亚特材(浙江)有限公司
27	浙江万南钢业有限公司	44	浙江泰利不锈钢制造有限公司
28	浙江银来钢管有限公司	45	浙江亿嘉旺钢管有限公司
29	浙江隆兴不锈钢有限公司	46	浙江亿脉不锈钢有限公司
30	浙江国邦钢业有限公司	47	浙江宏盛特钢有限公司
31	益大特钢有限公司	48	丽水市欧瑞金属制品有限公司
32	浙江泓泉不锈钢有限公司	49	松阳县鑫久不锈钢有限公司
33	浙江鼎尚不锈钢有限公司	50	松阳县宏业钢管制造有限公司
34	浙江凯跃钢管制造有限公司	51	浙江华田不锈钢制造有限公司
35	浙江丰达钢管制造有限公司	52	松阳吉阳好钢业有限公司

【领军企业】 宝丰钢业集团有限公司　2022 年，宝丰钢业集团有限公司产值达 14.5 亿元，比上年增长 29.5%。公司主营产品无缝钢管，出口全球 50 余个国家和地区。10 月，年产 14 万吨不锈钢管项目基地投产。

上上德盛集团股份有限公司　2022 年，上上德盛集团股份有限公司年产值 6.59 亿元。至 12 月底，取得软件著作权 12 项、发明专利 11 项，入选全省人工智能典型应用场景，成为沙特阿美、美孚、巴斯夫等 50 余家中外知名 500 强企业的合格供应商。

松阳宏泰不锈钢有限公司　2022 年，松阳宏泰不锈钢有限公司年产值 1.33 亿元，获评浙江省科技型小企业、松阳县工业 20 强企业和纳税超千万企业。

【产业升级改造】 至 2022 年 12 月底，松阳县开展规模以上不锈钢企业数字化改造 37 家，占规模以上不锈钢企业的 77.08%，新增 11 家不锈钢企业通过两化融合管理体系认定。推进节能降碳绿色化改造，开展产业链预警机制建设，免费为企业安装用电采集设备，推动企业热处理炉、电机、起重机、拉床、轧机、变压器等重点用能设备实施节能改造，分批次推进不锈钢管全行业退火油烟整治改造，采用不锈钢酸洗废水资源化处置、固废集中处理实施路径。推广分布式光伏，对利用厂房屋顶建设分布式光伏的企业，给予在用能和“绿色企业”评选等方面政策倾斜。全年投入技改资金 2.89 亿元，其中重点技术改造项目 25 个。

（县经济商务局）

建筑业 房地产业

建筑施工

【概况】2022年，松阳县组织开展在建工程省、市、县质量及安全文明标准化工地申报。全年创成省级标准化工地1个，市级优质工程2个，市级文明标准化工地3个，松阳县棚户区改造一期（城中村—项弄安置区块）获2022年度丽水市建设工程九龙杯奖（优质工程）。组织开展2022年度松阳县建筑工程延庆杯文明标准化及优质工程评审，松阳县西屏街道延庆村综合楼工程、松阳县古市筏铺小区四期（江南花苑）项目（二标段）等7个项目工地获评建筑安全文明施工标准化工地；浙江香巴佬食品有限公司休闲卤制品加工项目1号车间、松阳县西屏街道延庆村综合楼工程等4个项目工地获评优质工程工地。

【建筑企业】2022年，松阳县有建筑业企业47家、工程监理企业2家、质量检测企业1家。其中，总承包一级资质企业3家、总承包二级资质企业4家、总承包三级资质企业24家、专业承包二级资质企业9家，劳务资质企业等7家，建筑业从业人员3203人。

【建筑规模】2022年，松阳县新签建设合同金额34.36亿元；房屋建筑施工面积220.1万平方米，其中新开工面积102.7万平方米；实现建筑业总产值43.12亿元，比上年增长16.8%。

【建筑工业化】2022年，松阳县新开工装配式建筑16个，建筑面积42.2万平方米。其中，新开工住宅装配式项目4个，建筑面积18.6万平方米，超额完成装配式建筑任务。有装配式工业化基地1个，是全市除市本级外唯一一个拥有装配式工业化基地的县。

（县住房和城乡建设局）

建筑管理

【建筑工程安全生产管理】2022年，县住房和城乡建设局会同县人力资源和社会保障局，对全县建筑工地开展无欠薪专项检查行动，落实安全生产责任。与各施工企业、外地驻松阳项目部签订安全生产及消防责任书，全县在建项目全部实行工程质量书面终身责任承诺制度。全年组织召开建筑施工安全生产及质量工作会议4次，办理建筑起重机械登记备案管理127台次，开展消防验收19次，各类质量验收213次，办理智慧工地报监42个次。针对建筑施工质量及安全生产结合各类专项检查开展综合检查4次，在综合检查之外每月组织巡查，共检查项目260次，发出限期整改通知书242份，提出整改意见1400余条。开展消防检查21次，发出限期整改通知书12份。

【建设工程审批制度改革】2022年，松阳县在工程项目办理施工许可证阶段将人防、消防、质量监督资料整合，实行多合一办理，减少网上申报及申报材料上传的次数。全年完成3个建设项目联合竣工验收。办理建筑许可时间第一季度为68.5天、第二季度为56.5天、第三季度为42.46天、第四季度为24.8天。至12月底，共办理审批事项798件，实现政务网“一网通办”办件率98.83%。

【建筑市场管理】2022年，县住房和城乡建设局办理建设工程施工许可证 54 件，建筑面积 105.5 万平方米，工程总造价 14 亿元。全年开展限额以上工程施工招标 31 个，合同价 11.08 亿元，限额以下工程施工招标 141 个，招标控制价 1.33 亿元。

【工程建设智慧化管理】2022 年，松阳县在建项目全部推广使用“智慧工地”和“浙里建”2 个数字化监管平台，实现电脑端和手机应用联动使用，达到一定规模的项目落实视频监控、大气监测、噪声监测等相关设备。在建工地全面实施实名制管理，均办理农民工工资专户，并联网注册“薪乐达”网上工资平台，按月按时足额支付农民工工资。

（县住房和城乡建设局）

房屋征收拆迁

【概况】2022 年，松阳县制定出台塘寮区块城中村改造项目房屋征收补偿安置方案、塘寮区块城中村改造项目房屋征收补偿房票奖励实施方案、望松街道马桥后区块房屋征收补偿安置方案及衢丽铁路夹心地块等区块征收补偿方案，推进征收工作规范化。

【房屋征收项目】2022 年，县征收工作指导中心负责塘寮区块城中村改造项目的研拟房屋征收补偿安置方案、规范并提供文书范本，研判、分析各工作组提交的信息，协助实施单位按程序推进房屋征收进程。至签约截止日，完成房屋签约 206 户，征收建筑面积 11.75 万平方米。实施丽水中等专业学校宿舍楼置换项目。该项目于 7 月启动，开展入户调查走访。8 月 26 日开始签约，9 月 1 日完成 36 套宿舍楼置换签约，18 天时间完成腾空。启动马桥后区块改造项目，该项目涉及原始户 81 户，总建筑面积 3 万平方米，用地总面积 2.1 万平方米。11 月 10 日，启动置换签约。完成 235 国道、西竹玉公路、衢丽铁路项目征迁和南城二期 18 户的安置收尾工作。

【房屋征收管理】2022 年 1 月，松阳县土地和房屋征收工作指导中心（以下简称县征收工作指导中心）拟定《松阳县国有土地上房屋征收与补偿办法》《松阳县征收集体所有土地房屋补偿办法》，并于 6 月公开发布，规范县域范围内国有土地及集体土地上房屋的征收与补偿工作。梳理完善征收流程，绘制 2 张征收工作流程导图。结合“浙里房屋征迁监管”系统逐步完善《松阳县房屋征收格式通鉴》，统一征收公告、征收方案、征收协议等工作文本。

（县征收工作指导中心）

房地产开发经营

【概况】2022 年，松阳县有在库房地产企业 21 家。其中，具有二级开发资质企业 1 家、三级开发资质企业 2 家、四级开发资质企业 3 家。其余 15 家均为暂定开发资质企业。有房地产中介 23 家，从业人员 42 人。全县房地产在库项目 21 个，其中正常运营的项目 15 个。

【房地产开发】2022 年，松阳县土地出让住宅用地面积 7.69 公顷，其中普通商品住宅用地面积 7.69 公顷。实现房地产开发投资额 13.44 亿元，比上年增长 33%，税收 1.98 亿元。其中，建安工程投资 7.54 亿元，占房地产投资的 56.1%，比上年增长 79.1%；土地购置费投资 5.4 亿元，占房地产投资的 40.18%，比上年增长 10.4%。

【新建商品房交易】2022 年，松阳县办理核发预售许可 13 次，商品房上市 679 套，面积 16.36 万平方米，其中居民住宅 556 套 6.83

2022 年 11 月 2 日，美林·松州华庭（二期）项目竣工，项目总建筑面积 16.57 万平方米，开发住宅 903 套，商铺 31 间　（县住房和城乡建设局供图）

万平方米、商业用房 103 套 2.06 万平方米、工业用房 20 套 7.47 万平方米。商品房销售面积 11.63 万平方米，比上年下降 9.1%，商品房买卖合同网签备案 726 份。商品住宅消化周期 13 个月，控制在合理周期内，全年房地产市场平稳健康发展。

【存量房交易】2022 年，松阳县存量房销售 776 套，比上年增长 4.44%，销售面积 11.02 万平方米，比上年增长 5.48%，销售均价 6651.49 元，比上年上涨 0.66%。其中，住宅销售 700 套，比上年增长 0.29%；住宅销售面积 10.11 万平方米，比上年增长 0.38%；住宅销售均价 6505.42 元，比上年增长 0.28%。

（县住房和城乡建设局）

房地产行业管理

【概况】2022 年，松阳县制定“六方面二十四条”的房地产市场平稳发展方案；县住房和城乡建设局联合松阳银保监组、人行松阳县支行开展预售资金监管银行招标工作，确定县内 7 家银行承接预售资金监管资格，加强商品房预售资金监管；对县内房地产项目开展商品房预售资金监管和企业风险检查，未发现资金监管过程中重大违法违规情形；落实房地产风险隐患信息排查报送工作，定期向上级部门汇报全县房地产项目风险情况。继续保持全县房地产市场平稳健康发展，规范商品房销售行为，化解房地产市场风险。

2022 年 3 月 16 日，松阳县不动产登记中心“浙丽登”小分队队员利用下班时间为西屏街道活源村村民提供上门登记办证服务

（县自然资源和规划局供图）

【不动产登记】2022 年，松阳县不动产登记中心办理各类不动产登记业务 19443 件,各类查询登记 9049 次。其中，存量房网签 757 套，二手房交易 1911 件，各类转移登记 3237 件，首次、变更登记 2505 件，抵押登记 4359 件，预告登记 996 件。全县有安置小区 5 个，为青田码道安置小区登记发证 444 户，项弄安置小区登记发证 309 户，瓦窑头新苑安置小区登记发证 956 户，玉湖小区登记发证 13 户，西垈小区登记发证 48 户。“不动产智治”子场景全面贯通应用。县不动产登记中心全年为办事群众提供延时服务、上门服务，深化“最多跑一次改革”，提升营商环境。

【物业管理】2022 年，松阳县有物业服务项目 16 个，业主委员备案 8 次，新成立业委会 4 个（天元现代广场小区、铺门佳苑小区、新鸿悦府小区、滨江雅园小区）。公开招标确定中国银行进行物业专项维修资金系统建设，进一步规范物业维修金的使用管理。组织全县物业企业进行年度信用信息申报，4 家物业企业获得 B 级物业服务企业信用等级。开展红色物业项目和市级物业示范项目评定，其中幸福家园小区获评 2022 年省级“红色物业”项目和市级物业管理示范项目。

（县住房和城乡建设局）

商贸服务业

商贸经济

【概况】2022年，松阳县有限额以上商贸企业（个体）133家，其中批发36家，零售59家，餐饮26家，住宿12家。全县社会消费品零售总额63.35亿元，比上年增长7.3%，其中限额以上社会消费品零售总额12.19亿元，比上年增长14.3%。创成古市镇、象溪镇2个年度现代商贸特色镇。入围浙江省首批县域商业体系建设试点县。

【商贸政策扶持】2022年，松阳县制定出台《松阳县促进电子商务电子高质量发展的若干意见（试行）》《松阳县关于进一步促进开放型经济稳定增长的若干意见》等政策，优化电商、开放型经济扶持政策。完善省商务促进财政专项资金、电子商务政策、外贸政策，县经济商务局配合县发展改革局开展2021年服务业政策等一揽子政策资金兑现，累计兑现资金5116.75万元。

【对外贸易】2022年，全县外贸进出口9.96亿元，比上年增长63.63%。其中，出口9.45亿元，比上年增长60.24%，出口增速居全省第二位、全市第一位；进口0.5亿元，进口增速170.54%，进口增速居全省第一位。主要出口不锈钢管，出口额4.1亿元，比上年增长57.45%；服装出口0.72亿元，比上年增长11.6%；鞋类出口1.89亿元，比上年增长105.89%；印刷板材出口1.35亿元，比上年增长224.03%。浙江锐奇鞋业有限公司、宝丰钢业有限公司、浙江森海新材料股份有限公司3家公司年出口额均突破2000万美元。6月，出台首个开放型经济扶持政策《松阳县进一步促进开放型经济稳定增长的若干意见》，加快全县开放型经济发展。

【对外经济技术合作】2022年，松阳县实际利用外资540万美元，比上年增长108.49%，完成年度考核任务的180%，完成进度居全市第三位。县域外资企业松阳怡智文教用品有限公司2022年追加外资投资800万美元，完成全年厂房、生产设备进度的80%。2022年11月，松阳县组织16家企、事业单位40余人参加第五届中国国际进口博览会，参会企业（单位）比上年增加 3家，现场成交意向金100余万美元。

（县经济商务局）

【商业体系建设】2022年，松阳县实施浙江省数字生活新服务高质量发展项目——松阳友谊商贸数字化改造项目建设，投资450.25万元，建立数字化商超管理平台1个，改造升级直营商超门店应用场景5家，贯穿N个创新子应用实践，建成“1+5+N”新型县域商超体系。施行县域商业体系建设项目8个，总投资1.22亿元，实现实际投资6881.66万元，完成率达56.4%。其中，山海冷链物流体系建设项目建成网点5个，实行“共享菜篮子”工程。至12月底，为市民提供消费服务4.7万余笔，销售当地农特产品产值超过35万元，联接基地和农户100余户；位于水南街道南环路与新华南路交叉口的县供销超市项目主体建筑竣工；裕溪乡农产品标准化生产基地及仓储物流冷链体系建设项目完工，县域商业体系建设初具规模。

（县供销社）

【消费促进】2022年，松阳县通过“建行生活”平台发放3轮“田

园松阳 悦享生活”2022年松阳县政府满减消费券，累计发放金额676万元，实际核销金额323.82万元，带动消费1042.12万元。

【中介服务业】2022年，松阳县有松阳县富祥龙置业有限公司、松阳县坚固劳务有限公司、松阳中熙置业有限公司、浙江成茗劳务中介有限公司等中介服务单位20余家。涵盖房地产开发、经营、物业管理；特种设备检验检测服务、特种设备安装改造修理；职业中介服务、劳务派遣服务、市场调研服务、企业管理咨询服务；演员经纪人服务；会展会务服务；模特礼仪服务等。行业总体以一般商品、房产、家政中介服务单位为主。

（县经济商务局）

【快递服务业】2022年，松阳县快递服务业法人企业8家、品牌11个（邮政、中通、圆通、申通、韵达、极兔、丰网、顺丰、京东、德邦、菜鸟乡村）。全县铺设快递普遍服务场所20个、快递处理场所5个、快递营业场所12个、快递末端服务网点12个，从业人员350余人。全年快递业务量1361.49万件。

（松阳邮政管理局）

【物流业】2022年，松阳县有松阳县顺达物流有限公司、浙江旺通物流有限公司、浙江天虹物流有限公司等20余家物流经营企业。成立物流协会1个，协会主要经营推广行业管理经验，开展技术培训、咨询服务，维护会员合法权益。2022年，松阳县推进县、乡、村三级物流体系建设，开通客货邮融合班线12条，建成客货邮融合运输服务站9个、“一点多能”农村物流服务点25个、普通农村物流服务点135个。

（县交通运输局）

电子商务

【概况】2022年，松阳县实现网络零售额70.69亿元，比上年增长36.3%，总量位居全市第四，增速位居全省第五、全市第三。实现跨境电商企业对企业、出口海外仓出口4460.9万元，总量位居全市第五，完成进度的228.8%，位居全市第四。农产品网络零售额62.7亿元，比上年增长35.6%，总量位居全市第一，占比达53.9%，增速位居全市第七。

【电商扶持政策】2022年，松阳县创新“三前三后三配套”（前有孵化中心+后有产业园区，做到产业链配套；前有政府的指引和考核奖励+后有市场化运营，实现奖惩配套；前有专业人才培训+后有操作实训，达到人才配套）的电商经济孵化机制，通过租金补贴、运营绩效奖励等政策，撬动社会资本2亿余元参与电商产业园建设；实行免租金网费、证照代办等服务吸引优秀电商企业和创业青年入驻。

【电子商务市场拓展】2022年，松阳祥瑞电子商务产业园三期项目完工，招引企业入驻82家；建设电商云仓储2136平方米，配备由上海聚水潭网络科技有限公司提供的专业仓储管理系统，增加发货、拣货的准确率。城乡电商物流快递配送体系项目完工，建有县级分拨中心1个、街道配送门店4个、镇级配送站5家、乡级网络站11家、行政村服务点80家、自然村服务部103家，实现电商快递物流体系行政村全覆盖；通过公交、班线客车带货约200件/月，县域内单件货物配送时效缩短1天，降低快递进港配送75%。形成县域快递“客货邮融合+生鲜+便民服务”模式，实现公交、邮政、快递企业、生鲜配送、电信金融多业态集成服务。

【电商平台建设】2022年，松阳境内有松阳祥瑞电商产业园、松阳康洁电子商务园、浙南茶叶市场电子商务集聚区、松阳县茶叶电子商务孵化园4个电子商务集聚区，总建筑面积6万多平方米，累计集聚电商企业(网店)478家。建成农村电子商务服务站699个，站点规模居丽水市第一；创成省级电子商务示范村7个、省级电商镇7个、省级电子商务专业村25个。通过搭建农村电子商务产业发展平台，构建农产品网络销售、农村电商服务、物流配送等体系，形成“要素整合、高效协同”的县域电商发展格局。至12月底，吸引5000多人返乡从事电子商务创业，其中麻功佐获评全国农村青年致富带头人，黄杰飞、陈凌杰获评中国农村电商致富带头人，张俊杰、叶建新等获评中国助农直播带头人。

【电商帮扶】2022年，松阳县依托电子商务发展优势，推动区域协作与县域电商经济结对帮扶，引导松阳县绿云峰茶业有限公司对接四川省叙永县红岩坝天门茶店结对，累计采购茶叶 12.28 万千克 1350.6 万元。帮助和指导松阳县绿云峰茶业有限公司、丽水万仙堂茶叶有限公司 2 家电子商务企业对接宁波、湖州、嘉兴等地，将松阳本地优质绿茶销往山海协作地区，全年累计销售额 1301.24 万元。县经济商务局联合县总工会，开展工会领域消费帮扶，采购叙永县、古蔺县两地农特产品 300 余万元，作为 2022 年度全县各单位工会活动的奖品、纪念品或节假日慰问品。依托国家电子商务进农村综合示范项目，投入资金 5 万余元，组织电商发达地区知名讲师 3 人，对接帮扶四川省巴州区组织开电子商务技能培训 4 场，培训人员 50 余人次。

【茶产业电商】2022 年，松阳县累计培育茶叶网店 1400 余家，带动就业 7000 余人。第三方电商平台成交茶叶订单 4936.77 万件，网络零售额 42.47 亿元，比上年增长 63.91%。在淘宝平台开设“松阳香茶”类目。2022 年，松阳在淘宝平台位列全国产茶县区第五名，在抖音平台位列全国农村网红和农产品直播县域活跃度第一，抖音平台茶叶类目直播带货前四名均为松阳主播。在拼多多平台绿茶类目中，松阳绿茶占平台总销量的 80%以上，销量额前十的茶叶企业中松阳占七席，松阳县绿云峰茶业有限公司在平台绿茶类目销售额排名第一。联合淘宝、抖音电商平台，举办松阳香茶线上营销专场活动，单日销售额达 1100 万余元；开展“6·18”十大生态农产品直播“亲松购”活动，组织 10 位本地直播达人开展直播带货，活动单日成交额达 516 万元。

【电商兴农·争当共同富裕模范生研修班】2022 年 11 月 28 日至 12 月 2 日，县经济商务局组织开展为期 5 天的松阳县电商兴农·争当共同富裕模范生研修班。培训以课堂讲授为主，结合实际案例分析、结构化研讨、头脑风暴、现场教学等形式，来自县直有关部门、各乡镇（街道）分管领导及科室人员、销售额 3000 万元以上（茶叶 1000 万元以上、农副产品 500 万元以上）的电商龙头企业负责人和高管、县电子商务公共服务中心相关人员等 52 人参加培训。培训邀请复旦大学电子商务研究中心博士邵明、洛勤信息科技（上海）股份有限公司董事长魏春雷、宁波工程学院现代管理研究所教授杨健、宁波供销电子商务有限公司产品部讲师杭泽炯 4 名专家授课，期间组织学员到太平鸟直播基地、前洋直播中心、象山县公共服务中心实地考察。通过研修班集训，开拓全县领导干部、电子商务龙头企业服务和促进电商经济发展视野，提升领导干部和电商精英人才综合水平，推动松阳县在电子商务人才构成、素质、管理、服务等方面形成区域竞争优势。

（县经济商务局）

住宿餐饮

【概况】2022 年，全县住宿接待总床位数 23321 张，其中民宿农家乐 526 家、床位 5660 张。全年累计接待游客 124.38 万人次，营业总收入 13572.99 万元。共有省旅游等级民宿 20 家。其中，白金级民宿 2 家，金级民宿 4 家，银级民宿 13 家，文化主题民宿 2 家。全县有星级饭店 4 家。其中，四星级旅游饭店 1 家、三星级 1 家、二星级 2 家。国家银树叶级绿色饭店 3 家，省银鼎级特色文化主题饭店 2 家，省银桂级品质饭店 2 家。

【行业培训】2022 年，县文化和广电旅游体育局（以下简称县文广旅体局）举办各类饭店业服务人才培训 4 次，共培训 280 余人。选送 3 名红色讲解员参加 2022 年丽水市首届红色旅游讲解员职业技能竞赛；推荐 5 位乡村旅游讲解员参加丽水市乡村旅游讲解员（乡村旅游推荐官）训赛活动，以赛促训。5 月，与县机关事务保障中心联合举办贵宾级酒店服务人员培训班，从接待礼仪及形象塑造、餐厅服务等方面对标接待贵宾级客户水平进行专题培训；6

2022 年 9 月 20 日，松阳县文广旅体局选送的红色讲解员在丽水市首届红色旅游讲解员职业技能竞赛现场作讲解（县文广旅体局供图）

月，与县人力资源和社会保障局联合举办“松阳工匠”系列培训之酒店、餐厅服务人员培训班；10月，举办“松阳味道”餐饮服务人员技能提升培训班，以“松阳十大名菜”烧制为培训内容，邀请“松阳味道”菜系老师实践授课；11月，组织2022年住宿业服务技能大赛，开展酒店、民宿等从业人员的集中培训。

（县文广旅体局）

【首届“松阳家宴”特色美食菜肴大赛】2022年11月21日，首届“松阳家宴”特色美食菜肴大赛在县关清大酒店举行。本次比赛由县经济商务局主办，县餐饮行业协会承办，吸引县内18家餐饮企业参与，根据大赛规则，各代表队要在90分钟时间内，制作3道“松阳家宴”菜肴，2道利用松阳本土食材自创的新菜。经过赛前抽签、现场烹任、评委打分等环节，松阳县诚天和餐饮管理服务有限公司获一等奖，头上红乡村食府、关清大酒店获二等奖，好灶头土菜馆、水南松州人家休闲农庄、拾光里中餐厅、王家厨房饮食店、金马田园家宴5家餐厅获三等奖，天元名都酒店、新天地度假酒店、红泥小炉餐馆等10家餐厅获优胜奖。

（县经济商务局）

粮食流通

【概况】2022年，松阳县贯彻落实粮食安全责任，执行粮食收购政策，出台订单粮食奖励政策，健全粮食应急供应网络体系，开展“放心粮油示范县”创建。全年粮食订单签订数量652.38万千克，比上年增长138%，全县19个乡镇（街道）建立“放心粮油”示范店22家，建成应急配送企业1家、“放心粮油”示范企业4家、应急加工企业2家，日加工能力达20万千克，实现粮油加工产值8887.7万元。足额落实省政府下达的地方粮油储备任务，并按规定及时轮换到位，及时组织粮源调度，有效确保粮油供应价稳量足，未出现市场脱销断档、价格异常波动等情况。

【政策性库存粮食清查】2022年，松阳县按照《关于开展2022年浙江省政策性粮油库存检查工作的通知》文件精神和省粮食局统一部署，开展政策性粮油库存自查工作，并接受市检查组清查监督，检查存储库点6个，廒间（货位）39个，折合原粮3819.57万千克、食用油4.5万千克。各存储库点粮油账实相符、数量真实、质量良好、储存安全。

【粮食收购】2022年，松阳县印发县粮食订单工作实施办法，规范粮食收购流程和各单位工作职责，出台订单粮食奖励政策——《关于做好2022年早稻“订单粮食”工作的通知》《关于做好2022年中晚稻“订单粮食”工作的通知》，按订单奖励每百斤30元标准，收购订单粮食604.69万千克，筹措支付政策性粮食收储和轮换等资金2737.68万元，严格执行省市有关粮食收购政策，全年粮食收购工作平稳有序开展。

【粮食存储】2022年，松阳县贯彻落实绿色科学储粮理念，引入“浙江粮仓”智慧监管系统，对仓内粮情粮温进行实时监控，实现省、市、县三级数据同步，确保粮食储存安全。全年月均保管粮食数量为3679.4万千克，其中准低温保管粮1602.9万千克，准低温储粮达43.59%，充氮保管粮1907.81万千克，氮气气调（一种绿色环保的科学储量技术）绿色储粮达51.85%，均超过省要求标准。

【粮食市场监测】2022年，松阳县执行《浙江省粮食流通统计调查制度》，在全县设立粮食价格监测点6个，安排专人负责粮食信息收集、数据录入、市场分析等工作，每周定期向市级粮食部门报送粮油价格监测情况，并建立价格、数量购销监测台账，实现粮食供需趋势的动态监测和实时掌控。全年上报各类价格监测报表188份、发布物价信息52期，为政府市场调控提供及时有效数据支撑。

（县发展改革局）

烟草专卖

【概况】2022年，松阳县烟草专卖局（分公司）（以下简称县烟草公司）销售卷烟9650箱，与上年基本持平；销售额4.51亿元，比上年增长2.57%；单箱销售额4.68万元，比上年增长3.13%；毛利润1.27亿元，比上年增长2.82%。累计完成终端入驻双屏机373台、一体机185台，安装刷脸支付设备241台，占比达到26.2%，“香溢通”（省烟草专卖局开发的烟草零售户店铺管理系统）覆盖面达33.79%，“香溢坊”使用率保持在85%以上，“香溢购”客户比例达98.68%。

【烟草专卖监管】2022年，县烟草公司与丽水高速交警支队四大队协作，先后查获3起省外“双五”（卷烟数量达到5万支以上或者卷烟案值达到5万元以上）无证运输卷烟案件，3起案件共查获省外真烟22.3件，涉案金额5.36万元；在县域市场先后查获2起真烟异常流入案件，共查获卷烟25.73件，总案值27万余元。全年查处涉烟违法案件83起。其中，真烟案件65起，假烟案件21起；查处违法违规大户真烟案件11起，“双五”案件5起，取缔违法违规大户2户。开展部门联合执法19次，出动137人次。组建电子烟监管临时专班工作组，联合县公安局、县市场监管局、县教育局在全县开展保护未成年人免受电子烟侵害“护苗行动”，实地检查10家电子烟经营场所，为未成年人开展普法宣传教育，增强青少年识别抵制电子烟意识和能力。

【助力共同富裕行动】2022年，县烟草公司通过靓化店面，引入数字化经营工具，帮助农网客户创收。全年通过农网客户店堂代销、直播代销等形式，带动周边150余户村民创收3万元。与银行联合打造普惠金融特色终端，与邮政进行快递业务生态合作，与文旅部门对接文创产品特许供应，让农副产品销售、农旅产业发展、群众需求升级成为店铺的“变现流量”（互联网流量通过某些手段实现现金收益）。农网建设开展以来，农村客户销量比上年提高6.37%，月均销售额从16.3万元增加到17.8万元，毛利润比上年增长8.02%。店铺内普惠金融、快递寄收、文创产品销售等业务赋能后增收2.56万元。创新“香溢助农”模式，帮助农民群众进行农产品采摘、返程物流和直播带货实现扩销引流，与仙岩谷高山绿茶、三都蜜桃、潘村葡萄园联合开展线上直播活动，3次直播活动销售额累计3.98万元。

2022年6月14日，松阳县烟草专卖局“香溢”志愿者帮助农民直播卖玉米

（县烟草公司供图）

【“香溢红色驿站”建设】2022年，松阳县在全县域零售终端店建成6家“香溢红色驿站”，驿站内配备休息座椅、微波炉、冷热饮水、图书报刊、雨衣雨伞、免费血压计、应急充电宝、医药箱等便民物资。全年为村民、游客、户外劳动者提供便民利民服务676人次。

（县烟草公司）

盐业专营

【概况】浙江省盐业集团丽水市盐业有限公司松阳分公司（以下简称县盐业公司），为国有控股的专营企业，是县域唯一依法从事盐业经营管理的专业性公司，对全县盐品产、购、销和人、财、物实行集中统一管理。承担县级食盐储备任务10万千克，全年食盐储存量稳定在20万千克以上。2022年，县盐业公司履行食盐专营企业职责，聚焦市场供给保障和盐业主业转型升级，深入实施“3+1”战略，打造健康浙盐、科技浙盐、数字浙盐，加快实现资产证券化，建设全国一流盐业标杆企业。

【食盐供应保障】2022年1月，松阳县突发新冠疫情，县盐业公司启动应急预案，成立防控新冠疫情保障供应领导小组，对全县库存食盐进行统一调配，紧急调运增加食盐储备，确保食盐市场供应充足。至1月中旬，食盐市场逐步趋于稳定，食盐供给充足。全县当月共计销售食盐12万千克，全市共调入食盐16万千克，有效维护市场正常供应秩序。

【“雪涛”品牌建设】2022年，县盐业公司实施增品种、提品质、创品牌“三品”战略，配合省、市盐业公司推进浙盐“雪涛”品牌建设，系统重塑“雪涛”品牌价值体系。完成浙盐“雪涛”商标、“雪涛”品牌形象、广告语、视觉识别系统设计,设计产品整体规划和产品包装统一标准，制作企业宣传片、产品宣传片。全面梳理和优化现有产品体系，突出个性化、细分化、高端化特质，制定浙盐“雪涛”全新产品矩阵和推进方案。推出浙盐“雪涛”亚运·江南雪、亚运·运动健康、亚运·自然鲜晒及岱山贡盐等系列新品。

（县盐业公司）

石化业经营管理

【概况】2022年，松阳县有中国石油天然气集团股份有限公司、中国石油化工集团有限公司、浙江石油股份有限公司（以下分别简称中石油、中石化、浙石油）3家企业，下设加油站23家、加油点1家。年经营规模500万~1000万千克1家，300万~500万千克5家，300万千克以下18家。全年成品油零售量4556.94万千克，其中汽油零售3001.24万千克、柴油零售1555.7万千克。成品油销售收入43717.78万元，其中汽油销售收入30277.46万元、柴油销售收入13440.32万元。

（县经济商务局）

【加油站安全管理】2022年，松阳县规范社会加油站安全管理，开展成品油专项整治工作，落实散装汽油、柴油销售登记，根据危化品管理统一要求，加强汽油、柴油加油站经营环境管理。督促加油站每半年开展一次事故应急预案演练，配齐配强应急物资和装备，提升员工应对处置突发情况能力。定期组织人员深入加油站现场，查阅加油站安全经营台账，对消防器材、安全警示标志、防爆电气线路、气体检测报警装置及储罐、加油设备等情况进行全面检查，防止重大安全隐患事故的发生。

（县应急管理局）

【石化业经营】2022年，中石化浙江丽水松阳石油支公司（以下简称松阳石油支公司）下辖加油站6座，其中松阳加油站、上方加油站、水南加油站、象溪加油站4座为全资站；长虹西路加油站和程徐加油站2座为合资站。该公司可储存柴油230立方米，汽油500立方米，全年公司成品油销售2900万千克，其中汽油1500万千克、柴油1400万千克。非油品销售额1100万元，充值额1362万元。2022年4月，松阳石油支公司程徐加油站竣工投用。

【石化业管理体制改革】2022年，松阳石油支公司施行《中国石化浙江分公司零售管理中心改革方案实施意见》，将“省、分、支”三级管理体制,改革为业务经营专业化、日常管理属地化、条块结合的省一地两级管理体制。按照集约化经营和专业化管理的要求，物流实行专业化一级管理,会计核算实行全省系统统一核算、统一纳税、财务集中管理，加油站管理、轻油零售、轻油直分销、便利店经营实行专业化两级管理，日常业务经营等管理隶属分公司专业线管理。

【石化业油品数量和质量管理】2022年，松阳石油支公司明确站长作为加油站油品数量质量管理的第一责任人，严格执行卸油十步法，做好每一车油的验收、接卸工作，加强进货验收，把好油品入库关，站长每月接卸率必须达到90%。公司每月对所有加油机出油量进行校验，保证每把油枪出油量符合国家规定范围。同时计量检测部门每季度对各站加油枪进行检测合格后铅封，并颁发检定合格证书。公司每月底对各站油品进销存进行盘点，及时核销油品溢余损耗，执行一月一核销的管理制度。

（松阳石油支公司）

金融业

金融服务

【金融环境优化】2022年，松阳县存贷款规模首次突破500亿元。先后出台《松阳县金融业激发市场主体活力支持“二次创业”二十条意见》《松阳县金融支持民宿业健康发展的若干意见》《松阳县政银企常态化合作机制》等纾困解难金融政策。至12月底，全县本外币存款余额266.03亿元，比年初新增47.18亿元，比上年增长21.56%，增速居全市第三；本外币贷款余额251.75亿元，比年初新增44.64亿元，比上年增长21.56%，增速居全市第三；其中制造业贷款比上年高出各项贷款增速30.52%。2家小额贷款公司贷款余额0.91亿元，农发行贷款余额14.82亿元。全年银行业金融机构发放民宿业贷款267笔，贷款余额1.22亿元，比上年增长55.33%。

【金融服务质效提升】2022年，松阳县实施两项直达货币政策工具，引导县域金融机构对符合政策要求的小微企业贷款应延尽延。至12月底，累计向1688户小微主体实施阶段性延期还本付息政策，延期本金15.43亿元；累计向县域2家法人金融机构发放普惠小微贷款激励资金893.98万元，为金融支持小微企业和个体工商户提供正向激励。同时用好再贷款政策工具，全年发放再贷款资金4.29亿元，其中支农再贷款1.44亿元，支小再贷款2.85亿元，覆盖700余户市场主体。至12月底，再贷款余额4.29亿元。2022年，松阳县推动政保合作，落地全市首单政策性水稻完全成本保险；推出采茶工保险线上化，惠及外地采茶工13341人、累计承担风险保额3.20亿元；首批推出知识产权被侵权损失保险和知识产权执行保险，为县内企业提供总保额19万元。

【民营企业和小微企业金融服务】2022年，人行松阳县支行组织县域金融机构开展金融助企纾困专项行动，对有市场、有订单、有信用的企业，给予转贷、续贷等支持，全年走访帮扶2.08万家小微企业，向企业减费让利4227万元。参与制定《关于加强金融服务助推松阳县跨越式高质量发展的实施方案》，指导县域金融机构针对实体经济实际需求，提升金融服务精准性、高效性。开展6900余户小微企业和个体工商户“白名单”（信任名单）走访活动、“亲清直通车 银企恳谈会”“三服务”等银企对接活动，建立政银企常态化对接平台，重点破解小微企业融资困局，推动信贷资源的高效投放。推广“贷款码”使用，全年653家企业通过线上实现融资4.52亿元。制定印发《2022年松阳县关于提升金融服务 助力生态工业“二次创业”实施意见》，推动制造业、小微企业等市场主体扩面增量。至12月底，全县小微企业贷款、制造业贷款分别比上年增长71.91%和52.08%。

【直接融资优化】2022年，人行松阳县支行对接政府项目融资，从地方政府谋划项目、招引项目、实施项目全过程介入做好政策参谋，搭建县“经济金融大讲堂”，邀请各银行专家为县经济部门负责人普及金融知识、介绍金融新业务，组织县域金融机构对接项目融资，确保县域经济盘的总体稳定。全年对接重点项目融资24个，授信23.42亿元，发放贷款15.66亿元。推进“首贷户”拓展专项行动，累计新增小微企业首贷户182户，发放贷款4.67亿元。

【征信管理与服务】2022年，松阳县优化征信管理服务，由人行松阳县支行指导金融机构加大央行内部（企业）评级推进力度，上传11家贷款企业信息，比上年增长83.33%。指导松阳恒通村镇银行完成二代征信系统数据采集切换工作。把征信管理服务向打击治理电信网络诈骗和跨境赌博延伸，从“账户源头治理、柜面拦截挽损、银行监督问责、警银联合宣传”四个方面对电信网络诈骗和跨境赌博工作开展整治，组织金融防诈骗宣讲团进机关、进企业、进学校、进社区、进农村开展宣传，对银行34.8万个账户进行核查，确保不留死角，并倒查88户涉案账户，全年柜面拦截63.66万元，涉案账户比上年下降50%。

【支付结算】2022年，松阳县实施“移动支付便民示范工程”建设，创建移动支付应用示范县、“移动支付示范街区（商圈）”。至12月底，全县移动支付新增绑卡数1.15万张，活跃账户数5.81万户。严格账户业务管理，落实“两个不减、两个加强”（企业开户便利度不减、风险防控力不减，优化企业账户服务加强、账户管理加强），保证账户开户规范。全年办理核准类单位银行结算账户372户，完成县域12家银行业机构41个网点的账户服务暗访和存量个人银行结算账户风险排查工作。

【国库和现金服务】2022年，松阳县开展小面额人民币服务标准化改造，提升县域现金供应基础设施和流通环境，升级改造现金机具8台。组织开展非法使用人民币图样专项整治，规范人民币图样使用行为。加强国库经理，规范代理银行代理业务行为和财政库款支拨程序，确保国库资金拨付无差错。至12月底，共纠正或拒绝办理不合规业务27笔，涉及金额6037.25万元。立足金融服务乡村振兴，建成国债便民服务站20个，提升农村地区国债购买体验。全年办理留抵退税299笔，金额1.93亿元，确保退税业务“即来、即审、即办”。联合税务部门推进国库信息处理软件（TIPS）银行端查询缴税业务扩面增量，提升企业纳税缴费便利化水平。

【金融服务创新】2022年，松阳县推广农户家庭资产负债表融资模式。至12月底，松阳农商银行该模式建档农户3.02万户，覆盖率46.06%，并对接省农商银行推进家庭资产负债表融资模式数字化建设。推进金融支持当地民宿行业纾困发展。联合县大数据和金融发展中心、县农业农村局等7个部门，出台《松阳县金融支持民宿业健康发展的若干意见》，引导银行业机构重点创新探索“商誉贷”产品，解决当地民宿行业抵押物不足、疫情期间经营流水减少等问题。

【农村产权融资】2022年，松阳县制定印发《关于加强金融服务乡村振兴助推松阳县跨越式高质量发展的实施方案》，搭建金融服务乡村振兴工作平台，组建金融联络员队伍下沉农村，盘活农户现有资源资产，建立健全各类农村产权融资机制，推动更多优质金融资源流向乡村。发放全市首笔“节水贷”1000万元、“用能贷”300万元、排污权抵押贷960万元、河道经营权贷款4亿元。推出“商誉贷”助力民宿业发展，全年发放民宿业贷款267笔，贷款余额1.22亿元，比上年增长55.33%。

【农村信用体系建设】2022年，松阳县创成省级信用乡镇2个，省级信用村5个，市级信用村33个，县级信用村87个，信用农户4.4万户，信用农户数占全县常住农户数的74.38%。“整村批发、集中授信”授信61.49亿元、授信农户5.28万户，累计贷款46.42亿元、服务农户2.98万户，推进农村信用体系建设成果最大程度惠及农户。

【乡村振兴金融服务站建设】2022年，松阳县推进标准化乡村振兴金融服务站建设，通过优化存量设施、丰富服务内容、提升联络员金融素养等方式，全面提升农村地区居民金融服务便利度、满意度和获得感。推进171个服务点获得财政补助，发放助农补贴34.99万元。至12月底，全县建成综合性金融服务站190个，乡村振兴金融服务站170个，累计服务农户9.65万人次，投放小面额人民币70余万元。

【“茶叶溯源”系统建设】2022年，人行松阳县支行主动对接市场监管部门，推动“金融服务”模块纳入浙里办“茶叶在线”数字化应用场景建设。在前期导入金融服务“茶叶溯源”系统的全套功能的基础上，把茶产业涉及的生产、加工、销售等环节按茶农、加工厂、茶市商铺、茶商、物流等从业主体进行交易数据的实时分类展示，并运用大数据手段进行整合、分析、优化、提炼，完成贷款的评估、授信和发放。指导金融机构按照市场化方式进一步拓展茶叶溯源交易，打通茶农、茶商交易边界，推动茶叶溯源卡、茶商E贷等金融工具的运用，扩大茶产业前端溯源覆盖面。至12月底，累计办理茶叶溯源卡12.65万张，溯源系统累计交易360.9万笔，交易量204.48亿元。

（人行松阳县支行）

银行业

【概况】2022年，松阳县辖银行业机构13家。至12月底，银行业机构本外币存款总额266.03亿元，比上年增长21.56%；本外币贷款总额251.75亿元，比上年增长21.56%。

【银行业金融服务】2022年，松阳县通过召开全县金融机构座谈会、走访企业、实地核查银行业机构等方式持续开展稳经济一揽子政策落实督导工作，强调延期还本付息“应延尽延”，强化对物流、餐饮、民宿等受新冠疫情影响严重的行业、小微企业、个体工商户的金融支持。推动辖内银行业机构支持全县重点项目和重点企业技改融资需求。中国工商银行股份有限公司松阳支行、中国农业银行股份有限公司松阳县支行为浙江云中马股份有限公司并购项目授信1.47亿元，并对接谋划后期厂房扩建等技改融资需求，助力云中马上市；工行松阳支行向松阳县谢村源流域水电开发有限公司授信4.4亿元，推动松古平原河道及两岸滩地综合整治项目进展；中国银行保险监督管理委员会丽水监管分局松阳监管组（以下简称松阳银保监组）协调银行业机构与县政府对接，通过盘活资产，如采沙权置换、黄南水库股权置换等方式提供融资资金。

（松阳银保监组）

【中国工商银行股份有限公司松阳支行】2022年，中国工商银行股份有限公司松阳支行（以下简称工行松阳支行）下设营业网点1个，自助银行3个。至12月底，各项本外币存款余额19.99亿元，比年初增加3.52亿元，日均存款余额18.07亿元，比年初增加1.96亿元；各项贷款余额20.87亿元，比年初增加7.82亿元。发放丽水市首笔河道整治项目固定资产贷款4亿元，被中国工商银行总行和国家发改委纳入全国推广优秀案例。实现拨备前利润5800万元，净利润4789万元。不良资产余额1107万元，不良率0.53%。获评省级文明单位和省级卫生先进单位，连续33年实现安全年，营业部保持市级“巾帼文明窗口”称号。设计实施专属茶产业集群融资方案，该方案可采用抵押、保证、信用等贷款方式，开展农村金融服务。组织开展“客户经理突击检查”“员工行为管理动态排查”“员工与内部户往来异常行为专项排查”“打击治理电信网络诈骗和跨境赌博工作专项检查”“涉案账户专项检查”等多个内容的排查工作，完善内控制度体系。

（工行松阳支行）

【中国农业银行股份有限公司松阳县支行】2022年，中国农业银行股份有限公司松阳县支行（以下简称农行松阳县支行）辖属支行营业中心和古市支行（二级）2个营业网点、3个自助银行，现有员工49人。至12月底，各项存款余额26.38亿元，各项贷款余额33.81亿元。信用风险防控不良率为0.06%；实现拨备前利润8181万元、拨备后利润6952万元、净利润5201万元；获评松阳县金融机构综合考评A类行，金融机构支持全县经济发展考评中获一等奖。全年累计投放江南未来社区、职业中专老校区综合利用工程、“大搬快聚”、垃圾资源化利用、绿色交通综合基地等项目贷款10.81亿元。发放全市农行首笔盘活资产、扩大有效投资项目贷款1.9亿元。为浙江云中马股份有限公司提供原材料采购、技术改造、并购扩产等贷款8000万元，助力其成功上市，全年对接企业100余家，投放“双招双引”贷款6200万元，新增普惠型小微企业（含小微企业主和个体工商户）63户，新增制造业贷款1.52亿元，增幅44.7%。全年累计发放“惠农e贷”10.81亿元，其中“茶商贷”余额1.75亿元，比年初新增3300万元，累计受益农户1100余户。发放低收入农户贷款21户，发放金额282万元。全年各项贷款减费让利750余万元。

（农行松阳县支行）

【中国银行股份有限公司松阳县支行】2022年，中国银行股份有限公司松阳县支行（以下简称中行松阳县支行）辖属营业网点（二级1个）、离行式自助银行 2个。至12月底，本外币存款余额21.05亿元，较年初新增2.21亿元；本外币日均存款余额19.51亿元，较年初新增8992万元。本外币贷款余额25.69亿元，较年初新增3.34亿元。2022年，中行松阳县支行对接地方基础设施、新兴产业、先进制造业、民营企业等重大投资项目融资需求，做好县重大项目金融服务工作。获批5000万元以上重大项目4个，批复金额合计5.6亿元。至12月底，制造业贷款余额6.98亿元；城乡公共交通设备更新改造贷款7670万元；科技企业贷款余额4.97亿元。推进茶产业生态圈建设，全年茶产业链贷款8325万元，累计贷款4亿元。中行松阳县支行入选省农村金融改革先进典型单位，获全国金融总工会颁发的“全国金融五一劳动奖状”。

（中行松阳县支行）

【中国建设银行股份有限公司松阳支行】2022年，中国建设银行股份有限公司松阳支行（以下简称建行松阳支行）辖属1个营业网点、4个自助银行。至12月底，一般性存款余额16.24亿元，其中个人存款余额8.5亿元、对公存款余额为7.74亿元；各项贷款余额20.11亿元，其中个人贷款9.46亿元、对公贷款10.65亿元。不良贷款余额337万元，不良率0.17%。对接政府相关部门，投放全县“大搬快聚”项目资金；对接县卫生健康局，投放松阳县人民医院和松阳县中医医院设备更新改造专项贷款；赋能“专精特新”（专业化、精细化、特色化、新颖化）企业，授信投放国家级专精特新“小巨人”企业浙江科马摩擦材料股份有限公司和省级专精特新“小巨人”企业浙江云中马股份有限公司贷款；对接省农业担保公司及市政策性担保公司，办理“浙担贷”3笔，金额220万元，“比例担保贷”11笔，金额2170万元；走访西屏街道官路口村、三都乡里庄村、新兴镇上安村、望松街道翁村村等，为村民办理“两山惠农贷”“共富贷”等个贷产品，发放农户贷208笔，金额4500万元。依托“双保应急贷”等金融产品，向茶叶电商企业提供贷款1860万元，单户贷款额度为50万～300万元；落实减费让利政策，主动降息，为企业节约融资成本780余万元，惠及市场主体276户；加大新冠疫情防控等重点领域信贷支持，普惠金融贷款客户268户。联合县农业农村局、团县委、市融资担保公司，深入乡镇种植业、养殖业、民宿业等，召集返乡创业青年举办产品宣传推介会20余场，服务农户300余人次。落实营业部员工延长柜台上班时间，为老人开卡等举措推动金融服务“适老化”，全年组织员工上门为行动不便的老人和残疾人办理业务3次。组建由支行党员参加的任务型团队，对35个信用村、106个文明村按片区开展金融服务；施行账户回访工作，加强涉赌涉诈账户管理堵截，化解多起借记卡开户风险和电信诈骗事件。按季开展员工异常行为排查，结合网格化管理开展特定内容的风险排查和自查12次，推进全员、全面、全过程合规文化建设。2022年，个人不良贷款诉讼案件回收贷款27笔，金额215.15万元。在原有“劳动者港湾”服务点的基础上建立“绿谷先锋驿站”，增添打气筒、充电宝等便民设施，加大对新业态群体的综合性服务。全年走访结对农户28户184人次。组建宣传小组，以反诈防诈、金融消费者权益保护等内容为重点，开展宣传活动15场次，受众6000余人次，发放宣传资料2000余份。与县经济商务局合作，依托建行“助百城万店 惠千家万户 共建美好生活”专项活动，通过“建行生活”平台“田园松阳 悦享生活”发放满减消费券19.8万张，助力政府消费券30万元。

（建行松阳支行）

【中国邮政储蓄银行股份有限公司松阳县支行】2022年，中国邮政储蓄银行股份有限公司松阳县支行（以下简称邮储银行松阳县支行）有职能部门3个，自营网点2个、邮政代理网点6个、金融空白乡镇网点6个，员工54人。至12月底，各项存款余额20.04亿元，其中个人储蓄余额17.81亿元、公司存款余额2.23亿元。各项贷款余额18.24亿元，其中个人贷款余额15.02亿元，小企业贷款余额3.22亿元。推进“特色农业贷”，茶产业贷款结余1.35亿元，年度净增1000余万元。制造业贷款结余2.73亿元，年度净增6762万元，比上年提升32.85%，支持实体经济工作。开展“合规红五月”、员工行为规范教育活动、业内案件处置应急预案进行演练、合规知识教育等活动，提升内控合规管理能力。

（邮储银行松阳县支行）

【浙江松阳农村商业银行股份有限公司】2022年，浙江松阳农村商业银行股份有限公司（以下简称松阳农商银行）有营业网点22个、流动服务网点4个，职工248人。至12月底，各项存款余额95.18亿元，比上年增加17.79亿元，增长22.99%；各项贷款余额83.76亿元，比上年增加12.16亿元，增长16.98%。存、贷款市场份额分别为35.73%和33.26%，位居全县银行业第一。五级不良率0.86%，比上年下降0.02%，拨备覆盖率525.42%。营业净收入3.33亿元，比上年增加0.26亿元，增长8.52%；实现拨备前利润总额1.92亿元，比上年增加0.14亿元，增长8.15%。全年上缴各类税金4155.22万元，捐款126万元。发放全民信用贷款19.42亿元，惠及14824户。推行“田园·携手共富贷”产品，实现扶持低收入农户及农业发展增收。发放“田园·携手共富贷”606笔，累计金额1.68亿元，提供现金帮扶43.9万元，提供就业岗位5个，惠及低收入农户884户。全年增加企业贷款105户，贷款金额8.11亿元，其中101户为首贷户，贷款余额2.84亿元。新增普惠型小微企业贷款4.44亿元，获得普惠小微贷款支持工具资金772.55万元。支持“专精特新”中小企业、科创型企业等，培育首贷户，破解“首贷难”问题。支持茶叶市场商户82户，合同金额7480万元，占总商户数的73.21%。发放茶产业贷款余额9.42亿元，其中“茶链通”余额4.66亿元。出台《松阳农商银行支持民宿行业纾困解难行动方案》，走访全县526家民宿，探索星级授信、余值抵押、商誉贷等授信方式。支持民宿贷款169笔，贷款余额7847万元，累计发放1694笔，贷款金额2.21亿元。推出“田园粮农贷”信贷产品，支持当地种粮大户及涉粮产业。发放涉粮贷款32笔，提供信贷资金3480万元，助力特色产业做优做强。

（松阳农商银行）

2022年松阳县银行业机构一览表

表16

序号	机构名称	序号	机构名称
1	中国人民银行松阳县支行	8	浙江泰隆商业银行股份有限公司丽水松阳支行
2	中国工商银行股份有限公司松阳支行	9	浙江稠州商业银行股份有限公司丽水松阳支行
3	中国农业银行股份有限公司松阳县支行	10	浙江松阳恒通村镇银行股份有限公司
4	中国银行股份有限公司松阳县支行	11	温州银行股份有限公司丽水松阳小微企业专营支行
5	中国建设银行股份有限公司松阳支行	12	浙江民泰商业银行股份有限公司丽水松阳小微企业专营支行
6	浙江松阳农村商业银行股份有限公司	13	台州银行股份有限公司丽水松阳支行
7	中国邮政储蓄银行股份有限公司松阳县支行		

（松阳银保监组）

保险业

【概况】2022年，松阳县共有保险业机构15家，其中财险公司9家，寿险公司6家。保险业财险保费收入16806.53万元，比上年增长19.02%，财险赔付11330.43万元，比上年增长10.57%；人身险保费收入24846.47万元，比上年增长4.5%，人身险赔付支出4722.37万元，比上年减少4.03%。

【保险业助农服务】2022年，松阳银保监组引导辖内茶产业金融服务数字化升级改造。推进中国人民财产保险股份有限公司松阳支公司（以下简称人保财险松阳支公司）与县人力资源和社会保障局开展“政保合作”，通过“松阳县采茶工服务平台”线上申报数据，为3月1—20日到松阳的外地采茶工投保雇主责任险，最高保额20万元，直至春茶采摘季结束，保费收入40余万元。推动人保财险松阳支公司与县农业农村局合作，在水南村落地全市首单地方财政补贴型水稻完全成本保额补充保险。至12月底，全县完成投保早稻127.93公顷、中稻

2333.33公顷、晚稻29.67公顷，政策性水稻完全成本保险覆盖率98.8%。

（松阳银保监组）

【中国人民财产保险股份有限公司松阳支公司】至2022年12月底，人保财险松阳支公司全险种保费收入8991万元，其中车辆险保费收入5489万元，比上年增长11.83%；非车非农险保费收入3162万元，比上年增长11.21%；农业保险保费收入340万元，比上年增长17.22%。累计赔款支出7961万元，全年亏损740万元。全年承办全县各类农业保险、农房险、巨灾保险、农村小额意外险、老年人意外险、养老机构综合保险、校园方责任险、校园方教职员工责任险、不动产权职业责任、自然灾害公众责任险、安全生产责任险、古树名木责任、民宿火灾责任险等民生保险，累计承担风险保障突破50亿元。与县人民政府签订全面战略合作协议，落地全市首单地方财政补贴型水稻完全成本保额补充保险。水稻作物保费255万元，受旱灾影响，理赔报损1732.73公顷，绝收400公顷，受灾农户110人次，累计赔款支出1000余万元。签下全市首单浙江商业性竹林碳汇价值综合保险，为县域49.33公顷竹林提供60万元风险保障。推出油茶低温气象指数保险，全年实现保费收入22.4万元，为油茶种植农户提供保障200余万元。与县自然资源和规划局续签松阳县野生动物肇事公众责任保险，针对全县范围内野猪等大型野生动物造成的财产损失和人身伤害，提供3000万元风险保障，赔付率超240%。继续推广全国首创的全民健康补充医疗保险项目——“浙丽保”，参保人数达20万人（包括财政出资人群），参保率超95%。2022年，人保财险松阳支公司本级网点上牌新国标电瓶车14176台，古市网点上牌4499台，电动车保险渗透率超95%，累计提供风险保障5亿余元。

（人保财险松阳支公司）

【中国人寿保险股份有限公司松阳县支公司】至2022年12月底，中国人寿保险股份有限公司松阳县支公司（以下简称人寿松阳支公司）实现总保费收入8555.81万元，比上年增长9.75%；市场份额从原有的33%提升至36%。全年针对不同群体，分别在大病保险、意外保险、住院医疗等方面提供保险保障，包括独生子女家庭意外伤害保险、计生特殊家庭保险、女性安康保险、男性安康保险、残疾人保险、学生平安保险、农民自建房保险、康悦百万医疗保险等，改善民生，服务困难群体，完善社会保障体系，辅助社会管理和促进经济发展等方面起到积极作用。

（人寿松阳支公司）

2022年松阳县保险业机构一览表

表17

序号	机构名称	序号	机构名称
1	中国人民财产保险股份有限公司松阳支公司	9	中国大地财产保险股份有限公司松阳支公司
2	中国平安财产保险股份有限公司松阳支公司	10	中国人寿保险股份有限公司松阳县支公司
3	中国太平洋财产保险股份有限公司松阳支公司	11	中国太平洋人寿保险股份有限公司松阳支公司
4	天安财产保险股份有限公司松阳支公司	12	中国平安人寿保险股份有限公司丽水中心支公司松阳县营销服务部
5	中国人寿财产保险股份有限公司松阳县支公司	13	新华人寿保险股份有限公司丽水中心支公司松阳县营销服务部
6	中华联合财产保险股份有限公司松阳支公司	14	阳光人寿保险股份有限公司松阳支公司
7	大家财产保险有限责任公司浙江分公司松阳营销服务部	15	泰康人寿保险有限责任公司浙江丽水松阳营销服务部
8	阳光财产保险股份有限公司松阳支公司		

（松阳银保监组）

旅游业

综 述

【旅游业发展】2022年，松阳县旅游接待239.4万人次，旅游总收入29.9亿元。全县有星级饭店4家，其中四星级旅游饭店1家（天元名都），三星级1家（隐巷艺术酒店），二星级2家（中澳酒店、箬寮山庄）。国家银树叶级绿色饭店3家（天元国际、旭日摄影主题酒店、松泰酒店）；省银鼎级特色文化主题饭店2家（松泰酒店、旭日摄影主题酒店）；省银桂级品质饭店2家（松泰酒店、隐巷艺术酒店）。有导游109人，其中高级导游2人，中级导游8人。旅游业从业人员2.13万人。

【全域旅游】2022年，大东坝镇横樟村和茶排六村自然村入选省级乡村旅游重点村培育名单，双童山山地休闲运动基地获评长三角地区体育旅游精品项目。青龙湖皮划艇运动基地、原舍揽树等4家单位入选“丽水山景”示范基地名单。在第三届“浙宿好礼”乡村民宿伴手礼大赛中，有桥民宿客栈选送的桃·香氛，叶子庄园选送的乳酥鲜花饼、花果牛轧糖获综合奖，有桥民宿选送的松阳端午茶获共富奖。田园文化传承生态保护区入选省级文化传承生态保护区，田园松阳传统工艺工作站入选省级传统工艺工作站创建单位。组织“百县千碗”美食进酒店、进景区、精品民宿，“逛吃逛吃游松阳”——“百县千碗”美食专题节目在《浙江经视新闻》栏目播出，打造“百县千碗”品牌。完成松阳县箬寮山庄有限公司和松阳县林苑工艺有限公司（中澳大酒店）二星级旅游饭店复评及丽水创宇旅行社有限公司三星级品质旅行社创评工作。

【文旅项目建设】2022年，松阳瓦窑文旅综合体项目动建，完成投资8653万元，完成项目年度投资计划的173%；清露乡隐旅游度假区续建，完成投资9150万元，完成项目年度投资计划的183%；续建南山大健康文化园，完成投资3499万元，完成项目年度投资计划的174.9%；续建卯山森林康养项目，完成投资2690万元，完成项目年度投资计划的134.5%；续建全民健身中心，完成投资13012万元，完成项目年度投资计划的130%。全年文旅重点项目固定资产投资3.7亿元。

（县文广旅体局）

2022年10月14日，双童山山地运动休闲基地获评年度长三角地区体育旅游精品项目

（县文广旅体局供图）

旅游资源开发

2022 年丽水市第三批旅游业“微改造、精提升”示范点之一——大东坝镇幸福小港老街店
（县融媒体中心供图）

【概况】至 2022 年 12 月底，松阳县有国家 AAAA 级旅游景区 4 家、国家 AAA 级旅游景区 6 家，省级旅游度假区 1 家、省级旅游风情小镇 2 家、省级及以上风景名胜区 1 家、省级以上森林公园 2 家、省级以上水利风景区 1 家、省级以上湿地公园 1 家，省 AAA 级景区村庄 27 家，白金级民宿 2 家、金级民宿 4 家、银级民宿 13 家。2022 年，松阳县获评山区 26 县旅游业高质量发展实绩评价全省第四名，旅游业“微改造、精提升”工作评价列全省第九名，获评浙江文旅助力探索共同富裕十佳县（市、区）。明清古街上榜全国非遗旅游街区，三都乡上田村上榜第四批全国乡村旅游重点村。

【旅游业“微改造 精提升”】2022 年，县文广旅体局实行旅游业“微改造 精提升”全生命周期系统管理，建立贯穿事前、事中、事后的全生命周期管理闭环，统筹城乡资源更新全过程，建成大路潭驿站田园书房、新兴月光森林基地等 34 个市级“微改造 精提升”示范点。

【文化旅游资源普查】2022 年 5 月，松阳县启动文化和旅游资源普查工作，7 月成立松阳县文化和旅游资源普查领导小组，在全县范围内有序开展文化和旅游资源普查。确定县文化和旅游资源单体 597 个，其中五级资源 2 个、四级资源 7 个、三级资源 75 个、二级资源 216 个、一级资源 297 个；优良级资源占全县文化和旅游资源总量的 14.07%。

【A 级景区村创建】2022 年，望松街道、叶村乡创成省 AAAA 级景区镇（乡、街道），竹源乡后畲村、新兴镇大石村、古市镇十五里村、大东坝镇大东坝村、板桥畲族乡大毛科村麒上自然村 5 个村庄创成省 AAA 级景区村，新增 48 家省 A 级以上景区村庄，四都乡陈家铺村入选全省首批金 AAA 级景区村庄培育名单。至 12 月底，松阳县城创成省级 AAA 级景区城，全县累计创成省 AAA 级及以上景区镇（乡、街道）13 家，省 A 级以上景区村庄 188 家，景区村覆盖率达 92.6%。

2022 年松阳县 AAA 级以上景区乡镇（街道）一览表

表 18

序号	景区乡镇（街道）	创成级别	序号	景区乡镇（街道）	创成级别
1	西屏街道	AAA 级	8	新兴镇	AAAA 级
2	水南街道	AAA 级	9	叶村乡	AAAA 级
3	望松街道	AAAA 级	10	三都乡	AAA 级
4	古市镇	AAAA 级	11	四都乡	AAAA 级
5	象溪镇	AAAA 级	12	竹源乡	AAA 级
6	玉岩镇	AAAA 级	13	安民乡	AAA 级
7	大东坝镇	AAAA 级			

2022年松阳县A级景区村创建情况一览表

表19

序号	景区村	所属街道	创成级别	序号	景区村	所属街道	创成级别
1	西一村	西屏街道	A级	31	乌石下村	望松街道	A级
2	西二村	西屏街道	AA级	32	西河村	望松街道	A级
3	西三村	西屏街道	AA级	33	王村村	望松街道	A级
4	西五村	西屏街道	AA级	34	五都阳村	望松街道	A级
5	西六村	西屏街道	A级	35	石门村	望松街道	A级
6	西七村	西屏街道	A级	36	望松村	望松街道	AA级
7	西九村	西屏街道	AA级	37	筏铺村	古市镇	AA级
8	西十一村	西屏街道	AA级	38	东角垄村	古市镇	A级
9	北山村	西屏街道	A级	39	黄圩村	古市镇	AA级
10	青蒙村	西屏街道	AA级	40	寺口村	古市镇	A级
11	乌形山村	西屏街道	AA级	41	岗下村	古市镇	AA级
12	桐溪村	西屏街道	A级	42	上河村	古市镇	A级
13	钟楼村	西屏街道	AA级	43	山下阳村	古市镇	AA级
14	延庆村	西屏街道	AA级	44	十五里村	古市镇	AAA级
15	新华村	西屏街道	A级	45	建安村	古市镇	AA级
16	官路口村	西屏街道	A级	46	城门村	古市镇	AA级
17	大竹溪村	水南街道	A级	47	塘湾村	古市镇	AA级
18	桥头村	水南街道	A级	48	七都村	古市镇	AA级
19	清路村	水南街道	A级	49	八都村	古市镇	AAA级
20	南山村	水南街道	A级	50	五木村	古市镇	A级
21	横山村	水南街道	AA级	51	下街村	古市镇	AA级
22	程徐村	水南街道	A级	52	排居口村	玉岩镇	AA级
23	水南村	水南街道	AA级	53	周安村	玉岩镇	A级
24	瓦窑头村	水南街道	AA级	54	洋坑村	玉岩镇	A级
25	寺岭下村	水南街道	AA级	55	根坑村	玉岩镇	A级
26	岩西村	水南街道	A级	56	周坑村	玉岩镇	A级
27	吴弄村	望松街道	A级	57	玉岩自然村	玉岩镇	AAA级
28	六都村	望松街道	A级	58	玉湖村	玉岩镇	A级
29	翁村村	望松街道	A级	59	乌岩村	玉岩镇	A级
30	山仁下村	望松街道	A级	60	大树村	玉岩镇	A级

续表 19

序号	景区村	所属街道	创成级别	序号	景区村	所属街道	创成级别
61	大岭脚村	玉岩镇	A 级	94	大石村	新兴镇	AAA 级
62	何山头村	玉岩镇	A 级	95	后周包村	新兴镇	A 级
63	程惠村	玉岩镇	A 级	96	杨村头村	新兴镇	AA 级
64	白沙岗村	玉岩镇	A 级	97	徐郑村	新兴镇	A 级
65	南坑源村	象溪镇	A 级	98	上安村	新兴镇	AA 级
66	雅溪口村	象溪镇	AA 级	99	内孟村	新兴镇	A 级
67	南州村	象溪镇	A 级	100	贤溪村	新兴镇	AA 级
68	靖居口村	象溪镇	A 级	101	下源口村	新兴镇	A 级
69	毛弄自然村	象溪镇	A 级	102	大岭根村	新兴镇	A 级
70	石牌门村	象溪镇	A 级	103	平卿村	新兴镇	A 级
71	南坑口村	象溪镇	A 级	104	李山头村	新兴镇	A 级
72	象溪圩村	象溪镇	AA 级	105	大岭里村	新兴镇	A 级
73	靖居包村	象溪镇	AA 级	106	谢西坑村	新兴镇	A 级
74	上梅自然村	象溪镇	AA 级	107	新处村	新兴镇	AA 级
75	象溪村	象溪镇	AAA 级	108	外石塘村	新兴镇	AA 级
76	灯塔村	大东坝镇	A 级	109	竹囮村	新兴镇	A 级
77	后宅村	大东坝镇	A 级	110	朱山村	新兴镇	A 级
78	蔡宅村	大东坝镇	A 级	111	庄后村	新兴镇	A 级
79	西山村	大东坝镇	A 级	112	官岭村	新兴镇	A 级
80	百步村	大东坝镇	A 级	113	横溪村	新兴镇	AAA 级
81	牛角圩村	大东坝镇	A 级	114	关山寮村	新兴镇	A 级
82	大东坝村	大东坝镇	AAA 级	115	叶家村	叶村乡	A 级
83	二滩坝村	大东坝镇	AA 级	116	河头村	叶村乡	AA 级
84	横樟村	大东坝镇	AAA 级	117	松山村	叶村乡	A 级
85	山徐村	大东坝镇	A 级	118	叶村自然村	叶村乡	A 级
86	洋坑埠头村	大东坝镇	AA 级	119	南岱村	叶村乡	A 级
87	燕田村	大东坝镇	A 级	120	横坑村	叶村乡	AAA 级
88	五部村	大东坝镇	A 级	121	石门圩村	斋坛乡	A 级
89	黄南村	大东坝镇	A 级	122	吊坛自然村	斋坛乡	AAA 级
90	山头村	大东坝镇	A 级	123	大路村	斋坛乡	A 级
91	下宅街村	大东坝镇	AA 级	124	小石村	斋坛乡	A 级
92	六村自然村	大东坝镇	AAA 级	125	京梁村	斋坛乡	A 级
93	泉庄村	新兴镇	AA 级	126	斋坛村	斋坛乡	A 级

续表 19

序号	景区村	所属街道	创成级别	序号	景区村	所属街道	创成级别
127	庐东村	斋坛乡	A 级	158	球坑村	樟溪乡	A 级
128	杨家堂村	三都乡	AAA 级	159	力溪村	樟溪乡	A 级
129	酉田村	三都乡	AA 级	160	肖周村	樟溪乡	A 级
130	下田村	三都乡	A 级	161	兴村村	樟溪乡	A 级
131	松庄村	三都乡	AAA 级	162	馒头山村	樟溪乡	A 级
132	里庄村	三都乡	AA 级	163	黄田村	樟溪乡	A 级
133	尹源村	三都乡	AA 级	164	小吉村	枫坪乡	AA 级
134	上源村	三都乡	A 级	165	南胜村	枫坪乡	A 级
135	黄岭根自然村	三都乡	A 级	166	高亭村	枫坪乡	A 级
136	紫草村	三都乡	A 级	167	山乍口村	枫坪乡	A 级
137	上田村	三都乡	AAA 级	168	斗潭村	枫坪乡	AAA 级
138	后畲村	竹源乡	AAA 级	169	根下村	枫坪乡	AA 级
139	大岭头村	竹源乡	A 级	170	沿坑岭头村	枫坪乡	AAA 级
140	小竹溪村	竹源乡	AAA 级	171	枫坪村	枫坪乡	AA 级
141	横岗村	竹源乡	AA 级	172	丁坑村	枫坪乡	A 级
142	黄上村	竹源乡	A 级	173	梨树下村	枫坪乡	A 级
143	潘坑自然村	竹源乡	A 级	174	板桥村	板桥畲族乡	AA 级
144	黄下自然村	竹源乡	A 级	175	桐榔村	板桥畲族乡	A 级
145	下包村	四都乡	AA 级	176	高山村	板桥畲族乡	A 级
146	平田村	四都乡	AAA 级	177	东坑村	板桥畲族乡	A 级
147	陈家铺村	四都乡	AAA 级	178	麒上村	板桥畲族乡	AAA 级
148	西坑村	四都乡	AAA 级	179	木岱坑村	裕溪乡	AA 级
149	榔树自然村	四都乡	AAA 级	180	内陈村	裕溪乡	AAA 级
150	界首村	赤寿乡	AAA 级	181	小槎村	裕溪乡	AA 级
151	红连村	赤寿乡	A 级	182	裕溪村	裕溪乡	AA 级
152	半古月村	赤寿乡	A 级	183	凤弄源村中心村	裕溪乡	A 级
153	楼塘村	赤寿乡	A 级	184	章山村	裕溪乡	A 级
154	叶川头村	赤寿乡	A 级	185	安岱后村	安民乡	AAA 级
155	赤岸村	赤寿乡	AA 级	186	李坑村	安民乡	AAA 级
156	黄山头村	赤寿乡	A 级	187	大潘坑村	安民乡	A 级
157	陇川村	赤寿乡	A 级	188	乌弄村	安民乡	A 级

（县文广旅体局）

旅游节庆活动

【概况】2022年，松阳县围绕县域农耕、民俗及自然景观特色，持续开展第五届农民丰收节暨“桃之秘境——2022三都乡桃文化节”、象溪镇暨森博尔脐橙采摘节、樟溪乡兴村开糖节等系列活动10余场，参与5万余人次。举办2022星空下·松阳酿酒节、“一起去星辰山看流星雨”等特色旅游活动。

【全国乡村春晚“百县万村”网络联动启动仪式】2022年1月9日，全国乡村春晚百县联盟2022“我要上村晚”暨全国乡村春晚“百县万村”网络联动启动仪式在松阳县大东坝镇石仓举行，本次活动以线上直播的方式，体验松阳年俗，欣赏乡村年味。活动分为序《共村晚》、上篇《欢喜·过大年》、下篇《幸福·到我家》、尾声《同富裕》四大篇章，以“丽水一家人”张罗年夜饭为主线，以实景讲述原乡人、归乡人、新乡人“三乡”人的故事。并开设“村晚直播间”，由“村晚达人”“村晚观察员”共同推介农产品、乡村旅游产品、文创产品。

【“一起去星辰山看流星雨”活动】2022年8月7日，由浙江省天文学会、松阳县委宣传部、松阳县文广旅体局、松阳县科协、松阳县气象局和松阳县安民乡政府主办的“一起去星辰山看流星雨”活动启动仪式在星辰山星空博物馆举办。星辰山（大毛岘背）是中国气象服务协会发布的全国首批“天气气候景观观赏地”公告中唯一的星空景观观赏地。活动现场举行全国首批“天气气候景观观赏地”揭牌仪式，并为“星花怒放”主题摄影大赛获奖者进行现场颁奖。

（县文广旅体局）

旅游业态

【“十一”黄金周旅游】2022年“十一”黄金周期间，松阳推出山水陆空一站式体验游、古村探秘游、山野露营游等特色旅游线路，重点旅游景区共接待游客19.41万人次，实现旅游收入582.3万元。其中，双童山景区利用直播平台宣传推广，在微信朋友圈、抖音、同程、携程等平台推出票价优惠，10月1—7日，累计接待游客1.6万人次，营业收入200余万元；三都乡、四都乡古村落重点乡镇采取公共交通换乘形式，为游客提供接驳服务。国庆假期7天累计换乘人数2.5万人次；开展星辰山“国庆·音乐会”活动，吸引游客1000余人，实现旅游收入30余万元。

【传统研学游】2022年，松阳县整合大东坝镇蔡宅村豆腐工坊、大东坝镇山头村白老酒工坊、大东坝镇茶排村六村自然村契约博物馆、鸣珂里文化民宿、大东坝镇茶排村七村自然村古民居乐善堂、福善堂、横樟村（廉政教育基地、红色革命）、大东坝镇白峰村（泉沚白峰）等旅游点位资源，以古民居群、传统村落、研学体验为特色，推出松阳“江南客乡 水墨石仓”传统研学特色旅游线路。

【红色教育游】2022年，松阳县组建“红色小港”党建联盟，整合小港“两乡两镇”（枫坪乡、安民乡、大东坝镇、玉岩镇）红色旅游资源，统筹开发运营。开展“两乡两镇”红色讲解员专题培训，参训50余人次。完成“两乡两镇”旅游路线、LOGO设计。实施安民乡环村公路整修和硬化工程，修缮提升安岱后—李坑红

2022年10月2日，松阳明清古街吸引大量游客参观游玩

（县文广旅体局供图）

军古道。引进杭州大穿越旅游策划有限公司、杭州自拍秀科技有限公司及丽水市乡趣文化旅游发展有限公司投资640余万元用于“三迎红军”战斗精神体验项目建设。

【乡村特色游】2022年，松阳县打造以乡村夜游为特色的“古村探秘·走进山川”云海精品线路，涉及四都西坑村、四都陈家铺村（网红村）、双童山景区、夜游明清古街等点位，以古村落、云景观、历史古建筑、网红打卡点、传统商业文化街为主要特色。该线路入选2022年“浙里田园”休闲农业与乡村旅游精品线路。

【运动休闲游】2022年10月，浙江省体育局、省文旅厅公布2022年度浙江省运动休闲旅游示范基地、精品线路和优秀项目名单。松阳双童山（飞拉达）—大木山（骑行）—七沐山（滑草）—青龙湖皮划艇（皮划艇）入选“2022年度浙江省运动休闲旅游精品线路”。该线路涵盖松阳双童山景区、大木山茶园景区、七沐山滑草场、青龙湖皮划艇运动基地4个旅游景点，可体验攀岩、骑行、滑草、皮划艇等多种休闲运动形式。

（县文广旅体局）

旅游市场营销

【概况】2022年，松阳县旅游接待人次239.4万人，旅游收入29.9亿元，旅游业增加值13.59亿元，增长率为4.19%；旅游业增加值占地区生产总值（GDP）比重为9.51%。

【旅游政策扶持】2022年，松阳县开展“欢天喜地游丽水”文旅促消费券大派送活动，发放消费券35万元，拉动旅游消费660余万元。县文广旅体局联合多部门出台《松阳县金融支持民宿业健康发展的若干意见》，推出民宿“商誉贷”、金融减息让利等政策。至12月底，县文广旅体局牵头兑现生态旅游业高质量发展政策资金、县内外旅行社游客到松阳组织奖励、县级服务业发展引导资金等各类奖补资金1036万元。对旅游企业与网络平台合作的佣金给予50%的补助。

【旅游宣传与推介】2022年，松阳县利用微信公众号、视频号等自媒体开展文化、旅游、体育等宣传。提升智慧旅游，优化“松阳文旅”公众号服务平台、“图游松阳”智慧旅游导览项目、“一机游丽水”松阳窗口，推出“智慧民生”短信触发项目，为到松阳游客推送文旅资讯。推出“古村探秘·走进山川云海”自驾游线路、“山野运动”康养旅疗线路产品。杨家堂、双童山景区、桃野和飞茑集民宿、佰仙面馆5处入选“一起跨越最美山城山区26县——百佳网红打卡点”。完成“山水陆空”中国最美户外天堂专题片拍摄，对接央媒采风团、浙江卫视等媒体开展宣传活动10余场。深耕长三角客源市场，参加和举办“杭州疗休养推介会”、“乘着衢宁高铁游丽水”浙江·丽水庆元龙泉遂昌松阳文化和旅游（山东）推介、“开心、乐趣（FUN肆）一夏”消费季、《帐篷下的年味》网络直播、“第十五届中国茶商大会·松阳云上香茶节——松阳香茶”营销专场、“松阳年货·云上屯”等活动。

【“松阳故事”研学手册发布】2022年11月15日，《“松阳故事”研学手册》发布会在县汇文小学举行。该手册由县文广旅体局联合碧山旅行社共同编辑设计，采用中英文双语模式，收录特色研学点位16处、研学基地5处，绘

2022年11月15日，松阳县文广旅体局推出《“松阳故事”研学手册》中英文版，打造松阳研学品牌　（县文广旅体局供图）

制研学路线 5 条。同步上线研学基地打卡活动，手册内相关研学点均设计精美印章、打卡贴纸，可组成一幅由海派水彩画家朱开荣创作的松阳景色水彩画作品。

（县文广旅体局）

旅游行业管理

【概况】2022 年，县文广旅体局开展“除险保安”“大排查大起底大整治”行动。出台《松阳县文化和广电旅游体育局安全防范“百日攻坚”行动方案》，检查点位 393 家次，排除隐患 171 个。至 12 月底，开展文化旅游及体育市场检查 885 人次、检查对象 400 家次，“双随机、一公开”检查 49 家次，全部做到行政处罚信息网上公开。加强与县委宣传部、县市场监管局、县公安局、县交通运输局、县消防救援大队、县卫生健康局等跨部门联合执法，开展跨部门双随机执法检查 5 次，向公安移送案件 1 件。定期对辖区内旅行社开展行业培训及管理。至 12 月底，全县有旅行社 12 家、旅行社分社 1 家（北京碧山国际旅行社有限公司松阳分公司）；旅行社服务网点 11 家。

【旅游市场监管】2022 年，县文广旅体局按时完成国家旅游监管平台、浙江省旅游统计网等平台数据上报，填报率 100%。配合文明县城创建，对星级酒店开展专项检查，共出动检查人员 112 人次，检查 39 家次，发现问题 18 个，整改问题 18 个。梳理惠企政策办事事项、办事指南、办事流程等信息，录入浙江省惠企政策协同管理平台，落实政策兑现数字化改革工作。至 12 月底，录入平台资金 1015.62 万元。

【旅游行业培训】2022 年，松阳县举办住宿业服务技能大赛、文旅行业安全救援培训等各类文旅人才培训工作。举办“松阳工匠”系列培训、“松阳味道”餐饮服务人员技能提升等培训 4 次，培训 280 余人；文旅行业安全救援培训 130 人；举办住宿业服务技能大赛，对餐厅、前厅、客房等服务人员培训 120 人，其中 32 人获奖。县农家乐民宿协会、县农业农村局、县总工会联合举办“新媒体营销”技能培训班，为民宿业主对外宣传推介业务知识进行授课，民宿从业人员 60 余人参训。

2022 年 6 月 21 日，松阳县举办“松阳工匠”住宿业服务技能大赛

（县文广旅体局供图）

【旅游安全管理】2022 年，县文广旅体局出动检查人员 1505 人次，检查点位 514 家次，排除隐患 212 个。与全县 55 家文旅企业签订“安全目标管理责任书”，委托江泰保险经纪股份有限公司浙江分公司对全县文旅体企业（项目）、文保点等开展安全隐患评估检查，检查企业（场所、单位）400 余家次，发现并排除安全隐患 200 余个。

【旅游新业态监管】2022 年，县文广旅体局拟定《松阳县旅游新业态项目多部门联合监督管理实施方案》，组织召开旅游新业态座谈会。借助省文化和旅游厅“浙江省旅游安全监管在线”系统，与第三方公司合作，完成对双童山景区新业态项目安全检查。利用数字化平台掌握 AAAA 级景区新业态项目安全生产工作落实情况。继续与第三方社会化服务机构合作，对全县 140 家新业态文旅企业开展隐患排查。

（县文广旅体局）

拯救老屋行动

【概况】2022 年，松阳县推进“拯

救老屋行动”二期项目，拯救老屋年度总投资1400万元，修缮老屋42幢并通过验收。总结拯救老屋工作机制和实践经验，出版《拯救老屋行动松阳实践》。《这里是我们的家——“拯救老屋”的松阳实践》视频课程入围国家文物局“文博精品共享课程”。选送的《创新“拯救老屋”行动 打造多彩共富精神家园》案例入选2022年度乡村振兴最佳创新案例。至12月底，累计挂牌保护传统建筑1200余幢，修缮老屋312幢、宗祠200余座、古廊桥20余座；带动118个乡村植入民宿、生态农业、文化产业等乡村旅游新型业态；建成过云山居、云端觅境、鸣珂里等一批精品民宿示范项目，累计建成民宿526家，床位5081张，实现经营收入1.7亿元。“拯救老屋”场景应用被列入省委宣传部数字文化系统第三批优秀应用和浙江省文化和旅游数字化改革第二批试点应用名录。

2022年12月9日，“南岱问山”第二届南岱艺术节在叶村乡南岱村的“问山美术馆”开幕，吸引文艺爱好者参观 （县融媒体中心供图）

【老屋研学基地建设】2022年，松阳县总结提炼“拯救老屋行动”松阳模式，委托浙江省古建院开展“拯救老屋行动”松阳模式课题研究，编撰《拯救老屋行动松阳实践》书稿，出版印制5000册。选址赤寿乡界首村建立拯救老屋南方培训基地，“拯救老屋行动”展示馆竣工并对外开放，启动二期项目建设。编制项目概况图册、政策文件汇编、名录图库及课件，与中国文物保护基金会、省古建筑设计院等对接，开发相应培训课程。开发望松街道王村—古市镇山下阳村—樟溪乡兴村—赤寿乡界首村；象溪镇雅溪口村—大东坝镇六村—蔡宅村—横樟村—竹源乡后畲村；三都乡杨家堂村—西田村—毛源村；四都乡西坑村—陈家铺村—平田村4条现场研学线路。

【老屋文艺工作室建设】2022年，松阳县推进“百名艺术家入驻乡村计划”，至12月底，累计签约入驻艺术家94人、工作室69个（团体5个）、公共美术馆3个，形成叶村南岱（斗米岙）—横坑（膳垄）、竹源后畲、四都陈家铺、枫坪沿坑岭头、樟溪力溪、西屏老街（元朴、碧山旅行社、松阴文社）等艺术集聚片区。其中，竹源乡后畲村设立工作室14家，租赁老屋改建成村级美术馆，建成“山中书事”民宿综合体项目游客服务中心，改建的3幢老屋进入软装阶段。12月，叶村乡举办“南岱问山”第二届南岱艺术节，活化利用老屋空间，实现文艺赋能。

【“旅居松阳”计划实施】2022年12月，松阳县推出千幢老屋“旅居计划”，向全球寻找“居客”。该计划由阿里巴巴集团和县文广旅体局共同实施，“松阳文旅资产专场”在阿里资产竞价平台上线。该次上线交易三都乡、四都乡老屋9幢，经网络竞价成交3幢，成交额7.7万元，总围观人数16767人。

（县文广旅体局）

交　通

综　述

【重点交通工程建设】2022年，松阳县推进交通工程建设，扩大交通有效投资。续建项目仙居至庆元公路松阳县水南至枫坪段工程完成投资39452万元，第一合同段主体工程完工，第二合同段路基工程完成88%；桥梁工程完成96.7%，隧道工程完成78%。黄埠坞、竹源、八旦、丁坑口和呈田1号、2号、3号隧道贯通，屋后岗隧道开挖及衬砌施工。235国道松阳段改建工程西山隧道、石仓隧道贯通，完成投资30687万元。仙居至庆元公路松阳县水南街道县城段拼宽工程市政道路完成50%。雨水、污水、电力、给水、通信工程完成100%。路灯工程完成25%，完成投资5391万元。玉湖村（余叶—余叶口）林区道路工程架设余叶口大桥、余叶中桥梁板，路基填筑和挡土墙砌筑、湿接缝、桥面连续及桥面铺装施工，完成投资2242万元。推进重大项目前期谋划攻坚，义龙庆高速公路义乌至龙泉段（丽水段）完成初步设计总体方案技术审查。浙西南公铁物流中心项目取得总体规划批复，并上报部分用地成片开发方案。637国道（原222省道）松阳雅溪口至裕溪段改建工程编制项目建议书、施工许可文本等前期工作。209省道奉化至庆元公路松阳板桥至靖居口段工程完成线位论证报告和项目建议书批复。235国道松阳至武义段改建工程完成全过程工程咨询服务招标文件编制。

【交通民生实事】2022年，松阳县新、改建农村公路72.9千米，养护农村公路75.77千米。新建三都、玉岩、板桥、南胜、大东坝5个乡镇“客货邮松洲驿站”，1座城乡公交换乘站。建设智能公交电子站牌及配套设施3套、主城区物联网智慧公共交通出行配套设施6套，实施松古平原城乡公交一体化改造，完成松阳—竹源等5条客运班线城乡一体化改造。结合《松阳县农村地区道路交通安全隐患整治工程》《松阳县“一灯一带一标志”民生实事项目》，由县交通警察大队联合县交通运输发展中心增设禁令、指示标志4套，支线道口标柱6根，路灯34套，反光道钉995个以及人行横道线、停车让行线；修复完善地面标线7200平方米，橡胶减速垄修复79米，彩色防滑标线950平方米，振动标线450平方米。

【平安交通建设】2022年，县交通运输局开展行业治理预警联动，实现省、市、县预警数据联动同步，通过网约车非法营运车辆智能筛查系统开展布控抓捕工作，采用危险品非法营运车辆智能筛查算法引擎，识别辖区内进行危运活动的“黑车”，开展布控抓捕工作。整治省级事故多发点——西大线溪下村路段。公路应急抢险中心管辖路段全年累计清理边坡塌方8733立方米、应急抢险清理公路绿化182棵、抗冰雪清理路面积雪、结冰22公里，出动公路应急抢险30余次，累计出动抢险人员513人次，出动抢险机械151台次。公路安全隐患及安全设施排查3.88万千米，投入排查机械531台班，人员2329人次，安全隐患现场摆设安全标志约7260米，保障公路通行环境安全畅通。常态化开展安全生产检查，全面检查县乡道路及桥梁、涵洞、道口，发现隐患79起，整改79起，在道路急弯、陡坡、临崖、临水等路段设置警告标志和安全防护设施，开展在建道养护工程安全生产检查9次，发现一般隐患15起，当场整改15起。

【交通建设管理】2022年，县交通运输局受理新建项目31个，完成5起行政处罚，共处罚金85000元。对受监项目的工地临时试验室（或驻点）开展试验监督检查4次，签发试验检测抽查意见书13份，反馈13份。进行农村公路质量专项检查60余次，签发质量检查意见书41份（其中小型公路含安全25份），反馈41份。进行农村公路安全专项检查60余次，共签发安全检查意见书18份，已全部反馈。开展“利剑行动”专项检查39次，发现各类隐患问题102个，已全部按要求整改到位，开展交通领域突出问题专项整治行动专项检查18次。

【城镇交通治堵】2022年，县交通运输局开展主城区“寻找停车位”行动10余次，新增停车位852个，其中松泰松溪新语住宅小区配建停车位734个、青龙（横山头）地下停车场及其配套工程新建公共停车位118个，解决主城区停车难问题；常态化开展“文明交通志愿劝导”“违法曝光台”等宣传活动，深化“松阳出行”公共服务，交通诱导、停车诱导系统接入系统，提高查询功能准确性。牵头完善县城白露岭路段交通组织优化方案并实施。建成非机动车示范路1条，建成区面积10.31平方千米，道路长度126.88千米，路网密度12.3公里/平方公里，开通职业中专—客运中心“校园直通公交”特色公交服务线路。新增18处非现场“不礼让斑马线”违法行为监控抓拍系统点位，抓拍非现场“不礼让斑马线”违法行为4445起，查处违法停车行为5946起。

【航运管理】为方便当地居民开展生产劳动，松阳境内设有靖居口南渡埠和谢村渡口，没有成规模的航运。2022年，县交通运输局开展以渡口安全监管、“五水共治”船舶污染物防治、航道巡查及日常养护、保持辖区“美丽渡口”“美丽渡船”达标创建等，对涉渡乡镇渡口安全管理责任制落实情况、船舶证书有效性、渡工持证情况、船舶渡埠的安全设施设备等方面进行全面检查，共开展航道巡查11次，渡口安全检查36次，检查客渡运船舶72艘次，隐患整改率达100%。开展船舶、渡埠污染物专项整治行动11次，出动执法人员33人次，检查船舶22艘次，发现一般隐患1起，整改1起，已完成32艘次日常检查及12艘次的安全检查录入。

【交通数字化建设】2022年，松阳县完成龙丽线望松至北山3千米路段试点数字公路应用场景，县域国省道重点路段、农村公路江南线、通景山区公路召寨线等多等级、多类型公路建设。布局太阳能智慧杆、完善部分路侧感应设备，提高安全度和舒适性。推行高频服务事项“网上办”“跨省通办”，实现道路运输从业资格证新发、补证、换证。开展审批服务简政放权，加大容缺受理、告知承诺制审批改革，推行电子化许可文书档案管理，规范数字化许可文书制作。建成公路运输智管中心，进行日常视频监控巡查，及时发现和处理因事故损坏的公路安全附属设施，消除道路安全隐患，巡查处理不规范装载行为造成的抛洒滴漏及路面污染问题。

【陆岛码头泊位和候渡设施提升（美丽渡口提升）工程】2022年7月，松阳县陆岛码头泊位和候渡设施提升（美丽渡口提升）工程开工建设。该工程位于靖居口南渡埠和谢村渡口，总投资252万元。其中，靖居口南渡埠改造工程主要内容为泊位提升改造和安全防护设施提升，新建混凝土台阶步道、斜坡道、鹅卵石护坡、护栏、游步道及观景台1座，美化该渡埠周边环境；谢村渡口提升工程主要包括新建叶坞头和内山渡埠2座候船设施。至12月底，完成工程量的95%，渡口面貌及周边环境明显改观，为周边群众出行提供便利条件。

【松阳智慧交通产业链专场对接会】2022年9月27—28日，由浙江省经济和信息化厅指导，松阳县人民政府、丽水市经济和信息化局主办，《浙商》杂志、浙江省企业技术创新协会协办的“聚力创新赋能 助力共同富裕”全省产业链山海协作现场推进会之松阳智慧交通产业链专场对接会召开。会议围绕“数字领航智造未来”“产业数字化改革的突破与期待”“新型智慧城市解决方案”及“在优良营商环境中迸发云中马活力”等内容作主题演讲。受邀嘉宾围绕“聚力创新赋能 助力共同富裕”主题作互动交流。会议还举行松阳县招商推介，浙江省山区26县数字招商地图（松阳）

首次上线测试。

（县交通运输局）

公路建设

【概况】2022 年，松阳县公路网总里程 1472.45 千米，其中高速公路 52.79 千米、一级公路 30.86 千米、二级公路 145.54 千米、三级公路 23.78 千米、四级公路 1219.48 千米。国道 2 条共 99.21 千米（包括高速 52.79 千米），省道 1 条 46.09 千米，县道 27 条 246.19 千米，乡道 31 条 138.89 千米，村道 419 条 931.41 千米，专用公路 3 条 10.64 千米；公路桥梁共 565 座，其中国道 188 座（高速 164 座、普通国道 24 座），省道 38 座，县道 109 座，乡道 30 座，村道 199 座，专用公路 1 座。

【国省道公路全寿命周期养护试点】2022 年，县交通运输局推进国、省道公路全寿命周期养护试点工作。该项目是“十四五”全省八大标志性工程之一。全年项目完成投资 1800 万元，实施境内 G235 新海线 19.11 千米、S222 龙丽线 46.09 千米，合计 65.2 千米的路面养护、桥隧养护、安全设施养护、附属设施养护及灾毁应急抢通和修复等工作。开展日常巡查 40 次，月度检查 10 次，季度检查 3 次，每季度召开联勤联动会议，有计划地进行养护小修保养，养护大中修工程路面主体完工。结合各阶段不同的养护任务，探索实施“4+1”（县交通运输发展中心、县公安局交警大队、县交通运输行政执法队、县公路应急抢险中心 4 家政府部门，1 家养护公司）联勤联动工作机制，推动形成部门联动、齐抓共管的公路养护局面。

【路政管理】2022 年，县交通运输局完成治理超限超载站所和本部基层站所建设，全年共出动执法人员 1300 人次，查处非法超限超载运输车 510 辆，非现场超限案件 475 件，案件非现场执法占 98% 以上，卸载货物 1132 万千克，记分 1630 分，共处罚款 144.02 万元，出动宣传人员 300 余人次，散发宣传资料 200 余份，超限率控制在 2%以内，基本消除车货总重达 10 万千克以上的严重超限超载违法货运车辆。2022 年，县交通运输局拆除非公路标牌（包括横幅、广告牌）200 余处，处置公路用地范围内擅自种植农作物点位 80 余处，面积达 900 余平方米；清理各类违章堆积物 500 余立方米；清理控制区以及公路用地范围内的农作物、非公路标牌、违章堆积共计 600 余平方米，非公路标牌 10 余块，发放各类宣传册 500 余份。横向配合交警和其他执法部门整治各类马路市场，共出动执法人员 500 余人次，文明劝导商贩 1400 余人，整治不规范停车 1000 余辆；及时与养护部门对接，做好路产路权维护和赔偿等工作，共收取公路赔补偿款 15.4 万元。

【公路安全及应急保障】2022 年，松阳县公路应急抢险中心管辖路段累计清理边坡塌方 8733 立方米，应急抢险清理公路绿化 182 棵，抗冰雪清理路面积雪、结冰 22 千米，出动公路应急抢险 30 余次，出动抢险人员 513 人次，出动抢险机械 151 台次。公路安全隐患及安全设施排查 3.88 万千米，投入排查机械 531 台班，人员 2329 人次，安全隐患现场摆设安全标志约 7260 米，切实保障安全畅通的公路通行环境。开展松阳县自然灾害综合风险公路承灾体普查工作，对全县 1503 公里国省道、县道、乡道、村道及专用公路展开外业调查，完成数据分析并编制形成公路承灾体普查成果报告，切实保障全县公路安全畅通。

【“四好农村路”建设】2022 年 6 月，松阳县申报成为“四好农村

2022 年 9 月 20 日，松阳县公路应急抢险中心养护工人对召寨线段农村公路开展路面养护（县交通运输局供图）

路”省级示范县。总投资 2920 万元用于 11 个乡镇街道 72.9 千米“四好农村路”建设，完成率 111.47%，排名全市第四。新建农村联网公路 4 条 8.1 千米，投资 1001 万元；实施农村公路养护工程 75.76 千米。改造危桥 4 座，整治农村公路平交口 3 处。

【公路应急保障基地项目建设】2022 年 3 月，松阳县公路应急保障基地项目开工建设。项目位于松阳县客运中心南侧，溧宁高速公路北侧，总用地面积 6682.22 平方米，总建筑面积 2994.39 平方米，工程总投资 1600 万元。至 12 月底，项目竣工验收。

（县交通运输局）

道路运输

【概况】2022 年，全县有货物运输经营业户 292 家，货物运输经营从业人员 1103 人。全县拥有营运货车 819 辆、1310 万 4200 吨位，其中普通货车 217 辆，自卸货车 233 辆，专用货车 1 辆，厢式货车 41 辆，“危货”专用车 83 辆。全年全县完成货运量 532 万吨、货运周转量 82916 万吨千米，比上年分别上升 9.24% 和 10.1%。全县有客运企业 1 家，拥有营运客车 81 辆；有客运班线 16 条，班车 81 辆。其中，市际客运班线 2 条，班车 2 辆；县（市、区）际客运班线 3 条，班车 7 辆；县内客运班线 12 条，班车 49 辆，省际包车车辆 9 辆，省内包车车辆 14 辆。全县拥有公交车 80 辆、出租汽车 12 辆。全年全县完成客运量 19 万人，客运周转量 1886 人千米，比上年分别下降 5% 和 13.33%。全县机动车维修业户 97 家，其中一类维修业户 4 家、二类维修业户 7 家、三类维修业户 83 家。有机动车驾驶员培训学校 3 家，汽车综合性能检测站 1 家。机动车综合性能检测从业人员 28 人；机动车驾驶员培训学校从业人员 102 人，其中教练员 97 人，教学车辆 90 辆。全年全县完成机动车维修量 16937 辆次，机动车驾驶员培训量 4663 人次，培训合格 1387 人次。

【旅客运输】2022 年，松阳县对松阳至四都、三都、竹源、玉岩、高亭、安民、下宅街，古市至新处、谢村 9 条农村客运班线执行新的票价政策。建成城乡公交站指示牌 226 个，优化原有城乡公交线路 6 条，实现农村客运班线公交化运营 9 条，除通过电召出租车通达的 11 个行政村以及象溪、板桥、裕溪 3 个乡镇的 22 个行政村外，共有 170 个行政村实现城乡公交通达，完成率为 83.74%。

【货运运输】2022 年，县交通运输局持续深化“浙运安”应用，使用率 100%，危货车辆抽查率 50%，开通客货邮融合班线路 12 条，建成 9 个客货邮融合运输服务站、25 个“一点多能”农村物流服务点、135 个普服农村物流服务点，获评 2021 年度农村客货邮融合发展四星级样板县。10 月 8 日，“特色产业 + 客货邮运输 + 电子商务”入选全国第三批农村物流服务品牌。12 月 6 日，客货邮融合示范项目入选浙江省交通运输厅办公室公布的第一批交通服务共同富裕试点名单。

【运输管理】2022 年，县交通运输局针对县域内 49 家三类维修企业，实地指导负责人解决维修电子健康档案注册及使用问题，三类健康档案对接和上传率均为 100%，共淘汰国家第三阶段汽车排放标准及以下的营运重型集装箱牵引车和危货运输柴油车辆 26 辆。强化车辆尾气排放管理，实施机动车排放检验与强制维护制度（I/M 制度），目前检查站、维护站已完成建设并挂牌，全县累计建成汽车尾气排放治理维护站（M 站）2 家。全年累计检测 13318 辆次，其中免检车 5600 辆次，检测不合格 990 辆次。全年对道路运输企业开展每月一次安全生产大检查，检查企业 291 次。与相关职能部门联合执法，开展专项稽查行动 38 次、出动执法人员 1650 余人次、检查车辆数 641 辆、检查企业数 291 次、除险保安隐患企业自查共 226 个，并消除全部隐患。处罚案件 12 起，其中客运案件 5 起、货运（危货）案件 6 起，维修驾培案件 1 起，罚款金额 2.26 万元。

（县交通运输局）

衢丽铁路建设

【概况】衢丽铁路是国家“十三五”铁路规划和省铁路“八八计划”第二批建设项目。项目分两期，一期（松阳至丽水段）西连衢宁铁路松阳站，东接金温铁路丽水站，线路全长 65.3 千米，项目估算投资约 90.86 亿元，工期 4 年，等级为 I 级，正线数目为双线，速度目标值为 200 千米/小时。松阳段全长 24.11 千米，估算投资约 33.54 亿元。工程涉及西屏街道、

2022年7月，衢丽铁路工程完成松阳拌合站标准场地建设

（县发展改革局供图）

水南街道、叶村乡、斋坛乡、三都乡、板桥畲族乡6个乡镇（街道）12个行政村，征地面积34.13公顷，拆迁房屋2.17万余平方米。二期（衢州至松阳段）自在建杭衢铁路预留衢江站（建衢铁路）引出，终于衢宁铁路松阳站，新建正线长94.82千米，估算投资174.79亿元，松阳段约16.2千米，估算投资30亿元。铁路等级为城际铁路，正线数目为双线，设计速度为200千米/小时，预留进一步提速条件，工程涉及斋坛乡、樟溪乡、新兴镇3个乡镇，拟征地面积20余公顷，拆迁面积1200余平方米。

【铁路施工】2022年，衢丽铁路先建段枫树岭隧道活源斜井掘进2100余米，二标段先开点杨山隧道、松阴隧道等4个隧道掘进750余米，东坞特大桥、清路特大桥等8座桥梁浇筑桩基900余根，承台和墩身130余个。全年完成投资4.72亿元，其中建安投资2.89亿元。

【配套设施建设】2022年，衢丽铁路工程完成拌合站、弃渣场、弃土场、施工便道、炸药仓库等场地临时用地选址、测量、租地、审批等工作，租用临时用地26.67公顷，迁改部分影响施工的电力、通信、供水线路。针对电力、通信等线路影响清路特大桥、东坞特大桥等施工问题，协调沿线乡镇推进三线（电力线、通信线、广播电视线）迁改政策处理，迁改三线14处。

【征迁安置】2022年8月26日，衢丽铁路松阳段完成最后1户征迁户——益发养殖场征迁协议签订，共完成71大户、119小户，约2.17万平方米房屋征迁，实现用地红线征迁100%。11月18日，清路村最后2户迁建安置户完成抽签选地，67户迁建安置户全部安置。至12月底，有51户实施建房，47户房屋已结顶。叶村乡东坞村、斋坛乡花田垄村公墓完成建设并通过验收。

【安全生产】2022年，松阳县开展衢丽铁路工程安全生产专项检查6次，开展日常施工巡查60余次，及时协调处理20起农民工工资拖欠支付问题，涉及人数37人，金额57.6万元。妥善处置信访反映问题，开展破损前期现场勘察工作，督促施工项目部做好破损道路修复。主动对接衢丽铁路公司和松阳县金山矿业有限公司，通过网上竞价方式共同确定评估公司后进行委托，由评估公司进行压覆矿补偿评估。严格落实新冠疫情防控政策，督促各项目部强化外来人员的监督管理。

【衢丽二期前期工作】2022年，县发展改革局推进衢丽铁路二期（衢州至松阳段）前期各项工作。1月24日，项目社会风险评估报告通过省委政法委备案。6月14日，县财政局向省发展改革委出具项目资金来源落实情况的报告。6月，衢丽铁路衢州至松阳段筹建办公室与县政府签订松阳县运营期补亏及综合开发合作框架协议。7月16日，省发展改革委批复项目可行性研究报告。9月，县城市发展投资集团有限公司与市交通投资发展有限公司签订项目股份代持协议书和补充协议书，通过市交投向国家开发银行借贷1.12亿元用于资本金出资。10月，衢丽铁路衢州至松阳段筹建办公室与县政府签订项目征地拆迁包干框架协议。11月1日，省发展改革委批复项目初步设计，安路源压覆矿补偿资金列入初步设计批复一事一议解决事项。12月28日，项目先行开工段在遂昌仙霞岭隧道开工建设。

（县发展改革局）

邮政 通信

邮 政

【概况】2022年，松阳县有邮政快递法人企业8家、品牌11个（邮政、中通、圆通、申通、韵达、极兔、丰网、顺丰、京东、德邦、菜鸟乡村）。全县铺设邮政普遍服务场所20个、快递处理场所5个、快递营业场所12个、快递末端服务网点12个，从业人员350余人。全年实现业务总量（包括金融、保险等衍生业务收入）1.4亿元，比上年增长11.1%，增速在全市排名第二。《高质量推进新"邮路"建设、争当"两个先行"模范生——松阳探索"客货邮+产业电商+生鲜配送+便民服务"多业态融合发展新"邮路"》的经验做法在全省邮政系统半年工作会议上作经验交流并推广。

【快递业务】2022年，松阳县快递业务总量1361.49万件，比上年增长17.7%，全市排名第二；业务收入8220.84万元，比上年增长15.97%，在全市排名第四。组建快递行业党、团、工组织，保障快递从业人员劳动权益。推进县、乡、村三级物流体系建设，探索山区县农村寄递物流体系新"邮路"。9月，县级公共物流配送中心正式动建，建成乡镇级快递综合服务站9个、村级服务点203个，基本实现全县行政村全覆盖。

【邮递服务】2022年，松阳邮递业务收入487.32万元，比上年增长7.15%；完成业务总量136.37万件，比上年增长1.04%。全年安全生产无事故，无邮政总包损失、无机要邮件丢失，邮件规格不合格率低于8%，均达到行业规范要求。全县建成乡镇邮政所3个，邮政快递合作覆盖乡镇18个、覆盖建制村181个，中邮驿站82个；邮政快递合作建制村覆盖率89.16%，建成交通邮政合作线路1条，覆盖1个乡5个村。

【邮政服务提升】2022年，松阳邮政普遍服务网点4项基本业务正常开办，网点营业服务时长达标率100%，其中古市邮政支局被评为全省扫黄打非示范点。建制村通邮实地投递打卡率、普遍服务全程时限达标率均实现邮政普遍服务标准；条码平信信息断点率、普通服务给据邮件信息丢失率达到管控要求。《人民日报》《浙江日报》当日见报率100%。保障机要邮件通信安全，实现全县机要邮件无失密丢损。

【邮票发行和金融业务】2022年，松阳邮政发行纪念特种邮票27套；专用邮票3套，其中个性化专用邮票2套、贺年专用邮票1套。邮政金融实现业务收入1801.88万元，比上年增长21.39%，完成全年计划的109.4%，在全市排名第三。

【行业监管】2022年，松阳邮政管理局开展全县邮政快递行业市场监管、普遍服务、邮票发行、机要通信、安全生产、禁毒反恐、扫黄打非等方面监督检查102轮（次），其中与县反恐办、县公安治安大队、县消防救援大队等单位联合监督检查11轮（次）。全年迎接省、市督查检查12轮（次）。监督检查中发现的问题下达整改通知书83份、约谈问题企业2家、停业整顿企业1家，相关问题年内均完成整改。

【松阳邮政管理局挂牌成立】松阳邮政管理局于2021年8月13日经浙江省邮政管理局批复同意，2022年6月1日正式挂牌成

2022 年 6 月 1 日，松阳邮政管理局成立大会暨揭牌仪式举行

（松阳邮政管理局供图）

立，办公地址设在松阳县西屏街道新华路 48 号老电信大楼四楼。配备地方公务员编制 2 人，局长、副局长各 1 人，内设机构办公室、市场监管科，规格为正股级；下设松阳县邮政业安全中心为公益一类事业单位，核定全额拨款事业编制 2 人。

（松阳邮政管理局）

电信松阳分公司

【概况】2022 年，中国电信股份有限公司松阳分公司（以下简称电信松阳分公司）下设城南、城北、城区政企、城郊、古市、古市政企、田园、政务 8 个支局，有合同制员工 56 人、外包员工 72 人。宽带用户 3.1 万户，天翼高清电视用户 2.7 万户，移动手机用户 3.3 万户。全年新增门店 9 家，其中快递电信 8 家、开放渠道 1 家，累计有销售网点 20 家。全年实现主营业务收入 2919 万元，基础业务收入 2233 万元，码号收入 2089 万元，产业数字化收入 685 万元，主量业务发展移动净增完成率 23.8%，宽带净增完成率 54%。

【项目建设和维护】2022 年，电信松阳分公司投资 83 万余元建设新型基础设施。新建松阳县城城北机房至新华北路光交 288 芯、城西机房至天元酒店光交 48 芯，全年累计新增光缆 243.9 皮长千米，3750.1 芯千米，新增光覆盖点位 457 个，光分路器端口累计数为 4.94 万个，光网覆盖能力达 99%。全县累计开通 5G 基站（宏站）68 个，其中 2022 年建设开通 27 个，5G（第五代移动通信技术）室内分布系统点位 32 个；累计开通 4G（第四代移动通信技术）站点 406 个，其中 2022 年新增 44 个、4G 室内分布系统新增 8 个，4G 信号弱覆盖优化调整 17 个。全县电信手机信号覆盖率达 94%，松阳城区 100%全覆盖。6 月，电信松阳分公司开通万兆网络上联电路和光网宽带设备，链路辐射到各乡镇及部分行政村，千兆光宽带进入普通家庭，实现手机网络千兆，家庭宽带千兆，家庭无线网络千兆。持续推进机房老旧设备、闲置设备下电退网、节能降耗计划。全年退出楼道光纤到户设备 30 台，整合光线路终端设备 1 台，下电关停无业务设备 5 台。对 8 个小区和 72 个高负荷端口进行升级改造。完成 15 个小区千兆网络升级，累计割接 180 个端口，千兆用户达 3029 户。

【地方信息化建设】2022 年，电信松阳分公司助推县域各单位数字化建设，承接建设县级社会治理中心，协同市、县两级基层智治专班贯穿基础智治系统，对全县 19 个乡镇（街道）进行相应的系统使用操作培训，实现从硬件环境到软件系统的全面覆盖，完成上报事件 6647 件，结案 6590 件，结案率 99.1%；参与县交通运输局智能电子公交站牌建设；参与松阳县智慧停车项目，改造建设老车站、小商品市场、茗城宾馆、县会议中心 4 个停车场以及 8 个路边泊车位；升级改造各乡镇、单位视联网设备 63 套；自研建设“阳光系列”模块助力外卖市场监管、特种材料企业监管、阳光工厂监管以及农村家宴监管；完成全县 23 家环保企业省危险废物监管平台的接入；建设智安校园 11 家。

【重点会议保障】2022 年，电信松阳分公司完成松阳县不锈钢管高峰论坛、松阳县“从戎之剑”新兵入伍、茶叶节、松阳县“人才科技周”、两场春节&小年夜活动、城乡联系国际论坛、第五届全球科技创新大会——数智科技赋能非遗产业发展高峰论坛等大型现场网络保障。

【营销活动】2022 年，电信松阳分公司开展大型营销现场活动 28 场，参加人数 1120 人次，带动新增宽带用户 1547 户，融合用户 1318 户，智家产品用户 1822 户。开展千兆达标行动，组织支局、营业、公司行政人员开展攻坚营销 95 场。

（电信松阳分公司）

移动松阳分公司

【概况】2022 年，中国移动通信集团浙江有限公司松阳分公司（以下简称移动松阳分公司）投资 5000 余万元开通 5G 站点 178 个，累计开通 5G 站点 405 个，城区、乡镇、工业园区、景区、高速公路、铁路，大部分村庄完成覆盖，行政村 5G 覆盖率 100%。建成开通疑难站点 10 个，提升全县 5G 信号覆盖能力，在全市疑难站点建设中取得第一名。投资 600 余万元建设光缆 75 个单项 182 千米，管道建设 4 个单项 3.3 千米，政企深覆盖建设 11 个，驻地网主干接入 14 条，光线路终端扩容 9 个，补点建设分线盒 250 个、端口 2000 个。全县移动管道总长 585 千米，杆路长 2225 千米，光缆长 13510 千米。公司有在册员工 51 人，下设市场经营部、政企客户部、网络部、综合部 4 个部门及 2 个网格。全年公司运营收入 1.3 亿元，通信用户数 18 万余户；移动宽带接入用户 6 万余户，5G 用户达 7 万余户。

【网络支撑和应急保障】2022 年，移动松阳分公司配合政府和相关部门完成 235 国道、环城西路等 36 处迁改修缮，协助文明办整治 25 处光皮线。制定 5 个重要村庄、1 个未来乡村农村杆线序化松阳方案。参与全县防疫演练保障 5 次，网络类保障 12 次，投资 20 余万元配合周坑水库和衢丽铁路活源隧道开通临时 4G 站点，保障工程爆破打洞的精准作业。汛前开展节点机房隐患排查 45 处（整改完成 32 处），巡检 5 处低洼站点，汛期出动应急抢修 80 人次、无人机 5 次、抢修车辆 15 辆次、发电油机 30 台，完成 40 余个站点抢修及 10 余处光缆抢修，落实汛期通信保障。

【助力疫情防控】2022 年，移动松阳分公司发挥自身平台优势，按照县委县政府的统一部署，通过智慧民生、云 MAS（基于云计算技术的生产管理系统）等平台发送防疫宣传短信 747468 条，覆盖全县和外来移动用户。协助乡镇做好疫情防控保障工作，组织参与执勤 98 人次。

【客户服务提升行动】2022 年，移动松阳分公司每个营业厅均设有“小青松”志愿服务站，为群众提供咨询和帮助服务。结合“移动之家”，为户外劳动工作者和残障人士设立休息场地、助老助残爱心专席，除配备空调、冰箱、微波炉、无线网络等设施外，还配有应急药箱、放大镜、盲文卡、老花镜、助听器、雨伞等暖心物品，为群众提供便利服务。通过总经理接待日、营业厅站店、10086 听音、追投诉、装维随同上门、网格行销跟随、客户经理随访等方式开展站店听音 700 余次，了解业务服务实际运作情况；推出“排队等候，挑战 8 分钟”服务举措，主动向等候中的客户提供预填单服务，从关注服务过程、优化服务流程入手，加强服务营销协同，明确忙时服务规范，合理引导，缓解群众等候压力，缩短群众排队等候时长；配合公安机关打击治理电信网络诈骗，利用展架海报、悬挂宣传标语、设立安全提示牌等宣传防骗知识，开展防电诈专场活动 12 场，赠送防诈小卡片 5000 余张。

【“数智监管”乡村治理新模式】2022 年，移动松阳分公司为全县党政机关、公检法系统、农林业系统等提供信息化咨询和解决方案。与浙江首批 100 个未来乡村建设试点之一——四都乡陈家铺村开展综合管理与服务系统项目的开发和合作，构建精准的乡村监管治理体系、一体化的报警调度处置闭环管理平台、农村智慧养老管理服务应用场景，开启“数智监管”乡村治理新模式。该系统平台贯通松阳县民情地图系统、基层治理四个平台系统、解纷在线系统、法律援助系统、公安乡镇村警情系统等 10 余个横向纵向体系接口，数据交换 100 余类，为乡村综合治理提供新动能。

【社会公益活动】2022 年，移动松阳分公司开展“防范诈骗 服务万家”“学雷锋”志愿服务活动，帮助 5000 余名群众关注“机伶”公众号，教授“国家反诈”APP 操作流程和使用方法；每月组织开展“全民清洁日”活动，助力省示范文明县城创建；助残日开展“阳光看护　健康守护”“实事暖人心”志愿服务活动，为 500

2022年3月9日，防范诈骗 服务万家 松阳移动“学雷锋”志愿服务活动
（移动松阳分公司供图）

名重度残疾人安装家庭监控，实现实时在线看护；在各营业厅设立“田园松阳小青松志愿服务站”，开展“文明劝导促和谐”活动，志愿者服务队在高峰路口及时提醒，礼貌劝导和文明监督。

（移动松阳分公司）

联通松阳分公司

【概况】2022年，中国联合网络通信有限公司松阳县分公司（以下简称联通松阳分公司）移动网络目标基本实现城区打底连续深度覆盖，农村扩大覆盖，规模升级开通新端口，完成900兆低频打底网站点建设86个，通过电信联通1家网资源共建共享模式。全年完成共享4G大网站139个，4G室分站35个，5G共建站56个，实现全县移动网络信号人口覆盖率95%、行政村覆盖率92%。以光衰劣化整治、网络提质增速为重点，投资建设主宽带小区，新增10G端口宽带光端机设备3台，全年完成南方补短小区宽带覆盖建设17个，扩容补盲52个。全年营业收入1832万元，比上年增长17.3%。移动用户发展数7667户，宽带用户发展数2106户。

【山塘水库信息化管理】2022年，联通松阳分公司助力县水利局实现对山塘水库36个点位的通信光电线路接入。该项目将县域各山塘水库点位的光纤接入，对山塘水库的水位、水质、雨量等图像、数据进行监测，并实时上传至县水利局水利平台，有效辅助相关部门制定防汛抗旱调度方案和应急预案，解决山塘水库选址大多地处偏僻，监测难度大等问题，将防汛工作由被动转向主动，实现山塘水库信息化管理。

【“幸福小港数字化项目”建设】2022年，联通松阳分公司协助开展大东坝镇“幸福小港数字化项目”建设，助力乡村振兴。该项目以实施乡村产业战略为统领，坚持农业农村优先发展目标，借助互联网、地理信息、大数据、人工智能等新兴技术，按照乡村振兴战略“产业兴旺、生态宜居、乡风文明、治理有效、生活富裕”的总体要求，通过建设智慧农业生产产业链、数字文旅融合、数字乡村治理，实现“综合改革、数字同频、跨越发展”整体目标。至12月底，大东坝镇“幸福小港数字化项目”产业提升版块带动全镇农特产品电商销售56.9万元，农产品销量12046件，帮扶低收入农户52户，涉及农产品60种以上，销售地从原来的丽水市拓展至北京、广东、上海、江苏等地。

【数字人大“松智汇”系统开发】2022年，联通松阳分公司开发数字人大“松智汇”系统，助力县人大全过程人民民主监督。“松智汇”数字人大应用针对基层民意收集渠道单一、闭会期间议案建议提交存在“空窗期”、监督手段单一、代表履职考评不精准等突出问题，对标全省党建统领整体智治系统“民主法治”跑道，推动人大制度体系的系统性重塑。“松智汇”数字人大改革经验先后在《浙江日报》《浙江人大》等刊发，并在全省人大数字化改革推进大会上作经验交流，获“浙江人大工作与时俱进通报表扬”提名奖。

（联通松阳分公司）

水 利

综 述

【民生水利体系建设】2022年，松阳县实施农村饮用水供水保障行动（2022—2024年）项目，批复总投资2971万元，涉及15个乡镇101个行政村222个供水站，受益人口81761人。主要建设内容包括水源工程提升，增设净水设备、消毒设备，增设水质在线监测设备、水量在线监测设备及管网更新改造等。保障行动第一批项目于10月底全面完成，保障行动第二批项目完成30%。全年完成农村供水简易站点销号31个，建成美丽水厂19座。推进省级民生实事项目建设，更新改造农村供水管网任务49千米，涉及子项目4个，实际完成64.3千米，超额完成31%。除险加固水碓垄和竹溪源水库2座，四都源水库、马蹄泉水库和关弄水库开工建设。整治病险山塘1座,创建美丽山塘3座。深化农业水价综合改革，更新升级28座农业灌溉工程；入围全省农业水价综合改革“五个一百”［在全省范围内创建100座农业灌溉更新升级示范泵站机埠、100座农业灌溉更新升级示范堰坝水闸、100个改革示范灌区灌片、100个各类农民用水管理示范主体及100个改革示范基层水利站（所）］创建6个。

【水资源管理】2022年，松阳县继续深化行政审批改革，重点做好水土保持方案投资项目3.0平台网上审批。全年网上审批20件，对投资项目实现100%网上办理、100%网上批文回传。对取水许可变更、延续（换证）所需材料通过浙政钉、微信办理，在办好“取水许可电子证”后，再一次性盖章、领证，真正实现企业“最多跑一次”。推进水资源费征缴改革，用水企业只需在松阳农商银行开设账户、签订代扣协议，在银行完成企业水资源费代扣后，征收部门（水利窗口）邮寄收款票据、水资源费缴纳通知书给企业，实现企业后续缴费“零次跑”，并建立缴费企业微信群，及时联系沟通。至12月底，全县有53家（占总数的71%）取水企业委托实行代扣水资源费，进一步优化全县营商环境。

【水政监察】2022年，松阳县持续推进“清四乱”（乱占、乱采、乱堆、乱建）、“打击非法河道采砂”等专项整治行动。县水利局联合县综合行政执法局、县砂管办及其业务科室，不定时对松阴溪主流、支流开展联合巡查、执法等水政监察专项行动，全年完成河道巡查161次，出动执法人员420人次，巡查里程5100余千米，下发各类限期改正通知书29份，上报系统平台问题30处，对乡镇（街道）致函2份，涉及河道清障、非法搭建构筑物、河道管理范围内非法堆料等，均完成整改销号。加强新增涉水工程的监管和涉水工程砂石利用审批，全年共新增涉水工程9个，视频监控点位24个，均已安装河道砂石资源利用公示牌。对在建的73个生产建设项目的水土保持情况开展监督检查，形成监督检查意见100余份，对检查发现问题的项目，要求限期整改。

（县水利局）

水利项目建设

【概况】2022年，松阳县完成水利投资5.37亿元，推进“松阳水网”——松古平原水系综合治理、松阳抽水蓄能电站、小港综合治理、江北灌区续建配套与节水改造、四都流域农田生态修复和提升工程等项目，谋划江南灌区、新处水库等项目，推进水利数字化改革、“幸福河湖”试点等改革创新工作，做好防汛防台抗旱、水利工程管理、水政监察等管理工作。在全省和全市水利工作综合绩效考评中获评优秀单位，总分排名居全省县级水利部门第四。

【重点水利项目建设】2022年，“松阳水网”——松古平原水系综合治理工程被浙江省政府确定为年度全省扩大有效投资集中开工项目之一，于1月5日开工。项目分三期实施，其中一、二期项目已开工建设，三期项目初步设计于11月29日获批，全年完成埋管11.1千米，河道治理5千米，分洪箱涵1.5千米，累计完成投资2.5亿元。松阳抽水蓄能电站是浙江省重大能源项目，已列入国家能源局发布的《抽水蓄能中长期发展规划（2021—2035年）》“十四五”重点实施项目，是1982年分县以来县域投资体量最大项目，总投资88.2亿元。该项目于9月30日获省发展改革委批复核准，先导工程于11月2日实现开工建设。小港综合治理工程一期项目于12月20日完工，综合治理河道8.46千米，新建滨水绿道8千米，新改建堰坝14座，新建交通桥4座，完成投资5000万元。二期项目总治理河道长度22.8千米，项目总投资1.75亿元，全年完成堤防、护岸12千米，堰坝改造3座，水面桥1座，完成投资4000万元。至12月底，江北灌区续建配套与节水改造项目完成主体工程建设，改造渠首4处、渠道16千米、渠系建筑物85处，累计完成投资8300万元。四都流域农田生态修复和提升工程总投资2.86亿元，主要建设内容为扩建四都水库，新建上四都水库，输配水工程及河道治理。8月完成初设批复，有序开展河道治理工程、放空洞改造、库区内临时施工道路等内容建设。有序推进重点项目前期工作，6月，松阳县江南灌区通过竞争性遴选，列入浙江省中型灌区（2023—2025年）储备库，9月22日完成项目立项建议报告技术审查，开展项目实施方案编制等前期工作；松阴溪流域水生态保护修复项目一期（2023年度）完成项目前期审批及招投标；新处水库工程前期勘察设计（项目建议书）于8月17日完成设计招标，开展项目建议书编制工作。

【绿色小水电】2022年，《松阳县小水电生态调度方案（一站一方案）》获县政府批复并实施，《松阳县小水电绿色改造及现代化提升工作方案》完成编制并通过评审，《松阳县小水电泄放设施实时监控升级改造工作方案（2022—2025）》完成编制，实施黄南、六都、十三都、四都等电站生态流量监测改造，达到实时监控率50%的要求。完成13座水电站标准化复评（其中市级复评3座，县级复评10座），枫坪电站创成全国绿色小水电示范电站，合溪、裕溪等3座电站通过水利部核准，期满延续全国绿色小水电示范电站。完成试点电站的试评价应用，开展小水电行业生态信用评价标准体系建设。配合做好白沙湖电站启动验收、东坞二级电站迁建、西山电站扩容改造（报废重建）、安民二级电站扩容改造工程审批等工作。

【水库工程】2022年，松阳县共有水库41座，其中中型水库4座、小（1）型水库6座、小（2）型水库31座。县水利局推进“一乡一水库”行动，在玉岩镇、枫坪乡等“一体化供水”无法覆盖的乡镇，按照“水库—水厂—水网”系统规划，统一建设，统筹保障山区乡镇供水。2022年，在建水库项目有3个：周坑水库总投资3078.88万元，至12月底，完成上坝道路、坝顶巡查道路、跨流域引水管开挖，供水管网埋设，砌筑大坝高程20米，累计完成投资1200万元；上安联溪水库为新建小（2）型水库工程，2022年取得项目可行性研究报告和初步设计报告批复，完成社会风险评估报告备案，环境影响评价报告取得批复，林地报批完成，取得项目无压覆矿产证明和地质灾害危险性评估监管表，完成项目征地、设计施工采购总承包（EPC）招标，施工图已编制并送审，于11月开展农转用土地报批工作；大东坝镇团结水库工程为新建小（1）型水库工程，取得项目建议书与可行性研究报告批复，完成社会风险评估报告备案、项目节地评价报告编制并办理用地预审与选址意见书，项目初步设计报告编制完成并通过专家评审。2022年，完成2座水库除险加固：竹溪源水库除险加固工程批复投资310.15万元，主要建设内容为大坝后边坡增设马尼拉草皮护坡，增设大坝变形和沉降监测设施，对溢洪道结构、防渗、防冲等维修加固，大坝左岸山体增设放空管，电站上坝道路硬化等，工程于 3 月 10 日开工，8 月 25 日完工。水碓垄水库批复投资 80.88 万元，主要建设内容包括大坝坝顶铺设沥青路面，坝坡马尼拉草护坡，对溢洪道 Y0+007.74 ~ Y0+011.24 段原有浆切块石导墙进行加高，增加视频监控、沉降观测设备，及上坝公路、管理房、标识标牌等，工程于 3 月 15 日开工，5 月 5 日完工。

【水利工程运行管理】2022 年，松阳在建水利建设项目纳入水利数据库管理累计 23 个，其中续建项目 12 个，新建项目 11 个。县水利局对受理监督的工程开展监督交底，督促建设单位全面开展工程风险普查，跟进工程质量评定工作，定期进行风险源辨识与评估，及时将数据录入透明工程、水利安全生产管理信息系统，实现动态管理。根据工程施工进度开展质量与安全监督，下发监督检查意见，要求建设单位限期整改，并将整改情况进行书面回复。线上线下相结合开展质量与安全风险管控，防范化解系统性风险。全年对 11 个工程开展质监活动（包括第三方指导服务）24 次，下发整改意见 338 条。委托第三方检测单位对 9 个工程进行 27 项原材料、实体检测。

【黄南水库工程建设】2022 年 12 月底，黄南水库工程完工验收，项目进入竣工验收准备阶段。其中黄南水库总承包（EPC）合同工程于 6 月 28 日组织验收。经市水利局、省水利厅考核，省住房城乡建设厅确定松阳县黄南水库工程为 2022 年度浙江省建筑施工安全生产标准化管理优良工地、丽水市水利建设工程安全文明施工标准化工地。完成投资 900 余万元，占总投资 31.3%。6 月 1—30 日，黄南水库拦洪总量超 7600 万立方米，年度拦洪总量为 19967 万立方米，完成防汛调度任务。全年累计向东坞水库引水 5542 万立方米，其中 8—11 月保供水引水量 1053 万立方米用于松古平原农田灌溉及县城供水，为东坞水库供水及松古平原农田灌溉提供保障，发挥“拦洪补枯”效用。至 12 月底，黄南水库移民安置小区累计交付公寓 148 户，占总安置户数的 95.48%，合计 215 套，占总安置套数的 95.13%；小区物业基本完成移交；移民博物馆布展通过验收；玉湖村综合楼通过工程竣工验收。

（县水利局）

水生态保护

【概况】2022 年，松阳县贯彻落实省、市“五水共治”工作部署要求，围绕“夺鼎”目标，迭代升级全县河（湖）长制“浙水美丽（河长在线）”平台。全县各级河（湖）长开展巡河 15336 次，发现各类涉水问题 1965 个，均落实整改。完成 8 个乡镇（街道）“污水零直排区”“回头看”工作，创成“污水零直排区”。全县出境断面总体水质为Ⅱ类，连续 9 年获省级考核优秀等次，出境水质Ⅰ类 32 天，比上年增加 6 天。

【河（湖）长制实施】2022 年，松阳县“五水共治”领导小组办公室[以下简称县“五水共治”办（河长办）]制定全面推行河（湖）长制工作联席会议工作规则，发布关于全面深化河（湖）长制工作的通知、全面加强河道保洁监督管理工作的通知，健全河（湖）长制建设。健全各级河（湖）长监督机制，在河道显要位置竖立县、乡、村三级河长公示牌 456 块，在湖泊（水库）设置湖长公示牌 41 块，更新各级公示牌信息 120 余处，更换破损公示牌 15 块。针对河（湖）长履职情况，每月动态发布乡、村两级河长履职预考核通报；利用“浙政钉”工作群提前三天动态督促河（湖）长巡河。全年各级河（湖）长开展巡河计 15336 次，发现各类涉水问题 1965 个，全部落实整改。县级河长年度巡河率 100%，河长排名全市前 10 名中松阳县占 5 席，河（湖）长制工作连续 3 年全市排名第一。

【“污水零直排区”建设】2022 年，县“五水共治”办（河长办）根据年度创建任务，按照“管网全覆盖、污水全收集、雨污全分流、排放全达标”的创建目标，推进全域“污水零直排区”创建工作。开展“摸清家底”行动，在全面查清生活小区、镇（街道）等建设单元的截污纳管情况，重点查明污水排水体系、雨污有无混接等问题的基础上，梳理形成问题清单、任务清单、项目清单、责任清单“四张清单”。通过问题清单督促相关镇（街道）采取相应措施，提升创建及“回头看”进度。对“污水零直排区”创成的镇（街道）开展“回头看”督查，查找问题点位 220 个，全部完成整改提升。编制松阳县“污水零直排区”提质增效建设规划，保障

“污水零直排区”功能提质增效。

【美丽河（湖）创建行动】2022年，县“五水共治”办（河长办）推进幸福河（湖）试点县创建，完成投资1.26亿元，其中省补资金300万元。开展松阴溪西屏下段、安民溪、小港黄南段、竹溪源4条河道的省级美丽河湖创评工作和象溪镇、斋坛乡、安民乡3个乡镇的水美乡镇创建工作。持续开展“清四乱”（乱占、乱采、乱堆、乱建）、“打击非法河道采砂”等水政监察专项行动，全年巡查河道161次，出动执法人员420人次，巡查里程5100余千米，上报系统平台问题9处，整改完成上报销号问题7处。申报水利部小水电绿色改造和现代化提升项目，初步筛选出安民一、二级，谢村一、二、三级，黄南等10座试点电站，开展前期工作。

【河道市场化保洁管理】2022年，松阴溪干流、小港主流及大小支流224条，共529千米河道实行市场化保洁运作模式，由专业保洁公司进行河道保洁，提升河道日常保洁水平。每季度由县水利局、县财政局等职能部门组成考核组，围绕河道有无漂浮废弃物、河道河岸有无悬挂物、河长公示牌是否完整、信息是否更新到位等对松阴溪干流、小港主流及支流河道开展河道保洁考核。

【监督机制建设】2022年，县“五水共治”办（河长办）按照省河长办要求，将全县三级河长387人纳入“浙政钉”通讯录，健全各级河（湖）长监督机制。落实《松阳县治水办周例会、月小结及共建单位联席会议机制》《全域污水零直排创建蹲点督导工作方案》等制度，每周召开工作例会追踪任务完成情况，不定期召开联席会议，解决工作环节中的难题。通过“掌上松阳”、微信公众号等新闻媒体，对治水各项行动部署大会召开情况及各项工作进行宣传。出台《松阳县治水办（河长办）关于加强河（湖）长日常巡河履职工作的通知》《2022年度松阳县“五水共治”（河长制）工作考核评分办法》，确保河（湖）长工作落到实处。发布全县“五水共治”找短板寻盲区查漏洞挖死角专项行动方案，完善责任机制，通过自查互查、县级督查等形式，及时对各单位“五水共治”落实情况进行通报。实行每月动态发布省考核量化指标制度，对进度落后的指标标注红黄牌，并通过公文系统发送相关单位。实施“找寻查挖”专项行动，以治水交叉检查为核心开展，覆盖19个乡镇（街道）。全年发现问题1111个，其中乡镇（街道）自查问题713个，乡镇（街道）互查问题232个，县级自查问题63个，县级互查问题70个，市级自查问题10个，市级互查问题23个，均整改到位。继续实施督查通报机制，发布督查通报、巡河通报、督办单、交办单等。畅通公众投诉举报渠道，建立举报奖惩办法，在松阳政府网、河长公示牌等载体公布市、县治水监督电话并受理办理。

【依法治水宣传】2022年，县“五水共治”办（河长办）依托“五进”（进机关、进社区、进农村、进校园、进企业）宣传活动，利用流动车下乡、短信、微信、横幅、显示屏、日历画、易拉宝、有奖问答等宣传形式，多渠道、多角度开展“五水共治”（河长制）群众满意度宣传，发放各类宣传资料10万余份、发送短信20万余条。出台县“五水共治”（河长制）信息宣传工作考评办法，落实专人负责县级层面简报、微信编辑、网站更新及省、市信息报送。开展“世界水日”“中国水周”宣传实践活动，组织开展“全民清洁日”“畅游母亲河”冬泳比赛、“巡河护河 跑在前头”

2022年3月25日，松阳县“五水共治”办（河长办）在县实验小学开展“世界水日”“中国水周”宣传实践活动 [县“五水共治”办（河长办）供图]

马拉松比赛、“绿水青山 醉美松阳”征文大赛等宣传活动，引导全民参与“五水共治”。全年张贴海报2500张，悬挂横幅100余条。2022年，松阳县“五水共治”公众幸福感测评得分在全市位列第一。

【“绿水币”公众护水】2022年，松阳县印发关于加强“绿水币”（公众参与巡河、举报问题、分享巡河故事、参加公益活动、宣传推广等工作时，所获得的相应积分）工作的通知，利用集市摆摊、入户宣传和话费奖励等措施，全县“绿水币”公众护水完成注册8289人，达全县常住人口的4%，巡河活跃度80169人次，“绿水币”总数及月均活跃度分别名列全市第一，对各类参与“绿水币”巡河用户累计兑现话费奖励4万余元。

[县“五水共治”办（河长办）]

水文化建设

【概况】2022年，松阳县通过挖掘和保护水利遗产、建设水文化阵地、提升水利工程文化内涵等举措，推进水文化建设。至12月底，全县有水利风景区6处、水情教育基地1处、博物馆1处、水文化公园1处。松阴溪干流综合治理工程入选年度全省十大水利工程与水文化融合优秀案例。

【水文化遗产保护】2022年，松阳县持续开展水文化遗产调查，至12月底，完成普查项目611项，重点关注文化类遗存，包括传说、诗歌、榜文、碑记等，登记古堰、古塘、古堤、榜文、碑刻等水文化遗产214项，设立松阳县水文化遗产目录。全年落实专项资金213.16万元，对水文化遗产进行评估、定级、管理，分类分级实施保护。

【水文化阵地建设】2022年，松阳县建成占地3.5万平方米，水域面积1.2万平方米，包括水利博物馆、堰湖公园和白沙水利枢纽在内，集科学普及、学生研学和市民娱乐于一体的水文化公园，展示当地千年治水历史变迁以及近年来治水工作成果。11月，投资800余万元提升改造水利博物馆展厅6个，融入智联网、虚拟化技术等数字化技术，提升博物馆展陈生动性、互动性。9月，启动实施松阴溪干流综合治理工程，共投资2.66亿元，完成独山驿站、白龙堰、青龙堰等点位的布展工作。

【水文化活动】2022年，松阳县水利局组织开展灌溉农业相关民俗节庆活动，整理推出与遗产（世界灌溉工程）相关的传统水工技艺表演项目，丰富工程遗产的展示形式。全年累计举办水利民俗节庆活动20余次，接待大中小幼师生20余批次近1000人。县水利博物馆完成政务接待100余批次，6.5万余人次，获评浙江省节水宣传教育基地，被列为县中小学研学合作点位。

（县水利局）

水经济培育

【概况】2019年至2022年，松阳县累计投资1.3亿元，新建和修复堰坝117座、渠道165千米、机耕路60千米。招引广东大鲩产业综合园、新加坡三文鱼产业园等产业项目落地。至12月底，松阴溪沿岸累计建成对外营业民宿40余家，松阴溪景区完成游客接待50万余人次。

【水利生态价值转化】2022年，松阳县升级松阴溪滨水产业带，开发黄南村旅游资源；发展生态渔业，“黄南有机鱼”全面投放市场。举办象溪镇溪鱼节、古市镇大鲩节等“农庆”（农事节庆）活动，带动乡村旅游发展。7月，投资1100万元，建成投用占地5.73公顷、年产10亿千克的绿色砂石料生产基地。建成投用县水文化公园科普景观电站工程，设计装机容量1260千瓦，年平均发电量406.55万千瓦时。裕溪乡“浙松谷泉”山泉水项目建成投产，年产瓶装饮用水3600万千克。

【水利投融资渠道创新】2022年，松阳县结合美丽河湖建设，通过出让砂石资源，获益5亿余元。打包“松阳水网”工程与新建自来水厂、全域土地整理等项目，以净水交易和耕地占补平衡指标交易特许经营收入作为投资回报，给予项目公司开展经营性活动的权利，引入三峡集团投资17亿元。联合省水利厅、省农发行，将县属5座水库评估后出让至县水投公司，回收资金15.5亿元，用于特许经营项目——松阳县水环境综合治理工程，形成水利投融资良性循环，该项目被纳入浙江省发展改革委首批盘活存量资产项目台账。全县水利投资从2021年的2.2亿元提高至2022年的6.7亿元。

（县水利局）

城市建设

综　述

【国土空间规划】2022年，松阳县完成《松阳县国土空间总体规划(2021—2035)(征求意见稿)》，并公开征求意见。推进国土空间规划支撑“两山转化”实践试点，结合“集体经营性建设用地入市”和“传统村落活化利用”两个专题开展三都、四都片小流域一体化规划编制工作。推进乡镇级国土空间规划和“多规合一”实用性村庄规划编制。完成《松阳县乡镇级国土空间规划》和全县23个实用性村庄规划编制；7月，《大东坝镇蔡宅村村庄规划》获省自然资源厅2022年“乡村造梦师”十佳优秀案例二等奖。

（县自然资源和规划局）

【城市改造升级项目建设】2022年，松阳县改造城镇老旧小区18个，投入资金81.3万元保护修缮历史文化名城沿街建筑和传统建筑22户。改造提升金山垄小区、大马塔小区、县委宿舍楼、长运小区4个，完成人民大街、长松路、环城西路、塔头街弄4条道路的雨污分流工程，改造城区范围内所有立管，实现投资4319万元。实施江南未来社区项目，项目实施单元总面积43.83万平方米，地上总建筑面积31.39万平方米，项目包括安置房区块、人才公寓、商办公寓楼、滨河生态公园等。滨河公园完成房建主体工程；安置房项目完成耕植土剥离、场地平整、降水井打设。实施城区截污纳管、雨污分流项目，项目位于县城区域，分3年实施，建设项目包含主城区范围内未进行雨污分流的城区主次干道、居民小区、历史文化名城保护区及县属各机关事业单位的截污纳管、雨污分流，以及上述区域内给水、电力、电信管网的改造提升。

【历史文化街区保护利用】2022年，松阳县开展国家级历史文化名城申报，完成《松阳历史文化名城保护规划（修编）》以及《国家级历史文化名城申报》文本编制。重新修编发布实施《松阳县历史文化名城沿街建筑和传统建筑保护修缮利用补助实施办法》，执行历史文化街区范围内传统建筑修缮补助政策，修缮补助22户，发放补贴金额81.3万元。

（县住房和城乡建设局）

【省示范文明县城创建】2022年，松阳县出台《松阳县创建省示范文明县城工作考核办法》《松阳县“文明城市共建行动”工作方案》《松阳县创建省示范文明县城实地测评标准》《松阳县城区“文明共建　街巷共美”工作方案》《松阳县公职人员不文明行为抄告通报制度（试行）》等文件和方案，抽调10名干部组成创建工作专班。在部分街巷设置爱心凉茶亭、爱心棚、爱心冰柜、爱心屋，服务困难群众、户外工作者等特殊群体。筛选建成区内15条街巷，制定街巷美化方案。累计投资5.7亿元改造老旧小区60余个，将104个老旧小区公共区域纳入县统一保洁范围。改造长松路、环城西路、人民大街3条主街道，动建江南社区滨河公园、龙湖公园配套设施、长虹中路管网改造提升、“老城印象”城市风貌样板区等项目。完成人民大街、荷田岭路空中缆线入地、序化整治。新建电瓶车停车区14个，县城范围内新增停车位852个。开展“市场环境整治”“沿街餐饮食安整治”等，对占道经营、流动摊贩问题进行全面整顿，全年整治流动摊贩1万余起，增设

2022 年 7 月 15 日，松阳县交警大队民警向市民普及交通法规知识
（县公安局供图）

食品类、水果类临时经营点 10 处，蔬菜自产自销点 134 处。对县城入城口环境提升、重点区域市容环境整治、闲置土地环境整治、交通秩序专项整治等 37 类专项问题开展线上线下督查交办。

（县委宣传部）

市政建设

【概况】2022 年，县住房和城乡建设局对城区市政基础设施进行巡查和维护，及时修复破损人行道和车行道，处理交通事故造成的市政设施损坏。“110”应急平台、综治平台、“12345”热线等平台应急件处理率 100%，公布市政设施维护热线，畅通群众反映渠道。做好台风暴雨等自然灾害应急抢险工作及物资储备、调配、维修等工作。开展 2022 年城市内涝应急演练，在暴雨大风时开展设施巡查，消除各类安全隐患。亮化设施巡查每月不少于 2 次，及时督促维护单位进行修复。制定《古湖坑 2022 年度河长制工作方案》和《白龙圳 2022 年度河长制工作方案》。严格执行河长制巡查机制，每月按时巡河 2 次以上，发现问题及时制定整改措施联合相关部门解决，问题解决率 100%。新建雨水管网 5.7 千米，提标改造雨水管网 3.4 千米，雨污分流管网 3.4 千米，完成投资 4500 万元。

【城市道路设施维护】2022 年，县住房和城乡建设局修补建成区主次干道、公园广场等人行道 4600 平方米，修补主要街道破损路面 3300 平方米。整治起伏不平城市道路 1.67 千米，增设主次干道公益广告路灯道旗 800 余杆、公园广场公益广告小品 20 余个。处理市政污水管道堵塞 110 余次、6800 余米，清理污水检查井 350 余个、主要街道雨水收集井 680 余个。维修维护城市亮化设施，处理修复路灯及巷弄灯 1200 余盏，城区亮化设施全年亮灯率保持在 98%以上。开展春节临时亮化工作，增设亮灯小品 10 余个，装扮树木 200 余棵。参与验收并接收管理松溪新语小区楼宇、南城二号楼宇、瓦窑头安置房等景观亮化工程以及松阳客运中心南侧道路路灯等设施。动建南城 2 号与 3 号商住楼中间道路。实施长虹中路、要津路改造。

【天然气管网建设】2022 年，松阳港华燃气有限公司建成中压天然气管网 14.1 千米。管网覆盖县工业园区 1～5 期，江南工业园区、王村工业区、赤寿工业区和十五里农产品区等区块，城区管网铺设全面展开。全年完成 13 个小区地下管网铺设，其中凌霄小区、慧明小区、江滨小区、南城二号等小区实现通气。全年开通工（商）业用户 13 户，居民用户 1205 户，年销气量 10926.56 万立方米。

【消防设施】2022 年，县住房和城乡建设局对政府协办类消防事项展开专业验收工作，现场验收 19 件，总面积 12.18 万平方米；出具消防专项验收合格证书 13 份。全年出具消防专项整改通知单 29 份，提出整改隐患 174 项。引入消防专业第三方评估检测服务，采取联合验收、互相监督验收成果的机制，有效解决县域消防专业人才短缺问题，缩短验收工期。

（县住房和城乡建设局）

城市管理

【园林绿化】2022 年，县住房和城乡建设局新增公共绿地面积 11.44 万平方米，超额完成市局下达的指标任务。至 12 月底，全县建成区绿地率 37.66%，完成“市县建成区绿地率每年较上年平均提升 1 个百分点”指标；全县建成

2022 年 8 月 12 日，松阳县江滨公园绿化养护工人为江滨公园绿地浇水抗旱（县住房和城乡建设局供图）

区公园绿地服务半径覆盖率 86.63%，完成“市县建成区绿地服务半径覆盖率每年较上年平均提升 1.5 个百分点”指标。管理养护县城街头和公园绿地 53 万平方米，做好行道树冬季修剪及春季抹芽工作和县城内绿地灌木修剪及除杂草工作，及时更换县城内时花（应季节而开放的花卉）。开展重大节日、重大活动期间的气氛营造及绿化美化工作。推进增花添彩三年行动计划，注重植物多样性配置，实施“增色、增花、增香”工程，引入多种色叶、开花、观果和芳香树种，注重植物造景，丰富绿化层次，提高绿化档次和品位，提升城市形象。

【市容环卫】2022 年，松阳县城街道环卫作业人员 560 余人，作业车辆 70 余辆，保洁面积 254 万平方米。3 月 1 日，启动 2022—2023 年度县城街道、公厕清扫保洁服务。全年更换县城各街道破损垃圾桶 700 余个、安装果壳箱 100 余个、更换果壳箱内胆 60 余个，维修、更换公厕照明灯具、洗手器具等各种配套设施 200 余处，助力县两会、“茶商大会”“文明县城创建”等活动开展，提升城市整体品质。编制完成垃圾填埋场“一场一策”方案；发布《松阳县县域环境卫生专项规划》《松阳县建筑垃圾管理办法（试行）》《松阳县建筑垃圾运输服务企业管理实施细则（试行）》等文件。新建县城北山路公厕，进一步完善县城公厕布局，方便公众如厕。

【城镇污水处理】2022 年，县住房和城乡建设局推进城镇污水处理工作，改造污水管网 5.8 千米，排查管网 2 千米；实施金田小区城镇生活小区“污水零直排区”建设；实施松阳县污水处理厂再生水利用工程。全年县自来水厂向城镇供水总量为 1411.72 万立方米，城镇污水处理总量达到 1246.63 万立方米，城市生活污水集中收集率为 98.12%，城市污水处理率为 97.98%（按 0.9 排放系数计算）。县污水处理厂实际规模、实际污水处理量、运行天数等数据与全国和省智慧城管信息系统平台数据一致，县污水处理厂运行天数为 365 天，实际污水处理量为 1565.55 万立方米，运行负荷率为 95.32%。

【节水型城市建设】2022 年，县住房和城乡建设局改造节水器具 100 余套，获评省级节水型单位，创成省级节水型小区松州华府，推进城市节水工作。全年公共供水管网漏损率 8.92%；松阳县污水处理厂实际污水处理量 1565.55 万立方米，再生水利用率 17.19%，再生水利用总量约为 269.11 万立方米，其中园林绿化用水约 1.01 万立方米、环卫洒水设备用水 8.79 万立方米、水文公园生态补水 259.31 万立方米。

（县住房和城乡建设局）

供　水

【概况】2022 年，松阳县供排水有限公司全年制水量 2002 万立方米，最高日供水量 7.52 万立方米，日均供水量 5.48 万立方米，出厂水、管网水水质达标率均为 100%，为全县 108 个行政村 13 个社区 16.3 万余人提供生产、生活用水。下辖 1 亿千克/日规模自来水厂 1 座，占地面积 5 万平方米，是全省首批水质量化管理 A 级单位。

【供水工程建设】2022 年，县供排水公司立足安全供水，继续推进城乡供水一体化工程，续建县域象溪、大东坝、裕溪、板桥乡镇片供水一体化管网工程，铺设板桥片供水管道 23.3 千米，新建 3 座加压泵站，总投资 1100 万元。9

月，板桥片通水。续建古市供水区域管网改造和应急指挥调度中心工程，铺设古市供水区域配水管网30千米，新建2座加压泵站，管网改造部分完工；完成管网探测、水表普查、基础数据收集和部分系统开发，全年完成投资1794万元。

【水质监管】2022年，县供排水公司配有独立的水质检测实验室，专职水质检验员6人，实验用房面积180平方米，开展自检常规项目16项。按照浙江省实施《生活饮用水卫生标准》中所规定的不能自检的常规项目，定期送浙江钱水检测科技有限公司（浙江省城市水质监测网丽水监测站）进行检测。建立供水水质监测督察体系，及时向社会公开供水水质情况，全年水质检测结果均达到国家生活饮用水标准，达标率100%。

【服务效能优化】2022年，县供排水公司打通“线上+线下”双向业务办理渠道，打造“智慧水务”。用户可以通过营业厅现金缴纳、银行代缴代扣水费和登录支付宝、微信缴费等多种水费缴纳方式，实现足不出户轻松缴费。在县行政审批中心设立服务窗口，用户可即时办理用户变更手续。

【一体化供水技术创新】2022年，县供排水公司针对松古平原北高南低，最高村与最低村高程落差150米的实际，建成22座无负压泵站。高落差的赤寿乡大川村、望松街道半岭脚等末端村，通过三级增压技术手段保障供水；与莲都丽新乡交界的板桥畲族乡落差最高达430米，通过四级增压，实现城乡一体化供水。

（县供排水公司）

供　气

【概况】2022年，松阳县有管道燃气经营企业1家（松阳港华燃气有限公司），建成供气管道125千米（新增14.1千米）；全县有松阳和仁燃气有限公司和松阳县鸿运液化石油气有限公司2家瓶装燃气企业，其中储配站2家，供气站16家，登记在册钢瓶162031只，应急储气设施规模12万千克，瓶装燃气用户22342户，全年瓶装燃气供气总量406.28万千克。

【供气设施建设】2022年，县港华燃气公司铺设天然气管道14.1千米。至12月底，累计建成天然气管道125千米，其中城区供气管道111.59千米，覆盖工业用户114户、商业用户39户；同时开发城区居民用户，累计覆盖居民用户8300户、通气投用1483户。建成液化天然气站1座（包含150立方米低温储罐6座，3000标准立方米/小时空温式气化器8台，10000标准立方米/小时空温式气化器1台）和门站1座（管线压力4兆帕，最大小时流量40000标准立方米/小时），中低压管网120余千米，高压管网6.46千米，管网覆盖县工业园区，江南工业园区、王村工业区、赤寿工业区和十五里农产品区等区块；城区管网全面敷设，客户覆盖全县域，包括工业、商业和居民用户。

（县港华燃气公司）

【供气安全监督管理】2022年，松阳县开展燃气安全检查27次，发现安全隐患129处，下发整改通知书27份，均完成整改。组织燃气经营企业开展场站、供应站、管网、用户燃气泄漏及反恐等应急演练8场。开展瓶装燃气实名制销售登记专项监督检查，检查燃气供应点4次，抽查餐饮等用户45家，已实名登记的有45家，未实名制的0家。召开餐饮行业安装可燃气体报警装置工作推进会，发放《安装可燃气体报警装置告知书》800余份，安装可燃气体报警装置745家，覆盖率100%。松阳港华燃气公司全年开展用气安全宣传活动10次，就民用燃气安全常识、燃烧器具选购、新开通管道燃气需办理手续等问题进行现场解答。

（县住房和城乡建设局）

乡村振兴

农村经营管理

【概况】2022 年，松阳县推进农村经营管理和村集体增收工作，集体经济组织赋码登记率 100%。完善规范集体经济组织内设机构，集体经济经营性收入占比比上年增长 5.5%；全年调解农村土地承包经营纠纷 29 起；完成建房审批 593 户，1000 余人次，超额完成农民建房计划；全年新增粮食类家庭农场 4 家，评定县示范家庭农场 21 家，丽水市新型示范家庭农场 15 家，引领性家庭农场 5 家，省示范家庭农场 5 家，全面完成各级示范家庭农场监测任务。全年创建善治（示范）村 18 个，完成善治（示范）村监测工作。推进“浙农经管”建设以及村经济合作社运行问题专项治理，农村集体经济综合运行指数（CAE）排名全市第一。

【县委农村工作会议】2022 年 5 月 10 日，松阳县农村工作会议暨省级新时代美丽乡村示范县创建动员会召开。会前，与会人员到四都乡陈家铺村、古市镇十五里村和水南街道程徐村，实地考察省级未来乡村试点、桑蚕研学基地消薄示范点以及连片水稻基地建设情况。会议总结前期全县“三农”工作成绩，打造了“松阳茶”和“传统村落”两张“金名片”；分析当前形势，在粮食安全、规模性返贫、生产安全、疫情防控、党风廉政等方面还存在一定风险；明确“守牢安全线、擦亮‘金名片’、创建示范县、做强共富链、走稳善治路”五项重点任务。

2022 年 5 月 10 日，松阳县委农村工作会议暨省级新时代美丽乡村示范县创建现场会期间，参会人员考察消薄示范点——古市镇十五里蚕桑研学基地
（县委办公室供图）

【村经济合作运行问题专项治理】2022 年，松阳县围绕村经济合作社机构设置不规范、民主决策不规范、章程制定不规范、收益分配不规范、资产处置不规范等 7 个方面问题，组织各乡镇（街道）开展自查、组织审计、梳理清单、整改落实。全县集中开展督导检查 12 次，发现并整改问题 143 个，批评教育帮助 13 人，推动建立和完善制度 1 项。村级大额闲置资金竞争性存放 7642 万元，直接带动村集体经济增收 160 余万元。拟定松阳县村级债务计划方案，

对村级集体负债100万元以上10个重点村实行领导包办制度。重新修订章程，完善集体经济组织内设机构名称和运行机制；涉及村集体经济重大事项决策程序全部纳入浙江省农村集体经济数字管理“会议管理”应用管理；推进村级集体债务三年内全面化解工作。

（县农业农村局）

【新型农业主体培育】2022年，水稻社会化服务面积385.16公顷，农业生产托管面积稳定增长。6月30日，召开松阳县农合联第二届会员代表大会，通过章程、选举办法，选举产生第二届理事会理事、监事会监事。至12月底，全县拥有县级农合联1个、乡镇级农合联16个（其中望松、三都和四都合并成1个农合联，叶村和竹源合并成1个农合联），农合联会员1158个，县级农合联会员116个，乡镇级农合联会员1042个，其中团体会员952个。9月29日，组建县食用菌产业农合联。至12月底，共有产业农合联4个，拥有会员410个，实现全县19个乡镇（街道）全覆盖。

（县供销社）

【闲置农房盘活利用】2022年，松阳县出台盘活利用闲置农房奖励政策，盘活面积累计达1000平方米以上的，给予每村3万元奖励。全年共盘活闲置农房162宗，22680平方米，盘活价值710万元，带动农民增收336万元。5月，松阳县被列为“浙农富裕”应用农房盘活数字化场景第一批“先行先试”推广应用单位。

（县农业农村局）

农村经济发展

【概况】2022年，松阳县集体经济组织成员达22.6万人，村集体经济总收入2.07亿元，增速为22.15%；经营性收入1.05亿元，增速为37.26%。全县203个行政村实现总收入20万元且经营性收入10万元以上；年经营性收入50万元以上村84个，年经营性收入15万元以上村占比100%。推进“丽水山耕”品牌建设，培育“丽水山耕”核心基地2个，浙江省首批“263”共富农产品2个，获2022年浙江省农业博览会金奖2个，新创建当地生态农产品直营店2家。修缮建设古村落古民居，发展特色民宿业，全年累计接待游客124.38万人次，营业收入1.36亿元，分别比上年增长3.58%和11.09%。

【政策扶持】2022年，松阳县出台《松阳县金融业激发市场主体活力支持“二次创业”二十条意见》《松阳县金融支持民宿业健康发展的若干意见》等纾困解难金融政策，发放全市首笔“节水贷”1000万元、“用能贷”300万元、排污权抵押贷款960万元、河道经营权贷款4亿元。全市首单政策性水稻完全成本保额补充保险落地松阳，探索推出“民宿贷”助力产业发展。至12月底，全县涉农贷款余额203.04亿元，比上年增长27.03%，生态贷比上年增长31.72%，互助社担保贷款余额4770.69万元。完善浙里办“茶叶在线”数字化应用场景建设，推动茶叶溯源卡、茶商E贷等金融工具运用。至12月底，累计办理茶叶溯源卡12.65万张，溯源系统累计交易360.9万笔，交易量204.48亿元。推动乡村振兴互助贷项目建设，运用数字化技术进一步提高用户贷款审批效率、提升金融机构授信依据、有效盘活农村生态资源。

（县大数据和金融发展中心）

【农产品营销帮扶】2022年，松阳县组织农产品生产经营主体参与各类农产品展示展销活动；围绕以“市场为主体+政府提供服务（服务企业）+财政资金采购（工会等）”的模式开展山海协作消费帮扶工作，全年销往沿海发达地区农产品3155万元，带动当地农户和村集体增收。鼓励乡镇根据自身农业产业和产品特色，结合民俗活动、农耕文化展示、旅游推介等形式举办农民丰收节活动，先后举办古市镇桑葚采摘节、望松街道状元笋采摘节、象溪镇脐橙采摘节等9场系列活动。

【“消薄”工作】2022年，松阳县投入补助资金6900万元用于扶持“消薄”（消除集体经济薄弱村）项目建设；出台村集体经济发展创收奖励暂行办法，对村两委班子成员、强村公司工作人员以及为发展村集体经济做出突出贡献人员全年给予奖励65万元。印发《2022年度松阳县村级工程“集体建”实施办法（试行）》，全年实施村级项目171个，带动村集体营利1020万元；裕溪乡代表全县参加丽水市“第三届优秀消薄项目大比拼活动”获三等奖。

【农村“三资”管理】2022年，松阳县完成203个行政村集体经济组织登记赋码任务，登记赋码率 100%。完善规范县域集体经济组织管理委员会、监督委员会、成员（代表）大会“三会”制度与称谓，依法依规开展重大事项民主决策。实现农村产权流转交易额 860 万元，比上年增长 15.3%；同时按“五年两轮审”的相关要求，完成应审计 102 个行政村集体经济组织的村级财务审计；村集体经济组织公积金、公益金提取比例均达到 30%；全县有 50 个行政村实行按股分红和福利费提取，占比 24.6%。

【浙江网上农博会松阳馆开馆】2022 年 12 月 2—6 日，浙江网上农博会松阳馆开馆，活动期间累计销售商品 6456 件，实现交易额 100 万余元，全市排名第二，在全省山区 26 县（市）排名第六。

（县农业农村局）

乡村建设

【概况】2022 年，松阳县结合美丽城镇督查机制，不定期到乡镇开展督查指导，推进“美丽乡村”建设。通过组织召开工作推进会、业务培训会等方式，提高乡镇联络员业务能力。全年创成美丽城镇省级样板乡镇 1 个（古市镇），达标乡镇 6 个（望松街道、樟溪乡、竹源乡、板桥畲族乡、枫坪乡、裕溪乡），完成美丽城镇三年行动任务。

【城乡风貌建设】2022 年，松阳县结合未来社区、未来乡村、美丽城镇建设和国家传统村落公园建设等工作，推进城乡风貌整治提升。编制完成 2022 年首批两个风貌样板区建设方案，“老城印象”传统风貌样板区谋划项目 33 个（含续建项目），完成投资 5170 万元；“水墨小港”县域风貌样板区谋划项目 30 个（含续建项目），完成投资 2746 万元。结合改善人居环境和传统村落保护利用，着重就村庄环境整治和村容村貌协调，对濒危传统建筑进行抢救性修缮，对影响村落整体风貌的不协调建筑进行整治，并结合传统民居改造发展民宿和农家乐，带动村民修缮房屋，增加农民收入。至 12 月底，全县实施美丽宜居示范试点村 30 个，19 个村通过省级验收，8 个村完工，3 个村处在施工阶段。通过示范村建设，提升村庄人居环境和村容村貌，逐步实现各片区均衡发展。

【农村生活污水治理】2022 年，松阳县统筹规划农村生活污水治理，全县建成农污处理设施 856 个，行政村覆盖率 96.06%，环保监测出水达标率 89.67%。制定由县、乡镇(街道)、村、户和第三方机构“五位一体”的农村生活污水处理运维管理体系；成立以分管副县长为组长，相关单位主要领导为成员的专项工作领导小组，专门负责农村生活污水治理设施验收移交和运维管理工作的协调推进；制定专项资金管理办法，明确专项资金的筹集、使用和监督，提高项目建设水平和资金使用效益；通过召开群众大会、发放宣传手册等多种方式进行宣传，示范带动污水治理。全年通过新增隔油池、厌氧池更换填料、新建呼吸型人工湿地以及人工湿地翻新等举措，提升改造处理设施 83 个。全年第三方运维公司开展运维巡检 7451 次，处理应急事件 2396 次，每月按规定对全县出水终端进行巡查并做好现场工作、水质抽样，按要求对出水水质进行检测，采样并化验水质 3560 个，综合水质达标率 78.18%。委托第三方检测 636 次，达标 561 次，达标率 88.21%。按省住房和城乡建设厅标准化运维导则规范日常运维台账，为标准化提升工程提供项目指导。

（县住房和城乡建设局）

【农村生活垃圾分类】2022 年，松阳县推进农村生活垃圾分类，推动农村生活垃圾减量化、资源化、无害化处理。至 12 月底，全县共有垃圾分类资源化站点 12 个，技术改造提升站点 3 个。落实年度专项资金 1700 余万元，累计投放户用垃圾桶 10 万余个，创成省级高标准垃圾分类示范村 9 个。建立大东坝镇茶排村、黄南村 2 个数字化试点，垃圾分类处理互联网+上门收集+智能化监管模式。每月开展“全民清洁日”活动，印发《垃圾分类宣传手册》、生活垃圾分类挂历等宣传资料 8 万余册。

【农村能源建设】2022 年，松阳县收集利用茶叶枝条 2900 万千克，秸秆（不含茶叶枝条）综合利用率 96.56%；在西屏街道青蒙村、水南街道清路村、望松街道山仁下村等 16 个乡镇 49 个行政村推广安装太阳能路灯 1108 盏。

（县农业农村局）

【历史文化村落保护利用】2022 年，松阳县推进国家传统村落公园核心区绿色发展示范项目、传统村落集中连片项目、美丽宜居示范村等项目。全年召开传统村落项目评审会4次，评审项目50个，从源头上把好风貌关。执行乡镇（街道）每周巡查、两周上报的巡查管理机制，对乡镇（街道）报送的项目现场照片进行分析核对，对影响风貌的项目及时提出整改意见，坚持做到早发现、早处理、早整改。全年累计巡查180余人次，现场督促整改项目15个。通过巡查整改，促使巡查工作常态化，切实提升项目建设品质。4月，松阳县被列入传统村落集中连片保护利用示范县。县住房和城乡建设局委托北京城市科学规划设计研究院编制《浙江省松阳县传统村落集中连片保护利用规划》，以丁旺山区块为核心，带动三都、四都、叶村、大东坝等其他传统村落集聚片区的发展。以235国道为纽带，连接各传统村落片区，实现核心区内均衡发展。

（县住房和城乡建设局）

【“千村示范 万村整治”工程】2022年，松阳县创成新时代美丽乡村示范乡镇1个、特色精品村3个。安民乡被评为省级美丽乡村示范乡镇；四都乡陈家铺村、樟溪乡力溪村、大东坝镇横樟村被评为省级美丽乡村特色精品村。四都乡陈家铺村被评为历史文化（传统）村落保护利用示范村。农村生活垃圾分类行政村覆盖率为100%，创建高标准垃圾分类示范村9个。古市镇七都村、象溪镇雅溪口村、斋坛乡石门圩村、大东坝镇黄南村被评为省级高标准农村生活垃圾分类示范村。实施历史文化重点村和一般村、小城镇环境综合整治、美丽宜居等项目37个。

（县农业农村局）

共同富裕

【概况】2022年，松阳县出台《关于促进农民持续增收的若干意见》，通过实施“产业强农、就业富农、帮扶惠农、改革兴农”4大行动，巩固拓展脱贫攻坚成果，推动农民收入增长。2022年，农村常住居民人均可支配收入25324元，比上年增长8.2%，增速位列全市第五、全省山区26县第五、全省第六。其中，工资性收入11648元，比上年增长10.1%；经营净收入11696元，比上年增长4.5%；财产净收入476元，比上年增长15.8%；转移净收入1504元，比上年增长23.7%。

【低收入农户增收】2022年，松阳县安排结对干部2136人，累计开展帮扶走访低收入农户结对58258次，帮扶走访率100%。在水南街道、玉岩镇、斋坛乡、樟溪乡等乡镇实施“跑步鸡”“共富菌”“共富耳”“强鸡计划”等产业联农带农增收项目，发挥乡贤能人、种养大户助农增收作用，带动低收入农户发展产业。2022年，全县低收入农户人均可支配收入15880元，比上年增长16%，增速位列全市第六。

（县农业农村局）

【山海协作】2022年，松阳县发挥结对地区先进理念、优质资本和援建资金作用，通过基础设施改造、产业发展提升、创新合作模式等方式，推进7个山海协作结对乡村振兴示范点建设。新建望松街道西河村、樟溪乡力溪村、水南街道潘西村、古市镇八都村和新兴镇上安村5个乡村振兴示范点，安吉县、南浔区各结对2个，余姚市结对1个，均完成规划方案编制。其中，上安村完成投资1385万元，“茶香小镇”茶叶精深加工区项目土地挂牌出让；潘西村投资280万元，完成文化礼堂建设，物业综合楼结顶；西河村完成投资118万元，继续扩大稻田养鱼规模，打响西河“稻花鱼”品牌；八都村和力溪村分别实施稻虾共生、沉浸式数字连环画艺术馆等示范项目。另有8个在2020年前启动结对建设的大东坝横樟村、水南街道横山村，基本完成帮扶项目建设，累计完成廉政休闲广场、村庄污水设施提升、给水工程等项目24个，总投资2000余万元。

（县发展改革局）

【民宿经济】2022年，松阳县出台激励扶持政策，支持民宿产业持续发展。给予“丽水山居”级别农家乐民宿接待游客入住奖励，接待主体每年最高奖励5万元。县大数据和金融发展中心、县农业农村局等8个部门联合印发金融支持民宿业健康发展若干意见通知，将金融支持民宿业发展纳入政银担体系运行，享受相应金融政策支持。推出“商誉贷”产品，给予民宿抵押类、担保类最高1000万元，纯信用类300万元贷款。对省民宿评定委员会评定的“白金宿”“金宿”“银宿”及“丽水山居”农家乐综合体、精品民宿示范项目，给予利率优惠。2022年，16家民宿入选“浙韵千宿”

培育名单，全县获评“丽水山居”十大经典民宿6家，获得奖金120万元。首次开展星级农家乐、钻级民宿评定工作，共评定星级农家乐42家，其中五星5家、四星22家、三星15家；评定三钻民宿9家。

（县农业农村局）

【“共富工坊”建设】2022年，松阳县整合特色产业、传统文化、生态旅游等资源，通过推行望松街道、三都乡、四都乡组成“望山肆”，大东坝镇蔡宅村、山头村、茶排村、大东坝村和黄南村组成“小港共富村”等党建联建模式，建成各类“共富工坊”78个。由县乡村振兴服务集团参与“共富工坊”运营管理，建成“共富学堂”40余个，组织周边群众、低收入农户技能培训，参与4000余人次。通过定向吸纳、定价收购、抱团入股等方式，建立“保底收益+按股分红+劳动报酬”分配制度，引导周边村民以老屋入股、劳动就业、订单加工等多种方式参与“共富工坊”建设，至12月底，“共富工坊”吸纳就业4500余人次，其中低收入农户300余人次，人均月增收2600余元，产业增值收益惠及村民6000余人。12月，横樟蜂蜜电商直播“共富工坊”入选全省首批百家电商直播式“共富工坊”典型案例。

2022年松阳县“共富工坊”建设情况一览表

表20

序号	工坊名称	工坊类型	街道乡镇	具体位置	吸纳就业人数（人）	吸纳低收入农户人数（人）	人均月增收（元）
1	华依丽制衣有限公司	来料加工式	西屏街道	松阳县西屏街道北山路10号	200	1	3000
2	利胜服装厂	来料加工式	西屏街道	松阳县西屏街道毛祠路A03号	100		3500
3	新意萍工艺品厂	来料加工式	西屏街道	松阳县西屏街道西坌村145号	160		2000
4	卓越文具制造有限公司	来料加工式	西屏街道	松阳县西屏街道北山村北首	100		3000
5	隆泰服装厂	来料加工式	西屏街道	松阳县西屏街道瑞阳大道213号	100		4000
6	宇华服装加工厂	来料加工式	西屏街道	松阳县西屏街道长虹东路168号	80		4000
7	松阳水美来料加工厂	来料加工式	西屏街道	松阳县西屏街道毛祠路13号	60		2500
8	松阳县国富鞋业有限公司	来料加工式	望松街道	松阳县望松街道工业园区永宁路227号	120		3500
9	丽水市小萌宝纺织制造有限公司	来料加工式	古市镇	松阳县古市镇古市中学路24号	100	1	3500
10	泓力服装厂	来料加工式	古市镇	松阳县古市镇万寿南路79号	60		3000
11	浙江鸿泰烟具厂	来料加工式	象溪镇	松阳县象溪镇靖居包村	80	3	3000
12	松阳县宝森制刷有限公司	来料加工式	叶村乡	松阳县叶村乡江南工业园瑞龙路1号	50		3000
13	松阳县链条配件有限公司	定向招工式	西屏街道	青蒙村	51	5	4500
14	浙江雷克工业机械有限公司	定向招工式	西屏街道	长虹东路191号	40	3	3800
15	浙江正德和食品有限公司	定向招工式	望松街道	王村	35	3	5000
16	丽水市三青农业发展有限公司	定向招工式	古市镇	十五里村	27	6	5600
17	浙江浙炼石化科技有限公司	定向招工式	象溪镇	象溪镇工业园区	12		3000
18	松阳县雪峰云尖茶业有限公司	定向招工式	新兴镇	新兴镇横溪村	35	3	5500
19	浙江乡巴佬食品有限公司	定向招工式	赤寿乡	松阳县赤寿乡余姚大道	102	4	4500

续表 20

序号	工坊名称	工坊类型	街道乡镇	具体位置	吸纳就业人数（人）	吸纳低收入农户人数（人）	人均月增收（元）
20	浙江省松阳金山矿业有限公司	定向招工式	板桥乡	板桥村	23	7	3500
21	康洁电商园	电商直播式	西屏街道	松阳县西屏街道长兴二路 206 号	400	3	1500
22	独山茶厂	电商直播式	西屏街道	松阳县西屏街道长兴二路 200 号	100		2000
23	“亮晶晶”直播基地共富工坊	电商直播式	水南街道	水南村	20	5	2000
24	上安茶青市场直播基地	电商直播式	新兴镇	上安村茶青市场	100	6	2000
25	茶叶电商孵化园	电商直播式	新兴镇	新兴镇上安村茶香小镇区块茗阳科技公司内	100	5	2000
26	松阳县电商公服中心电商直播共富工坊	电商直播式	叶村乡	松阳县叶村乡西环路 199-31-39 号	65		4000
27	斗米岙电商直播共富工坊	电商直播式	叶村乡	松阳县叶村乡南岱村	20	6	2000
28	松阳横樟蜂蜜电商直播共富工坊	电商直播式	松阳县	松阳县大东坝镇二滩坝村	300	35	2000
29	统捐局造纸工坊	农旅融合式	西屏街道	十一村	10	2	3200
30	茶叶熏火腿工坊	农旅融合式	西屏街道	延庆村	17		4000
31	蚕桑共富工坊	农旅融合式	古市镇	十五里村	120	13	1500
32	“鲵好”产业共富基地	农旅融合式	古市镇	八都村	25		2500
33	契约博物馆	农旅融合式	大东坝镇	茶排村	17	6	1500
34	石仓白老酒工坊	农旅融合式	大东坝镇	山头村	36	4	1500
35	石仓豆腐工坊	农旅融合式	大东坝镇	蔡宅村	64	16	2000
36	横樟油茶工坊	农旅融合式	大东坝镇	横樟村	11	2	1500
37	月光森林造纸工坊	农旅融合式	新兴镇	大岭根村	18	2	2000
38	绿茗峰茶文旅综合体	农旅融合式	新兴镇	新兴镇	30	3	6000
39	茶叶博物馆	农旅融合式	新兴镇	横溪村	16	2	1500
40	南岱手绘艺术共富工坊	农旅融合式	叶村乡	松阳县叶村乡南岱村	18	2	2000
41	云顶仙坑源文旅综合体	农旅融合式	斋坛乡	花田垒村吊坛自然村	20	3	1500
42	原乡上田农旅综合体	农旅融合式	三都乡	上田村	20		3000
43	松庄・桃野	农旅融合式	三都乡	松庄村	10		2000
44	五心书院	农旅融合式	三都乡	酉田村	10		2000
45	云上平田共富工坊	农旅融合式	四都乡	平田村	10	2	1500
46	竹源乡松泰大院	农旅融合式	竹源乡	竹源乡小竹溪村	30	5	2000
47	生态农业康养基地	农旅融合式	竹源乡	后畲村	10		1500
48	红糖工坊	农旅融合式	樟溪乡	兴村	153	21	1650
49	连环画艺术展陈馆	农旅融合式	樟溪乡	力溪村	10	2	3000
50	拯救老屋研学工坊	农旅融合式	赤寿乡	松阳县赤寿乡界首村	10	1	5000

续表 20

序号	工坊名称	工坊类型	街道乡镇	具体位置	吸纳就业人数（人）	吸纳低收入农户人数（人）	人均月增收（元）
51	“松荫庐”共富基地	农旅融合式	赤寿乡	松阳县赤寿乡赤岸村	300	12	2500
52	李坑村造纸工坊	农旅融合式	安民乡	李坑村	10	1	1500
53	星空博物馆	农旅融合式	安民乡	苏马坪村	20	1	2500
54	油茶文化体验馆	农旅融合式	裕溪乡	小槎村	10		2500
55	松阳县生态花卉基地市场项目	品牌带动式	西屏街道	西屏街道五村草场圩	20	3	1500
56	头上红煨盐鸡	品牌带动式	望松街道	望松村	100	10	3000
57	寺口茶青市场共富工坊	品牌带动式	古市镇	寺口村	100		2000
58	玉岩镇香榧工坊	品牌带动式	玉岩镇	玉岩镇排居口村黄坛	18	2	1500
59	幸福小港共富农特产品工坊	品牌带动式	大东坝镇	西屏街道南直街	10		3000
60	松阳县伟建竹笋专业合作社	品牌带动式	新兴镇	外石塘村	25	2	5000
61	陈家铺共富工坊	品牌带动式	四都乡	陈家铺	10	2	1500
62	竹源乡五村联建共富工坊	来料加工式	竹源乡	水南新车站附近	50	40	1500
63	“御非御”茶产业共富工坊	品牌带动式	赤寿乡	松阳县赤寿乡红连村	15	1	3000
64	溪水鱼养殖基地	品牌带动式	安民乡	苏马坪村	10	1	1500
65	松阳县众森农业有限公司种植基地	产业赋能式	西屏街道	西屏街道五村、六村、七村、乌形山、官路口	50	5	2000
66	生态果园共富工坊	产业赋能式	水南街道	潘西村	30	5	1500
67	联心牛	产业赋能式	望松街道	乌石下村	20	5	1500
68	稻虾共富工坊	产业赋能式	古市镇	八都村	30	5	1700
69	山彩共富鸡工坊	产业赋能式	象溪镇	金钟村	10		1500
70	玉岩镇周年化香菇共富基地	产业赋能式	玉岩镇	玉岩镇乌岩村梨步坑	28	5	1500
71	松阳县晓英家庭农场共富工坊	产业赋能式	大东坝镇	蔡宅村	30	1	3000
72	松阳县天下白家庭农场	产业赋能式	新兴镇	后周包村	10	2	2500
73	食用菌共富工坊	产业赋能式	叶村乡	河头村	80	5	1500
74	稻耳共富工坊	产业赋能式	斋坛乡	斋坛乡京梁村	40	5	3000
75	云上牧场共富工坊	产业赋能式	三都乡	松庄村	10	1	3000
76	丽松农科教旅一体化共富基地	产业赋能式	赤寿乡	松阳县赤寿乡楼塘村	32		3000
77	中草药加工工坊	产业赋能式	枫坪乡	沿坑岭头村	10	3	2000
78	裕溪村茶油泡豆腐共富工坊	产业赋能式	裕溪乡	裕溪村	10		2000

（县委组织部）

乡村人才培育

【概况】2022年，松阳县围绕共同富裕、稳粮保供、乡村建设、耕地管护、“肥药两制”改革等农业农村重点工作，重点培养新型农业经营主体和乡村振兴带头人。全年培训各类农村实用人才612人、高素质农民292人。全年各乡镇（街道）组织开展农民普及性培训200余期，完成培训2万余人次，涉及粮油、茶叶、水果、蔬菜、中药材、食用菌、畜牧养殖等专业。

【农村实用人才队伍建设】2022年，松阳县整合利用项目资金扶持有一定规模的农业企业、家庭农场、农民专业合作社，鼓励支持农业主体申报丽水绿谷精英、绿谷英才。全年获评丽水高级“农三师”（农作师、农商师、农匠师）5人、中级“农三师”42人，全县拥有高级“农三师”20人、中级“农三师”122人。2人被认定为省级新农匠、1人被评为丽水市乡土精英。开展农业主体技术人员中高级职称申报，至12月底，全县取得高级农艺师或高级工程师职称6人、中级职称1人。

【农民素质培训工程】2022年，松阳县实施农民素质培训工程。全年培训食用菌种植技术84人，农业机械操作56人，水产养殖技术51人，有机茶生产技术44人，农作物防治16人，农产品质量可追溯主体106人，蔬菜种植技术76人，菌粮轮作技术126人，精品茶选育与种植79人，茶叶修剪与机械化采摘122人。

（县农业农村局）

农村治理

【概况】2022年，松阳县将“丽水防疫网格”与“民情地图”促服务系统相结合，开展“不漏一户、不落一人”常态化连心走亲“大走访”。以集中培训、分片培训、视频连线、在线答疑等方式，组织网格员应用“丽水防疫网格”培训4次。将“党群连心、网格走亲”纳入“除险保安”晾晒考核，约谈乡镇负责人7名。组建群众协查队253个、机动队251个、包干专班587个、服务小组2523个。配备网格治理团队426个，开展全县域抽查4轮，发现并销号督办问题179个。

（县民政局）

【基层矛盾调解】2022年，松阳县健全“乡贤助推基层调解”机制，建立乡贤调解中心，全域建立标准化“乡贤文化讲堂”、乡贤调解室、乡贤角等平台，聘请148名乡贤调解员。全年共参与化解75件矛盾纠纷，跨乡镇跨区域案件18件。围绕主导产业茶产业相关的纠纷化解，在新兴、古市、樟溪、赤寿4个乡镇设立“茶香帮忙团”品牌调解工作室。至12月底，累计调处各类涉茶矛盾纠纷1200余件，涉及金额8500余万元，调解成功率达99.2%。

【基层调解机制建设】2022年，松阳县在县、乡矛调中心平台公布信访积案案件信息，供领域擅长、专业对口的调解能手揭榜认领，开展调解工作。制定出台专职人民调解员管理办法，选聘专职人民调解员，实行“20%基础补贴+80%绩效奖金+计件奖励”取酬方式，激励调解员主动上门调解。2022年，专职人民调解员主动下基层排查化解各类苗头性纠纷950余件，调解量比上年上升47.8%。

（县信访局）

【党群“联建共治”机制】2022年，松阳县组织73个县直单位与3个街道10个社区开展党群“联建共治”，组织4000余名党员干部用时9天完成24万余名群众信息摸排核对工作。确定村（社区）支部成员联系辖区党员，下沉党员干部联系微网格群众，每名党员落实专属党建责任区。组织党员干部进家门、扫微信、发放“连心卡”，与联户家庭逐一建立结对关系。至12月底，共有1.5万名党员联系群众。

【“民情地图”促服务系统】2022年，松阳县“民情地图”促服务系统以村情民情图、产业发展图、组织体系图等6张图为基础，结合地理信息系统，累计录入信息数据8000多万条，涉及行政村203个，农户21.4万户。在此系统基础上开发整体智治系统，至12月底，共设计应用场景35个，其中上线10个。

（县委组织部）

生态环境保护

环境质量

【概况】2022年，松阳县PM2.5年均浓度为19微克/立方米，比上年下降1微克/立方米，空气优良率为98.6%，获评浙江省清新空气示范区。全县地表水监测断面水质达标率100%，出境断面水质保持良好，各项指标都能够达到Ⅱ类水的水质标准，交接断面水质连续9年省级考核优秀。全年未发生土壤污染引发农产品超标、污染地块违规开发等事件，土壤环境质量总体良好。完成主要污染物减排年度任务，完成生态环保固定资产投资5366万元，比上年增长15.6%。生态环境公众满意度排名全省第四。

【空气环境质量】2022年，松阳县城空气环境质量总体良好，优良率达98.6%，PM2.5年均浓度为19微克/立方米；可吸入颗粒物PM10年均浓度31微克/立方米；二氧化硫年均浓度5微克/立方米；二氧化氮年均浓度20微克/立方米；臭氧年均浓度86微克/立方米；一氧化碳年均浓度0.6毫克/立方米。PM10、二氧化硫、二氧化氮、臭氧、一氧化碳等指标达到《环境空气质量标准》中的一级标准。

【水环境质量】2022年，全县各地表水监测断面水质保持稳定，10个国、省、市、县控断面水质均达到Ⅱ类以上，其中市控东坞水库断面水质为Ⅰ类。全年出境堰后断面水质持续稳定在Ⅱ类，其中Ⅰ类有33天，比上年增加7天。

【声环境质量】2022年，松阳县交通噪声监测路长52.4千米，昼间城区道路交通噪声路长计数平均等效声级66.1分贝，达到国家标准；功能区定点噪声监测结果显示，城区内1类区、2类区、3类区、4类区均符合声功能区标准；区域噪声监测结果显示，县城区域环境噪声昼间平均值为53.3加权分贝，其中昼间最大声级为64.6加权分贝，最小声级为42.2加权分贝，城区声环境质量持续保持良好，全县城影响声环境质量的主要声源为生活噪声，其次为交通噪声。

【辐射环境质量】2022年，松阳县重点流域地表水中核素浓度、γ辐射空气吸收剂量率、土壤中主要放射性核素含量在浙江省天然本底辐射水平范围内，电磁辐射环境质量监测值均符合相关标准要求。

（县生态环境局）

污染防治

【概况】2022年，松阳县开展“找寻查控”专项行动。加强饮用水水源地保护和地下水修复，推进地下水污染阻控国家试点工程。治理工业源污染和机动车尾气污染，建设1套机动车尾气黑烟抓拍系统。淘汰国三及以下标准营运柴油货车26辆，任务完成率100%；优化调整产业和能源结构，发展清洁能源，开展锅炉综合整治；实施烟花爆竹燃放和秸秆焚烧管控；控制餐饮油烟和城市扬尘。推进农业肥药双控，开展农药化肥减量行动，推进氮磷生态拦截沟建设，减少农业面源污染物排放。深化生活垃圾分类，创成省级高标准生活垃圾分类示范小区2个；推进“无废城市”建设，创成19个“无废细胞”（社会生活的各个组成单元）。打造零碳县域，申报和建设低（零）碳试点。

丽水市生态环境局松阳分局（以下简称县生态环境局）配合“大综合一体化”行政执法力量改革，下沉生态环保执法力量至乡镇（街道），2人全时下沉、3人分时下沉。

【大气污染治理】2022年，松阳县核定上年度削减化学需氧量16.4万千克；氨氮削减4.93万千克；氮氧化物削减12.7万千克；挥发性有机物（VOCs）削减6.9万千克，四项污染物均完成省下达年度目标任务。开展工业源污染和机动车尾气治理。完成1个工业臭气异味治理项目；1家工业企业炉窑治理；5家VOCs源头替代治理项目；8家企业VOCs低效设施升级；39个VOCs突出问题整改；46家不锈钢管企业退火油烟深度治理。登记及上牌非道路移动机械环保牌照编码150台，抽测非道路移动机械尾气95台，在用柴油货车尾气排放路检抽测100辆，柴油货车尾气排放入户抽测42辆，加油站油气回收系统抽测21家42次,非道路移动机械替代6台。全年查处违规燃放烟花爆竹2起，行政处罚2人，销毁因非法零售扣押的95件烟花爆竹制品。开展秸秆禁烧专项整治行动315次，出动执法人员930余人次，发现火点2250余个（含监控平台），立案查处露天焚烧秸秆案件264起，比上年立案数增长66%,处罚金额13.58万元。开展餐饮油烟“回头看”检查60余次，排查餐饮商户370余家，下达限期整改通知书11份。开展城区内渣土运输专项整治45次，立案10起，处罚金额1.8万元。

【水污染防治】2022年，松阳县通过全域“污水零直排区”建设市级验收，县工业园区雨水、废水公共管网数字化监管应急调控系统建成初步通过验收，入围全省“污水零直排区”标杆园区创建培育名单。全县建成污水管网5.8千米（占年度计划的116%）；雨水管网5.7千米（占年度计划的114%）；提标改造管网3.4千米（占年度计划的113.33%）；雨污分流改造3.4千米（占年度计划的113.33%）。全年城镇污水处理总量达到124.66亿千克，城市污水处理率为98.12%（考核指标任务为97.98%）。完成象溪镇、赤寿乡、安民乡3个水美乡镇创建；开展河湖“清四乱”整治，整改完成率100%；完成小港、安民溪、竹溪源3条河道的河湖健康评价；实施小港和松古平原水系河道综合治理22千米，超额20%完成任务；编制《松阳县全域幸福河湖建设规划》初稿，为县域幸福河湖建设发展提供指导。修订《松阳县农村小微水体水质维护方案（2022—2025年）》。新建、改造项目开工36个，续建项目竣工21个，完成计划投资1570万元。完成农村生活污水处理设施标准化运维任务312个。全县农村生活污水治理行政村覆盖率96.06%，比上年增长1.97%，任务完成率121.09%。出水水质达标率89.67%，比上年增长17.11%。修订完善《县级以上集中式饮用水水源地突发环境事件应急预案》，制定《东坞水库水质应急调水及源头管控保障方案》，完成县东坞水库饮用水水源保护区勘界定标工作，调查东坞水库饮用水水源保护区基础状况调查及千吨万人集中式饮用水水源地保护区基础状况，垃圾填埋场地下水污染防治工程竣工验收。

【土壤污染防治】2022年，松阳县明确专人专班，建立巡查、上报、处置、销号的闭环机制，设立各级田长及巡查员584名,安装“耕地智保”视频监控158个并投入使用，全县耕地监控覆盖率达88.7%，平原地区达98.76%。累计开展巡查任务7854次，发现问题并现场核实343个，涉及面积279.53公顷。开展耕地土壤污染“源解析”（环安科技环境模型）。启动生活垃圾填埋场综合治理，编制“一场一策”治理方案；“定时定点”投放商业街（沿街商铺）和投放小区占比达100%；城镇生活垃圾分类覆盖面达100%；城镇生活垃圾回收利用率达62.26%；生活垃圾无害化处理率达100%。开展垃圾分类知识培训150余场、参训15000余人次，发放《浙江省垃圾分类宣传手册》50000余册。立案查处生活垃圾分类案件（未分类投放生活垃圾、未履行分类投放管理责任）33起，处罚金额1.25万元。推进“无废城市”建设。推进固废源头减量和收贮体系规范化，10家企业通过清洁审核验收，实施清洁生产的工业企业总数比上年增长11.1%，生活垃圾资源化处理率达100%，危险废物产生单位规范化考核合格率100%。实现危险废物“趋零填埋”，危险废物运输转移联单和电子运单互联率稳定达100%。涉疫等医疗废物收集处置体系覆盖率100%，安全处理率100%。

（县生态环境局）

【声污染防治】2022年，松阳县优化工业产业结构和布局，降低工业噪声对区域环境噪声的影响。开展机动车违法鸣喇叭专项集中整治行动，以城区禁鸣区域鸣喇叭路段为重点，严管严治机动车长时间鸣喇叭、连续多次鸣喇叭、恶意鸣喇叭等行为，治理交通噪声污染。全年依法查处大客车、大货车在城区范围内随意鸣笛、改装高音喇叭等各类交通违法行为60余起。针对文化娱乐场所、商业经营单位使用空调器、冷却塔等噪声管理的即时性与反复性，综合行政执法部门建立投诉快速反应机制。落实24小时值班制度，通过96310举报平台，接受群众投诉，及时处理各类投诉件；建立健全管理档案，对辖区所有娱乐场所的基本情况、噪声监管情况建档立册；完善长效管理机制，建立投诉快速反应机制，加强夜间巡查值勤力度，及时有效处置群众投诉反映的噪声问题。市区综合行政执法系统受理各类噪声投诉37件，立案11件。

（县生态环境局 县公安局）

【辐射放射及固体危险废物污染防治】2022年，松阳县推进固废源头减量和收贮体系规范化，全年10家企业通过清洁审核验收，实施清洁生产的工业企业总数比上年增长11.1%，生活垃圾资源化处理率100%，危险废物产生单位规范化考核合格率100%。拓展处置利用渠道，实施建筑垃圾、一般工业固废、制砂淤泥等资源化循环利用项目。实现危险废物"趋零填埋"，危险废物运输转移联单和电子运单互联率达100%。涉疫等医疗废物收集处置体系覆盖率100%，安全处理率100%。全年创建"无废细胞"（固体废物减量化、资源化和无害化的社会生活单位）19个。辐射安全许可证办证率、核技术利用单位年度评估报告提交率100%。统筹安排疫情防控期间医疗废物收集、运送、贮存、处置全过程环境监管，保障医疗废物收运有序、处置安全，全年处置医疗废物22.7万余千克。

【农业面源污染防治】2022年，松阳县推广测土配方施肥28000公顷，应用商品有机肥2100万千克，绿肥种植面积1400公顷，应用配方肥和按方施肥436.6万千克，实现化肥减量167万千克。建成化肥、化学农药"零使用"示范点2个，化肥、农药定额制施用示范方2个，回收处置农药废弃包装物5.7万千克，农药减量3.3万千克。推进凤弄源村农田排水氮磷拦截沟渠建设，该沟渠全长1.1千米。至10月底，完成滚水坝及生态塘等工程建设，并在上游溪流段指导种植再力花、黄菖蒲等绿植。建成农业面源污染监测点11个，监测点平均土壤综合污染指数0.63，达到安全标准。通过农业肥药双控，开展农药化肥减量行动，推进统防统治与绿色防控融合发展，完善农药包装物回收机制，减少农业面源污染物排放。全年农村秸秆可收集资源量4605.53万千克，秸秆利用量4450.97万千克，秸秆综合利用率96.64%。

【城乡涉水问题治理】2022年，松阳县开展"找寻查挖"专项行动。全年查找问题1115个，全部完成整改，完成率100%。县级、乡级和村级河长履职率保持在99%以上。各级河（湖）长共开展巡河12783次，发现各类涉水问题1590个，问题及时解决率100%。全县绿水币完成注册8300人，活跃度保持90%以上。

（县生态环境局）

环保监管

【美丽城镇建设】2022年，古市镇强化项目建设，累计实施美丽城镇建设项目55个，总投资40543万元。完成筏铺四期安置小区建设、新天地商业综合体建设、历

2022年度美丽城镇建设省级样板——松阳县古市镇　　（古市镇供图）

史文化街区整治、污水零直排去建设、主干道道路改造、保障性住房一期工程、湘湖路南段道路改造工程、城区绿化点位补栽及提升工程、北入城口节点工程、城市书房等项目建设。清理占道经营、乱竖牌、乱摆摊3180处（次）。改造垃圾收集点22处，更换分类垃圾桶272只，新增墙绘1200余平方米。全面整顿破损防盗窗、破烂遮阳雨篷、生锈铁拉门、裸露空调外机等，创成美丽城镇省级样板乡镇。望松街道、樟溪乡、竹源乡、板桥乡、枫坪乡、裕溪乡6个乡镇（街道）创成达标乡镇（街道）。大东坝镇、新兴镇入围全省寻找“我心中的最美小镇”宣传活动五十佳。

【风貌区创建】2022年，松阳县系统实施“风貌控制、疏通筋脉、人口疏导、提升品质、激发活力”五大策略，全面推进“生态绿城、休闲慢城、人文古城”建设，加快推进历史文化名城保护和古城有机更新工作。松阳老城印象风貌区创成市级风貌样板区，水墨小港风貌区创成省级风貌样板区，创建三都四都“古村秘境”县域风貌区。

（县住房和城乡建设局）

【“三区三线”成果正式启用】2022年，松阳县根据自然资源部、省自然资源厅的工作部署和相关技术导则，经全国和省级论证研究形成“三区三线”（生态空间、农业空间、城镇空间；永久基本农田控制线、生态保护红线、城镇开发边界）成果，划定永久基本农田面积5733公顷，生态保护红线面积3.09万公顷，城镇开发边界总规模2766公顷，于2022年9月底正式启用。

（县自然资源和规划局）

【环境法治建设】2022年，县生态环境局完成法治政府创建任务，配合县司法局全面督察法治政府建设，对反馈的问题立即落实整改。落实行政执法公示、行政执法全过程记录、重大执法决定法制审核制度，审查行政执法案件11件，移交公安机关3件，移交法院1件，抄送检察院1件。组织开展常态化普法宣传工作，利用“6·5”世界环境日、“12·4”国家宪法日等重点时间节点面向社会公众进行广泛宣传，释义讲解生态环境法律法规，提升全民环保守法意识。全年组织普法宣传5次，发放宣传册2000余份。

【环境安全隐患排查】2022年，县生态环境局开展“除险保安”专项行动、绿剑执法专项行动等，以双随机抽查和日常巡查相结合，重点检查污染治理设施运行情况和危险废物贮存处置情况。制定各行业专项检查方案，开展不锈钢企业分质分类排水、制砂加工点、混凝土拌合站、砂场污泥乱倾倒、有限空间安全隐患、建设项目竣工验收后评估等执法检查，检查企业358家次，出动人员1450余人次。

【环境信访件办理】2022年，县生态环境局受理环境信访举报投诉件83件，比上年下降34%。按环境信访被投诉、举报行为分类，其中水污染14件、大气污染48件、噪声污染13件、其他8件，办结率100%。因信访投诉立案处罚2起，发放举报有奖奖励2笔，奖励金额1.6万元。全年化解信访积案4起。

【环境信息化建设】2022年，县生态环境局升级改造自动监测站点，完成省级空气站（环保大楼、和平水厂）电子围栏项目建设，配合市站开展东坞、界首水站的仪器设备更新改造。生态环境监测大网络建成运行，延伸乡镇环境质量监测网络，全县有35个自动监测站，其中水站10个、气站17个、辐射站1个、噪声站7个。

【建设项目环境管理】2022年，县生态环境局实施“三线一单”（生态保护红线、环境质量底线、资源利用上线和生态环境准入清单）成果应用，加强建设项目环境监管。持续深化“最多跑一次”改革，实现网上办件率100%。全年办结建设项目环境影响评价文件审批114个项目，其中审批类42个、登记表备案类72个。做好核发排污许可证和新申领、延续排污许可证管理工作，全年首次申请、重新申请许可证企业17家，排污许可证核发130家。加强辐射安全监管，检查核技术利用单位辐射安全隐患排查工作及铸造企业辐射监测仪配备情况，核发辐射安全许可证7件，其中延续类4件、重新申请类2件、变更类1件。

【环保督察整改】2022年，县生态环境局收到督察交办信访件2件，无重点交办件，完成省委生态环境保护专项督察迎检工作。完成中央生态环境保护督察反馈问题整改，3家不锈钢废水处理厂提升改造工作通过省级核查，3家处理厂出水水质均已按照整改要求达标排放。开展第一轮督察中央级17件、省级21件，第二轮督察中央级12件、省级3件信访交办件“回头看”工作，确保问题不反弹，巩固整改成效。

【环境监测】2022年，县生态环境局定期监控地下水水质状况，每月开展园区地下水跟踪采样监测，对上年度存在问题的点位跟踪分析，全年提供有效监测数据1642个。开展“河长制”河流跟踪监测，对全县43个主要河道、主要支流和城区内河的水质断面进行全面监测，每个点位全年监测2次，其中对白龙圳、古湖坑、四都源、五都源、半岭源每月监测1次，全年获监测成果数据500余个。建立耕地保护巡查、上报、处置、销号的闭环机制，设立各级田长及巡查员584名，安装“耕地智保”视频监控158个并投入使用，全县耕地监控覆盖率达88.7%，平原地区达98.76%。全年开展巡查任务7854次，发现问题并现场核实343个，涉及面积4193亩。实施烟花爆竹燃放和秸秆焚烧管控，依法取缔烟花爆竹摆摊设点、流动兜售等行为，落实秸秆焚烧和综合利用乡镇（街道）考核督查机制，开展秸秆禁烧常态化巡查。2022年，共开展秸秆禁烧专项整治行动315次，出动执法人员930余人次，发现火点数2250余个（含监控平台）。

【环境应急与执法监管】2022年，全县未发生重大突发环境事件。全年查处环境违法案件11起，处罚160.86万元，生态损害赔偿金额8.52万元，其中移送公安机关行政拘留2人，刑事案件1起。全年共查处破坏森林、野生动物、非法占用林地等涉林案件43起，罚款17.34万元，其中刑事案件6起。

【危险废物安全管理】2022年，县生态环境局推广应用浙江省固体废物监管平台3.0系统，危废产生单位、经营单位以及危废收集平台按照危险废物规范化管理各项指标要求，落实内部管理、申报登记、建立台账、设置标识标志、应急预案备案、业务培训等各项管理制度，纳入固废管理系统企业190余家，危险废物产生量3720万千克，委托处置3870万千克，执行电子转运联单2000余份。23家年危废产生量10万千克以上企业及危废经营企业使用“浙固码”并安装视频监控。

【环境宣传教育】2022年，县生态环境局组织开展世界环境日宣传活动进学校、进企业、进群众，传播生态文明理念。组织开展环保法律法规宣传、治水宣传、无废城市宣传等宣传活动4次，举办共同富裕与高质量绿色发展专题培训班，邀请科研院所名师专家专题辅导讲座。

（县生态环境局）

自然资源保护

【概况】2022年，松阳县深入开展生态资源保护与创建，加强森林资源和湿地资源管理及生物多样性保护。构建党政同责、属地负责、部门协同、源头治理、全域覆盖的长效机制。开展森林资源保护专项整治，全年查处破坏森林、野生动物、非法占用林地等涉林案件43起，罚款17.34万元，其中擅自改变林地用途案19起，滥伐林木案14起，过失引起森林火灾案5起，非法狩猎案3起，毁坏林地案1起，盗伐林木案1起，均处罚办理到位。完成森林生物量、碳储量调查、松阴溪湿地碳汇基础性研究项目。松阳县自然资源和规划局组织开展以“守护蓝天精灵 共享美好家园”

2022年6月2日，松阳县生态环境局联合县水利局、县司法局、县自然资源和规划局等部门，开展“共建清洁美丽世界”“6·5”环境日主题宣传活动

（县生态环境局供图）

为主题的省野生动植物保护宣传月暨“爱鸟周”活动，开展珍稀濒危野生动植物抢救保护工作，繁育景宁木兰种苗500株，野外回归300株。

【湿地资源保护】2022年，松阳县遵循“保护优先、严格管理、科学修复、合理利用”的原则，系统谋划和推进湿地保护建设，湿地保护红线面积达1309.1公顷。设立湿地保护管理机构，建立湿地保护管理制度，健全乡镇（街道）、村（居）两级河长体系，提高湿地保护与管理能力。建立政府投资，市场资金运作和社会各界广泛参与的投入机制，加大对湿地生态环境的保护力度，先后获得各级湿地保护与恢复项目资金累计1000余万元。实施松阴溪省级湿地公园建设，与中国林业科学研究院亚热带林业研究所合作开展湿地科普教育，制作湿地宣教片、宣传画册，系统规划松阴溪湿地公园科普宣教体系；与浙江自然博物院达成合作协议，完成松阴溪湿地公园生物多样性中期调查、松阴溪湿地碳汇基础性研究项目。2022年，松阳县被列为“全省湿地资源管理一张图”试点县。

【森林资源保护】2022年，松阳县坚持依法治林，加强森林资源保护，健全林业安全体系，有效保护森林资源。严控林木采伐，结合林木采伐过程中实际情况开展会商，组织全县各乡镇（街道）采伐管理人员进行业务培训，明确有关林木采伐管理事项，使林木采伐管理工作达到管住、管好、管活的目标。全年林木采伐限额16.15万立方米，签发林木采伐许可证510份、发证采伐蓄积22721.45立方米，占总限额的14%。其中，公益林采伐蓄积4158.76立方米、商品林采伐蓄积18562.69立方米。强化林地使用管理。开展使用林地前期项目申报、立项审批，利用“双随机抽查”对用地单位使用林地情况进行监管，督促临时使用林地单位及时恢复林业生产条件。全年受理各类建设项目征（占）用林地63宗，办结63宗，占用面积317.2公顷，征收森林植被恢复费6593.93万元。开展森林资源保护督查。全年国家林业和草原局下发松阳县的森林督查图斑386个。经实地核实、举证，结合档案资料，386个森林督查图斑实际分割为470个图斑。其中，认定“前期地类”为非林地155个、使用（毁坏）林地161个、采伐（毁坏）林木80个、造林更新12个、森林抚育7个、灾害因素27个、无变化27个、历年上报1个，均完成自查工作。

2022年4月12日，松阳县自然资源和规划局联合县法院到玉岩镇开展野生动植物保护宣传月暨“爱鸟周”活动——守护蓝天精灵 共享美好家园

（县自然资源和规划局供图）

【生物多样性保护】2022年，松阳县确保生物遗传资源和景观资源可持续利用，将野生动植物栖息繁衍较集聚的区域规划为自然保护区。加强野生动植物本底调查，确保“家底”清晰。通过对野生动植物资源本底调查，全面掌握野生动植物种群、数量、分布状况等。至12月底，调查县域内物种2273种。其中国家一级保护野生动物5种、国家二级保护野生动物39种，国家一级保护野生植物2种、国家二级保护野生植物31种。开展极小物种救护与繁育工作，建立全省首个“中华秋沙鸭越冬栖息保护地”。开展珍稀濒危野生植物抢救保护和繁育试验工作，繁育长序榆树苗7000株并成功实施异地野外回归；繁育景宁木兰500株，野外回归300株。开展古树名木调查，实施科学管护。至12月底，全县拥有古树名木5730株，其中名木3株、一级保护古树341株、二级保护古树1174株、三级保护古树4212株。有古树群73个，其中连片分布古树50株以上的古树群有7个。编制《松阳县古树名木保护规划》，完成古树名木管理体系建设，对

古树逐一进行登记、拍照、挂牌、建立电子档案；健全管理责任制度，采取建围栏、科技复壮、生物防治等措施，保护古树名木。

（县自然资源和规划局）

节能减排

【概况】2022年，松阳县全力推动节能降排增效，实施“双碳”行动，全县规模以上工业单位增加值能耗降低率10.8%，降低幅度29.3%，黑色金属冶炼和压延加工业单位工业增加值能耗低于0.52吨标准煤/万元（省定新增项目准入标准）的企业，由上年的5家增加至2022年的11家。完成县域不锈钢企业退火油烟改造提升，全链推进废弃物资源化利用案例入选省绿色低碳转型典型案例。全市首个挥发性有机物（VOCs）治理活性炭“绿岛”项目落地松阳。开展节能监察执法督查，加快发展方式绿色转型，促进经济低碳高质量发展。

（县发展改革局）

【节能降耗行动】2022年，松阳县优化公共机构节能管理“一张网”建设，加强公共机构名录库和基础信息动态管理，推进能源资源消费计量、统计、监测信息化。倡导全县党政机关使用再生纸、再生耗材等循环再生办公用品，推动无纸化办公。对产生的废纸、废弃电器电子产品等废旧物品进行集中回收处理，促进循环利用。推广“小份菜”以及“小份菜拼盘”“按需购餐”等措施，持续开展“光盘行动”等节约粮食活动。坚持绿色参会，倡导“光瓶行动”，在各会场和大型活动醒目处设置“光瓶行动”标志标识，适时提醒与会者带走未饮尽的瓶装水。倡导党政机关带头节约用电，印发空调负荷管控工作方案并予以落实，倡导绿色、健康、低碳、文明风尚，发挥公共机构在全社会节能减排工作中的示范与表率作用。2022年，参照省机关事务局制定的节约型机关创建行动方案和市发展改革委员会关于节约型机关创建行动的要求，经专家审核评分，授予县委政法委员会、县发展改革局等30个机关单位“节约型机关”称号。

（县机关事务保障中心）

【可再生能源开发利用】2022年，松阳县加大光伏、水电、生物质可再生能源开发利用。深化国家级整县推进分布式光伏试点建设，加快推动能源结构调整优化，配套制定2022年松阳县整县推进光伏试点项目作战图，出台《关于加快推进分布式光伏规模化开发的实施意见》，因地制宜谋划“光伏+”农业、工业、商业、交通等8个重点实施工程。至12月底，全县光伏发电装机总容量达165.2兆瓦，年发电量9459万千瓦时。持续发挥水电在保护生态环境，促进节能减排的积极作用，全县水电装机总容量112.23兆瓦，年发电量13559.58万千瓦时。以生物质能资源的能源化循环利用和清洁利用为重点，推动农林生物质直燃发电、城市生活垃圾焚烧发电。至12月底，全县生物质发电装机总容量15兆瓦，年发电量11056.16万千瓦时。全年光伏、水电、生物质3项可再生能源发电量34074.74万千瓦时，实现降耗标准煤9779.45万千克。

（县发展改革局）

【生态化和低碳化发展】2022年，松阳县推进碳达峰、碳中和，落实“双碳”工作要求，开展《松阳县低碳试点县申报方案》编制，分析研究不锈钢产业碳足迹，调查森林生物量、碳储量，启动松阴溪湿地碳汇基础性研究项目。成立零碳县域专班，编制《松阳县零碳第一县战略规划》，对县域一二三产业的重点领域进行生态化、低碳化发展规划。申报和

2022年8月29日，浙江耶米玛服饰有限公司完成厂房屋面分布式光伏安装

（县强村公司供图）

建设低（零）碳试点，建设四都乡陈家铺村、安民乡李坑村全省第一批试点低（零）碳村，古市镇和三都乡松庄村、枫坪乡沿坑岭头村、板桥乡桐榔村、赤寿乡卯山村入选全省第二批低（零）碳试点。

【落后低效产能淘汰】 2022年，松阳县推进工业企业资源集约利用综合评价，基于评价结果实施差别化政策，推动低效、无效企业淘汰退出或实施节能改造。全年完成2台1蒸吨/小时及以下工业燃气锅炉和其他用途的燃气锅炉低氮改造，1家工业企业炉窑治理，5家VOCs源头替代治理项目，8家企业VOCs低效设施升级，39个VOCs突出问题整改，46家不锈钢管企业退火油烟深度治理。推动全市首个VOCs治理活性炭“绿岛”项目落地松阳。

（县经济商务局）

【节能低碳型交通】2022年，松阳县扩大电力、氢能、天然气等新能源、清洁能源在交通运输领域应用，提升机动车绿色低碳水平。全年更新纯电动公交车2辆，新增公交新能源汽车比例达到100%。全县有新能源公交车48辆、新能源出租车2辆、共享单车1200辆、公共设施充电桩84个。引导公众低碳出行，加大绿色循环低碳交通运输和新能源汽车推广应用力度，加强共享电动助力车、公共自行车运维监管，实施“互联网+交通运输”，满足城乡居民短途出行需求。

（县交通运输局）

【绿色建筑】2022年，松阳县在政府性保障房项目和公建项目中率先推行装配式建筑建造，加强建筑材料循环利用宣传，对工程项目全过程绿色施工的动态考核评价，运用智慧工地系统严格施工扬尘和噪声管控。开展装配式建筑重要标准宣贯培训，召开建筑工地现场会，推动行业交流，开展工艺、工法创新和创优，将绿色建造作为实现建筑行业“碳达峰”和“碳中和”的重要技术路径。全年完成装配式建筑面积42.2万平方米，其中装配式住宅建筑面积18.6万平方米，新建装配式建筑面积占新建建筑面积的39.58%；实施既有居住建筑节能改造面积0.37万平方米，实施既有公共建筑改造0.62万平方米，实施高比例可再生能源建筑应用3.6万平方米，实施太阳能光伏装机容量0.5兆瓦，实施可再生能源建筑应用面积9.27万平方米；实施高星级绿色建筑节能评估4项；组织开展年度绿色建筑专项规划修编工作。

（县住房和城乡建设局）

【企业能源消耗监察】2022年，松阳县对县域114家规模以上工业企业开展用能情况分析，讨论研判企业能耗增长数据情况，对用能数据异常波动的工业企业开展能源统计及计量、节能管理制度建设、节能宣传及培训、单位产品能耗、节能目标完成情况、节能技改项目完成情况、淘汰落后用能设备情况等专项节能监察。全年检查工业企业4家，天然气供应企业1家。对被监察企业的不同情况，提出整改意见，要求企业现场开展整改或制定整改计划并承诺限期整改。

【公共机构节能监察】2022年，松阳县开展公共机构节能现场监察，就县域公共机构年度节能目标和实施方案的制定、落实情况；能源消耗定额执行情况；能源消费计量、检测、统计和报告情况；用能产品、设备采购情况；开展能源审计情况；节能管理规章制度建立情况；能源管理岗位设置以及能源管理岗位责任制度落实情况；用能系统、设备节能运行情况等进行现场监督检查。全年开展2批次公共机构节能监察。7月15日，开展公共机构空调温度监察，检查公共机构10家；8月10日，对3个部门和4个公共服务场所开展公共机构节能监察。现场监察中发现的情况，由县府办督查室点对点通报问题单位进行整改，要求监察中未覆盖的单位及时自查自纠，完成整改，确保公共机构节能工作落到实处。

（县发展改革局）

科学技术

综　述

【科技研发投入】2022年，松阳县规模以上企业研发费用支出6.09亿元，比上年增长26.6%，增速居全市第一；高新技术产业投资4.8亿元，比上年增长100.2%，在全市排名第二；高新技术产业增加值18.62亿元，占规模以上工业增加值比重48.1%。全社会科学研究与试验发展（R&D）经费投入增幅位居全市第一、全省第二。

【科技人才培养】2022年，松阳县申报丽水市绿谷精英人才计划入选11人，完成率122%，全市排名第二。引进外国专家人才9人，完成全年考核任务180%，全市排名第一。外国人才总数、国家省科技奖数、R&D人员数、上年R&D经费投入占GDP比重、技术合同交易额5个考核指标在全市排名第一，绿谷精英项目新遴选完成率全市排名第二，绿谷精英项目落地率在全市排名第四。11月，召开科技特派员助力“双招双引”座谈会，探索科技服务新途径、集聚科技人才资源。

【科技企业服务】2022年，松阳县推动科技大市场工作，开展高新技术企业培育、规模以上企业研发费用归集辅导工作，走访企业140家次，对接专家教授20人，对接项目10个。举办高新技术企业申报、R&D研发经费归集培训3场，受训企业累计97家260余人次。

【科技业务知识培训】2022年，松阳县组织开展科技研发管理业务培训，邀请国家高新技术企业评审专家，就企业研发管理支出的归集填报、高新技术企业认定要点、操作指南及财务要点等内容，对规模以上企业负责人和会计开展综合业务培训3期。举办科技大讲堂6次，组织县科技局干部学习科技指标内涵和相关业务知识，提高工作能力和业务水平。

【“科技支撑共同富裕试点村”启动】2022年1月6日，由浙江省林业科学研究院与县科技局共同建立的“科技支撑共同富裕试点村”启动仪式在象溪镇雅溪口村举行。现场举行“试点村”共享医疗项目捐赠仪式、“有机茶园数字化改造提升基地”揭牌仪式、“科技支撑共同富裕基层党校”聘书颁发仪式。

【2022“才聚松阳”人才科技峰会】2022年11月16日，“才聚松阳”人才科技峰会开幕。本次峰会以“人才助力促发展，科技赋能共富裕”为主题，共商发展大计。开幕式上举行国家及省级优秀科创企业，省、市优秀人才，县级优秀企业及先进人才的表彰奖励仪式；绿谷精英落地项目、招商项目、校企合作项目、校地合作项目等“双招双引”项目的签约仪式和“希望之光”组合式人才帮扶工作站揭牌仪式，并邀请百度阿波罗（Apollo）智能交通生态联盟（松阳）创新中心、康佳之星松阳创新中心、中医药大学松阳研究院、浙江云中马股份有限公司作交流发言。

（县科技局）

科技创新主体培育

【概况】2022年，松阳县引导企业申报国家高新技术企业与省科技型中小企业，壮大创新主体。全县有高新技术企业40家、省科技型中小企业147家、省级企业研究院6家、省级高新技术企业研究开发中心17家。

2022年松阳县国家高新技术企业一览表

表21

序号	企业名称	认定时间（年度）	序号	企业名称	认定时间（年度）
1	浙江科马摩擦材料有限公司	2008、2011、2014 2017、2020	21	浙江万寿建筑工业科技有限公司	2020
2	浙江康恩贝中药有限公司	2010、2013、2016 2019、2022	22	巨特钢业有限公司	2020
3	浙江上河机械茶叶机械有限公司	2014、2017、2020	23	浙江骏达钢管制造有限公司	2020
4	宝丰钢业集团有限公司	2015、2018、2021	24	浙江浙铜五星金属材料有限公司	2020
5	浙江国邦钢业有限公司	2015、2018、2021	25	浙江德瑞不锈钢有限公司	2020
6	浙江恒劲树脂有限公司	2016、2019、2022	26	浙江宏海钢管制造有限公司	2021
7	浙江隆达不锈钢有限公司	2017、2020	27	浙江正业特钢有限公司	2021
8	益大特钢有限公司	2017、2020	28	浙江以诺电气有限公司	2021
9	浙江华威门业有限公司	2017、2020	29	浙江鑫通达特钢制造有限公司	2021
10	浙江云中马股份有限公司	2018、2021	30	浙江冠宇管业有限公司	2021
11	浙江华鑫起重机械有限公司	2018、2021	31	浙江宝泽高分子材料有限公司	2021
12	浙江鼎尚不锈钢有限公司	2018、2021	32	丽水佳源环保工程有限公司	2022
13	浙江博盛钢业集团有限公司	2018、2021	33	浙江隆兴不锈钢有限公司	2022
14	浙江恒源钢业有限公司	2018、2021	34	丽水威斯堡科技发展有限公司	2022
15	松阳县景顺实业有限公司	2019、2022	35	浙江新瑞特钢有限公司	2022
16	浙江巨龙钢业有限公司	2019、2022	36	江南科技（松阳）有限公司	2022
17	浙江鹏业不锈钢有限公司	2019、2022	37	浙江新创泰业不锈钢有限公司	2022
18	浙江益宏不锈钢有限公司	2019、2022	38	浙江香巴佬食品有限公司	2022
19	浙江金信不锈钢有限公司	2019、2022	39	松阳县吉强机车配件有限公司	2022
20	浙江万基光学有限公司	2020	40	浙江松洲电气有限责任公司	2022

注：国家高新技术企业每三年认定一次

【科技创新体系建设】2022年，松阳县实施科技企业“双倍增”计划：新增国家高新技术企业9家，重新认定国家高新技术企业7家；新增省科技型中小企业32家。新增省级企业研究院1家（浙江省华威高端金属门企业研究院）。新增省级高新技术企业研究开发中心3家（浙江省益大不锈钢新材料高新技术企业研究开发中心、浙江省宏海不锈钢新材料高新技术企业研究开发中心、浙江省鑫通达特种不锈钢高新技术企业研究开发中心）。新增省级众创空间1家（康洁众创园）。新增市级企业孵化器1家（浙江恒兆智能制造产业园）。

【科技创新奖励】2022年，松阳县及时兑现科技政策奖补资金1194.5万元，对于年度研发投入为零的企业，按生态工业政策奖励标准的60%兑现。发放科技创新券146.39万元，使用创新券95万元。2022年，松阳县规模以上企业研发费用增长每月均保持全市前列，1—7月，达3.19亿元，比上年增长40.7%，增幅排名全市第一。

（县科技局）

科技创新平台建设

【概况】2022年，松阳县围绕茶叶、不锈钢、智慧交通、中医药4大产业，推动松阳茶产业创新服务综合体（省级综合体）、不锈钢产业创新公共服务平台、百度Apollo智能交通生态联盟（松阳）创新中心、浙江中医药大学松阳研究院4个高能级科创平台创建，至12月底，建成综合平台3个，建设中1个。

【茶产业创新服务综合体】松阳茶产业创新服务综合体位于赤寿乡楼塘村川海路1号。至12月底，综合体有茶树种质资源圃33公顷，建成综合体大楼4500平方米，连栋大棚7200平方米，试验茶厂1600平方米，综合体建有质量检验测试服务中心、茶叶良种培育中心、有机肥及生态高效种植示范中心、茶种种质资源开发利用重点实验室、精深加工中心、共享工厂、仓储物流中心。集聚科技创新服务机构24家，引进中国农业科学院茶叶研究所等8家大所名校共建创新载体，走访企业124家次，挖掘技术需求15项。

【Apollo智能交通生态联盟（松阳）创新中心】2022年8月，Apollo智能交通生态联盟（松阳）创新中心启用。该创新中心成立后，为生态联盟企业提供公共环境管理、安全管理、设施维护等基础服务，工商注册、人才引进、知识产权申请、法律咨询等增值服务以及科技项目申报、政策解读、发展培训、科创融资等企业赋能服务，以此促进自动驾驶和智慧交通项目建设，牵引带动综合交通产业发展，助力松阳县“浙江省高质量发展建设共同富裕示范区缩小城乡差距领域首批试点”和全省首个“智慧交通产业发展试点县”建设。至12月底，入驻上海漂视科技有限公司、浙江笙辉科技有限公司等12家企业。

【浙江中医药大学松阳研究院揭牌】2022年9月，浙江中医药大学松阳研究院正式揭牌。该研究院由松阳县人民政府与浙江省中医药大学共建，是在松阳县注册成立的实体化运营科研机构，属浙江中医药大学资产经营有限公司全资子公司。重点在中药材种植、健康产品开发、中医药文旅康养等领域开展产学研用合作。

（县科技局）

位于赤寿乡楼塘村川海路1号的浙江省松阳茶产业创新服务综合体

（县科技局供图）

科技服务

【概况】2022年，松阳县组建科技服务分队3个，走访规模以上企业，指导研发投入。全县有研发投入的规模以上企业93家，比上年增加6家。新增科技大市场人员7人，建立为企服务的中介团队，走访企业200余家。至12月底，累计签订技术合同26项，成交金额5.73亿元，发布技术需求101项、科技成果125项。科技特派员纳入高层次人才库，邀请被评为省级优秀的科技特派员列席县人民政治协商会议参政议政。

【科技特派员工作】2022年，松阳县推进19个第十五批省科技特派员项目、3个第七批市科技特派员项目和2个团队特派员项目实施。完成10个第十四批省科技特派员项目以及2个第十三批省科技特派员项目的验收。全年培育茶叶、油茶、食用菌等各类科技示范户74家，建立示范基地68个，引进或培育新品种119个、新技术99项，开展培训和现场指导113场次，参与992人次。在全市率先推出人才科技特派员制度，县科技局与县委组织部联合印发《县派人才科技特派员派驻方案》《县派人才科技特派员考核办法》，从24个部门中推选出30名优秀人才，分成5个团队，选派到全县19个乡镇（街道）和经济开发区，推动人才科技下沉、深入一线科技赋能。10月17—21日，组织涉工部门分管领导、县人才科技特派员等40余人在省委党校举行2022年科技支撑共同富裕骨干培训班。

【防震减灾服务】2022年，全县开展新建工程抗震设防落实情况检查，推进地震灾害风险普查工作，加强地震监测预报预警能力、台站运行维护管理，提高城乡震害风险防治水平。县科技局与县应急管理局联合印发《关于进一步明确防震减灾助理员和信息员的通知》，将基层地震信息员队伍由乡镇级延伸到村级。县科技局联合县气象局开展防震减灾联合执法检查1次，开展在建工程地震安全性评价、爆破单位报备等行政检查6次。县科技局连续两年获评浙江省防震减灾工作先进单位。

（县科技局）

科技项目成果

【概况】2022年，松阳县县本级立项科技项目2批13个，内容涵盖《非粮化耕地快速复耕与水稻高效种植技术研究与示范》《油茶生态复合种植示范与推广》《翠冠梨林下套种野草莓栽培技术研究与示范》等领域。

【科技项目研发】2022年7月，松阳县《"非粮化"改造下功能型抗旱水稻新品种培育及高效生态种养业的技术攻关与推广示范项目》获浙江省科学技术厅2023年度"尖兵""领雁"研发攻关项目，获项目研发资金240万元。浙江正德和食品有限公司申报的"茶—肉制品加工产业化应用关键技术研发与示范"获批浙江省年度农业领域"尖兵""领雁"研发攻关项目，获得省级财政补助经费253万元。

2022年9月20日，浙江正德和食品有限公司员工在生产车间制作茶香香肠

（浙江正德和食品有限公司供图）

【科技成果获奖】2022年7月8日，浙江省科学技术厅公布2021年度浙江省科学技术奖名单，浙江康恩贝中药有限公司申报的"复方鱼腥草合剂生产过程核心关键技术及产业化"成果获2021年度浙江省科学技术进步奖二等奖，实现松阳县省科学技术进步奖零的突破，系2022年全市在该领域获得的最高等次奖项。

（县科技局）

气象测报

【概况】2022年，在全球气候变暖背景下，处季风气候区的松阳气候呈现热、旱、急等气候特点，全年气候异常复杂多变，并出现长时间阴雨寡照、春汛、明显的梅汛期降水集中期、盛夏高强度高温热浪、夏秋连旱、春秋强寒潮等灾害性天气。2022年，松阳县气象局通过县电视台"一周气象专题"节目和网络平台向社会公众发布气象预报，及时发布预警信息。

【气象观测】2022年，全县气温、降水、日照分布极不均匀。全年平均气温19.1℃，较常年偏高0.7℃，为历年第四高，但起伏明显。全县月平均气温3月、8月和11月为历年最高，5月则为历年最低。全县总日照时数1612.1小时，平均日照时数4.4小时，较常年偏多0.4小时，但各月间起伏大：8月全县月平均日照时数为历年第三多，5月全县月平均日照时数为历年第二少，11月全县平均日照时数为历年第三少。

1—2月，全县平均的降水偏多、日照明显偏少。降水1月较常年偏少14.2%，2月偏多48.1%；日照时数1月偏少24.5小时，2月偏少42.4小时，其中1月16日至2月23日各地出现长达1个月的阴雨寡照天气。

3月下旬，降水异常偏多，全县旬平均降水量156.9毫米，较常年偏多180.2%，旬降水量为历年最多，22日、25—26日和31日均出现较大范围的暴雨。受连续暴雨天气影响，全县各地均不同程度出现较明显的春汛。

5月，全县月平均气温20.1℃，较常年偏低2.7℃，为历年最低，气温持续偏低并以中旬为最低。受气温持续偏低影响，到5月25日才进入气象意义的夏季，入夏时间相比常年晚近一个月。

2022年，梅汛期降水集中期出现在5月26日至6月21日，降水集中期时间长，累计雨量大。降水集中期全县平均雨量410.6毫米，仅次于1998年同期的459.6毫米，为历史同期第二多；暴雨过程间歇短，27天降水集中期内仅6月7—8日、6月15—17日无明显降水，雨日多达22天。

2022年夏季全县高温（日最高气温≥35℃）日数65天，较常年偏多26.8天，为历年最多；炎热（日最高气温≥38℃）日数全县47天，为历年最多；酷热（日最高气温≥40℃）日数全县28天，为历年最多。全县季极端最高气温42.3℃（8月23日），为历年最高。2022年夏季高温强度超过2003年，为1998年有完整气象记录以来最强。

自6月下旬出梅后至11月，全县气温持续偏高。其中，夏季（6—8月）全县平均气温29.3℃，较常年偏高1.8℃，全县季平均气温为历年最高；秋季（9—11月）全县平均气温21.4℃，较常年偏高1.7℃，全县季平均气温均为历年最高。

自6月下旬出梅后至10月，全县降水持续偏少，与常年相比，7月偏少86.6%，为历年第二少；8月偏少49.9%；9月偏少89.1%，为历年最少；10月偏少96.2%，为历年第二少。受高温少雨天气影响，7月开始气象干旱持续并加剧，各地水资源短缺较为明显，直至11月趋于缓解。

10月1—4日，受强大的西太平洋副热带高压控制，全县连续出现高温酷热天气。1—4日全县日最高气温均超过38℃，其中3日超过40℃，达40.4℃。月极端最高气温均创有完整气象记录以来的历史新高。

10月5日受强冷空气影响后，气温剧降并持续走低，且达到气象上的入秋标准，入秋时间与常年持平。11月29日至12月1日，受强冷空气影响，全县日平均气温降幅达13.9℃，超过寒潮天气标准，于11月30日进入气象意义的冬天，入冬时间较常年偏早。

【农业气象信息服务】2022年，松阳县气象局与县电视台继续联合制作“一周气象专题”节目，开展茶叶气象保障服务；与保险公司联合调查茶叶低温气象指数保险，完成调查报告并上报省气象局；与县农业农村局对接，共同推进“茶产业大脑”茶叶种植模块相关工作。全年与县茶产业发展中心联合会商3次，联合开展田间灾情、虫害调查3次，发布服务短信1万余条，与县农业农村局联合发布春季茶园害虫防治意见1期、农业气象灾害蓝色预警1次、农业高温热害风险预警2次。

【气象设施现代化建设】2022年，县气象局完成地面综合观测能力提升工程建设，新建气象区域自动站3个，升级已建气象区域自动站13个，新建通信系统1套，建成辐射站1个，验收完成气象灾害综合风险普查工作。开发天气罗盘本地化应用。依靠气象设施现代化建设提高预警信息精细化程度。推进气象大数据平台建设，推动气象社会治理数字化转型，运用浙江省审批执法综合监管平台，开展双随机检查，与县应急管理局、县市场监管局等部门联合检查，做好安全生产隐患排查，完成除险保安整改。

【气象预警】2022年，县气象局建立本地化《梯次化预报预警服务细则》，细化重大气象灾害预警服务工作机制，实现暴雨等气象灾害的动态监测，提高预警信息精细化程度。检查防雷重点单位34家，监管覆盖率100%。全年发布强降雨、强寒潮等紧急异常天气服务短信165条，受众100万余人次，发布暴雨预警信号27次、大风预警信号13次、雷电预警信号10次、霜冻预警信号2次、道路结冰预警信号9次、高温预警信号49次、寒潮预警信号2次；开展火箭弹人工增雨作业及人影烟炉作业共14次。

【气象社会服务】2022年，县气象局开展茶叶气象保障服务，研发生态气象服务产品助力全域旅游。在四都乡开展气象景观预报，服务预报涵盖雪景、云海、日出、晚霞、星空、雾凇等，全年发布预报87期。推进丽水国家气象公园松阳试点建设，协助安民乡大毛岘背入选全国首批天气气候景观（星空景观）观赏地，联合县

2022 年 9 月 7 日，松阳县古市镇中心学校师生在该校气象科普基地开展气象观测现场教学 （古市镇中心学校供图）

委宣传部、县文广旅体局等部门举办“一起去星辰山看流星雨”活动；在“3・23”世界气象日、“5・12”减灾防灾日、“安全生产月”等时段开展气象防灾减灾科普宣传活动，在暑期高温天气下，派工作人员进社区、联系村开展高温科普宣传，发放宣传册。开展校园气象科普基地提质升级行动，建设古市镇校气象科普基地，配备百叶箱、雨量筒、气象科普挂图等设备，开展观云看天、气象绘画等专题科普活动。

（县气象局）

水文监测

【概况】2022 年，松阳县年平均降水量 1549.1 毫米，平均降水天数 151 天。较上年平均降水量下降 23%。年降水量最高值为 1825 毫米（大潘坑站），年降水量最小值为 1280.5 毫米（西屏站）；年平均水面蒸发量为 1008.7 毫米；靖居口站年径流量 17.34 亿立方米，比上年径流量 20.42 亿立方米下降 15%，最大月径流量出现在 6 月，为 5.6 亿立方米，最小月径流量出现在 10 月，为 0.2 亿立方米。靖居口站年平均水位 83.97 米、年平均流量 55 立方米/秒、年径流量 17.34 亿立方米，径流深度 933.8 毫米。

【监测站点设置】2022 年，松阳县设有水位站 102 个，密度为 13.8 平方千米每站；雨量站 72 个，密度为 19.5 平方千米每站；流量站 21 个，密度为 67 平方千米每站。7—10 月，松阳县境内平均降水量 180 毫米，平均降水天数 22 天；平均降水量比上年下降 73%，降水天数下降 60%，7—10 月 4 个月间降水偏少，干旱严重。

【汛期水情】2022 年，根据靖居口站水文监测数据显示，靖居口站洪峰出现在 6 月 20 日 16 时 50 分，洪峰水位 90.76 米（超警戒水位 0.56 米），洪峰流量 1900 立方米/秒。最低水位出现在 11 月 10 日 4 时 35 分，水位 83.16 米，最小流量 1.7 立方米/秒。汛期总体较平稳，出现超警水位 1 次，洪峰流量较往年小。

【监测能力提升】2022 年，松阳县实施水文测报能力提升建设项目，累计投资 344.16 万元，分两期建设，其中一期新建大中型水库库下水文电站 1 个，新建白沙湖站、古湖坑、新兴站、弓桥站水位站 4 处；改建谢村源水库、东坞水库、梧桐源水库水位站 3 处；制作安装站点标识标牌 64 处；安装调试监测系统网关 99 处。二期完靖居口水文站测站升 1 处；提升东坞水库出库流量站、梧桐源水库出库流量站水文站 2 处；提升田岗水位站、青蒙水位站 2 处；完成大塘山塘、兆弄山塘、 五都源山塘重要山塘水库水位站建设 3 处；完成预警软件维护升级。

（县水利局）

教　育

综　述

【教育经费投入】2022年，松阳县财政一般公共预算支出54.47亿元，用于教育支出7.55亿元，教育支出占一般公共预算支出13.86%。筹措各类资金1600余万元，用于20余个暑期项目的维修改造。全年全县义务教育段学校日常公用经费总额1953.8万元（不含民办学校），其中教师培训经费271.91万元，占经费总额的13.91%。

【教师队伍建设】2022年，松阳县有省特级教师2人、省教坛新秀6人、市教学名家2人、市县名师82人、市县学科带头人165人、市教学能手87人、市县教坛新秀1018人、市教坛新苗273人。修订完善教育人才政策，全年引进博士研究生8人(全职海外博士研究生1人)，实现博士研究生零的突破，招引事业编制教师49人(其中全职硕士研究生8人)。启动省“硕师计划”签约推荐工作，推荐5名毕业生入围省“硕师计划”。定向委培毕业生15人，选送定向委培生20人，入围分数均在高考特殊类型招生控制线以上。签约国家免费师范生1名。推进“绿谷名师”全员进阶计划，全年培育教学能手37人，教坛新秀、新苗343人，德育能手、德育新秀8人。省、市教学活动评比获奖24人，市教育科学研究优秀成果获奖16个，市“改进学校教学管理”实践案例获奖8个。出台《松阳县教育系统后备干部培养方案》，47人入库教育系统后备干部，新增特级教师1人。县教育干部队伍建设相关经验做法在省教育厅门户网站、《今日择报》推广。

【教育基础设施建设】2022年，松阳县完成省教育民生实事1项，市民生实事项目3项，改扩建暑期项目20余个。岗寺幼儿园、裕溪幼儿园2所新建幼儿园投入使用，文教园区幼儿园竣工，育英小学提前结顶，获项目类“金牛奖”，第三实验幼儿园、产教融合中心大楼等开工建设。新增幼儿托位200个；为全县公办义务段学校共73个教室购置多媒体黑板，完成62个教室采光照明提标改造。

【教育高质量发展大会】2022年8月22日，松阳县召开教育高质量发展大会暨丽水农林技师学院筹建工作推进会，研究部署教育改革和提质发展各项工作。会议表彰省级以上先进单位和个人，宣读浙江省人民政府关于筹建丽水农林技师学院的批复文件，举行丽水农林技师学院（筹）揭牌仪式，介绍松阳县支持“县中崛起”9项措施及丽水农林技师学院筹建相关政策，宣布松阳人民教育基金募捐倡议书、首批意向捐赠单位名单及企业专项奖设立情况，有关部门单位作交流发言。会上，浙江省北大信息技术高等研究院与松阳县第一中学就“县中崛起”专项行动进行项目签约，松阳县第一中学成为浙江省北大信息技术高等研究院科技创新实践基地。

【“山海城乡”教育联盟建设】2022年，松阳县与余姚、安吉建成跨地区教共体9所，小学教育联盟5个，县域结对20对，师徒结对136人，共建名师工作室18个，在结对学校进行异地跟岗锻炼教师13名。持续探索教育集团、新时代城乡义务教育共同体和跨地区教共体建设，推动学校在课堂教学、学科建设、师资培养等方面互促互补。开展“互联网+义务教育”，加强远程专递课堂、教师网络研修、名师网课观摩等帮扶，实现城乡教育“零距离”。2022 年，组织线上线下示范课 190 节，开展集体教研 177 次。

（县教育局）

教育管理

【学校德育教育】2022 年，县教育局推进思政教育，加强改进新时代学校体育、美育工作。高校新生体质健康监测结果居全省前列、全市第一；松阳县第一中学男子队在浙江省第十四届中小学乒乓球赛中获冠军，实现四连冠；获省“活力启‘杭’，共绘亚运”中小学生绘画大赛组织奖。培植打造特色项目品牌，创成省健康促进金牌学校 1 所，省近视防控特色学校 1 所。坚持践行家、校、社“三位一体”育人模式，4 所学校被评为市法治示范校，全面加强青少年法治教育工作。县心理关爱中心通过全省首批 26 个县级心理辅导中心建设项目验收。创建市级中小学心理健康教育示范点学校 2 所。

【课程改革】2022 年，松阳县教育局制定《松阳县义务教育学校课后服务工作实施方案》，内容包括开设放学后托管服务、开设初中晚自习服务、开展免费线上教学服务、开展暑期托管服务，以及为在校学生提供配套就餐服务等。义务教育学校课后服务采取“作业辅导+特色课程+精品社团”模式，在完成作业指导、个别辅导与答疑等服务后，开设书法、烹饪、阅读、劳动实践等课程，开展社团活动或学科实践活动。全县有义务段 16417 名学生、1366 名教师参与课后服务，小学参与率 87.36%，初中参与率 98.49%。常态化开展校外培训机构监督检查，实现学科类校外培训机构清零，14 家非学科类校外培训机构纳入全国监管平台，100%实行全流程监管，2 个“双减”案例入围省“双减”优秀实践案例。制定《规范松阳县民办汇文中学发展工作实施方案》《松阳县汇文中学“一校一策”实施方案》，推进民办义务教育规范发展。

2022 年 5 月 25 日，松阳县实验小学集团学校学生参加该校开设的课后服务烹饪课程　（县教育局供图）

【教育科研】2022 年，松阳县初中教研团队到古市中学、民族中学、松阳五中、松阳三中 4 所初中及民办汇文中学进行两次集体教学调研，共听课 300 多节，指导学科教研活动。小学教研团队到古市小学、城北小学、水南小学等学校进行调研，开展对话研讨，案例解剖，实现引领导航作用。开展“关注幼儿的学习过程　让幼儿的学习看得见”“读懂儿童”“木玩游戏研讨”等多个专题研讨。

【贫困生资助】2022 年，松阳县资助各类困难学生 8214 人次，资助金额 578.93 万元。减免幼儿保育费 348 人次，金额 60.18 万元。实施义务段营养改善计划，2152 人次享受营养餐，金额 215.2 万元；实施营养改善提升“一蛋一奶”工程，2152 人次享受，金额 64.56 万元。为家庭经济困难寄宿生提供生活补助 1121 人次，金额 66.9 万元；为家庭经济困难非寄宿生提供生活补助 1031 人次，金额 26.47 万元；发放国家助学金补助 464 人次，金额 46.4 万元；发放普高免学费补助 406 人次，金额 44.8 万元；为少数民族学生提供教育券，免收秋季一个学期的学费，2022 年发放少数民族券 119 人，金额 13.38 万元。发放中职学校国家助学金补助 396 人次，金额 39.6 万元。

【校园安全管理】2022 年，松阳县 69 所中小学、幼儿园通过“丽水市学校安全教育平台”开展安全教育，894 名教师教授安全教育教学课程 11662 节，29820 名学生完成在线安全知识学习 40 余万次，参与安全教育专题活动 12 项。

全年全县中小学、幼儿园共完成应急疏散演练348次，累计参与演练19万余人次。组织教职员工参与安全素养培训1583人次。全县师生防骗承诺书签订率达100%；教育系统教职员工“国家反诈中心”APP安装率100%。实现全县学校食堂智能“阳光厨房”全覆盖。51家公办中小学、幼儿园食堂统一使用丰收配送溯源系统，食材均实行统一配送。建立校园常态化巡查工作机制。全县69所中小学、幼儿园共设置隐患巡查点位1661个，全年完成隐患巡查10.15万次，发现风险隐患152处，整改完成率100%。

（县教育局）

学前教育

【概况】2022年，松阳县有幼儿园47所，其中公办园24所，民办园23所。在园幼儿6296人（含托班），比上年减少798人。学前教育毛入园率98.3%，全县幼儿园在职专任教师521人。

【等级园建设】2022年，松阳县实施《松阳县学前教育发展第四轮行动计划（2021—2025年）》，等级园率达100%，其中一级幼儿园5所、二级幼儿园20所、三级幼儿园22所。公办园在园幼儿占比59.7%，一、二级幼儿园在园幼儿占比76.3%，普惠性幼儿园在园幼儿占比100%，教师持证率达100%。

【托育机构建设】2022年，松阳县实施《松阳县3岁以下婴幼儿照护服务发展补助政策》。县卫生健康局、县教育局、县住房和城乡建设局等部门按照托育建设标准对托育机构规范管理，通过整改提升、注销备案等一系列措施，进一步提升托育建设和服务水平。至12月底，全县备案登记托位1158个，每千人婴幼儿托位数5.65个。其中，新兴镇中心幼儿园托育部、樟溪乡中心幼儿园托育部、大东坝镇中心幼儿园、古市幼儿园岗寺分园托育部、哈灵幼儿园托育部、象溪镇中心幼儿园托育部、实验幼儿园文教分园托育部7家托育部为民生实事托育部；松阳古市好奇星托育服务有限公司、松阳县乐萌托育服务有限公司、松阳县趣莺托育有限公司3家机构为纯托育机构。

【县实验幼儿园文教分园竣工验收】2022年12月，松阳县实验幼儿园文教分园竣工，计划于2023年投入使用并于春季开始招生。该幼儿园位于水南街道秀峰南路6号，根据省一级幼儿园标准规划设计，用地总面积7894.91平方米，建筑面积8056.53平方米，总投资3666万元，计划开设9个班级。

（县教育局）

义务教育

【概况】2022年，松阳县有义务段学校25所，在校生17977人，其中城区学校8所、平原乡学校8所、山区学校9所。全县有小学21所，在校生11641人；初中4所，在校生6336人。其中，九年一贯制1所。义务教育阶段适龄少年儿童入学率、在校生巩固率、毕业率均达100%。初中毕业生2274人，初中升高中升学率达98.52%。公办中小学100%实行免试就近入学，义务教育标准化学校创建率达100%。

【义务教育优质均衡发展县建设】2022年5月，松阳县通过全国义务教育优质均衡发展县省级复查评估，上报教育部。松阳县出台《争创全国义务教育优质均衡发展县实施方案》，实施“小学强基”“初中壮腰”工程，中考优秀率位居全市第四。松阳县古市

2022年12月，松阳县实验幼儿园文教分园竣工　（县教育局供图）

镇中心学校、松阳县第三中学、松阳县第一中学、浙江省松阳县职业中等专业学校、松阳县西屏街道社区学校5所学校获评省现代化学校。赤寿小学短视频故事案例入围省教共体典型案例，水南小学获评浙江省健康促进金牌学校。改进中小学招生制度，实施“阳光招生”，实行公民同招电脑派位，公办中小学招生“零择校”，辖区内适龄儿童少年免试就近入学。保障随迁子女就学权利，安排随迁子女在义务教育公办学校就读，保障流动人口学龄子女100%入学。构建科学合理的分班机制，消除大班额，全县小学班额不超过45人，初中班额不超过50人。省对县基础教育生态监测获A级等次，位列全市第一。

【特殊教育】2022年，松阳县落实残疾儿童少年“一人一案”，选派具有丰富教学经验教师开展“送教上门”工作，形成以培智学校为骨干，随班就读为主体和送教上门为补充的特殊教育体系。至12月底，全县有特殊教育学校1所、随班就读资源教室20个、卫星班专用功能教室1个，残疾儿童少年义务教育入学率100%。

【“田园教育”县域德育品牌创建】2022年，松阳县按照“一县一特色、一校一品牌”总体思路，着眼学校特色发展，开展“田园教育”县域德育品牌创建。利用安岱后、枫坪斗潭等红色研学基地，开展红色教育。编发《松阳县国学经典教育自编教材》等乡土教材，开发《快乐田园草药行》等21个市级精品课程，《开发乡土课程 推进课程育人》被教育部评为全国中小学德育工作典型经验案例。

【“非遗进校园”活动】2022年，松阳县推进中华优秀传统文化教育，开展“非遗进校园”活动，成立非遗传承校内基地，推进传统非遗“进课程”“进教材”。开展劳动教育，推进劳动教育清单化管理。丰富课后拓展服务，开展以“作业辅导+特色课程+精品社团”为模式的课后服务活动。至12月底，全县共打造非遗研学基地2家，非遗研修旅行路线2条；27所义务教育段学校均建有百草园、陶艺馆等劳动教育基地；“探寻古村记忆 助力乡村振兴”活动获市未成年人道德文化节未成年人最喜爱活动奖。

（县教育局）

普通高中教育

【概况】2022年，松阳县有普通高中2所（松阳县第一中学、松阳县第二中学），在校生3186人，比上年增加86人。2022年高考被浙江大学等C9+2（浙江大学、南京大学、复旦大学等9所国家首批“985工程”重点建设的一流大学及清华大学、北京大学）高校录取13人，重点高校和省市重点建设高校录取226人，高考上线率99.9%。

【“县中崛起”计划实施】2022年，松阳县出台《关于支持“县中崛起”的九项措施》《松阳县“县中崛起”五年行动计划》，推进“一校一策”。与浙江省北大信息技术高等研究院签订优生培养合作协议，松阳县第一中学、第二中学成立教育发展共同体。松阳县第一中学男子队在浙江省第十四届中小学乒乓球赛中获冠军，实现四连冠。高校新生体质健康监测松阳居全省前列、全市第一。

【“一县一业一学会”项目合作】2022年11月16日，“才聚松阳”人才科技峰会子活动“一县一业一学会”项目合作签约仪式在松阳县第一中学五楼会议室举行。会上，松阳县第一中学与卢燎亚天文名师工作室举行签约仪式。根据协议，省天文学会将在松阳县第一中学设立卢燎亚天文名师工作室，发挥名师在教育教学和研究实践中的指导、服务、示范和辐射作用，因地制宜地组织开展天文科普活动，在天文课程开设、活动基地建设、天文社团组建、学生活动组织等方面给予支持，把天文教育教学以及专业人员培训落到实处。

（县教育局）

职业教育

【概况】2022年，丽水农林技师学院（筹）松阳县职业中等专业学校（以下简称县职业中等专业学校）有在校学生2409人，专职教师156人，其中高级讲师45人、教学名师47人、市技术能手3人，专业技能高级工58人、技师31名、高级技师1人。学院设有智能控制与装备、智能设计与制造、现代服务业、现代农林和建筑工程5个系。2022年，县职业中等专业学校被浙江省教育厅办公室评为省职成教发展考核优秀单位，创成现代化学校。县职业中等专业学校茶叶生产与加工专业高水平专业中期绩效评价评定为优秀，茶乡共富—茶叶从业人员高质量培训项目获评省中等职业教育改革典型案例。茶乡共富实习实训基地被浙江省教育厅等十部门评为省产教融合工程项目。丽水农林技师学院（筹）申报案例获浙江省中职教育教学成果二等奖。

【丽水农林技师学院（筹）揭牌】丽水农林技师学院（筹）前身为松阳县职业中等专业学校，学校创办于1984年，是一所集教育教学、技能考核、上岗培训、就业帮扶为一体的国家级重点中等职业学校。2022年1月18日，经浙江省人民政府批准，同意在松阳县职业中等专业学校的基础上筹建丽水农林技师学院。8月22日，松阳县举行召开教育高质量发展大会暨丽水农林技师学院筹建工作推进会，并举行丽水农林技师学院（筹）揭牌仪式。

【丽水农林技师学院（筹）迎来首届新生】2022年9月，丽水农林技师学院（筹）迎来首届新生。该年度一年级共设置22个班级，招收新生900余名。开设智能制造类专业7个、现代服务类专业3个、农林类专业3个、建筑类专业2个。开设企业订单班3个，培养企业直接可用的技能人才。以松阳为中心辐射全省经济发达地区的就业网络，与浙江以诺电气、中财集团等50多家大中型企业建立长期稳定的用工合作关系。

（县职业中等专业学校）

普通高等教育

【概况】2022年，丽水学院松阳校区（丽水中等专业学校）有在编教职工113人，在校生1282人，其中五年一贯制学前教育专业926人，丽水学院“技能+学历（3+3）”全日制非学历教育学生356人。2022届毕业生297人，教师资格证通过率91.92%，初次就业率93.94%；专升本录取人数28人，升学率 9.43%；考取各地教师人数（包括正式编制或合同制）79人，占比 26.6 %。

【丽水学院松阳校区（丽水中等专业学校）新校区启用】2022年9月，丽水学院松阳校区（丽水中等专业学校）搬迁至县南城文教园区。新校区占地面积13.33公顷，总建筑面积6.8万平方米，概算总投资3.37亿元，采用政府与社会资本合作模式（PPP项目）建设。至12月底，完成校园设备更新、校园绿化工程、校园信息化、图书馆等新校区功能化建设，办学条件进一步优化。

【丽水学院松阳校区（丽水中等专业学校）正式揭牌】2022年11月4日，丽水学院松阳校区举行揭牌仪式，丽水中等专业学校实质性并入丽水学院。丽水学院松阳校区创办于1978年，历经遂昌师范、松阳师范、丽水师专松阳校区、丽水中专4个阶段。2011年，挂牌丽水学院幼儿师范学院，纳入高等教育。2017年，经市委、市政府决定，建成新校园后，实质性并入丽水学院，筹建丽水学院松阳校区。学校设有缙云县工艺美术学校、临海市高级职业中学、义乌市国际商贸学校等12个教学点。

［丽水学院松阳校区（丽水中等专业学校）］

成人教育

【社区教育】2022年，松阳县开展“第三年龄学堂”工作，建立完善的社区教育网络，开展社区

2022年9月，丽水学院松阳校区（丽水中等专业学校）搬迁至松阳县南城文教园区

［丽水学院松阳校区（丽水中等专业学校）供图］

教育培训活动，全年培训 65943 人次，占全县常住人口的 32.2%。松阳社区学院被评为 100 个浙江省社区教育示范基地之一。成立松阳县社区家庭教育指导服务中心,在 8 所乡镇社区学校成立家庭教育指导服务站，建立全县社区家庭教育指导服务网络体系。由县妇联、县教育局联合发文聘请 6 位讲师组建家庭教育讲师团，开展“家庭教育进农村文化礼堂”活动，推进家庭教育数字化应用场景的使用。

【成人职业技能培训】2022 年，松阳县有区域中心成人文化技术学校 4 所（西屏、古市、象溪、大东坝）。全年开展茶艺师、保育师、面点师、电工等职业技能培训班次，受训 7018 人次。开展茶艺师、煨盐鸡、无人机、电工等培训项目 28 项,培训 1902 人次，实现共富能力提升培训 1000 余人次目标；启动辅警和“一村一名农民大学生”学历提升项目。

【老年大学】2022 年，松阳县在各乡镇（街道）设立老年开放大学教学点 19 个，乡镇覆盖率 100%。入选市老年人智能技术运用培训优秀教学案例 3 个、优秀教材 2 本。推广“浙学通”应用，全县 19 个乡镇老年教育分校入驻平台，入驻率达 100%，所有学习数据均对接“浙江省终身教育学分银行”系统。

【浙江开放大学松阳学院揭牌】2022 年 11 月 11 日，浙江开放大学松阳学院举行揭牌仪式。浙江开放大学松阳学院是松阳唯一的成人高等学校，其前身是浙江广播电视大学松阳工作站，2008 年更名为浙江广播电视大学松阳分校，同年成立浙江松阳社区学院。2011 年升格为浙江广播电视大学松阳学院。2017 年增挂浙江老年开放大学松阳学院。8 月，松阳县人民政府正式发文批复同意浙江广播电视大学松阳学院更名为浙江开放大学松阳学院。12 月，浙江开放大学松阳学院获评 2021—2022 年度全省开放大学办学业绩突出单位。

【丽水市现代远程教育学会年会】2022 年 11 月 24 日，丽水市现代远程教育学会年会在松阳召开，全市各开放大学校长及科研获奖人员共 60 余人参加会议。会议肯定了浙江开放大学松阳学院在服务松阳经济建设和终身教育体系构建及学习型社会建设方面取得的成绩，对 2021—2022 年度学会论文获奖人员进行授奖，补选 3 名学会理事，并组织全体会员前往县四都乡乡村振兴实践基地开展乡村振兴建设学习考察。

（县教育局）

民办教育

【概况】2022 年，松阳有民办九年一贯制学校 1 所（松阳县汇文中学），民办幼儿园 18 所，在园幼儿 2536 人，占比 40.3%。汇文中学获评丽水市教育质量发展五星级学校。

【规范民办义务教育方案出台】2022 年，松阳县委常委会、县政府常务会审议通过《规范松阳县民办汇文中学发展工作的实施方案》《松阳县汇文中学“一校一策”实施方案》，明确保持汇文中学现有民办体制不变，汇文中学小学部一年级 2022 年秋季继续招生 4 个班，2023 年秋季停止一年级招生。小学部学生采用政府购买学位方式。实现到 2022 年 9 月 1 日,将民办义务教育在校生规模占比控制在 5%以内的目标，推进民办义务教育规范发展。

（县教育局）

招生考试

【概况】2022 年，松阳县高考在松阳一中考点进行，报名人数 2079 人，报考课次 7770 次，试场数 251 个。中考全县共设松阳三中、松阳五中、汇文中学、民族中学、古市中学等 5 个考点。2252 名初三考生报名参加考试。全县有试场 78 个，其中松阳三中 16 个、松阳五中 16 个、汇文中学 7 个、民族中学 23 个、古市中学 16 个。全国英语等级考试在松阳一中考点进行，545 名考生报名参加，有试场 19 个。成人高校招生全国统一考试共 787 人报考，其中专科报考 308 人、专升本报考 479 人，比上年增加 131 人。设试场 32 个，其中专升本 20 个、专科层次 12 个。

2022 年松阳县部分考试开展情况一览表

表 22

考试类别	考试时间	报名人数（人）	考点
中考体育测试	4 月 15—26 日	2254	古市、汇文、三中、民族、五中等五所考点学校
普通高考	6 月 7—10 日	1006	松阳一中
单独考试	6 月 7—8 日	344	松阳一中
1 月高中选学考	1 月 6—8 日	1984	松阳一中
7 月高中学业水平考试	7 月 2—3 日	2079	松阳一中
初中学业水平考试	6 月 13—14 日	2252	松阳三中、松阳五中、汇文中学、民族中学、古市中学
2022 年下半年全国英语等级考试工作	9 月 24 日上午	545	松阳一中
成人高校招生全国统一考试	11 月 5—6 日上午	787	松阳一中
高校招生职业技能操作考试	11 月 26 日	363	松阳县职业中等专业学校

【高中考录】2022 年，松阳县共有 2254 名考生报名参加中考体育测试。测试于 4 月 15 日至 26 日相继在古市、汇文、三中、民族、五中等 5 所考点学校进行，4 月 30 日为全县补考日，在松阳五中进行。2022 年首次将阅卷学校由松阳三中改为交通便利、设备较好的松阳五中，配备检查扫描教室、光纤、阅卷教室、电脑等硬件，保障阅卷工作。全县初中毕业生升入松阳一中和松阳二中，高中学生共 1105 人 26 个班，其中升入松阳一中高一 671 人 16 个班，升入松阳二中高一 434 人 10 个班。

【职业高中单独考试录取】2022 年，松阳县按照“规范、高效、安全”的工作目标，持续推进职业高中单独考试录取工作。6 月 7—8 日，在松阳一中组织开展职业高中单独考试，共有 344 人报名。单独考试录取率 95.6%，其中上本科线 9 人，本科升学率 2.61%。

【高考考试】2022 年 1 月 6 日—8 日，松阳县高中选学考在松阳一中考点进行。选学考报名人数 1984 人，报名课次 4018 个（含高考英语），参加外语、政治、历史等 10 门课程的考试。普通高考考试于 6 月 7—10 日在松阳一中考点进行，报名人数 1350 人，报名课次数 5774 次，试场数 198 个。

2022 年松阳县各类各级学校基本情况一览表

表 23

学校类别	学校数（所）	毕业生数（人）	招生数（人）	在校学生数（人）	教职工数（人）	专任教师（人）
中等职业学校	1	665	900	2409	171	156
高中	2	986	1116	3186	313	283
初中	4	2274	1908	6336	570	524
小学	21	1918	1806	11641	789	770
幼儿园	47	1817	1110	6296	885	521
特殊教育学校	1	20	21	70	9	9

（县教育局）

文 化

综 述

【文化产业培育】2022 年，松阳县修订出台《松阳县文化产业发展规划》《松阳县文化产业发展专项资金使用管理办法》。组织县文旅投集团、云缬坊文创工作室等文创企业参加丽水市首届“丽享生活”文化创意作品展活动。发挥浙江宇泰特种材料贸易有限公司、浙江华威门业有限公司、松阳怡智文教用品有限公司、杭州光粒科技有限公司、浙江森海新材料股份有限公司等龙头企业示范引领作用，以“数字+”为导向，推动高端门、儿童益智产业园、增强现实技术（AR）智能眼镜等项目落地，加强制造产业与文化产业的深度融合。完成艺术助推乡村振兴项目申报工作，叶村乡横坑竹艺村项目入选全市“5 个重点”之一。

【文旅融合】2022 年，松阳县深化文旅融合，推动文旅事业高质量发展。获评浙江文旅助力探索共同富裕十佳县（市、区），入选全省财政奖补支持打造共同富裕试点县。至 12 月底，纳入文旅产业融合集聚区培育试点范围村 6 个，累计完成项目总投资 1.86 亿元。田园文化传承生态保护区入选省级文化传承生态保护区，松阳高腔戏曲电视剧《红色浙西南》获第十八届中美电影节和电视节“中华文化国际传播力奖”。松阳高腔《率将士闯天门》受邀进京参加央视《一鸣惊人》节目录制。编辑出版《高焕然》《崇觉罗汉茶》《刘英与浙西南（续）》等连环画。

（县文广旅体局）

【县文化工作会议】2022 年 11 月 17 日，松阳县召开文化工作会议，实施“文化强县”战略，启动“文兴松阳、挺进共富”工程。开展深化新时代松阳精神内涵延展、做强文化社会根基、加快文明县城创建工作，进一步唱响松阳高腔、升级传统村落、做精特色区块、传承“唐风宋韵”。

（县委宣传部 县文广旅体局）

公共文化

【概况】2022 年，县文广旅体局深入实施“浙文惠享”民生实事工程，建成“15 分钟品质文化生活圈”60 个和城市书房 2 家，文化驿站 1 家。创成第二批省级乡村博物馆 7 家。实现全县图书馆、文化馆总分馆体系全覆盖，县级四馆实现免费开放、错时开放且每周开放时间不少于 56 小时，乡镇综合文化站、图书分馆错时开放且每周开放时间不少于 42 小时。常态化开展全民阅读活动，举行各类阅读推广活动 550 场、讲座 24 场、展览 45 场、培训 342 场。文里三庙文化驿站工作被县委、县政府评为“金牛奖”。完成农村电影公益放映 1900 场的任务。

【公共图书馆公益活动】2022 年，全县新建城市书房 3 家，接待读者 3 万余人次。建成全县首家少儿主题城市书房——文曲少儿城市书房。完成全县 19 个乡镇（街道）图书分馆挂牌，实现乡镇（街道）图书分馆全覆盖。结合社会教育功能，传承优秀传统文化，举办“我们的节日”“诗意松阳 · 四季学堂”、古城故事会、“田园梦 心悦读”免费培训、松阳童谣进校园、青年读书会等一批特色活动。全民阅读月期间，开展阅读推广活动103场。在“丽水市首届朗读大赛”中，县图书馆选送的作品获2银2铜。外借图书92404册，送书下乡26720册，流动图书70113册，发布微信推文158篇。启用电子读者证办理小程序，实现线上办理电子读者证功能。推进信息技术“一卡通”应用，实现社保卡入馆、借阅等功能。丰富数字资源，开展“信阅”服务，举办线上阅读推广活动。

2022年5月18日，松阳县博物馆举办“松风宋韵”宋式点茶技艺体验活动
（县文广旅体局供图）

【博物馆文博系列活动】2022年春节期间，松阳县博物馆结合松阳当地传统文化，举办“四季有序 万物有时——松古人家的24个节气故事”春节展览，结合“学习手册”“红包拓印”等系统活动展示松阳二十四节气里的习俗文化。开展文博展览、小课堂、点单式文博体验等文博系列活动，全年开展展览和讲座40场，松博小课堂8场，点单式文博体验活动5场。“5·18”国际博物馆日期间，举行“松风宋韵”宋式点茶技艺体验、“松博艺术课堂”十大传统名画《千里江山图》赏析等宋韵文化活动，通过“线下活动+线上直播授课”的方式，挖掘和宣传宋韵文化。2022年，星空博物馆完成主体建设和布展方案定稿，砖窑博物馆主体建设工程完工待验收，茶叶博物馆、松香博物馆等7家乡村博物馆均完成验收，被浙江省文物局公布为浙江省乡村博物馆。全县各生态博物馆举行研学体验、旅游露营、节庆活动等活动100余场，推进全县域生态博物馆群项目建设和后期活化利用。

2022年松阳县文化博物馆建设情况一览表

表24

序号	项目名称	项目类型	项目地址	建成时间	产权情况
1	非遗馆	文化遗产类	西屏街道南直街	2015年	县文广旅体局
2	航运博物馆	文化遗产类	西屏街道青田码道	2020年	县交通运输局 县房管办
3	统捐局古法造纸研学展示馆	文化遗产类	青田码道统捐局	2020年	文旅投集团
4	力溪连环画乡村艺术馆	文化遗产类	樟溪乡力溪村	2020年	力溪村
5	平田农耕馆	文化遗产类	四都乡平田村	2015年	平田村
6	气象博物馆	文化遗产类	四都乡西坑村	2021年	西坑村
7	契约博物馆	文化遗产类	大东坝镇茶排村	2017年	政府
8	廉政文化展示馆	文化遗产类	大东坝镇横樟村	2018年	横樟村
9	中共松阳县工作委员会旧址展陈馆	红色遗址类	水南街道竹溪村	2021年	竹溪村
10	移民博物馆	文化遗产类	水南街道玉湖小区	2021年	玉湖村
11	张玉娘诗文馆	历史人物类	西屏街道官塘路55号	2021年	县博物馆

续表 24

序号	项目名称	项目类型	项目地址	建成时间	产权情况
12	王景纪念馆	历史人物类	望松街道王村村	2017 年	王村村
13	熊顿纪念馆	历史人物类	古市镇筏铺村	2018 年	古市镇
14	松香博物馆	生产工艺类	竹源乡小竹溪村	2017 年	小竹溪村
15	红糖工坊	特色工坊类	樟溪乡兴村村	2016 年	兴村村
16	茶叶博物馆	生产工艺类	新兴镇横溪村	2018 年	文旅投集团
17	拯救老屋展示馆	生产工艺类	赤寿乡界首村	2021 年	界首村
18	石仓白老酒工坊	特色工坊类	大东坝镇山头村	2018 年	山头村
19	石仓豆腐工坊	特色工坊类	大东坝镇蔡宅村	2018 年	蔡宅村
20	水利博物馆	自然生态类	水南街道横山村溪滩	2019 年	水利局
21	造纸工坊	生产工艺类	新兴镇大岭根村	2021 年	文旅投集团
22	浙西南特委旧址展陈馆	红色遗址类	枫坪乡小吉村	2019 年	小吉村
23	浙西南革命根据地展陈馆	红色遗址类	安民乡安岱后村	2021 年	安岱后村
24	高亭战斗纪念馆	红色遗址类	枫坪乡斗潭村	2021 年	高亭村
25	斗潭纪念馆	红色遗址类	枫坪乡斗潭村	2021 年	斗潭村
26	江南客家文化展陈馆	文化遗产类	大东坝镇茶排村	2015 年	茶排村
27	油茶博物馆	生产工艺类	裕溪乡小槎村	2018 年	小槎村
28	蚕桑文化研学体验基地	生产工艺类	古市镇十五里村	2020 年	十五里村
29	石仓油茶工坊	特色工坊类	大东坝镇横樟村	2018 年	横樟村
30	周安高腔传承展示馆	文化遗产类	玉岩镇周安村	2021 年	周安村
31	金村畲族陈列馆	文化遗产类	板桥畲族乡金村村	2017 年	金村村
32	大潘坑村民俗馆	文化遗产类	安民乡大潘坑村	2018 年	大潘坑村
33	砖窑博物馆	生产工艺类	新兴镇杨村头村	2022 年	杨村头

【文化礼堂功能拓展】2022 年，全县新建文化礼堂 37 家，评选五星级文化礼堂 2 家，四星级文化礼堂 5 家，累计建成文化礼堂 197 家，行政村文化礼堂覆盖率 91.13%。水南街道寺岭下村文化礼堂获评 2022 年浙江省公共文化场馆服务功能拓展先行先试验收优秀等级，大东坝镇茶排村文化礼堂被评为良好等级。全年各文化礼堂举行“蓝马甲”反诈宣传、“党的二十大精神”巡回宣讲、健康素养进文化礼堂、道德模范进文化礼堂宣讲、“小青松”志愿服务等形式多样活动。

【数字赋能文化服务】2022 年，“松阳县文化馆”微信公众号全年推文 182 篇，浏览量 9.7 万余人次；云直播文化赛事活动 8 场，7 万余人收看；发布文化公益培训、沙龙和活动等信息 26 篇；推出网上展览、展播和讲座 76 次，推出文化慕课 3 期。

【“共同富裕 共享非遗”首届松阳非遗文创设计大赛】2022 年 6 月 13 日，以“共同富裕 共享非遗”为主题的首届松阳非遗文创设计大赛开幕，至 2022 年 8 月 20 日，大赛组委会共收到来自 60 余名设计师或设计团队提交的设计作品 100 余件。参赛作品涵盖 20 余项松阳各级非物质文化遗产项目。大赛评选出特等奖1名、精品奖2名、入围奖10名。

（县文广旅体局）

群众文化

【概况】2022年，松阳县开展全民阅读活动、文化艺术普及活动、文化节会活动等线上线下群众文化活动125场，参与活动群众人数达90万余人次；新增“文艺星火赋美”“花开向未来”“我们的节日”群众文化品牌项目3个。

【群众文化品牌活动】2022年，松阳县开展“我们的节日”线上线下系列活动10余场，县域内各艺术培训机构、民营剧团和社会团体开展社会化活动27场。开设“圆梦四季”系列免费培训班，推出书法、二胡、创意黏土手工（儿童）和儿童语言表演等培训60项，计1236课时，招收学员11480名。开设“圆梦青苗　以艺育美”培训班，开展美育培训13期，设立普及点3个，培训农村青少年700余人次。

【群众文化精品创作】2022年，松阳县组织开展群众文化精品创作，全年获国家级奖项1个；省级16项，其中省级金奖4个；市级奖项13项，其中市级金奖2个、银奖7个、铜奖1个、优秀奖3个；县级奖项3项，其中金奖1个、铜奖1个、优秀奖1个。原创作品《客家石仓》获全国村歌大赛东部赛区前三强；原创歌词《一代人的歌》获浙江省“喜迎二十大，同走共富路”歌词大赛金奖；原创小品《爱情凶手》获浙江省第三十三届群众戏剧小品大赛金奖。原创歌曲《老街的夏天》获浙江省旅游歌曲大赛银奖。

2022年松阳县部分群众文化获奖作品一览表

表25

序号	作品名称	作品类别	奖项名称
1	《客家石仓》	歌曲	全国村歌大赛东部赛区前三强
2	《一代人的歌》	歌词	浙江省“喜迎二十大，同走共富路”歌词大赛金奖
3	《爱情凶手》	小品	浙江省第三十三届群众戏剧小品大赛金奖
4	《老街的夏天》	歌曲	浙江省旅游歌曲大赛银奖
5	《彼此顾念》	小品	“喜迎二十大　挺进共富路”丽水市第六届原创戏剧小品大赛创作金奖、表演银奖
6	《一代人的歌》	歌曲	第十七届丽水市乡村春晚原创歌曲大赛创作银奖、表演铜奖
7	《客家石仓》	歌曲	第十七届丽水市乡村春晚原创歌曲大赛创作银奖、表演银奖
8	松阳高腔《箬寮风雷·玉兰进山》	戏曲	丽水市第四届少儿戏曲小金桂比赛金奖
9	《赐神剑·想当初姐妹双双去游郊》	戏曲	丽水市第四届少儿戏曲小金桂比赛银花奖
10	婺剧《姐妹易嫁·见多少王孙公子》	戏曲	“喜迎二十大”2022年第二届丽水市戏曲票友大赛十大名票奖
11	《归园田居》	舞蹈	浙江省首届青少年艺术大赛（舞蹈）丽水赛区选拔赛二等奖
12	《我们的田野》	舞蹈	浙江省首届青少年艺术大赛（舞蹈）丽水赛区选拔赛二等奖

【群众文化交流】2022年，松阳县与湖州市南浔区、嘉兴市南湖区、湖州市安吉县、衢州市龙游县、丽水龙泉市、景宁县、庆元县、遂昌县、云和县和缙云县等地开展文化走亲交流活动24场。举行“文艺赋能　共同富裕”全国文艺名家走进松阳系列活动、2022“田园松阳　有机茶乡”全国摄影大赛、（松阳·云和·青田）三地写生美术作品联展、第四届力溪连环画艺术节、“南岱问山”第二届南岱艺术节等系列艺术活动。艺术培训机构、民营剧团及社会团体联合开展交流活动27场。

【第十五届“田园松阳”农民文化节】2022 年 11 月 16—18 日，县文化馆组织举行松阳县第十五届“田园松阳”农民文化节系列活动，活动包含“清廉松阳”小品大赛、“听党话、感党恩、跟党走”民间小调山歌大赛、“学习贯彻党的二十大精神 同走共富路”群众舞蹈大赛 3 个子活动，分别在望松街道王村文化礼堂、大东坝镇茶排村文化礼堂、县文化中心举行。此次农民文化节与“掌上松阳”手机客户端协作，采取“线下+线上”直播方式，吸引全县 19 个乡镇（街道）42 支文化队伍参加。

【“文化松阳·圈出精彩”小视频大赛】2022 年 7 月 15 日至 8 月 31 日，松阳县举办“文化松阳·圈出精彩”小视频大赛，推进浙江省民生实事“浙文惠享”项目建设，巩固“15 分钟品质文化生活圈”建设成果，开展文化惠民宣传活动。活动期间，共收到有效作品 71 个，139.8 万人次参与。大赛评选出一等奖 2 名、二等奖 3 名、三等奖 5 名、入围奖 10 名。

（县文广旅体局）

文联活动

【概况】2022 年，松阳县文学艺术界联合会（以下简称县文联）围绕县委中心工作，先后组织松阳县“喜迎二十大·奋进新时代”摄影作品展暨“松阳茶·香天下”颜劲松主题摄影作品展等系列活动。挖掘和传承以张玉娘诗词为代表的优秀诗词文化，整合各门类艺术资源，在张玉娘诗文馆组织“宋韵诗词 兰雪情怀”视觉艺术展，打造“一城一诗”人文空间。通过书法、绘画、篆刻等文艺形式，对以张玉娘诗文为代表的宋代诗词进行文艺再创作，通过张玉娘生平、兰雪精神传承、宋韵诗词等版块篇章集中展示松阳宋代诗词文化。

【文艺交流】2022 年，县文联与云和县、青田县文联共同举办“喜迎二十大 共绘富裕图”三地美术写生作品联展。浙江省摄影家协会、杭州市西湖区美术家协会、温岭市摄影家协会、诸暨市文联等相关部门机构到松阳开展走访交流。7 月 19 日，省文联党组成员、书记处书记童颖骏带领《天目新闻》、《浙江日报》、省文联传媒中心《品味》杂志等媒体记者，到松阳考察调研老屋拯救利用、艺术乡建等工作；11 月 18 日，“艺术赋能 艺启共富”浙江画院走进松阳启动仪式在叶村乡南岱村举行。启动仪式上，县文联与浙江画院签订合作协议，并举行“浙江画院工作室”揭牌仪式。11 月，举办“松阳风物”——著名作家松阳采风创作活动，邀请 10 余名全国知名作家到松阳采风创作，并举办散文集《云中锦》分享会。

【书画摄影展】2022 年，松阳县举行的书画摄影展有：1 月 19 日，“云中马”杯松阳县首届工业摄影大赛作品展在县航运博物馆开展。7 月 1 日，松阳县“喜迎二十大、奋进新时代”摄影作品展暨“松阳茶·香天下”颜劲松主题摄影作品展等系列活动在县航运文化展示馆揭幕，并举行“先锋展英姿”主题党日摄影服务活动及贯彻省第十五次党代会“两个先行”主题摄影研讨会。10 月 14 日，“喜迎二十大 先锋展英姿”主题摄影展开幕式在县城青田码道老船厂举行。12 月 9 日，“南岱问山”第二届南岱艺术节启动仪式在叶村乡南岱村举行，现场举行浙江展览馆“艺术乡建”实践基地授牌和杭州市作家协会捐赠图书仪式，“守护·传承”浙江大学图书馆、哥伦比亚大学图书馆馆藏民国门神画像联展在问山美术馆开展。12 月 10 日，“百

2022 年 1 月 19 日，“云中马”杯松阳县首届工业摄影大赛作品展在县航运博物馆开展

（县融媒体中心供图）

名艺术家画松阳”启动仪式暨松阳县第四届连环画艺术节在樟溪乡力溪村举行。现场举行连环画《鱼水情——挺进师与松阳人民》首发及赠书仪式、上海市民文化节第九届淘宝（收藏）文化节分会场授牌仪式、海派书画名家徐谷安艺术家工作室揭牌等相关活动。12月12日，“潮动松阳”松阳体育书画作品展在县博物馆开展，共展出作品40幅。12月21日，“松阳探秘”吴东洲作品展开展仪式在县博物馆举行，活动现场举行“松阳十景”书画捐赠仪式。

【采风创作】2022年，松阳县组织开展“诗咏共富，古韵茶香”全国著名诗人写松阳文艺采风创作活动，来自全国各地的19名诗人作家到松阴溪延庆寺塔景区、黄家大院、大木山茶园、明清古街、四都乡、三都乡等地开展采风创作。浙江画院副院长茹峰及10余名山水画画家到杨家堂、南岱、横坑、膳垄等传统古村落开展“艺术乡建”前期评估调研，并开展艺术采风写生活动。

2022年松阳县文艺创作成果一览表

表26

序号	选送单位（个人）	作品名称	作品类别	获得奖项
1	县文联、县民间文艺家协会、县高腔传承发展有限公司	松阳高腔《箬寮风雷·玉兰进山》	戏曲	第七届浙江少儿戏曲小金桂荟萃暨第二十六届中国少儿戏曲小梅花荟萃浙江选拔赛小金桂奖
2	县民间文艺家协会、县高腔传承发展有限公司	松阳高腔戏曲电视剧《红色浙西南》	电视剧	第十八届中美电影节和中美电视节中获“中华文化国际传播力奖”
3	县民间文艺家协会、县高腔传承发展有限公司	《松阳高腔传统折子戏影像纪录片》	纪录片	第七届全国市县电视台推优活动一等奖
4	县民间文艺家协会、县高腔传承发展有限公司	松阳高腔原创歌曲《拜刀记》	歌曲	丽水市委宣传部原创文艺精品扶持项目
5	县高腔研究会	松阳高腔《马房招亲》	戏曲	第八届浙江民间文艺映山红奖（最高奖）
6	县美术家协会	《呵护母亲河，守护童年记忆》	美术作品	入选浙江省第八届青年美术作品展
7	县美术家协会	《蓝天之下，青云之上》	美术作品	入选首届莫干山全国青年空间艺术创意大展
8	县美术家协会	《那片黑森林》	美术作品	入选“乡村振兴 浙里昌硕”浙江省美术作品展
9	县美术家协会	《密林深处的眷恋》	美术作品	入选浙江省美术家协会第三届水彩、粉画写生展学术提名
10	县美术家协会会员宋晓斌	《松阳古村落》	美术作品	被浙江省人民大会堂选用上墙
11	县作家协会会员鲁晓敏	《廊桥笔记》	散文集	出版散文集《廊桥笔记》
12	县作家协会会员黄春爱	《外公家及其行日亲戚》	散文	2022年丽水文学创作大赛散文类优秀奖
13	县作家协会会员徐永健	《杂事记（八首）》	诗歌	2022年丽水文学创作大赛诗歌类银奖
14	县作家协会会员谢雪钧	《诗十首》	诗歌	2022年丽水文学创作大赛诗歌类银奖
15	县作家协会会员朱景卫	《逐渐陷入对万物的理解之中》	诗歌	2022年丽水文学创作大赛诗歌类优秀奖
16	县作家协会会员王巧琳	《我们的秘密》	小说	首届丽水网络文学大赛“优秀实体出版奖”
17	县作家协会会员徐永健、谢雪钧、陈海聪等人	《老街》等10首诗歌	诗歌	发表于《十月·长篇小说》（第5期）
18	县作家协会会员胡琳玉、李祎等3人	《翰墨流芳》《一条远方的好友申请》《竹源散记》	征文	“我在基层做信访”主题征文一等奖、三等奖和优秀奖
19	县戏剧曲艺家协会会员潘彩琴、县舞蹈家协会会员郭福俊	《彼此顾念》	小品	丽水市第六届原创戏剧小品比赛创作金奖，表演银奖

续表 26

序号	选送单位（个人）	作品名称	作品类别	获得奖项
20	县舞蹈家协会会员郭福俊	《客家石仓》	歌曲	中国村歌大赛总决赛三等奖
21	县舞蹈家协会会员郭福俊	《老街的夏天》	歌曲	浙江省旅游歌曲大赛银奖
22	县舞蹈家协会会员郭福俊	《一代人的歌》	歌词	浙江省歌颂新时代·喜迎二十大歌词大赛金奖
23	县摄影家协会会员毛进军	《江南雪韵》	摄影作品	2022 上海国际“郎静山摄影艺术”金牌奖
24	县摄影家协会会员余程程、谢雨欣、吴欣晨	《奶奶家豆腐》	摄影作品	2022 上海国际“郎静山摄影艺术”银奖
25	县摄影家协会会员余程程	《乡村婚礼》	摄影作品	浙江省高校未来设计师艺术大赛一等奖
26	县摄影家协会会员谢雨欣	《柿柿如意》	摄影作品	2022 全国旅游摄影大赛百佳奖
27	县摄影家协会会员谢雨欣	《菜篮子经济》	摄影作品	2022 第十届未来设计师全国大赛二等奖
28	县摄影家协会会员谢雨欣	《互联网进茶乡》	摄影作品	2022 第十届浙江省大学生摄影竞赛一等奖
29	县摄影家协会会员吴欣晨	《柿子红了》	摄影作品	第十届未来设计师·全国高校数字艺术设计大赛获一等奖
30	县摄影家协会会员何开健	《开心的村民》	摄影作品	“西施故里·好美诸暨”第二届诸暨全国摄影大展入展
31	县摄影家协会会员何开健	《上庄雪韵》	摄影作品	“唯一艺术·全国乡村振兴摄影大赛”三等奖
32	县摄影家协会会员何开健	《大地之眼》	摄影作品	第二届“鸟瞰视界”全国航拍大赛铜奖
33	县摄影家协会会员陈国梁	《绿色之洲》	摄影作品	“丽农奔共富”全省摄影大赛铜奖
34	县书法家协会会员叶龙芳	《潘天寿书论一则》	书法作品	“潘天寿杯”浙江省首届青年书法篆刻展和第二届“王羲之杯”书法艺术大展书法提名奖

（县文联）

文化遗产保护

【概况】2022 年，松阳县加强非物质文化遗产的传承和保护，鼓励和支持相关单位开展非物质文化遗产传承活动，组织参加 2022 浙江“革命文物青年说”短视频大赛获最佳文案奖。11 月，松阳明清古街入选“全国非遗与旅游融合发展优选项目”名录。推进省、市级非遗工坊创建活动，建全系统完整档案，开展县级文保单位档案编制工作。举办松阳好手礼非遗文创设计赛，打造非遗主题特色街区、松阳非遗小巷，挂牌“田园松阳”非遗店铺 22 家。完成修缮省级文物保护单位 2 处，宗祠廊桥及濒危历史文化建筑 27 处。

【文物保护】2022 年，松阳三庙（文庙、武庙、城隍庙）保护利用案例入围国家文物局保护利用优秀案例。县博物馆作品《一封信、一罐糖，大山守护的红色情》在 2022 年浙江革命文物青年说短视频大赛中获最佳文案奖。完成省级文物保护单位青云塔和西三村蔡氏民居的修缮和初步验收，有序推进宁静堂修缮工程。开展县级文保单位“四有”（有保护范围、有标志说明、有记录档案、有专门机构或者指定专人负责管理）档案编制工作，完成第一批 55 个点位建筑测量。全年安排 200 万元文物保护专项资金，用于宗祠廊桥及濒危历史文化建筑修缮、四有测绘、白蚁防治、文物建筑后期活化利用等。完成玉岩镇、安民乡、枫坪乡、大东坝镇、水南街道所有项目整改收尾、结算审计、工程尾款支付等工作，并指导做好后期活化利用工作。

【非物质文化遗产保护】2022年，松阳县竹溪食品祭入选第六批省级非遗代表性项目名录，“田园松阳”传统工艺工作站入选省级传统工艺工作站创建单位，豆腐工坊入选省级非遗工坊创建单位，申报市级非遗工坊4个。至12月底，建成县级非遗工坊14个。完成国家级非遗代表性传承人评估、省级非遗教学基地、省级非遗旅游景区评定及复核工作。举行松阳好手礼非遗文创设计大赛，打造非遗主题特色街区、松阳非遗小巷，挂牌“田园松阳”非遗店铺22家；明清古街入选2022年全国非遗旅游街区，松阳乡村非遗精品路线入选浙江省首批非遗旅游线路。提升“每周剧场”“非遗+学堂”等品牌活动，将非遗资源转化为旅游产品，推动非遗进景区、进民宿，打造乡村旅游新业态。推进省级田园文化传承生态保护区建设，入选省级文化传承生态保护区名单，完善《松阳田园文化传承生态保护区总体规划》。打造非遗主题公园、非遗主题街区、非遗主题雕塑等，建设非遗工坊、“田园松阳”传统工艺工作站。

（县文广旅体局）

社科研究

【概况】2022年，松阳县社会科学界联合会（以下简称县社科联）有松阳县教育学会、“田园文化”研究工作者协会等所属社团39个，社科普及基地43家，其中赤寿乡界首村省级基地1家，浙西南革命根据地安岱后、松阳县非物质文化遗产馆、松阳茶叶博物馆等市级基地9家，松阳气象“二十四节气”馆、契约博物馆、水文化公园等县级基地33家，11家红色基地参与浙江省红色科普基地联盟。成立松阳社科之家建设专项负责小组，以“松阳之窗”为依托，建立社科之家固定场所，具备学术研究和交流、社科普及、展示展览、图书储藏借阅等功能。

【课题规划与管理】2022年，松阳县开展“唐风宋韵”文化、“四张金名片”建设等特色课题研究，其中《精神文化富有视域下山区县文体赛事高质量发展对策研究——以松阳县为例》研究报告获浙江省第十五次党代会专项课题立项，《松阳宋韵文化探索和研究》等5个课题获市第五次党代会精神与“宋韵文化”专项课题立项，2篇课题获市哲学社会科学常规课题立项。开展全县社会科学研究优秀课题（论文）申报立项，全年评选出年度县级优秀课题（论文）14篇。

【社科活动】2022年，县社科联推进社科赋能山区26县跨越式高质量发展行动，开展产业转型升级、古村活化保护等专项课题研究。省市社科联相关领导，省社科院、省委党校、中国（丽水）两山学院等专家调研组多次到松阳开展关于社科赋能“三服务”、革命老区共同富裕、缩小城乡差距等专题座谈与实地调研。开设田园松阳文化大讲堂“古城故事会”专题讲座。全年开展线上线下讲座各10场，受众5000余人，微信公众号推送阅读量超5万人次。

【社会科学人才培养】2022年，县社科联加强社科人才库建设，发展当地社科人才入库76人，增加《浙江风物志》成员4人。成立松阳县社科宣讲团，成员31人。组建党的二十大精神“千人宣讲”社科宣讲团，开展线上线下宣讲进社区、进街道、进学校活动。编订《红色基因宣讲员手册》，开展宣讲员实操培训走基地系列活动，培养一批优秀的社科宣讲

2022年9月23日，县社科联与杭州良渚博物院（良渚研究院）、县实验小学集团学校联合主办“喜迎‘二十大’奋进新征程”暨2022良渚博物院“良良漫游记”走进松阳社科基地活动

（县社科联供图）

员。以“红色基因”为引擎，挖掘和利用丰富的红色资源，推送安岱后红色讲解员参加第二届丽水市技能竞赛获二等奖。

【社科成果】2022 年，在全省社科赋能行动研究成果中，浙江省中国乡村社会史研究会与县社科联联合推出《促进传统村落保护利用推动山区高质量发展的松阳实践及对策建议》获省委常委、宣传部部长王纲批示，被《浙江社科要报》2022 年第 99 期刊用，并入选《人民日报》《人民三农乡村振兴观察报告》2022 年第 27 期。全年理论研究成果入选《浙江社科要报》2 篇，入选《丽水社科要报》4 篇，入选《丽水研究》9 篇。

【社科宣传】2022 年，县社科联配合浙江电视台新闻频道完成《诗路明珠：江南秘境 古韵松阳》文化专题片拍摄，在浙江电视台新闻频道“文化浙江·大讲堂”栏目刊播，并被浙江社科、中国蓝新闻客户端等多家媒体转播。录制《一代才女张玉娘》音频一期，经丽水交通音乐广播、丽水新农村广播在《云上社科》栏目推送。拍摄《厚植家国情怀·品味古韵象溪》专题片，并在“学习强国”“丽水人文大讲堂”等刊播。与县力溪连环画艺术馆联合出版当地廉政历史名人故事《高焕然》，打造地方文化研究品牌。利用“松阳新闻”等微信公众号，普及社科知识，加强社科宣传平台建设，加大信息报送力度，全年被“省社科联网站”“浙江社科”“丽水信息”“丽水社科发布”等新媒体平台录用信息 20 余篇。

（县社科联）

方志文化

【概况】2022 年，松阳县史志研究室发挥存志资政作用，指导古市镇、板桥畲族乡等 6 个乡镇开展乡镇志编纂，征集何山头叶氏、斋坛李氏等 11 部旧谱和力溪叶氏 1 部新谱。至 12 月底，共征集宗谱 103 姓 687 部。10 月 24—28 日，全县地方志工作培训班在绍兴市委党校举办，来自全县各部门、乡镇（街道）的 60 余名地方志工作业务骨干参加培训。

【县志编纂】2022 年 5 月，2020 年版《松阳县志》出版发行。该志书采用章节目体，全 5 册，共计 700 余万字，记述松阳行政区域自历史发端至 2010 年的历史与现状。前设“概述”“大事记”；末设“专记”“附录”“索引”，正文设 43 编，涵盖自然、经济、政治、文化和社会等方面内容。是松阳县自中华人民共和国成立以来参与编修人数最多、工作量最大、持续时间最长的系统性文化工程，全县 90 个承编单位参与该志的资料收集和初稿编写工作。

【年鉴编纂】2022 年，《松阳年鉴（2021）》获评年度“浙江省精品年鉴”，成为全市唯一连续两年获评省级精品年鉴的县。举办《松阳年鉴（2022）》编纂工作业务培训会。《松阳年鉴（2022）》全书共计 96 万余字，采用分类编辑法。卷首彩图设置田园松阳、魅力松阳、红色松阳、幸福松阳、领导走访 5 个版块，展示 2021 年度松阳政治、经济、社会、文化、生态发展全貌。

【地方志成果开发利用】2022 年，县史志研究室完成项安世连环画文稿，挖掘何琮、王唐珪等宋代人物事迹，撰写《南宋松阳詹氏》文章，联合县融媒体中心开设《唐风宋韵在松阳》栏目，共撰写 57 期。“地方志助力松古灌区入选世界灌溉工程遗产名录”入选 2022 年度全省地方志成果转化应用“十佳”典型案例。

（县史志研究室）

融媒体

【概况】2022 年，松阳县融媒体中心负责全县新闻宣传工作，管理乡镇（街道）广播站。承办广播调频松阳人民广播电台调频（FM）105.8 兆赫、松阳新闻综合频道两套节目。每周刊发《新松阳》报 2 期，每期发行量 6500 份；负责运营“掌上松阳”移动客户端、“松阳发布”微信公众号、“松阳新闻”微信公众号、“松阳新闻”视频号、“瞰松阳”抖音号和“松阳新闻”官方微博等新媒体平台。

2022 年，松阳县最大规模有线电视运营商和智慧化综合服务运营商为松阳华数广电网络有限公司。至 12 月底，全县有数字电视用户 35041 户，其中高清电视用户 21384 户。

（县融媒体中心
县华数广电网络有限公司）

【重大主题宣传活动】2022 年，

县融媒体中心开设《喜迎二十大·走进乡村看发展》《贯彻落实党的二十大精神》《党的二十大精神在基层》专栏，刊播相关报道200余条。其中，《喜迎二十大·走进乡村看发展》专栏，选取全县19个乡镇（街道）特色村庄，探寻不同乡村各具特色的发展路径、可供借鉴的经验做法、富有底蕴的人文风貌，采用图、文、视等形式全方位展现中共十八大以来松阳乡村村庄风貌、基础设施、特色产业发展、科教文卫条件、村民生产生活、村集体经济等方面变化。在第十五届中国茶商大会·松阳云上香茶节期间，电视、报纸、新媒体平台开设《松阳茶·香天下》专栏，刊播相关报道200余条。对接国家、省、市级主流媒体，深入宣传报道松阳春茶上市、新品种质高价优、采茶工供不应求等内容。全年开设《二次创业 YI“企”（一起）奔跑》《共同富裕新征程》《稳进提质 奋力奔跑》等40余个专栏，聚焦松阳各领域、各层级、各行业人才，讲好松阳故事。

【媒体融合发展】2022年，县融媒体中心整合新媒体矩阵资源，提高新媒体产品传播力和影响力。“松阳新闻”微信公众号粉丝突破10万人，发布推文1884条，总阅读量突破390万人次，其中阅读量破万推文37条；“掌上松阳”移动客户端下载量突破7.1万人次，发布稿件2万余条；“瞰松阳”抖音号发布短视频712个，总播放量突破9116.2万次，单条播放量突破500万短视频4个；“松阳新闻”视频号发布原创短视频490个，总播放量突破737.6万次；“松阳新闻网”发布稿件13500余条。

【广播电视栏目节目设置】2022年，县融媒体中心有自办广播节目7档，分别为一周六档的《松阳新闻》（每档15分钟）、一周五档的《闪亮的足迹》（每档15分钟）、一周两档的《话说党史》（每档20分钟）；一周一档的《致富经》（每档25分钟）、《每周农经》（每档15分钟）、《金色田园》（每档15分钟）、《音乐茶吧》（每档15分钟）。有自办电视节目7档，分别为一周五档的《松阳新闻》（每档15分钟）；一周一档的《松州聚焦》（每档5分钟）、《时空漫步》（每档15分钟，4月下旬停播）、《农业在线》（每档15分钟）、《时代风帆》（每档15分钟）、《松阳闲谈》（每档15分钟）、《一周要闻》（每档15分钟），通用性栏目两档《星火科技30分》《致富经》（每档30分钟）。

【广播电视播控设施建设】2022年，松阳县投资48.29万元，完成县融媒体中心动环监测项目建设，实时监测广播电视播控中心机房、发电机房、不间断电源机房、岗下山发射台机房相关设备、供配电系统及机房环境（温度、湿度、消防等）。投入24.4万元，更新照相机、提词器、三脚架等采编设备。投入29.75万元，购置广播制作服务器、音频工作站、电视播出设备以及卫星接收设备等。

（县融媒体中心）

【有线电视业务优化】2022年，松阳县华数广电网络有限公司以华数4K智能盒子为基础，搭载国家自主知识产权的电视操作（TVOS）2.0系统，实现全域4K直播、4K点播、语音遥控等功能，智慧+教育、智慧+医疗、智慧+安防等业务在部分区域实现。全年宽带业务用户10255户。

【信息化建设】2022年，县华数广电网络有限公司参与县公安、医疗、交通、水利、教育等政府信息化项目，从集成类项目向平台类转变，实施校园电视台、“最多跑一次”、“四个平台”、智慧交通、智慧文保、智慧教育、环保行业、未来社区、数字乡村、公安监控、可视应急广播、智慧城管、中医康养、新时代文明实践中心等项目。

（县华数广电网络有限公司）

卫生健康

综　述

【卫生重点项目建设】2022年，松阳县实施各类卫生基建项目15个，完成松州名医馆改造、大东坝镇中心卫生院改造等项目建设7个，总投资2.16亿元。其中，县人民医院改扩建项目土建部分完工并获得县项目建设“金牛奖”；县中医医院迁建工程土建部分基本完成，开展电梯及空调安装施工；古市医院医养中心二期项目提前1个月开工建设，完成基础底板施工。

【卫健人才队伍建设】2022年，松阳县制定进一步加强新时代卫生健康人才队伍建设的实施意见，明确中层干部到龄退出管理岗位机制，选拔一批年轻干部充实干部队伍，培养本土优秀人才。全年新招引高校毕业生229人。其中，博士研究生36人、硕士研究生23人，高级职称1人，招录定向培养生31人，新增高技能人才163人；提任4名年轻干部进入医院领导班子；选派5名骨干参加“山海·飞鹰计划”青年人才高级研修班。

【基本公共卫生服务】2022年，松阳县推动健康服务提质扩面增效，完成省、市、县民生项目10项。其中，新改扩建规范化村卫生室6个，新增“移动药箱”70套，3岁以下婴幼儿托位数达1156个，“60周岁以上老年人两慢病（高血压、糖尿病）免费服药供给”惠及1.5万人，减免116万元。全力推进基本和重大公共卫生服务项目，制定出台参保城乡居民、中小学生健康体检工作方案，健康体检人数达6.27万人，完成率145.94%。实施家庭医生“移动随访”和“刷脸随访”，西屏、象溪卫生院建成“两慢病”一体化门诊，家庭医生有效签约率提升至69.19%，规范签约率提升至72.05%；高血压、糖尿病规范率和控制率均达到省定目标要求。在省级基层医疗卫生机构绩效评价、市级国家基本公共卫生考核中均排名全市第一。

【省县医疗帮扶合作】2022年，松阳县持续深化省、县合作。县人民医院推进与浙江大学医学院附属第二医院（以下简称浙大二院）合作交流，成立12个国内省内一流专家团队工作室，设立县域肿瘤诊疗中心，搭建省、县区域影像、超声、病理、多学科远程会诊和重症监护室共享监测平台，实现“线上+线下”精准帮扶。浙大二院常驻14位专家，覆盖17个帮扶学科。全年扶持开展新项目、新技术60余项，帮扶新增省级县域龙头学科1个、市级2个；诊治门诊患者1.4万余人次。开展会诊并解决疑难病例180余例、手术1090台；医院业务收入比上年增长5.13%，平均住院日、药占比比上年分别下降12.41%、7.92%。县中医医院不断深化与浙江省中医院、省新华医院等医院的医疗合作，与省新华医院签约“百科帮扶”合作项目，落实肿瘤内科、急诊科、骨伤科、肺病科4个帮扶学科。医院业务收入、出院总人次数、门急诊总人次数和手术人次比上年分别提高11.07%、24.93%、9.75%和30.45%。

（县卫生健康局）

医疗卫生体制改革

【概况】2022年，松阳县基本建成城区10分钟、山区1小时县域急救体系，形成“未来乡村卫生室+智慧流动医院+小药箱入户行动”山区共富健康模式。至12月底，流动医院服务累计巡诊2489次，派出医务人员5046人次，服务群众15.52万人次。2022年，乡镇卫生院业务收入9841.6万元、门急诊64.94万人次，比上年分别增长12%、13%；基层就诊率达到59.76%。

【医疗服务保障】2022年，松阳县制定出台《松阳县新冠患者医疗救治方案》《松阳县发热门诊（诊室）就医人员流程图》等一系列规范化流程，主动调整医疗机构诊疗流程，优化检测要求，最大限度提高医疗资源可用程度，最大程度保障就医秩序安全有序。根据《浙江省卫生健康办公室关于做好重症救治医务人员培训工作的通知》等文件要求，全县各级各类医疗机构组织院内专业医务人员采用观看线上培训会、集中组织学习、现场操作演练等多种方式进行培训。全年共培训36场次、1962人次，进一步保障对危重型患者的救治。

【县域急救网络建设】2022年，松阳县建立快速响应的县域急救体系，形成以县120急救指挥中心为调度枢纽、县人民医院为核心、各急救站点为支撑的警医联动、城乡联网的工作格局。依托“救在丽水”平台功能，搭建远程救治信息传输平台，实现患者信息院前院内快速共享，为患者提供一体化综合救治服务。通过胸痛、卒中、创伤3大急救中心建设，形成覆盖全县域的应急服务体系，使山区患者在当地就可以第一时间获得与县级医疗机构同品质的急救服务，有效避免因地域差别，造成抢救不及时。加快急救站点建设，全年新增急救站点2个（象溪和大东坝急救站点），进一步提升应急服务能力。

【卫健监督管理】2022年，松阳县推进“放管服”改革和“互联网+政务服务”能力提升，全年累计核发各类卫生行政许可事项602件，“零次跑”实现率、即办率、承诺期限压缩比均达到100%。全力保障住宿、校园、医疗、饮用水、公共场所、职业卫生以及就医安全，全年未发生行政诉讼、行政复议案件，立案查处并结案170件，罚没款116.9万元。持续推进医疗卫生、公共卫生等领域数字化监管，引导医疗机构接入省“诊疗行为监督在线”平台，通过在线监管平台远程监控、线上网络执法巡查，全年发出异常情况提醒150次，办理非现场案件15件。2022年，松阳县卫生监督执法效能评价（综合考核）列全省并列第一、全市第一。

（县卫生健康局）

疾病预防控制

【概况】2022年，松阳县卫生健康局有序开展疾病监测干预，按期完成手足口病、狂犬病、人感染H7N9禽流感、登革热、流感、疟疾、布病、碘缺乏病、性病、恙螨、病媒生物等各类传染病监测要求。稳步推进重大传染病防控、艾滋病检测干预工作，做好结核病、地方病监测。开展疫苗接种培训、指导，做好疫苗接种保障和疫苗异常反应监测。利用电视、网络、微信、短信报纸、流动生活馆、讲座等多渠道、多平台广泛宣传健康理念，倡导健康生活，在松阳县政府网开设健康科普资源库发布健康科普资料10大类20种，“松阳健康教育”微信公众号累计刊发健康科普信息80余条。提升慢病社区综合防治，做好慢病、死因监测，加强精神心理卫生管理。

【传染病防控】2022年，县卫生健康局推进艾滋病检测干预工作，全年检测各类人群79694人次。强化结核病报告管理，全年报告肺结核患者89例，报告发病率43.44/10万，比上年同期下降13.67%，病原学阳性率84.75%、患者管理率96.08%、追踪到位率98.91%。县域学校散发结核病疫情3起，校内密切接触者筛查率100%。

【慢性病防治】2022年，松阳县监测户籍死亡1726人，上报糖尿病、肿瘤、心脑血管各1060例、1287例、1248例；全县高血压患者管理人数25157人，管理率55.38%、血压控制率79.72%；糖尿病患者管理人数6127人，管理率49.8%、血糖控制率61.37%；全县登记在册严重精神障碍患者数1218人，规范管理率100%、规范服药率98.69%。全年定期开展高血压、糖尿病患者质量控制4次，合计抽查高血压糖尿病1700人。随机抽取2个街道和5个乡镇开展慢性病与营养监测，调查统计3226人，完成调查报告撰写。

【健康教育】2022年，松阳县利

2022 年 9 月 27 日，松阳县人民医院开展健康教育大讲堂活动

（县卫生健康局供图）

用电视、网络、微信、短信、报纸、流动生活馆、讲座等多渠道、多平台广泛宣传健康理念，倡导健康生活，通过政府网、微信公众号等载体发布健康科普知识，以流动健康生活馆为载体在玉岩小学开展健康素养进学校活动，举办 5 次省级公民健康素养大讲堂。全县 150 余家农村文化礼堂开展健康素养进农村文化礼堂“五进”（健康讲座、健康礼包、健康活动、健康服务、中医药进文化礼堂）活动，开展健康讲座 300 场，受益 11857 人次；健康指导 174 次，受益 7102 人次；开展急救技能培训 150 场，受益 6745 人次；开展中医药活动 168 场，受益 6779 人次，累计受益 17704 人次。

【精神心理卫生】2022 年，县卫生健康局开展日常随访管理指导，与县公安局、县民政局等部门定期开展信息交换，全年开展疑似排查工作 2 次，并邀请丽水市第二人民医院专家及康馨医院专科医师下乡下村开展复核和评估，指导开展家属培训。定期撰写简报，通报管理情况。全年登记在册患者数 1218 人，报告患病率 5.94‰，规范管理率 100%，面访率 99.59%，规范服药率 95.16%，体检率 68.97%。2022 年，县卫生健康局在全市精神卫生工作竞赛中获得集体三等奖。1 人在全年工作中获评浙江省精神卫生工作先进个人。

【预防接种管理】2022 年，松阳县适龄儿童免疫规划单苗接种率达 98.66%以上，入托入学查验率 100%，儿童补种后免疫规划疫苗全程接种率≥99%；高质量完成省、市、县民生项目 2 项。县卫生健康局按照省卫生健康委数字化改革统一部署，进一步加强预防接种信息系统规范使用，启用产科门诊 2 家，犬伤门诊 4 家，实现疫苗全程电子追溯；开展麻疹等疫苗针对性疾病抗体水平监测，采集血清 246 份；开展水痘疫苗应急接种工作，共接种水痘疫苗 1503 人；全县 18 家接种单位开展疑似预防接种异常反应主动监测，全年共监测 224663 人次；免规和非免规疫苗报告率 6.48/万，犬伤报告率 10.40 万，无迟报、漏报。

（县卫生健康局）

妇幼保健

【概况】2022 年，松阳县活产儿 996 例，无孕产妇死亡，连续 13 年保持常住人口孕产妇零死亡。新生儿死亡率 1‰、婴儿率死亡率 1‰、5 岁以下儿童死亡率 1‰，持续巩固在历史低位。松阳县卫生健康局紧密围绕打造“母婴最安全省”的目标，以保障妇女儿童健康为抓手，持续深化生育全程优质服务，妇幼保健管理更加规范。新增公共场所母婴室 2 家，古市医院建成“医防护”三位一体儿童健康管理中心，全县孕前优生健康检查率 87.48%、婚检率 109.81%、孕产妇系统管理率 96.79%。

【孕产妇保健管理】2022 年，全县早孕建卡完成率 97.59%；产前筛查率 96.33%；系统管理完成率 96.79%；住院分娩率 100%；产后访视率 97.99%。完成流动孕产妇管理 142 人，保健覆盖率 100%。县卫生健康局加强高危孕产妇筛查管理，做好孕妇“五色评估”和县级高危筛查工作，全年累计筛查出橙色以上高危 628 人，红色高危孕产妇 14 人，危重孕产妇抢救 8 人，因高危终止妊娠 176 例。加强剖宫产率控制，2022 年全县首次剖宫产率为 23.15%。

【出生缺陷综合防控】2022 年，松阳县在全市首推“婚登—婚检—婚育咨询”一站式服务，延伸供给生殖健康、优生助孕、婚育讲堂等，2022年婚检率从2019年的27%提高到100.9%，位居全省前列。建立产前筛查中心，新开展无创脱氧核糖核酸（DNA）采血、早孕血清学筛查和胎儿颈部透明带检测（NT）等项目，实现手机端查询报告，让孕妇不出县就能享受便捷优质的产前筛查服务。全年完成中筛861例，无创DNA335例，早筛337例，NT327例，确诊21—三体（唐氏综合征）2例并终止妊娠，无唐氏综合征儿出生。2022年，全县孕产妇接受艾滋病、梅毒、乙肝检测率100%。梅毒感染孕妇7人，梅毒感染产妇1人，孕产妇及新生儿规范治疗率达100%；乙肝感染产妇32例，儿童首剂乙肝疫苗、乙肝免疫球蛋白及时接种率100%。随访梅毒感染产妇所生儿童5人，未发现梅毒母婴传播。随访12月龄内乙肝暴露儿31人，乙肝三系检测无抗原阳性发现。

【适龄妇女免费“两癌”检查】2022年，松阳县持续推进城乡妇女免费“两癌”（乳腺癌、宫颈癌）检查项目，完成宫颈癌检查7285人，乳腺癌检查7303人。检出人乳头瘤病毒（HPV）阳性939人，检出宫颈癌前病变59人，宫颈癌3人，乳腺癌9人，宫颈癌早诊率98.4%，早治率91.8%，乳腺癌早诊率77.8%。实现“两癌”的早发现、早诊断、早治疗，有效降低妇女“两癌”死亡率。

【儿童保健】2022年，全县新生儿访视率99.4%；7岁以下儿童13358人，健康管理13174人，健康管理率98.6%，3岁以下儿童4138人，系统管理4037人，系管率97.56%。完成6个月内母乳喂养调查353人，纯母乳喂养率46.2%，完成中医药健康管理3327人，中医药健康管理率80.4%，完成0～6岁儿童眼保健和视力检查13174人，眼保健覆盖率98.6%。开展0～2岁儿童发育筛查3156人，发育筛查率91.1%,筛查发现可疑或异常49人，确诊异常15人，均给予转诊干预治疗。持续巩固儿童近视防控工作，2022年，县妇幼保健中心共完成视力儿童筛查5683人，发现视力筛查可疑或异常157人，确诊16人（弱视+散光1人；远视2人；近视1人；散光11人；弱视1人），完成0～6岁儿童视屏行为及其影响因素的现况调查280人次。

（县卫生健康局）

中医药事业

【概况】2022年，松阳县制定出台创建浙江省中医药综合改革先行县建设方案，成立创建领导小组和中医药产业链专班，完成中医药文化广场提升工程，建成城北小学中医药文化教育基地，并将中医特色融入课堂。7月1日，在县市政广场举办“依法传承中医药，守正创新护健康”——《中华人民共和国中医药法》实施五周年宣传义诊活动，推动中医药进校园、进企业、进机关，营造全民“信中医、用中医、爱中医”氛围。松阳县获评年度全国基层中医药工作先进县、浙江省中医药综合改革先行区。

【中医服务体系建设】2022年，松阳县推进以“县级中医院+乡镇中医馆+村级中医室”为主框架、“民营中医诊所+民间中草药铺”为补充的中医服务体系建设。至12月底，实现县级医院、乡镇卫生院中医馆全覆盖，建成规范化村中医室38家、未来乡村中医室10家，均配备针灸、火罐、刮痧板等中医基本诊疗设备。7月，与浙江中医药大学签约合办二年半学制的西学中培训班，培训基层医务人员100余人。

2022年7月1日，由松阳县卫生健康局主办、县中医医院和县中医药学会承办的“依法传承中医药，守正创新护健康”——《中华人民共和国中医药法》实施五周年宣传义诊活动在县市政广场举行　（县卫生健康局供图）

【中药材种植】2022年，松阳县持续开展林下中药材生态栽培和“中药材+农作物”多模式农作生态种植基地建设。至12月底，全县有中药材基地71个1533公顷，建成珍稀中药材10万级净化组培实验室1个、山地林下可溯中药材基地467公顷，数字化中药材种苗繁育基地纳入全国中药材供应保障平台，每年可提供20余万株优质中药材种苗。1月，松阳林下经济种植被国家林业和草原局列为“林下经济发展典型案例”。

【中医药龙头企业培育】2022年，松阳县建立健全中医药龙头企业培育扶持政策和激励机制。浙江康恩贝中药有限公司复方鱼腥草合剂年产值达3.48亿元。浙江振通宏茶业有限公司完成以菊花、荷叶、鱼腥草、金银花等为原材料的凉茶粉加工生产车间改造，新增产能1.1亿元。哈蒙中草药康养肉制品加工研发项目、歇力茶药膳及中医药综合应用开发项目、莱福特薏灵酒自动化生产线项目完工投产，与6家中医药健康企业签订合作框架协议。

【中医药文化建设】2022年，松阳县将中医知识编入本土教材，将“中医药进校园”列为学校德育特色项目，在校园内建成中药馆、药膳坊、制药坊，将中医药文化、中医药养生知识等融入课堂。至12月底，建成中小学校中医药文化教学实践场所7个，开展教学实践54场，举办中医童子功夏令营、中医适宜技术应用推广班等各类活动110余场次，参与群众7.6万余人次，建成药皇宫、松州名医馆、中医药文化广场、西田七代医馆中医药科普基地4个，城乡居民中医药知识知晓率达93.48%。

（县卫生健康局）

卫生监督

【概况】2022年，松阳县依据法律法规，组织开展辖区医疗卫生、传染病防治、职业卫生、公共卫生等卫生健康领域的执法检查，及时排查危害群众健康的风险隐患，严肃查处违法违规行为。全年共立案查处170件，其中一般程序107件、简易程序63件、大案要案18件，结案率100%，罚没款总额116.9万元。申请法院强制执行案件2件，执行率100%。投诉举报案件7起，办结率100%。双随机抽查总任务数166家，完结率100%，处罚率47%。行政执法效能指标位列全省第一。

【公共场所卫生监管】2022年，松阳县卫生健康局开展公共场所双随机抽查、美容场所无证经营整治、游泳场所水质卫生安全专项治理、创国卫复评、“四小行业”（美容美发、足浴、旅店、歌舞厅）卫生整治、爱国卫生监督等行动。全年共监督检查公共场所500余户次，出动执法人员1600余人次，出具卫生监督意见书64份，立案查处72件，罚款总金额12.58万元。

【医疗卫生监管】2022年，县卫生健康局依托双随机、专项检查，对医疗机构许可管理、人员管理、执业行为等工作进行监督检查，111家医疗机构全面完成自查工作。全年共查处违法行为为7件，罚款5.45万元，没收违法所得297元；常态化开展打击非法行医行动，共查处非法行医案件7件，其中移送公安1起，罚款金额为22.9万元，没收违法所得2.68万元。

【传染病防治卫生监督】2022年，松阳县结合新冠疫情防控、双随机监督检查等开展医疗卫生机构、公共场所防控工作。完成辖区内美容美发美甲、足浴、按摩馆等8大类320家经营场所和30家个体诊所“浙丽通行码”申领，检查各类场所1340余户次，发现并纠正问题2300余个，查处违反疫情防控规定案件39件。

【职业卫生监督】2022年，松阳县开展职业卫生分类分级监督和职业卫生专项治理行动。委托第三方机构协助106家企业完成职业卫生管理状况自查、职业病危害暴露风险分级和职业病危害综合风险评估工作。辖区内采矿类企业工作场所粉尘、噪声岗位合格率达85%以上，主要负责人、职业健康管理人员、接触职业病危害人员培训率达100%，职业健康检查率达90%以上，职业病危害项目申报率达100%。全年查处职业卫生立案37件，其中简易程序15件；一般程序22件，其中首违不罚8件，罚款人民币18.5万元。

【食品安全风险监测】2022年，松阳县对各级医疗单位防保人员开展食源性疾病指导，认真落实法律法规、规章制度，开展食源性疾病监测工作。全年共计上报病例418例，其中县人民医院上报262例，县中医院上报140例，社区服务中心及乡镇卫生院上报16例。全年发生聚集性病例2起，完成食品安全风险监测213件。

【数智卫监】2022年，松阳县持续推进医疗卫生、公共卫生等监管领域数字化监管。全县公立医院87.5%（28家）、社会办医疗机构57.1%（20家），村卫生室18%（8家）接入省“诊疗行为监督在线”平台，实现诊疗行为风险管控项目实时监测；15家口腔诊疗机构100%接入省“口腔诊疗机构监督在线”平台；新安装28家社会办医疗机构医疗废物智能化监管系统，实现全县医疗机构医疗废物的智能化监管；28家住宿单位接入省“住宿卫生在线”平台（其中A级宾馆酒店、营业面积≥10000平方米的宾馆接入率100%，政府定点接待宾馆酒店接入率60%）；集中消毒餐饮具企业实现100%接入“省餐饮具集中消毒企业智能监管”平台。全年通过在线监管平台远程监控、线上网络执法巡查，异常情况提醒150次，非现场执法预警处置50条，办理非现场案件15件。

（县卫生健康局）

医政药政管理

【概况】2022年，松阳县开展县域医共体建设、最多跑一次、公立医院三项改革，围绕常态化疫情防控、山海提升工程、健康浙江考核、综合监管、药政管理、安全生产、医疗保障、无偿献血8项重点工作，推进医疗服务能力提升，优质医疗资源均衡发展。实现2家县级医院差异化发展，推动县级医院与省级医院开展紧密型医疗合作。新建院前急救服务站2家（大东坝镇、象溪镇中心卫生院）；新增“移动药箱”70套，覆盖所有行政村；启动未来智能乡村卫生室建设10家；新建无偿献血屋1家。

【医疗安全管理】2022年，松阳县接收办理电话、书面等各种形式的医疗投诉69件。开展执法检查80次，出动检查人员196人次，发现一般安全隐患106处，整改率100%。开展消防应急演练及培训58次、培训1680余人次，发放各类宣传资料0.6万余份。

【护理管理】2022年，松阳县发展专科护士队伍，强化护理质量与安全管理。举行“5·12”国际护士节庆祝大会，表彰优秀护士；开展“我身边的护士”照片展，共征集摄影作品200余幅，展示护理人员敬业奉献精神风貌。举办“普及杏林之道，乐享健康生活”中医药科普知识视频比赛，收到参赛视频13个。组建护理骨干团队参加全市护理技能大赛和中医护理技能大赛，获得团队二等奖、三等奖及个人奖项。重视护理质量管理及管理工具应用，举办县域内护理品质管理项目竞赛，以赛促学。县域内二级及以上公立医院优质护理服务全覆盖。实施医院护理岗位管理，护士收入分配、职称晋升、奖励评优等向临床一线倾斜。利用移动护理车、PDA使用、电子护理病历推进护理信息化建设。

【医疗秩序维护】2022年，松阳县明确各级医疗机构抗菌药物配备使用品种数、门诊住院抗菌药物使用率和使用强度等指标要求，各级医疗机构严格执行抗菌药物分级管理制度，明确抗菌药物医生使用权限。重视临床药师培训，对临床不合理用药进行干预，提高合理用药水平。每月组织处方点评，并对点评结果进行奖罚，推动合理用药。每月开展临床药品使用监测,包括药品的采购、储存、调配、使用等环节，确保药品使用的安全、有效、经济。

【国家基本药物制度实施】2022年，松阳县各级公立医疗机构贯彻落实国家基本药物政策，执行药品零差率销售，开展国家基本药物制度绩效评价、临床药品使用监测，做好短缺重点药品监测和信息填报工作，推行医共体内上下级慢病用药衔接工作，深化药学服务改革，保障群众基本用药需求。

【医疗保障】2022年，松阳县为各种活动提供医疗保障30余场次，派出医疗卫生人员186人次。活动期间成立领导小组，与筹备组对接，履行卫生健康部门职责，制订疫情防控和医疗卫生保障方案，调度救护车辆，派出医务人员携带相关医疗器械和药品全程保障，完成各项医疗保障任务。

【无偿献血】2022年，松阳县下达无偿献血任务，明确全县各乡镇、部门无偿献血年度工作目标，并给予献血人员一定的营养补助；通过松阳电视台、松阳新闻网、“健康松阳”公众号等多渠道向公众普及无偿献血知识，发布献血活动信息；成立无偿献血应急队伍，共招募300名志愿者保障全年应急献血；完成县、乡两级公立医疗机构无偿献血者门诊诊查费直免系统改造。无偿献血荣誉证获得者在县、乡级公立医院门诊挂号缴费时，系统智能减免门诊诊查费，全年有210人次享受无偿献血“三免政策”（免费游览公园景区、免费乘坐城市公交、免交医院门诊诊查费）福利。1月，松阳爱心献血屋正式揭牌启用，为无偿献血者提供更为安全、温馨、便捷的献血环境。至12月底，全县共组织无偿献血活动51次，固定献血日活动采血36次，专项活动采血15次，3893人次参与献血，3325人次完成献血，献血量987.78升，临床用血100%来自无偿献血，全年无偿献血指标任务完成率排名全市第一。

（县卫生健康局）

健康促进

【概况】2022年，松阳县举办公众健康咨询活动158场，健康讲座664场，省、市公民健康素养巡讲活动5场，控烟宣传巡展活动5场。建成健康单位20家、健康促进医院18家、健康超市3个、健康企业4家、健康小屋3家、健康主题公园1家。开展流动健康生活馆、“丽健E行”活力赛等健康活动，创成省级健康促进县。

【健康支持性环境和健康促进场所建设】2022年，松阳县持续开展健康支持性环境和健康促进场所建设，累计建成健康社区、健康家庭、健康学校等1670余个；新增金牌学校1所、银牌学校2所；三都乡上田村半岭自然村创成省级“除四害样板村”；松阳县通过省级慢性病综合防控示范县复审，2022年度控烟工作考核排名全省第二、全市第一。

【居民健康素养监测】2022年9月5日起，松阳启动年度居民健康素养调查。该次调查以西屏街道、水南街道、大东坝镇、玉岩镇为监测点，成立现场调查工作组，在辖区随机抽选15～69岁的常住居民，通过发放问卷形式调查健康素养等情况。监测结果显示，全年全县居民健康素养水平为37.25%，比上年增长4.66%。其中，基本健康知识和理论素养50.86%、健康方式与行为素养37.69%、基本技能素养32.85%，科学健康观素养62.07%、传染病预防素养29.13%、慢性病预防素养42.5%、安全与急救素养64.3%、基本医疗素养34.06%、健康信息素养45.87%。

【省级健康乡镇创建】2022年，经省爱卫办评审，松阳县新兴镇、赤寿乡、板桥畲族乡入选年度省级健康乡镇。2022年，松阳县通过开展环境卫生整治、健康素养进文化礼堂、全民健身运动会等活动，推进爱国卫生运动，践行“大卫生、大健康”理念，持续营造建设健康乡镇的氛围。

【江滨智慧健康步道建成投用】2022年11月，全市首条智慧健康步道——江滨智慧健康步道在中梁滨江雅园外的防洪堤绿道上正式投入使用。该智慧健康步道全长500米，采用物联网、人工智能、大数据、云计算、视觉识别、芯片感应等应用技术，使人与物、人与空间能互感互应。步道起点处设置智能互动大屏，实时展示该健康步道上的运动数据。注册账号后，可利用手机定位系统记录步道以外延伸段的运动数据。起点和折返点各设置1台智能数据采集设备，沿途设置两处健康教育宣传栏，向居民宣传健康教育理念。

（县卫生健康局）

体　育

体育设施

【概况】2022年，松阳县在建总规划用地面积为15.23万平方米，集举办体育赛事、市民健身休闲活动等为一体的综合体育设施有序推进，基础设施配套项目经主管部门批准动建。拓展体育设施建设阵地，充分利用城乡的“边角料”打造更多体育空间，提供更多优质体育资源，新兴镇大岭根村造纸工坊改建的月光森林露营基地投用。盘活体育实施存量，出台《松阳县人民政府关于推进机关企事业单位体育场地向社会开放的实施意见（试行）》，为全省机关企事业单位体育场地设施有序开放探路先行，入选浙江省机关、企事业单位体育场地设施开放服务项目试点县。至12月底，全县正式开放机关企事业单位32家，场地46个，对外开放覆盖率96. 9%，辐射并带动场地周边群众健身达5万余人次。

【体育设施建设】2022年，松阳县推进全民健身中心项目，完成投资13021万元，完成年度投资计划的116.1%，基本完成体育场钢结构、屋面、幕墙及室内装修、游泳馆屋面工程；室外附属工程完成50%。建成百姓健身房6个、社区多功能运动场4个、体育公园1个、村级全民健身广场1个。改造提升羽毛球场、地掷球场及篮球场3个基层体育场地设施。推进气排球馆、击剑馆、乒乓球馆建设，建成环溪步道16千米并通过验收。

【机关和企事业单位体育场地错时开放】2022年，松阳县出台机关、企事业单位体育场地错时开放工作实施方案，体育场地错时开放被列入2022年松阳县十大民生实事之一，入选浙江省体育局2022年度体育数字化改革试点名单。至12月底，全县开放机关企事业单位32家，场地46个，其中新增开放场地3个，涵盖篮球、气排球、足球、网球、门球、乒乓球、羽毛球等场（馆）及健身房。

（县文广旅体局）

体育产业

【概况】2022年，松阳县加强体旅融合业态培育，完善户外运动

2022年8月，由新兴镇大岭根村造纸工坊改建而成的月光森林露营基地投入运营

（县文广旅体局供图）

休闲体系，打造“永不停歇”的乡野运动品牌。将运动休闲元素融入优质文旅资源，培育露营、水上运动、山地越野等新兴业态。推出“越野越青春”“山林露营”等体旅宣传视频5条，“山水陆空”中国最美户外天堂专题片在双童山景区取景拍摄并播出。双童山景区（岩壁攀岩）—大木山景区（骑行）、七沐山景区（滑草）—青龙湖皮划艇基地（皮划艇）入选2022年浙江省运动休闲旅游精品线路。星辰山星空营地、月光森林露营基地、青龙湖皮划艇基地等体旅融合项目建成营业。

【中国·松阳体旅融合高峰论坛】2022年9月15日，中国·松阳体旅融合发展论坛在松阳举行。该活动是“全民健身奔共富·喜迎党的二十大”浙江省体育助力山区26个县系列赛事的活动之一。开幕式结束后，受邀嘉宾通过主旨演讲和圆桌会议等方式，就体旅融合产业的发展问题开展讨论。2008北京奥运会女子体操团体冠军江钰源一行到四都乡陈家铺村、平田村等地，实地考察乡村业态培育、民宿经济发展等情况。

【体育彩票销售】2022年，松阳县强化体育彩票销售市场运营安全管理，加大对彩票销售站点扶持力度。全年体育彩票销售4390.79万元，比上年增长14.35%；筹集公益金181.41万元，比上年增长11.75%。本级留用公益金支出50万元，用于群众体育47.22万元，竞技体育2.78万元。

（县文广旅体局）

全民健身

【概况】2022年，松阳县开展《中华人民共和国体育法》《全民健身条例》等宣传活动，进一步提升群众体育健身意识，全县经常参加体育锻炼人数比例达29%。配合群团组织、企业、事业单位等有关部门开展老年人快乐舞步健身操、“建功杯”全县职工篮球赛、第七届农村门球交流活动等群众体育性体育活动，全年开展群众性体育赛事活动63场次。开展多样化体育健身项目技能培训，举办健身气功、成人形体舞、二十八式综合太极剑等培训班，开展浙江省体育局送体育下乡、全民健身周等赛事活动。

【体育社会组织建设】2022年，松阳县制定出台《松阳县单项体育协会星级评定考核办法(暂行)》，由体育总会对单项体育协会管理规范、活动举办、协会宣传、经费保障、竞赛成绩、市场运作等方面进行全方位的评估考核，加快体育协会规范化、社会化、实体化建设。至12月底，全县注册社会体育指导员405人,体育协会29家。全年新增AAAA级体育社会组织1家、AAA级体育社会组织2家，共有AAA级及以上体育社会组织16家。

【2022“昊越杯”中国·松阳全国业余围棋公开赛】2022年7月28日，为期5天的2022“昊越杯”中国·松阳全国业余围棋公开赛在松阳开赛，该活动由中国围棋协会、松阳县人民政府主办，浙江省围棋协会、丽水市体育发展服务中心支持，松阳县文化和广电旅游体育局承办，弈客围棋、松阳县围棋协会协办，吸引来自全国各地350余名棋手参赛。比赛分少儿组、公开组2个组别，其中少儿组根据年龄分为6个组别;公开组为团队赛，每场每队上场5人。2022年，松阳先后举办中国围棋甲级联赛（松阳专场）、全国业余围棋公开赛、浙沪围棋对抗邀请赛、浙江省育苗工程少儿围棋段级位赛等一系列各具特色的围棋赛事。

（县文广旅体局）

2022年7月28日，2022“昊越杯”中国·松阳全国业余围棋公开赛在松阳开赛

（县文广旅体局供图）

竞技体育

【概况】2022年，松阳县实施体育人才培养工程，采取教体结合机制，完善运动员注册工作，推进全县青少年业余训练工作开展，加强体育后备人才队伍建设。至12月底，完成2022年度省级运动员证注册工作，注册运动员218人。完善少体校考核机制，激发教练员积极性。针对市级锦标赛参赛任务，重新调整布点学校的项目布局，加强运动队的训练指导工作。组队参加市级锦标赛和省级体育赛事，协助市体育局参加省级赛事，通过比赛、交流，提高全县体育竞技水平和赛事成绩。

2022年松阳籍运动员参加省级以上赛事获得成绩一览表

表27

参赛时间	比赛名称	参赛人	年龄组	小项	获奖名次
11月	2022年全国皮划艇静水锦标赛	何俊扬	男子乙组（U19）	男子乙组（U19）500米四人皮艇	1
11月	2022年全国皮划艇静水锦标赛	何俊扬	男子乙组（U19）	男子乙组（U19）500米双人皮艇	2
11月	2022年全国皮划艇静水锦标赛	祝成康	男子乙组（U17）	男子乙组(U17)1000米双人皮艇	4
7月	2022年浙江省第十七届运动会轮滑比赛	刘雨欣	女子乙组	女子乙组速度过桩	5
7月	2022年浙江省第十七届运动会轮滑比赛	叶懿宁	女子乙组	女子乙组轮滑舞蹈	1
7月	2022年浙江省第十七届运动会轮滑比赛	叶懿宁	女子乙组	女子乙组速度过桩	2
11月	2022年浙江省第十七届运动会皮划艇比赛	何俊扬	男子甲组	男子甲组2000米K1	1
11月	2022年浙江省第十七届运动会皮划艇比赛	何俊扬	男子甲组	男子甲组200米K1	2
11月	2022年浙江省第十七届运动会皮划艇比赛	何俊扬	男子甲组	男子甲组1000米K1	2
11月	2022年浙江省第十七届运动会皮划艇比赛	祝成康	男子乙组	男子乙组200米K1	2
11月	2022年浙江省第十七届运动会皮划艇比赛	祝成康	男子乙组	男子乙组2000米K1	2
11月	2022年浙江省第十七届运动会皮划艇比赛	祝成康	男子乙组	男子乙组1000米K1	1
11月	2022年浙江省第十七届运动会皮划艇比赛	叶　萍	女子甲组	女子甲组200米C1	5
11月	2022年浙江省第十七届运动会皮划艇比赛	潘星宇	男子丙组	男子丙组2000米K1	4
11月	2022年浙江省第十七届运动会皮划艇比赛	江国庆	男子甲组	男子甲组200米C2	4
11月	2022年浙江省第十七届运动会皮划艇比赛	江国庆	男子甲组	男子甲组1000米C2	7
11月	2022年浙江省第十七届运动会田径比赛	叶泮阳	14岁男子组	14岁男子组跳远	5
11月	2022年浙江省第十七届运动会攀岩比赛	包俊鹏		个人全能（速度、难度、攀石）	8
8月	2022年浙江省第十七届运动会举重比赛	应奕彬	男子乙组	男子乙组61公斤	5
7月	2022年浙江省青少年皮划艇锦标赛	何俊扬	男子甲组	男子甲组2000米K1	2
7月	2022年浙江省青少年皮划艇锦标赛	何俊扬	男子甲组	男子甲组200米K1	1
7月	2022年浙江省青少年皮划艇锦标赛	何俊扬	男子甲组	男子甲组1000米K1	2
7月	2022年浙江省青少年皮划艇锦标赛	祝成康	男子乙组	男子乙组1000米K1	1
7月	2022年浙江省青少年皮划艇锦标赛	祝成康	男子乙组	男子乙组2000米K1	2

续表 27

参赛时间	比赛名称	参赛人	年龄组	小项	获奖名次
7 月	2022 年浙江省青少年皮划艇锦标赛	祝成康	男子乙组	男子乙组 200 米 K1	2
7 月	2022 年浙江省青少年皮划艇锦标赛	金宏骏	男子乙组	男子乙组 200 米 K1	1
7 月	2022 年浙江省青少年皮划艇锦标赛	金宏骏	男子乙组	男子乙组 2000 米 K1	7
7 月	2022 年浙江省青少年皮划艇锦标赛	金宏骏	男子乙组	男子乙组 1000 米 K1	8
7 月	2022 年浙江省青少年皮划艇锦标赛	江国庆	男子甲组	男子甲组 200 米 C2	2
7 月	2022 年浙江省青少年皮划艇锦标赛	江国庆	男子甲组	男子甲组 1000 米 C2	7
7 月	2022 年浙江省青少年皮划艇锦标赛	泮云锋	男子乙组	男子乙组 2000 米 C1	4
7 月	2022 年浙江省青少年皮划艇锦标赛	泮云锋	男子乙组	男子乙组 1000 米 C1	4
7 月	2022 年浙江省青少年皮划艇锦标赛	泮云锋	男子乙组	男子乙组 200 米 C1	5
7 月	2022 年浙江省青少年皮划艇锦标赛	黄 玲	女子丙组	女子丙组 2000 米 K2	5
7 月	2022 年浙江省青少年皮划艇锦标赛	叶 萍	女子甲组	女子甲组 200 米 C1	6
7 月	2022 年浙江省青少年皮划艇锦标赛	潘星宇	男子丙组	男子丙组 2000 米 K1	8
7 月	2022 年浙江省青少年儿童田径冠军赛	马尚菲	15 岁女乙	15 岁女乙五项全能	1
7 月	2022 年浙江省青少年儿童田径冠军赛	马尚菲	15 岁女乙	15 岁女乙跳高	2
7 月	2022 年浙江省青少年儿童田径冠军赛	雷熙妍	14 岁女乙	14 岁女乙 400 米	7
7 月	2022 年浙江省青少年儿童田径冠军赛	高 祺	13 岁女乙	13 岁女乙 60 米栏	8
7 月	2022 年浙江省青少年儿童田径冠军赛	高 祺	13 岁女乙	13 岁女乙跳远	8
7 月	2022 年浙江省青少年儿童田径冠军赛	叶泮阳	14 岁男乙	14 岁男乙跳远	2
7 月	2022 年浙江省青少年儿童田径冠军赛	叶泮阳	14 岁男乙	14 岁男乙 100 米栏	2
7 月	2022 年浙江省青少年儿童田径冠军赛	潘林锋	13 岁男乙	13 岁男乙 800 米	2
7 月	2022 年浙江省青少年儿童田径冠军赛	潘林锋	13 岁男乙	13 岁男乙 100 米	6
7 月	2022 年浙江省青少年儿童田径冠军赛	毛辰硕	12 岁男乙	12 岁男乙 60 米	6
7 月	2022 年浙江省青少年儿童田径冠军赛	徐梓洋	12 岁男乙	12 岁男乙跳高	8
7 月	2022 年浙江省青少年儿童田径冠军赛	潘辰宇	12 岁男乙	12 岁男乙垒球	4
7 月	2022 年浙江省青少年儿童田径冠军赛	吴雨欣	12 岁女乙	12 岁女乙跳远	4
7 月	2022 年浙江省青少年攀岩锦标赛	包俊鹏	男子 B 组	男子 B 组速度	6
7 月	2022 年浙江省青少年攀岩锦标赛	包俊鹏	男子 B 组	男子 B 组个人全能	7
7 月	2022 年浙江省青少年攀岩锦标赛	蔡伊津 包俊鹏 杨谟滋		团体速度接力	8
9 月	2022 年浙江省青少年轮滑锦标赛	叶懿宁		女子轮滑舞蹈	1
9 月	2022 年浙江省青少年轮滑锦标赛	叶懿宁	女子乙组	女子乙组单脚速度过桩	3

【参加全国皮划艇静水锦标赛】2022年11月1—4日，全国皮划艇静水锦标赛在温州龙舟运动中心举行。松阳籍运动员何俊扬在比赛中获得U19（19周岁以下）组男子四人皮艇500米冠军、U19组男子双人皮艇500米亚军，祝成康获得U17（17周岁以下）组男子双人皮艇1000米第四名。

【参加省第十七届运动会皮划艇赛】2022年11月21—26日，浙江省第十七届运动会皮划艇赛在金华水上运动中心举行，来自全省各地区的十支代表队共481人参赛，角逐74枚金牌。5名松阳籍运动员参赛获2金4银。其中，何俊扬获男子甲组2000米K1金牌、男子甲组200米K1和男子甲组1000米K1银牌。祝成康获男子乙组1000米K1金牌、男子乙组200米K1和男子乙组2000米K1银牌。

【参加全省青少年皮划艇锦标赛】2022年7月28—30日，由浙江省体育局主办，浙江省船艇运动协会、龙泉市文化和广电旅游体育局承办，浙江省体育彩票管理中心联合举办的浙江省青少年皮划艇锦标赛在丽水龙泉市瓯江壹号码头举行。比赛分皮划艇和划艇两大项，分设男子、女子甲乙丙共6个组别，比赛项目为200米、500米、1000米、2000米单、双人皮划艇，单、双人划艇。9名松阳籍运动员参加5个组别的竞赛获3金5银。运动员何俊扬获男子甲组200米K1金牌、男子甲组2000米K1和男子甲组1000米K1银牌。祝成康获男子乙组1000米K1金牌、男子乙组2000米K1和男子乙组200米K1银牌。金宏骏获男子乙组200米K1金牌。

2022年9月13日，松阳县民族中学学生开展攀岩训练
（县民族中学供图）

【参加全省青少年儿童田径冠军赛】2022年7月19—23日，浙江省青少年儿童田径冠军赛在宁波奉化中学田径场举行。竞赛分为甲级队、乙级队；设有12岁及以下组、13岁组、14岁组、15岁组4个组别，竞技体育项目设21个大项84个小项。9名松阳籍运动员参赛获1金4银，其中马尚菲获15岁女乙五项全能金牌、15岁女乙跳高银牌。叶泮阳获14岁男乙跳远和14岁男乙100米栏银牌。潘林锋获13岁男乙800米银牌。

【参加全省青少年攀岩锦标赛】2022年7月18—22日，浙江省青少年攀岩锦标赛在绍兴市柯桥区举行。松阳籍运动员包俊鹏在比赛中获男子B组速度第六名、男子B组个人全能第七名。蔡伊津、包俊鹏、杨谟滋获团体速度接力第八名。

【青少年体育后备人才培养】2022年，松阳县加强青少年体育工作，辅助指导6家体育校外培训机构纳入全国监管平台。县民族中学获第一批全国攀岩特色学校称号。举办县第三十八届中小学运动会、中小学生游泳比赛、中小学生篮球比赛。做好参加省运会皮划艇、攀岩、田径、篮球等项目运动员的训练、比赛等后勤保障，少体校引进1名优秀运动员落户松阳。

（县文广旅体局）

社会生活

人口家庭

【人口监测】至 2022 年 12 月底，松阳县户籍人口 23.83 万人，比上年下降 0.3%。其中，男性 12.28 万人，女性 11.55 万人，分别占总人口的 51.53% 和 48.47%。全年出生人口 1263 人（公安统计口径：2021 年 12 月到 2022 年 11 月），出生率 5.3‰；死亡人口 1530 人，死亡率为 6.4‰；自然增长率为 -0.9‰。

【家庭发展】2022 年，松阳县共有家庭 9.8 万户，家庭户总人口为 23.83 万人，其中男性为 12.28 万人，占 51.53%；女性为 11.55 万人，占 48.47%。总人口性别比（以女性为 100，男性对女性的比例）为 106.26。全县户籍人口中 0～17 岁 4.01 万人，18～34 岁 4.3 万人，35～59 岁 10.23 万人，60 岁及以上 5.29 万人。平均每个家庭户的人口为 2.43 人，比 2020 年第七次全国人口普查 2.41 人增加 0.02 人。家庭规模呈现向小型化方向发展［3 人（含 3 人）以下为小型家庭］趋势。

（县统计局 县卫生健康局）

【婚姻收养登记】2022 年，松阳县全面推进婚姻登记机关管理规范化、标准化建设，婚姻登记合格率 100%。全年办理结婚登记 1352 对，离婚登记 341 对，补发结婚证 261 件，补发离婚证 69 件，全县 1 家婚姻登记场所达到国家 AAA 级标准。全年婚姻家庭辅导、调解 804 件，离婚登记人数比上年度增加 74 对，增长 27.72%。全年办理收养登记 1 件。

（县民政局）

【生育友好型社会建设】2022 年，松阳县开展三孩政策及《浙江省人口与计划生育条例（2021 版）》解读宣传工作，促进三孩生育政策及配套措施的有效落地。全年出生 1154 人（卫生健康局统计口径）。其中，一孩 687 人，一孩率为 59.53%；二孩 421 人，二孩率为 36.48%；三孩及以上为 46 人，多孩率为 3.99%。出生性别女孩 554 人，男孩 600 人，出生性别比为 108.3。做好“浙有善育”应用系统生育登记服务、母婴室 2 个事项维护，全年共线上办理生育登记 962 件，所有母婴室信息及时更新和发布。按规定及时、足额给付女职工生育医疗费用和生育津贴待遇，并配合建立以基本医保为主体，以普惠托育、生育保险津贴等多种形式为补充多层次家庭生育保障体系，推动生育友好型社会建设。

【计划生育家庭奖励帮扶】2022 年，松阳县将农村 2 女孩户列入奖励扶助制度，摸排、审核、录入农村 2 女孩户 4686 人，发放奖扶金 449.86 万元，比上年增加 2306 人，奖扶金增加 221.38 万元。健全独生子女家庭、计生特殊家庭服务机制，全年发放奖扶、特扶金 6634 人 673.66 万元、计生困难家庭补助 167 户 21.05 万元，计生系列险赔付 322.32 万元惠及 584 户计生家庭。

（县卫生健康局）

【殡葬服务】2022 年，松阳县健全完善基本殡葬服务保障制度，推动生态殡葬改革。全年完成骨灰跟踪 1780 例；竣工验收 26 个村 4784 穴坟墓，发放村级生态墓地建设奖补资金共 715.83 万元，完成 8 个乡镇 13 个村共 2925 穴坟墓的审批工作，完成树葬 8 例，发放节地生态安葬补贴 4 万元。建设省级公益性节地生态安葬示范点 2

处，获省级补助资金 50 万元/个。办理殡葬基本服务免费 1749 人次，免费金额 96.58 万元。

（县民政局）

收入与消费

【居民收入】2022 年，松阳县城镇常住居民人均可支配收入 49911 元（工资性收入 23624 元、经营性净收入 9221 元、财产净收入 6438 元、转移净收入 10628 元），比上年增加 2870 元，增长 6.1%，增速高于全省平均增速（4.1%）2 个百分点、高于全市平均增速（4.7%）1.4 个百分点。农村常住居民人均可支配收入 25324 元（工资性收入 11648 元、经营性净收入 11696 元、财产净收入 476 元、转移净收入 1504 元），比上年增长 8.2%，增幅较上年（12.5%）下降 4.3 个百分点，收入增幅有所放缓。城乡居民收入倍差缩小至 1.97。2022 年，松阳县城镇居民收入增速首次位居全省第一，连续两年位居全市首位。

【居民消费支出】2022 年，松阳县城镇居民人均消费支出 34002 元（食品烟酒消费支出 10613 元、衣着消费支出 3262 元、居住消费支出 9902 元、家庭设备用品及维修服务消费支出 1289 元、交通通信消费支出 2935 元、教育文化娱乐消费支出 3470 元、医疗保健消费支出 2291 元、其他用品和服务消费支出 240 元），比上年增加 2372 元，居全市第六位。从增速看，2022 年城镇居民人均消费支出比上年增长 7.5%，增速位居全市第一。农村居民人均消费支出 18246 元（食品烟酒消费支出 6174 元、衣着消费支出 913 元、居住消费支出 4219 元、家庭设备用品及维修服务消费支出 931 元、交通通信消费支出 3191 元、教育文化娱乐消费支出 1650 元、医疗保健消费支出 962 元、其他用品和服务消费支出 206 元），比上年增加 1522 元，居全市第八位。从增速看，2022 年农村居民人均消费支出比上年增长 9.1%，居全市第四位。

（县统计局）

【市场物价】2022 年，松阳县上报各类价格监测报表 188 份、发布物价信息 52 期，为政府市场调控提供及时有效数据支撑。全年食用油、猪肉类价格稳中略涨，部分商品价格呈季节性涨跌互现，全县商品价格水平总体平稳。

2022 年松阳县主要消费品价格一览表

表 28

商品名称	规格	单位	1 月	6 月	12 月
晚籼米	优质 当地主销	元/500 克	2.6	2.58	2.58
面粉	高精粉	元/500 克	2.6	2.5	2.5
食用调和油（金龙鱼普通）	一级桶装	元/5 升	78	79.9	92.8
食用调和油（福临门普通)	一级桶装	元/5 升	72	72.8	79.8
鲜猪肉	新鲜瘦肉（夹心肉）	元/500 克	16	15	20
鲜猪肉	新鲜肋条肉（五花肉）	元/500 克	16	15	20
鲜猪肉	排骨（带精肉）	元/500 克	21	20	25
鲜猪肉	仔排	元/500 克	25	25	30
鲜猪肉	猪脚	元/500 克	20	18	22
鲜牛肉	新鲜去骨（腱子肉）	元/500 克	60	60	60
鲜牛肉	牛排	元/500 克	40	40	40
鲜牛肉	牛腩	元/500 克	50	50	50
鲜羊肉	新鲜带骨	元/500 克	45	50	45

续表 28

商品名称	规格	单位	1 月	6 月	12 月
冷鲜羊肉	带骨	元/500 克	35	40	40
白条鸡	开膛	元/500 克	16	16	18
乌鸡	开膛	元/500 克	15	15	15
番鸭	开膛	元/500 克	16	16	18
鸡蛋（红壳）	新鲜完整（肉鸡蛋）	元/500 克	6.5	6.5	7.5
鸡蛋（白壳）	新鲜完整（肉鸡蛋）	元/500 克	7	7	8
带鱼	冻 250 克左右	元/500 克	13	13	13
海虾	冻 体长 10cm 左右	元/500 克	35	45	35
鲤鱼	活 500 克以上一条	元/500 克	14	14	14
花鲢（大头鱼）	活 1500 克左右一条	元/500 克	13	15	14
芹菜	新鲜一级	元/500 克	5	6	4
青菜（油菜）	新鲜一级	元/500 克	3	4	3.5
黄瓜	新鲜一级	元/500 克	5	4	6
萝卜	新鲜一级	元/500 克	2.5	2.5	2.5
青椒	新鲜一级	元/500 克	7	7	8
土豆	新鲜一级	元/500 克	3.5	3.5	3.5
花菜	新鲜一级 散花	元/500 克	5	6	5
茄子	新鲜一级 长茄子	元/500 克	8	7	10
净毛芋	新鲜一级	元/500 克	5	7	7
山药	新鲜一级	元/500 克	10	10	10
蒜薹	新鲜一级	元/500 克	10	8	9
藕	新鲜一级	元/500 克	8	10	8
胡萝卜	新鲜一级	元/500 克	5	4	4
鲜香菇	新鲜一级	元/500 克	10	12	10
日本南瓜	新鲜一级	元/500 克	4	4	4
洋葱	新鲜一级	元/500 克	3.5	2.5	3
丝瓜	新鲜一级	元/500 克	8	8	10
豇豆	新鲜一级	元/500 克	7.5	6	8
四季豆	新鲜一级	元/500 克	9	6	10
大尖椒	新鲜一级	元/500 克	7	7	8
莴笋	新鲜一级	元/500 克	4	4	4
包心菜	新鲜一级	元/500 克	3	3	2.5

续表 28

商品名称	规格	单位	1 月	6 月	12 月
净茭白	新鲜一级	元/500 克	10	7	8
西红柿	新鲜一级	元/500 克	7	6	7
大白菜	新鲜一级	元/500 克	2	2.5	2.5
冬瓜	新鲜一级	元/500 克	3.5	4	3
豆腐	散装	元/500 克	3.5	3.5	3.5
白砂糖	散装	元/500 克	3.4	3.5	3.5
液化石油气	11kg±0.15	元/瓶	105	112	110

（县发展改革局）

劳动就业

【概况】2022 年，松阳县拓宽就业渠道，举办线上线下招聘会 20 场，发布就业岗位信息 8397 个。开展就业能力和技能提升培训 7281 人，新增技能人才 2542 人，实现城镇就业 2191 人，帮扶援助困难群体、重点群体就业 1850 人，期末城镇登记失业率为 0.97%。

【劳动关系机制建设】2022 年，松阳县继续推进劳动关系“和谐同行”三年计划行动，开展“送关爱”“送清凉”“诚信保障”等宣传活动。7 月，县人力资源和社会保障局开展建筑工程高温天气劳动保护、防暑降温措施情况检查，走访 235 国道、西竹玉公路、南城 3 号住宅小区等工程。8 月 25—26 日，开展“送清凉、送关爱”活动，走访国邦钢业有限公司、万基光学有限公司、华方建设工程，送出夏季清凉用品 475 份。11 月，举办劳动关系协调员培训，参训 65 人。委托第三方人力资源服务机构开展工业企业用工情况体检，入户调查 105 家。指导浙江云中马股份有限公司、浙江锐奇鞋业有限公司及劳务派遣公司等 15 家企业订立电子劳动合同 1444 份。

【公共就业服务平台建设】2022 年，松阳县通过“松阳人社”微信公众号、政府网、“浙里办”等线上平台，发布用人单位招聘信息。与四川省古蔺县对接开展“直播带岗”招聘活动，向古蔺县推送 12 家企业 80 余个岗位；组建“招才引智”工作专班到贵州省毕节市下辖的劳务输出重点县开展招聘会 2 场，提供招聘岗位 600 余个，点对点宣传松阳县区位条件、就业政策，保障全县用工。探索“夜经济”+线下招聘会，联合乡镇（街道）开展乡村振兴专场招聘会，全年举办“民营企业、高校毕业生、残疾人、乡村振兴”等主题专场线上线下招聘会 20 场，发布岗位信息 8397 个，为企业招聘工人 3000 余人。

【就业政策扶持】2022 年，松阳县落实就业补贴政策，为企业减负送服务。全年为 777 家企业发放稳岗补贴 523.21 万元，为 183 家企业发放一次性留工培训补贴 46.2 万元。认定省级创业园 1 家，市级创业园 3 家。组织开展创业导师大讲堂、创业青年创业大赛、创业沙龙、创业直播培训等创业服务活动。落实创业担保贷款政策，至 12 月底，累计发放创业担保贷款 2418 万元。

【困难群体和重点群体就业】2022 年，松阳县推广数字就业重点群体就业帮扶在线应用，为失业人员、离校未就业高校毕业生等重点群体提供就业帮扶援助 1850 人次。开发企事业单位见习基地、岗位，引导企业吸纳高校毕业生就业。开放村级公益性岗位，兜底帮扶全县低收入农户和就业困难人员就近就地就业。全年开发见习岗位 182 个，通过各种就业渠道开发公益性岗位 200 个，安置就业困难人员 157 人，为 183 名就业困难群体发放灵活就业社会保险补贴 108.66 万元。

【大学生创业服务】2022 年，松阳县对符合条件的创业人员提供创业担保贷款贴息、一次性创业补贴等政策帮助，为大众创业提供资金保障，强化省、市、县级创业园的孵化培育和服务功能，推动重点人群就业创业促增收。全年新增发放创业担保贷款30笔1014万元，贷款贴息30人69.59万元，一次性创业补贴10.5万元。

【职业技能培训】2022年，松阳县实施职业技能提升行动，县人力资源和社会保障局连续三年与县委组织部联合举办返乡入乡合作创业带头人培训班暨党员“三带”（带头致富、带领创富、带动共富）活动，开设农村电子商务、民宿、煨盐鸡等课程培训班。全年培训职业技能7281人次，新增技能人才2542人，其中高技能人才964人。举办县级创业大赛，选送光粒（松阳）科技有限公司的“面向AR应用的彩色超薄光波导技术”项目参加市级创新大赛决赛获二等奖、第三届马兰花全国创业培训讲师大赛及第二届公共就业服务专项业务竞赛优秀就业服务成果三等奖；县人力资源和社会保障局推荐的云上平田民宿综合体项目获浙江省首届返乡入乡合作创业大赛乡村创业规划大赛组别一等奖。

【职工维权】2022年，松阳县推行“浙江安薪码”小程序应用，畅通维权投诉渠道，国务院欠薪线索平台开通、24小时电话值班、“110”应急联动、“12345”县长热线维权方式，做到专人接待、及时回应。举办企业劳动关系协调员业务培训，打通业务瓶颈，发挥浙江省企业工资支付平台作用。加强县矛调中心力量配合，协调整合劳动监察、劳动仲裁、劳动关系科室，提高职工维权工作效率；加强乡镇基层劳动监察协管员、劳动争议调解员、劳动关系协调员的业务培训，完善劳动纠纷基层调解组织建设。

【农民工权益保障】至12月底，松阳县19个乡镇（街道）均建立劳动保障督导员、劳动保障专员、劳动关系协调员“三员”队伍。10月20日，县人力资源和社会保障局牵头开展“除险保安”工作专项督查迎检工作；牵头起草全县新业态劳动者权益保护实施方案，落实新业态劳动者维权措施。研商采茶工、松材线虫疫木砍伐工的劳务纠纷化解处置方案，形成“行业部门指导、属地乡镇负责”的新方法。委托松阳好帮手家政公司进行农民工基础数据采集工作，采集数据3.62万条，其中省农民工保障平台录入有效数据3.22万条，有效率89%。选送的《推进农民工就业创业助力乡村振兴典型做法》获省人力资源和社会保障厅副厅长金林贵批示和肯定。

2022年8月2日，松阳县举行返乡入乡合作创业带头人培训班开班仪式，并为创业培训教学基地授牌　　（县人力资源和社会保障局供图）

【劳动人事争议仲裁】2022年，松阳县劳动人事争议仲裁院立案劳动争议仲裁案件106件（社会保险60件，经济补偿23件，其他23件），案前调解4件，上期末未结3件。结案105件，涉案金额303.3万元，结案率96.3%。裁决7件，其中终局裁决2件，终局裁决率为28.57%；调解结案84件，其他14件，调解成功率为94.3%。网络办案率为37.6%。开展“阳光仲裁”“绿色通道”等便民措施，优化服务流程，维护良好的用工环境。加强基层调解组织多元化解劳动纠纷的机制建设，完善各级调解组织间的案件流转规范，使案件就近就地化解。

【劳动保障监察】2022年，松阳县劳动监察中心受理欠薪案件603件，涉及2613人，欠薪金额3128.96万余元；办理支付工资类行政处罚（处理）案件4件，发出工资类限期整改通知书8份，责令支付工资的行政处理4件，移交公安1件，申请法院强制执行3件。针对在建工程及竣工但仍存在欠薪的工程项目，部分工业企业及劳动密集型企业开展欠薪情况检查8次，排查建筑工程95个、工业企业23家、劳务派遣公司11家。松阳县采茶工服务“一件事”平台被省发展改革委发文认定为2021年度浙江省数字赋能促进新业态新模式的57家典型企业和平台之一。落实《丽水市工程建设领域农民工工资保证金工作指引》，所有在建项目实行按项目缴纳农民工工资保证金的新规。处置合筑建设集团有限公司欠薪案，解决欠薪336万元。

（县人力资源和社会保障局）

社会保险

【概况】2022年，松阳县参加基本养老保险185575人，参保率98.73%；城乡居民基本养老保险参保85349人，领取待遇28466人；企业职工基本养老保险在职参保51438人，领取待遇28264人；机关事业单位基本养老保险在职参保6663人，领取待遇3382人；工伤保险参保59292人，享受待遇922人。机关事业单位养老保险基金收入31885万元，基金支出30152万元，基金累计结余5949万元，支付能力2.4个月。企业养老保险基金收入48663万元，基金支出88931万元；城乡居民社会养老保险基金收入21744万元，基金支出11692万元，基金累计结余31704万元，支付能力32.5个月；工伤保险基金收入5198万元，基金支出5064万元，基金累计结余878万元，支付能力2.08个月。被征地农民基本生活保障基金收入173万元，基金支出2284万元，基金累计结余716万元。失业保险基金收入1522万元，支出870.89万元。社会保障待遇进一步提高，企业离退休人员基本养老金从人均每月2398元提高至每月2497元，惠及28115人。机关事业离退休人员基本养老金从人均每月7260元提高至每月7421元，惠及3332人。为全县乡镇（街道）被征地参保人员办理备案手续857人，对符合职工养老保险的被征地农民办理参保手续。

【城乡居民基本养老保险】2022年，县人力资源和社会保障局及时调整城乡居民基本养老保险个人缴费基数和基础养老金正常调整机制，施行城乡居民基本养老保险个人缴费为9档，分别为每年100元、300元、500元、800元、1000元、1500元、2000元、3000元、5000元，其中100元档次限低保对象、特困人员、残疾人、低保边缘户等困难群体参保，由县财政局全额代缴。合理调整缴费补贴标准，对选择较高档次缴费的人员适当增加缴费补贴，引导城乡居民选择高档次标准缴费。根据省、市养老金调整文件精神，从7月1日起，城乡居民基本养老保险基础养老金从225元/月调整至255元/月。

【失业保险】2022年，县人力资源和社会保障局按月落实66家省监测企业和35家重点企业月报制度，加强就业失业监测分析，有效防范规模性失业风险。通过“免申直享”（免予申报直接享受政策）为179家企业发放一次性留工培训补助41.3万元；返还企业失业保险稳岗补贴777家523.21万元，落实失业人员补贴发放,兜牢民生底线。发放失业保险金1595人次248万元，发放失业补助金521人次34.92万元，发挥失业保险作用，落实保障失业人员基本生活需要。

【工伤保险】2022年，县人力资源和社会保障局与中国人寿保险股份有限公司松阳县支公司开展工伤调查“政保合作”，在工伤定点医院上报疑似工伤案件后，工伤调查员48小时内入院调查，与县应急管理局、县总工会、经济开发区等多家单位联合，建立重点领域工伤隐患排查机制和预警机制。开展工伤预防宣传工作，探索全县工伤预防工作机制建设，通过工伤预防联席会议制度建设、实施工伤事故三级预警制度和工伤保险参保费率浮动机制，督促生产经营单位落实安全生产主体责任，减少工伤事故发生。全年工伤发生率比上年下降0.05%，工伤支缴率下降7%。

【生育保险】2022年，松阳县落实“浙有善育”政策，扩大生育保险覆盖面，灵活就业人员同步参加生育保险享受生育津贴。生育第三个孩子的费用纳入生育保险，同时回溯补足政策内生育奖励津贴。全年发放生育津贴440人次933.66万元。

（县人力资源和社会保障局）

【医疗保险】2022年，松阳县城乡居民基本医疗保险人均筹资标准为1650元，其中参保人员个人缴纳480元，财政补助1170元。具有松阳县户籍的低保人员、低保边缘户、特困人员、残疾人、优抚对象、困境儿童纳入全额资助范围，个人应缴的医疗保险费由政府负担。少数民族人员参保个人缴费部分由政府承担50%。全年全县户籍人口基本医疗保险参保人数为23.7万人，参保率为99.74%，城镇职工基本医疗保险参保为35729人，享受医疗保险待遇620319人次。推进医保电子凭证应用，提升医保电子凭证结算率。全年电子凭证结算率达44.71%。

（县医保局）

【社保待遇领取人员资格认证】2022年，松阳县落实人社系统“大数据”改革，开展全县退休人员社会化管理服务工作，利用“浙里办”应用程序下的人社服务专区平台，构建以无感化认证、掌上认证为主，远程协助认证为辅的认证模式。发布《进一步做好待遇领取资格认证工作的通知》，构建“中心—乡镇—村”三级联动的认证体系，发挥乡镇社保员和村网格员作用，每村均有自助认证“教导员”通过“松阳人社”微信公众号、张贴宣传标语、发放宣传资料等形式，宣传待遇领取资格认证方法和相关要求。及时发布未认证名单，发动乡镇社保员和村网格员利用晚上等空余时间组织本村待遇领取人员进行认证。开放柜台认证，为无法使用人脸识别认证的人员进行后台认证。结合党员活动，将认证服务送上门、送到家。至12月底，全县认证率达99.95%，综合认证率位居全市前列。全年未发现死亡多领、冒领现象。

【社会保障卡应用】2022年，松阳县根据浙江省人力资源和社会保障厅印发《2022年社会保障卡建设工作实施方案》要求，全年新增实体社保卡持卡任务数1000人，新增电子社保卡签发任务数5.1万张。至12月底，实体卡新增扩面完成2584张，完成率258.4%；电子社保卡申领完成34922张，完成率68.5%。

【社保基金安全管理】2022年，县人力资源和社会保障局开展社保基金第三方审计和安全评估工作，强化内控机制建设监督检查。利用大数据开展稽核工作，维护数据互通。加强与县卫生健康局、县民政局、县法院等部门的配合协调，采取数据共享的形式，形成全县死亡人员名单、服刑人员名单等数据网络，通过死亡名单比对、殡葬一件事、服刑人员名单比对等工作，防范死亡冒领，服刑人员违规参保、代领等情况。全年比对死亡信息3654条，报送业务处理89人，办理殡葬一件事1758件，累计比对服刑人员740人，报送业务处理91人，有效遏制违规参保，违规领取养老金事件的发生，维护社会保险基金安全运行。开展违规申报套取社保基金问题排查、社保政策落实不到位及行风方面问题专项治理、社保基金管理提升年行动、社会保险经办岗位权限管理专项检查、社保基金安全评估自查、社会保险基金疑点数据核查、社保基金监督和社保政策落实不到位及行风方面问题互查检查等工作，由新时代会计师事务所对全县养老、工伤、失业基金、省人力资源和社会保障厅下发的疑点数据开展专项核查、评估提升年行动开展情况、审计社会保险经办岗位权限管理专项检查情况，并督促经办机构对存在的问题进行整改。严格执行社保基金要情报告和基金监管定期报告制度，全年发现基金要情事件1起，涉及3人，其中2人全额追回，1人签订协议按月抵扣，每月抵扣1934元，15个月扣回清零，切实维护社保基金运行安全。

（县人力资源和社会保障局）

医疗保障

【概况】2022年，松阳县以保障困难群众基本医疗权益、健全医疗保障网和社会救助体系为目标，助力共同富裕。全面加强医保基金监管；深化“最多跑一次”改革”，推进“智慧医保”建设。《松阳让困难群众就医再“减负”》在《人民日报》和“浙江在线”公众号上发布。

【医疗保障“最多跑一次”改革】2022年，县医保局压实乡镇（街道）医保服务管理职能，推进医保经办服务下沉，方便群众就近办事，全县203个行政村全部配备村级医保代办员，实现县、乡、村三级医保员队伍全覆盖；“四位一体”（市、县、乡、村）医保服务监管体系延伸网点60个。

【医保支付方式改革】2022年，县医保局落实DRGs点数法付费（按疾病诊断相关分组进行打包付费的方式）、医疗机构门诊按人头付费等各项付费办法。建立医保经办机构和医疗机构的谈判协商机制，合理确定、动态调整住院及门诊预算额度、“结余留用、超支分担”比例等。落实国家、省、市药械集中采购政策，完善医保支付标准与集中采购价格协同机制，加强药品和医用耗材采购、配送、使用、结算、支付等全周期监督管理，实现改革和机制转换实现降价减负。推动医药服务价格改革。落实药品二次议价工作，持续优化价格结构，对不规范执行政府指导价等行为，及时进行指导纠正，必要时采取函询约谈、成本调查、信息披露等措施，引导医疗机构主动履行医疗服务成本管控、优化医药费用结构。

【异地就医结算办法实施】2022年，县医保局推进异地就医结算，顺利接入国家结算平台，实现跨省异地就医即时结算。全县实现门诊费用跨省直接结算的医疗机构共31家，实现住院费用跨省直接结算的医疗机构6家。开通慢特病跨省结算，实现特病慢性肾衰、器官移植抗排异治疗、恶性肿瘤、慢病高血压、糖尿病的跨省实时结算。“智慧医保”系统上线后，全县完成跨省异地就医备案登记338人次。

【医疗保障基金监督】2022年，县医保局创新线上监管模式，实现医药机构实时监控；落实长效机制，严格查处案件。全年开展“双随机、一公开”检查11家、医药机构专项检查27家、交叉检查6家、全覆盖现场检查81家。医药机构退回违规金额264.9万元，行政处罚金额23.71万元；通过外伤核查，不予支付医保基金1266.03万元。医药机构自查发现违规金额94.91万元，全部退回到医保基金账户。

【药品和医疗服务价格管理】2022年，县医保局建立公立医疗机构药品采购新机制，全年二次议价共为财政节约600余万元药品采购资金，集中带量采购中选产品按时结算率100%，其他药品、耗材结算率73.24%。医疗服务价格改革有序推进，调整二级及以上公立医院医疗服务价格，全县2家公立医院通过本轮医疗服务价格改革，共增加医疗服务收入242.79万元，通过压缩药品、医用耗材、检查、检验4类项目腾空间合计收入1074.2万元。

【医保基金管理】2022年，松阳县医保基金总收入47151.82万元，其中城乡医保基金收入30904.49万元，城镇职工医保基金收入16247.33万元；总支出49868.89万元，其中城乡医保基金支出33560.25万元，累计结余9995.29万元，基金支撑能力3.82个月；城镇职工医保基金支出16308.64万元，统筹基金累计结余4234.1万元，基金支撑能力5.62个月。

【打击欺诈骗保行动】2022年，县医保局持续开展“打击欺诈骗保维护基金安全”集中宣传月活动，采取多平台、多渠道、多形式的医保政策法规宣传并公开投诉举报电话，落实举报奖励制度。强化日常巡检、专项随机抽查、飞行检查等各类检查手段，与多部门联合执法，提高执法力度和影响力。持续打击假病人、假病情、假票据等欺诈医保基金的违法犯罪行为。建立“人工审核+第三方协管+智能监控”多元化监管模式。开展内部审核、医保基金监管检查“回头看”、利用监控等信息系统全程实时监控等方式，理顺内部管理制度，规范各项业务的操作流程、标准及风险点防控措施，提高防范风险能力，对查实的违法违规定点医疗机构从严、从重、从快处罚和处理，形成震慑，有效遏制欺诈骗保行为。

【“浙丽保”扩面】2022年，县医保局持续推进“浙丽保”参保扩面，改进筹资办法，拓宽缴费渠道。全年“浙丽保”参保人数

2022年12月16日，松阳县新兴镇上安村的“茶乡先锋”直播间开展“浙丽保”专题直播，带动村民在线完成云缴纳　（县融媒体中心供图）

19.76万人，参保率95.6%，排名全市第二。全县“浙丽保”报销4.87万人次，报销金额1166.12万元。

【“智慧医保”建设】2022年，县医保局组织人员测试“智慧医保”智能审核模块，研究智能审核规则。开通两项慢特病全国联网结算机构实时刷卡结算，无需持报销材料回参保地报销。“智慧医保”上线期间的“主动报”数据及时清理、闭环，及时把上年度积压零星报销件全部清零。医保电子凭证结算率达44.71%。

（县医保局）

住房保障

【概况】2022年，松阳县公共租赁住房选址3个区块，分别位于县城城北、城东及城南区块，共797套，总建筑面积5.53万平方米，总投资1.27亿元。公共租赁住房申请须经公租房管理信息系统进行线上联合审查，审查符合的，由县住房保障中心进行统一配租管理。公共租赁住房配租抽签过程由县公证处公证；落实公共租赁住房退出机制，根据公共租赁住房资格年审结果，符合条件的租户续签合同，不再符合低收入标准的租户按要求提高租金标准，不再符合公共租赁住房条件的退租处理；县住房保障服务中心定期对物业公司管理情况进行考核，物业管理费用由县财政局承担，不向住户收取物业费。加快公共租赁住房建设、强化住房保障配租和监管等措施，加大住房保障力度。

【公共（廉）租赁房保障】2022年，全县公共租赁住房货币补贴申报受理97户，其中社区申请家庭84户，外来务工人员家庭13户。经线下线上联合审核，符合公共租赁住房申报补贴条件80户，发放公共租赁住房补贴15.9万余元。公共租赁住房实物配租工作全部结束，轮候家庭23户均安排实物配租。公共租赁住房（包括人才公寓）在册家庭年审763户。

【高层次人才公共（廉）租赁房保障】松阳县人才公寓位于水南保障房小区和城东慧明东区，水南人才公寓共54套，户型面积约60平方米，二居室，简装修；城东人才公寓共40套，至12月底，交付19套，户型面积约110平方米，精装修。2022年，全县人才公寓配租15套，因工作调动等原因退租7套。至12月底，水南人才公寓实有居住43套，空余人才公寓11套；城东人才公寓实有居住12套，空余7套。人才租房补贴发放5户，合计2.78万元。

【房屋安全保障】2022年，县住房和城乡建设局对全县78768栋农村自建房开展安全隐患排查治理工作，其中经营性自建房5029栋、其他自建房73739栋。对录入全国房屋建筑和市政设施调查系统的1568栋初判存在安全隐患的自建房委托中介鉴定。督促乡镇（街道）对鉴定为C、D级危房的8栋经营性自建房和732栋其他自建房进行治理。对符合条件的18户农村困难家庭危旧房改造开展即时救助。对于验收合格、资料齐全的13户农户及时发放救助资金17.86万元。全县有99户C、D级危房通过修缮加固、拆除新建等方式改造，享受区域协调资金补助共59.93万余元，改造建筑面积1.62万平方米。

【老旧小区提升改造】2022年，全县开工4个小区17栋房改房项目，共571户，总建筑面积18.9万平方米，完成投资7300万元。实施老旧小区改造工程，项目规划面积为408.6公顷，涉及18个小区52栋房改房，惠及居民4000余户，

2022年10月，位于西屏街道城东社区的教师新村完成老旧小区立面改造

（县住房和城乡建设局供图）

总建筑面积约62.4万平方米。

（县住房和城乡建设局）

【住房公积金管理】2022年，松阳县住房公积金实缴单位445家，实缴职工14341人，月均实缴净增人数438人，缴存住房公积金4.07亿元，累计缴存总额33.44亿元，缴存余额10.45亿元；提取住房公积金3.1亿元，累计提取总额23亿元；发放个人住房贷款212笔9215万元，累计发放个人住房贷款8025笔18.96亿元，贷款余额8.62亿元；个人住房贷款余额占缴存余额的82.5%，贷款逾期率为零。全县实现增值收益1993.62万元，上缴城市廉租房建设补充资金430.41万元，贷款风险准备金10944.48万元，风险准备金充足率12.69%，年度结息1422.46万元。

【公积金风险防控】2022年，松阳县执行大额资金存储管理制度，委托县财政局完成1.1亿元住房公积金增值收益存款存放公开招投标，根据资金结余情况，系统内调出资金1.5亿元，提高资金运作效益。建立定期自查机制，净化公积金使用环境；健全贷款风险全程监控机制，实行期转现办结和逾期贷款分级管理，防范和化解贷后风险，实现公积金贷款连续23年零逾期。开展县“百名人大代表、政协委员评机关”评议调研，提高公积金管理透明度。

【公积金数字化改革】2022年，松阳县依托全省公积金“浙里安居·浙惠住房公积金”统建系统建设，实现省内异地购房提取，公务员和事业单位职业生涯一件事等综合业务“跨部门协办”，长三角地区退休提取、异地转移接续等常规业务“跨省域通办”，租房、购房、还贷等高频业务“云审批秒办结”。优化住房公积金组合贷款受理环节，实现组合贷款全流程办理“一地一窗办结”；将住房公积金缴存接入“企业开户一件事”平台，规范企业缴存登记。通过电子稽核系统，优化用户登录认证，实现分类分级“智能治理”，提高业务操作规范化；根据丽水市住房公积金管理中心统一部署，按时完成单位性质核查修正、1人多户合并、身份证补录等数据治理，确保住房公积金数据质量。

（县住房公积金管理中心）

社会救助

【概况】2022年，松阳县出台调整特困人员基本生活费和护理费的政策文件，提高困难群众救助标准。推进善居工程项目建设，为低保家庭开展居住环境改造。通过健全“大机制”、开展“大排摸”、推进“大走访”三大行动，推进低保专项整治行动。对低保救助数据共享平台实行每月动态管理，实现民政、扶贫低收入对象数据库整合利用，助推精准扶贫。

【最低生活保障】2022年，松阳县低保标准提高到每人每月1035元。松阳县对全县19个乡镇（街道）在册低保对象居民家庭经济状况进行复核，对不符合低保条件的给予取消，实行动态管理。至12月底，全县低保在册3774户5727人，低保边缘户在册636户1243人，发放低保金5467.29万元，发放低保对象物价补贴127.35万元。推进善居工程项目，完成低保家庭居住环境改造60户。发放精简下放人员生活补助33人56.16万余元、“三老”（中华人民共和国成立前入党的农村老党员、老游击队员和老交通员）人员生活补助12人7.66万元、支援宁夏返乡人员生活补助34人13.7万元。

【特困人员供养】2022年，松阳县拥有特困供养对象212人，其中集中供养130人，分散供养82人。2022年，松阳县调整基本生活保障标准，特困供养标准提高至每月1346元，实现特困人员基本生活保障标准城乡统一，按不低于上年度当地城镇人均消费支出的50%确定，且达到当地最低生活保障标准的1.3倍以上；在政府设立的供养服务机构集中供养的特困人员照料护理费用，依据供养服务机构的基本支出保障政策，由财政、民政部门核定。采取政府购买服务在社会机构集中供养的特困人员照料护理费用，分完全丧失生活自理能力、中度丧失生活自理能力、轻度丧失生活自理能力、具备生活自理能力4类特困人员，分别按当地月最低工资标准的80%、40%、20%、10%确定。照料护理费用由供养服务机构统筹使用，可用于支付特困人员住院治疗的陪护费用。分散供养特困人员照料护理费用按照在社会机构集中供养的特困人员照料护理费用标准的50%执行。

【临时救助】2022年，松阳县推

行“一证通办”，实现一张身份证即可申请救助，后续流程由乡镇（街道）在规定时间内完成办理；全面落实支出型贫困入保政策，解决因患大病、遭受重大意外事故等刚性支出大而导致经济困难家庭的实际问题，救助金额1万元（含1万元）以下委托乡镇（街道）审批发放。全年支出型临时救助157户312人，发放金额83.6万元；急难型临时救助549户1013人，发放金额90.11万元；孤儿救助140人次，困境儿童救助2210人次，共发放救助金253.27万元；流浪乞讨人员救助31人次。

（县民政局）

【医疗救助】2022年，松阳县落实低保户、低保边缘户、特困户等困难人群免费参与医保，参保率100%。全年救助困难群众61973人次，发放救助金715.36万元。实现全县困难群众资助参保率和医疗救助政策落实率100%。

（县医保局）

社会福利

【妇女福利】2022年，松阳县落实困境妇女的关心关爱，开展“把爱带回家”、爱心圆梦进社区等活动。持续推进“暖秋关爱”行动，为全县50名困境家庭老年妇女送去关爱。开展妇女“两癌”防治知识到村庄、到社区活动，为360名低收入妇女投保康乃馨女性健康保险，帮助5名低保患病妇女申报获省妇儿基金会救助补助金，1名患病妇女获中央彩票公益金低收入救助款。围绕“温暖型县域”打造，结合现有优惠帮扶政策，创新谋划梳理“田园妮子”妇儿暖政十五条，健全农村留守妇女关爱服务体系。

（县妇联）

【儿童福利】2022年，松阳县通过开展未成年人保护主题征文、短视频、图画大赛、未成年人保护进校园、儿童政策宣讲进村（居）、“五类重点青少年”（闲散青少年、有不良行为或严重不良行为青少年、流浪乞讨青少年、服刑在教人员未成年子女、农村留守儿童）帮扶、孤困儿童关爱探访等活动，营造全社会关注未成年人保护的环境氛围。开展儿童政策宣讲进村居活动，开通未成年人保护专线，建成乡镇级未成年人保护站9个，完成13名孤儿免费体检项目，持续实施“明天计划”和“添翼计划”等项目，提升儿童救助保护保障水平。6月，县民政局联合县检察院、县教育局等8家单位开展以“学法懂法 合力守护 健康成长”为主题的系列活动。健全关爱服务体系，开展农村留守儿童摸底排查，采集信息纳入网格化管理。落实孤儿及困境儿童基本生活补助政策，孤儿救助标准提高至每人每月1480元，全年发放孤儿生活补助费169人次10万余元；发放困境儿童基本生活补助2330人次273.02万元。

【老年人福利】2022年，松阳县构建居家为基础、社区为依托、机构为补充、医养相结合的多元化养老服务体系，延伸开展助医、助洁、助浴、助购等服务，县卫生健康局围绕老年群体关心关注的慢病防治、照护服务、健康服务等需求，完善健康保健服务功能，提升老年健康服务水平；县市场监管局通过线上线下监督检查的方式，加强对食品安全的监管力度，保障老年人就餐饮食安全；县财政局加大资金补助力度，为村级居家养老照料中心功能完善提供保障，提升村级居家养老照料中心服务功能。除上述福利外，全县80岁及以上老人均享受政府高龄津贴补贴，80～89周岁每人每月50元，90～99周岁每人每月100元，100周岁及以上每人每月500元；90虚岁或100虚岁高龄老人享受一次性奖励，90虚岁一次性奖励1000元，100虚岁一次性奖励5000元。全年全县城镇职工享受政府高龄津贴补贴28783人次，金额162.71万元；城乡居民享受政府高龄津贴补贴52982人次，金额301.90万元。

（县民政局）

慈善事业

【概况】2022年，松阳县慈善总会实际到位慈善资金655万元，其中财政拨款100万元，慈善救助支出505万元。全年助困活动支出11.4万元、慈善大病救助支出112万元（其中送医下乡活动支出4.47万元）、救灾支出3.5万元、慈善春节慰问活动支出28万元、夏季为环卫工人“送清凉”活动14万元、村级慈善帮扶基金项目支出23.2万元、新农村建设支出188万元、关爱计生特殊家庭家政服务项目支出14.22万元、慈善水上救援项目4万元、县慈善总会与四川省巴中市巴州区结对帮扶支出100万元，其他支出6.68万元。

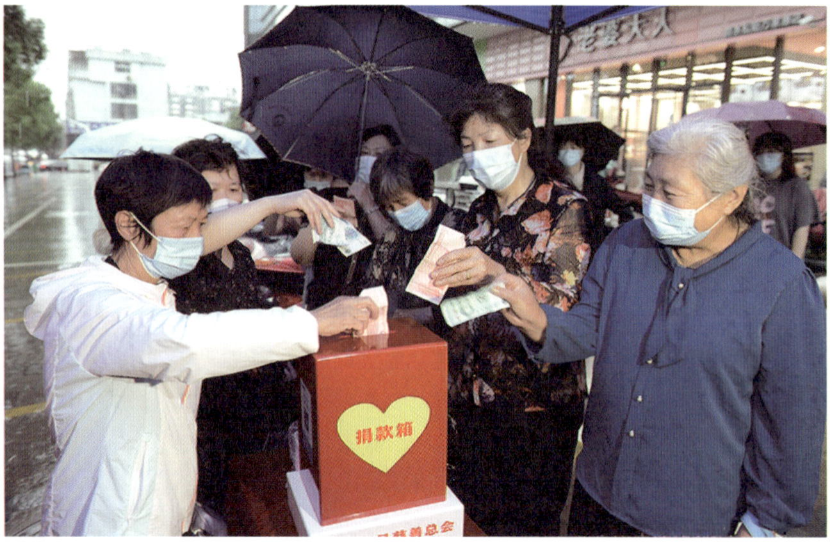

2022 年 5 月 30 日，松阳县举行慈善捐赠活动启动仪式，市民踊跃捐款
（县慈善总会供图）

【慈善救助】2022 年，松阳县开展慈善“一日捐”活动，接受捐赠 226 万元，捐赠参与人数和捐赠金额均历史新高；发放慈善助医、慈善助学、慈善春节慰问等救助资金 505 万元，受助 4000 人次。施行大病救助项目 450 人，申报 40 人获市慈善总会大病救助，发放救助金 71.6 万元。省慈善联合总会对松阳县、乡、村 6 所学校进行资助，连续 3 年为学校聘请音乐教师。开展“慈善博爱护肾公益行动”，全年为接受血透治疗的重症肾病患者发放救助金 27 万余元，180 余人受助。与县科协专家协作下乡义诊，为困难老人送医送药；实施“慈善关爱计生特殊家庭项目”，服务 773 人次；县慈善总会与丽水华侨医院有限公司、爱心人吕飞豪联合开展“慈善光明行”眼健康公益活动，为符合手术条件的 67 人实施手术。

【建立乡镇慈善分会】2022 年 7 月，县慈善总会召开会长办公会议，研究部署分会设立工作，确定全县 19 个乡镇（街道）按区域分层次逐步成立慈善分会。通过与乡镇（街道）实地交流座谈、慈善分会成立指导思想宣传，结合乡镇（街道）自身主动性选定先行试点 6 个。由分管副会长到 6 个试点乡镇分别对接，指导筹备建立分会的前期准备工作。至 12 月底，全县有 8 个（其中 6 个为 2022 年新建）乡镇建立慈善分会。

【慈善捐赠活动启动仪式举行】2022 年 5 月 30 日，松阳县举行慈善捐赠活动启动仪式。县慈善总会向爱心企业、爱心个人、爱心项目和爱心义工服务组织颁发慈善贡献奖，县四套班子领导、16 名企业代表现场进行捐赠。仪式上企业现场认捐 790 万元。启动仪式结束后，全县各企业、社会组织、干部群众开展慈善捐赠活动，助力慈善事业。自 2006 年松阳县慈善总会成立以来，全县慈善基金逐年增加。至 2022 年 12 月底，累计募集慈善资金 6109 万元，善款总支出 3809 万元，直接受助 3.1 万余人次。

（县慈善总会）

移民事务

【概况】2022 年，松阳县以“维护稳定、保障权益、提高绩效、夯实基础”为工作思路，开展“入千村、访万户，话家常、办实事”活动，关注移民群体思想动态，畅通信息渠道，解决移民群众急难愁盼问题。落实水库移民后期扶持政策，完成松阳抽水蓄能电站项目移民安置前期工作，为全县最大单体项目核准立项奠定基础。推进茶香小镇茶叶精深加工区项目，实现无障碍施工。县移民工作中心获评年度全省水库移民工作评估优秀单位。

【水库移民扶持工作】2022 年，全县大中型水库移民 12009 人，县移民工作中心发放直补资金 720.54 万元。全年分 3 批次安排项目资金 2247.8 万元，扶持项目 63 个，精准实施后期项目扶持，改善移民生产生活条件。其中，产业类项目 38 个，投入移民资金 1240.77 万元，占 55%；美丽家园类项目 25 个，投入移民资金 1007.03 万元，占 45%。建成美丽移民村 6 个（美丽移民精品村 1 个），受益村民 4500 余人，其中移民 1000 余人。开展赤寿乡楼塘村智慧移民村建设试点，投入移民资金 45 万元。

【移民共富项目建设】2022 年，松阳县有序推进全省水库移民共同富裕示范项目——茶香小镇茶叶精深加工区竞争性共富项目建设。争取扶持移民资金 1100 万元，项目分 2022—2024 年三年期投资，2022 年投入移民专项资金 350 万元。6 月 13 日，确定实施主体、投资合作方式、收益分配方式等内容，为项目实施奠定基础。10月底，该项目完成土地拍卖挂牌、图审、预算、审价、规划许可证、招投标施工合同和开工许可证等项目实施程序开工建设。12月底，完成项目年度投资计划和建设工程量的30%。

【抽水蓄能电站项目移民安置前期工作】2022年，县移民工作中心推进全县有史以来投资额最大的单体项目——抽水蓄能电站项目的前期移民安置规划相关报告报批和移民安置政策制定等工作。创新移民报告审查咨询会、技术审查会等方式方法，缩短各项报告审批流程时间。入围全省抽水蓄能电站项目“4+X”（4个抽蓄项目、若干个项目）核准计划。5月13日通过实物指标调查大纲，9月14日省移民办下发审核意见文件，用时4个月完成《浙江省松阳抽水蓄能电站建设征地实物指标调查工作大纲》《浙江省松阳抽水蓄能电站建设征地移民安置规划大纲》《浙江省松阳抽水蓄能电站建设征地移民安置规划报告》3个报告审查。历时10个月，完成以移民安置前期工作为主线的33个专题报告审查，10月28日获省发展改革委项目核准批复，11月2日项目先导工程动建，正式进入实施阶段，为全省抽水蓄能电站项目前期工作的快速推进提供“松阳经验”。

（县移民工作中心）

老龄事务

【概况】2022年，松阳县开展老年康养乡村标准试点研究项目建设，完成项目预算、项目合同签订、研究方案提交等工作。出台《松阳县老龄工作“十四五”规划》，开展医养规范签约和医养结合服务质量提升工作，实施智慧养老、智慧医疗项目。2022年，全县有养老机构7家，新增2个康养联合体项目并投入使用。以高端康养智慧养老院标准建设、提供订单式服务的南山大健康文化园已完成主体建设，一期投资7600余万元,规划总床位402张。组建“流动爱心理发服务队”为偏远山区老人理发9000余人次。

【养老机构建设】2022年，松阳县新增认知障碍照护专区床位50张、新增持证养老护理员20人、建设智慧公办养老院1家、为19个乡镇（街道）居家养老服务中心配置无感智能终端，提升11个乡镇居家养老服务中心运营水平。全县8家县级养老（医养）机构、19家乡镇级居家养老服务中心与医疗卫生机构规范签约服务，为老人就近提供医养结合服务。古市医院二期医养中心项目总投资1.3亿元,于8月开工建设。开展老年友善医疗机构建设，全县12家单位完成创建任务。

【老年电视大学教学活动】2022年，松阳县老年电视大学学员数突破1000人。学校深入开展“智慧助老”活动，组织广大老年人就近就地普及智能手机应用课程，提高老年人对智能手机的应用能力，让老年人融入现代社会。至12月底,累计为4000余名老年学员授课。筹备参加第二届老年木玩比赛;持续开展老年人防诈骗专项学习宣传活动。与县老年养生养老经济促进会合作，开展“喜迎党的二十大”系列庆祝活动。

（县卫生健康局）

【老年人送餐服务】2022年，松阳县采取“政府支持、社会力量运作”模式，以“配送餐、集中就餐”相结合形式，建成标准化配送餐中心1个,配备7辆送餐服务车，实现全域化助餐配送服务，有效解决城乡老人就餐难问题，节省原有就餐政策资金支出50%

2022年5月6日，浙江丽水松福养老服务有限公司员工为西屏街道城东社区的老人送餐

（县发展改革局供图）

以上，全年送餐50余万人次。该做法入选2022 年度丽水市“山区养老”十大创新案例、市“七张问题清单”2022年第三季度示范案例，被《人民日报》《中国社会报》《浙江日报》《浙江老年报》《丽水日报》等主流媒体报道。

（县民政局）

关心下一代

【概况】2022年，松阳县关心下一代工作委员会(以下简称县关工委）学习贯彻党的二十大精神和《关于加强新时代关心下一代工作委员会工作的意见》，按照“急党政所急，想青少年所需，尽关工委所能”的工作方针，关心和爱护青少年。组织开展“庆六一送温暖 关爱下一代健康成长”“山水相约 携手关爱”等活动，联合团县委、县教育局等开展红领巾会客厅——“让美丽乡村重拾自信”回乡青年对话活动。4月，举办松阳县第二届诗词大会暨第十一届经典诵读大赛，助力广大青少年健康成长。

【青少年法治教育】2022年，县关工委依托社会资源构建帮教网络，采取原则性和个性化相结合的帮教模式，提升青少年法治意识，预防和减少青少年违法犯罪。发放《未成年人普法教育知识手册》，对农村留守儿童、困境儿童开展各类关爱和普法教育。联合县公安局禁毒大队开展重点吸毒人员平安关爱行动，鼓励他们重树自信、重新起航；参与县检察院组织的检察开放日活动，推动青少年学法守法用法。

2022年10月26日，由县关工委组织的“红船领航成长 强国复兴有我”主题宣讲活动在叶村小学举行

（县关工委供图）

【帮困助学】2022年，松阳县筹集帮困助学资金182.73万元，物资15.69万元,资助学生982人次，重点组织开展大学生助学项目6个，资助学生75名，资助金112.3万元，比上年增加24万元，增长27.2%。县关工委组织开展“吴永昌先生爱心助学”“嘉禾绿荫行动”“爱心圆梦 浙狮情”“浙江远达公益基金会助学”“都市快报阳光助学行动”“杭州新欣爱心助学”“中天钱报”等助学活动。其中，“浙江远达公益基金会”和“南湖晚报嘉禾绿荫行动”连续4年结对松阳学子,共资助学生35人，资助金额达85.6万元，“中天钱报”“都市快报”“爱心圆梦 浙狮情”“省妇女儿童基金会”等助学项目共资助学生40人，资助金额26.7万元，帮困助学工作在全市关工委工作会议上得到市关工委领导的肯定。继续开展撰写一封书信、送上一份问候、讲好一个故事、报告一次成绩、参加一次公益活动“五个一”活动，65名受助大学生为爱心人士、企业寄去成绩单、学习心得，感谢信等。

【“五老”宣讲团】2022年，松阳县发挥“五老”（老干部、老战士、老专家、老教师、老模范）宣讲团作用，建设“五老”宣讲队伍。以“菜单式”服务，将宣讲团成员姓名、宣讲课题列表供学校选择。2022年，以党的二十大为主题，研究制定“红船领航成长 强国复兴有我”主题宣讲方案,全年宣讲方案共开设6个主题31个课程，内容涵盖爱国主义教育、国防教育、法治教育、健康教育、安全教育、道德教育等，累计进校宣讲活动30余场。3月，县关工委联合县退役军人事务局，组建“老兵宣讲团”，实现宣讲团在人力配置上的创新和突破，开展红色文化专题宣讲，将红色文化带进校园。

【“双百”活动】2022年，松阳县围绕乡村振兴总目标，发挥老科技专家在乡村振兴战略实施中的传帮带作用，以“双百”（百名老科技专家联百村）活动为载体，开展调研指导、送科技服务活动。15名县关工委“双百”小组成员，围绕乡村振兴，开展调研指导300余次。新增并挂牌2个“双百”活动联系基地——双童积雪家庭农场、晓英家庭农场。老科技专家发挥联系点示范作用，对茶叶、中药材、油茶、香榧等10个项目进行结对帮扶，带动周边群众致富，助推农村经济发展。9月，全市关工委“双百”活动工作会议在松阳召开，县关工委作典型发言。

（县关工委）

残疾人事业

【概况】2022年，松阳县有各类持证残疾人10833名。其中，视力障碍1174人，肢体障碍3394人，听力障碍4070人，言语障碍73人，智力障碍761人，精神障碍749人，多重残疾612人；一级1111人、二级1511人、三级3412人、四级4799人。

【残疾人康复服务】2022年，松阳县实施残疾人康复基本服务8937人次。儿童康复训练38人次，对残疾人进行免费适配服务，其中验配助听器175台，安装假肢26条；补助髋/膝关节置换手术2人；实施基本辅助器具适配，赠送轮椅等辅助器具271件；精神病门诊服药社保专线录入694人；提升建设规范化儿童康复机构1家，入训残疾儿童27人。加强对全县残疾人托养、庇护机构的业务指导、日常监管等工作，推进建设集残疾人集中托养、庇护照料、医疗康复、就业创业、教育培训、心理辅导、儿童康复为一体的康养公益体，全年累计托养服务102人次。

【残疾人就业服务】2022年，松阳县出台《关于开展残疾人按比例就业实现多渠道就业试点工作的通知》《关于对县级超比例安排残疾人就业企业进行奖励的通知》等就业帮扶政策，通过机关单位定向招考、企业助力异地就业、创业资金扶持、就业技能培训等4项举措，拓宽就业渠道，保障就业权利。2022年，面向残疾人定向招录公务员1人；联合横店东磁集团、如常集团等企业举办就业招聘会多场，异地分散安置残疾人就业147人；开展个体经营、自主创业、灵活就业等创业扶持、贷款贴息帮扶救助，实施创业补助35人，贷款贴息补助136人，补助金额134.38万元。

【残疾人职业技能培训】2022年，松阳县举办残疾人烹饪培训班2期，承办丽水市松阳香茶技能培训班，举办残疾人保健按摩师(盲人保健推拿)职业技能培训和技能大赛，以赛促训，全年培训残疾人163人次。

【扶残助残活动】2022年，松阳县依托省残联“1+4”（“1”指一支残疾人工作队伍；“4”指助力“我要就业”“我要照护”“我要康复”“友好出行”4个行动）社区助残服务暖心行动试点，融合“智慧助残连心e站”应用，全面调查残疾人基本状况，以数字化手段提升入户访视的精准度和助残服务的满意度。围绕残疾人的“医、住、行”，就近就便开展助医助行、生活照护等助残志愿服务200余次。通过线上“电话+视频”与线下入户访视相结合，采取暖心惠民举措，解决残疾人急难愁盼问题，持证残疾人入户访视率达100%，解决实际问题600余个。开展残疾人家庭和残疾学生教育救助368人，其中学前和高中助学176人（市残联扬帆助学救助人员3人）。走访慰问贫困残疾人252户，发放慰问金20.84万元。

【残疾人权益保护】2022年，松阳县统一部署推进残疾人权益保障工作与平安建设工作，畅通和规范残疾人诉求表达、利益协调、权益保障渠道。收集信访信息，按时报送信访维权信息。全年接待来信来访31件，其中网上信访件6件、普通信访件5件，来访20人次，来信来访案件回复率100%。

【残疾人服务设施建设】2022年，松阳县完成省级“全链条”无障碍先行区2022年创建任务，创成横溪村省级无障碍社区（村），改造30余个重要公共场所和60户残疾人家庭无障碍设施。通过无障碍地图信息采集，加快“数智助残”应用服务场景建设，细化家庭无障碍改造应用,优化无障碍信息交流及人文服务和组织无障碍体验督导等，让残障人士获得良好的出行体验。开展《人类工效学——家居无障碍设计要求》国家标准研制，确立标准主要框架，进行入户调研和实测，召开编制研讨会，撰写家居无障碍设计文献调研报告初稿、标准征求意见稿和编制说明。6月，松阳县残联残疾人无障碍出行服务应用入选全省残联数字化改革“揭榜挂帅”榜单（第二批）。12月，新兴镇横溪村获评省级无障碍社区（村）。

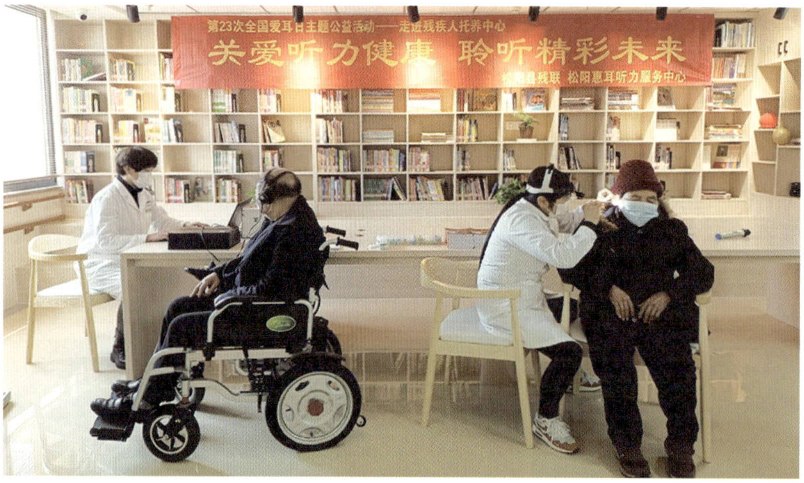

2022年2月28日，松阳县残联组织松阳惠耳听力服务中心工作人员到县残疾人之家开展“关爱听力健康 聆听精彩未来”第23次全国爱耳日主题公益活动
（县残联供图）

【残疾人公益和文体活动】2022年，县残联结合全国爱耳日、第三十二次全国助残日、残疾预防日开展残疾人公益和文体宣传活动；联合各社区、协会组织开展第十三次全国肢残人活动日、第十二届残疾人健身周、国际聋人节和盲人节、走访关爱行等主题活动；选送残疾人文艺人才2名参加全省残疾人首届好歌手大赛，选送4名运动员参加省集训备战省残疾人运动会和全国残疾人运动会。组团参加丽水市第五届残疾人运动会。

（县残联）

基层治理

【概况】2022年，松阳县推行县委常委“一对一”蹲点包社制度，包联领导负责指导社区人、财、物等资源保障落实、协调处理社区治理工作的难点问题。完成省级善治村和市级民主法治村审核工作，获评第四批省级城乡社区治理和服务创新实验区。完成县社会治理中心组建。至12月底，实现19个乡镇（街道）社工站全覆盖，先后举办“五社联动聚合力，社工服务暖基层”主题社工日宣传、“邻里节”、幸福学堂之“感受历史文化、体验趣味手工、民法典与你同行”端午节等系列活动，提高公众对社会工作的知晓度、认同度和参与度。加强96345（便民服务热线）社区便民服务信息中心和社区志愿者服务平台建设，总话务量排名全市第二。

【社会治理体系改革】2022年，松阳县整合县应急联动指挥中心、县矛盾纠纷调处化解服务中心和县“12345”政务咨询投诉举报服务中心，组建县社会治理中心，挂县综合信息指挥中心牌子，不再保留县应急联动指挥中心、县矛盾纠纷调处化解服务中心、县“12345”政务咨询投诉举报服务中心。主要承担运行监测、矛盾调处、分析研判、协同流转、应急指挥、督查考核职责，承接基层智治系统党建统领、经济生态、平安法治、公共服务4条跑道任务。

【社区治理】2022年，松阳县深化街道管理体制改革，由县民政局、县住房和城乡建设局等职能部门分管领导担任街道“大工委”兼职委员，执行社区工作事项清单制度，全面清理要求社区出具的不合理证明。全县3500余名机关在职党员全部编入87个小区临时党支部，参与社区（小区）的治理服务。持续加强“96345”社区便民服务信息中心和社区志愿者服务平台建设，起草《松阳县专职社区工作者管理办法》，举办以“共学习 促成长 展风采”为主题的专职社区工作者技能大比武活动，以岗位练兵、比武竞赛、青蓝结对的形式，营造争先比拼、比学赶超的良好氛围。

【社工队伍建设】2022年，松阳县完善社工关爱激励机制，畅通晋升通道，面向专职社工定向招考事业编制人员1名。开展全国社会工作者职业水平考试工作，对接社工考前培训，全县有542人完成报名，通过社工职业资格考试184人。按照省厅要求，完成社工配备，分2批次招聘专职社区工作者45人。

【基层治理数字化改革】2022年，松阳县推进“互联网+政务服务”“互联网+监管”改革，参与数字化改革及数字政府建设，在政务服务2.0平台的优化提升改革中，完善事项的认领维护工作，在一体化智能化公共数据平台关联部门相关政务服务事项100余项，利用平台推出的“好差评”闭环功能倒逼服务效能。通过浙江省行政执法监管（互联网+监管）平台进行“双随机”检查。全年完成社会组织双随机检查16家、跨部门任务2个，跨部门联合“双随机”监管占比达50%以上，现场执法的掌上执法率达90%以上。殡葬“一件事”联办系统录入率达90%以上。

【区划地名管理】2022年，松阳县获评首批地名文化服务与文化建设试点县，创新地名地址全生命周期管理模式，提升区划地名管理服务水平。开展标准地名地址数据质量提升行动，持续做好省建系统中数据审核完善工作，及时处理部门协同和日常抽检中反馈的问题。全年补充完善地名数据51370条，处理问题6件；门牌证办理事项延伸到乡镇（街道），设立村级代办员制度，村民足不出户就可办理门牌证业务，地名服务有效提升。全年办理门牌证、出具地名证明等5904件；制作各类门楼牌、街道牌1752块；地名核准2件。联合县住房和城乡建设局、县市场监管局等6部门开展整治不规范地名摸底排查工作，推进与遂昌县、云和县、龙泉市、莲都区平安边界协议的签订，完成遂昌—松阳—龙泉线界线联检任务。

【社会组织管理】2022年，松阳县新增社会团体4家、民办非企业新增2家注销5家。初步完成2022年度社会组织年检，其中社会团体41家、民办非企业单位63家。逐步完成54家社会组织章程核准，完成党建入章工作。推荐县长跑运动协会会长占海华获评2022年度省级社会组织领军人物。

（县民政局）

民族宗教事务

【概况】2022年，松阳县民族工作坚持以贯穿铸牢中华民族共同体意识这一主线，利用政策优势与统战资源优势，助推民族“共富”示范带建设。至12月底，累计落实各级少数民族发展专项资金、帮扶资金2061万元，实施项目68个；整合各类资金1.02亿元，建成省九三学社省委会捐资的“数字书房”，打造“品味裕溪”“畲乡有味 板桥有礼”等区域公共品牌。召开宗教领域“除险保安”专题会议，开展“数字化”管理水平提升培训，联合多部门开展宗教场所消防安全知识宣传普及和应急疏散演练。重修完工象溪镇朱熹讲学遗址——南州福安古寺。

【民族事务】2022年，松阳县出台《关于进一步加强新形势下民族工作的意见》，明确除上级补助外，每年县本级一般公共预算收入的2‰用于加强民族乡村发展。推进民族乡村“大搬快聚富民安居”工程，建设民族地区安置小区4个、安置点6个，搬迁农户278户893人。实施“双百村结对帮扶行动”，至12月底，累计实施帮扶行动项目28个，投入帮扶资金620万元。推进象溪镇水韵畲乡文旅融合集成示范区项目，打造民族文化旅游品牌；推动桐榔文化康养基地等民族乡村引领性项目，实施“畲族祖图馆”、“菜立方”、“云岭章山”、“麒麟山居”、“蜂情园”、生猪养殖六大重点项目，带动少数民族村民致富增收。全年安排民族发展项目资金142万元，推进民族经济发展、社会和谐、文化繁荣、民族团结、生态优美、风情浓郁的民族乡村建设。至2022年底，板桥村、内陈村获评“中国少数民族特色村寨”，上梅村入围省级“十佳”少数民族特色村寨，6个民族村被评为浙江省AAA级旅游景区村。

【宗教事务】2022年，松阳县召开宗教领域“除险保安”专题会议4次，开展专项检查出动1270余人次，检查宗教和民间信仰活动340处，发现场所安全隐患94个，均整改到位。成立整治非法宗教活动专项行动领导小组，全年查处非法宗教活动5起，行政处罚3起。印发《非法宗教活动巡查处置引导责任制》，细化落实县、乡、村工作职责，确保296处宗教和民间信仰场所无聚集、零疫情。全年通过以会代训、检查督导等各种方式，组织乡镇民宗干部、网格员和宗教活动场所相关人员使用“浙江掌上宗教”手机应用。联合多部门协同开展宗教场所消防安全知识宣传普及和应急疏散演练。开展“数字化”管理水平提升培训，推进“浙里宗教智治”贯通使用，推广使用“浙宗码”，及时补录宗教信息管理系统数据，特别是平安巡查员以及宗教活动场所第一责任人、第二责任人、联络员等数据，提高宗教活动场所财务上线结账率，提升宗教领域整体智治水平。

（县委统战部）

精神文明建设

【概况】2022年，松阳县围绕省

示范文明县城创建为中心，开展“爱心”系列品牌打造、“街巷共美”系列活动、志愿服务、宣传活动等系列活动，制定出台《松阳县创建省示范文明县城工作考核办法》《松阳县“文明城市共建行动”工作方案》《松阳县创建省示范文明县城实地测评标准》《松阳县城区“文明共建 街巷共美”工作方案》《松阳县公职人员不文明行为抄告通报制度(试行)》等文件方案，推进文明创建。

2022年8月，“浙江有礼·尚德松阳”道德模范主题公园建成并对外开放

（县委宣传部供图）

【省示范文明县城创建】2022年2月，松阳县启动省示范文明县城创建，开展线上线下督查交办，对实地测评涉及的37类216个点位开展督查指导。至12月底，线上线下下发督查交办单5949件，整改5600件，整改率94.13%，推出督查通报27期。依托县融媒体中心全媒体平台，推出创建工作专栏——《创建进行时》54期，播出《松州聚焦》13期，《走街串巷看文明》17期。在市级以上媒体刊发（播）相关报道200余篇。逐门逐户对辖区居民进行走访，发放《松阳市民文明手册》等宣传品。

【精神文明创建活动】2022年，松阳县开展“街巷共美”建设活动，完成13条街巷打造。发放《市民文明手册》等宣传资料5万余份，投放创建信息100万余条，提升文明创建知晓率、参与率、满意率。针对困难群众、户外工作者等特殊群体需求，在部分街巷特定区域设置爱心凉茶亭、爱心摊、爱心棚、爱心冰柜、爱心屋，规范经营秩序，打造“爱心”系列品牌。

【志愿服务】2022年5月13日，松阳县志愿者联合会成立，选举产生第一届理事会，吸纳第一批会员单位116家。至12月底，全县组建志愿服务队伍316支、注册志愿者5.5万人。依托每月15日“全民创建日”、公民道德宣传日、学雷锋日等节点，线上线下同步开展各类志愿服务活动，全年开展志愿服务活动2592场次，参与98735人次。

【“尚德松阳”文明品牌打造】2022年，松阳县出台《关于推进“尚德松阳”全域文明新实践的实施方案》；制作“浙风十礼 尚德松阳”连环画和20个系列短视频，其中《麦浪翻 盘中餐》登上中央电视台；建设全市首个“浙江有礼·尚德松阳”道德模范主题公园，展示全县百余位道德模范、好人的先进事迹，在该公园举办2022年“浙江有礼·尚德松阳”文明新实践暨第二十个公民道德宣传日活动，全面打造“尚德松阳”文明品牌。

【新时代文明实践中心建设】2022年，松阳县投资2500余万元建成松阳之窗，该场馆位于松阳新城南环路，由原松阳客运中心站改建而成。展示面积4400余平方米，展示空间共2层，是松阳县规划馆、松阳县数字诗路e站、松阳县智慧交通馆、松阳县新时代文明实践中心、松阳县党群服务中心5馆融合的综合性场馆，于12月完成布展并对外开放。

（县委宣传部）

应急管理

综　述

【基层应急管理体系建设】2022年，松阳县出台《关于加强和完善基层安全生产、应急管理体制机制的意见》，构建完善“1+5+X+1”组织体系［“1”指成立乡镇（街道）应急安全委员会；“5”指成立消防、道路交通、建设施工、工贸、自然灾害5个专业委员会；“X”指结合乡镇各自实际设立“危化、文旅、城镇燃气、危旧房”等专业委员会；“1”指建立1支基层综合性应急救援队伍］，加强和完善县域基层风险防控体系、基层应急救援体系以及基层监管执法体系和基层应急共治体系建设。

【安全责任落实】2022年，松阳县调整县安全生产委员会组织架构，制定和完善基层安全生产、应急管理等机制，实施“全员安全生产检查日”制，每月12日在全县范围常态化开展全员安全生产大检查，全面提升全县安全发展水平。全年排查安全隐患5978个，整改5919个。开展岁末年初、春节前、节庆等期间大检查及建筑施工、城镇燃气、旅游新业态、自建房等8次安全专项督查，发出交办单151份，查出问题隐患453个，整改411个。完成省、市、县三级挂牌督办重大隐患整改10个。

【基层应急能力体系建设】2022年，松阳县制定推出基层应急管理体系建设任务清单，推动救援队伍建设、车辆保障、应急办规范化建设、村（社）应急管理员配备等重点任务，落实县财政资金保障657万余元，在全县203个行政村和11个社区配备214名村（社区）应急管理员，落实报酬待遇和意外保险，将应急管理力量向村、社区延伸。加快综合性应急救援队伍（专职消防队）组建，配备专职人员和消防、救援等装备，打造“农村15分钟应急救援圈”。

（县应急管理局）

【大型活动应急保障】2022年，松阳县全力做好县两会、中共松阳县十一届三次全体会议暨县政府第一次全体会议、全省产业链山海协作现场推进会之松阳智慧交通产业链专场对接会、松阳县“才聚松阳”人才科技峰会、全国文艺名家走进松阳系列活动、高考、中考等期间的应急保障工作。11月，参与丽水市世界摄影大会的应急保障工作，确保各项会议和活动顺利进行。

（县卫生健康局）

【应急宣传教育培训】2022年，县应急管理局通过防灾减灾宣传周开展“五进”宣传，组织防灾减灾知识线上有奖问答，录制《防灾化于心 减灾践于行》松阳话快板，面向全县师生印发《防灾减灾 我诺我行》倡议书3.6万余份。组织开展森林防灭火宣传日、防灾减灾宣传周等活动，营造防灾减灾宣传声势，普及防灾减灾知识，切实提高群众安全防范意识和灾害自救互救能力。

【基层防火灭火救援队伍装备优化工程】2022年，松阳县完成年度县民生实事项目“基层防火灭火救援队伍装备优化工程”。项目共投入资金135万元，采购背负式风力灭火机115台、高扬程森林消防水泵16台、灭火拍450把、多功能爆闪肩灯700只，更新各乡镇（街道）和国有林场森林火灾救援队伍的扑救器材装备，并组织开展培训和演练，迅速提升基层队伍火灾扑救处置能力。

（县应急管理局）

安全生产监督管理

【概况】2022年，松阳县安全生产工作以中央、省、市关于安全生产工作的决策部署为指引，坚持“人民至上、生命至上”理念，深入推进安全生产除险保安行动，全年发生各类生产安全事故4起，死亡5人，事故起数比上年下降42.9%，死亡人数比上年下降16.7%。其中，发生生产经营性道路交通事故3起，死亡3人；工程施工领域事故1起，死亡2人，未发生各类较大及以上生产安全事故，安全生产形势总体稳定。

【安全生产标准化和防控体系建设】2022年，松阳县创成三级安全生产标准化企业5家，复评三级安全生产标准化企业11家，开展风险管控体系建设174家。农村应急广播实现全覆盖，全年收听200余万人次。初步建成“全天候、全地形、横向到边、纵向到底”的市、县、乡三级贯通的可视化指挥调度应急指挥系统，全力提升“防汛防台在线”“工业企业安全在线”“危化品全生命周期在线”3大应用场景贯通力度和活跃度。

【安全生产行政执法】2022年，松阳县共出动安全生产执法人员478人次，检查各类企业239家次，排查隐患777项，其中重大隐患10项，责令企业暂时停产停业（停用设备）6家（套），立案处罚57起，非事故处罚金额105.9万元，有效打击安全生产领域违法违规行为，保障全县安全稳定大局。4月25—27日，县应急管理局组织执法人员到龙泉市参加全市安全生产执法比武活动，获团体第三名，进一步提高应急管理行政执法专业化、规范化和标准化水平。

【安全生产综合监管】2022年，松阳县组织开展安全生产除险保安大排查大整治行动，按照“专常结合、全域联动”的思路，推进县、乡、村三级隐患排查全覆盖和全过程闭环整改。全年共排查并整改隐患5978个，完成安全生产综合治理三年行动。先后部署开展岁末年初、春节前、节庆等期间大检查以及建筑施工、城镇燃气、旅游新业态、自建房等8次安全专项督查，强化督查检查，发现并整改问题隐患453个。

【安全生产知识宣传教育】2022年，松阳县开展全县员工安全大培训，强化企业主要负责人“要安全”、安全管理人员“会安全”、从业人员“懂安全”，全县5200余人完成线上、线下培训。举办全县应急管理（安全生产）培训班。委托浙江工业大学（浙江省应急管理学院）分2期对应急管理、安全生产领域的领导、干部和重点企业负责人共120余人进行全面集中培训。统一部署各基层党组织以“筑牢安全防线 护航二次创业”为主题开展主题党日活动，坚决贯彻落实中央、省、市、县委关于安全生产工作部署要求，采取“学一学习近平总书记关于安全生产重要论述”“看一看《生命重于泰山》电视专题片”“查一查身边的隐患”等形式开展主题党日学习。组织开展全国第21个安全生产月宣传和安全生产“五进”活动，共发放各类宣传资料5000余份，发送宣传短信40余万条，悬挂横幅400余条，采取主流媒体专栏、有奖竞答、集中咨询等多种形式宣传和普及安全生产知识，营造全社会关注安全生产工作的氛围。

（县应急管理局）

危险化学品安全监督

【概况】2022年，松阳县结合安全生产除险保安行动，推动危险化学品领域安全生产工作。全年监督检查危险化学品企业78家次，发现并督促整改隐患243条，行政处罚4家，处罚金额21.3万元，危险化学品领域未发生生产安全事故，安全生产形势总体稳定。

【危险化学品行政审批】2022年，松阳县依法开展危险化学品行政审批许可工作，受理行政许可事项19项，全部施行“现场受理与审查”并行，实现19个事项“零次跑”。备案17个，全部实现“零次跑”。

【危险化学品生产监管】2022年，松阳县依法开展危险化学品监管工作，监督检查化工、医药、烟花爆竹行业生产经营单位贯彻执行安全生产法律、法规情况、“三同时”（生产经营单位新建、改建、扩建工程项目的安全设施，必须与主体工程同时设计、同时施工、同时投入生产和使用）情况及其安全生产条件、有关设备设施和安全管理制度的建立等情况，指导、监督相关安全评估工作。全年监督检查危险化学品企业78家次，发现隐患并督促整改243条，行政处罚4家，处罚金额21.3万元。

【危险化学品存储监管】2022年，县应急管理局依法开展危险化学品经营带储存企业安全监管，重点监管整治危险化学品储存安全条件不满足要求、超范围经营危险化学品、票据经营企业违规开展代储存经营等违法违规行为。对26家危险化学品经营带储存企业以及11家危险化学品不带储存经营企业全覆盖检查，并督促危险化学品企业落实相关整改措施。

（县应急管理局）

防灾减灾救灾

【概况】2022年，松阳县发生森林火灾（火情）4起，过火面积3.39公顷，森林受害面积2.32公顷，自然灾害造成直接经济损失2683.72万元，自然灾害因灾直接经济损失占全县生产总值的0.19%。森林过火面积和受害面积分别比上年减少92.9%和93.9%；防汛防台工作实现“不死人、少伤人、少损失”的总体目标，自然灾害形势总体平稳。松阳县全面推进防灾减灾科普教育示范基地建设，至12月底，创成国家级综合减灾示范社区7个、省级综合减灾社区8个。

【自然灾害风险普查】2022年，县应急管理局建立“1+7”（“1”指县级层面成立以常务副县长为组长的第一次全国自然灾害综合风险普查领导小组；“7”指县应急管理局、县水利局、县交通运输局、县住房和城乡建设局、县自然资源和规划局、县科技局、县气象局7家普查任务牵头部门按职责分工分别成立工作专班）普查组织领导体系，各领域落实自然灾害普查资金957.4万元，完成全国第一次自然灾害综合风险普查，上报松阳县评估报告。普查调查阶段完成全县承灾体、减灾能力和历史灾害3个调查大类，6个调查中类，25个调查小类的调查，共2867条数据。

【避灾安置场所】2022年，松阳县推进避灾安置场所提质扩面，完成19个村级规范化避灾安置场所及可视化建设。对2019年以前建设的和2022年新建的避灾安置场所共167个点位房屋开展质量安全鉴定，对不符合安全要求的点位及时予以清退。

【灾害救助物资保障】2022年，县应急管理局加强救灾物资储备和管理。科学确定救灾物资储备品种及规模，完成年度储备计划编制，加强与县发展改革局协同配合，全年调拨应急物资8次1198件。防汛物资仓库储备总价值140余万元的冲锋舟、应急照明灯、救生衣、编织袋、铁锹、大功率水泵车等物资，为全县各乡镇、重点村、重点水库配置基本防汛物资。采购146.86万元的救援装备器材，涉及山地救援、水域救援、地震破拆等多个领域。

（县应急管理局）

【气象防灾减灾体系建设】2022年，县气象局为县委、县政府及相关部门提供气象防灾减灾决策服务，全年向县政府和相关部门发送《气象信息报告》83期、“专项气象服务”16期、《重要天气报告》3期。与县应急管理局、县水利局、县自然资源和规划局等部门联合发布防灾减灾预警17次；与县水利局联合印发《松阳县山洪灾害预警信息发布管理办法（试行）》《松阳县水利旱情预警信息发布管理办法（试行）》，完成防汛防台工作督查反馈问题整改及防汛防台风险隐患再排查再整治工作。全县创成浙江省气象防灾减灾标准化村18个。

（县气象局）

防汛防台抗旱

【概况】2022年，松阳气候总体呈现“上半年梅雨不断，下半年高温少雨”态势，台风北上导致县内严重干旱，全县平均降水量1406毫米，比上年减少22.7%。全县汛期启动Ⅳ级应急响应4次，期间调整为Ⅲ级1次，实现“不死人、少伤人、少损失”总目标。

【防汛防台抗旱责任落实】2022年，全县开展风险区受影响人员排查录入和基层防汛防台体系信息复核。组织排查各类风险区受影响独居孤寡老人、残障人员等需帮扶的特殊群体51人，按照“一户一策”要求落实帮扶责任人，完成12439名风险区受影响人员安全码扩面赋码；及时调整水旱灾害防御工作领导小组，明确全县水旱灾害防御巡查监测预警员及山洪灾害防治重要村落和一般村落责任人，修编完善水旱灾害防御工作手册。

【山洪防御能力建设】2022年，县水利局申请水毁修复项目补助资金915万元，实际到位100万元，县财政局配套10万元，用于象溪镇、安民乡的水毁修复。启动山洪灾害专业及公众预警2次；与县气象局联合发布松阳县小流域山洪灾害气象风险预警6次；抽查水库山塘巡查情况468人次、乡镇（街道）及水务员值班值守情况170人次，派出8个工作组联合山塘水库巡查员及水务员对水库山塘及水旱灾害防御巡查，共计1344人次。对水库、山塘、水电站、水闸（翻板坝）、防洪工程、在建水利工程、主要行洪河道、农村饮用水集中供水站和水雨情监测预警系统等各类涉水工程开展全面汛前检查，发现风险隐患13个，均落实整改。5月13日，与县应急管理局联合开展2022年山洪灾害应急演练，乡镇（街道）、行政村相关责任人参加观摩。演练结束后，邀请省级相关专家，对乡镇（街道）相关水旱灾害防御责任人进行在线专题培训，提升乡镇（街道）、村水旱灾害防御责任人工作能力。加强与县应急管理局和县人武部的联系，依托县消防救援大队、县民兵抢险队等进一步充实抢险救灾队伍。

【基层防汛防台标准化建设】2022年，松阳县印发基层防汛防台标准化体系建设实施方案，10月底前全面完成体系建设。部署有关单位和乡镇（街道）落实专人完成基层防汛防台体系信息管理平台更新维护和村级防汛防台形势图绘制，通过公开招标方式投入99.8万元委托第三方编制完成203个行政村2022年村级防汛形势图电子版355幅，并完成防汛形势图和逃生转移线路指引标志实体化现场安装。制定应对极端天气灾害（台风洪涝）“五停”（停止户外集体活动、停课、停工、停业、停运）和应对“五断”（断水、断电、断网、断路、断气）等极端情况应急联动工作指引。

【水旱台风灾害防御数字化应用】2022年，县水利局更新完善防汛防台信息管理系统和网络预警平台、短信平台，对水库（河道）视频监控、视频会商系统、无线预警广播等进行全面维护。完成重点水库、河道、部分雨量站水雨情遥测设备拆洗清理、调试及老旧更新，确保水雨情监测预警设备运转正常。迭代升级山洪灾害防治监测预警平台功能，利用数字化、信息化手段强化水雨情监测预警，强化各主要干支流洪水预测预报能力。梅汛期间，通过山洪灾害监测预警平台发送各类预警短信5.81万条次。完成新建水雨情监测站点、重点村落危险区复核、防御对象清单更新、防御手册普及和入户、声光电监测预警能力提升等工作。

（县水利局）

应急救援

【概况】2022年，松阳县加快乡镇综合应急救援队建设，构建快速响应应急救援网，推进打造“135”（在城镇建成区、工业园区实现1分钟接警、3分钟出动、5分钟启动处置）快速救援圈和农村“15分钟快速响应救援圈”。启动县应急救援物资储备和救援中心项目建设，将马桥下原铅酸蓄电池厂厂区修缮后作为全县综合性救援队伍办公、训练及装备仓储的场所（全县防汛物资储备中心），推进队伍装备调配、场地设施共用、基础设施建设、后勤经费保障全流程优化。

【应急指挥】2022年，县应急管理局加强可视化指挥调度能力建设，在8个乡镇配备移动单兵终端的基础上，完成11个乡镇（街道）移动单兵终端配发，并组织开展使用培训，实现全县乡镇级移动单兵终端100%全覆盖。推动应急管理工作全面融入基层治理“四个平台”，健全与基层网格衔接工作机制，统筹推进落实基层应急管理员和网格巡查员应急职责。健全完善监测、研判、预警、响应、处置和复盘、整改、提升的应急指挥闭环工作机制。

【应急值守】2022年，松阳县开展县级值班值守规范化建设。启动辅助值班试点，制定值班人员工作职责、交接班制度、突发事件信息接处制度等10项上墙工作制度，值班领导和值班人员每天在岗履职。

（县应急管理局）

【应急保供】2022年，松阳遭遇1961年以来最严重旱情，全县12个乡镇、69个自然村、55个供水站、12581人受灾。抗旱期间，全县投入资金712万元，完成新接应急水源16处、铺设管网约26千米，送水200万千克，使用应急抗旱井24座，缓解村民用水紧张问题。发挥黄南水库调节作用，向东坞水库引水，用于农田灌溉及县城供水。2022年汛期，全县有4个乡镇、19个自然村、1922人受灾。全县投入资金100余万元，规范建设应急救援物资储备库，建立健全物资出入库管理制度，全面清仓盘库，补齐备足水泵车、发电机、应急照明灯具、合金网兜、土工布、救生衣、铁锹、镐头等物资器材。

（县水利局）

【应急演练培训】2022年，县应急管理局修订完善各类应急预案，全年完成预案修编4个，累计印发县级专项预案49个，县级专项应急预案修编率达92%以上。全县组织开展有限空间救援、防汛防台、城市排水防涝、森林防灭火等各类演练25场。汛期前对381名县、乡、村三级灾害信息员进行调整更新，印发《灾害信息员工作手册》并组织开展业务培训3次，加强灾害信息员队伍建设，确保灾害发生后，灾害信息员能及时掌握灾情，并且报快、报准。

【应急队伍建设】2022年，全县有社会公益性救援队伍4支（松阳县应急先锋救援队、松阳县蓝天救援队、松阳县红十字山鹰救援队、松阳县民防天狼救援队）。6月，县应急管理局组织全县社会救援队伍共14人开展急流水域充气救援艇技师培训；7月，组织12人开展绳索技能培训；9月，组织12人开展潜水救援培训。为县应急先锋救援队全体队员投保人身意外保险。通过以奖代补的方式每年分别向松阳县民防天狼救援队和松阳县山鹰综合救援队发放奖励资金3.5万元和3万元，保障救援队伍应急处突装备。形成以消防综合应急队伍为主体、社会应急力量参与的应急救援力量体系。

（县应急管理局）

消防救援

【概况】2022年，松阳县消防救援大队围绕“奋进对标一流 人人勇攀高峰”的总目标，打造正规、专业、和谐、稳定的消防救援队伍。2022年获评“先进基层单位”“安全工作先进大队”“执勤训练工作先进大队”，获得“集体三等功”1次，3人被评为优秀基层干部；县消防救援大队被支队评为执法工作先进大队，大队党委被支队评为“2022年度好班子”，1人记个人三等功1次，8人获得个人嘉奖。

2022年7月5日，由丽水市应急管理局、松阳县应急管理局共同主办的有限空间应急救援演练在松阳县赤寿乡生态工业园区浙江新创泰业不锈钢有限公司开展　　（县应急管理局供图）

【消防监督责任落实】2022年，县消防救援大队组织召开全县消防安全工作会议。县政府多次召开消防安全形势分析会，对全县消防安全工作提出具体要求和整改措施。联合职能部门开展明清古街火灾隐患整治会，切实消除火灾隐患，提高明清古街居民预防和抵御火灾能力。由县主要领导带队开展消防安全检查，并作重要指示，推动全县消防安全工作开展。

【执勤备战】2022年，县消防救援大队先后派出13人次参加水域救援技术、急流舟艇驾驶技术、绳索救援技术、安全员等专业培训，拓宽应急救援专业处置能力。在市消防救援队伍“火焰蓝”执勤岗位练兵比武竞赛中取得团体总分第一名、指挥中心岗位第二名。

【火灾扑救】2022年，县消防救援大队出警328次，出动人员3177人次，出警车辆549辆次，抢救疏散被困人员55人，抢救财产价值27.9万元。其中，扑救火灾129次，抢险救援116次；先后参与“3·17”清路村民房着火、“4·11”古市镇筏铺厂房着火、“11·17”三都乡里庄寺庙着火等火灾扑救。全年全县火灾起数比上年上升16.2%，未发生亡人和有影响的火灾事故，全县火灾形势持续稳定。全年检查保养市政消火栓431只，天然水源取水口4个，修订预案120份，开展演练87次，完成抗旱救灾、党的二十大等消防安保任务。

2022年11月9日，松阳县2022年“119”消防宣传月启动仪式在丽水农林技师学院（筹）举行 （何肖霞/摄）

【森林防火灭火】2022年，县应急管理局发布《松阳县人民政府禁火通告》3次，开展野外火源专项治理和查处违规用火行为专项行动，其间制定专项行动方案21个、组织工作检查组105个、设立临时检查卡点486个、参与检查人1911人次，查出火灾隐患66个并全部整改到位、查处制止教育违规33人。以“3·19（山要救）”森林防灭火宣传日活动为重点，组织广场宣传12场，出动宣传车120余辆，发放各类森林防火宣传资料97620余份。利用手机短信平台群发森林防灭火温馨提醒70余万条，及时发布高火险天气森林火险等级以及全省森林火灾信息共10余万条。组织全县70所中小学、幼儿园34991名师生观看森林防火警示教育片、森林防火公益广告，同时发放森林防火《致学生家长的一封信》34991份，将森林防火知识宣传到每个家庭。完成2022年县十大民生实事之一——基层防火灭火救援队伍装备优化工程建设。全县698名森林消防队员人身意外保险保额提至100万元，加强防火队员人身安全保障，增强森林防火队员安全感和归属感。

【消防安全监督检查】2022年，松阳县消防救援大队开展专项整治活动16个。联合相关部门暗访督导23次，发现并督促整改隐患350处，下发工作督办函、提醒函18份。建立健全行业部门间信息共享、情况通报和联合执法机制，与县公安局建立出租房“消安联管平安联创”工作机制；与县住房和城乡建设局完善信息共享机制，定期查询审批信息；与重点乡镇签订消防委托执法协议，全县有委托执法乡镇15个，组织授权委托执法培训4次。全年检查社会单位1371家，督促整改火灾隐患或违法行为1125处，下发行政处罚决定书118份，临时查封30家，责令“三停”［停工（业）、停产、停课］23家，罚款44.74万元。跟踪督办挂牌重大隐患单位2家，与全县131家重点单位的消防安全负责人、管理人签订消防安全承诺书。

【消防知识宣传】2022年，县消防救援大队以消防安全宣传教育“五进”、“119”消防宣传月等活动为契机，在重要时段及重点节日，组织消防员、消防志愿者、社区网格员等宣传力量，对辖区开展宣传安全培训、消防安全演练。联合县教育局开展暑期专项“消防夏令营”活动，发放《消防安全读本》，普及师生消防知识和逃生自救能力。与市、县两级主流媒体开展合作，通过媒体宣传加强火灾隐患整改力度。结合高层建筑、出租房、自建房、厂房（仓库）等专项整治行动，采取摆摊设铺、发放消防宣传单、张贴宣传海报等方式，发放张贴各类资料，接受群众解答1000余人次。全年开展各类培训140余次，培训人员3万余人，开放消防站40余次，出门宣传250余次，发送消防提醒短信5万余条，发放宣传资料8万余份。11月，城东社区获评全省消防宣传“五进”工作试点单位。

（县消防救援大队）

乡镇 街道

西屏街道

【概况】2022 年，西屏街道辖 22 个行政村、85 个自然村、7 个社区，行政区域面积 58.26 平方千米，总户数 20887 户，户籍人口 47745 万人。全年街道行政村实现集体经济总收入 2323.12 万元，其中经营性收入 1352.87 万元。辖区主要产业包括农业、工业、电商等，农业以茶叶、香榧、油茶等为主导产业。辖区茶叶种植 590.8 公顷、水稻种植 107 公顷、香榧种植 42.67 公顷、水果种植 203.73 公顷。工业企业 19 家，其中规模以上企业 2 家，年产值达 8000 万元。

2022 年，西屏街道被评为浙江省电商镇；五村、白沙村、新华村、北山村获评浙江省电商专业村；五村获评电子商务示范村。诚天和茶文化旅游综合体建设项目入选浙江省县域商业体系建设试点名单。城南社区、城西社区入选浙江省未来社区创建名单，城东社区入选浙江省首批共同富裕现代化基本单元“一老一小”服务场景名单，城西社区入围浙江省“五个 20”［最美志愿者、最美志愿服务工作者、最佳志愿服务组织、最佳志愿服务项目、最美志愿服务社区（村）各 20 个］志愿服务最美（最佳）典型。

农业经济　2022 年，西屏街道行政村实现集体经济总收入 2323.12 万元，比上年增长 16.14%；经营性收入 1352.87 万元，首次突破千万元大关，增幅达 38.37%。聚焦富民增收，深化街道强村公司实体化运作，实现年总产值 2014 万元、利润营收 190 万元。提升农业基础设施建设质量，完成水堆垄水库除险加固工程，启动关弄水库和蛤蟆垄山塘整治工程，全年累计投资水利民生实事项目 300 余万元。开展茶叶种植管理、蔬菜种植等培训，促进农民素质技能提升，累计 1440 余人次参训。

工业经济　2022 年，西屏街道工业产值与上年基本持平，2 家规模以上企业年产值 8000 万元。实施领导班子联企、驻企服务员派驻等机制，对辖区内企业定期走访，主动下沉服务排忧解难，有效缓解疫情对企业的不利影响。新增 300 家企业入库，协助 113 名货车司机办理绿色通行证。持续开展项目招引，上报教授菊提取物深加工项目、现代农业设施项目等 4 条招商信息，诚天和茶文化旅游综合体项目完成年度投资 1700 万元。

文旅平台建设　2022 年，西屏街道发展群众文体事业，建成城北社区城市百姓健身房、西屏山公园地掷球球场和白沙村社区多功能运动场 3 个体育民生实事项目。以品质生活为目标，建成“15 分钟品质文化生活圈”9 个，实现点位文化设施齐全，各项文化活动有序开展，丰富百姓精神文化生活。创成西一村、青蒙村、乌形山村等 10 个省级景区村，明清古街入选全国“非遗”与旅游融合发展优选项目名录。

民生实事　2022 年，西屏街道坚持住房是最大民生，推进 8 个村旧村改造，全年联合审查 132 户 265 人，拆除旧房面积 9534.29 平方米。排查整治危旧房 11393 幢，查出存在安全隐患房屋 66 幢，经鉴定确定 C 级危房 29 幢、D 级危房 5 幢。以“一户一策”方案全力推动危旧房整治，完成日常治理 10 幢（困难群众 2 幢）、腾空 26 幢，修缮加固 8 幢，保障住房安全。开展明清古街区块安全整治，沿线范围走访排摸建档 650 户，整治电气线路 640 户，整改上级交办单6件。出台《西屏街道“强服务 保健康 守平安”专项行动实施方案》，组建130支暖心服务小分队，发放防疫包12000余份，收集困难诉求576起，解决诉求536起，全面落实群众就医用药和生活保障措施，为群众平安健康提供保障。

【项目建设推进】2022年，西屏街道合力保障235国道松阳段建设项目实施，完成周垡、铺门等10处生产用房，官路口村幼儿园拆除以及配套14座铁塔、384个电杆移建的政策处理。设计新华村水池新建及水塘扩容项目方案。推进衢丽铁路、天然气管道等重点项目的扫尾工作，完成育英区块项目涉及六村、九村、十一村、钟楼村、官路口村5个村物业楼项目设计，签订竹客口工业园区项目涉及的5幢生产用房征迁合同。龙湖公园项目金山路一期动建，二期公园配套设施建设推进中。涉及7个村14.37公顷的松古平原水系综合治理项目完成用地清表，非粮化整治签约208.67公顷。复垦建设窗口期建设用地1.73公顷，西垡、延庆2个村约8公顷垦造耕地项目及1公顷建设用地复垦项目通过验收。

【现代社区建设】2022年，西屏街道推进现代社区建设。围绕现代社区建设八大专项攻坚行动，统筹资源力量，全面提升社区治理水平。筑牢街道（大工委）—社区（大党委）—小区党组织（含临时党组织）—楼栋（党小组）的四级组织架构，优化“村（社区）—网格—微网格”三级网格治理架构。建立健全基层治理体系，织密130个网格424个微网格治理最细单元，完成基层治理“民情地图”全量信息图试点建设，并全面推广使用，推动实现基层治理数字化。铺门佳苑、滨江雅园等6个小区举行业委会选举。全面提升“幸福城东、平安城南、温馨城西、睦邻城北、乐享城中、仁爱古城、共富阳溪”7个社区“一社一品”特色品牌创建成效。

（西屏街道）

2022年8月5日，西屏街道城西社区组织开展“温馨城西”关爱新就业群体子女暑期“快乐研学”活动（西屏街道供图）

水南街道

【概况】水南街道地处松阳县中部，东与西屏街道、象溪镇毗连，东南、南连接大东坝镇，南、西南与竹源乡毗连，西北与叶村乡相邻，北、东北仍与西屏街道相接。行政区域面积47.33平方千米，辖内山林面积2348.93公顷，耕地面积901.8公顷。下辖11个行政村45个自然村，2个社区，户籍总数6766户，户籍人口14584人。基层党支部19个，中共党员637人。

2022年，水南街道境内有中高档酒店3家，商业主体107家、培训机构4家，科创公司1家，民宿24家（市级精品2家）、来料加工集中点5处，餐饮农家乐30余家。

生态农业　2022年，水南街道推进“非粮化”整治，先后分三批签约192.87公顷、可划补面积23.33公顷，整改215.67公顷，完成任务数的100.24%。实施科技强农战略，招引松阳红专粮油种植有限公司、亮晶晶文化产业传媒有限公司入驻。修复大竹溪等6个村灾毁农田基础设施，水南程徐粮食功能区高产示范亩方测产通过验收，再生稻头季稻亩产860.2千克，刷新丽水市再生稻高产纪录。申报创建有机茶基地5个，培育2公顷以上的有机茶示范基地1个。推行“肥药两制”改革，农药化肥使用量双减达5%以上；配方施肥推广应用4万千克。秸秆综合利用率达95%以上、农药包装废弃物回收处置5万千克。实施惠农政策，推进“大搬快聚富民安居”工程，横山村蔡家自然村实现整村搬迁。

文旅融合发展 2022年，水南街道以公共文化服务高质量发展助力共同富裕示范区建设，省级民生实事项目——“15分钟文化品质生活圈”通过市级验收，涉及江南社区、云峰社区、寺岭下村、大竹溪村、横山村5个村（社区），涵盖村级文化礼堂、驿站、“非遗”基地、民间民俗活动场所等58处公共文化空间。寺岭下村创成省级公共文化场馆服务功能拓展先行先试试点，申报市级“非遗”工坊——“茶叶熏腿”工坊和省级“非遗”项目——“竹溪摆祭”。提升寺岭下、瓦窑头、水南3个县AA级景区村，创建程徐县A级景区村。水南街道排舞队参加丽水市“财富公园杯”广场舞大赛入围决赛。开展中共松阳县委旧址布展、文物普查、文物保护点及历史建筑安全检查。启动水南街道体育中心公园、大竹溪生态公厕、清路村旅游步道提升工程等文旅项目建设。

社会事业 2022年，水南街道采用青春健康教育主题课、讲座等方式，全方位开展健康教育宣传活动。开展“慈善送温暖”“净居亮居”改造、“阳光看护”服务等活动。帮助3名困难残疾人获批浙江省慈善危房改造配套宜居项目、7名残疾人劳动就业、12名残疾人免费安装监护摄像头、20名残疾人家庭子女申请就学补助。完善郑弄口村“残疾人之家”建设，为残疾人提供生活照料、技能培训、康复服务、文体活动和劳动就业，提升残疾人归属感。

民生实事 2022年，水南街道投资45万元，建成潘西村和桥头村文化礼堂并投用。投资440万元，动建占地面积559.3平方米，建筑面积498.48平方米的潘西村物业楼。投资30万元，实施中共松阳县委旧址红色广场（环境综合整治）建设项目，铺设青板石路面200平方米，优化村庄环境，提升村民获得感和幸福感。投资69.57万元，除险加固大塘山塘水库。

【塘寮区块城中村改造征迁】2022年4月，水南街道南城塘寮区块城中村改造项目启动，涉及原始户207户，征收范围红线内总占地面积20.98万平方米，拆除房屋11.75万平方米，征收土地20.97公顷。5月30日，该项目进入全面推进期，全县11个工作组、66个服务组共350余名干部参与一线征迁，全程参与政策解答、房屋评估、协议签订等工作。通过畅通民情民意、细化签约服务、推行阳光征迁等措施，确保项目签约有序开展。至12月底，签约完成率99.52%，腾空率98.54%。对1户未签约、3户未腾空验收、5户土地征收未签约的住户，按照法定程序送达征收决定书或履行催告单。

【衢丽铁路建设租地】2022年，水南街道按照县衢丽铁路指挥部部署要求，配合中铁十局集团有限公司松阳工程项目部，5月初启动弃渣场、弃土场、搅拌站、营房、便道、钢筋加工区等临时用地租地工作，涉及8个行政村。6月底，清路村、潘西村、南山村等完成先行开工区租地，塘寮城中村改造项目签约完成后转入集中攻坚租地签约工作，推行“四不”（晚上不得请假、周末不得休息、外出培训不得审批、疗休养暂时不予考虑）精神，20余天时间完成租地签约334户（队）、签约面积21.71公顷，实现租地签约率、资金打款率100%。

【“跑步鸡”项目签约运行】2022年4月29日，水南街道潘西村共富“跑步鸡”试点项目签约运行。潘西村位于松阳县水南街道沿山片区，是水南街道唯一的乡村振兴重点帮扶村，被列为南浔—松阳“山海协作”乡村振兴示范点，该村以现有山园地养鸡产业为基础，结合农场的发展意愿和农户的增收需求，由水南街道强村公司、松阳县岩西家庭农场、潘西村股份经济合作社、松阳县山海农产品配送有限公司4家合作，实施潘西村共富“跑步鸡”试点项目。全村有低收入农户24户，由水南街道强村公司出资，每年提供3000～5000羽鸡苗交岩西家庭农场家代养，实行“产、管、销”一条龙闭环服务，养成销售后，每只鸡利润中提取8.5元交由强村公司用于10户低收入农户的关爱帮扶，低收入农户根据情况实行每年轮换制，建立帮扶关系，扩大乡村产业联农带农帮扶成效。

【低收入家庭儿童“希望小屋”建成投用】2022年10月9日，由团湖州市南浔区委募资援建的水南街道潘西村低收入家庭儿童“希望小屋”建成投用。该“希望小屋”是南浔区援建松阳的第一座“希望小屋”。于9月启动谋划，由森赫电梯股份有限公司出资3.08万元，选定1户低收入家庭儿童现有房屋进行全方位改造提升，

2022年10月9日，由团湖州市南浔区委募资援建的水南街道潘西村低收入家庭儿童“希望小屋”建成投用。图为改造后的“希望小屋”

（水南街道供图）

粉刷破损墙体51平方米，亮化顶灯1盏，铺设地砖19平方米，购置学习桌椅、空调、台灯等生活和学习设施。通过改造提升，有效改善困难儿童的生活和学习环境。

（水南街道）

望松街道

【概况】望松街道地处松阳县中北部，东邻西屏街道，南连叶村乡、斋坛乡，西毗古市镇，北连武义和遂昌县。行政区域面积36平方千米，耕地面积191.85公顷、园地面积833.73公顷、林地面积1936.9公顷，辖10个行政村51个自然村和1个社区。总户数4807户，总人口10569人，流动人口7041人。党支部21个，中共党员549人。全年实现工业总产值65105.9万元，农村集体经济收入857.63万元，财政总收入4509.28万元。

农业经济　2022年，望松街道落实耕地保护制度，完成“非粮化”整治面积342.27公顷。推进农村基础设施建设，完成吴弄村、翁村村道路硬化、五都阳村光伏项目竣工验收和六都源河道清淤工程砂石综合利用工程。做好松古平原水系综合治理、四都源和五都源河道治理、四都水库及上坝道路5个重大水利项目的政策处理。围绕“让农民富起来、产业强起来、乡村美起来”发展目标，联合三都乡、四都乡成立“望山肆农民合作经济组织联合会”，5月31日选举产生新一届理事会、监事会及县农合联代表，因地制宜发展农产品加工、农村电商等乡村特色产业，实现三地抱团共建、项目联建、示范联创。

工业经济　2022年，望松街道以发展生态工业作为主攻方向。1月14日，组织召开街道生态工业“二次创业”恳谈会，启动小微园整治提升改造工程，推进工业经济提速增效。全年实现工业总产值65105.9万元，比上年增长3.29%。其中，2家规模以上企业实现工业总产值24190.82万元，与上年持平。开展经济开发区的职能划转承接工作，探索“四色”（绿色正常关注、黄色按规提示、橙色巡查警示、红色重点管理）的管理体系，提供高效优质服务。

文旅融合发展　2022年10月17日，望松街道文化分馆挂牌成立。望松村、王村村、五都阳村、西河村及吴弄村等6个村建成省级民生实事项目“15分钟文化品质生活圈”，其中涵盖1个省二级综合文化站、4个村级文化礼堂等16处公共文化空间，全年举行活动225场，创成省AAAA级景区街道。举办第三届状元笋采摘节，承办南浔松阳山海协作文化走亲文艺演出、第十五届农民文化节、送戏下乡等县级文化活动，实现“年年有节庆，村村有活动”。翁村村状元笋采摘节获全市精品“二十四节气”节庆活动铜奖，头上红乡村食府被评为第三批“诗画浙江·百县千碗”省级美食体验（示范）店。

社会事业　2022年，望松街道全面推进医疗卫生、教育、科技事业发展，定期举办各类健康教育讲座，开展公众健康咨询活动。建成望松、石门、王村、翁村等7个村（社区）代办点，在智慧大厅开设“最多跑一次”网上受理功能，进一步提高群众办事便捷性。及时完成低保、低保边缘户新申请对象、困难群体申请的审批工作，全年累计支付临时救助金10万余元。“浙丽保”参保缴费7730人，参保率97.28%；参加城乡居民医疗保险7946人，参保率99.6%。加强现代社区建设，探索社企融合，3个大网格60个微网格每月动态核对流动人员动向信息累计7667人次，开展“网格走亲”活动50余次，以网格服务精细水平助推“一老一小”群体服务扩面提质。该项工作获全县第四季度“镇街部门三创”活动一等奖。

民生实事建设 2022 年，望松街道民生实事项目经辖区人大代表票决合议，共票决出街域入口美化整治项目、垦造耕地项目、有机茶基地建设（二期）项目、街域主干道及环线整治提升项目、六都源河道整治项目、农村生活污水处理设施运维标准化提升（一期）项目、移民产业发展项目、农村公路改造提升项目、村级基础设施提升工程、松古平原水系综合治理工程（五都源段）10 项民生实事项目，至 12 月底全部完工。

【共富产业培育】2022 年，望松街道实施望山肆党建联建和“共富工坊”项目。完善“国家传统村落公园”核心区党建联建机制，采取“8+N”（成立 1 家新运营公司、开设 1 家老街门市店、建立 1 个党建展示区、打造 1 条党建示范带、开设 1 堂党建联盟课、制定 1 个大发展规划、建立 1 个重点项目库、建立 1 套常态化机制、形成 N 条精品旅游线）工作模式，整合资源成立望山肆乡村发展有限公司，在县城明清古街 68 号开设门店，实施望山肆党建联建实体化运营、常态化运转。设立党建引领“共富工坊”4 个，吸纳就业 275 人，人均月增收 2000 元以上。探索养殖高山生态土黄牛，实施党群“联心牛”项目。创新“1+2+2+1+N”组织模式（1 个党支部+2 家合作社+2 家公司+1 个养殖基地+N 个农户），由村集体、社会资本和强村公司等各方共同出资，成立松阳县乌石上高山生态养殖有限公司，设立乡村振兴“共富资金池”，进行组团联合经营。通过参与就业、入股分红、兜底保障等方式，辖内农户共享项目红利，至 12 月底，共养殖土黄牛 100 余头。与安吉县灵峰街道和横山坞村签订结对合作协议，开展项目共谋、产业合作，全年争取山海协作项目资金 200 万元。西河村申报山海协作乡村振兴示范点，完成“花开西河”示范点创建方案设计。与省建设投资集团有限公司结对联建，联合组织开展望松特色生态农产品展销推介活动，助力“共同富裕”示范区建设。

2022 年 12 月 13 日，松阳县融媒体中心记者到望松街道乌石下村拍摄“联心牛” （黄徐文/摄）

【城乡环境优化】2022 年，望松街道推进“两违”控新和“三改一拆”工作，全年查处违法建设行为 18 起，处置集体土地违法用地、违法建筑 98 户，处置违法占地面积 1131.96 平方米，违法建筑面积 5049.29 平方米，收缴两违处置款 79 万元。联合审批新建房 74 宗，备案办理不动产权证 161 宗。全面排查 4880 户农村自建房，其中四类重点房屋 1185 户。完成 C 级危房改造 8 户，D 级危房 17 户的修缮、拆除和腾空防控。加强基础设施改善和环境治理，开展省示范文明县城创建，联合经开区管委会、县交通运输局等开展古青线集中整治，定期开展“全民清洁日”“洁净家庭”等活动，落实各类巡查和保洁制度，提升村庄洁化水平。

【第三届状元笋采摘节】2022 年 5 月 9 日，望松街道举行第三届状元笋采摘节活动，共 16 支队伍参赛。活动现场，县山海农产品配送中心与望山肆乡村发展有限公司、江南盛世茶叶专业合作社与望松街道翁村村股份经济合作社分别签订农产品销售协议和状元笋开发销售协议。至 12 月底，翁村村开辟采摘园 20 公顷，借助强村公司、山海协作等平台进行销售，“笋”经济实现稳步发展。

【马桥后区块改造工程项目启动】望松街道五都阳村马桥后自然村位于松阳县城西北，2022 年户籍人口 110 户 258 人，村庄面积 7.4 公顷。9 月 28 日，马桥后区块改造征收补偿安置方案公布，确定工作架构，街道干部分成10个工作组，分别由班子成员担任组长，并将街道干部、其他村党组织书记、辖区县人大代表、联系单位等人员力量配备到征收工作组中，推进征迁工作。11月10日，该项目进入农户房屋征迁签约阶段。至12月底，房屋征迁签约56户，签约率为50.9%。

（望松街道）

古市镇

【概况】古市镇地处松阳县西南部，东邻望松街道，南接樟溪，西与新兴相连，北与赤寿相接。行政区域面积47平方千米，耕地1200公顷、林地1133公顷，辖15个行政村60个自然村和2个社区。全镇总户数8803户，总人口20383人，其中农业户7470户。党支部28个，中共党员1158人。全年实现工业总产值93812.95万元。

“非粮化”整治工作　2022年，古市镇15个行政村完成“非粮化”整治优化面积533公顷。第一批：上河村、岗下村、山下阳村共计约125公顷。第二批：塘湾村、建安村、下街村、东角垄村、城门村共计约204公顷。第三批：七都村、八都村、十五里村、寺口村、筏铺村、五木村、黄圩村、岗下村共计约204公顷。认定粮食功区593公顷，争取省绿色农田试点项目资金2000余万元，与全省最大的粮食生产企业——浙江红专粮油公司建立合作关系。通过稻鳖、稻虾、稻鱼等多种高效生态种养模式，探索绿色高质量发展新路径。成功申报有机茶基地1个。

工业经济　2022年，古市镇规模以上企业实现产值9.38亿元，比上年下降25.1%,实现工业投资2665.22万元。引入国彩颜料、昕燃混凝土、顺亿竹木企业3个，投资1878.22万元，工业技改固定资产投资787万元。通过购买服务方式，聘请资质中介机构每季度一次对全镇企业开展安全生产专项监督。新增规模以下样本企业2家，开展3家企业技改项目，淘汰落后产能企业3家，处置“低散乱”企业3家，拟培育上规模企业1家。对全镇33宗、共计46.55公顷工业用地进行排摸，梳理13余公顷低效工业用地。落地2个省级科技特派员项目，1个绿谷精英项目，2个县级科技项目。

文旅产业　2022年，古市镇完成八都、十五里村增花添彩、智能停车场、社区多功能运动场地、夜间景观亮化工程5个“微改造、精提升”项目，启动城市书房修缮和绿地公园2个微改造示范点培育项目。八都村驿芙民宿通过丽水山居精品民宿验收，城头街100号老屋引进1家高端私厨。古市熊顿漫画馆获评省乡村博物馆，新铺社区创成省级“15分钟品质文化生活圈”，古市镇综合文化站通过全省公共文化场馆服务功能拓展先行先试验收。

民生实事　2022年，古市医院医养中心二期项目开工，总投资1.2亿元，增设床位200余张。古市镇文化广场无障碍改造通过省级无障碍示范项目验收。开展“青少年零犯罪零受害社区（村）”、妇女儿童综合驿站、绿谷先锋驿站、社区居民会客厅等载体创建。全年发放低保、残疾人补贴、医疗报销等各类低保金1600万余元。全镇189名独居老人享受居家养老送餐服务，对14户符合条件的困难户、低收入农户开展“适老化”和低收入善居改造。“古市镇残疾人之家”接收辅助就业残疾人25人，为邻近乡镇输送符合就业条件残疾人14人。全年专职消防队接警出动21次，接警出动人员126人次，接警出动车辆36次。全年化解积案5件，其中1件为国家级积案，调解矛盾纠纷97起。

社会事业　2022年，古市镇建成基础设施项目22个，总投资

2022年10月，古市镇完成老街夜间景观亮化工程　（县文广旅体局供图）

9179万元，通过污水零直排区建设省级复评。处置各类违法建筑1465宗，总面积10.73万平方米。提升筏铺村、五木村、塘头村、七都村污水终端。全市土地整治修复和高效利用工作现场会在该镇山下阳村召开。编制《古市镇千年古城复兴综合规划》，千年古城复兴绿色发展项目获国家发展改革委批复，获国家重大发展战略建设中央预算内投资资金3074万元，系全省唯一。

【美丽城镇创建】2022年，古市镇完成历史文化街区城区风貌整治提升、新城新天地、老街口袋公园及街城区节点改造等项目建设，建成新天地综合体、北入城口、城市书房等地标性建筑。处置各类违法建筑1465宗，总面积10.73万平方米。清理占道经营、乱竖牌、乱摆摊3180处（次）。改造垃圾收集点22处，更换分类垃圾桶272只，新增墙绘1200余平方米，全面整顿破损防盗窗、破烂遮阳雨篷、生锈铁拉门、裸露空调外机等。以镇政府为基础点，实现居民5分钟可到达公交站、高速公路出口、超市、农贸市场等各种便民生活服务设施及20多个部门办事站（所）。2022年，创成县域副中心型美丽城镇省级样板乡镇。

【“1951”平安体检治理模式】2022年，古市镇编制《古市镇除险保安“平安体检”工作方案》，创新“1951”（构建1个平安体检组织框架,明确9大重点行业检查领域,创新5项工作运行保障机制,强化1支综合应急队伍建设）平安体检模式，该做法得到县主要领导的批示肯定，典型先进做法在全县推广使用。7月，启动全镇104家安全生产重点企业（其中消防领域90家、工矿领域13家、城市运行领域1家）安全检查，覆盖率100%，累计检查点位611个，排查发现消防设施隐患、电气线路老化、特种设备安全等隐患问题110个，现场整改和交办问题92个，委托专业机构评估检查107次，查出隐患和问题183条，下达“责令限期整改指令书”23份。

【熊顿“向阳而生”正能量传递活动】2022年11月16日，熊顿“向阳而生”正能量传递活动在古市镇文化站举行。县有关领导，嘉兴学院老师、熊顿好友、热心漫画家等出席。电影《滚蛋吧！肿瘤君》导演韩延，电视剧《向阳而生》编剧柏彤，青年演员白百何、蒋欣，熊顿好友艾米以视频形式祝贺。熊顿漫画馆被授予红领巾e站称号。嘉兴学院设计学院与古市镇签署校地战略合作协议。

【2022丽水市二十四节气暨松阳县古市镇党群助力桑葚丰收系列活动】2022年4月29日，2022丽水市二十四节气暨松阳县古市镇党群助力桑葚丰收系列活动在古市镇十五里村蚕桑研学中心、十五里乐成长研学基地举行。活动包含启动仪式、共富学堂、青年集市、小青松技术、娱乐、设计（TED）演讲、蚕桑研学等环节，以“夏日灵境·与‘青（Qing）’同行”为主题，寓意与青山绿水和亲子、青少年同行，传承立夏节气、种桑养蚕等传统文化；推动生态产品价值转换，助力共同富裕。

（古市镇）

象溪镇

【概况】象溪镇地处松阳县东南部，东、东南邻裕溪乡，南与云和县石塘镇接壤，西南、西与大东坝镇毗连，西北与水南街道、西屏街道相接，北与三都乡相邻，东北与莲都区丽新畲族镇、板桥畲族乡毗连。行政区域面积120.1平方千米，耕地面积479.67公顷，林地面积9666.67公顷，辖13个行政村101个自然村。总户数5707户，总人口14252人。党支部27个，中共党员750人。全年实现生产总值51364万元，工农业生产总值45364万元，其中工业总产值37264万元、农业总产值8100万元，财政总收入6923.62万元。

农业经济　2022年，象溪镇完成166.67公顷“非粮化”整治优化任务，落实粮食功能区整治优化区块播种156公顷、地力培育65.33公顷，完成2个高标准农田建设项目，新开工建设“粮功区”改造提升项目1个，培育有机茶示范基地1个，初步建成靖居包“粮食+食用菌”基地。实施“山彩共富鸡”项目、蜂旅融合项目，“古树”牌茶油取得“丽水山耕”认证。雅溪口村探索创建“科技支撑共同富裕试点村”项目。打造“共富工坊”4个，镇强村公司实现营业收入1270万元，实现集体经济年收入20万元且经营性收入10万元以上的行政村全覆盖。

工业经济　2022年，象溪镇实现工业总产值37264万元。其中，规模以上企业总产值16148万元，比上年增长27.3%；规模以上工业增加值2793万元，比上年增长23.5%。完成固定资产投资4587万元，其中技改投资1715万元。引进浙江益鑫石业有限公司、松阳县金南建筑垃圾处理有限公司、丽水智敦建筑装饰工程有限公司3家，引进专业技术人才45人。培育上规模企业1家，新增4家企业技改项目，整治低效工业用地企业4家。

社会事业　2022年，象溪镇城乡居民养老保险、城乡医保、“浙丽保”参保率分别达99.6%、99.65%、97.91%。开展适龄妇女“两癌”筛查480余人，为老年人以及重点人群送医下乡2000余人次。全年发放临时救助12.08万元，发放残疾人两项补贴（困难残疾人生活补贴和重度残疾人护理补贴）94.8万元，走访慰问困境儿童、妇女20余次，慰问金额26.9万元。完成老年人自理能力筛查工作健康调查3511人，专业评估211人。

文旅产业　2022年，象溪镇建成雅溪口村百姓健身房、数字乡村城市书房、牛铺红色文化基地展馆等节点。实施南州、南坑口增花添彩项目，建成象溪至南坑口花园绿道。完成4个“微改造、精提升”项目，创成4个“15分钟品质文化生活圈”和3个省A级景区村。引进松阳县南山白云健康产业发展有限公司建设雅遇民宿综合体，林家别院、一天零一夜获评三星级民宿。举办丽水市社科普及周启动仪式、松阳县第五届农民丰收节暨森博尔脐橙采摘节等系列活动，拍摄《水韵象溪》《回到象溪》2部文旅宣传片。全年累计接待游客60余万人次，带动旅游经营收入6000余万元。

民生实事　2022年，象溪镇全域土地整治安置小区项目开工，集镇安置小区（二期）路面硬化和道路景观等基础设施配套项目完工。完成金钟至大塔公路提升项目、雅溪口至潘弄公路改造提升项目以及靖居口“美丽渡口”项目。完成修复河道、农田水毁点位11处，提升改造10个自然村一体化供水工程、南坑源单村供水站点建设和9处饮用水水源。新建农村生活污水终端2个，提升污水终端6个，创成省级“污水零直排区”标杆镇。梅峰村、石牌门村、坑里村垃圾池改造提升项目和坑里村生态公厕项目完工。全面完成省、市、县民生实事项目，10件镇本级民生实事项目落地见效。

【南州福安古寺重修完工】2022年12月，象溪镇朱熹讲学遗址——南州福安古寺重修完工。据《括苍汇记》记载，南宋淳熙九年（1182）九月初二，一代大儒朱熹从台州返回江西，途经南州村福安寺古寺，在寺中留宿。民国版《松阳县志》记载，朱熹在此讲学3天。福安古寺遗址总面积3000余平方米，建筑面积1600余平方米。2022年1月，象溪镇启动项目申报，于9月开工，总投资120万元，用于主体结构重修、屋面修缮、防火砖叠砌、墙体修补粉刷等。

【雅溪口村城市书房建成投用】2022年，象溪镇雅溪口村城市书房建设项目于9月启动申报，11月完工，总投资35万元。该城市书房由村小学旧址改建而成，面积200余平方米。书房分成儿童阅读区、成人阅读区、智慧阅读区3个区块，配置必要的书刊资源、阅览座椅、书架、电脑、手机充电接口、网络接口、电源插口等阅读辅助设施，实行纸质图书与数字资源相结合、文献资源与文化活动相结合的服务模式。城市书房为读者免费提供办证、图书通借通还、信息咨询等多方位综合性公共文化服务。

（象溪镇）

玉岩镇

【概况】玉岩镇地处松阳县西南部，北接新兴镇谢村村，东连新兴镇新处村、叶村乡、竹源乡和大东坝镇，南与安民乡、枫坪乡交界，西与遂昌县垵口乡相邻。行政区域面积134平方千米，耕地面积1087.2公顷、林地面积10925.07公顷，辖14个行政村60个自然村。总户数4806户，总人口13652人。党支部23个，中共党员590人。全年实现生产总值32191.7万元，工农业总产值31581.7万元，其中工业总产值3581.7万元、农业总产值28000万元，财政总收入5759.35万元。

农业经济　2022年，玉岩镇扶持食用菌、高山蔬菜、高山茶叶、高山西红柿、中药材等特色产业。新增小辣椒种植8公顷，产值180万元，比上年增加6倍。对乌岩、周安、周坑等村老茶园进行改造提升，申报高山有机认证茶园6个23.33公顷。举办松阳县第五届农民丰收节暨玉岩镇首届香榧炒制节，全年完成“油茶套种香榧”香榧种植1000余株，面积2200公顷，油茶1000公顷。香榧产业服务中心投入使用。

产业培育 2022年，玉岩镇重点培育花菇、高山蔬菜冷藏加工营销、香榧炒制、油茶加工等主导产业。全年规模以上企业实现产值2800万元，出口香菇250万千克；规模以下企业生产香菇菌棒350万段，出售鲜菇55万千克。建成农产品加工工坊2个，投资250万元新建香榧工坊和茶叶加工厂。

民生实事 2022年，玉岩镇城乡居民医疗保险、城乡居民养老保险、职工社会养老保险和“浙丽保”参保率均达到99%以上。全年对低收入农户、独生子女户、困难党员等特殊群体累计慰问100余人次，发放临时救助金91户12.97万元。开展低保和低保边缘户整治工作，全年新增低保11户16人，低保边缘1户3人，实现数字就业50人，帮扶率100%。

文旅融合 2022年，玉岩镇拥有民宿农家乐27家，住宿房间152个，床位210个。完成玉湖村移民展陈馆建设和布展，建成玉岩、溪口等4个村“15分钟品质文化生活圈”，“松阳高腔”曲目《马房招亲》获第八届浙江民间文艺“映山红奖”。

【结对帮扶】2022年，玉岩镇在吴往自然村建设香菇周年化生产“共富菌园”，一期建设菇棚7个，制作香菇菌棒17500袋。“共富菌园”扶持低收入农户实现户均年增收1万余元。以省政协结对帮扶为契机，投资50万元，在周安村先行发展高山西红柿产业的

2022年8月，浙江省政协结对帮扶村——玉岩镇周安村种植的高山西红柿喜获丰收（县农业农村局供图）

基础上，辐射带动根坑、乌岩2个村种植高山西红柿，资金来源为省政协补助+政府+村级自筹，年产值200余万元。

【香榧产业培育】2022年，玉岩镇依托松阳香榧特色产业示范县项目，建设集香榧种植、加工、销售、文创体验、观光旅游为一体的香榧“共富工坊”，占地面积705平方米，每年可带动全镇低收入农户、闲散劳动力等240余人从事香榧种植，工坊每年实现香榧炒制2500千克，促进村集体增收40余万元。该镇入选省级特色产业强镇培育对象，2022年度1000万元林业产业项目申报名单。

【首届香榧炒制节】2022年11月14日，玉岩镇举办第五届农民丰收节暨首届香榧炒制节活动，并在玉岩镇吴山头香榧产业示范园召开首届香榧产业共富论坛，邀请香榧种植农户与专家交流种植技术，共谋香榧产业发展。

（玉岩镇）

大东坝镇

【概况】大东坝镇行政区域面积206平方千米，下辖大东坝、石仓、蛤湖3个行政片区，是客家聚居地，有国家级传统村落9个。17个行政村以线型分布于小港溪两侧，总户数4068户，总人口16555人，有汉、畲两个民族，汉族为主。该镇是国家级卫生镇、国家级生态镇、省级美丽乡村示范镇、省级小城镇建设样板镇、省级文化强镇、省级森林城镇、AAAA级景区镇，被誉为“浙江省东海文化明珠”。2022年，全镇农村集体总收入1825.7万元，其中经营性收入897万元。工业总产值达1.05亿元，小港大东坝段创成省级美丽河湖。

农业发展 2022年，大东坝镇打造大豆、糯稻、畲药核心产区，辐射带动发展原料种植基地5个和生产基地2个，生态农业种植面积达333公顷，特色种植养殖产业循环发展经济圈初步形成。完成地力培育80余公顷，成功申报

县级有机茶示范基地1个。推进耕地“非粮化”整治优化工作，签约清理腾退460余公顷。完成西山、大东坝等11个窗口期建设用地复垦项目，复垦面积位居全县第二。

农文旅融合　2022年，全国乡村春晚“百县万村”网络联动启动仪式在大东坝镇石仓举行。横樟村、茶排六村自然村入选省级乡村旅游重点村培育名单。大东坝村创成省AAA级景区村，西山、灯塔等6个村创成省A级景区村。推进历史文脉、客家风韵和城乡风貌有机融合，通过唱响特色民俗、升级传统村落、做精特色区块、传承客家人文，将非物质文化遗产与客家人的日常生产生活空间紧密相连，保护文化形态多样化和客家文化生态空间。推动石仓万亩梯田景区打造，幸福石仓（未来乡村）列入全县重大项目前期，横樟村创成“市级清廉村居引领村”，茶排村创成省级未来乡村。

社会事业　2022年，大东坝镇推进“15分钟品质文化生活圈”建设，建成省级文化圈5个。建成契约博物馆、横樟廉政馆2个省级博物馆，基层公共服务体系逐步健全。承办松阳县农民文化节民间小调、山歌大赛，开展趣味运动会、健身走等各类全民健身活动6场次。镇体育公园投用。新建燕田、西山等5个村文化礼堂，全镇村级文化礼堂100%全覆盖。深化“尚德松阳”品牌建设，灯塔村雷明春上榜“中国好人”，二滩坝村张小芳被评为“丽水好人”。

乡村风貌　2022年，大东坝镇围绕以小港为代表的山水特色风貌，以生态绿道、护岸、堰坝修复等载体，对河道进行治理和美化，创成全省第三批城乡风貌样板区，小港黄南段被评为省级美丽河湖,在全省“共同富裕”基本单元打造小港独特韵味。结合“微改造 精提升”行动及花园乡村创建，将精心规划、精致建设、精细管理理念贯穿幸福小港建设始终。投资120万元提升改造内外线农村公路6.1千米。争取资金95万元对下宅街、茶排等村生活污水处理设施进行提升改造。强化农村公路管养，降低公路交通安全隐患,统一改造镇域桥护栏30座。开展农村公路资产专项清查，入账公路公共基础设施里程85.14千米，入账价值3.01亿元。保障235国道、小港绿道二期、城乡垃圾资源化利用处置中转站建设无障碍施工。黄南村被确定为省级高标准农村生活垃圾分类示范村。

【“共富工坊”建设】2022年，大东坝镇坚持资源活化与产业发展相通，采取“建筑针灸”策略建设品质化特色工坊，建有山区“共富工坊”12家，直接间接带动600余户低收入农户人均增收超0.8万元，“豆腐工坊”案例入选省委组织部“共富工坊”典型案例，“蜂蜜工坊”素材列入省委组织部电教中心推广宣传素材。该镇成为全县“共富工坊”集群建设试点镇。

【“幸福小港”五村共富店开业】2022年国庆节期间，“幸福小港”五村共富老街门店开业，该门店位于县城明清古街，由大东坝镇大东坝村、黄南村、茶排村、蔡宅村、山头村5个村组成联合体，联合镇强村公司，引进社会资本和专业管理团队共同经营，致力于打造大东坝镇泡豆腐、白老酒、土蜂蜜等系列特色农产品自主产、供、销平台。门店在售特色农产品40余种，至12月底，销售额达40余万元。

【“先锋引领　电商兴农　联盟共富”活动】2022年6月15日，松阳县“先锋引领 电商兴农 联盟共富”活动在大东坝镇茶排村举行。本次活动成立“先锋引领 电商富民”电商行业党建联盟，并举行“田园直播基地共富学堂”“企鹅（松阳）青创基地”“田园电商人才共富学堂”揭牌仪式。丽水市有关部门领导和县政府有关领导出席。参加活动的还有县委组织部、县委宣传部、经济商务局等14家联席单位负责人，四大电商园负责人和部分电商行业代表等60余人。丽水市商务局党组成员、副局长张志军对该次活动及松阳县电商行业党建联盟表示肯定。县经济商务局党组书记、局长刘祖军报告松阳县电商党建联盟成果并宣读联盟扩建方案，大东坝镇党委书记王建华介绍“农文旅视频电商第一镇”建设情况，祥瑞电商园负责人及电商代表就发展情况及电商促共富经验作介绍。活动以党建联盟为核心牵引，打造“亲松购”县域电商公共品牌，让电商成为推动松阳实现共同富裕目标的“红色引擎”。

（大东坝镇）

新兴镇

【概况】新兴镇地处松阳县西北

2022年3月9日，新兴镇茶香帮忙团利用午休时间帮助大木山茶农开展志愿采茶活动 （新兴镇供图）

部，东邻古市镇、赤寿乡，南接樟溪乡，西与玉岩镇相连，北与遂昌县相接。行政区域面积140.61平方千米，耕地面积1765.98公顷，林地面积9435.31公顷，辖22个行政村45个自然村。全镇总户数7965户，总人口21877人。党支部35个，中共党员998人。该镇是县内重点产茶镇，全镇拥有茶园1333.33公顷，70%人口从事茶产业，80%的农民收入和90%农业产值源于茶产业。

农业种植　2022年，新兴镇围绕谢村高山生态茶，系统谋划“生态有机茶谷”建设项目，扩大有机茶种植面积，申报有机茶培育基地2个26.67公顷；组织申报并获评“十佳飘香茶山”2个，“十佳种茶能手”2人。全年整治“非粮化”面积93.33公顷，引进4家种植主体规模化种粮。

产业发展　2022年，新兴镇拥有茶叶加工企业561家，全镇工业总产值11.7亿元。规模以上企业保持较快增长态势，丽水鸿昌混凝土有限公司全年实现工业总产值1.17亿元，获评2021年全县工业企业20强。全镇拥有电子商务店铺102家，年销售额达2.1亿元，获评2021年浙江省电商镇，大石、横溪、上安、徐郑4个村创建成省电子商务专业村。

文旅融合　2022年，新兴镇发挥大木山茶园国家AAAA级景区优势，围绕“全域化推进、全景式打造、全产业融入”的发展思路，深耕全域旅游。有序推进有机茶园、茶博物馆、茶主题餐厅、茶民宿建设，把茶文化融入城乡脉络。创成省AAA级景区村1个、省AA级景区村1个、省A级景区村5个，实现景区村全覆盖。精细化改造提升月光森林露营共富工坊、绿茗峰茶文旅共富工坊，举办手工制茶培训班，打造以休闲农业、精深加工、茶食民宿为代表的三产融合新业态，带动村民200余人就业，辐射带动周边群众增收致富。

招商引资　2022年，新兴镇深化“一把手招商”“乡贤招商”“以商招商”等工作机制，聚焦茶产业链、生态工业强链补链延链，盘活镇域闲置低效用地，落实招商引资激励政策。全年引进项目3个，完成固定资产投资2500万元，其中绿茗峰茶文旅综合体项目入选浙江省县域商业体系建设试点项目。

美丽乡村建设　2022年，新兴镇坚持规划引领，围绕“微改造、精提升”工程，建设美丽乡村示范点位，创成大木山片区为市级花园乡村精品村，横溪村启动申报省级未来乡村，新处、庄后、官岭、李山头4个村申报省级新时代美丽乡村达标村。推动乡村美化、洁化，落实各村保洁经费44.8万元，针对镇域内垃圾清运、新浦路保洁、横溪小集镇大街保洁等进行市场化运作，强化绩效考核，农村生活垃圾处理率、村庄保洁覆盖率均保持98%以上，村容村貌显著改善。

乡村环境治理　2022年，新兴镇深化“五水共治”碧水行动，全面优化河（湖）生态环境。推进庄后、官岭、平卿等村农村生活污水提升项目。开展“污水零直排区”创建“回头看”，全面排查点位整改问题，顺利通过市级“污水零直排区”创建复评。推进清新空气行动，紧抓秸秆禁烧巡查和处置工作，全年开展巡查800余人次，巡查发现火点100余处，立案36起，结案29起。推进松材线虫病疫木除治工作，按除治时间节点要求，清理镇域林地疫木9435.31公顷。

民生实事项目建设　2022年，新兴镇深入实施“大搬快聚富民安居”工程，办理搬迁128户414人，完成移民项目9个，保障移民妥善安置。实施文化品质提升工程，开展“我们的节日”系列主题活动、“浙江有礼·尚德松阳”、春泥计划等活动30余场，新建农村文化礼堂4个，实现500人以上行政村文化礼堂全覆盖。扎实推进城乡医保、“浙丽保”的征缴工作，两项参保率均位居全县前列。举办新农人促共富发展培训班，全镇农民普及性培训1580人次。

【第九届茶乡非遗文化节】2022年12月18日，新兴镇举办“茶乡星（xing）火，非凡十年”——丽水市二十四节气暨新兴镇第九届茶乡非遗文化节，庆祝新兴镇建镇十周年。活动期间举行“茶乡星（xing）火，非凡十年”启动仪式、非遗文化踩街展演、茶乡美食节、邀您“𡥅”口茶、有机茶谷座谈会、短视频拍摄技巧分享等系列活动，发布“来自新兴的礼”原创品牌。

【“来自新兴的Ni”品牌打造】2022年，新兴镇针对农文旅融合发展方面存在的业态挖掘不深、工坊利用率低等问题，打造“来自新兴的你（Ni）”品牌（IP），激活乡村振兴新动能。开设“来自新兴的Ni”抖音号和微信视频号，共发布33期，累计浏览量突破100万人次。设立“茶乡先锋直播间”，组建“90后”直播队伍，开展线上直播活动。12月，依托品牌（IP）效应，整合全镇农产品资源，推出“来自新兴的礼”大礼包，共售出200余个，销售额达5.76万元。

【窗口期建设用地复垦】2022年，新兴镇窗口期建设用地复垦涉及项目17个、20个行政村、117个地块。按照全力以赴、颗粒归仓的要求，应垦尽垦，用时21天完成17个项目4.4公顷复垦任务，实现村集体、镇政府收入大幅度增加。制定村集体经济复垦奖励政策，为全镇村集体增加经营性收入330万元。该镇获全县上半年项目推进“金牛奖”。

（新兴镇）

叶村乡

【概况】叶村乡地处松阳县中部，东邻西屏街道和水南街道，南接竹源乡，西与新兴镇相连，北与斋坛乡相接。行政区域面积42平方千米，耕地面积338.9公顷、林地面积2254.9公顷，辖8个行政村29个自然村。全乡总户数3270户，总人口7241人。党支部12个，中共党员361人。全年实现农村集体经济总收入814.59万元，工业总产值24.86亿元，财政总收入4082.78万元。

农业经济　2022年叶村乡全年围绕“食用菌”产业，获批松阳县农产品冷链物流中心项目和“红色玉枫、菇香四溢”革命老区项目，新建食用菌“共富工坊”，每年可为村集体增收20万元。举办“理想岱头”插秧日、丰收季、壬寅鲜菇节等活动，做深“高山经济”，走农文旅融合发展的共富之路。培育有机茶示范基地1个、面积2.67公顷；推出陆和茶书院高端定制小罐茶、上廖山自制香榧糖、叶村高品质铁皮石斛花茶等农副产品。至12月底，全乡种植香菇1500万袋，香榧93.33公顷，茶叶86.67公顷。

工业商贸经济　2022年，叶村乡有规模以上工业企业10家，工业总产值24.86亿元，比上年增长24.99%。依托农村电商创业园，推动电商经济、直播经济等进乡村，引进电商直播团队1个，建立电商直播“共富工坊”2家，累计创成叶村、东坞、叶家3个“浙江省电商专业村”。松阳县祥瑞电子商务产业园入驻电商企业280家，从业人员1106人，电商总销售额达4.21亿元。推进来料加工产业发展，全年来料加工从业人员达620人，实现加工费收入320万元。

文旅产业　2022年，叶村乡

2022年12月15日，叶村乡举办“菇香四溢”壬寅鲜菇节活动（叶村乡供图）

获国家传统村落集中连片保护资金2000万元，用于南岱村、横坑村国家级传统村落保护利用。引进丽水问山传媒文化有限公司，与南岱村共同打造集原乡民宿、写生创作、艺术培训、休闲观光等一体的“南岱问山”写生基地。与浙大城市学院艺术与考古学院开展“艺心向党”校地合作。横坑村竹艺村项目申报2022年度丽水市艺术助推乡村振兴扶持项目。推进双龙运动休闲中心、膳垄“玖层 云水”美术馆、情缘岛、青龙湖茶田基地等项目建设。全年接待游客3.2万人次，营业收入350余万元。艺术激活乡村工作做法被《人民日报》报道，获评省AAAA级景区乡镇。

社会事业 2022年，叶村乡优化代办员队伍，开展门牌办理、养老认证等服务全覆盖。作为数字化档案试点乡镇，完成乡本级和各行政村档案整理工作。全乡共有低保122户192人，发放低保金176.95万元。发放临时救助25户、救助金6.18万元。开展社会救助善居工程改造2户，养老适老化改造5户，辖内4个居家养老照料中心村完成配送餐改革。乡残联完成换届工作，全乡享受残疾人护理补贴117人，发放金额23.12万元；享受残疾人困难生活补贴72人，发放金额24.08万元；走访慰问特殊家庭3户5人，发放计划生育公益金补助4人，办理60周岁以上独生子女奖励扶助33人。

基层治理 2022年，叶村乡挂牌乡应急办，推进基层防汛标准化体系建设。开展禁毒、反邪教、防电信诈骗专项宣传。全年基层治理平台受理事项542件。推行政府法律顾问制度，落实重大行政决策，开展合法性审查86件，乡食安办成功创成省三星级食安办，推进平安法治建设。开展“无违建县”创建工作，违法建筑处置总面积1.43万平方米，拆除违法建筑处置面积1.15万平方米，处置率35.75%。常态化开展网络文化市场整治、“护苗”系列活动，推进“扫黄打非”工作。东坞村获评第五批省级引领型农村。河头村、横坑村、南岱村被评为2022年度丽水市“民主法治村（社区）”。

【“艺术部落”助力乡村振兴】2022年，叶村乡整合南岱村、横坑村自然资源和人文艺术优势，借助老屋拯救、旅游业“微改造、精提升”、传统村落集中连片保护利用等项目资金，推进精品民宿、文创产业、文体综合体落地，至12月底，全乡有5个村建成7处艺术空间，35个艺术家工作室，以艺术助推乡村振兴，打造“艺术部落”品牌。5月，南岱村与丽水问山传媒文化有限公司签署项目合作协议，打造集原乡民宿、写生创作、艺术培训、休闲观光等于一体的“南岱问山”写生基地项目。通过“保底+分红”的合作经营模式，南岱村每年可从合作项目中获得保底收益，项目收益高于保底收益的，超出部分按照持股比例进行收益分红。举办南岱手绘艺术展、斗米岙当代艺术展、横坑大地艺术季以及“理想岱头”插秧日、丰收日等文旅研学活动，推出艺术采风小众精品线路4条。从艺术创意出发，实现农产品包装升级，变普通大米为“艺术大米”，与浙江农商银行续签订购协议，带动村集体增收15万元。与艺术家工作室共享平台，推动“艺术+电商”多产业发展，建设斗米岙直播基地，开播首月累计直播52场，农产品销售总额120万元。在7月1日的“助农直播”活动专场中，45分钟售出农产品675千克，帮扶村民27人。

【竹艺项目入选全市艺术助推乡村振兴项目名录】2022年10月19日，在丽水市召开2022年艺术助推乡村振兴重点项目工作部署会上，松阳县叶村乡汇报横坑村竹艺项目方案，经前期申报、评审，成功入选全市14个项目中5个重点项目之一，并获奖励性补助100万元。项目位于横坑村膳垄自然村，该村竹资源丰富，60%村民具有竹编制技艺，以售卖竹制品为生，村中建有竹林剧场，该剧场建筑入选威尼斯建筑双年展。获奖励资金用于打造集竹文化、竹艺术、竹生活3大板块为一体的竹艺术村，建成后定期举办以竹为主题的艺术展、摄影展、大地艺术节等活动，形成竹制品展陈、竹制品交易、餐饮、住宿等竹文化主题业态。

（叶村乡）

斋坛乡

【概况】斋坛乡地处松阳县中部，地理环境优越，东邻望松街道，南接叶村乡，西与新兴镇相连，北与樟溪乡相接，衢宁铁路从乡域西面穿境而过，是松阳火车站站场、货运站所在地。行政区域面积28.07平方千米，耕地面积2220.37公顷，林地面积1301.59公顷，辖7个行政村45个自然村。总户数4215户，总人口9232人。党支部16个，中共党员441人。全年出生新生儿50人，死亡86人。

生态农业　2022年，斋坛乡开展耕地“非粮化”整治，优化签约312.07公顷，获产200万千克。开发“稻耳轮作”“稻虾共生”等农业新业态，借助“共富工坊”，通过“共富木耳”增收模式，实现6万元分红。举办松阳县强村富民工作现场会、农业高质量发展现场会等4场。吊坛云顶仙坑源升级为“云野听语”野奢酒店。举办第十五届农耕文化节活动，申报省华侨国际文化交流基地，成为首批“浙丽侨”助共富示范基地，被授予市级“乡村示范侨舍”称号。

乡村人居环境治理　2022年，斋坛乡出台环境卫生治理长效机制和考评督查机制，县每月检查综合平均得分排名第六。新建垃圾分类亭10个，户内2分类垃圾桶实现全覆盖。新建小石村公厕，并创成省级星级公厕，石门圩村入选省级高标准农村生活垃圾分类示范村，申报未来乡村项目，新建石门圩农村路灯70盏。全年改造提升农村生活污水处理设施7个。分片划区落实松线虫防治疫木砍伐工作，砍伐疫木90万千克，通过验收。全年累计拆违69宗1.16万平方米，累计“两违”处置备案115宗4682平方米。

民生事业保障　2022年，斋坛乡落实结对137户209人低收入农户。通过慈善捐赠、党员微心愿、临时救助等举措，全年资助困难群众255人次。清退低保户25人，新增低保17人，确保精准帮扶。引进浙江方圆工程咨询有限公司援助大路村2名困难儿童就学。开展走村入企“三服务”活动18期，为企业群众解困4584件。完成民生实事项目5个。推进旧村改造民生工程，全年联合审批113户，重点解决斋坛村31户、吊坛自然村3户的旧村改造遗留问题。全年排查农村房屋4000余户，鉴定危房17幢，开展极端天气下地质灾害隐患点巡查20批150人次。实施村级工程集体建项目8个，为村集体增收32.76万元。

【衢丽铁路建设】2022年，斋坛乡完成衢丽铁路26幢住宅（灰铺）和4.67公顷土地的征迁清表，组织征迁户落实建房抽签23幢。用时1个月完成松古平原水系综合治理项目政策处理，获县项目服务类金牛奖。

【人才招引】2022年，斋坛乡引入省科技特派员、浙江大学教授徐海圣助力斋坛乡“稻耳轮作”共富项目，并成立浙江大学徐海圣博士工作室；助力绿健蔬菜专业合作社对接“百博入百企”工作。到丽水温州总商会开展招引，与丽水学院民族学院（华侨学院）达成战略合作并成立博士工作站。对接讯仿凌创（浙江）智能科技有限公司、抖创直播孵化基地等乡贤企业。全年引进大学生38人，组建258人的乡级人才库，培养新型农创客8人，通过“共富学堂”开展技能人才培训400余人次。

【第十五届农耕文化节】2022年11月25日，松阳县二十四节气暨第五届农民丰收节、斋坛乡第十五届农耕文化节、云野听语第三届文化旅游节在斋坛乡中国传统村落吊坛村举行。该乡素有“斋坛粮仓”“农业之乡”之称。本届农耕文化节以“传承农耕文化、展示农耕风情、促进共同富裕”为主题，开展农耕文艺演出、非遗麦秆扇制作、农耕器具制作、农耕体验、农产品展销等多种形式的活动。

（斋坛乡）

三都乡

【概况】三都乡地处松阳县东北部，东邻丽水莲都区丽新畲乡，东南、南与象溪镇毗连，西南、西与西屏街道相接，西北、北与四都乡毗邻，东北连接金华市武义县三港乡。乡政府驻地距县城15千米，海拔640米，是典型的“九山半水半分田”的山区农业乡。全乡行政区域面积62.16平方千米，耕地面积290.02公顷、林地面积4224.95公顷，辖10个行政村32个自然村，总户数3222户，总人口8261人。党支部12个，中共党员342人。

农业产业　2022年，三都乡推进40公顷生态农业基地建设，申创高山果蔬等生态农产品品牌，开展优质农产品自有品牌与“丽水山耕”等区域公共品牌联动运营，实现产品增值。推进“非粮化”优化整治提升工作，完成以松庄、尹源、杨家堂为主阵地的粮食功能区“非粮化”整治优化23.85公顷，利用粮功区集约化种植优势，扶持新农人4户。做好规模养殖场的免疫工作，全乡规模养殖场免疫率100%。推进松材线虫病防治，清理高山远山小班145个，除治面积726.2公顷，上传“数字森防平台”986株，重量50.42万千克，质量验收100分。

文旅产业　2022年，三都乡以国家传统村落公园核心区建设为基础，以杨家堂、上田、酉田、松庄等村为主阵地，开展“桃文化节”“桃花梨花摄影节”等乡域文化活动。对接《人民日报》客户端、《浙江日报》、腾讯新闻等媒体推广宣传。先后吸引浙江卫视《还有诗和远方》剧组、艺术家等到该乡取景拍摄、采风，全年增加游客10万余人次。设计拥有三都特色的纪念票套票和宣传单，打造国庆节旅游特色，国庆假期期间，杨家堂村接待游客1.5万余人，接驳车收入10余万元。

项目建设　2022年，三都乡总投资5178万元，征收土地4.13公顷，动建上安联溪水库项目。总投资2290万元，建设国家级传统村落绿色发展项目，全年完成5大类30个子项目。通过国家级传统村落绿色发展项目建设，打造松阳县国家传统村落公园的集中展示窗口和游客集散体系。总投资1500余万元，推进龙胜小区基础设施建设，建成小区排水渠及灌溉渠、电网、自来水、路网等工程。推进杨家堂历史文化保护村落重点村项目。修缮古建筑9栋，修复古道2条，开展村庄环境优化整治和夜景提升，整治“空中蜘蛛网”错乱线路。

社会事业　2022年，三都乡制定三都乡信访工作责任清单，围绕重点领域，逐村逐人建立工作专班。全年排查矛盾纠纷35起，化解30起。配合完成响应、处置“110”应急联动事件10起。开展除险保安大检查40余人次，检查点位50处，发现隐患16处，完成整改16处。针对国家传统村落集中特点，组织开展消防实操演练3次，排查全乡合用场所火灾隐患14家；为一级残疾人安装烟感报警器13个。投资 27万元，在里庄村新建消防栓，在18个自然村建立微型消防站。

民生实事　2022年，三都乡联合望松街道、四都乡在县城明清古街设立“望山肆党建”联建门面店，谋划农副产业销售、旅游线路规划和技能培训，促进共同富裕。启动新一轮村集体经济发展攻坚提升行动，加大“飞地”投资、光伏建设等规模。至9月底，10个行政村实现年度消薄任务，其中经营性收入增幅41.44%，名列全县第一。推进“全域土地综合整治”行动和“大搬快聚富民安居”工程。完成省、市、县下达的民生实事任务32个，推进农村四好公路项目建设，争取“山海协作”资金90万元用于岙头亭至杨家堂路段、三都煤至淡竹路段改造提升。建立健全防止返贫动态监测和帮扶机制，落实“一户一册一干部”结对帮促工作，结合“周三下村日”活动，要求干部每月至少开展一次走访，主动做好帮扶政策宣传，及时发现符合标准的困难农户，并协助农户申请办理，及时列入帮扶管理。全乡享受政府扶贫政策有237户397人，全年发放生活补贴96人2.95万元，发放护理补贴155人2.1万元。

【中医药文化养生旅游示范基地】 2022年11月18日，浙江省文化和旅游厅公布《关于2022年浙江省中医药文化养生旅游示范基地认定结果的公示》，三都乡上田村上榜，创成浙江省中医药文化养生旅游示范基地。该乡上田中医药康养村建设项目涉及上田生态研学讲堂、康养民宿、半岭中医药馆、智慧村庄建设、骑行道建设工程、休养古道、村庄基础设施改造提升、食药养生态基地8个子项目，总投资1926.82万元。至12月底，项目基本完工。

【上田乡村振兴开发有限公司】 2022年，三都乡通过混合所有制形式组建上田乡村振兴开发有限公司，该公司由上田村经济合作社、县强村公司、乡强村公司和村民组成的乡村旅游、花田泥农业、柒宝农产品销售3个合作社6个股东进行项目建设运营，整村打造“原乡上田康养综合体”，采用“农民入股+保底收益+优先就业+股份分红”的利益连接机制，实现村集体经济发展壮大和村民共同富裕。2022年前三季度实现营业收入50余万元；40名村民通过参与工程项目建设，增加劳务收入60万元；21名村民通过参与农业种植、畜牧养殖、餐饮服务等产业发展各环节，月均增收3000余元；上田村67户农户和村集体分别获得平台公司分配的保底收益6.6万元和12.5万元，上田村集体经济年收入49.45万元，其中经营性收入9.88万元。

【桃文化节暨乐桃桃市集】 2022年，三都乡以“桃”为媒，围绕“桃子”延伸出文创、美食、市集等沉浸式体验活动，发展“桃”经济，全乡桃子种植面积100公顷。通过电商达人直播售桃，形成线上线下模式推广吸引游客，带动当地民宿、餐饮等旅游业发展，形成“艺术共享、精神共富”模式。7月30日，“桃之秘境 诗画三都”2022三都乡桃文化节暨乐桃桃市集活动在三都乡松庄村文化礼堂举办。活动开展松阳高腔、电子乐表演等节目，并举行桃花节摄影大赛颁奖、蜜桃品鉴会，同时设置桃子及当地农副产品售卖、自己动手（DIY）手作文创、特色小吃摊位、汉服体验等10余个特色摊位。活动当天售卖桃子1000余千克，吸引500余人次参与。

（三都乡）

四都乡

【概况】四都乡地处松阳县城东北，东、东南邻三都乡，南与西屏街道接壤，西与望松街道毗连，西北、北、东北与金华市武义县柳城畲族镇、三港乡毗邻。行政区域面积47平方千米，耕地面积292.8公顷、山林面积3466公顷，辖5个行政村13个自然村。总户数1468户，总人口3547人。党支部7个，中共党员234人。全年财政总收入3886.45万元。

2022年，四都乡省级以上媒体宣传报道60余篇。中央广播电视总台13新闻频道“两会”特别节目《“两会”你我他》报道陈家铺村农文旅融合发展、探索乡村共富模式。《人民日报》“浙里”传统古村落系列报道分别于4月19日、8月15日报道《松阳陈家铺村：雾罩山野有书香》《松阳西坑村：探云雾西坑 寻时光映画》，《中国青年报》《浙江日报》头版分别报道题为《陈家铺蝶变从“三无村”到“网红村”》和《乡村振兴的雄心：陈家铺想打全域旅游“世界杯”》，新华社报道《浙江松阳：传统与艺术融合 古村落重焕生机》。浙江卫视《还有诗和远方》节目到陈家铺村拍摄取景。

生态农业培育　2022年，四都乡发展高品质生态油茶、香榧、中药材、笋竹林等现代林业经济593.33公顷。发展高山生态农业，全乡种植高山水稻13.33公顷、高山茶叶133.33公顷、高山蔬菜80公顷。成立四都农业有限公司，开展陈家铺村抛荒地整治，完成粮食生产功能区调整补入任务，增加水稻播种面积8公顷。与县山海农产品配送有限公司合作建成全县首个共富蔬菜基地，首期试种1.73公顷，出售玉米、白菜等3000千克，为陈家铺村、平田村的13户低收入农户及空巢老人创收8000余元。

民宿经济提质　2022年，四都乡提升改造云里听蛙民宿。在建十钟山房、依山半舍二期、塘后不知年3家精品民宿总投资2000余万元。全乡11家精品民宿全年旅游总营业收入突破4000万元，入住游客25万人次，全年接待游客突破40万人次。该乡汤城、寨头、塘后等点位持续开展招商引资工作，汤城自然村集体经营性建设用地入选市试点，完成前期筹备工作和方案的编制。

民生实事项目建设　2022年，四都乡推进国家传统村落公园核心区绿色发展示范项目，18个子项目全部竣工验收。开展村庄环境整治、古道提升、农村生活污水处理、风情小镇旅游标识牌更新等基础设施建设，总投资2000余万元。周坑水库项目完成工程量的70%。完成平田—塘后道路拓宽、“召寨线”白改黑等乡级民生实事项目5件。推进陈家铺村省级历史文化保护利用重点村建设，塘后自然村省级历史文化保护利用重点村规划通过省级评审。全乡复垦窗口期建设用地1.1公顷。

未来乡村建设试点　2022年，四都乡陈家铺村作为全省首批100个未来乡村试点村之一，率先起草全县首份试点方案，为全县未来乡村建设提供示范样本，并获省未来乡村创建成效优秀等次。

2022年7月，四都乡云里听蛙民宿完成改造提升并对外营业（四都乡供图）

社会事业建设 2022年，四都乡大力推进消薄工作，实现村集体总收入556.78万元，比上年增长136.96%；经营性收入实现203.21万元，比上年增长118.89%。乡强村公司开展实体化运作，实施村级工程“集体建”项目19个，保底收益104万元。建成云上平田共富工坊1个，带动本村村民就业20余人。推进十万技能人才共富能力大提升行动，举办“田园共富学堂”民宿管家培训。应对旱季缺水问题，专门租赁运水车，保障村民生活用水和民宿生产经营用水。建成新时代文明实践所1个，新时代文明实践站5个，新建四都阳村文化广场、平田文化礼堂，新增陈家铺村村级便民活动中心。开展各类讲座、论坛、广场舞培训、“春泥计划”等文化活动349场。65周岁以上农民健康档案全面建档，完成家庭医生签约。城乡居民养老保险参保2782人，“浙丽保”参保率达98.56%。全乡15名失能失智老人享受养老服务补贴，全乡3个村级养老照料中心正常运行。

【共富蔬菜基地成立】2022年6月10日，四都乡与县供销社下属的山海农产品配送有限公司合作，在平田村成立松阳县首个共富蔬菜基地。该公司与四都乡13户低收入农户、空巢老人和1家合作社签订产销合作协议，以四都乡为试点先行，通过统一配送种子、化肥，利用闲置土地以订单农业模式破解农产品销售难问题，避免农户分散生产的弊端，同时提供技术指导，推动农业规模化、专业化发展，提高低收入农户增收致富能力。

（四都乡）

竹源乡

【概况】竹源乡地处松阳县中部，东邻水南街道，南临大东坝镇，西接玉岩镇，北与叶村乡毗邻。行政区域面积57平方千米，耕地面积368.85公顷、林地面积5068.07公顷，辖7个行政村21个自然村。总户数2635户，总人口6814人。党支部11个，中共党员256人。全乡村集体经济收入818.30万元，财政收入3193.53万元。

农业产业 2022年，竹源乡推进抛荒地复垦工作，全年复耕6.53公顷；改建笋干加工点1个，提升茶叶加工点1个。续建有机茶基地4.67公顷，新申报有机茶基地4公顷；与百度、大土至爱（浙江）科技有限公司开展合作洽谈，以26.67公顷老茶园为基础，结合数字化改革，打造智慧茶园综合体项目，促进农业产业提质增效。10月，老茶园及相关林地拍卖出租。统计申报农村耕地地力情况，地力培育工作完成验收。

文旅产业 2022年，竹源乡与枫坪乡、叶村乡开展“艺同富”党建联建。8月，由3个乡强村公司共同出资15万元成立松阳县艺同富文化交流公司，通过线上各类平台销售油画50余幅，农产品480余件，总交易额达6万余元。创成后畲村省AAA级景区村和大岭头村省A级景区村，小竹溪村“15分钟品质文化生活圈”通过省级验收，松香博物馆入选浙江省第二批乡村博物馆名单。

社会事业 2022年，竹源乡抓好亲民惠民服务，全乡医保参保率99.72%，“浙丽保”参保率96.95%。按照低收入农户动态管理原则，全面核查低保户，全乡退出低保12户20人，退出低保边缘4户9人，新增低保户4户6人，落实最低生活保障147户251人，落实扶贫公益性岗位9人，实现低收入农户结对全覆盖。推进危房老屋修缮保护，5栋老屋纳入修缮并验收。全面排摸全乡30余户疑似危房，上报2户安全隐患单位并列入修缮计划。3月4日，乡志愿服务队在小竹溪村开展“与爱同行，情暖空巢老人”主题志愿服务活动，通过义诊、表演节目、包饺子等形式为空巢老人举办集体生日会，丰富老年人精神文化生活。

民生实事 2022年，省民生实事项目——呈旺坑村卫生室建设按期竣工，新建预检分诊区、诊疗室、治疗室、药房、观察室、处置室、医疗垃圾暂存点等区域；竹溪源水库除险加固工程提前3个月完工。竹源乡救灾物资器材室修缮工程完工验收；黄庄村苏维埃政府旧址红色研学基地项目入选市第一批“微改造、精提升”项目库并验收。

【抽水蓄能电站项目】2022年，竹源乡推进抽水蓄能电站项目建设，完成项目前期工程临时用地租赁、人房实物调查、土地调查及复核公示、移民安置意愿调查、库区范围内山林田地勘查定界等工作。项目正式获批后，开展库区土地征收，用时18天完成竹源片区80公顷土地征收分户测量。推进抽水蓄能电站项目控制性公路——黄下至红车徐农村道路建设项目，总投资1697.24万元。测量因西竹玉公路改线设计方案红线和影响线涉及的燕庄村房屋14幢并核对房屋征用数据；落实黄上连接线公路勘察设计及公路征用地红线放样。

【“田园共富学堂”开讲授课】 2022年2月16日，竹源乡“田园共富学堂”开讲第一课在小竹溪村文化礼堂举行，活动以“文旅融合促共富”为主题，30余名村民参与授课。课程结束后，由“乡村新农人”张世铭在后畲村田间采用实地授课方式为村党员干部讲解农业种植相关知识。“田园共富学堂”由竹源乡政府发起，通过邀请先进典型、乡土人才、致富带头人等作为授课教师，把学堂设置在“田间地头”的形式，全年开课5次，参与人数300余人。

【“冬日乐陶陶”康养主题日活动】 2022年1月23日，竹源乡后畲村联合县实验小学“蜗牛小分队”举办“冬日乐陶陶”康养系列主题日活动。参加活动人员通过制作黄米粿等传统美食、学习冬日养藏功法、参观后畲美术馆、体验陶艺课程，了解和传承当地民俗文化和康养文化。

【共富“跑步鸡”项目首次分红】 2022年11月18日，竹源乡共富“跑步鸡”项目首次分红发放仪式在小竹溪村举行。该项目采用“家庭农场+农户”合作模式，由后畲农业发展（松阳县）有限公司提供统一代养服务，实行“鸡苗、饲养、防疫、销售”统一闭环管理，吸纳当地富余劳动力及低收入农户临时用工，为低收入农户增加分红收入及劳务收入。全年吸纳低收入农户10户参与认养土鸡，实现每户年均增收600元。在一个养殖期（12个月）内，吸纳低收入农户用工20人次，按照每工次120元计算，为低收入农户年劳务增收约2400元。

（竹源乡）

樟溪乡

【概况】 樟溪乡地处松阳县西北部，松古平原腹地，龙丽高速公路古市出口，衢宁铁路、龙丽高速公路、江南公路贯穿而过，东邻古市镇，南接斋坛乡，西与新兴镇相连，北与赤寿乡相接。行政区域面积31平方千米，耕地面积735.7公顷、林地面积1187.56公顷，辖8个行政村49个自然村。全乡总户数4131户，总人口10109人。党支部15个，中共党员479人。全年实现生产总值1070.14万元，农业总产值795.11万元，财政总收入275.03万元。

“非粮化”整治　2022年，樟溪乡“非粮化”粮食功能区整治任务面积343公顷。通过建立工作机制、强化责任落实，摸清种粮家底、明确目标任务，加大政策引导、分类梯次推进等形式多管齐下，完成整治优化359.2公顷，完成率104%。完成水稻种植面积303.33公顷，推行稻鱼混养等模式提升亩产效益，做好“非粮化”后半篇文章。加强地力培育，垦造耕地地块后续完成57.45公顷粮食作物种植，增加早稻种植面积7.33公顷。全乡甘蔗种植面积增加10公顷，推进特色产业发展。

文旅平台建设　2022年，樟溪乡打造文化新名片，坚持“一村一品”，谋划推进国家级传统村落黄田村、球坑村美丽乡村建设，完成红糖共富工坊微改造精提升、力溪村增花添彩等工程。新建东市村、上徐山村文化礼堂。举办“百名艺术家画松阳”启动仪式暨松阳县第四届连环画艺术节、丽水市二十四节气节庆活动——松阳县第五届农民丰收节樟溪乡第七届开糖节和系列群众文化体育活动80余场次。联合出版《烽火浙西南》《刘英与浙西南》《鱼

2022年1月23日，“冬日乐陶陶”康养系列主题日活动在竹源乡后畲村举行

（竹源乡供图）

水情》等红色读物。

社会事业统筹推进 2022 年，樟溪乡举行网格员队伍培训 12 次，全年报送信息 1125 条，办结率 100%。完成大综合一体化行政执法改革，成立樟溪乡行政执法中队，立案查处秸秆禁烧等执法案件 8 起，为法治政府建设创造良好的条件。落实应急管理工作责任，加强应急管理体系建设，全年未发生食品安全等安全事故。探索未来乡村的发展模式，创成省级电商示范乡，通过省级美丽城镇验收，力溪村建成浙江省美丽乡村特色精品村，兴村村、上徐山村、馒头山村获评省级电商专业村。开展帮扶工作，馒头山村通过“强鸡计划”共富项目，以“党总支+企业+代表+低收入农户”结对帮扶形式，提高低收入农户收入。

民生实事行动 2022 年，樟溪乡实施民生实事 6 件，完成应急管理站及物资储备仓库建设、全域土地综合整治项目（2022 年度）、未来乡村暨中国连环画艺术村项目（一期）、红糖工坊“建管用”暨微改造、精提升项目、美丽乡村建设和农村生活污水提升。实现城乡基本养老保险参保率 99%，基本医疗保险参保率 99.61%，推进妇女“两癌”筛查，加大大病保险力度，组织村民参与“浙丽保”参保率 98.11%。

【节庆活动】2022 年 12 月 3 日，丽水市二十四节气节庆活动暨松阳县第五届农民丰收节樟溪乡第七届开糖节在红糖共富工坊开幕。来自市、县农业、文广旅体等有关部门领导、记者及嘉宾 100 余人出席仪式。开幕式结束后，在红糖工坊开展古法红糖技艺展示。20 余名制糖师傅采用榨汁、赶水、摇瓢、出糖、打沙等传统工艺方法制作红糖。活动邀请米其林餐厅主厨掌勺红糖宴，就地取材，将红糖元素融入传统美食。2022 年，该乡投入 180 余万元，改良红糖工坊生产工艺和技术，在保持艺术特质的基础上，对工坊生产空间进行标准化微改造、精提升。

【“百名艺术家画松阳”启动仪式暨松阳县第四届连环画艺术节】2022 年 12 月 10 日，“百名艺术家画松阳”启动仪式暨松阳县第四届连环画艺术节在樟溪乡力溪村举行。活动开幕式演出松阳高腔新剧目《拜刀记》；力溪连环画乡村艺术馆馆长邵彦山汇报艺术馆三年来工作，并举办连环画《鱼水情——挺进师与松阳人民》首发及赠书仪式、上海市民文化节第九届淘宝（收藏）文化节分会场授牌。上海市高教学会艺委会会长、原上海交通大学文学艺术系主任、人文学院副院长、教授杨福才介绍“百名艺术家画松阳”活动方案，海派书画名家徐谷安为艺术家工作室揭牌。开幕式结束后，与会嘉宾还参观了《连坛名家画像》国画展。

（樟溪乡）

赤寿乡

【概况】赤寿乡地处松阳县西北部，东、西、北三面与遂昌县相邻，南临古市镇、新兴乡。行政区域面积 54 平方千米，耕地面积 699.09 公顷、山林面积 2875.2 公顷。全乡总户数 4433 户，总人口 10968 人，辖 8 个行政村 50 个自然村 206 个村民小组，党支部 26 个，中共党员 630 人。民族以汉族为主，有畲族人口 200 余人。全乡规模以上工业企业总产值 8.41 亿元，比上年增长 29.2%。

农业经济 2022 年，赤寿乡播种早稻面积 37.13 公顷、中稻面积 166.85 公顷；完成“非粮化”农户签约面积 233.33 公顷，整治粮食功能区面积 253.33 公顷；种植茶叶面积 53.33 公顷，转化有机茶种植基地 2 个共 5.33 公顷；新培育县级示范性家庭农场 1 家。全乡村集体经济收入 1340.59 万元，

2022 年 12 月 10 日，“百名艺术家画松阳”启动仪式暨松阳县第四届连环画艺术节在樟溪乡力溪村举行
（樟溪乡供图）

其中经营性收入743.58万元。

工业经济　2022年，赤寿乡规模以上工业企业总产值达8.41亿元，比上年增长29.2%。招引1500万元松阳县环洁不锈钢处理有限公司改造项目；引进江西爱科道环境科技发展有限公司投资5200万元对浙江荣兴活性炭有限公司进行增资重组；完成3家不锈钢企业烟气处置改造项目，实施产业园天然气供气提升改造；推动5家规模以上工业企业进行数字化改革。对辖区内企业开展安全生产检查88次，排除并整改隐患176处，形成闭环机制，完善风险管控体系建设。组织企业员工开展职业健康培训和安全大培训，参加培训2500余人次。

文旅产业　2022年，赤寿乡接待游客7.1万余人次，营业总收入752万元。举办赤寿乡第九届休闲养生文化节暨百年银杏助推“大花园”创建活动。陇川村、半古月村、红连村3个村创建成省A级景区村，赤岸村创成省AA级景区村，全乡8个行政村创成景区村全覆盖。界首村、赤岸村创建成为“15分钟品质文化生活圈”示范村。全年举办各类文体活动28场、科技类培训12场、防电信网络诈骗图片展26场，受众达10000余人次。拯救老屋南方培训基地展示馆及半古月村文化礼堂成为全县新一批示范点培育基地。

社会事业　2022年，赤寿乡拆除违章建筑面积5960平方米，完成“两违”处置25宗，占地面积2368.74平方米，建筑面积1056.83平方米，收缴回购款9.8万元。开展村居卫生环境大整治活动12次，巡河744次。围绕疾病预防、心理健康等主题7个行政村开展专题讲座及健康服务14场次；完成农村妇女“两癌”筛查359人；完善食品安全社会协管工作，检测农产品质量300批次。发挥“老娘舅”作用，全年调解矛盾纠纷103件，涉及金额1100余万元。

民生实事建设　2022年，赤寿乡完成上坞源村、界首中心村、狮子口村污水设施终端改造提升项目3个，修复半古月村污水管理系统。联合7个行政村投资建设邻里中心项目（含88间沿街店铺），总建筑面积2.24万平方米，助推村集体年增收100余万元。打造“共富工坊”4家，其中农文旅融合式2家，定向招工式1家，产业赋能式1家。全年吸纳就业457人，其中低收入农户18人，人均月增收3000元，村集体增收35万元。深化低保动态管理，取消低保户17户，新增6户，提标45户，为2名困难家庭的儿童办理生活补助；推进2户低保老人的善居工程项目建设。开展“非粮化”整治后农业产业发展农民持续增收工作视察、民生实事项目监督、村庄环境卫生专项监督等活动共12次，其中村庄环境卫生监督活动先后收集问题58个，代表提出整改意见建议36条，整改办结率100%。

【清廉村居建设】2022年，赤寿乡界首村推进市级清廉村居建设，修建“申明亭”，以班子清廉、干部清正、村务清爽、民风清朗、干群亲清“廉政五清”为目标，挖掘界首当地乡贤人士的清廉故事和家风家训，培育崇廉向善的村居文明风尚，推进清廉村居建设，弘扬清廉文化，营造浓厚清廉氛围，获评浙江省清廉村居建设示范村。

【工业区块项目建设】2022年，赤寿乡实施赤寿生态工业区块（二期）一阶段政策处理工作。项目前后历时6个月，有序地完成测量、核对、签约等政策处理工作，涉及4个村520户，占地209.97公顷，解决矛盾纠纷89件、历史遗留问题21个。6月27日，举行赤寿生态工业区块（二期）一阶段项目开工暨开发区管委会授牌仪式。该项目总投资估算21亿余元，总规划面积219.47公顷，建设项目有新建标准厂房、商业综合体、市政道路、配套停车场、光伏发电等设施设备。

【赤岸村“松荫庐”模式】2022年2月，松阳县松荫庐农业发展有限公司采用“公司+集体+农户”的经营管理方式，其经营收益按照出资人占股67%，村集体占股17%，非粮化农户占股16%进行分配，其中村集体按照流转耕地面积每年保底分红100元/亩。该模式助力村集体年增收6万元，带动农民就业3000余人次，帮助农民增收近70万元。

（赤寿乡）

枫坪乡

【概况】枫坪乡地处松阳县城西南部，箬寮岘北部山麓河谷平地，东北邻玉岩镇、南邻龙泉市城北乡、西连遂昌县安口乡。行政区域面积98平方千米，辖10个行政村48个自然村。全乡山林面积8515.97公顷，耕地面积489.6公顷。全乡总户数2995户，户籍人口8207人。党支部12个，中共党员365人。辖区内有苏维埃政府旧址、高亭战斗纪念馆、卢子敬故居、小吉会议旧址、斗潭纪念馆等红色革命遗址。

农林经济 2022年，枫坪乡完成小吉、高亭、南胜、山乍口、斗潭等9个村的“山水林湖田草”和“基础抛荒”项目整治，整治面积150.64公顷。发展水稻播种面积53公顷、香榧66公顷、食用菌340万袋、油茶58公顷、高山蔬菜32公顷、茶叶66公顷、中草药13公顷、石蛙养殖基地5个。形成以食用菌、笋竹林为支柱，以高山蔬菜、香榧、油茶为主导，以黄牛、石蛙为特色，以中草药种植为补充的多元农业，推广效益农业、生态农业及原种农业种植。全年修复森林古道8千米，组织香榧雄株嫁接技术培训60余人。处理枯死松木227株，面积169.87公顷。发放公益林补偿款199万余元，涉及公益林面积3791.55公顷。

工业经济 2022年，枫坪乡发展以小水电、竹木加工、农产品加工等为代表的绿色产业。全乡有小水电站4家、食用菌冷库4家、专业合作社34家，工业总产值8550万元。发展来料加工、农村电子商务等现代服务业，全乡来料加工经纪人7名，从事来料加工业105人，累计发放加工费120万元。新建电子商务服务点5个，培育抖音、微商等新兴产业人才45人。

文旅融合发展 2022年，枫坪乡杉杉喜舍创成省五星级民宿农家乐，汉钗1979创成“丽水山居”精品民宿，清幽悠居、杉杉喜舍入选全省首批“浙韵千宿”培育名单。至12月底，全乡民宿农家乐累计接待游客8000余人次，实现旅游收入260余万元。建成枫坪村、南胜村、黄埠坞村3个文化礼堂广场，实现500人以上行政村文化礼堂全覆盖。创成省级美丽城镇建设基本达标城镇，沿坑岭头村创成省级美育村，山乍口村、南胜村创成省A级景区村，全乡景区村创建覆盖率达到100%。

人居环境建设 2022年，枫坪乡加强“河长制”建设，乡村两级河长巡河达标率100%。投资70余万元实施根下村、小吉村2个村的农村生活污水终端提升改造工程。加强农村生活污水运维监管，修复污水管道破损8处。实施“三改一拆”（旧住宅区、旧厂区、城中村改造和拆除违法建筑）专项行动，完成“两违”处置65户，处置面积4312平方米，拆除违法违章建筑13户，拆除面积6458平方米。开展美丽庭院专项行动，对公路沿线、村庄周围、农户房前屋后等区域环境卫生“脏、乱、差”现象进行整治清理，在枫坪、黄埠坞、山乍口等村节点进行打造，新增垃圾分类亭9个。

扶贫工作 2022年，枫坪乡实现农民和低收入户增收目标、年家庭人均收入10000元以下、集体经济薄弱村、低收入农户零就业家庭“四个清零”。实施5个行政村异地光伏项目建设。整合乡村两级资源，推进消薄攻坚行动，实现全乡村集体经济总收入913万元。鼓励低收入农户因户制宜、因地制宜发展风险小、操作性强、有针对性的短、平、快增收项目，统筹推动来料加工产业发展，助力精准扶贫，全年从事来料加工业有105人，发放加工费120万元，带动26户低收入农户在家门口就业增收脱贫。

民生实事 2022年，枫坪乡基本养老保险参保率98.88%，基本医疗保险参保率99.53%，农村小额保险参保率16.46%，“浙丽保”参保率97.14%。排摸35～64周岁女性符合“两癌”筛查425人，新增结直肠癌筛查109人。70周岁以上人群流感疫苗接种259人，计划生育家庭奖励扶助对象申报77人。

社会保障事业 2022年，枫坪乡对全乡158户234人低收入群体开展走访帮扶工作并送上“幸福清单”，全年走访2000余人次。将低收入群体纳入省扶贫系统统一管理，全年发放低保补助金105.5万元、临时救助8.14万元、雨露计划补助金1.8万元、计划生育公益金0.2万元。

文体活动 2022年，枫坪乡开展农业技术培训、《中华人民共和国民法典》普法讲座、中医保健知识讲座、送戏下乡等文化活动10场，受众1000余人。组织村民参加县第十五届“田园松阳”农民文化节系列活动，在全县第十五届农民文化节“庆祝党的二十大胜利召开·同走共富路”群众舞蹈大赛获银奖；“清廉松阳”小品大赛获银奖；全县老年人气功暨健身操交流活动比赛获优胜奖；第五届全县农村兜球交流活动获优秀奖。

【红色主题乡村休闲旅游度假目的地建设】2022年，枫坪乡根据区域红色资源禀赋、产业基础和发展现状，构建“一心、一线、五区”（一心指利用红绿资源促进共同富裕为核心；一线指依托项目建设，串联成线，形成共富线、发展线；五区指小遵义会议研学区、“三迎红军”战斗精神体验区、“幸福画家村”游憩区、“多元枫坪”业态提升区、花满枫坪多彩世界观光消费区）空间布局。引进杭州大穿越旅游策划有限公司、杭州自拍秀科技有限公司及丽水市乡趣文化旅游发展有限公司投资640余万元,采用运营商牵头规划＋设计＋施工＋运营一体化模式，参与“三迎红军”战斗精神体验项目建设和后期运营，斗潭村村域生态产品总估值30万元入股运营公司，不实际出资但享有运营公司20%股权和分红权。开展旅游接待服务培训1次，培育当地讲解员8名，提升乡村讲解员队伍综合素质。逐步构建起集学、研、游、娱、乐、购于一体的红色主题乡村休闲旅游度假目的地。

【特色农副产品开发】2022年，枫坪乡建成沿坑岭头中草药工坊、枫坪村特色产业加工区、山乍口村有机茶综合服务中心等平台，推出金枣柿、食用菌、高山茶叶、生态水稻、红花油茶等“纯净系列”农副产品，年销售额达10万余元。与“丽水山耕”公共品牌合作，推进茶叶、香榧、油茶等农产品向品牌化、标准化发展，注册“周森森”香榧品牌，提升农产品溢价。围绕生态、安全的农产品生产要求，在特色产业加工区建设标准化生产线，通过加工技术升级、加工设备升级抬高香茶、香油等产业发展底板，对接网上农博、淘宝、京东、拼多多等电商平台，销售金枣柿、香榧、香菇等乡村优质农产品。

（枫坪乡）

2022年12月，枫坪乡沿坑岭头村村民铺晒的金枣柿（县文广旅体局供图）

安民乡

【概况】安民乡地处浙西南山区，位于松阳县城西南，距县城54千米,与龙泉市、云和县毗邻。辖区内多为高山区，平均海拔800米，四周群峰连绵，立体气候明显，森林覆盖率达87.6%。该乡境内有国家AAAA级旅游景区箬寮原始林景区。

全乡行政区域面积96平方千米，拥有林地面积7149.27公顷、耕地面积153.93公顷。辖4个行政村，户籍人口3545人。

耕地保护行动　2022年，安民乡发放2021年度474户31.2公顷耕地地力保护补贴，开展2022年度485户41.2公顷耕地地力保护补贴申报；发放地力培育奖励资金16个项目26万余元。申报有机茶园5公顷，60余户农户加入有机茶种植行列，实现亩均增收5000余元。

文旅融合　2022年,安民乡实施李坑村灯光改造景观工程，组织民宿协会与旅游中介开展业务对接、拓宽客源，李坑村主游览线路获评丽水市第一批旅游业“微改造、精提升”示范点。至12月底，全乡有民宿32家、接待床位581张，餐位1380个。创成省级森林康养基地1个、省级森林人家2个、森林氧吧2个，争取省级森林康养名镇建设项目资金1000万元。

传统资源保护　2022年，安民乡建立健全红色资源保护工作机制，推进乡域革命文物、历史文化建筑、非物质文化遗产等资源的全面整体保护。大潘坑民俗馆获评省级乡村博物馆。利用网格队伍力量,每月定期开展2次以上古村落巡查，持续开展“拯救老屋”行动，结合“老屋码”应用，对全乡53幢老屋开展常态化巡查。

乡域环境优化　2022年，安民乡对重点区域进行网格化巡查，采用网格员走访等方式实时参与执法监督，全年拆除存量违章建筑12宗，面积860平方米，处置未备案阳光棚15宗,面积890平方米。定期开展爱国卫生月活动，建立动态保洁、卫生检查考核等长效机制，改善村容村貌。对各村污水终端进行常态化巡查，进行阶段性提升改良。

社会事业发展　2022年，安民乡牵线上上德盛集团有限公司，制定“上上奖学金”“上上图书室”等赞助方案，开展安民乡小学暖心助学活动。举办浙江万豪地产慈善助学活动，乡贤潘明荣连续第四年回乡开展爱心助学活动，累计捐赠款48万元。建成李坑村百姓健身房，构建由农村文化礼堂、农家书屋、文化站、便民服务中心等服务设施组成的“15分钟品质文化圈”，完善乡村公共文化服务体系。

应急管理保障　2022年，安民乡制定应急管理体系各类预案，确定安全生产工作要点和检查计划，与各行政村及乡域企业签订安全管理责任书。将原有乡级应急抢险救灾队伍扩充至30人，并在各村分别组建1支10人村级突击队，完善应急队伍体系。全年开展防汛、防火和应急演练6次。推进村级应急物资储备点建设，制定应急物资管理、使用制度,指导应急队伍成员学习使用规则和方法,提高应急保障能力。

【红色研学提升】2022年，安民乡完善红色教育中心基础设施，实施环村公路整修和硬化工程，修缮提升安岱后—李坑红军古道。实施红色点位导览系统数字化提升工程，开发红色剧本杀，增加红色研学趣味性，提升旅游价值。3月18日，组织青红志愿宣讲团开展专题培训之安岱后红色景点讲解服务培训。3月26日，协助开展“永做挺进师 联讲共富好故事”松阳县“共同富裕·青年说”学习调研宣讲活动启动仪式暨青红志愿宣讲团集训活动。全年组织集体培训5次,培养乡村两级红色讲解员15人。

2022年3月26日,“永做挺进师　联讲共富好故事”松阳县“共同富裕·青年说”学习调研宣讲活动启动仪式暨青红志愿宣讲团集训活动在安民乡安岱后村举行
（安民乡供图）

【“蓝色”旅游经济培育】2022年，安民乡依托中国气象服务协会首批唯一星空景观点——大毛岘观星辰山地理优势，推进星空康养基地建设，该项目建设面积约66.67公顷，包括星空观测区、研学体验区、户外运动区、游客接待中心等5个区域19个子项目，计划总投资1.35亿元。至12月底，星空博物馆主体和2号楼酒店竣工验收。7月15日，星空露营基地投入运营，该基地占地20余公顷，总投资150万元，设有星空观测、教育研学、星空康养区、农事体验、户外运动。至12月底，接待游客8000余人次，营业收入80余万元。

（安民乡）

板桥畲族乡

【概况】板桥畲族乡地处松阳县东部，东、东南邻莲都区高溪乡，南与裕溪乡接壤，西南、西与象溪镇毗连，北、东北与莲都区丽新畲族乡毗邻。行政区域面积32平方千米，耕地面积507.34公顷、林地面积1878.6公顷，辖5个行政村44个自然村。总户数1903户，总人口4674人。党支部11个，中共党员239人。全年实现工业总产值2350万元，财政总收入2663.5万元。

农业产业提质　2022年，板桥畲族乡与中国科学院茶叶研究所合作，摸排抚育原生态茶园33.33公顷，加快转化有机茶作为崇觉罗汉茶茶青主要来源。培育江星标准化茶厂，建设大毛科茶叶标准化生产线和电商基地；整合全乡1233.33公顷高山原生态山茶油基地资源；全乡香榧种植面积100公顷。推进“非粮化”优化整治工作，全乡签约15.55公顷,签约率100%,种植面积14.22

公顷，清理腾退 18.12 公顷，完成率 110.31%。所有地块耕种有机高端“五色”米，实施统一管护和耕种。做好“非粮化”后半篇文章，农田水渠修复工程完成 90%。鼓励香榧、油茶基地林下套种，出台《板桥畲族乡 2022 年度畲药材种植专项激励政策》，扶持种植畲药材，培育千亩畲药种植基地。

工业增效　2022 年，板桥畲族乡工业总产值约 2350 万元。规模以上企业浙江金山矿业有限公司完成“无疫工厂”项目建设。建成共富车间、共富生产线、共富岗位，吸纳当地就业 23 人，吸纳低收入农户 7 户，带动村集体经济年增收 96.6 万元 。

文旅生态融合发展　2022 年，板桥畲族乡麒上村创建成省 AAA 级景区村，高山、东坑 2 个村创建成省 A 级景区村，实现全乡省 A 级景区村全覆盖。桐榔村“同心书屋”被评为市级“微改造精提升”示范点。选送畲族叙事歌节目在全县文化工作会议上展演，获 2022 年松阳县农民文化节最佳组织奖。进一步美化环境、完善业态、优化配套，重新整合盘活民宿、露营等资源，打造畲乡休闲养生地。创建“美丽城镇”“无四害”示范乡镇，围绕古韵、茶韵、畲韵特色，全面推动生态、村落、产业、文化、治理等融合发展。

民生福祉增进　2022 年，板桥畲族乡安装路灯 150 余盏，建成桐榔“客货邮”物流驿站，养护靖板线 17.6 千米，修复破板 1.42 余万平方米。汛期抢修水毁路段，清理水毁塌方 1280 余立方米。全年新增低保户 12 户，脱贫注销 4 户，为 96 户低保人员进行提标，全年发放保障金 193.21 万元，困难救助 19 户，发放临时救助金 5.16 万元。开展“善居工程”和“适老化改造”，修缮 5 户，提升改造 3 户。推进无障碍厕所改造、办理助学金、“阳光看护”项目等救助，惠及 10 余名残疾人，新增 1 个残疾人扶贫示范基地。排查自建房 1791 栋，其中疑似危房 42 栋，均按时整治。搬迁安置东坑、高山等村 31 户 125 人，将东坑村坑上自然村、高山村塘弄自然村、板桥村潘家弄自然村纳入全域土地综合整治项目评估。争取资金 314 万元，启动半岭自然村风险防范区治理。

【城乡供水一体化项目】2022 年 8 月 11 日，板桥畲族乡城乡一体化供水项目正式通水，该项目板桥段主管网共计 23 千米，总造价 2100 万元，年度投资 442.35 万元。每千千克水供水成本 25 元。建成后首批水源将惠及大毛科、板桥、桐榔等 5 个自然村 3000 余名畲汉民众，实现与县城用水同网、同质、同价。

【第二十八届“竹柳新桥”三月三畲族云歌会】2022 年 4 月 16 日，板桥畲族乡举办第二十八届“竹柳新桥”三月三畲族云歌会，“云歌会”包含畲歌“云唱响”“畲乡有味、板桥有礼”区域公共品牌发布、畲族地方信仰文化歌舞剧《插花娘》发布、“畲”影主题摄影展等环节。整场活动在板桥、老竹、柳城、丽新两市三县（区）四乡镇多点位连线、多场景切换，呈现“竹柳新桥”民族乡村振兴示范带优美的生态环境、浓郁的畲族风情、美好的幸福生活。全方面展示民族文化和特色产业，得到全网 56 万多“云友”的广泛点赞和 20 余家国内外宣传媒体平台报道。其中，新华网客户端阅读量超过 130 万人次，特色做法在全县首届部门镇街“三创”比赛中交流发言，并获二等奖。

（板桥畲族乡）

裕溪乡

【概况】裕溪乡地处松阳县东南部，东邻丽水莲都区，南接云和

2022 年 8 月 11 日，板桥畲族乡城乡供水一体化工程正式通水

（板桥畲族乡供图）

县，西与象溪镇相连，北与板桥畲族乡相接。行政区域面积 75.73 平方千米，耕地面积 450.13 公顷、林地面积 7162.47 公顷，辖 7 个行政村 66 个自然村。总户数 2589 户，总人口 6071 人。党支部 10 个，中共党员 300 人。全年实现工业总产值 5000 余万元，财政总收入 3329.16 万元。

农业发展　2022 年，裕溪乡打造省级森林特色小镇（油香小镇），推广新品种油茶 53.33 公顷，发展林下经济种植中草药 27.5 公顷。推进"非粮化"整治优化，探索种植高粱 33.33 公顷，其中抛荒地复耕复种 5.33 公顷。深化农药化肥减量增效，推广商品有机肥 118 万千克，完成农产品农药残留快速检测 300 余批次，新增有机茶园 1 个。

文旅产业发展　2022 年，裕溪乡建成中共霭溪支部纪念馆、初心广场，拍摄红色纪录片和红色微电影。与丽水学院合作成立裕溪乡博士工作站，入驻博士 10 人，共同推进霭溪红色未来村庄建设和裕溪乡文旅开发，霭溪支部纪念基地、裕溪农产品展示展销中心、内陈畲族文化展陈馆等点位全年接待省、市、县考察调研团队 15 批次。

社会事业　2022 年，裕溪乡关注群众医疗保障，推进城乡居民医疗保险、"浙丽保"等政策性保险参保工作，城乡居民医疗保险参保 4530 人，参保率 99.65%，"浙丽保"参保率 98%。关注百姓住房安全，新建农房 18 幢，灾毁重建 2 幢，完成房屋政策性保险 1275 户。关注人民群众生命健康，完成直肠癌筛查和女性"两癌"筛查。开展三星食安办建设和无废乡村创建；推进非标电动车淘汰工作。

2022 年 10 月 24 日，网络主播在裕溪乡"品味裕溪"标准化抖音直播间介绍泡豆腐、油茶等相关农副产品　（裕溪乡供图）

民生实事　2022 年，裕溪乡建成裕溪村、联溪村文化礼堂；完成凤弄源村美丽宜居项目，启动潘山村美丽宜居项目。推进乡村道路改造提升，完成省民生实事项目裕溪段（龙丽线—凤弄源）道路提升改造和乡级民生实事项目隔溪山道路建设，建设双坑口至黄岭头水毁道路修复工程、潘山至岑峰寺联网工程等交通项目。推进城乡供水一体化工程，凤弄源、裕溪、联溪、霭溪等村基本实现城乡一体化供水，保障群众饮水安全。建成省民生实事项目裕溪村"百姓健身房"。

【油茶泡豆腐生产线通过 SC 认证】2022 年 9 月，裕溪乡建成"油茶泡豆腐"标准生产线并通过食品生产许可（SC）认证，成为松阳县第一个拥有 SC 认证的泡豆腐生产基地，同步建成"品味裕溪"标准化抖音直播间，引进直播营销推广团队 10 个。举办电商培训班 2 个班次，培训 50 余人次，培育一批乡土网络红人及品味裕溪山茶油、山茶油泡豆腐等特色产品。引进第三方公司参与农产品展示展销中心运行，初步建成裕溪农产品供应链体系，年销售额达 40 余万元。

【"浙松谷泉"项目建成投产】2022 年 10 月，浙松谷泉（丽水）天然饮用水有限公司投资 470 余万元的"浙松谷泉"山泉水投产上市，月均产值 15 万元。该公司采用混合所有制股份制运营，由小槎、内陈、木岱坑 3 个村共同出资入股各 10%，每年能给村集体经济增收 15 万至 20 余万元，拓宽了群众增收致富的新渠道。11 月，裕溪乡强村公司成立全资子公司松阳县"品味裕溪"商贸有限公司，作为该山泉水销售一级总代理，打通企业到终端的直接销售渠道。

（裕溪乡）

人物 荣誉

2022 年“中国好人”

·助人为乐类·

【雷明春】男，1964 年 6 月出生，中共党员，籍贯浙江松阳，松阳县自然资源和规划局工作人员。20 世纪 50 年代，大东坝镇灯塔村的残障特困户蓝宝花夫妇体弱多病，艰难地抚养着聋哑独子雷延德，时任村支部书记的雷陈高心地善良，对他们照顾有加。1987 年，雷陈高的孙女雷文凤嫁给退伍军人雷明春，雷明春毅然遵循对雷陈高的承诺，继续帮助着蓝宝花母子(蓝宝花丈夫当时已去世)。1993 年，雷明春出钱料理了蓝宝花的后事，把孤苦伶仃、家徒四壁、身患残疾的雷延德接到自己新房同吃同住，把雷延德的户口迁到自家名下，当作亲人一样去孝顺和爱护，让儿子叫雷延德爷爷，孙子叫他太爷爷。雷明春的儿子雷煜阳和儿媳在他的影响下，继续传递着父辈们的善举，共同悉心照料着雷延德老人。如今，76 岁的雷延德身心健康，逢人就比划着夸赞雷明春。至 2022 年，两个家庭的缘分已持续 70 多年，毫无血缘的两家人处成相亲相爱的一家人，成为当地的美谈。2023 年 1 月，被授予 2022 年“中国好人”称号。

（县委宣传部）

2022 年“浙江好人”

·助人为乐类·

【刘献朝】男，1982 年 1 月出生，中共党员，籍贯浙江松阳，松阳县裕溪乡小槎村村民。刘献朝自 1998 年起从事美容美发行业，2013 年起，每月 15 日，他就返乡参加主题党日活动，并在这天为村中的所有老人免费理发，对于一些腿脚不便和老弱病残的村民，刘献朝更是体贴入微地上门服务，亲自为他们洗头、理发、刮须，结束后主动为他们把房前屋后打扫清理干净才离去。除每月固定日期服务外，每逢节假日刘献朝也会回乡为村民服务。多年来，刘献朝累计义务服务 2000 余人次，他还自掏腰包贴补 2000 多元为老人免费购买洗发水、洗衣粉等生活日用品。刘献朝无私奉献的服务精神与默默关爱老人的举动温暖着整个家乡，被乡民们亲切地称为“最美红色理发师”。2022 年 1 月，被授予“浙江好人”称号。

·抗击疫情类·

【潘东】男，1984 年 1 月出生，中共党员，籍贯浙江松阳，松阳县市场监督管理局水南所所长、第四党支部书记。松阳浙南茶叶市场是全国最大的绿茶集散地，高峰期日均入场交易人数达上万人，其中外来客商 4300 余人，来自 20 多个省份。面对复杂的专业市场，潘东主动请命，提出从全县各单位抽调 10 名精干党员，他带领着“混编”队伍驻扎茶市场筑造“防疫保卫墙”。中央电视台新闻客户端、中央电视台财经频道先后在《严把防疫标准绿茶交易市场开市》等新闻报道中对他进行访谈，中共浙江省委组织部“之江先锋”微信公众号对他下沉浙南茶叶市场防疫一线工作进行专题报道。2022 年 5 月，被授予“浙江好人”称号。

【黄小伟】男，1972 年 11 月出生，中共党员，籍贯浙江松阳，松阳县妇幼保健服务中心支部书记、主任医师。2020 年，黄小伟夜以继日地工作 3 个月，积累了丰富的实操经验，撰写工作实操手册，成为当年疫情防控操作规范的重要内容，经验做法在全市推广。2022 年 5 月，被授予“浙江好人”称号。

（县委宣传部）

2022 年“丽水好人”一览表

表 29

序号	类别	姓名	性别	民族	出生年月	政治面貌	籍贯	所在单位及职业	授予时间
1	助人为乐类	何　慧	女	汉族	1975 年 8 月	群众	浙江松阳	松阳县志愿者联合会理事，县爱心蚁工公益服务中心副会长，县无偿献血与造血干细胞捐赠志愿者服务队副队长	2022 年 12 月
2	助人为乐类	徐长缨	男	汉族	1970 年 6 月	群众	浙江松阳	松阳县好帮手家政服务有限公司负责人	2023 年 2 月
3	见义勇为类	邵德华	男	汉族	1964 年 10 月	群众	浙江松阳	松阳县造纸厂退休职工	2022 年 7 月
4	见义勇为类	程键阳	男	汉族	1998 年 4 月	共青团员	浙江开化	浙江省交通集团高速公路丽水管理中心龙丽收费中心所收费员	2022 年 12 月
		泮如剑	男	汉族	1992 年 8 月	群众	浙江松阳		
5	敬业奉献类	毛伟芳	女	汉族	1984 年 12 月	群众	浙江松阳	松阳县民族中学体育教研组组长、攀岩教练	2022 年 7 月
6	敬业奉献类	刘飞骏	男	汉族	1983 年 3 月	中共党员	浙江松阳	松阳县新兴镇上安村网格员	2022 年 12 月
7	敬业奉献类	徐深源	男	汉族	1957 年 8 月	中共党员	浙江松阳	松阳县人民调解员协会会长	2023 年 2 月
8	孝老爱亲类	王芝红	女	汉族	1981 年 5 月	群众	浙江松阳	松阳县叶村乡叶家村包安山自然村村民	2022 年 12 月
9	诚实守信类	吴兆明	男	汉族	1930 年 10 月	中共党员	浙江松阳	松阳县望松街道山仁下村村民	2023 年 2 月

（县委宣传部）

2022 年“松阳好人”一览表

表 30

序号	类别	姓名	性别	民族	出生年月	政治面貌	籍贯	所在单位及职业	授予时间
1	助人为乐类	李春香	女	汉族	1965 年 9 月	群众	浙江松阳	松阳县西屏街道城东社区居民，松阳县老大嫂爱心之家负责人	2022 年 3 月
2	助人为乐类	蔡文兴	男	汉族	1976 年 10 月	群众	浙江松阳	松阳县古市镇新铺社区居民，茶农	2022 年 3 月
3	助人为乐类	徐建平	男	汉族	1979 年 12 月	群众	浙江松阳	松阳县叶村乡横坑村村民，县城世纪星美发沙龙理发店业主	2022 年 8 月
4	助人为乐类	林茂红	男	汉族	1973 年 6 月	中共党员	浙江缙云	浙江省商业集团有限公司松阳服务区员工	2022 年 8 月
		何志良	男	汉族	1972 年 8 月	群众	浙江松阳		
		黄爱珍	女	汉族	1991 年 11 月	群众	浙江松阳		
		王大兴	男	汉族	1978 年 8 月	群众	浙江松阳		

续表 30

序号	类别	姓名	性别	民族	出生年月	政治面貌	籍贯	所在单位及职业	授予时间
5	助人为乐类	徐强强	男	汉族	1994 年 12 月	共青团员	浙江松阳	松阳县第三中学教师	2022 年 10 月
6	助人为乐类	林青青	女	汉族	1951 年 9 月	中共党员	浙江松阳	松阳县西屏街道城南社区专职网格员	2022 年 10 月
7	助人为乐类	王科军	男	汉族	1983 年 1 月	中共党员	浙江松阳	松阳县赤寿乡卯山村党总支第二支部书记	2022 年 10 月
8	助人为乐类	朱俊达	男	汉族	1985 年 12 月	中共党员	浙江缙云	丽水市公安局高速交警支队四大队民警	2023 年 1 月
9	助人为乐类	“税心润苗”志愿服务团队						国家税务总局松阳县税务局	2023 年 1 月
10	敬业奉献类	丁晓芳	女	汉族	1985 年 2 月	中共党员	浙江松阳	松阳县农业农村局农田建设中心主任	2022 年 3 月
11	敬业奉献类	张培军	男	汉族	1977 年 11 月	中共党员	陕西西乡	松阳县人民医院外一病区主任医师	2022 年 3 月
12	敬业奉献类	陈延平	男	汉族	1968 年 7 月	中共党员	浙江松阳	松阳县安民乡安岱后村党支部副书记	2022 年 3 月
13	敬业奉献类	孙　培	女	汉族	1974 年 11 月	群众	天津市	松阳汇诚文化旅游发展有限公司董事、桃野品牌创始人	2022 年 8 月
14	敬业奉献类	井　琼	女	汉族	1983 年 3 月	中共党员	浙江松阳	松阳县人民医院党政办兼营养科主任	2022 年 8 月
15	敬业奉献类	段建新	男	汉族	1966 年 11 月	中共党员	浙江松阳	松阳县中医医院医共体党委委员、副院长	2022 年 8 月
16	敬业奉献类	周菊雅	女	汉族	1975 年 10 月	中共党员	浙江松阳	松阳县青少年宫主任	2022 年 8 月
17	敬业奉献类	叶青林	男	汉族	1962 年 11 月	中共党员	浙江松阳	松阳县公安局西屏派出所民警	2022 年 8 月
18	敬业奉献类	阙伟军	男	汉族	1979 年 9 月	中共党员	浙江松阳	松阳县新兴镇副镇长	2022 年 10 月
19	敬业奉献类	叶　露	女	汉族	1989 年 5 月	中共党员	浙江松阳	松阳县西屏街道城西社区党委书记、居委会主任	2022 年 10 月
20	敬业奉献类	潘月蓉	女	汉族	2000 年 12 月	共青团员	浙江松阳	松阳县三都乡工作人员	2022 年 10 月
21	敬业奉献类	朱利振	男	汉族	1984 年 3 月	中共党员	安徽阜南	松阳县农业农村局农村宅基地服务中心主任，派驻象溪镇南州村第一书记、县科技特派员	2023 年 1 月
22	敬业奉献类	徐家利	男	汉族	1970 年 8 月	中共党员	浙江松阳	玉湖村党总支部书记、村委会主任	2023 年 1 月
23	敬业奉献类	鲍淋娣	女	汉族	1987 年 8 月	中共党员	浙江松阳	松阳县四都乡陈家铺村网格员	2023 年 1 月
24	孝老爱亲类	张小芳	女	汉族	1987 年 2 月	群众	浙江松阳	松阳县大东坝镇二滩坝村村民	2022 年 3 月
25	孝老爱亲类	曹根兰	女	汉族	1964 年 7 月	群众	浙江松阳	松阳县象溪镇雅溪口村村民	2022 年 8 月
26	孝老爱亲类	周卫斌	男	汉族	1974 年 8 月	群众	浙江松阳	松阳县西屏街道西六村村民	2022 年 8 月

（县委宣传部）

2022年松阳县第六届道德模范一览表

表31

序号	姓名	性别	民族	出生年月	政治面貌	籍贯	所在单位及职业	授予时间
1	陈子献	男	汉族	1973年7月	中共党员	浙江松阳	松阳县半颗牙口腔诊所医生	2022年10月
2	黄旭东	男	汉族	1990年10月	中共党员	浙江松阳	松阳县古市镇旧市社区专职工作人员	2022年10月
3	刘献权	男	汉族	1959年10月	群众	浙江松阳	松阳县裕溪乡小槎村村民、保洁员	2022年10月

（县委宣传部）

2022年松阳县共同富裕示范区建设工作先进个人（劳动模范）一览表

表32

序号	姓名	性别	所在单位及职业
1	王旭红	女	松阳县农村商业银行股份有限公司党委书记、董事长
2	毛小萍	女	浙江康恩贝中药有限公司总经理、党支部书记
3	叶永青	男	松阳县人民法院员额法官
4	叶洪清	男	松阳县绿茗峰茶业有限公司董事长
5	叶洋灵	女	松阳县融媒体中心党组成员、采访部主任
6	叶素云	女	中共松阳县委党校教务科科长
7	叶慧强	男	国网浙江省电力有限公司松阳县供电公司总经理、党委副书记
8	江建秋	女	中国邮政集团有限公司浙江省松阳县分公司集邮与文化传媒部负责人
9	李英俊	男	浙江省松阳县职业中等专业学校教师
10	张　文	男	松阳县财政局一级主任科员
11	陈金富	男	松阳县诚天和茶文化旅游开发有限公司董事长
12	林　童	男	松阳宏泰不锈钢有限公司董事长
13	林冷双	男	浙江浙铜五星金属材料有限公司董事长
14	林贤华	男	丽水赛丽生物质发电有限公司总工程师
15	庞文强	男	松阳县公安局巡特警大队大队长
16	项军炎	男	浙江隆达不锈钢有限公司董事长
17	钟法军	男	浙江金卫安保服务有限公司职工
18	徐长缨	男	松阳县好帮手家政服务有限公司负责人
19	黄世洁	男	松阳县消防救援大队水南站站长
20	潘　缨	女	丽水市生态环境局松阳分局自然生态科（政策法规科）科长

（县委办公室）

先进集体及个人荣誉

【先进集体荣誉】

2022年松阳县获世界级、国家级表彰的先进集体一览表

表33

获奖单位	荣　　誉	授予单位
松阳县松古灌区	2022年度（第九批）世界灌溉工程遗产名录	国际灌溉排水委员会
松阳县	2022年传统村落集中连片保护利用示范县	住房和城乡建设部、财政部
松阳县	水利部支持松阳水网先行先试单位	水利部规划计划司
松阳县	2022年度“中国茶业百强县域”“三茶统筹”先行县域	中国茶叶流通协会
松阳县	第三届马兰花全国创业培训讲师大赛及第二届公共就业服务专项业务竞赛优秀就业服务成果三等奖	中国就业培训指导中心
四都乡陈家铺村	第九批国家民主法治示范村	司法部、民政部
县公安局网络安全大队	全国优秀公安基层单位	公安部
县水利局枫坪电站	全国绿色小水电示范电站	水利部
三都乡上田村	第四批全国乡村旅游重点村	文化和旅游部
县工商联	2020—2021年度全国“五好”县级工商联	中华全国工商业联合会
浙江云中马股份有限公司定型车间	全国工人先锋号	中华全国总工会
中国银行松阳县支行	全国金融五一劳动奖状	中国金融工会全国委员会
板桥畲族乡	国家级全域森林康养试点建设乡镇	中国林业产业联合会
县老科技工作者协会科技志愿服务队	2022年度科技志愿服务先进典型	中国科学技术协会办公室
西屏街道明清古街	2022年全国非遗与旅游融合发展优选项目	中国非物质文化遗产保护协会
新兴茶园小镇景区	国家AAA级旅游景区	市旅游景区质量等级评定委员会

（县委办公室）

2022年松阳县获省级表彰的先进集体一览表

表34

获奖单位	荣　　誉	授予单位
松阳县	全省2021年度“平安牌”	省委、省政府
松阳县	2019—2021年全省无偿献血先进县	省政府
松阳县	全省深化商事登记制度改革，加强事中事后监管工作成效明显县	省政府办公厅
松阳县	2021年度浙江省“四好农村路”省级示范县	省政府办公厅

续表 34

获奖单位	荣　誉	授予单位
松阳县	全省农业水价综合改革工作绩效评价优秀县	省水利厅、省发展和改革委员会、省财政厅、省农业农村厅
松阳县	全省农村客货邮融合发展四星级样板县	省交通运输厅、省邮政管理局
松阳县	全省畜牧业种植业重点县	省农业农村厅
松阳县	全省县域商业体系建设试点县	省商务厅
松阳县	全省湿地资源管理“一张图”试点县	省林业局
松阳县	全省智慧交通产业发展试点县	省交通强省建设领导小组
松阳县	全省第二批中小企业数字化改造试点县（不锈钢管）	省数字经济发展领导小组办公室
松阳县	全省清新空气示范区	省美丽浙江建设领导小组生态环境保护工作专班
县农业农村局	全省农村土地承包经营权确权登记颁证成绩突出集体	省委农村工作领导小组办公室、省农业农村厅
县财政局	行政事业性国有资产报告和国有企业财务会计决算工作成绩突出单位	省财政厅
县教育局	全省教育工作业绩考核先进单位	省教育厅
县水利局	2021 年度全省水利工作综合绩效考评优秀单位	省水利厅
县司法局	全省司法行政系统民主法治村（社区）建设工作成绩突出集体	省司法厅
县司法局	全省司法行政系统行政复议工作成绩突出集体	省司法厅
县科技局	2019—2021 年度全省科技工作成绩突出集体	省科学技术厅
团县委	浙江省“五四”红旗团委	共青团浙江省委
县委党校	全省党校系统第一批绿色学校	省机关事务管理局、省委党校
县委党校	全省党校（行政学院）系统县级党校成绩突出集体	省委党校
县党史和地方志研究室	全省党史和文献部门先进集体	省委党史和文献研究室
县生态林业发展中心	全省湿地保护修复工作成绩突出集体	省林业局
县科技局	浙江省县级防震减灾工作先进单位	省地震局
县供销合作社联合社	全省供销社山海协作与结对帮扶优秀单位	省供销合作社联合社
松阳邮政管理局	全省邮政快递业“扫黄打非”工作成绩突出集体	省邮政管理局
县自然资源和规划局	第三次全国国土调查成绩突出集体	省第三次全国国土调查领导小组办公室
县税务局	2020—2021 年度浙江省青年文明号	省“青年文明号、青年岗位能手”活动组委会
松阳邮政管理局	2022 年度县（市、区）邮政管理工作成绩突出集体	省邮政管理局
县融媒体中心	浙报集团融媒共享联盟·最佳合作奖	浙江日报报业集团
大东坝镇政府	全省新时代乡村集成改革工作成绩突出集体	省委农村工作领导小组办公室、省农业农村厅

续表 34

获奖单位	荣　　誉	授予单位
新兴镇	“我心中的最美小镇”五十佳	省住房和城乡建设厅、省美丽城镇办、省村镇建设与发展研究会
西屏街道、新兴镇、板桥畲族乡	2022 年浙江省电商镇	省商务厅
新兴镇妇联	第二批浙江省示范乡镇（街道）妇联	省妇女联合会
象溪镇政府	第五批省级民族团结进步创建重点培育单位	省民宗委
水墨小港县域风貌样板区	全省第三批城乡风貌样板区	省城乡风貌整治提升专班
大东坝契约博物馆、大东坝廉政馆	全省第二批乡村博物馆	省文物局
叶村乡	2021 年度省级健康乡镇	省爱国卫生运动委员会办公室
板桥畲族乡	全省第二批低（零）碳乡镇（街道）、村（社区）及减污降碳协同试点创建单位	省碳达峰碳中和工作领导小组办公室

（县委办公室）

2022 年松阳县获市级表彰的先进集体一览表

表 35

获奖单位	荣　　誉	授予单位
松阳县	2021 年全市“消薄”工作优秀县	市委办公室、市政府办公室
松阳县	2021 年全市实施乡村振兴战略优秀县	市委办公室、市政府办公室
松阳县	2021 年度全市普惠金融服务乡村改革工作优胜县	市政府办公室
县纪委县监委	全市平安护航党的二十大系列维稳安保工作成绩突出集体	市委、市政府
县纪委县监委机关	2021 年度全市平安建设表现突出集体	市委、市政府
县发展和改革局、县招商服务中心	2021 年度丽水市问海借力突出贡献集体	市委、市政府
县委政法委、县信访局	2021 年度全市平安建设表现突出集体	市委
板桥畲族乡	全市第四批“五星”基层武装部	市政府、丽水军分区
市生态环境局松阳分局	丽水市高质量绿色发展模范集体	市委办公室、市政府办公室
招商服务中心党支部	“双招双引”工作先进党组织	市委组织部
县检察院	全市检察宣传工作先进集体	市检察院
县检察院	全市检察机关检察理论调研工作先进集体	市检察院
县教育局	全市教育提质行动考核优秀单位	市教育局
县供销合作社联合社	全市供销系统综合业绩考核优胜单位	市供销合作社联合社
市住房公积金管理中心松阳分中心	全市住房公积金管理工作目标责任制考核优秀单位	市住房公积金管理中心
县税务局	全市税务系统“四强”党支部	市税务局

续表 35

获奖单位	荣　　誉	授予单位
县住房和城乡建设局	河（湖）长制工作先进集体	市美丽丽水建设领导小组河长制办公室
县融媒体中心	丽水市广播全媒体传播协作先进单位一等奖	市广播电视总台（集团）
	全市广电全媒体传播协作先进单位	
	县（市）转播台站安全播出先进单位	
水南街道	2021 年度全市平安建设表现突出集体	市委、市政府
西屏街道城北社区、樟溪乡力溪村、县残疾人之家	丽水市自强模范暨助残工作成绩突出集体	市委 、市政府
赤寿乡	全市乡镇（街道）政治生态优胜榜	市纪委监委
新兴“茶香小镇”现场教学基地	丽水市干部教育四星现场教学基地	市委组织部　　市委党校
新兴镇	“先锋直播间”试点乡镇	市委组织部
大东坝镇	丽水市“共富 123 行动”试点乡镇	市加快跨越式高质量发展建设共同富裕示范区领导小组办公室

（县委办公室）

【先进个人荣誉】

2022 年松阳县获国家级表彰的先进个人一览表

表 36

姓名	荣　　誉	工作单位	授予单位
蔡承杰	无偿献血奉献奖	县税务局	国家卫生健康委、中国红十字会总会、中央军委后勤保障部卫生局
占海华		县税务局	
叶银亮		水南街道办事处	
叶芳阳	2021 中国正能量　“五个一百”百个优秀网络正能量建设者	玉岩镇人民政府	中央网信办
	2022 年网评工作“创四优”竞赛活动优秀网评账号		中国互联网发展基金会
	2022 年度“寻美中国”新的社会阶层人士和网络人士贡献奖		“寻美中国”主题活动组委会
施伟强	最美农机推广员	县农业农村局	农业农村部农业机械化总站
刘建明	优秀基层农广校校长	县农业农村局	中央农业广播电视学校、中国农民体育协会
钟华蓉	绿色食品优秀监管员	县农业农村局	中国绿色食品发展中心

（县委办公室）

2022年松阳县获省级表彰的先进个人一览表

表37

姓名	荣誉	工作单位	授予单位
叶芳阳	浙江省人民满意的公务员	玉岩镇	省委、省政府
叶茂松	浙江省人民满意的公务员	县住房和城乡建设局	省委、省政府
丁晓芳	全省高标准农田建设工作成绩突出个人	县农业农村局	省政府办公厅
徐　烽	全省纪检监察系统先进工作者	县纪委县监委	省纪委机关、省监察委员会、省人力资源和社会保障厅
金日贵	第五届浙江省“最美文化礼堂人”	叶村乡人民政府	省委宣传部、省农村文化礼堂建设工作领导小组办公室
胡海瑞	浙江最美家庭	县税务局退休干部	省委宣传部、省妇女联合会
何火娣	全省新时代乡村集成改革工作成绩突出个人	县农业农村局	省委农村工作领导小组办公室、省农业农村厅
项雪丹	全省农村土地承包经营权确权登记颁证工作成绩突出个人	县农业农村局	省委农村工作领导小组办公室、省农业农村厅
何向东	全省城乡风貌整治提升、未来社区、未来乡村和美丽城镇建设成绩突出个人	县农业农村局	省住房和城乡建设厅、省农业农村厅
叶逢彬	全省绿色家庭暨节能降碳家庭	县税务局	省妇女联合会、浙江省生态环境厅
张　俊	全省信访系统先进工作者	县信访局	省信访局、省人力资源和社会保障厅
阙鑫钱	全省城市市容环境卫生工作成绩突出个人	县住房和城乡建设局	省住房和城乡建设厅、省总工会
叶舒锐	省军区优秀政治教员	叶村乡人民政府	省军区
阙福亮	优秀办案个人	县检察院	省检察院
占海华	全省社会组织领军人物	县税务局	省民政厅
郑旭娇	全省民主法治村（社区）创建工作成绩突出个人	县司法局	省司法厅
施赵君	全省住房和城乡建设系统优秀调研文章	县住房和城乡建设局	省住房和城乡建设厅
李　韬	全省第三届首席水利员中期考核优秀	县水利局	省水利厅
王月圆	全农业行业职业技能竞赛农产品食品检验员优胜奖，授予“浙江省农业技术能手”称号	县农业农村局	省农业农村厅
潘瑛洁	全农业行业职业技能竞赛农产品食品检验员优胜奖	县农业农村局	省农业农村厅
钟华蓉	全省农产品质量安全监管先进个人	县农业农村局	省农业农村厅
廖为伟	全省动物疫病防控工作成绩突出个人	县畜牧兽医发展中心	省农业农村厅
程朝华	全省优秀护林员	新兴镇朱山村	省林业局
杨建明	全省“最美文旅人”	县文广旅体局	省文化和旅游厅
何俊升	“喜迎二十大　挺进共富路”浙江省第三十三届群众戏剧小品大赛金奖	大东坝镇政府	省文化和旅游厅
刘增标	全省人民防空工作先进个人	县人民防空事业发展中心	省人民防空办公室
陈雨茜	2021—2022年度浙江省全民艺术普及五星级文化使者	县文广旅体局	省文化馆

续表 37

姓名	荣　誉	工作单位	授予单位
包家顺	全省水利建设工程质量监督先进个人	县水利局	省水利建设工程质量与安全管理中心
刘　磊	全省水土保持目标责任制工作成绩突出个人	县水利局	省水资源管理和水土保持工作委员会
刘晓飞	2021 年度全省“五水共治”找短板寻盲区查漏洞挖死角专项行动表现突出个人	县水利局	省美丽浙江建设领导小组“五水共治”办公室
谢新红	全省生活垃圾分类工作成绩突出个人	县住房和城乡建设局	省生活垃圾分类工作领导小组办公室
王　骁	全省推进山海协作工程成绩突出个人	县发展和改革局	省山海协作领导小组办公室
蔡根新	浙江省绿叶奖	西屏街道办事处	省人民教育基金会

（县委办公室）

2022 年松阳县获市级表彰的先进个人一览表

表 38

姓名	荣　誉	工作单位	授予单位
吴思娟	全市平安护航党的二十大系列维稳安保工作成绩突出个人	县委政法委	市委、市政府
许明标 徐　森 项文斌 王　骁	全市问海借力突出贡献先进个人	县发展和改革局	市委、市政府
叶　华	2021 年度丽水市问海借力先进个人	县招商服务中心	市委、市政府
雷明春	全市助残模范个人	县自然资源和规划局	市委、市政府
叶先高	全市自强模范暨助残工作成绩突出个人	县青少年宫	市委、市政府
汪水翠		西屏街道办事处	
刘玉梅	最美残疾人	四都乡人民政府	市委、市政府
张根香		水南街道南山村	
郑小平		象溪镇金钟村	
卢良王		源茗春有机茶专业合作社	
王　军		军瓷锆业科技发展有限公司	
叶云兰		西屏街道阳光幼儿园	
叶利财		利财盲人推拿馆	
陈文伟	2021 年度全市平安建设表现突出个人	县委政法委	市委
吴思娟		县委政法委	
林樟明		县信访局	
宋冬旭	优秀人大工作者	斋坛乡人民政府	市人大常委会
叶根基	全市高质量绿色发展先进个人	经济开发区管委会	市委办公室、市政府办公室

续表 38

姓名	荣　誉	工作单位	授予单位
郭雅俏	全市党委系统上报中办信息优秀个人	竹源乡人民政府	市委办公室
吴林土	全市农业丰收奖项目一等奖	县农业农村局	市政府办公室
赵　青	2021 年度丽水市企业股改上市工作先进个人	县大数据和金融发展中心	市政府办公室
赵　青	全市经济稳进提质工作中突出贡献个人	县大数据和金融发展中心	市经济稳进提质专班、市委组织部、市人力社保局
徐苏成	全市经济稳进提质工作个人嘉奖	樟溪乡人民政府	市委组织部
叶　华	“双招双引”工作优秀共产党员	招商服务中心	市委组织部
吴秀岳		县科技局	
潘强军	“丽水之干”担当作为好干部	县城投公司	市委组织部
刘青春	全市“担当作为好支书”	新兴镇下源口村	市委组织部
黄晓莲	刑事检察专业人才	县检察院	市检察院
张桂旺			
毛建辉	民事检察专业人才	县检察院	市检察院
陈文伟	平安护航党的二十大维稳安保和除险保安工作中表现突出的个人	县委政法委	市委政法委
钟姬珍	平安护航党的二十大维稳安保和除险保安工作中表现突出的个人	县委政法委	市委政法委
刘楚冰	全市浙农经管系统应用成绩突出个人	叶村乡人民政府	市农业农村局、浙江农商联合银行丽水管理部
何火娣	全市浙农经管系统应用成绩突出个人	县农业农村局	市农业农村局
徐声和	全市浙农经管系统应用成绩突出个人	县农业农村局	市农业农村局
陈金萍	全市“社区工作领军人才”	水南街道云峰社区	市民政局
伊学梅	全市“优秀社区志愿者”	水南街道江南社区	市民政局
叶逢彬	丽水市绿色家庭暨节能降碳家庭	县税务局	市妇女联合会、市生态环境局
叶　芳	全市巾帼建功标兵	樟溪乡人民政府	市妇女联合会
刘洪涛	全市“找寻查挖”专项行动突出个人	县治水办	市美丽丽水建设领导小组“五水共治”办公室
蔡陈秀	全市供销系统表现突出个人	县供销合作社联合社	市供销合作社联合社
纪玉琴			
罗春明	全市住房公积金系统先进工作者	市住房公积金管理中心松阳分中心	市住房公积金管理中心
许远临	全市直国有企业优秀共产党员	中国移动松阳分公司	市国资委委员会
何金法	丽水市绿谷学习之星	县农业农村局	市社区教育领导小组办公室
王松平	全市“污水零直排区” 建设工作先进个人	玉岩镇综合行政执法队	市美丽丽水建设领导小组“五水共治”办公室

（县委办公室）

附　　录

组织机构及负责人名录

中国共产党松阳县委员会

书　记：莫　靓

副书记：梁海刚
陈建广

常　委：莫　靓
梁海刚
陈建广
张尚军
叶海霞（女）
潘永水
李　巍
张继森
诸跃波（挂职）
徐文杰
刘坚强
练　斌

委　员：（41 名）

莫　靓	梁海刚	陈建广
张尚军	叶海霞（女）	潘永水
李　巍	张继森	诸跃波（挂职）
徐文杰	刘坚强	练　斌
徐为民	廖宝云（女）	温小运
梅显云	杨健勇	林嘉栋
陈伟平	汪　兴	纪忠民
王红伟	王建华	叶云宽
叶雯涛	叶福龙	刘祖军
吴思平	吴海燕（女）	何群荣
张　屏	陈增伟	周志勇
周景伟	翁金豪	梅先平
蓝才旺	阙柳顺	阙祖权
潘　毅	潘海滨	

候补委员：（8 名）

叶丽萍（女）	吴子斌	徐福标
蓝艳芳（女，畲族）		潘伟光
刘伟松	刘伟俊	王昌华

中国共产党松阳县委员会工作部门

中国共产党松阳县委办公室

主　任：杨健勇（—2022.2）
张　屏（2022.2—）

副主任：叶春松（兼）
黄　健（—2022.12）
刘以汉
宋跃伟（—2022.12）
沈峰峰（挂职）
苏均宇（2022.10—，挂职）
张伟信（2022.12—）

机要局局长：黄　健（2022.7—2022.12，兼）

台办

主任：杨健勇（—2022.2）

　　　张　屏（2022.2—）

专职副主任：黄志伟（2022.12—）

深改服务中心

主任：宋跃伟（—2022.12）

副主任：陈碧鑫

　　　　金伟富（—2022.2）

中国共产党松阳县委组织部

部　长：练　斌

常务副部长：叶云宽

副部长：温兴水

　　　　丁根明（2022.4—）

　　　　周根良（2022.2—，兼）

　　　　蓝才旺（畲族，兼）

　　　　宋荣丽（女，兼）

　　　　董金福（—2022.2，兼）

县委正科级组织员：叶新武

新经济与新社会组织工作委员会

书　记：温兴水

专职副书记：徐　杰（2022.6—）

　　　　　　占芳华（女，—2022.4）

副书记：叶国松（—2022.2，兼）

　　　　罗成武（兼）

县直机关工作委员会

书　记：练　斌

常务副书记：叶新武（兼）

专职副书记：徐　杰（—2022.6）

　　　　　　江　非（女，2022.6—）

县委人才办专职副主任：刘玉婷（女）

公务员局局长：叶云宽（兼）

中国共产党松阳县委宣传部

部　长：李　巍

常务副部长：潘海滨

副部长：潘旭辉（—2022.7）

　　　　邓胜标（—2022.12）

　　　　丁建胜（—2022.2，兼）

网络舆情服务中心

主　任：邓胜标（—2022.12）

副主任：包桂林（—2022.6）

　　　　蔡志方

　　　　徐舒丹（2022.6—）

社会科学界联合会副主席：任　燕（女，—2022.7）

中国共产党松阳县委统一战线工作部

部　长：张继森

常务副部长：徐福标

副部长：蓝春林（畲族）

　　　　叶梦梅（女，—2022.3）

　　　　蔡卫民（兼）

　　　　章冰梅（女，2022.4—）

民族宗教事务局

局　长：叶梦梅（女，—2022.3，兼）

　　　　章冰梅（女，2022.4—，兼）

中国共产党松阳县委政法委员会

书　记：陈建广

常务副书记：阙柳发（—2022.2）

　　　　　　阙祖权（2022.2—）

副书记：梅显云（兼）

　　　　李文军

　　　　宋　伟

委　员：陈伟平（兼）

　　　　汪　兴（兼）

　　　　曹松竣（兼）

　　　　李珍莲

　　　　陈文伟

政治处主任：吴荣鹏

中国共产党松阳县委机构编制委员会办公室

党组书记：董金福（—2022.2）

主　任：董金福（—2022.2）

　　　　周根良（2022.2—）

副主任：陶　慧（女）

　　　　黄海清

中共松阳县委巡察办公室

主　任：刘志云（女）

副主任：施建平（—2022.6）

　　　　李雪梅（女，2022.8—）

组　长：潘成伟（—2022.12）
毛明军
汤志锋
潘旭晖（女，—2022.12）
方震华（2022.12—）
王晓红（女，2022.12—）
副组长：周夏来
钟仁锋
李雪梅（女，—2022.8）
张　燕（女）

中共松阳县委、县人民政府信访局
党组书记：叶春松
局　长：叶春松
副局长：林樟明（—2022.7）
刘春梅（女）
赵如庆（2022.7—）
潘建清
信访督查专员：章冰梅（女，—2022.4）
郭长标（2022.7—）
老干部服务中心
主　任：宋荣丽（女）
副主任：钟旭萍（女）
陶晓红（女，2022.2—）
颜雪玲（女，—2022.4，兼）
叶舟峰（2022.4—，兼）

关工委
专职副主任：颜雪玲（女，—2022.4）
副主任：宋荣丽（女，兼）
叶舟峰（2022.4—）

中国共产党松阳县委党校
校　长：练　斌
常务副校长：刘伟俊
副校长：叶远仁
王金文
教育长：阙献荣（2022.2—）

档案馆
馆　长：黄金花（女）
副馆长：华利群
李宗训

松阳县社会治理中心
主　任：陈建广（2022.12—）
常务副主任：黄　健（2022.12—）
副主任：翁兴欢（女，2022.12—）

松阳县人民代表大会常务委员会

党组书记：徐为民
副书记：黄德慧
主　任：徐为民
副主任：黄德慧（2022.2—）
毛胜法
杨水文（—2022.2）
叶向东（2022.2—）
阙晓明
刘金理
委　员：按姓氏笔画排序
王旭红（女）　毛先法　叶　凌
叶云宽　叶丽萍（女）　叶利军
包金付　包建梅（女）　冯汉饶
刘金法　吴子斌　何　平
宋伟忠　宋昌琪　周旭锋
钟新明　洪跃伟　徐发余
黄文伟　韩士丰　谢筱俊
蓝　海（畲族）　雷发明（畲族）
阙　颖（女）　蔡卫民

财经工委
主　任：冯汉饶

法制监察和司法工委
主　任：毛先法
副主任：叶勇军（2022.4—）

社会建设工委
主　任：包建梅（女）

教科文卫（民宗侨）工委
主　任：洪跃伟

代表与选任工委
主　任：徐发余
副主任：洪燕波（女）

农业与农村工委
主　任：雷发明

城乡建设与环境资源工委
主　任：黄文伟

县人民代表大会常务委员会机关办公室
党组书记：蓝　海
副书记：雷发明
主　任：蓝　海
副主任：毛献华
洪燕波（女，2022.4—）

松阳县人民政府

党组书记：梁海刚
副书记：张尚军
县　长：梁海刚
常务副县长：张尚军
副县长：潘永水
诸跃波（挂职）
彭　敏（女）
温小运（—2022.12）
卢丁方（—2022.1）
涂　扬（—2022.11）
章　哲（2022.12—）
梅显云（兼）
杨健勇（2022.2—）
林嘉栋（2022.2—）

松阳县人民政府工作部门

人民政府办公室
党组书记：吴王文（—2022.1）
蒋亚慰（2022.1—）
主　任：吴王文（—2022.4）
蒋亚慰（2022.4—）
副主任：吴思平（2022.1—）
夏伟清（—2022.8）
杨志锋
何　苗
刘　军
占钧强（—2022.12）
陈　鹏（—2022.2）
单跃忠（—2022.2）
舒　皓（2022.4—）
叶　荪（2022.12—）
周世德（2022.4—）
张　伟（挂职）
徐春艳（女，—2022.12，兼）
吴亚鹏（女，2022.12—）
督查室主任：吴思远
大数据和金融发展中心
主　任：李良厅（—2022.6）
洪伟林（2022.6—）
副主任：陈金波
刘佐明（2022.1—，挂职）
赵　青（2022.6—）

发展和改革局
党组书记：许明标
副书记：胡雄飞（女，2022.7—）
局　长：许明标
副局长：胡雄飞（女）
陆利平（—2022.4）
程开俊
王增亮（2022.4—）
郭　靖（挂职）
总工程师：金根生
铁路建设办主任：程晓东（—2022.3）
县国防动员办公室主任：许明标（2022.12—）
县社会建设委员会
主任：陈建广（2022.2—，兼）
副主任：张尚军（2022.2—，兼）
许明标（2022.2—）
专职副主任：金伟富（2022.2—）

经济商务局
党组书记：刘祖军
副书记：李樟标
局　长：刘祖军
副局长：潘先宝（—2022.3）
叶君红（女，2022.7—）

李樟标
梅敖铭（挂职）
杨　勇（挂职）
总工程师：周杨胤

教育局
党委书记：阙柳顺（2022.1—）
专职副书记：施建平（2022.8—）
局　长：阙柳顺（2022.4—）
副局长：赖松平（—2022.4）
曾建光（—2022.7）
吴新武

科技局
党组书记：吴秀岳
局　长：吴秀岳
副局长：陈建明
吴定邦
汤嘉良（—2022.9，挂职）

公安局
党委书记：梅显云
副书记：吴献明
刘跃芳（2022.1—）
局　长：梅显云
政　委：吴献明（2022.1—）
常务副局长：刘跃芳（2022.1—）
副局长：徐智钦
毛伟荣
肖波峭
政治处主任：刘跃芳（—2022.1）
徐晓春（2022.3—）
应急联动指挥中心
主　任：占开贵（—2022.2）
叶　宵（2022.2—2022.12）
教导员：张承镒（—2022.12）

民政局
党组书记：宋伟林
局　长：宋伟林
副局长：朱　伟
叶松青

司法局
党组书记：曹松峻
局　长：曹松峻
副局长：潘建跃
王钧禾
政治处主任：胡雅杰

财政局
党组书记：钟善德（—2022.4）
副书记：江剑武（2022.7—）
局　长：钟善德
副局长：江剑武
占　友
吴振宏（2022.1—）
王少石（2022.7—，挂职）
总会计师：吴振宏（—2022.1）
周志金（2022.4—）
国资办公室主任：钟善德（—2022.4，兼）

人力资源和社会保障局
党组书记：蓝才旺（畲族）
副书记：占芳华（女，2022.4—）
局　长：蓝才旺（畲族）
副局长：蓝良松（—2022.7，畲族）
刘丽春（女，—2022.4）
占芳华（女，2022.4—）
刘　剑（2022.7—）
社会保险事业服务中心主任：鲍婷婷（女）

自然资源和规划局
党委书记：翁金豪
局　长：翁金豪
副局长：雷淑文（畲族）
徐伟民
林荣华（女）
总规划师：吴海明
生态林业发展中心
主任：刘建宇（—2022.2）
兰明顺（2022.2—，畲族）
副主任：李杰峰
叶根华
丁　俊（2022.12—）

总工程师：丁　俊（2022.3—2022.12）
不动产登记中心主任：傅源峰（2022.5—）
土地储备交易中心主任：包松伟
自然资源行政执法队队长：金　卫（2022.2—）

住房和城乡建设局
党组书记：潘　毅
局　长：潘　毅
副局长：叶茂松（—2022.4）
叶亚栋
徐金俊（—2022.7）
叶越屿（2022.4—）
蔡　哲（2022.7—）
总工程师：叶越屿（—2022.4）

交通运输局
党组书记：周景伟（—2022.7）
潘伟光（2022.7—）
局　长：周景伟（—2022.8）
潘伟光（2022.8—）
副局长：包海鹰
潘建业（—2022.4）
曾　波
何蔚武
陶春胜（挂职）
赵烨祥（2022.12—，挂职）
总工程师：潘锦胜（—2022.12）

交通运输发展中心
主　任：何蔚武（—2022.12）
交通运输综合行政执法队
队　长：周景伟（—2022.7，兼）
潘伟光（2022.7—）
专职副队长：刘世伟

水利局
党组书记：陈增伟
副书记：包绍达（—2022.4）
局　长：陈增伟
副局长：包绍达（—2022.4）
王增亮（—2022.4）
包根福（—2022.4）
张志杰（2022.4—）
陈新长（2022.4—）
傅　雷（2022.12—，挂职）
总工程师：张志杰（—2022.4）
黄南水库发展有限公司总经理：潘金土

农业农村局
党组书记：吴为民（—2022.2）
吴　剑（2022.2—）
副书记：叶金军
局　长：吴为民（—2022.2）
吴　剑（2022.4—）
副局长：夏卫中（—2022.4）
林海长
叶金军
颜雪玲（女，2022.4—）
赵　寅（挂职）
赵　锋（挂职）
畜牧兽医发展中心主任：廖为伟
茶叶产业办公室主任：刘林敏（—2022.4）
农业综合行政执法队
队　长：吴为民（—2022.2，兼）
吴　剑（2022.2—，兼）
专职副队长：陶　震

文化和广电旅游体育局
党组书记：潘伟光（—2022.7）
夏伟清（2022.8—）
局　长：叶经伟
副局长：刘俏杨
徐伟锋
叶勇军　（—2022.3）
潘锦胜（2022.12—）
文化市场综合行政执法队
队　长：叶经伟（兼）
专职副队长：华　蕾（女）

卫生健康局
党委书记：何群荣
专职副书记：吕建伟
局　长：何群荣
副局长：刘　军
叶东香（女，—2022.7）
刘　挺（2022.7—）

林 炜（2022.12—，挂职）
县公共卫生总师：王 芳（女，2022.12—）

退役军人事务局
党组书记：杨文斌
局 长：杨文斌
副局长：王家遗
朱松林

应急管理局
党委书记：潘建伟（—2022.2）
林晓东（2022.2—）
局 长：潘建伟（—2022.2）
林晓东（2022.4—）
副局长：蔡 哲（—2022.7）
叶 峰
刘火伟
徐金俊（2022.7—）
总工程师：宋 师（女）

审计局
党组书记：吴思平
局 长：吴思平
副局长：陈文俊
黄黎伟
总审计师：杨益平
经济责任审计联席办主任：叶跃新

市场监督管理局
党组书记：陈林贵
局 长：陈林贵
副局长：周卫星
包根华（兼）
黄良金
总工程师：叶松华（2022.2—）
副书记：黄良金
县食安办副主任：包根华
市场监管综合行政执法队
队 长：陈林贵（兼）
专职副队长：林建波

统计局
党组书记：翁盛强
局 长：翁盛强
副局长：李新雄
蓝昊慧（畲族）
总统计师：王树斌（—2022.2）

医疗保障局
党组书记：何花云（女）
局 长：何花云（女）
副局长：夏文伟
范金根（—2022.12）
金军民（2022.12—）

综合行政执法局
党组书记：邓慧勇
局 长：邓慧勇
副局长：宋金贵
周炳林
郑 亮（—2022.7）
包超勇（2022.12—）
政治处主任：包超勇（2022.7—2022.12）

供销社
书 记：单跃忠（2022.2—）
主 任：宋苏君（女）
副主任：单跃忠（2022.3—）
郑丽君（女）

中国人民政治协商会议松阳县委员会

党组书记：廖宝云（女）
副书记：张继森
潘力平
主 席：廖宝云（女）
副主席：周永龙（—2022.2）
叶向东（—2022.2）
廖卫民（—2022.2）
潘力平（2022.2—）
杨水文（2022.2—）
叶伟兰（女）
卢丁方（2022.2—）
陈忠华（2022.2—）

秘书长：宋明正

常务委员：按姓氏笔画排序

王　军　王小明　王国华
王德明　卢丁方　叶伟兰（女）
叶伟华　叶志文　叶岳娟（女）
叶慧勤（女）　包火旺　杨水文
吴坛伟　吴晓霞（女）　吴理文
何东兴　余小华　宋苏君（女）
宋明正　陈忠华　陈金富
陈新军　范定泽　孟文化
徐　杰　徐立民　徐福标
黄光姆　曹莉娜（女）
蓝良松（畲族）　蓝艳芳（女，畲族）
廖宝云（女）　潘力平

丁晓敏
丁建胜（2022.3—）

社会法制委员会

主　任：毛雄津

副主任：郑樟华（—2022.3）
包金付（—2022.1）
阙伟亮
郑樟华（2022.3—）
阙柳发（2022.3—）

港澳台侨和民族宗教委员会

主　任：蓝　君（女，畲族）

副主任：吴文户（—2022.1）
汤海滨（2022.5—）

文化文史和学习委员会

主　任：叶建豹（—2022.3）
蔡俊霞（女，2022.1—）

副主任：张增明（—2022.1）
程建中（—2022.1）
邱　芳（女）
叶建豹（2022.1—）

办公室

党组书记：宋明正

副书记：王德明

主　任：王德明

副主任：钟华杰
李林超

提案委员会

主　任：陈忠华（—2022.8）
蓝良松（2022.8—，畲族）

副主任：王子鑫
潘建伟（2022.3—）

委员工作委员会

主　任：叶志文

副主任：蔡俊霞（女，—2022.1）
廖群慧（女）
董金福（2022.3—）
叶辉华（女，2022.11—）

经济发展委员会

主　任：翁成龙（—2022.1）
徐立民（2022.1—）

副主任：曾志友

农业农村和人口资源环境委员会

主　任：叶建福（—2022.1）
叶培虎（2022.1—）

副主任：吴定法
周淋龙
吴为民（2022.3—）

教科卫体委员会

主　任：方建来

副主任：李文标

中国共产党松阳县纪律检查委员会 松阳县监察委员会

中国共产党松阳县纪律检查委员会

书　记：叶海霞（女）

副书记：叶雯涛
吴　剑（—2022.6）
刘增夷（2022.6—）

常　委：叶海霞（女）
吴　剑（—2022.6）
应佾潇

刘志云（女）
周世德（—2022.4）
徐　烽（—2022.12）
周晓鹏（2022.6—）

中国共产党松阳县监察委员会
主　任：叶海霞（女）
副主任：叶雯涛
吴　剑（—2022.8）
刘增夷（2022.8—）
委　员：周世德（—2022.7）
徐　烽
周晓鹏
周连伟
曾建光（2022.8—）

中国共产党松阳县纪律检查委员会（监察委员会）机关
办公室
主　任：周松娣（女，2022.3—）
干部室
主　任：吴宗权（—2022.12）
宣传教育室
主　任：周松娣（女，—2022.3）
郑　涛（2022.3—）
党风政风监督室
主　任：周晓鹏（—2022.6）
信访室
主　任：郑　涛（—2022.3）
徐文艳（女，2022.3—）
案件监督管理室
主　任：季　伟
第一纪检监察室
主　任：朱发荣
第二纪检监察室
主　任：江松平
第三纪检监察室
主　任：李泳锡（2022.1—）
第四纪检监察室
主　任：周连伟
案件审理室
主　任：占剑军

派驻第一纪检监察组
组　长：方震华（—2022.12）
吴华基（2022.12—）
副组长：杨旭明
刘文炜
派驻第二纪检监察组
组　长：吴华基（—2022.12）
潘跃平（2022.12—）
副组长：叶卫华
叶家宝
派驻第三纪检监察组
组　长：王晓红（女，—2022.12）
潘旭晖（女，2022.12—）
副组长：李慧芳（女）
派驻第四纪检监察组
组　长：李珍莲（女）
副组长：金关火
派驻第五纪检监察组
组　长：唐淑芳（女）
派驻第六纪检监察组
组　长：陈小权
派驻县委组织部纪检监察组
组　长：叶晓伟
派驻县人民法院纪检监察组
组　长：刘增夷（—2022.6）
徐　烽（2022.12—）
派驻县人民检察院纪检监察组
组　长：叶　燕（女）
派驻县公安局纪检监察组
组　长：鲍海清

松阳县人民法院

党组书记：陈伟平
副书记：王心阳
院　长：陈伟平（2022.02—）
常务副院长：王心阳
副院长：陈伟平（代院长，—2022.02）
吴振忠
李金泉
政治部主任：孟　霞（女）

执行局局长：叶强军
审判委员会专职委员：李永伟（—2022.4）
叶强军
潘富俊（2022.4—）

松阳县人民检察院

党组书记：汪　兴
副书记：叶大利（—2022.6）
张桂旺（2022.6—）
检察长：汪　兴
常务副检察长：叶大利（—2022.8）
张桂旺（2022.8—）
副检察长：阙福亮
黄晓莲（女）
政治部主任：刘良山
检察委员会专职委员：黄晓莲（女）
林　伟
毛建辉（—2022.12）

民主党派

民革松阳县总支部
主　委：叶伟兰（女，—2022.7）
陈忠华（2022.7—）
副主委：陈忠华（—2022.7）
蓝良松（2022.7—）
曹莉娜（女，2022.7—）

中国民主同盟松阳县基层委员会
主　委：叶向东
副主委：王尚德
叶关毅
陈晓燕（女）

群众团体

总工会
党组书记：吴子斌
主　席：吴子斌
副主席：刘以乾
曹莉娜（女）
副主席人选：杨周阳（2022.5—，挂职）

中国共产主义青年团松阳县委员会
书　记：蓝艳芳（女，畲族）
副书记：周　祎
罗　怡（女）
叶倩虹（女，挂职）
李为芬（女，挂职）

妇女联合会
党组书记：叶丽萍（女）
主　席：叶丽萍（女）
副主席：王旭梅（女）
蓝丽芬（女，畲族）
郭俊莉（女，—2022.8，挂职）

科学技术协会
党组书记：张淑芳（女，2022.3—）
主　席：张淑芳（女，　2022.3—)
副主席：林　辉

文学艺术界联合会
主　席：林　云（女，—2022.4）
主席人选：叶东香（女，2022.4—）
副主席人选：郑　巍（2022.12—）

工商业联合会（总商会）
党组书记：蔡卫民
常务副主席（副会长）：蔡卫民
专职副主席（副会长）：罗成武

残疾人联合会
党组书记：陈新军
理事长：陈新军
副理事长：吴君能
叶红佳（女）
范金根
章明伟（2022.10—，挂职）
王　霞（女，2022.10，兼）

归国华侨联合会
副主席：雷晓岚（女，畲族）

红十字会
党组书记：温小运（—2022.12）
　　　　　林嘉栋（2022.12—）
副书记：王　芳（女，—2022.12）
　　　　叶红佳（女，2022.12—）
常务副会长：王　芳（女，—2022.12）
　　　　　　叶红佳（女，2022.12—）

事业单位及国有企业

融媒体中心
党组书记：丁建胜（—2022.2）
　　　　　林　云（女，2022.2—）
主　任：丁建胜（—2022.2）
　　　　林　云（女，2022.2—）
总　编：董剑辉
副主任：肖土根
　　　　程淑慧
　　　　包桂林（2022.6—）

机关事务保障中心
党组书记：徐春艳（女，—2022.12）
主　任：徐春艳（女，—2022.12）
副主任：包绍忠（—2022.12）
　　　　何玫玫（女）
　　　　吴亚鹏（女，2022.12—，兼）

招商服务中心
党组书记：叶辉华（女）
主　任：叶辉华（女）
副主任：叶　华
　　　　徐　超
　　　　蒋　健（挂职）

行政服务中心
党组书记：张尚军（—2022.12）
　　　　　周志勇（2022.12—）
副书记：周根良（—2022.2）
　　　　潘跃平（—2022.12）
　　　　周志勇（2022.2—2022.12）
主　任：周根良（—2022.3）
　　　　周志勇（2022.3—）
副主任：潘跃平（—2022.12）
　　　　刘伟军
　　　　金新德
　　　　吴宗权（2022.12—）

土地和房屋征收工作指导中心
党组书记：叶松军（—2022.12）
　　　　　占钧强（2022.12—）
主　任：叶松军（—2022.12）
　　　　占钧强（2022.12—）
副主任：潘拥民
　　　　包卓科（—2022.7）
　　　　李　俊（2022.7—）

移民工作中心
党组书记：李绍誉
主　任：李绍誉

浙江松阳经济开发区
党工委书记：徐文杰（2022.4—）
副书记：周景伟（2022.4—）
主　任：周景伟（2022.4—）
副主任：程海伟（2022.4—）
　　　　丁嘉良（2022.4—）
　　　　徐建军（2022.4—）
　　　　楼继业（2022.4—）
　　　　蔡海滨（2022.4—）
　　　　罗　捷（2022.4—，挂职）
　　　　蓝匀云（2022.4—，畲族，挂职）

丽水生态产业集聚区松阳分区（工业园区）管理委员会
党工委书记：纪忠民（—2022.2）
　　　　　　徐文杰（2022.2—2022.4）
党工委副书记：叶国松（—2022.2）
主　任：纪忠民（—2022.4）
常务副主任：张淑芳（女，—2022.3）
副主任：程海伟（—2022.4）
　　　　陈新长（—2022.4）

徐建军（—2022.4）
楼继业（—2022.4）
蔡海滨（2022.2—2022.4）
罗　捷（—2022.4 挂职）
蓝匀云（—2022.4，畲族，挂职）
总工程师：丁嘉良（—2022.4）

浙江松阳—余姚山海协作产业园管委会
书　记：梁海刚（—2022.4）
副书记：诸跃波（—2022.4，挂职）
纪忠民（—2022.4）
王昌华（—2022.4）
主　任：诸跃波（—2022.4，挂职）
副主任：张淑芳（女，—2022.4，兼）
程海伟（—2022.4，兼）
陈新长（—2022.4，兼）
叶辉华（女，—2022.4，兼）
胡慧强（—2022.4，兼）

国有资本投资运营集团有限公司
董事长（总经理）：叶新华
副董事长（副总经理）：廖　青
赵柯淇（2022.12—，挂职）

经济发展投资集团有限公司
董事长（总经理）：汪德军
副总经理：谢秀慧
徐　珊（2022.1—）

城市发展投资集团有限公司
董事长（总经理）：潘强军
副总经理：阙祖新
钟土军
黄文山

水务发展投资集团有限公司
董事长（总经理）：曾建伟
副总经理：叶伟成
赵　阳

文化旅游发展投资集团有限公司
董事长（总经理）：王永球（女）
副总经理：杨　彬
裘基鹏

交通发展投资集团有限公司
董事长（总经理）：何迎春
副总经理：洪　斌
董哲威

田园强村投资有限公司
董事长（总经理）：陈艳平
副总经理：李剑勇
大数据运营有限公司
董事长（总经理）：李良厅（2022.6—）

第一中学
党总支书记：阙柳顺
副书记：苏水长
校　长：阙柳顺（—2022.1）
占　悠（女，2022.1—）
副校长：王尚德
占　悠（女，—2022.1）
卢海桢（女，2022.8—）

第二中学
党总支部书记：吴国林
校　长：吴国林

第三中学
党支部书记：吴　杰
校　长：郑智军（—2022.8）
徐利平（2022.8—）

松阳县职业中等专业学校
党总支部书记：叶秋发
校　长：吴建伟

浙江广播电视大学松阳学院
党支部书记：修志强（—2022.5）
赖松平（2022.5—）
副书记：潘人发
院　长：修志强（—2022.4）
赖松平（2022.5—）

民族中学
党支部书记：朱志昊
校　长：叶建伟

教师进修学校
党支部书记：占龙根
校　长：黄文信

实验小学集团学校
党支部书记：刘菊梅（女，—2022.8）
　　　　　　刘拥军（2022.8—）
校　长：程发军

第五中学
党支部书记：鲍景伟
校　长：廖军土

人民医院
书　记：周　方
副书记：张　超（2022.12—）
院　长：张　超（2022.11—）
常务副院长：程林贵

中医医院
书　记：黄伟飞
院　长：郭兴化

古市医院
党支部书记：刘志平
院　长：刘志平

疾病预防控制中心
党支部书记：叶富根
主　任：叶富根

卫生监督所
党支部书记：陈子发
所　长：陈子发

妇幼保健服务中心
党支部书记：黄小伟
副书记：陈海莉（女）
主　任：陈海莉（女）

双重管理单位和中央、省属企业

丽水市生态环境局松阳分局
党组书记：林晓东（—2022.3）
　　　　　叶梦梅（女，2022.3—）
局　长：林晓东（—2022.3）
　　　　叶梦梅（女，2022.3—）
副局长：叶根基
　　　　孟群伟
　　　　丁根明（—2022.5）
　　　　张　辉（2022.8—）
总工程师：叶根基
生态环保综合行政执法队
队　长：林晓东（—2022.3）
　　　　叶梦梅（女，2022.3 —）
专职副队长：李　超

国家税务总局松阳县税务局
党委书记：吴　伟（—2022.11）
　　　　　蓝周华（2022.11—，畲族）
局　长：吴　伟（—2022.11）
　　　　蓝周华（2022.11—，畲族）
副局长：徐关根（—2022.7）
　　　　雷永利（畲族）
　　　　王先军
　　　　周淋伟
　　　　李亚曙（2022.12—）
纪检组组长：胡小根（—2022.2）
　　　　　　苏积峰（2022.2—）

松阳邮政管理局
局　长：潘先宝
副局长：夏　力
气象局
党组书记：卢建伟
局　长：卢建伟
副局长：周旭琴（女）
　　　　邱奕婷（女）

丽水市住房公积金管理中心松阳分中心
主　任：应连政
副主任：罗春明

烟草专卖局（烟草公司）
党组书记：黄智灵
局长（经理）：黄智灵
副局长：王延众
副经理：沈小青
纪检组组长：王延众

国网浙江省电力有限公司松阳县供电公司
党委书记：吴常春
副书记：叶慧强
总经理：叶慧强
副总经理：吴常春
陈扬哲（—2022.8）
邓亚拓（2022.8—）
熊照熠
纪委书记：徐丽勇

松阳邮政分公司
党委书记：吴青林
总经理：吴青林
副经理：叶永付（—2022.9）
徐璐敏（2022.9—）
纪委书记：叶永付（—2022.9）
徐璐敏（2022.9—）

中国电信股份有限公司松阳分公司
党委书记：江长伟（—2022.11）
党支部书记：江长伟（2022.11—）
总经理：江长伟
副总经理：朱展甬（2022.9—）

浙江省移动通信有限公司松阳分公司
总经理：俞　烨（—2022.12）
任力武（2022.12—）
副总经理：吴建明
李海振（—2022.8）
叶剑虹
陈良义（2022.12—）
章小军（2022.8—）

中国联合网络通信有限公司松阳县分公司
总经理：周伟光
副总经理：何晨蔚

中国人民银行松阳县支行
党组书记：蒋　政
行　长：蒋　政
副行长：连明富
陈沈阳
纪检组组长：连明富

丽水银保监分局松阳监管组
组　长：阙一心

中国工商银行松阳支行
党支部书记：叶斐群（—2022.11）
行　长：叶斐群（—2022.11）
副行长：朱晨玮（2022.11—，主持工作）
丁维明
雷亚军（畲族）

中国农业银行松阳县支行
党委书记：吴东星
行　长：吴东星
副行长：翁科君
蔡　挺（2022.5—）
纪委书记：江　漩（女，—2022.5）
杨　琛（女，2022.5—）

中国银行松阳县支行
党总支书记：朱文伟（—2022.9）
何金美（2022.9—）
行　长：朱文伟（—2022.9）
何金美（2022.9—）
副行长：陈　军
周芷伊（女，—2022.9，挂职）

中国建设银行松阳支行
党总支书记：纪科锋
行　长：纪科锋（2022.9—）
副行长（主持工作）：纪科锋（—2022.9）
副行长：叶　春

浙江松阳农村商业银行股份有限公司
党委书记：王旭红（女）
董事长：王旭红（女）

行　长：季晓伟
副行长：沈俊伟
　　　　陈俊浩
监事长：李　诚
纪委书记：李　诚

中国人民财产保险股份有限公司松阳支公司
党支部书记：王　勇（—2022.1）
　　　　　　俞　旻（2022.1—）
总经理：俞　旻
副总经理：占鲁梅（女）
　　　　　王应骏（2022.1—）

中国人寿保险股份有限公司松阳县支公司
经　理：陈向阳

乡镇　街道

西屏街道
中国共产党西屏街道工作委员会
书　记：阙祖权（—2022.2）
　　　　蔡根新（2022.2—）
副书记：蔡根新（—2022.2）
　　　　吴新锋（—2022.7）
　　　　谢秀峰
　　　　潘旭辉（2022.7—）
　　　　林军明（挂职）
　　　　李征宙（2022.1—，挂职）
　　　　丁维明（2022.1—，挂职）
委　员：潘关根
　　　　徐晓春（—2022.3）
　　　　王金法
　　　　李红艳（女）
　　　　杨　扬
　　　　叶陈伟
　　　　马志强
　　　　夏体伟（2022.3—）
人大工委
主　任：叶　凌
副主任：叶　剑
办事处
主　任：蔡根新（—2022.7）
　　　　潘旭辉（2022.7—）
副主任：王金法
　　　　潘金增
　　　　周方波
　　　　温作源

水南街道
中国共产党水南街道工作委员会
书　记：王红伟
副书记：孟子仁（—2022.7）
　　　　冯　斌
　　　　张森平
　　　　王俊波（2022.1—，挂职）
委　员：杨东俊
　　　　刘　真
　　　　蓝季峰（畲族）
　　　　王建来
　　　　刘　挺（—2022.7）
　　　　陈永尧（2022.2—）
　　　　吴旭贤（2022.12—）
人大工委
主　任：周旭锋（—2022.8）
　　　　孟子仁（2022.8—）
副主任：孟子仁（—2022.8）
办事处
主　任：张森平
常务副主任：刘　真
副主任：金军民（—2022.12）
　　　　阙慧玲（女）
　　　　占远峰（2022.12—）

望松街道
中国共产党望松街道工作委员会
书　记：吴海燕（女）
副书记：王潜虎
　　　　刘　伟
　　　　叶洪峰
　　　　周昱辰（挂职）
委　员：蔡杨卿（女，—2022.6）
　　　　潘　俊（—2022.2）

陈伟斌
阙永生
占黎峰
叶宝金
叶冬军（2022.7—）
张　婷（女，2022.12—）

人大工委
主　任：谢筱俊
副主任：王潜虎

办事处
主　任：刘　伟
常务副主任：阙永生
副主任：项骏华
方伟才

古市镇
中国共产党古市镇委员会
书　记：张　屏（—2022.2）
叶德标（2022.7—）
副书记：叶德标（—2022.7）
尹彬斌（—2022.12）
舒　畅
吴新锋（2022.7—）
党委委员：邵成君（—2022.2）
彭俊根
雷熠俊（畲族）
叶君红（女，—2022.7）
鲍李伟
刘晓华
阙余斌
吴跃华
翁琼芬（2002.2—）
宋跃坪（2022.12—）

人大主席团
主　席：阙　颖
副主席：孟　伟

政　府
镇　长：叶德标（—2022.7）
镇长人选：吴新锋（2022.7— ）
副镇长：彭俊根
占利军
汤海宵
徐志明

象溪镇
中国共产党象溪镇委员会
书　记：梅先平
副书记：王伟军
李　艳（女）
冯群强
叶笑菲（女，2022.1—，挂职）
党委委员：翁琼芬（—2022.2）
范林涛
曾水平
赖以超
刘　勤
李小兵（2022.2—）
蓝天野（2022.12—，畲族）
郑　巍（—2022.12）

人大主席团
主　席：宋伟忠
副主席：蓝水林（畲族）
叶素伟

政　府
镇　长：王伟军
副镇长：陈俐光
钟巧玲（女，畲族）
秦绍松

玉岩镇
中国共产党玉岩镇委员会
书　记：叶福龙
副书记：毛金科
何阳露
邱河杰
唐言风（挂职）
党委委员：王超林
庞文强（—2022.2）
祝南胜
叶芳阳
雷海亮（畲族）
周建武
郑连华
李曼瑞（2022.2—）

人大主席团
主　席：林　巍
副主席：胡爱生

政　府
镇　长：毛金科
副镇长：何阳春（女）
　　　　程　鹏

大东坝镇
中国共产党大东坝镇委员会
书　记：王建华
副书记：叶　霞（女）
　　　　冯黎明
　　　　包超勇（—2022.7）
　　　　胡颖岚（2022.7—）
　　　　陈　军（挂职）
　　　　任　灵（挂职）
党委委员：阙勇东（—2022.7）
　　　　　王金良
　　　　　叶方敏
　　　　　徐　超
　　　　　董笑春（女）
　　　　　余　斌
　　　　　谭羽男（2022.2—）
人大主席团
主　席：叶利军
副主席：刘国强
政　府
镇　长：冯黎明
副镇长：李伟科
　　　　叶方敏
　　　　谢炳文（—2022.12）

新兴镇
中国共产党新兴镇委员会
书　记：周志勇（—2022.2）
　　　　阙剑和（2022.2—）
副书记：郑海燕（女）
　　　　杨龙庆
　　　　马　骏（—2022.12）
　　　　郑来清（2022.12—）
党委委员：鲁国平
　　　　　蔡　浩
　　　　　周皓月
　　　　　陈金伟
　　　　　王　毅
人大主席团
主　席：赵如庆
副主席：叶承晖
政　府
镇　长：马　骏（—2022.12）
镇长人选：郑来清（2022.12—）
副镇长：占远峰（—2022.12）
　　　　蔡　浩
　　　　阙伟军
副镇长人选：杨炳杰（2022.12—）

叶村乡
中国共产党叶村乡委员会
书　记：刘伟松
副书记：王金鑫 （—2022.7）
　　　　周景伟
　　　　阙勇东（2022.7—）
　　　　陆　君（女，2022.1—，挂职）
党委委员：叶舒锐（女）
　　　　　王芬天（女）
　　　　　诸葛璐（女）
　　　　　黄夏芳
　　　　　叶永明
人大主席团
主　席：洪伟林（—2022.11）
政　府
乡　长：周景伟
副乡长：宋昭君
　　　　陈叶鹏

斋坛乡
中国共产党斋坛乡委员会
书　记：阙剑和（—2022.2）
　　　　周旭锋（2022.7—）
副书记：潘浩杰
党委委员：谢新华
　　　　　林伟东
　　　　　邱文军
　　　　　叶斌倩（女）
　　　　　潘长国
　　　　　钟李斌
人大主席团
主　席：吴伟林

政　府
乡　长：潘浩杰
副乡长：钟俐青（女）
　　　　夏　俊

三都乡
中国共产党三都乡委员会
书　记：林嘉栋（—2022.2）
　　　　孙梦俏（女，2022.2—）
副书记：吴永华
　　　　徐　征
　　　　赵　衍（挂职）
　　　　徐盛华（2022.1—，挂职）
党委委员：叶子卿
　　　　　潘　彬
　　　　　兰润泽
　　　　　刘宇平
人大主席团
主　席：杨庆华（女）
政　府
乡　长：吴永华
副乡长：蓝智桢（女，畲族）
　　　　包家铭（2022.8—）

四都乡
中国共产党四都乡委员会
书　记：蒋亚慰（—2022.1）
　　　　陈　鹏（2022.2—）
副书记：兰丽燕（女，—2022.7，畲族）
　　　　张玲燕（女）
　　　　洪美娣（女，2022.7—）
　　　　谢卫平（2022.1—，挂职）
党委委员：吴昊东
　　　　　洪美娣（女）
　　　　　朱新权
　　　　　鲍朝火
　　　　　徐少杰（2022.7—）
人大主席团
主　席：张旭军
政　府
乡　长：张玲燕（女）
副乡长：胡　俊
　　　　叶　楠（女）

竹源乡
中国共产党竹源乡委员会
书　记：叶长春
副书记：叶　荪（—2022.12）
　　　　刘　剑（—2022.7）
　　　　包卓科（2022.7—）
　　　　尹彬斌（2022.12—）
党委委员：刘　捷
　　　　　周芝芬（女）
　　　　　吴建伟
人大主席团
主　席：谢军生
政　府
乡　长：叶　荪
副乡长：杨君弟（女）
　　　　杜俊勇

樟溪乡
中国共产党樟溪乡委员会
书　记：鲍绍铭
副书记：吴梦华
　　　　叶建辉
党委委员：潘基伟
　　　　　杨　浦
　　　　　周津辉
　　　　　詹志伟
　　　　　兰晓露（女）
人大主席团
主　席：包致远
政　府
乡　长：吴梦华
副乡长：叶伟龙
　　　　徐苏成

赤寿乡
中国共产党赤寿乡委员会
书　记：王昌华
副书记：胡慧强
　　　　洪雪婷（女）
党委委员：蔡冬生

叶家升
王　炜
邓智霞（女）
毛阿敏

人大主席团
主　席：郑来清
政　府
乡　长：胡慧强
副乡长：叶　斌
陈　晖

枫坪乡
中国共产党枫坪乡委员会
书　记：张松龙
副书记：徐华科
苏　辛（女）
党委委员：楼海涛
徐文军
周　瑢
潘　东（2022.6—）
人大主席团
主　席：卢智华
政　府
乡　长：徐华科
副乡长：刘宇阳
张益平

安民乡
中国共产党安民乡委员会
书　记：张伟信（—2022.12）
宋跃伟（2022.12—）
副书记：牟伊婷（女，—2022.7）
舒　皓（—2022.4）
王金鑫（2022.7—）
任　燕（女，2022.7—）
党委委员：包海波
潘　标
范伟建
人大主席团
主　席：邱土基
政　府
乡　长：舒　皓（—2022.4）
王金鑫（2022.8—）
副乡长：林奇才
陈　彬

板桥畲族乡
中国共产党板桥畲族乡委员会
书　记：陈菁菁（女，—2022.12）
马　骏（2022.12—）
副书记：兰明顺（—2022.2，畲族）
伊　晖
蓝伟明（2022.7—，畲族）
李　振（2022.6—，挂职）
党委委员：项国锋
周晓宇（—2022.4）
马　超
金秋明（2022.7—）
人大主席团
主　席：蓝伟明（畲族）
政　府
乡　长：兰明顺（—2022.2，畲族）
蓝伟明（2022.8—，畲族）
副乡长：徐伟林
徐国栋

裕溪乡
中国共产党裕溪乡委员会
书　记：陈智俊（—2022.12）
副书记：何跃平
张　辉（—2022.7）
潘　琦
郑小美（女，2022.1—2022.12，挂职）
党委委员：胡松铃
王潇潇（女）
梅先亮
人大主席团
主　席：章剑荣
政　府
乡　长：何跃平
副乡长：贾慧珍（女）
兰丽军

（县委组织部）

重 要 文 献

2022 年度松阳县加快生态工业跨越式高质量发展意见

（松委办发〔2022〕32 号　　2022 年 5 月 19 日印发）

为贯彻落实新发展理念，全面实施“二次创业”，坚定“工业强县”战略不动摇，持续优化营商环境，提振企业发展信心，推动生态工业跨越式高质量发展，打响擦亮“智能制造新城”金名片，特制定本政策。

一、支持招大引强

1.加大对新项目的奖励。对固定资产投资额达到 1 亿元以上且购置新设备（含国外二手设备但不含国内二手设备，下同）审定投资额达到 5000 万元以上的新供地项目，承诺供地后 5 年内企业当年亩均税收超过 30 万元，项目首期主体厂房基础完成并验收后给予 2 万元/亩的一次性基础设施建设补助资金，补助金额不设上限（如供地 5 年内企业当年亩均税收未超过 30 万元，企业应按照协议全额缴回补助资金）；如供地后 6 年内连续 2 年企业当年亩均税收达到 40 万元以上，再给予 4 万元/亩的一次性基础设施建设补助资金；如供地后 6 年内连续 2 年企业当年亩均税收达到 60 万元以上，再给予 4 万元/亩的一次性基础设施建设补助资金。

对固定资产投资额达到 5000 万元以上且购置新设备审定投资额达到 2000 万元以上的新供地项目，或者购置新设备审定投资额达到 3000 万元以上的租赁厂房的新项目，经县政府审定，按照合同约定建设的分五年给予补助。在约定期限内完成投资且经达产验收后，自投产之年起第一年达到合同约定要求的，按购置新设备审定投资额的 10%（600 万元为上限）或按当年对我县地方综合贡献部分 100%就高给予补助；建成投产第二、三、四、五年达到合同约定要求的分年度再给予购置新设备审定投资额 20%、20%、20%、30%的补助，补助金额分别以企业当年地方综合贡献的 100%、100%、50%、50%为上限。

2.培植链主型企业发展壮大。围绕高端汽车零部件、综合交通、新能源新材料、大健康行业细分领域，建立以链主型企业为核心的产业链上下游企业共同体（产业技术联盟）培育库。鼓励链主型企业开展“链对点招引”，每招引一个产业链关联项目（招商引资领导小组予以明确），按实际固定资产投资额达到 1 亿元（含）—3 亿元、3 亿元（含）—5 亿元、5 亿元以上且投入生产的，分别给予负责招引的链主型企业 30 万元、50 万元、80 万元的奖励。

3.鼓励引进大项目。对列入省重大产业项目的，一次性奖励 50 万元。对固定资产投资额 2 亿元人民币（内资）以上或 2000 万美元（外资）以上且经县长办公会议或县政府常务会议审定的重大制造业项目，可结合实际专题研究。新引进的行业内处于领先地位、高成长性、高科技、高附加值产业项目，也可结合实际专题研究。

4.鼓励外资项目落地。鼓励外商以并购、投资性公司、融资租赁、跨境人民币出资、股权出资等多种方式，在我县设立外资企业。对实际利用外资按 10 万美元（或等值外币）奖励 1 万人民币的标准奖励，高新技术实际利用外资上浮 50%奖励。最高奖励不超过 500 万元，实际利用外资按商务部统计口径为准。

5.加大对租赁项目的奖励。对年主营业务收入达到 1 亿元以上租赁厂房的新项目，前三年给予租金全额补助，补助金额以企业当年地方综合贡献为上限且不超过 200 万元。

6.设立专项引导基金。本年度安排1亿元的制造业高质量发展专项资金，专项用于产业规模培育、工业有效投入、智能制造、数字经济、科技创新、品牌建设、节能双控、商务经济、人才建设、企业上市等。设立总规模为10亿元的产业基金，按照“政策性、引导性、市场性”功能定位，专项用于战略性新兴产业发展和新动能培育。

二、鼓励技术改造

7.加大技术改造奖励力度。企业在达产验收后开展技术改造，项目在建设前备案且固定资产投资额500万元以上的,经相关部门验收后实行奖励：购置新设备审定投资额在100万元、500万元以上的分别按购置新设备审定投资额的10%、12%给予奖励。经认定为省重点技术改造示范项目的，在前款奖励金额基础上每一档各上浮20%。技改项目的设备投资奖励金额不超过1000万元。

8.鼓励企业“零地技改”。企业达产验收后，在原有土地使用范围内，经批准实施的加层或翻建、改建、扩建等扩大生产用房的技术改造项目，在重新取得不动产权证后，给予新增的第三层及以上生产性用房按80元/平方米奖励，其他新增生产性用房按60元/平方米奖励。每家企业最高不超过100万元。

三、推进智能制造

9.鼓励申报智能制造称号。对列入省级“未来工厂”“智能制造标杆企业”“智能工厂”“数字化车间”创建名单的企业，分别奖励100万元、100万元、50万元、50万元。对认定为省级“未来工厂”“智能制造标杆企业”的投资项目，按购置新设备和软件审定投资额的18%给予补助，单个项目补助上限1500万元。对认定为省级“智能工厂”“数字化车间”的投资项目，按购置新设备和软件审定投资额的15%给予补助，单个项目补助上限1000万元。

10.鼓励企业“机器换人”。对认定为工业机器人的设备，按购置新设备审定投资额的30%给予补助，单个项目补助上限600万元。

四、支持数字经济

11.推进产业数字化。对新认定为国家级、省级数字化转型类、信息化类、两化融合类等相关示范企业的，分别给予一次性奖励30万元、20万元；通过国家两化融合管理体系认证A级(初始级)、AA级（单元级）、AAA级（流程级）及以上的，分别给予一次性奖励5万元、20万元和30万元。

12.推进工业互联网建设。鼓励建设区域级、行业级工业互联网平台，对被列为省级创建名单的奖励30万元，通过验收后再奖励200万元;鼓励企业建设企业级工业互联网平台，被列为省级创建名单的奖励20万元，通过验收后再奖励100万元。

13.支持数字化改造。企业购买使用信息化服务机构服务，按当年发生的实际费用50%给予补助，单个项目补助时间不超过三年，累计补助上限10万元。对企业在生产制造环节新引入ERP、MES制造执行系统，设计环节引入PLM等专业信息化平台的，给予信息化系统直接投入费用的20%奖励,单个企业上限100万元。

14.鼓励企业上云。鼓励本地云服务商积极推进企业上云服务，经省级经信部门认定为当年度上云企业的，给予云服务商1000元/企业的奖励。鼓励企业深度上云，对当年度单个企业云服务费在3万元及以上的,给予企业按实际支付云服务费用的30%进行奖励，每家企业最高不超过10万元。

五、支持扶优育强

15.鼓励企业争先创优。对首次遴选列入省“雄鹰行动”计划的培育企业，给予500万元奖励。对新认定为国家制造业单项冠军企业（产品）的，奖励100万元。对新创建的省级制造业创新中心和重点产业技术联盟等创新联合体的牵头单位，各奖励100万元；对首次认定为“浙江制造精品”、省级创新型示范中小企业、省级工业设计示范基地、省级工业设计中心的，各奖励10万元。对首次评为国家级专精特新“小巨人”、省级专精特新中小企业、省级创新型中小企业、省级制造业单项冠军培育企业，分别奖励80万元、50万元、20万元、20万元。对本政策出台前已评定的企业荣誉且通过复审的，补足差额奖励。

16.鼓励企业提质增效。对规上制造业企业主营业务收入较前三年最高年份增长10%以上且与地方综合贡献相匹配的，给予企业超基数部分（以前三年主营业务收入最高额为基数）3‰的奖励，每家企业当年奖补总额不超过300万元。

17.鼓励企业上规。新办工业

企业按约定建设期完成建设并投产，投产后3个月内上规，给予50万元奖励；6个月内上规，给予40万元奖励；9个月内上规，给予20万元奖励；12个月内上规，给予15万元奖励。建立规下企业培育库，加强精准服务和业务指导，对首次“小升规”企业奖励8万元。

18.鼓励企业上台阶。制造业企业年主营业务收入首次达到1亿元、3亿元、5亿元、10亿元、20亿元以上的，若当年企业实缴税金占主营业务收入3%以上，分别给予企业10万元、30万元、50万元、100万元、200万元奖励；若当年企业实缴税金占主营业务收入2%（含）—3%，则奖励减半。高一级等次奖励后，降级后的不再奖励。

19.支持军民融合产业发展。对新取得武器装备承制单位资格证、武器装备科研生产许可认证、武器装备科研生产单位保密资格认证的企业，给予每项10万元奖励；对取齐“军工三证”的企业再一次性奖励20万元。被新评为省军民融合示范企业的，一次性奖励20万元。

六、推动科技创新

20.鼓励企业建立创新载体。对新认定的国家级、省级、市级重点实验室（工程技术研究中心）和工程研究中心，分别给予一次性奖励300万元、60万元、30万元；企业建成省重点企业研究院、企业研究院、高企研发中心，分别奖励100万元、40万元、20万元。被认定为国家级、省级、市级科技企业孵化器，分别给予一次性奖励100万元、50万元、15万元；被列入国家级、省级、市级众创空间（星创天地），分别给予一次性奖励50万元、20万元、10万元。

21.鼓励企业开发新产品。对新通过国家认定（包括列入科技部重点新产品计划）或省级鉴定的新产品（新技术）分别给予每项10万元和5万元的奖励。研发费用占主营业务收入比重4%以上的规模以上企业或国家高新技术企业本年度给予奖励数量不超过3项，其他企业本年度给予奖励数量不超过1项。同产品不同型号只奖励一次，已享受经信部门的新产品奖励不再给予重复享受。

22.实施科技型企业梯度培育计划。首次被认定为国家、省创新型企业分别奖励100万元、30万元，首次被认定为国家高新技术企业奖励40万元，重新认定（包括中断后再次认定）为国家高新技术企业的奖励10万元；县外引进（迁入）的国家高新技术企业，视同新认定的国家高新技术企业；被认定为省级科技小巨人企业奖励30万元；被认定为省级科技型中小企业奖励10万元。

23.支持企业加大研发投入。对年度研发投入超过50万元的企业，按年度实际支出的5%给予奖励，最高奖励不超过30万元；对高新技术企业，只奖励年度研发投入超过要求部分达到50万元以上的企业，年度研发投入超出要求部分给予10%的奖励，最高奖励不超过50万元。

24.鼓励企业开展技术攻关和成果转化。本年度安排一定的资金用于支持企业科技攻关项目，通过申报、立项且验收合格后给予项目总投入经费20%的补助，单个项目补助不超过100万元。对县内有技术输出的企业，当年技术输出额超过500万元的，给予年输出技术额（且经科技部门技术合同登记）1‰补助，每家企业不超过10万元。企业发明专利授权后3年内实现产业化，主营业务收入达到500万元以上，给予5万元的补助。

七、鼓励品质建设

25.鼓励企业提升管理水平。支持标准化创建，对国际标准、国家标准、行业标准、省级地方标准、市级地方标准、团体标准（省级及以上）的主导起草企业（排名首位的企业），分别奖励100万元、50万元、20万元、15万元、10万元、5万元；对“浙江制造”标准的主导起草企业给予20万元奖励，对其他所有参与起草标准的企业，以上述奖励标准减半为总额，通过平均分配的方式给予奖励。对通过“浙江制造”品牌认证的企业，按照每个产品给予15万元一次性奖励（同一项“浙江制造”标准通过认证的视为同一产品）。对当年产品列入省级经信部门“浙江制造精品”名单的企业给予一次性奖励10万元。首次获得非强制性认证的奖励2万元。为应对国外技术性贸易壁垒（欧盟ROHS、EUP、REACH指令，日本肯定列表）而进行的首次认证，奖励3.5万元。首次通过国内外船级社认证的企业，奖励3.5万元（一个国家限奖励一次）。

26.鼓励企业争创品牌。对当年新获得省级、市级“质量管理示范（先进）企业”的分别奖励10万元、3万元。首次获得中国驰名商标（不含司法认定）、地理标志证明商标（保护产品）的企业或其他组织各奖励30万元，获得集体商标的奖励15万元。首次获得浙江省知名商号的，奖励8万元。首次获得省、市信用管理示范企业的，分别奖励8万元、2万元。首次获得浙江省AAA、AA级守合同重信用公示企业的，分别奖励8万元、2万元。首次获得国家、省、市知识产权示范（优势）企业的，分别奖励30万元、20万元、10万元。

27.鼓励知识产权创造和运用。当年获得境内发明专利授权的，按获得专利权所缴纳官方规定费用的50%给予补助。在美国、日本和欧洲专利局获得发明专利授权的，每件补助6万元；其他国家减半享受。对同一发明专利获得多个国外专利管理机构授权，限资助一个国家。鼓励企业开展知识产权（商标权、发明专利权）质押融资，对企业按商标权、发明专利权质押登记额度的0.5%给予奖励，年奖励额度同一企业不超过10万元。鼓励企业培育专利组合，对企业首次累计拥有有效授权发明专利5件以上、10件以上、20件以上且部分专利开展专利许可或质押的，分别奖励5万元、10万元、20万元。对企业首次通过国家贯标审核认证或浙江省企业知识产权卓越管理评价并通过绩效考核的，奖励5万元。通过国家、省、市专利行政主管部门备案的知识产权联盟，分别奖励20万元、15万元、5万元。

八、支持企业上市

拟上市企业作出以下书面承诺，可以享受县里上市扶持政策：

（1）承诺企业首期募集的资金在本县投资额不少于80%；

（2）承诺注册地不迁出我县；

（3）承诺企业股改时作为持股平台的合伙制或公司制企业等在本县注册和纳税；

（4）承诺个人限售股股票（含股权激励股票）托管在县内证券营业部，后续减持交易也发生在本县营业部席位。

违反上述承诺的，财政部门视情节予以扣减或终止奖励、直至全额收回。

28.力推企业挂牌上市

非股份制企业（经大数据和金融发展中心认定），完成浙江股权交易中心（含“丽水生态经济板”）挂牌奖励3万元；股份制企业（经大数据和金融发展中心认定），完成浙江股权交易中心（含“丽水生态经济板”）挂牌奖励30万元。对完成股份制改造的拟上市企业（经大数据和金融发展中心认定），给予100万元奖励。对成功在境内A股主板、创业板、科创板上市的企业，给予企业分段奖励1500万元。上市奖励资金根据上市进程分段奖励：

（1）企业申报浙江证监局辅导备案获受理后，奖励200万元；

（2）企业申报上市申请材料获受理函后，奖励300万元；

（3）企业成功上市后，分别给予企业及企业高管各一次性500万元奖励，合计1000万元。

对在新三板成功挂牌基础层的企业（含县外新三板企业落户松阳），给予企业奖励100万元。新三板基础层企业成功晋级“创新层”后，再给予100万元奖励。

对成功在北京证券交易所上市的企业，给予企业700万元基础奖励。上市奖励资金根据上市进程分段奖励：

（1）企业申报浙江证监局辅导备案获受理后，奖励200万元；

（2）企业通过中国证监会注册后，奖励500万元。

对全县前三家企业完成上市的额外分别给予200万元、150万元、100万元奖励。

对辅导我县企业在国内成功完成首次公开发行股票的证券公司保荐代表人给予20万元、会计师事务所和律师事务所承办项目组的负责人分别给予10万元奖励。

对境内优质上市公司（含县内企业借“壳”上市企业）落户我县的给予企业高管及推荐人总计1000万元奖励（由企业自主确定各受奖个体奖金）；对境外优质上市公司落户我县的给予企业高管及推荐人总计500万元奖励（由企业自主确定各受奖个体奖金）。优质上市公司认定需符合下述条件之一：

（1）在行业具有较高知名度，起引领作用；

（2）有持续盈利能力；

（3）对我县有实际投资，并符合最新版的《浙江省制造业行业新增项目产出效益规范指南》等文件相关要求。

企业成功上市后次年起三年内，企业净利润当年增速达到10%以上，给予企业实际控制人、高级管理人员及技术骨干奖励，单个企业每年不超过400万元，三年累计奖励金额不超过1000万元，奖励金额具体是由大数据和金融发展中心根据企业实际控制人、高级管理人员及技术骨干（最多不超过10人）的专项地方综合贡献情况认定与测算，每人每年最高不超过100万元。

29.鼓励企业直接融资。积极推动本县挂牌企业（包含上市企业、新三板挂牌企业、列入丽水市重点拟上市企业培育名单的企业）开展股权融资（不包括股权转让融资、股权激励），按照实际投资松阳县域内募集资金总额的1%给予奖励，单个企业最高奖励500万元。

30.鼓励企业并购重组。大力推动本县上市企业开展境内外并购重组（不包括同一实际控制人控制下企业之间的资产重组），上市公司对外开展并购重组并达到证监会关于《上市公司重大资产重组管理办法》规定的重大资产重组标准的，单个项目收购金额2亿元（含）—5亿元的奖励100万元；5亿元（含）—10亿元的奖励200万元；10亿元以上的奖励400万元。一年内单家企业奖励总额不超过500万元。

九、强化绿色发展

31.鼓励企业建设绿色制造体系。对通过省清洁生产验收的企业，奖励5万元；对首次认定为国家级、省级、市级节水型企业的，分别奖励10万元、5万元、2万元。对首次列入国家级、省级、市级绿色工厂名单的企业，分别奖励40万元、20万元、10万元；对首次列入国家级、省级绿色（设计）产品示范名单的企业，分别奖励30万元、10万元；对首次列入国家级、省级绿色供应链管理目录的企业，分别奖励20万元、10万元；对首次列入国家级、省级重点新材料首批次应用示范指导目录的企业，分别奖励20万元、10万元。

32.支持企业实施绿色化改造。在当年备案并形成有效投资，符合产业、节能、环保等政策要求，未列入节能主管部门“两高”清理名单，开工程序、手续完备，原则上总投资不低于500万元的节能降碳减污技术改造项目（减碳量不少于100吨或减排量不少于5吨），给予企业技改项目购置新设备审定投资额20%的补助，单个项目补助上限200万元。对首次安装污染物在线监测设施的，涉水项目补助设施审定投资额的30%，涉气项目补助设施审定投资额的20%，上限不超过10万元。

33.加快重点行业整治提升。本年度安排一定的资金，用于不锈钢等高耗能、高排放行业转型升级项目的政策补助，具体操作按相关实施细则执行。

34.支持企业安全生产管理提升。对首次通过国家级（一级）、省级（二级）、市级（三级）安全生产标准化验收的，分别奖励10万元、5万元、1万元。对首次通过浙江省食品诚信管理体系验收的食品工业企业，给予10万元奖励。

十、优化营商环境

35.实施“企业家素质提升工程”。本年度组织开展企业管理提升培训学习活动。单独安排200万元企业服务券，定向用于经行业主管部门审核同意的企业向专业化服务机构购买人才引培、技术创新、知识产权、财务指导、市场拓展、管理咨询、数字化转型等服务以及素质提高班、精细化管理等培训。

36.稳定企业人才队伍。成长型企业董事长，领军型企业董事、总经理，经组织人事部门确认引进的精英人才、紧缺人才，其子女到我县就学的，凭所在园区、工业功能区（乡镇、街道）证明，按本县县城户籍人员同等待遇由县教育局会同县经济商务局安排到县城学校就读。其他企业人才政策按照县最新人才政策执行。

37.提供干部驻企服务。对领军型企业、成长型企业、苗子型企业，每家企业本年度可选派1家县级机关和1名县直单位干部驻企服务企业发展。对被列入年主营业务收入5亿元、10亿元、20亿元级培育计划的重点企业，可根据企业实际需要适当增加1～2人。

38.加强行业协会建设。对新组建的工业企业行业协会，给予一次性20万元开办经费补助。对于正常运行且完成年度行业治理、提升等有关任务的工业行业协会本年度给予10万元奖励。工业行业协会承办国家级、省级协会组织的高峰论坛，分别给予15万元、5万元补助；承办其他论坛的，给予每次2万元补助。

39.积极开展评奖评优。设立“县长特别奖”，在科技创新、扩大投资、经济发展等方面有特别重大贡献的企业，通过县长办公会议或县政府常务会议专题研究确定，给予企业经营者最高不超过100万元的奖励。设立“工业增速奖”，对我县年度“亩均论英雄”综合评价A类、B类的规模以上工业企业按当年主营业务收入增幅及增量排名评出一、二、三等奖若干名，分别给予企业经营者3万元、2万元、1万元奖励；设立“优秀创新奖”，根据上年度研发投入情况，对我县年度“亩均论英雄”综合评价A类、B类的规模以上工业企业按年度研发投入增幅及增量排名评出一、二、三等奖若干名，分别给予企业经营者3万元、2万元、1万元奖励。设立“十大优秀企业家”，以制造业企业当年“亩均论英雄”综合评价指标为主要参考依据，对排名前十位的企业法人代表或实际控制人授予“十大优秀企业家”称号，并给予5万元或等价值奖励。

40.优化不动产权证办理。根据工业项目产业类型、生产经营周期等因素，灵活确定工业用地供应方式和使用年限。允许工业企业在规定期限内按合同约定分期缴纳土地出让价款。以先租后让方式供应工业用地的，租赁应采用招拍挂方式，租赁期满投入产出水平达到土地出让合同、投资建设协议约定的，可采用协议出让方式将租赁用地转为出让用地。在宗地不分割与满足消防验收要求的前提下，对于20亩以上的同一宗地，在约定的建设期限内，可以分期办理规划和工程许可，分期规划核实和工程验收，分期办理不动产权证。用地面积在20亩（含）–50亩的，最多可分三期办理规划和工程许可，最多可办理三本不动产权证；用地面积在50亩（含）–100亩的，最多可分四期办理规划和工程许可，最多可办理四本不动产权证；用地面积在100亩以上的，最多可分五期办理规划和工程许可，最多可办理五本不动产权证。已办理或按分期方案办理工程规划许可证，企业需变更许可内容的，在不违反规划设计条件相关要求下，经属地主管部门审核同意，规划主管部门给予变更。新办企业投资1亿元以上或属于高新技术产业、战略性新兴产业、数字经济核心产业等我县重点扶持项目可申请分批达产验收。

附则：

1.列入本政策奖励的企业，适用对象必须是在本县范围内依法经营、诚信纳税、符合产业政策、具有独立法人资格、财务独立核算的工业企业，其中“推动科技创新”的所有条款适用于在本县范围内依法经营的所有企业。列入本政策奖励的投资项目必须经过主管部门备案或审批。

2.对年内发生较大及以上安全生产事故、重大环境污染事故、年度“亩均论英雄”综合评价D类、列入严重失信名单的企业，发生重大税务违法行为、被税务机关稽查处罚或移送司法机关处理的，不予兑现当年奖补资金（由相关主管部门提出证明）。对年度“亩均论英雄”综合评价C类的企业、当年研发投入（统计报表）为零的企业，按本政策奖励标准的60%兑现（“加大对新项目的奖励”和“加大对租赁项目的奖励”条款除外）。采矿业，电力、热力、燃气及水生产和供应业相关企业只享受本政策“鼓励企业上规”和“鼓励企业上台阶”的相关奖励。

3.本政策所称“以上”“超过”“上限”均包含本数，涉及兑现投入和投资类金额均以不含税计价。

4.本政策所指地方综合贡献或税金是当年企业产品增值和利润形成的地方综合贡献或税金，专项地方综合贡献指专项税收形成的县财政留存部分。除条款中特别注明和上市奖励外，单个企业全年各类奖补总和不超过其当年地方综合贡献。如有特殊情形的，由主管部门会同财政部门予以明确。

5.本政策自发布之日起施行，有效期至2023年6月20日，期满后企业已享受本政策而未到期的按本政策执行，《关于加快生态工业跨越式发展的实施意见》同时废止。2022年度的奖补按本政策执行，现行其他相关政策与本政策不一致的按本政策执行，企业已享受原政策而未到期的按原政策执行。同一事项涉及多项奖励的按照就高原则，不同时享受，已享受上级各类优惠政策的项目不再重复享受（明确注明同时享受的除外）。拟上市企业在本政策发布之日前已在浙江省证监局辅导备案的，按原政策执行。

（县委办公室）

松阳县“十四五”综合交通产业发展规划

（松发改综〔2021〕457号　2021年12月31日印发）

综合交通产业是以交通运输为基础，涵盖交通建筑、交通装备及交通关联服务等产业相关活动的总称。2018年，浙江省政府办公厅印发《浙江省综合交通产业发展规划》，省综合交通改革和发展领导小组印发《浙江省综合交通产业发展实施意见》，明确了全省综合交通产业发展总体部署。根据省交通厅与省统计局联合发布的《浙江省综合交通产业统计监测制度（试行）》，对照《国民经济行业分类》（GB/T4754—2017），综合交通产业共涉及10个行业门类38个大类233个小类。经省统计局测算，2020年，全省综合交通产业增加值达6761.6亿元，占GDP比重10.5%。

培育发展综合交通产业是省委、省政府重大决策部署，也是我省走在全国前列的创新之举。当前和今后一个时期，是我省综合交通投入最大、发展最快、机会最多的黄金时期。尤其是围绕高质量发展建设共同富裕示范区的要求，松阳作为山区26县之一，面临综合交通发展重大机遇，“十四五”时期必须乘势而上，为高质量发展拓展新空间、培育新动能。为贯彻落实我省综合交通产业发展要求，加快培育具有松阳特色的综合交通产业体系，编制本规划。规划期限为2021年至2025年。

一、发展基础

近年来，松阳县全面厉行“丽水之干”，坚定不移践行“两山”理念，聚焦生态工业动能提速转换和基础设施优化完善，综合交通发展取得明显成效，综合交通产业培育取得突破进展，为建设全省综合交通产业示范区，加快打造“田园松阳”升级版提供了重要支撑。

（一）现状基础

从丽水综合交通产业发展看，根据省统计局核算，2020年丽水全市综合交通产业增加值119.9亿元，占GDP比重7.8%，比上年降低1.7%，低于全省平均增速（1.3%），位列全省第10位。根据浙江省综合交通产业地图统计口径，丽水共有综合交通领域相关企业608家（以下企业数量统计口径均为注册资本1000万以上），主要集中在交通建筑业和交通关联服务业，分别占35.8%、33.1%。与其他地市相比，丽水综合交通产业发展总体仍处于起步阶段，在全省发展中位于第三梯队，产业规模偏小、产业集群化发展不足等特点较为明显。

图3　2020年丽水市综合交通相关企业分布散点图

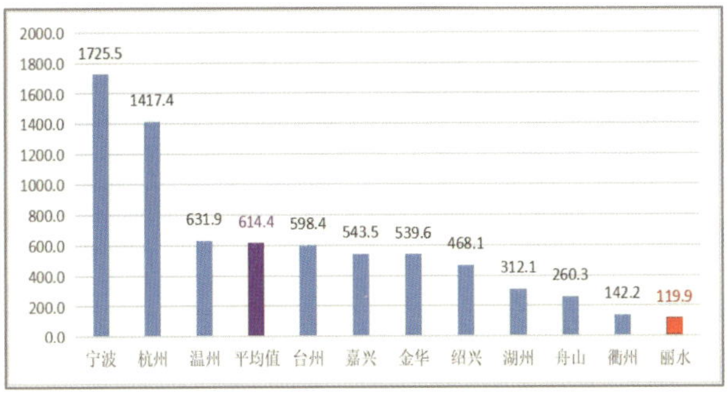

图 4　2020 年浙江省综合交通产业增加值对比图

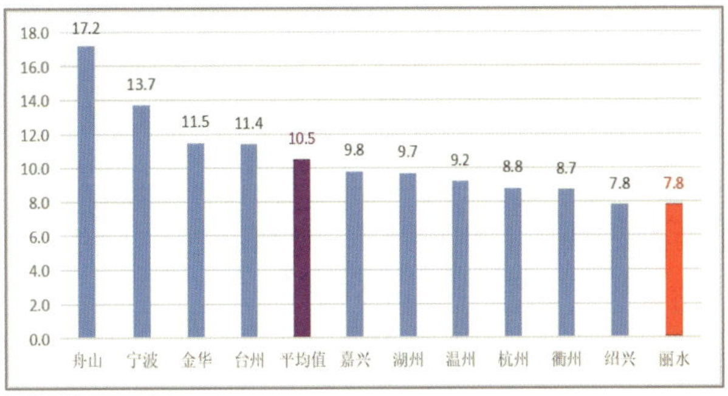

图 5　2020 年浙江省综合交通产业增加值占 GDP 比重对比图

2020 年浙江省主要城市综合交通产业基本情况一览表

表 39

城市	主导产业	相关企业数(注册资本 1000 万元以上)	相关“万亩千亿”平台数量	2020 年产业增加值(万元)
杭州	智能交通、轨道交通、交通工程机械、新能源汽车、航空制造、快递物流	9749 家	2 个(杭州万向创新聚能城产业平台、钱塘新区航空航天产业平台)	1417.4
宁波	航天修造、船舶修造、港航物流、轨道交通	6596 家	1 个(宁波杭州湾新区智能汽车产业平台)	1725.5
温州	现代物流、临港产业、轨道交通、新能源汽车制造、装配式建筑	4073 家	1 个(瑞安智能汽车关键零部件产业平台)	631.9
台州	通用航空、汽车及零部件制造、新能源汽车制造、轨道交通制造、交通物流业	2928 家	1 个(台州通用航空产业平台)	598.4
金华	现代物流、运输服务业、交通装备制造业	3515 家	—	539.6
丽水	现代物流、交通建筑、交通装备零部件制造	611 家	—	119.9

从松阳综合交通产业发展看，根据丽水市综合交通产业增加值数据，估算松阳县 2020 年综合交通增加值约 10 亿元。以汽车零部件为主的交通装备制造业发展迅速，已培育形成科马、金豪、华捷驰、斯莱德、凯越等一批代表性企业，集聚效应初显，发展势头良好。但从对比看，松阳县综合交通产业总体规模仍然较小，产业基础较为薄弱，新兴产业还未形成规模，产业链式发展不足，散点分布、单打独斗特点明显，没有形成强有力的集群发展效应，产业整体竞争优势不强。以山区 26 县综合交通产业相关企业数量为例，松阳县在 26 县中排在 24 位，一定程度反映了总体发展基础较为薄弱。

2020 年浙江省山区 26 县综合交通领域企业数量情况一览表

表 40　　　　单位：个

总量排名	地区	综合交通领域相关企业总数	交通运输业企业总数	交通装备制造业企业总数	交通建筑业企业总数	交通关联服务业企业总数
1	莲都区	333	35	42	117	139
2	平阳县	331	70	40	109	112
3	苍南县	263	35	18	129	81
4	柯城区	248	38	7	81	122

续表 40

总量排名	地区	综合交通领域相关企业总数	交通运输业企业总数	交通装备制造业企业总数	交通建筑业企业总数	交通关联服务业企业总数
5	永嘉县	242	24	14	118	86
6	淳安县	213	103	3	61	46
7	衢江区	192	46	32	63	51
8	三门县	189	14	87	60	28
9	天台县	170	12	34	62	62
10	龙游县	141	23	16	73	29
11	武义县	122	3	52	26	41
12	江山市	112	20	7	44	40
13	泰顺县	108	5	4	94	5
14	仙居县	96	8	12	47	29
15	磐安县	92	34	17	28	13
16	常山县	76	20	11	23	22
17	文成县	75	9	6	49	11
18	开化县	64	21	2	22	19
19	缙云县	63	7	23	21	12
20	龙泉市	47	2	21	13	11
21	青田县	44	11	3	19	11
22	景宁畲族自治县	30	1	3	17	9
23	遂昌县	29	8	6	9	6
24	松阳县	28	6	8	9	5
25	云和县	18	5	4	7	2
26	庆元县	16	1	1	8	6

具体到综合交通产业 4 大领域，有以下几个特点：

1.综合交通设施网络初步成型，运输服务尤其是城乡物流服务水平快速提升。

一是基础设施加快建设。“十三五”期间，松阳完成交通固定资产投资 51.8 亿元，是“十二五”期间 2.9 倍。围绕通道扩容、路网完善、市际衔接等重点领域，交通基础设施不断完善，运输服务持续提升，综合交通体系初步形成。公路方面，至 2020 年底，全县公路网总里程达到 1556 公里，公路网密度 111 公里/百平方公里，公路通村率 100%，初步形成以龙丽高速、235 国道、222 省道、江南公路为主骨架，县乡干线公路为辐射，通村公路为联通的现代公路网络。铁路方面，2020 年衢宁铁路开通运营，松阳县步入铁路时代。随着衢丽铁路、金龙城际铁路以及浙西南公铁物流中心的加快推进，将进一步提升松阳县综合交通枢纽地位，增强在浙西南地区的发展竞争力，促进区域经济新发展。港航方面，“十三五”期间，松阳县开展“田园松阳”水韵象溪美丽乡村示范线建设，建成靖居口最美渡口，行业管理进一步提升。

二是运输服务发展具备亮点。根据浙江省综合交通产业地图，全县共有代表性交通运输企业 6 家，主要分布在城区西屏街道及水南街道（表 3）。近年来，松阳县城乡物流发展成效显著，客、货、邮融合形成亮点。引导物流企业、货运配载、货运代理、快递等企业进驻北山物流集聚区块，发挥县域物流辐射效应，打造成为能承担县域间主要物流中转、交换、衔接功能，加强协作、分工、调度的专业化物流基地。通过整合县交通客运有限公司、中邮浙江松阳公司和县城乡物流有限公司三方资源，积极推进客、货、邮融合。完善“配送+寄递+销售”三向互动农村物流经营模式，初步形成以物流企业为主导，农村电商物流县域分拨中心为枢纽，农村物流服务站点为节点的县、乡、村一体化物流配送网络，农村与县城以及跨区域间衔接水平大幅提升，有力推进物流降本增效。2019 年，松阳农村电商物流体系荣获浙江省第一批 14 个农村物流创新发展项目之一。

2020 年松阳县交通运输部分代表性企业一览表

表 41

序号	企业名称	注册资本（万元）
1	松阳县交通发展投资集团有限公司	20000
2	松阳县交通发展有限公司	16000
3	松阳县交通运输有限公司	5000
4	松阳县交通客运有限公司	2000
5	浙江旺通物流有限公司	1500
6	松阳县公用型客运中心站有限公司	1000

2.交通装备制造企业培育取得成效，初步形成交通装备产业集群。

一是装备制造企业培育有突破。全县交通装备制造业主要为汽摩配行业企业，主要产品包括发动机部件、制动系统、车用标准件等。近年来，全县汽摩配产业一方面紧抓温州、金华等地产业转移机遇，另一方面加速转型升级提升实力，已初步形成科马、金豪、华捷驰、斯莱德、凯越等汽摩配企业为代表的优势企业（表 38），主要分布在城区西屏街道及赤寿乡。以浙江科马为例，是主要从事研发、生产各类汽车用摩擦材料的专业企业，全县首家省级“隐形冠军”企业，产品约占市场份额 1/4，2021 年产值预计突破 2 亿元，已成为细分行业“小巨人”。浙江科马曾参与起草并制定汽车用离合器面片“中国制造”和“浙江制造”行业标准，拥有 20 余项国家专利，市场覆盖欧洲、中东、美国、东南亚、俄罗斯等全球多地，是五十铃、法兰奥、德国 ZF 集团等顶级汽车制造企业全球供应商。

2020 年松阳县交通装备制造部分代表性企业一览表

表 42

序号	企业名称	注册资本（万元）
1	浙江瓯江实业有限公司	10000
2	浙江科马摩擦材料股份有限公司	6276
3	丽水飞洲电缆有限公司	5280
4	浙江华捷驰汽车部件有限公司	1000
5	浙江凯越汽车配件制造有限公司	1000
6	浙江斯莱德机车部件有限公司	1000
7	浙江金豪汽车配件有限公司	1000

二是园区平台建设步伐加快。近年来，松阳县紧盯工业平台开发和闲置低效用地利用，推进产业集聚发展，逐步由点状分布向集聚发展的产业空间布局，初步形成以松阳工业园区、赤寿生态工业区两大交通装备制造业发展主平台。松阳工业园区现有布局以汽车摩擦材料及零部件配套产业为主，总体基础较好，集聚了科马、华捷驰、凯越等多家重点企业，初步形成集生产、交易和物流于一体的汽车摩擦材料配套产业小微园。赤寿生态工业区重点布局以汽车电子及零部件、智能电气设备、智能专用装备为主的高端装备制造业。依托恒兆智能制造产业园，以装备制造产业为主导招商方向，主动对接上海、杭州、温州等地优质产业溢出，加快形成高端装备制造业规模化、集群化效应，初步形成吸纳集聚高端创新要素能力强、具有较强引领带动性的产业平台。

2022 年松阳县园区平台集聚企业项目一览表

表 43

序号	企业项目名称	建设地点	建设内容和规模	总投资（亿元）
1	智能制造装备产业项目（含部分企业入驻）	赤寿区块	规划总用地面积 580 亩，总建筑面积 68 万平方米，主要建设汽摩配、智能装备制造生产线及附属配套设施	16.8
2	浙江科马摩擦材料有限公司科技产业园项目	集聚区一期	新增用地面积 90 亩，新建年产 1200 万套新能源盘式刹车片、500 万台套纸基摩擦片、3000 吨 T2 环保无溶剂新型离合器摩擦片、2500 吨高强度、抗拉耐磨复合纱线项目	2.9
3	浙江瓯江实业有限公司年产摩托车（含电动摩托车）配件生产线项目	集聚区一期	项目用地面积 100.4 亩,建设内容包括生产车间、产品研发中心等，建筑面积约 10 万平方米，形成年产 3900 万件（套）摩托车（含电动摩托车）配件生产能力	2.6
4	松阳汽摩配产业项目	园区四期	主要包括斯莱德机车部件有限公司年产 220 万套电机高性能传动轴项目、凯越汽车配件制造有限公司年产 20 万套汽车离合器生产线项目、华捷驰汽车配件有限公司年产 35 万只汽车玻璃升降器生产线项目、金豪汽车配件有限公司汽车中央控制器、组合开关生产线项目、得迈机械有限公司高性能汽车传动轴、转向管柱、转向轴生产线项目，总用地面积约 70 亩	1.4

3.交通建筑业有序推进，建筑工业化抢先发力。全县共有交通建筑代表性企业 9 家（表 40），主要分布在城区西屏街道及水南街道，多数为市政建筑企业。其中具有交通总承包资质企业共 2 家，浙江林苑路桥工程有限公司、浙江意达建设有限公司具有公路工程施工总承包贰级资质。近年来，松阳县积极引进交通建筑工业化项目，谋划推进交通建筑工业化示范基地建设。松阳绿色交通综合基地项目是全县第一个集商混、沥青等为一体的交通产业配套园区，位于赤寿生态工业区，总投资 1.28 亿元，占地面积约 67 亩，预计 2022 年投产运营，建成后将形成年产 20 万吨沥青混凝土、15 万立方米商品混凝土生产能力，成为全县乃至周边地区规模最大、具备高新技术水平的绿色交通综合产业基地。

2020 年松阳县交通建筑企业一览表

表 44

序号	企业名称	注册资本（万元）
1	山西路桥集团松阳交通建设有限公司	30802
2	浙江林苑路桥工程有限公司	8096

续表 44

序号	企业名称	注册资本（万元）
3	浙江意达建设有限公司	6800
4	浙江方量建设有限公司	5000
5	松阳县沿江实业有限责任公司	3500
6	浙江畅阳交通科技有限公司	2800
7	松阳县子民市政工程有限公司	1018
8	丽水荣华古建筑工程有限公司	1000
9	松阳县宏安交通设施工程有限公司	1000

2020 年松阳县交通关联服务代表性企业一览表

表 45

序号	企业名称	注册资本（万元）
1	浙江维银物联科技有限公司	2000
2	松阳县万通汽车销售服务有限公司	1688
3	松阳县泰美二手车销售有限公司	1000
4	浙江豪瑞商贸有限公司	1000
5	浙江城光联链科技有限公司	1000

4.交通关联服务业起步发展，交通旅游融合创新基础较好。全县共有交通关联服务代表性企业 5 家，主要分布在城区西屏街道及水南街道。

一是积极引进培育智慧交通产业。厦门城光联链科技有限公司是一家专注于智慧城市物联网区块链产业发展，集研发、生产和销售为一体的高新技术企业。松阳县积极对接城光联链公司，重点引入城光联链智慧灯杆项目，依托和发挥智慧灯杆在道路环境感知、监管维护、道路服务、道路安防等方面的优势作用，助力建设智慧公路，发展智慧交通产业。松阳县积极与百度公司及其生态链上下游企业对接并取得突破进展，双方共同推进自动驾驶和数字交通建设场景示范合作，推动智慧交通相关产业在松阳落地。

二是加快建设美丽经济交通走廊，不断挖掘交通旅游等“交通+”产业。全省实施大花园建设行动以来，松阳县以“六边三化三美”及美丽公路建设为抓手，深入实施“四好农村路”助推乡村振兴战略三年行动计划，初步形成“交通+”特色经济、乡村旅游、休闲民宿、历史人文、养生健康等新业态、新模式，助推乡村振兴战略发展。围绕水韵象溪线、茶香江南线、摄影四都线、水墨小港线和卯山特色区块“一区四线”，融入当地民俗文化及山水田园文化，形成一批美丽乡村风景线、精品示范线。最美绿道建设亮点突出，2019 年松阴溪绿道荣获“浙江最美绿道”“浙江省十佳运动休闲绿道”称号，小港、大木山茶园绿道获评“丽水最美绿道”。下一步，还将系统推进松阴溪干流滨水绿道、松阴溪支流绿道、古村古道及古城绿道、自行车骑行赛道、红军步道等“五个百公里”绿道建设。

（二）短板问题

1.综合交通产业总体基础较为薄弱，尚未形成规模效应。全县综合交通产业发展总体规模体量偏小，尚处于点上突破阶段，缺少具有行业竞争力的龙头企业，产业集聚度和影响力较弱，与周边地区产业竞争的优势不够突出。缺乏具有较强产业链上下游带动作用的重大产业项目，形成产业生态尚未形成，集聚高端创新要素能力强、具有较强引领带动性的高能级产业平台有待加快建设。

2.交通运输服务结构不尽合理，发展模式较为传统。从看客货运结构看，2020年，公路运输占客运和货运量比重分别为97%、99%，几乎完全依赖公路运输，下一步铁路干线运输优势亟待发挥。物流企业“低小散”现象突出，未形成规模化物流园区，物流基础设施配套支撑不足，特别是多式联运发展滞后，缺乏多式联运物流枢纽。

3.交通装备制造缺乏核心竞争力，缺少高能级平台。松阳县现有交通装备制造业以汽摩配产业为主，汽车关键零部件生产制造技术不强、附加值偏低，缺乏整车制造企业和集成整合能力。现有松阳工业园区和赤寿生态工业区层次不高，集聚吸引高端装备制造企业仍有一定难度，亟待借力发展、提升能级。

4.交通建筑本地企业市场份额偏低，行业竞争力不足。本地交通建筑企业普遍业务单一、经营资质较低、发展模式粗放，在交通高端建筑领域竞争力不强，难以与市级、省级同行业龙头企业同台竞争，市场份额偏低。交通建筑工业化发展虽已抢先发力，但与发达地区相比，产品门类、辐射范围等仍有较大提升空间。

5.交通关联服务业总体处于起步阶段，特色交通服务亟待培育。作为山区26县之一，松阳县交通基础设施数字化、智慧化水平不高，科技创新投入不多，智慧交通服务发展相对滞后，在提升群众对交通获得感、体验感上仍有较大空间。美丽交通走廊建设、交通旅游融合取得一定成效，但尚未充分发挥生态资源优势，通过交通通道串珠成链，也缺乏有效的交通引导平台，无法满足日益增长的个性化交通旅游需求。交通与文化、能源、金融等相关产业融合不足，交通通道经济、交通枢纽经济谋划有待提速。

（三）发展机遇

1.高质量发展建设共同富裕示范区为综合交通产业发展带来巨大政策红利。高质量发展建设共同富裕示范区是党中央赋予浙江的光荣使命，习近平总书记指出要抓好浙江共同富裕示范区建设，鼓励各地因地制宜探索有效路径，总结经验，逐步推开。这为新阶段浙江高质量发展、竞争力提升和现代化先行注入了强劲动力，而山区26县跨越式高质量发展事关现代化先行和共同富裕示范区建设全局。当前，全省正在推进山区26县“一县一策”精准帮扶，松阳县作为山区26县之一，应乘势而上，推进交通项目建设和交通产业培育“两手抓”，围绕交通促进共同富裕主题，带动综合交通产业跨越式发展，为共同富裕示范区建设贡献松阳经验。

2.高水平全面推进交通强省建设为综合交通产业发展带来巨大市场机遇。浙江省确立了高水平全面推进交通强省建设的战略目标，提出要做精做优万亿级综合交通产业，奠定了综合交通产业发展的重要地位。根据高水平交通强省建设计划，“十四五”浙江省综合交通投资约2万亿元。根据松阳县综合交通运输发展“十四五”规划，“十四五”综合交通投资将达到120亿元，再创新高。在交通建设投资持续高位运行背景下，以交通建筑、交通装备制造、交通运输及关联服务为核心的综合交通产业发展需求将持续旺盛。为此，松阳县要把握交通大投入、大建设带来的巨大需求，乘势而为培育产业优势，为抓好未来万亿规模的巨大市场机遇奠定基础。

3.打造现代化“田园松阳”对综合交通产业发展提出新要求。“十四五”时期，松阳县提出打造经济发展更高质量、生态环境更加优美、改革开放更具活力、城乡发展更加融合、人民生活更加安康的现代化“田园松阳”的总体目标。综合交通产业发展是松阳经济新动能培育、城市能级提升、产业转型升级和大花园最美核心区建设的重要抓手，也是打造现代化“田园松阳”的有力支撑。同时，松阳要把握丽水市“一带三区”空间布局优化态势，加快融入长三角一体化发展大格局，强化与丽水主城区，温州、金义都市区协同联动，主动承接发达地区优质综合交通产业转移，支撑高端要素“引进来”、生态产品价值“输出去”，争当丽水实现高水平生态文明建设和高质量绿色发展的开路先锋。

4.培育交通新基建新动能为综合交通产业发展带来新契机。以新基建为代表的新一轮科技革命背景下，智慧交通、新型轨道交通、无人驾驶、通用航空、交通新材料等新业态新技术新产品不断涌现，交通与信息、旅游、金融、商贸等相关产业融合更为紧密，为松阳综合交通产业发展持续激发新动力。新时期，松阳综合交通产业发展要以创新为引领，谋划实施一批具有特色优势、能够带动全局的重大举措，尤其是聚焦交通数字化、智慧化赋能，率先发力、抢占先机，推动智慧交通相关示范场景应用落地。

二、总体思路与发展目标

（一）指导思想

以习近平新时代中国特色社会主义思想为指导，以“两山”发展理念为引领，围绕高质量发展建设共同富裕示范区总体部署，以“丽水之干”担纲“丽水之赞”，落实高质量绿色发展要求，聚焦综合交通产业新技术、新模式、新业态、新产品，以创建省级综合交通产业发展示范县目标，系统谋划、特色引领、前瞻布局，做大做强汽车关键零部件制造、交通物流设施装备制造、装配式交通建筑3大主导产业，做精做优智慧交通、快递物流等2大特色产业，引导培育交通旅游、交通综合开发等若干新兴产业，构筑形成“3+2+X”松阳特色综合交通产业体系，培育打造省级综合交通产业示范园区，谋划实施一批重大平台、重大项目、重大政策，将综合交通产业努力打造成为全县生态工业跨越式发展的新增长极，为全省山区26县生态工业高质量发展提供“松阳样本”，为建设“田园松阳”升级版提供有力支撑。

（二）发展目标

到2025年，综合交通产业整体实力大幅提升，汽车关键零部件制造、交通物流设施装备制造、装配式交通建筑等领域在山区26县中达到领先水平，综合交通产业占GDP比重持续提升，对经济社会发展和城市能级提升的支撑作用显著增强。

1.产业综合实力明显提升。产业规模不断壮大，产业影响力、辐射力和带动力明显提升，迈入山区26县综合交通产业发展第一梯队，成功创建省级综合交通产业示范县。争取到2025年，综合交通产业总产出超80亿元，增加值超30亿元，年均增长20%左右，占全县GDP比重约17%。

2.特色产业集群基本形成。基本构建形成“3+2+X”特色综合交通产业体系。在汽车关键零部件、交通物流设施装备、装配式交通建筑、智慧交通服务等领域形成特色优势，现代物流业成为松阳综合交通产业新基石，培育3家以上综合交通产业细分领域隐形领军企业，引进百度等一批行业龙头企业和上下游关联企业。

3.高能级平台和项目加速落地。产业平台能级全面提升，成功创建省级综合交通产业示范园区。引进落地交通建筑工业化基地、交通物流设施装备、智慧交通服务等一批示范性、标志性项目，科创平台基本建成，力争在综合交通产业领域实现省级重大产业项目“零的突破”。

三、发展重点与主要任务

（一）做大做强汽车关键零部件、交通物流设施装备、装配式交通建筑3大主导产业

1.延伸拓展上下游产业链，打造实力强劲的汽车关键零部件制造产业集群

依托松阳现有的汽摩配制造业基础，重点发展汽车关键零部件及新能源汽车整车制造，引进一批行业领军企业，落实一批重大项目，建设高能级汽车产业平台，拓展汽车上下游产业链，提高产品附加值。

提升汽车关键零部件制造能力。一是全面提升零部件配套服务水平。充分发挥松阳县不锈钢等基础原材料工业优势，重点围绕传统大型整车制造、互联网整车制造平台生产需求，大力发展汽车协同配套钢材、铝材、电子元器件等产品，提升产品质量与规模；二是开展汽车关键零部件技术攻坚行动。推进先进燃油汽车和混合动力汽车零部件的研发与应用，巩固提升干/湿式离合器摩擦片、传动轴、转向轴、万向节、换挡拉杆等机械零部件，加快培育发展电子点火开关、车窗玻璃升降器、电动油泵、座椅调节电机、电子扇、雨刮电机、分电器等车体电子控制装置，以及智能后视镜、智能记录仪、智能车载导航、车载抬头显示等车载电子电器装置。依托骨干企业，强化与外部院校及研究中心协作，联合建立技术研发平台、检测试验机构，在整车和关键零部件领域加大研发资金投入力度。建设汽车高级技术学校，适应汽车工业对高级技工的需求，建设国内领先的智能技术开发基地。三是加快汽车后市场发展。鼓励本地汽车零部件企业开展国际商标注册，强化品牌国际化发展。大力培育松阳在地汽车文化，采取多种形式扩大销售市场，建设集维修保养、科研开发、展览销售、信息服务和体育娱乐为一体的汽车城。

打造高能级汽车零部件制造平台。一是高起点推动园区整体规划布局。加快推动松阳县综合交通产业园建成省级综合交通产业示范园区，充分依托山海协作优势不断输入资金和先进管理办法，高质量打造松阳—余姚山海协作产业园，建成高能级汽车产业示范基地；围绕汽车零部件制

造企业，瞄准省重大产业项目，形成引领带动效应。二是建立标志性示范性项目储备清单。重点培育和引进整车制造、电子控制装置、智能后视镜、智能记录仪、智能车载导航、车载抬头显示等领域一批示范性、标志性企业和项目，打造集品研发、制造和服务于一体的汽车产业链平台，提高自主创新能力。

加快拓展上下游产业链，引进自动驾驶无人车整车制造产业。一是发挥龙头企业带动作用。依托科马、金豪、华捷驰、斯莱德、凯越等汽车零部件企业的支持带动作用，采用“一事一议”原则，由县政府结合实际情况给予推动相关政策倾斜和资金补贴，全力招引一批汽车电子及关键零部件产业链上下游配套企业和关联项目，提升产业规模化发展水平；支持本地装备制造企业和国内外知名车企强化战略协作，以先进智能汽车制造技术为支撑，强化与世界名牌企业技术合作，深度融入汽车上下游产业链，推动零部件配套生产供应；二是抢抓机遇发展自动驾驶无人车制造。把握自动驾驶发展机遇，依托百度等新势力造车平台，招引新石器无人驾驶商用车等龙头企业，加快无人物流小车、无人清扫小车、无人巡逻小车等自动驾驶车辆整车制造产业集群；三是拓展新能源汽车整车制造。积极引进1–2个新能源汽车整车制造项目，推动新能源智能汽车研发及整车修造，鼓励企业采购本地零部件,带动招引一批以永磁同步电机、电驱动总成、高效减速箱、逆变器等驱动电机电控系统为主的智能网联车载零部件企业。

2.聚焦不锈钢产业迭代升级，推动发展特色鲜明的交通物流设施装备制造聚力综合交通产业发展，重点聚焦交通物流设施装备制造，推动不锈钢产业向装备制造业转型升级，推动智能化提质，加快培育高端装备制造业新引擎，实现不锈钢产业取得新突破。

加快不锈钢产业向装备制造领域转型提升，打造百亿级支柱产业集群。一是夯实不锈钢生产制造基础。提高不锈钢自主研发能力，构建集“技术研发、产品实验、切割加工”为一体的不锈钢科创中心。实施不锈钢管产业“五大工程”，推动不锈钢产业强链补链，做大做强高端不锈钢管产业，建成百亿规模全国一流生产基地。二是推动不锈钢产业进入汽车生产制造供应链。充分依托当前松阳不锈钢产业规模优势，围绕宝丰、宏泰、隆达等不锈钢深加工领军企业，实现不锈钢产业链延链补链强链。探索不锈钢材料应用于节能风扇、缓冲装置、净化器调节装置、汽车燃油管等节能汽车生产。三是强化高端产品研发创新。结合新能源汽车轻量化为发展要求，研发系列低密度材料应用于汽车底盘、车轮轮毂、汽车排气系统、催化系统、高强度车体结构等新能源汽车高端零部件，带动不锈钢产业向高端化、集约方向发展。

打造交通安防设施制造示范基地。充分发挥本土现有不锈钢生产企业的引领带动作用，深入分析交通安防设施市场需求，发展不锈钢标识标牌、智能安全护栏等产业，推动不锈钢企业向道路交通标志标牌生产制造产业链拓展。依托松阳深厚不锈钢产业基底，加大细分领域科技创新研发投入，创新交通安防设施制造，带动不锈钢管产业转型升级，做大做强松阳特色交通安防设施产业。

推进交通物流专用设备制造，培育新增长点。重点围绕不锈钢产业智能化改造多场景应用需求，依托和发挥江南数控等项目带动作用，推动发展多辊式周期冷轧机、精密高频直缝焊管机组、精密冷弯成型机组、自动化开口液压剪切机、高效节能光亮退火设备、节能型管坯加热炉等智能化不锈钢管生产加工设备，大力发展非标专用车间物流智能化成套设备、自动化高速输送及备货设备等仓储物流设备制造产业；充分结合松阳衢宁铁路货运业务开通的历史机遇，加快引进新鑫冷链不锈钢企业,研发生产冷藏式集装箱,带动延长不锈钢产业链，提升产业附加值，同时满足松阳农产品冷链物流发展需要。

3.打造交通建筑工业化示范园区，引导交通建筑绿色化发展

结合松阳多山的县域地貌特征，抢抓综合交通建设和新型基础设施建设的重大机遇,积极拓展装配式建筑、砂石料等交通建筑材料产业链，建设建筑工业示范基地，培育交通建筑领域领军企业，推动松阳交通产业跨越式发展。

推动交通建筑工业化发展，建设装配式建筑生产基地。一是加快基地布局。充分发挥建筑资源材料供应相对充足、投资环境条件良好等优势，聚力浙西南重大交通装配式建筑生产基地规划建设，实现标准化设计、工厂化生产、装配式施工。规划布局临时性大型桥梁预制构件生产基地，满足重点工程桥梁预制构件

堆存专用场地使用；二是提升交通工程信息化水平。结合衢丽铁路建设、义武松龙高速等重大交通工程项目，有序推进建筑信息模型应用，提高构件制造精度和施工效率，促进工程建设项目全程信息化，实现交通工程建设提质增效；三是培育交通建筑工业化企业。支持本土优质交通建筑新企业做大做优，以隧道、大型桥梁等交通建设为重点，引领带动一批施工、养护、设计、监理、检测专业企业，全面提升本土装配式建筑企业的市场竞争力。

推广交通建筑新材料发展，打造砂石料产业集群。一是推进交通建筑新材料应用。结合松阳“四好”农村路等交通工程建设新需求，按照绿色低碳发展原则，配置绿色高效加工设备，调整相应的工艺流程，不断提升建筑材料的深加工能力，持续推进建筑新材料和环保材料的研发与应用，全面提升松阳建筑新材料供应能力；二是规范砂石料行业有序运行。持续推进松阳县砂石资源整治工作，按照“规范化、生态化、规模化、产业化”的发展模式，根据不同矿产资源的不同特点，科学编制砂石料产业发展规划，因地制宜设置建筑材料基地，实现矿产的集中高效开采。逐步推行“个升企，小升规”工作，规范和整治“低、小、散”经营点，推动建成高质量发展的砂石料产业集群。

（二）做精做优智慧交通和快递物流两大特色产业

1.抢抓“新基建”建设机遇，培育智慧交通产业

充分把握新型基础设施建设契机，构建松阳智慧交通大脑，推进智慧公路、智慧枢纽建设等智慧交通场景落地，全面提升县域交通安全性与效率，带动智慧交通相关产业链发展，形成山区26县智慧交通产业发展样板。

发挥智慧交通行业领军企业龙头带动作用，培育智慧交通全产业链。重点依托百度等行业龙头企业，抢抓交通新基建机遇，引进百度智慧交通上下游企业，培育发展毫米波雷达等交通新基建装备制造，构建自动驾驶生态链；通过整合道路侧多元感知数据，融合多场景语义理解、动态高精地图、边云协同框架、松耦合通信接入、亿级移动出行用户终端触达能力，打造无人驾驶智慧出行平台，满足未来交通自动驾驶车辆规模化应用、协同云控应用需求。

打造智能交通装备制造产业园，推动重大项目招引落地。依托省级综合交通产业示范园区创建，在赤寿生态工业区规划建设智能交通装备制造园。以百度交通事业部、厦门城光联链等龙头企业为引领，集聚智慧产业要素，引进培育一批智慧基础设施“领头雁”企业，形成具有较强竞争力的智能交通装备制造产业集群，打造集产品研发、制造和服务为一体的智能交通产业体系；充分结合智慧交通理念，聚焦交通基础设施数字化、智慧化，现代物流业、交通物流新业态等领域，积极引进“大好高”项目，谋划储备一批重点项目。

以智慧道路、智慧公路、智慧园区等新基建为切入点，引导智慧交通产业落地。一是推进城市路侧设施智慧化提升。加快智慧道路路侧相关设施建设，重点布局路侧毫米波雷达、边缘计算设施、传感器等新基建设施，满足自动驾驶运行需求。二是以推进公路智慧化改造。以省道222为智慧交通建设先行路段，以智慧灯杆、智能预警系统、行人过街自动预警系统建设为重点，全面提升交通设施的安全性和运行效率，着力形成一套可复制可推广的智慧交通“县域样板”，全面提升交通智慧化水平；三是大力推进园区智慧化改造。推动物流园区，工业园区智慧化改造，重点建设智慧搬运、分拣、仓储等设施，推动相关智慧交通产业项目落地。

深化落地智慧交通场景应用，培育智慧交通服务业。一是打造松阳交通大脑。按照“1+4+5”的框架（“1”为基于一个城市数据大脑；“4”为打造监测优化、综合指挥、便民服务、辅助决策四个支撑平台；“5”为开发建设5大应用系统：综合指挥平台、人工智能信号灯系统、公众服务系统、设备智能管理系统、城市态势分析展示平台）打造集数据交换、信息存储、综合处理和管理服务于一体为一体的松阳交通大脑；二是提升综合交通治理能力。整合松阳市域铁路、公路城市道路、物流园区等交通信息资源，深入挖掘大数据增值服务，建立数据采集、更新、数据库运行、维护等长效机制，提升综合交通领域监管能力和决策执行能力；三是推动智慧交通服务创新。超前谋划智慧交通产业发展顶层设计，编制智慧交通发展三年行动计划；积极与行业头部企业合作，在杭州、上海等地谋划建设智慧交通科创飞地，为松阳智慧交通

产业发展提供人才和创新支撑。

2.提升物流枢纽能级，发展现代物流业

依托松阳公路物流良好基础，铁路起步发展机遇，推进运输结构调整，推动大宗货物运输“公转铁”，实现多种交通运输方式无缝衔接。统筹城乡物流资源，加快补齐农村物流设施短板，培育发展快递业，构建广覆盖、深通达的农村快递和物流配送体系。

建设浙西南公铁物流中心，发展多式联运。依托松阳铁路枢纽，建设浙西南公铁物流中心，打造区域性物流枢纽，打开“通江达海”的便捷“大通道”、进一步打造“沿海山区”的最美“大花园”。一是完善园区功能布局。规划布局铁路货运、公路运输、城市配送、快递分拨等功能，发展公铁等多式联运服务，全县降低物流成本。二是谋划打造浙西南物流信息中心。搭建高效运作的公铁联运平台，实现多式联运“一站服务、一次托运、一票到底”。三是谋划推进海铁联运发展。发挥海铁联运优势，加强与宁波舟山港、温州港、宁德港合作，聚焦矿产资源、农副产品、工业新产品，打通出口贸易物流通道。依托铁路货运通道，通过衢州枢纽中转，构筑与内陆地区联动发展的新格局。

加快枢纽型物流园区和重要节点建设，创新物流模式。一是加快完善物流设施。以多式联运为切入点，引导货运站场向物流园区转型，加快推动浙西南公铁物流中心、赤寿工业园物流园区、农产品冷链物流园和松阳县农村电商物流分拨中心等一批物流仓储项目提升和建设。二是发展制造业供应链物流。围绕服务全县不锈钢和交通装备制造产业发展，培育专业化供应链物流模式，形成集物流总部、货运配载、区域分销、物流信息和金融等综合物流服务一体化平台，打造特色供应链物流园区。三是大力推动运输结构调整。制订针对性政策，强化铁路运输政策引导，推动不锈钢、装备制造等重点企业与铁路货运企业对接合作，鼓励支持不锈钢原材料及产成品等大宗商品和原材料“公转铁”，逐步提升铁路货运比例。

推进冷链物流、城市配送、农村物流协同发展，构建现代物流体系。积极打造层次分明、设施完备、功能完善的城市配送和城乡物流体系，建立完善配送网络。一是加快冷链物流基础设施布局建设。依托浙南茶叶市场的全国影响力，重点针对茶叶、香榧、油茶和食用菌等冷链物流需求，优化全县存量冷链物流设施资源，联动周边地区茶叶市场、农产品市场，构建高效的冷链物流配送网络。二是大力发展绿色城市配送。以“智慧+”为引领，构建城市绿色货运配送运行监测服务平台，实现货运配送行业运行监测、行业服务分析与决策、数据共享与综合信息服务。三是优化农村物流服务。整合县域配送服务设施和乡镇末端配送网点服务设施，鼓励邮政快递企业、城市配送企业创新统一配送、集中配送、共同配送、夜间配送集约运输组织模式。创新推广“公交+物流”“公交+邮政”“公交+商贸”等多种模式的城乡配送试点经验，布局开通一批城乡配送“货运公交”线路和农村物流班线。开展工业制品进村，农产品进城的双向物流模式，加强农村配送设施建设，促进农村地区商品双向流通，实现城乡一体化配送。四是进一步完善物流电商服务。构建完善“县域电商物流分拨中心—乡镇物流配送站—村服务点”三级电商物流网络，汇总各级物流网点的数据信息，对货物进行集中分拣中转。统筹货运车辆、线路和货物资源，通过集中揽货、分拣、中转、结算，提供电商物流末端收发专业化运输服务。

（三）引导培育交通旅游、交通综合开发等若干新兴产业

1.围绕大花园核心区建设，构筑“田园松阳”诗画风光特色旅游交通廊道

以为人民提供更美好的出行体验为目标，推进“一园五美九大工程”建设，推动交通运输与旅游、产业、文化等领域融合发展。以构筑“田园松阳”诗画风光特色旅游交通廊道为引领，培育旅游消费新动能，不断拓宽旅游服务链条、提升旅游服务品质，更好满足公众高品质、多样化的出行需求。

打造美丽交通走廊，构建快进慢游的全域旅游交通体系。一是构建快进快出旅游交通体系，依托铁路、通用航空、等级公路等构建“3+2+5+N”“快进”交通网络。加快干线公路与景区公路连接线以及相邻区域景区之间公路建设，在有条件的地区形成旅游环线，提高旅游目的地的通达性和便捷性。二是健全旅游景区交通集散体系，持续提升公共交通支撑旅游业发展水平，创新客运服务，布局一批旅游公交线路，开拓定制型、高端型旅游公交服务，建立便捷的旅游交通体系。

松阳县"3+2+5+N"立体互联内外交通格局一览表

表 46

发展格局	交通设施
"3 大航空共享"	丽水机场、遂昌 A2 级通用机场和松阳 A1 级通用机场
"2 条铁路交汇"	衢宁铁路、衢丽铁路
"5 条公路串联"	溧宁高速、义乌—龙泉高速、缙云—江山高速、235 国道和 222 省道（原 50 省道）
"N 条线路通脉络"	松公路、港排线、X707、Y708、江南公路、新海线、X701 西里段、新谢玉线、古谢玉线等线路

提升四好农村路，建设一批"路景产人"融合示范路。一是强化农村公路基础设施建设。提升公路智慧化水平，打造弯道会车、行人过街等智慧化系统，提升综合交通安全性。建设一批松阳公路驿站，提供汽车租赁、汽车加油充电、能量补给、休闲购物等服务。完善公路沿线观景平台、自驾营地、生态停车场、自行车道及公共厕所等服务设施，加强应急抢险救援等公共服务。二是系统梳理道路景观风貌。对沿线绿化进行补植、洁化，植入具有松阳 IP 特色的景观小品，形成错落有致的绿化美化景观。沿次干道扩建绿道，根据不同乡镇特色设置特色化的文化指引。

打造田园松阳路上运动示范赛事，培育赛事经济。一是打造松阳特色的赛事品牌。依托松阳山地、平原兼备的独特地理条件及"四好"农村路、绿道等基础设施，推动田园松阳山地马拉松赛事提质升级，积极谋划自行车、摩托车等示范赛事，带动松阳全域体育旅游业发展。二是以赛事招引服务企业入驻。以松阳特色体育赛事为依托，全力招引培育一批赛事策划、营销、运营企业，全面提升城市产业多样性和提供经济转型发展新动能。

发展森林旅游，打造最美森林风景道。建设互联互通的森林景观廊道网络，有机串联一批森林城镇、森林村庄，打造独具特色、风格鲜明的森林休闲养生基地。一是建设"醉美"森林风景道松阳段。以龙丽高速、S222 省道、松阴溪为轴线，联动卯山国家级森林公园、松阴溪水利风景区等森林旅游点，优化林相结构、增加景观小品，引导发展生态休闲、户外运动与农业休闲等业态。二是谋划秘境小港风景道。以港排线、小港溪为轴线，以"松阳最后的山林秘境"为主题，坚持旅游开发与森林保护相结合理念，谋划建立山林探秘自驾风景道，探索构建空中森林步道。

打造"七线联动"七大文化主题慢行绿道系统。一是布局建设慢行交通系统。以瓯江山水诗路为主轴，构建依托山脊、山谷、溪流等自然廊道与现状基础路网，形成古道、骑行道和游步道相结合的全域生态慢行系统。二是加快沿线特色基础设施建设。沿线设置具有不同主题特色且兼备休憩、购物、观景等功能的绿道驿站，打造网红景观小品，设置风格化标识系统；同步完善公共自行车租赁系统、观景平台、公共厕所等沿线配套设施。

2020 年松阳县"七线联动"绿道系统情况一览表

表 47

绿道	线路走向	提升方式
松阴溪绿道	沿松阴溪，北至遂昌，南至丽水	加强松阴溪两侧境整治，丰富体验项目，优化景观节点，增设网红节点
水韵象溪绿道	沿 50 省道松阳雅溪口至裕溪乡段	紧扣耕读畲风文化主题，打造生态绿道，串联起雅溪口，象溪欢乐水世界、水韵象溪村、裕溪油茶产业园等节点
摄影四都绿道	新建 G235 国道松阳段	加强对农村公路的提升改造、安保设施的增设及打通一批景观断较好的头路等，同时在道路两侧设置景观摄影平台，写生平台

续表 47

绿道	线路走向	提升方式
茶香江南绿道	沿新建仙居至庆元公路松阳段	加强对农村公路的提升改造、完善安保设施、打通断头路等措施
文化卯山绿道	沿新建松阳赤寿至卯山公路	加强对农村公路的提升改造、完善安保设施、打通断头路
水墨小港绿道	沿改建 G235 国道松阳段、黄南水库淹没公路、弓桥至乌弄口公路	加强对农村公路的提升改造、完善安保设施措施
风情石仓绿道	沿 235 国道松阳至云和石塘镇段	紧扣客家、创客主题文，打造具有客家风情的生态绿道，同时以省级旅游风情小镇的标准配置景观节点以及标识系统

2.以交通枢纽综合开发为重点，积极培育枢纽经济

借鉴杭州西站综合开发等经验，强化松阳火车站、高速服务区等重要交通节点综合开发，培育发展枢纽经济，推广“交通+物业”“交通+社区”“交通+小镇”“交通+新城”等发展模式，打造交通空间集约开发新样板。

推进交通综合开发，培育发展枢纽经济。一是谋划建设高铁新城。依托松阳高铁站区位优势，推动以公共交通为导向的综合开发，谋划建设高铁新城，打造产城融合、绿色宜居的新城市空间，推动松古平原一体化发展。二是鼓励地上地下交通空间综合开发。集合铁路枢纽、道路客运枢纽、公交场站、物流园区等建设，推动地上地下交通空间开发，创新“枢纽+商业”“枢纽+物业”开发模式，提升空间利用率。三是推动未来社区交通物流相关场景落地。围绕未来社区建设，创新街区道路分级、慢行交通便利化设计，探索共享办公空间、共享会议空间、创业交流空间，实现“人畅其行、车畅其道、物畅其流”。

四、实施“三个重大”工程

（一）重大平台

加快建设 5 个重大平台，争创省级综合交通产业示范园，积极争取纳入万亩千亿平台、省级特色小镇等平台，打造松阳综合交通产业发展核心载体。

2020 年松阳县重大平台汇总一览表

表 48

序号	产业平台	规划范围和面积	功能定位	主导产业	总投资（亿元）
1	松阳省级综合交通产业示范园（创建）	位于松阳县赤寿生态工业区，紧邻 222 省道与龙丽温高速，拟规划用地面积 1500 亩	省级综合交通产业示范性园区	汽车关键零部件、新能源汽车整车制造、智慧交通装备等	—
2	浙西南公铁物流中心	位于衢宁铁路松阳货场与溧宁高速之间，规划总用地面积约 1500 亩，其中松阳货场用地面积约 350 亩	集产业集聚、公铁联运、海铁联运、多元物流服务于一体的现代综合物流产业园区	公铁联运、现代仓储	10
3	松阳工业园区	位于丽水生态产业集聚区松阳分区	特色化的装备制造产业集群	汽车摩擦材料和汽摩配零部件制造	—
4	百度智慧交通示范场景应用平台	全县	山区 26 县智慧交通场景应用示范样板	智慧交通服务	—
5	浙江省数字公路应用技术研究中心松阳分中心	—	浙西南数字公路领域的技术创新中心、成果转化中心、技术咨询服务中心和人才培养中心	数字公路应用技术研究	—

1.松阳省级综合交通产业示范园（创建）。位于松阳县赤寿生态工业区，紧邻222省道与龙丽温高速，拟规划用地面积100公顷。拟创建的综合交通产业园以赤寿生态工业区一期现有恒兆智能制造园区为依托，适当拓展二期规划地块。以高端化、绿色化、集约化为特色，重点聚焦发展交通装备制造产业，着力引育汽车关键零部件、交通物流设施装备、交通新基建装备、新能源汽车和无人物流整车等高端制造产业，集“智造、研发、平台、服务”为一体，推动产业、交通、空间协同发展，形成交通产业集群高地，创建省级综合交通产业示范性园，打造浙西南地区最具竞争力的交通装备制造基地。

专题　松阳省级综合交通产业示范园发展规划

一、园区范围和选址分析

（一）规划范围：位于松阳县赤寿生态工业区块范围内，紧邻222省道与龙丽温高速，总规划面积约100公顷。

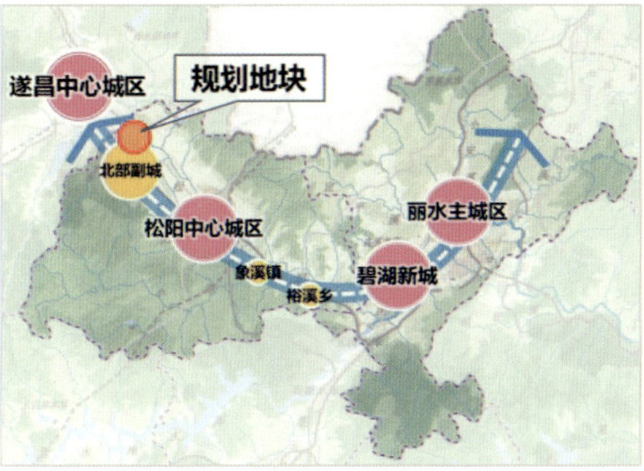

图6　松阳省级综合交通产业示范园园区位置图

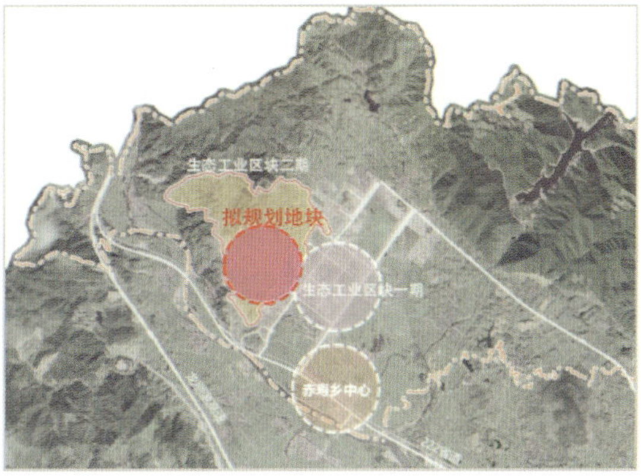

图7　松阳省级综合交通产业示范园园区规划范围图

（二）选址分析：园区所在的赤寿生态工业区是松阳县打造“万亩工业平台”和智能制造新城的主平台、主战场。依托正在规划建设的恒兆智能制造产业园，充分考虑现有产业基础、未来发展空间、产业服务配套等因素，该区域是集聚发展交通装备制造产业的理想选址。

园区道路主框架已基本规划完成，对外可通过龙丽温高速、222省道快速接入长三角高速公路网、无缝连接松阳中心城区快速路网，对内已形成四通八达的道路网络。园区基础设施配套成熟，周边已建有水网、电网等重要基础设施，市政管网布局完善。

同时，园区所在区域紧邻松阳古赤新副城板块，布局有功能完善的公共服务、商业服务设施和生活社区，可以就近为园区提供高质量的生产生活配套服务，营造产城融合的发展环境。

二、总体功能布局

结合全县综合交通产业发展导向，坚持高起点规划、高标准建设、高水平管理，着力完善产业创新体系、服务体系、生态体系，规划构建“一心三区”总体布局打造百亿级交通装备制造产业集群。

“一心”——智慧交通产业创新中心

聚力打造集设计研发、技术创新、创业孵化、科技服务、人才培训、公共服务、技术转化等功能于一体的智慧交通产业创新服务综合体，积极搭建科创中心、产业园、中小微企业园等高能级双创平台，促进领先科技、先进技术、高端人才、创新成果、产业基金等创新要素高效集聚，为智慧交通产业发展提供技术创新和智力资源支撑，形成推动产业集群发展的核心引擎。

“三区”——三个交通装备制造功能区

规划布局智慧交通设施装备制造区、交通装备关键部件制造区、交通装备系统集成及创新制造区。围绕汽车关键零部件、新能源汽车整车制造等交通装备核心制造领域以及关联制造、系统集成等关键生产环节打造产业化基地，全力引进和培育技术水平先进、综合竞争力强、带动作用明显的标志性产业项目和补链、强链、优链的优质产业项目，促进要素集中、资源整合、能效提升，形成产业集群发展的主导空间。

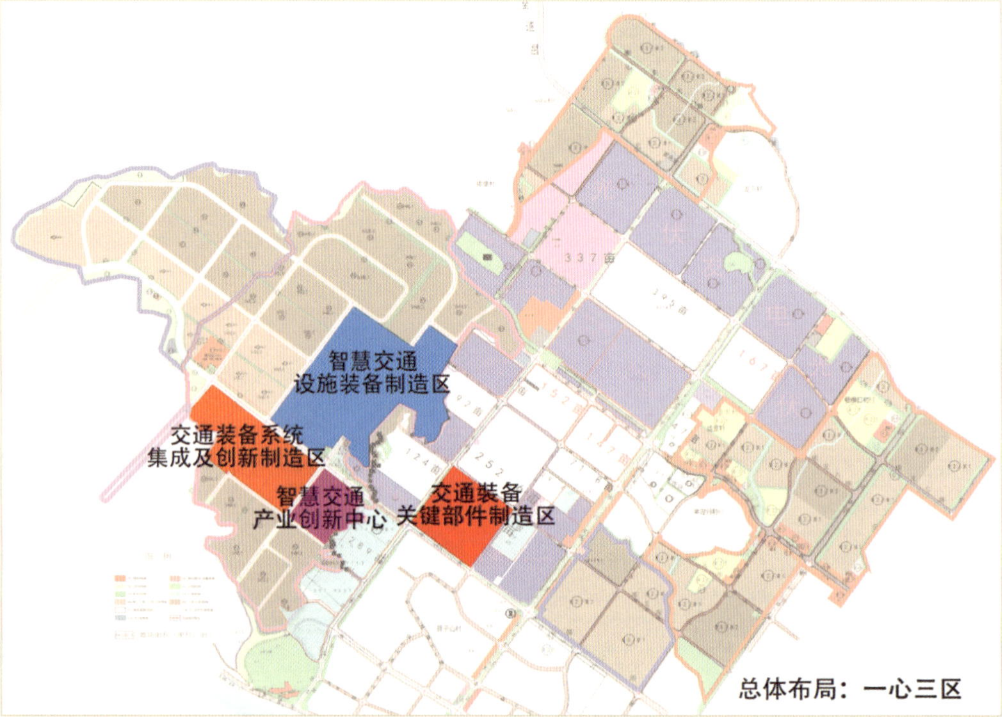

图 8　松阳省级综合交通产业示范园园区总体布局及功能分区图

三、功能分区

（一）智慧交通产业创新中心

规划范围：位于赤寿生态工业区块（二期）规划的主出入口处，规划面积约 10 公顷。

建设重点：加强产学研协同创新，重点建成智慧交通产业创新服务综合体，集成技术创新中心、产学研协同创新中心、创意工业设计中心、公共创新服务中心、知识产权服务中心及创新创业孵化中心等综合功能，构建“研究院+孵化器+加速器”的创新体系。积极联系同济大学、东南大学，及吉利汽车等高校院所、科研机构和企业研发中心，重点开展智慧交通、车路协同、自动驾驶、交通新基建等前沿关键技术研发和产品应用研发。大力引入高层次人才及创新创业团队，搭建中小微企业园、科技创业园等创新成果转化平台，进一步完善技术评估、产权交易、技术转化等科技服务，构建积极健康的创新生态。

（二）智慧交通设施装备制造区

规划范围：紧邻智慧交通产业创新中心，位于北侧，规划面积约 40 公顷。

建设重点：聚焦汽车关键零部件、新能源和无人物流整车、交通新基建装备等核心制造领域，围绕龙头企业建设专业化产业基地，突出重大项目示范带动，推动产业集群发展。全力培育和引进无人物流整车制造项目，鼓励企业采购本地零部件，带动招引一批高效化、高功率密度的永磁同步电机、电驱动总成以及高效减速箱、逆变器等驱动电机电控系统等智能网联车载零部件企业，实现关键核心装备的规模化量产，打造具有标志性、引导性的交通装备制造示范项目。支持现有骨干企业利用新技术、新业态、新模式推进产品和工艺升级，提升数字化、智能化创新应用水平，充分发挥龙头企业的引领作用，形成大企业大集团带动、中小微企业协同的发展格局。

（三）交通装备关键部件制造区

规划范围：位于赤寿生态工业区块一期恒兆智能制造产业园，在此基础上作适当拓展，面积约为26.67公顷。

建设重点：聚焦交通装备关键部件等关联制造领域，突出专精特新导向，围绕优势细分领域构筑市场竞争优势。充分发挥科马、金豪、华捷驰、斯莱德、凯越等汽车零部件企业的支持带动作用，重点培育和引进电子控制装置、智能后视镜、智能记录仪、智能车载导航等一批汽车电子及关键零部件产业链上下游配套企业和关联项目，努力打造浙西南地区产品最齐全、配套最完善、最具竞争力的交通装备关键部件生产基地。支持本地装备制造企业和国内外知名车企强化战略协作，以先进智能汽车制造技术为支撑，强化与世界名牌企业技术合作，深度融入国内新能源汽车上下游产业链体系，深度融入汽车产业分工，推动零部件生产供应国际化。

（四）交通装备系统集成及创新制造区

规划范围：紧邻交通装备制造产业创新中心，位于其西侧，规划面积约为23.33公顷。

建设重点：瞄准新能源汽车等交通装备制造产业升级方向，积极拓展面向未来的新型交通装备制造领域，聚焦智能网联系统、智能装备系统等系统集成领域产业布局，优先承接前沿技术成果转化项目，推进交通装备制造与系统集成的协同创新，加强产业链上下游产品的深度融合。预留未来大项目发展空间，开展产业链精准招商，重点引入国内外交通装备制造领域龙头型、平台型、基地型引领项目，吸引有实力、有技术的优质企业落户园区。

专栏1 国内先进园区经验借鉴

（一）苏州工业园区——全国领先的智能装备园区

苏州工业园区在国家级高新区综合排名中位列第四，连续五年在国家级经开区综合考评中位列第一，是科技部着重建设的世界一流高科技园区之一，被誉为“中国改革开放的重要窗口”。

苏州工业园区的成功经验主要包括：一是注重规划先行。当国内一些开发区停留在“边开发、边规划”“先开发建设后补规划”阶段时，园区投入3000余万元，由中新双方专家联合编制第一版总体规划，成为全国开发区遵循科学开发规律的范本。二是突出先行先试。园区始终围绕优化外向型经济存量、创新开发区管理体制等问题，开展富有创造性的试验和实践。如率先在全国开展开放型经济新体制综合试点试验、中新跨境人民币创新业务试点、贸易多元化试点等国家级试点。三是强化亲商服务。建立“三库”、“三通”（人口库、法人库、地理信息库和政务通、居民通、企业通）的“城市大脑”，在全国率先设立中小企业服务中心，围绕投融资、项目申报、企业认定、知识产权等事项开展“代办制”服务，形成了专业化、精细化招商亲商服务体系。

（二）临沂物流装备产业园：国内首家专业物流装备产业园区

临沂物流装备产业园主要发展智慧仓储设备、智慧运输设备、智慧识别系统及分拣系统、机器人作业系统、工业无人机、智慧装备部件六大装备制造产业。依托多元化的投资渠道、繁荣的商贸市场和发达的物流网络，以智能物流装备的巨大需求，带动智能物流装备制造产业园建立领先技术示范试验区，吸引机械化、自动化、智能化物流装备生产商、服务新型物流企业进驻。

临沂物流装备产业园的成功经验主要包括：一是良好的政策环境。临沂是国家现代物流创新发展试点城市、国家物流标准化试点城市、智慧物流配送示范城市、综合运输服务示范城市。《全国流通节点城市布局规划（2015-2020年）》明确临沂作为区域级流通节点城市，为临沂物流装备业营造了良好的政策条件。二是完善的服务平台条件。罗庄区出台了《罗庄区服务经济发展激励政策》《“马上就办、一次办好”优化营商环境十条措施》《罗庄区损害营商环境问责办法》等问政措施，同时建设政策、业务、人才、技术、金融、品牌六大产业服务平台，为入驻园区企业提供全方位产业服务功能，助力企业快速成长。

2.浙西南公铁物流中心。位于衢宁铁路松阳货场与溧宁高速之间，规划总用地面积约100公顷，其中松阳货场用地面积约23.33公顷。依托衢宁（丽）铁路松阳站，以浙西南区域建材、有色金属深加工、装备制造等产业为服务对象，以公铁联运和现代仓储为核心，商品交易为辅助，建成集产业集聚、公铁联运、多元物流服务功能于一体的现代综合物流产业园区，打造立足丽水、面向浙西南、辐射闽浙皖赣的区域性物流中心。

3.松阳工业园区。位于丽水生态产业集聚区松阳分区。以汽车摩擦材料和汽摩配零部件制造为核心，依托科马、金豪、华捷驰、斯莱德、凯越等汽车零部件企业及重大项目引领带动作用，积极承接温州等地相关产业外溢，全力招引汽车电子及关键零部件项目，同时加大产业链上下游配套企业和关联项目引进力度，不断提升产品智能化、产业规模化发展水平，形成特色化的装备制造产业集群，助力全县高端装备制造业发展，有力支撑智能制造新城建设。

4.百度智慧交通示范场景应用平台。依托百度Apollo自动驾驶开放平台资源，整体边缘智能、云端服务等多元数据融合分析能力，采集处理交通数据，搭建城市交通感知网络，辅助车辆驾驶决策，加快实现智能网联、远程驾驶和无人驾驶，打造“聪明的车，智慧的路，全能的网”，支撑智能信控、智能交通、自动驾驶、智能停车、智能货运、智能车联等不同行业应用场景，提高城市交通公众出行服务水平，打造小城市智慧交通应用的示范样板。

5.浙江省数字公路应用技术研究中心松阳分中心。中心将围绕公路智慧化建设和运营的目标要求，联合浙江交通职业技术学院、杭州智诚等浙江本地院校和企业优势资源，在交通发展规划与决策研究、数字公路研究、教学实践基地建设、高层次人才工作站建设等方面进行全方位战略合作，推动实现科技成果转化、高科技企业孵化及高端人才队伍建设等的松阳本地化，助力自动驾驶、智能交通等的产业化落地，打造成为浙西南数字公路领域的技术创新中心、成果转化中心、技术咨询服务中心和人才培养中心。

（二）重大项目

按照推进一批、实施一批、储备一批的原则，做好综合交通产业重大项目储备，“十四五”期间，重点实施10个重大项目，总投资超40亿元。

2020年松阳县综合交通产业重大项目情况一览表

表49

序号	项目名称	建设内容和规模	总投资（亿元）
1	智能制造装备产业项目（含部分企业入驻）	规划总用地面积580亩，总建筑面积68万平方米，主要建设汽摩配、智能装备制造生产线及附属配套设施	16.8
2	浙江科马摩擦材料有限公司科技产园项目	新增用地面积90亩，新建年产1200万套新能源盘式刹车片、500万台套纸基摩擦片、3000吨T2环保无溶剂新型离合器摩擦片、2500吨高强度、抗拉耐磨复合纱线项目	2.9
3	浙江瓯江实业有限公司年产3900万件（套）摩托车（含电动摩托车）配件生产线项目	项目用地面积100.4亩，建设内容包括生产车间、产品研发中心等，建筑面积约10万平方米，形成年产3900万件（套）摩托车（含电动摩托车）配件生产能力	2.6
4	松阳汽摩配产业项目	主要包括斯莱德机车部件有限公司年产220万套电机高性能传动轴项目、凯越汽车配件制造有限公司年产20万套汽车离合器生产线项目、华捷驰汽车配件有限公司年产35万只汽车玻璃升降器生产线项目、金豪汽车配件有限公司汽车中央控制器、组合开关生产线项目、得迈机械有限公司高性能汽车传动轴、转向管柱、转向轴生产线项目，总用地面积约70亩	约1.4

续表 49

序号	项目名称	建设内容和规模	总投资（亿元）
5	松阳绿色交通综合基地	设 4000 型沥青拌合楼一套，HZS180 混凝土拌合楼二套，含办公用房、配套设施及标准化场地建设。占地面积约 67.55 亩	1.3
6	浙西南公铁物流中心	用地面积 1500 亩，其中松阳货场用地面积约 350 亩	10
7	北京百度智行科技有限公司智慧交通项目	开展自动驾驶、车路协同、智能交通、人工智能等	—
8	上海新石器科技有限公司无人驾驶商用车超级工厂项目	建设 L4 级无人驾驶智造生产线等	3
9	厦门城光联链科技有限公司松阳综合交通产业园项目	包括推进综合交通产业园建设、培育发展智慧交通产业、开展山区公路数字化智管建设等。引进年产 55 万套智慧交通设备生产线项目	1.2
10	浙江新鑫供应链集团有限公司冷链物流装备项目	总占地面积 100 亩，总建筑面积约 4.55 万平方米，形成年产 1800 个集装箱生产能力	2.1
合计			41.3

（三）重大政策

1.交通装备制造产业政策。一是出台引进优惠政策。对于整车和关键零部件项目引进采取“一企一策、一事一议、一对一服务”的工作模式。二是加大金融支持。发挥财政资金引导作用，组建产业基金，做好银企对接，强化贷款授信支持。三是强化用地保障。做好产业规划与土地利用规划的衔接工作，保障重大项目用地，积极争取省重大产业项目。四是完善配套设施。加强道路交通通道规划建设，完善园区集疏运体系，完善物流设施。五是营造发展环境。建立重点招商引资项目帮办（代办）服务机制，形成多层次、多渠道的“工业园区代办、政务中心帮办、工信部门协调”的帮办（代办）良好服务氛围。

专栏 2　温州市汽摩配产业支持政策

1.保障重大项目土地空间。对列入年度市重大项目计划的汽车整车及动力、制动、转向、电子控制等关键零部件制造项目、新能源汽车等产业项目，给予特殊的优惠政策。

2.加大龙头企业培育力度。对入库税收首次达到 3000 万元、5000 万元、1 亿元、5 亿元和 10 亿元的汽摩配企业，分别给予 60 万元、100 万元、200 万元、1000 万元和 2000 万元的奖励。

3.支持汽摩配企业整合重组。税务部门要认真落实企业整合重组相关优惠政策；对于企业整合重组过程中产生的规费，住建、国土资源等部门要予以优惠，并允许企业在两年内补缴。

4.对新增的规上汽摩配企业，一次性给予 10 万元奖励。

5.对在汽车整车、专用车和改装车生产资质等方面获得国际认证、国家相关资质认证的企业，经评定后由市财政给予 50 万元的奖励。

6.支持汽摩配企业加大技术改造。对一年内设备投入 500 万元以上的技术改造项目，按照实际到位设备和增值税发票，由市财政对国际先进进口设备奖励 15%，国产高档设备奖励 10%；对单个企业补贴最高不超过 500 万元。

7.支持汽摩配企业协同创新。对市区汽摩配企业取得国家认定企业技术中心等研发机构，由市财政给予 200 万元奖励；对新认定的省级、市级技术中心，由市财政分别给予 30 万元、10 万元奖励。对设有研发机构和技术中心的企业，在申请市工业和科技重大创新项目时，予以优先考虑。

8.支持企业关键技术创新。对行业共性和关键性技术创新项目，按项目研发投入的30%以内给予奖励，最高不超过50万元。

9.支持企业产业协同与规模化发展。对主营业务收入超10亿元的龙头企业订单本地化生产，每增加1家配套企业（与龙头企业开票销售收入达1000万元以上），一次性奖励龙头企业10万元。

10.支持企业参加专业展会。对企业参加市政府境外自办展给予展位费全额补助，展品运输费给予50%的补助；参加其他市政府支持的重点国际性展会的，给予展位费80%的补助，境外每个展位最高不超过2.5万元，境内每个展位最高不超过8000元，对宣传“温州汽摩配”区域品牌形象和产品的公共布展费给予50%的补助。对企业参加上级政府及商务主管部门举办的进口展销会、重点服务贸易展览会、境外承包工程展的展位费给予50%的补助。同一展会每家企业最多补助4个标准展位。

2. 交通建筑工业化政策。一是强化用地保障。在建设用地计划中予以倾斜，重点保障基地（园区）建设。二是强化项目建设引导。在重大交通项目中，试行将预制构件标准化设计、工厂化生产、装配化施工作为新建交通工程项目可行性研究报告及初步设计方案评审的重要因素。三是强化资金支持，支持与交通建筑工业化基地相配套的场站、物流园区、专用码头等集疏运设施建设。对大型预制构件运输给予绿色通道和通行费减免等扶持。

专栏3　浙江省交通建筑工业化发展指导意见（征求意见稿）

1.强化工业化基地用地保障。落实《关于推进绿色建筑和建筑工业化发展的实施意见》，各地可根据交通建筑工业化发展目标任务和土地利用总体规划、城市总体规划等要求，在每年建设用地计划中安排专项用地指标，重点保障基地（园区）建设。将综合交通产业纳入省重大产业项目统一管理，单列一批符合全省规划布局要求的省级交通建筑工业化示范基地，作为省级重大产业项目，给予用地计划指标奖励。强化交通建筑工业化基地作为交通基础设施的属性，依托若干省级重大交通工程项目，探索将工业化基地作为交通工程附属设施进行统一规划、报批和建设，通过省重点交通项目解决用地计划指标。鼓励符合规划要求、具有市场潜力的预制场临时用地，办理用地审批手续后，以工业用地用途通过招拍挂方式供地，逐步取消预制构件加工临时用地许可。支持有条件的高速公路养护基地通过变更用地性质，改造提升成为交通建筑工业化基地。

2.加强项目规划建设全过程引导。在重点区域，鼓励桥涵及小型混凝土结构物采用装配式建造，试行将预制构件标准化设计、工厂化生产、装配化施工作为新建交通工程项目可行性研究报告及初步设计方案评审的重要因素。强化招投标引导，在新建交通工程项目招投标中增设相关加分项。对符合标准化设计、工厂化生产和装配化施工要求的新建交通工程项目，优先推荐申报国家建筑工程鲁班奖、全国和省绿色施工示范工程、省优秀示范工程等奖项。

3.加大财税和金融支持力度。各地政府要加大对交通建筑工业化的投入，重点支持技术创新、生产基地和项目建设。鼓励企业发行建筑工业化绿色债券，拓宽投融资渠道，通过贴息贷款等方式降低融资成本。省内交通建筑工业化相关企业符合高新技术企业条件的，享受相应税收优惠政策。鼓励发展交通建筑工业化民营企业研究院，支持产学研项目纳入省科技厅产学研专项计划。

4.支持保障大型预制构件运输。试行大型预制构件运输年审制，对大型预制构件运输给予绿色通道和通行费减免等扶持。支持与交通建筑工业化基地相配套的场站、物流园区、专用码头等集疏运设施建设。

3.智慧交通政策。一是加强组织领导。依托县综合交通产业发展领导小组架构，强化智慧交通建设的组织协调、统筹规划和监督管理。二是构建数据共享机制，协调公安、发改、交通运输等相关部门资源，建立跨区域、跨部门的数据共享交换沟通机制。三是支持自动驾驶发展。积极推进松古平原作为自动驾驶区域进行开放试点，争取自动驾驶商业运营资质授权。四是强化资金扶持，设立智慧交通产业发展专项资金，确保各重点项目顺利实施。五是加大人才引进力度，制定完善相关人才引进吸引政策，构建良好的高层次人才引进机制。

专栏 4　厦门市促进智慧交通产业园发展相关补助政策

租金补贴：

1.租金补贴期起始日从入园企业与园区运营主体第一次签订租赁合同之日起计算，期限为 5 年；

2.入园企业入驻第一年享受全额免租金补贴，单家企业补贴面积不超过 300 平方米，低于 300 平方米的按实际租赁面积计算。

3.从第 2 年起至第 5 年，年度纳税总额 50 万元（含）以上的企业，可以享受每月每平方米 50%减租补贴（园区租金按第三方市场评估价格确定），单家企业补贴面积不超过 300 平方米。租金先交后补。

税收奖励：

1.园区企业合计贡献的年度营业收入达到 3 亿元以上，按园区企业合计的区级留存税收贡献（指企业所得税、增值税，下同）给予园区运营主体经营贡献奖励：前 3 年奖励区级留存税收贡献的 25%，后 2 年奖励区级留存税收贡献的 15%；

2.入园企业年度营业收入达到 2000 万元以上，给予企业经营贡献奖励：前 3 年奖励区级留存税收贡献的 30%，后 2 年奖励区级留存税收贡献的 20%。

4.多式联运政策。一是建立协调推进机制，统筹多式联运发展，构建高效顺畅的多式联运信息平台。二是培育经营主体，扶持成立多式联运公司，负责日常运营管理、市场拓展、资源整合、模式创新。三是制订扶持政策，按照“铁路让一点、企业担一点、政府补一点”的总体思路出台专项政策。

专栏 5　江苏省多式联运补助方案

补助对象：依法经营、信用良好、履行统计义务、未发生重大安全和环保责任事故的省内企业，具体包括：重点企业“公转铁”，将大宗货物（包括煤炭及焦炭、金属矿石、非金属矿石、钢铁、粮食）由公路运输转向铁路的重点企业（煤炭、钢铁、电解铝、电力、焦化、汽车制造等）；铁水、公铁联运班列，从事货物发运的点到点货运列车经营人（集装箱和棚车班列，不含大宗直达货物班列和中欧班列）；实施公转铁、公转水成效明显的沿海主要港口企业（连云港港、南通港、苏州港、镇江港、南京港）。

补助标准：

1.重点企业“公转铁”方面，大宗货物铁路运输发送量年增量部分按照每吨 3 元进行补助。补助要求：铁路发运地（装车地）必须在省内。

2.铁水、公铁联运班列方面，集装箱班列按照 200 元/标准箱补助，棚车班列按照 500 元/车补助。补助要求：铁路发运地（装车地）必须在省内。

3.沿海主要港口公转铁、公转水方面，对沿海主要港口大宗货物铁路运输发送量增量部分按照每吨3元进行补助(与重点企业大宗货物铁路运输增量补助政策不重复享受)，对苏州港太仓港区至苏州西站铁路货场的集装箱公路短驳按照600元/TEU补助、水路短驳按照800元/标准箱补助。

5.交通旅游融合发展政策。一是建立协调推进机制，强化对旅游交通规划技术指导。二是创新投融资模式，鼓励整合旅游和土地资源，实现沿线交通运输和旅游资源开发一体化发展。三是鼓励业态创新，探索低空飞行、水上游船、旅游专列等旅游交通新业态新模式，拓展客运站等交通枢纽的旅游包车、汽车租赁、餐饮娱乐等旅游延伸服务功能。

五、保障措施

（一）加强组织领导

成立松阳县综合交通产业发展专项工作领导小组，由县长任组长，发改、经商、交通、住建、统计等部门各司其职，不断完善协同工作机制，推进产业培育工作。领导小组根据省、市政府的工作部署抓好具体工作落实，编制年度工作方案，出台工作职责和任务清单，建立一批重大项目库，健全统计监测体系，加强跟踪督查考核，确保全县综合交通产业推进工作高质量完成。

（二）强化“双招双引”

围绕做大做强产业，按照“缺什么引什么、什么弱补什么”的原则，选择目标企业，编制招商地图，做足功课“走出去”，满怀诚意“请进来”，一对一跟踪对接，积极引进一批建链、延链、补链、强链的重点项目和技术团队。瞄准上海、杭州、宁波、温州等重点区域，主动承接产业转移和企业外溢项目，招引一批投资强度高、产出效益高、科技含量高、产业关联度高的“四高”项目。灵活运用以商招商、股权招商、平台招商、云招商等形式，进一步拓宽信息渠道、挖掘项目线索，提高招商实效。

（三）健全要素保障

优化土地供给，盘活存量建设用地，激活低效闲置土地，引导资源要素流向优质企业和项目。积极申报省重大产业项目，获取更多用地指标，保障项目建设用地。加大财政金融支持力度，采用贷款贴息、房租补贴、财政奖励等多种方式方法，重点倾斜于对综合交通产业发展具有重大带动作用、关联度高的战略性项目的政策扶持，同时争取税收优惠，提升项目落地的吸引力与竞争力。

（四）建立统计监测

协调统计部门，加快建立综合交通产业统计监测体系，开展年度主要指标核算，把握全市运行动态，及时发布相关信息，避免盲目发展，引导和规范综合交通产业有序发展。加强综合交通产业的现状监测和成效总结，开展重大项目落实情况督促检查，加强统计监测、绩效评估和督查考核。

（五）优化人才培育

建立综合交通产业多层次人才培养体系，加大交通建筑、交通装备制造研发、交通信息技术、运管服务等领域人才引进力度，强化创新型、紧缺型和高技能人才队伍建设。鼓励新型产学研协同组织建设，推动与院校、企业、研究所等开展深度合作，通过委托研发、合作研发、联合搭建创新平台等方式开展创新活动。鼓励在丽水学院、松阳县职业中等专业学校等有条件的院校开展交通装备制造、交通建筑工程等交通专业，联合相关企业共建实训实习基地，培养松阳县综合交通产业专业人才队伍。

（县发展改革局）

“青松向阳”青年发展新政十条

（团松联〔2022〕11 号　　2022 年 4 月 29 日印发）

各有关单位：

城市因青年而兴，因青春而活。为深入贯彻落实《关于开展青年发展型城市建设试点的意见》《新时代的中国青年》白皮书等精神，积极建设青年发展型县域，深入推动全国县域共青团基层组织改革试点，吸引各领域、各层级、各行业青年集聚松阳、扎根松阳、服务松阳，在“二次创业”新征程中破风奔跑，以“青春之我”创建“青春之松阳”，以“青年之力”赋能现代化“田园松阳”建设。现围绕青年特点、青年需求、青年感受，提出如下意见。

一、青松归

发放“青松欢迎券”，松阳合作院校来松实习的大学生、县级统一组织来松参加暑期实习的在校大学生，给予 2000 元/月生活补贴，参加实习两周以上的，可按 500 元/周计算（责任单位：团县委、县人力资源社会保障局）；对新来松企业全职工作的博士、硕士、本科生（含技师学院技师班毕业生）、专科生（含技工院校高级工班毕业生）、职高生（含技工院校毕业生），符合认定条件的，给予每人每年 6000 元—10 万元的就业补贴，连续工作满 5 年后，再给予同等金额的“留松就业奖”（责任单位：县人力资源社会保障局）；松阳籍“双一流”高校本科及以上学历高校毕业生，毕业后两年内回松工作，且符合认定条件的，给予家长一次性 2 万—10 万元的“亲情留松奖”，到民营企业工作的，奖励按 120%计算（责任单位：县人力资源社会保障局、团县委、县教育局）。

二、青松住

发放“青松安居券”，新增全职来松工作且符合《松阳县公共租赁住房管理办法》或《松阳县人才公寓租住管理办法（试行）》的青年，每年最高可享受 6000 元的租房补贴，累计不超过 5 年；对在松首次购买唯一商品住房、符合补贴细则规定的青年，给予 3 万—200 万元的购房补贴（责任单位：县住房城乡建设局）。

三、青松创

发放“青松创业券”，高校毕业生、职业院校、技工院校毕业生（含在校最后一学年）自主来松创业就业，且符合乡村双创孵化器入住条件的，可享受 30 天的免费食宿，享受政策咨询、双创指导等全流程服务（责任单位：团县委）；在校大学生和毕业 10 年内的普通高校毕业生在松初次创业且正常经营 6 个月以上，经审核认定，可享受一次性 1 万元的创业补贴（责任单位：县人力资源社会保障局）；设立“青松向阳·创新创业奖”，获奖项目在大赛结束一年内在松落地实施的，根据获奖等次给予 5 万元—30 万元的创业启动补助，给予 5 年内主营业务收入 30%，最高 100 万元的创业发展资助（责任单位：县人力资源社会保障局、团县委、县经济商务局）；强化知识产权保护，获得国内外发明专利最高给予 2 万元的授权补助，国际商标注册最高给予 50%的注册补助（责任单位：县市场监管局）。

四、青松贷

发放“青松信贷券”，有生活消费信贷需求的青年，符合条件的，可向合作银行申请 10 万—300 万元个人消费性授信，最低年利率 4.15%；创办实体的青年，符合条件的，可向合作银行申请 30 万—3000 万元个人经营性授信或企业授信，最低年利率 3.85%；对符合“扬帆工程”等项目要求的青年开展创业贴息扶持（责任单位：县大数据金融发展中心、县农商行、团县委）。

五、青松学

发放“青松进步券”，鼓励企业选派优秀青年职工参加继续教育，经认定，毕业后给予 50%、最高 2 万元的学费补助（责任单位：县经济商务局）；鼓励企业加强青年职工技能提升培训，经认定，根据工种、等级给予最高 1.8 万元的一次性技能提升奖励（责任单位：县经济商务局）；

在松非公企业青年继续教育取得大专及以上学历证书，经认定，给予1000元的学历提升补助（责任单位：县总工会）；高校毕业生、职业院校、技工院校毕业生（含在校最后一学年的）在松见习满6个月，浙江省“两项计划”大学生志愿者在松工作满1年，考核合格及以上，且仍在岗的，可不受户籍限制参加松阳事业单位公开招聘考试（责任单位：县委组织部、县人力资源和社会保障局）。

六、青松恋

发放“青松幸福券”，定期开展“亲青恋”活动，举办交友联谊大会，牵手成功的青年可享受“牵手大礼包”，包含松阳范围“青年之家”，商家联盟目录内景区、电影院、餐饮等打折消费券（责任单位：团县委、县文广旅体局、县经济商务局、县文旅投集团）；政策出台后在松登记结婚的青年，凭结婚证可享受“幸福大礼包”，包含松阳商家联盟目录内景区、民宿、餐饮、婚庆、摄影等打折消费券（责任单位：县民政局、县文广旅体局、县经济商务局、县文旅投集团）。

七、青松育

发放“青松希望券”，政策出台后在松生育的青年，凭新生儿出生证，可享受“希望大礼包”，包含商家联盟目录内生态农产品、幼儿保健、民宿、餐饮、摄影、心理咨询等打折消费券（责任单位：县卫健局、县农业农村局、县文广旅体局、县经济商务局）；给予来松青年0—3岁婴幼儿托管服务（责任单位：县卫健局）；加大教育优质均衡，非松阳籍青年子女在起始年级起均可接受学前教育和义务教育（责任单位：县教育局）。

八、青松养

发放“青松康养券”，允许非松阳籍青年依法参加城镇职工医疗保险，允许其未成年子女依条件参加城乡居民医疗保险（责任单位：县医保局）；经认定的行业杰出青年等享受免费一年一次医疗健康体检和疗休养，体检和疗休养标准参照职工体检标准执行（责任单位：县卫健局、县总工会、团县委）；在松阳工作满1年的非松阳籍青年，其父母可享受松阳“康养大礼包”，包含松阳商家联盟目录内景区、餐饮、住宿、特色农产品等打折消费券（责任单位：县文广旅体局、县经济商务局、县文旅投集团）。

九、青松玩

发放“青松畅玩券”，凭“青松向阳·数字村民”身份，享受松阳商家联盟目录内咖啡厅、健身场所、酒店、民宿、电影院等折扣优惠，在松阳范围内各“青年之家”享受咨询定制、文化旅游、交友联谊、驻点休憩、应急救助等多元服务（责任单位：县文广旅体局、县经济商务局、县文旅投集团、团县委）；对来松旅游休闲、参加活动的青年，可享受政府“畅玩大礼包”，包含松阳商家联盟目录内酒店、民宿、餐饮、休闲娱乐等打折消费券（责任单位：县文广旅体局、县经济商务局、县文旅投集团、团县委）。

十、青松行

发放“青松通行券”，来松青年凭“青松向阳·数字村民”身份，可享受在松出行定制服务，指定场所停车享受半价优惠（责任单位：团县委、县住房城乡建设局）；松阳外高校毕业生、职业院校、技工院校毕业生（含在校最后一学年的）应邀参加党委政府部门组织的在松人才招引活动，经认定可享受市内每人200元/次、市外省内每人500元/次、省外每人1500元/次交通补助（责任单位：县人力资源和社会保障局、县教育局）。

本意见所指青年为年龄18～35周岁，在松阳就业（创业）、连续缴纳社保12个月以上且办理松阳户籍或松阳居住证的青年，部分条款除年龄外不受其它上述条件限制。对18～35周岁青年人才，符合条件的可按人才政策执行。与其他县级政策有重复的，就高执行不重复享受。本政策自发布之日起执行，由各牵头单位发布申报指南，负责受理、审核并组织兑现。

（团县委）

重要文件目录

2022年度松阳县委主要文件目录一览表

表50

序号	文件号	文件标题	印发日期
1	松委发〔2022〕1号	中共松阳县委关于同意召开松阳县第十三届人民代表大会第一次会议的请示的批复	2022年1月17日
2	松委发〔2022〕2号	中共松阳县委关于同意召开政协第十届松阳县委员会第一次会议的批复	2022年1月17日
3	松委发〔2022〕3号	中共松阳县委关于印发《松阳县"二次创业"执行力建设——2022年"奋力奔跑"行动实施方案》的通知	2022年1月28日
4	松委发〔2022〕4号	中共松阳县委 松阳县人民政府关于2021年度乡镇（街道）目标管理考核结果的通报	2022年1月28日
5	松委发〔2022〕5号	中共松阳县委 松阳县人民政府关于2021年下半年获得松阳县投资项目推进（重点经济指标）"金牛奖"和"蜗牛奖"的单位和事项的通报	2022年1月28日
6	松委发〔2022〕6号	中共松阳县委关于建立"两会"期间临时党组织的决定	2022年2月13日
7	松委发〔2022〕7号	中共松阳县委关于调整县委常委分工的通知	2022年2月10日
8	松委发〔2022〕8号	中共松阳县委 松阳县人民政府关于表扬在2021年平安工作中作出突出贡献集体和个人的通报	2022年2月23日
9	松委发〔2022〕9号	中共松阳县委 松阳县人民政府关于表彰松阳县经济社会（生态工业）年度先进集体和个人的通报	2022年3月4日
10	松委发〔2022〕10号	中共松阳县委关于撤销中共松阳县委机构编制委员会办公室党组的通知	2022年2月28日
11	松委发〔2022〕11号	中共松阳县委关于调整县委国家安全委员会组成人员的通知	2022年4月19日
12	松委发〔2022〕12号	中共松阳县委关于印发《中共松阳县委常委会2022年工作要点》的通知	2022年4月28日
13	松委发〔2022〕13号	中共松阳县委 松阳县人民政府关于印发《2022年度松阳县目标管理考核办法》的通知	2022年4月29日
14	松委发〔2022〕14号	中共松阳县委 松阳县人民政府关于表扬2021年度在全县乡村振兴工作中做出突出贡献集体和个人的通报	2022年5月10日
15	松委发〔2022〕15号	中共松阳县委关于中共松阳县委农村工作领导小组组成人员任职的通知	2022年5月13日
16	松委发〔2022〕16号	中共松阳县委关于设立中共浙江松阳经济开发区工作委员会等相关情况的通知	2022年4月28日
17	松委发〔2022〕17号	中共松阳县委关于同意召开中国少年先锋队松阳县第四次代表大会的批复	2022年6月1日
18	松委发〔2022〕18号	中共松阳县委关于成立塘寮区块征迁工作临时党委的通知	2022年6月1日
19	松委发〔2022〕19号	中共松阳县委 松阳县人民政府关于表彰2021年度改革工作先进集体和先进个人的通报	2022年6月10日

续表 50

序号	文件号	文件标题	印发日期
20	松委发〔2022〕20号	中共松阳县委关于认真学习宣传贯彻省第十五次党代会精神的通知	2022年7月10日
21	松委发〔2022〕21号	中共松阳县委关于同意设立大东坝人民法庭的批复	2022年7月12日
22	松委发〔2022〕22号	中共松阳县委关于同意中国少年先锋队松阳县第四次代表大会选举结果的批复	2022年8月9日
23	松委发〔2022〕23号	中共松阳县委关于聘任第二届县委法律顾问的通知	2022年8月16日
24	松委发〔2022〕24号	中共松阳县委 松阳县人民政府关于废止一批计划生育县委文件的决定	2022年8月15日
25	松委发〔2022〕25号	中共松阳县委　松阳县人民政府关于2022年上半年获得松阳县投资项目推进（重点经济指标）“金牛奖”和“蜗牛奖”的单位和事项通报	2022年8月16日
26	松委发〔2022〕26号	中共松阳县委 松阳县人民政府关于2021年度县直机关单位目标管理考核结果的通报	2022年8月16日
27	松委发〔2022〕27号	中共松阳县委关于同意召开县乡两级残疾人联合会代表大会的批复	2022年8月17日
28	松委发〔2022〕28号	中共松阳县委 松阳县人民政府关于印发《松阳县“百名人大代表、政协委员评机关”活动实施方案》的通知	2022年9月6日
29	松委发〔2022〕29号	中共松阳县委关于印发《松阳县县管领导干部年度综合量化考评办法（试行）》的通知	2022年9月29日
30	松委发〔2022〕30号	中共松阳县委 松阳县人民政府关于表彰2022年松阳县共同富裕示范区建设工作先进集体和先进个人（劳动模范集体和劳动模范）的通报	2022年10月21日
31	松委发〔2022〕31号	中共松阳县委关于松阳县残疾人联合会第八届委员会换届人事安排请示的批复	2022年10月21日
32	松委发〔2022〕32号	中共松阳县委关于同意召开松阳县法学会第二次会员代表大会的批复	2022年10月27日
33	松委发〔2022〕33号	中共松阳县委关于同意松阳县法学会第二次会员代表大会人事安排的批复	2022年11月4日
34	松委发〔2022〕34号	中共松阳县委关于认真学习宣传贯彻党的二十大精神的通知	2022年11月17日
35	松委发〔2022〕35号	中共松阳县委关于同意松阳县残疾人联合会第八次代表大会选举结果的批复	2022年11月17日
36	松委发〔2022〕36号	中共松阳县委 松阳县人民政府关于命名2022年松阳县第六届道德模范的决定	2022年11月17日
37	松委发〔2022〕37号	中共松阳县委关于设立中共松阳县委党校校务委员会的通知	2022年12月1日
38	松委发〔2022〕38号	中共松阳县委 松阳县人民政府关于印发《松阳县深化国防动员体制改革实施方案》的通知	2022年12月14日
39	松委发〔2022〕39号	中共松阳县委关于实施“文兴松阳、挺进共富”工程加快推进新时代文化松阳建设的意见	2022年12月17日
40	松委发〔2022〕40号	中共松阳县委关于同意给予包绍忠同志撤销党内职务、撤职处分的批复	2022年12月29日
41	松委发〔2022〕41号	中国共产党松阳县委员会工作规则	2022年12月29日

（县委办公室）

2022年度松阳县政府主要文件目录一览表

表51

序号	文件号	文件标题	印发日期
1	松政发〔2022〕1号	关于印发松阳县人民政府常务会议议事规则的通知	2022年2月28日
2	松政发〔2022〕2号	关于在2021年度征兵工作中成绩突出单位和个人的通报	2022年2月23日
3	松政发〔2022〕3号	关于印发松阳县人民政府县长办公会议事规则的通知	2022年3月8日
4	松政发〔2022〕4号	关于在竹源抢险中表现突出单位的通报	2022年3月11日
5	松政发〔2022〕5号	关于成立松阳县“征兵工作组织实施‘一个过程’规范化试点任务”领导小组和工作专班的通知	2022年3月14日
6	松政发〔2022〕6号	关于公布2021年松阳县星级基层武装部名单的通知	2022年4月11日
7	松政发〔2022〕7号	关于印发松阳县全力发展壮大市场主体推进“二次创业”行动方案的通知	2022年4月21日
8	松政发〔2022〕8号	关于公布2022年度政府重大行政决策事项目录的通知	2022年4月25日
9	松政发〔2022〕9号	关于印发2022年浙江省丽水市松阳县传统村落保护利用示范工作方案的通知	2022年5月7日
10	松政发〔2022〕10号	空号（批复改成松政函110）	
11	松政发〔2022〕11号	关于印发松阳县征收集体所有土地房屋补偿办法的通知（规5）	2022年6月1日
12	松政发〔2022〕12号	关于印发松阳县国有土地上房屋征收与补偿办法的通知（规6）	2022年6月2日
13	松政发〔2022〕13号	关于调整县政府领导工作分工的通知	2022年6月9日
14	松政发〔2022〕14号	关于松阳县塘寮区块城中村改造项目房屋征收的决定	2022年6月9日
15	松政发〔2022〕17号	关于印发松阳县加快推进分布式光伏规模化开发实施意见的通知（规8）	2022年7月4日
16	松政发〔2022〕19号	关于给予邵德华同志记个人嘉奖的决定	2022年8月26日
17	松政发〔2022〕20号	关于命名2021年地方贡献优秀建筑业企业的通报	2022年9月16日
18	松政发〔2022〕21号	关于命名2021年度房屋建筑、市政工程领域安全生产先进企业的通报	2022年9月16日
19	松政发〔2022〕22号	关于命名2021年度松阳县建筑业重点骨干企业和优秀企业的通报	2022年9月16日
20	松政发〔2022〕23号	关于公布松阳县自然资源价格体系建设成果的通知（规10）	2022年9月28日
21	松政发〔2022〕24号	关于松阳县望松街道马桥后区块改造工程项目房屋征收的决定	2022年10月10日
22	松政发〔2022〕25号	关于印发《松阳县全民健身实施计划（2021—2025年）》的通知	2022年10月14日
23	松政发〔2022〕26号	关于公布松阳县第二批历史建筑名录的通知	2022年12月8日
24	松政发〔2022〕27号	关于补充命名2021年度房屋建筑、市政工程领域安全生产先进企业的通报	2022年12月9日
25	松政发〔2022〕28号	关于松阳县第三实验幼儿园项目建设房屋征收的决定	2022年12月15日

（县政府办公室）

2022 年度松阳县委办公室主要文件目录一览表

表 52

序号	文件号	文件标题	印发日期
1	松委办〔2022〕1 号	中共松阳县委办公室关于《习近平在浙江》征订工作情况的报告	2022 年 1 月 17 日
2	松委办〔2022〕2 号	中共松阳县委办公室关于落实市委胡海峰书记专题调研精神情况的报告	2022 年 6 月 7 日
3	松委办〔2022〕3 号	中共松阳县委办公室 松阳县人民政府办公室关于开展革命历史类纪念设施、遗址和爱国主义教育基地建设管理情况核查工作情况的报告	2022 年 8 月 9 日
4	松委办〔2022〕4 号	中共松阳县委办公室 松阳县人民政府办公室关于帮助安排市四套班子领导出席浙江云中马股份有限公司首次公开发行 A 股上市仪式的请示	2022 年 11 月 10 日
5	松委办〔2022〕5 号	中共松阳县委办公室关于组织收听收看江泽民同志追悼大会情况的报告	2022 年 12 月 6 日
6	松委办发〔2022〕1 号	中共松阳县委办公室关于印发加强对“一把手”和领导班子监督“五张责任清单”的通知	2022 年 2 月 10 日
7	松委办发〔2022〕2 号	中共松阳县委办公室 松阳县人民政府办公室关于印发《松阳县创建省示范文明县城工作行动方案》的通知	2022 年 3 月 2 日
8	松委办发〔2022〕3 号	中共松阳县委办公室 松阳县人民政府办公室关于印发《2022 年党风廉政建设和反腐败工作组织领导与责任分工》的通知	2022 年 4 月 14 日
9	松委办发〔2022〕4 号	中共松阳县委办公室 松阳县人民政府办公室关于成立松阳县闲置和低效工业用地提质增效工作领导小组的通知	2022 年 4 月 19 日
10	松委办发〔2022〕5 号	中共松阳县委办公室关于印发《松阳县基层党建“红跃田园 争星夺鼎”工作方案》的通知	2022 年 4 月 20 日
11	松委办发〔2022〕6 号	中共松阳县委办公室 松阳县人大常委会办公室 松阳县人民政府办公室 松阳县政协办公室关于 2021 年度县人大代表建议优秀承办件和政协委员提案优秀承办单位评选情况的通报	2022 年 4 月 24 日
12	松委办发〔2022〕7 号	中共松阳县委办公室 松阳县人民政府办公室 政协松阳县委员会办公室关于印发 2022 年度“请你来协商”工作计划的通知	2022 年 4 月 24 日
13	松委办发〔2022〕8 号	中共松阳县委办公室关于印发《松阳县整治形式主义为基层减负 2022 年工作要点》的通知	2022 年 4 月 29 日
14	松委办发〔2022〕9 号	中共松阳县委办公室 松阳县人民政府办公室关于 2022 年度县领导联系、领办代表重点督办件的通知	2022 年 4 月 29 日
15	松委办发〔2022〕10 号	中共松阳县委办公室关于印发《2022 年推进清廉松阳建设工作要点》的通知	2022 年 5 月 10 日
16	松委办发〔2022〕11 号	中共松阳县委办公室 松阳县人民政府办公室关于成立县保障物流畅通促进产业链供应链稳定总指挥部的通知	2022 年 5 月 12 日
17	松委办发〔2022〕12 号	中共松阳县委办公室 松阳县人民政府办公室关于印发《中共松阳县委 2022 年意识形态工作要点》《2022 年意识形态工作组织领导与责任分工》的通知	2022 年 5 月 9 日
18	松委办发〔2022〕13 号	中共松阳县委办公室 松阳县人民政府办公室关于印发《2022 年度松阳县加快生态工业跨越式高质量发展意见》的通知	2022 年 6 月 21 日
19	松委办发〔2022〕14 号	中共松阳县委办公室 松阳县人民政府办公室关于印发《松阳县事业单位管理岗位职员等级晋升制度实施方案》的通知	2022 年 6 月 21 日
20	松委办发〔2022〕15 号	中共松阳县委办公室 松阳县人民政府办公室关于成立松阳县碳达峰碳中和工作领导小组的通知	2022 年 7 月 12 日

续表 52

序号	文件号	文件标题	印发日期
21	松委办发〔2022〕16 号	中共松阳县委办公室 松阳县人民政府办公室关于印发《松阳县村级工程“集体建”实施办法（试行）》的通知	2022 年 7 月 26 日
22	松委办发〔2022〕17 号	中共松阳县委办公室 松阳县人民政府办公室关于印发《2022 年省委生态环境保护专项督察协调保障工作方案》的通知	2022 年 7 月 29 日
23	松委办发〔2022〕18 号	中共松阳县委办公室印发《关于深化基层管理体制改革加快推动基层治理体系建设的实施方案》的通知	2022 年 8 月 14 日
24	松委办发〔2022〕19 号	中共松阳县委办公室 松阳县人民政府办公室关于印发《松阳县落实国家统计督察反馈问题整改工作实施方案》的通知	2022 年 8 月 10 日
25	松委办发〔2022〕20 号	中共松阳县委办公室关于成立县委全民国防教育工作领导小组的通知	2022 年 8 月 15 日
26	松委办发〔2022〕21 号	中共松阳县委办公室 松阳县人民政府办公室印发《关于充分发挥行政复议化解行政争议主渠道作用的实施意见》的通知	2022 年 9 月 30 日
27	松委办发〔2022〕22 号	中共松阳县委办公室 松阳县人民政府办公室关于调整松阳县精神文明建设委员会成员的通知	2022 年 10 月 10 日
28	松委办发〔2022〕23 号	中共松阳县委办公室关于印发《松阳县推进领导干部能上能下实施细则（试行）》的通知	2022 年 10 月 13 日
29	松委办发〔2022〕24 号	中共松阳县委办公室关于同意中共松阳县委党校 2022 年县内调研课题立项的批复	2022 年 10 月 16 日
30	松委办发〔2022〕25 号	中共松阳县委办公室 松阳县人民政府办公室关于印发《松阳县党政机关办公用房管理实施细则》的通知	2022 年 9 月 29 日
31	松委办发〔2022〕26 号	中共松阳县委办公室 松阳县人民政府办公室关于印发《松阳县社会治理中心职能配置、内设机构和人员编制规定》的通知	2022 年 10 月 27 日
32	松委办发〔2022〕27 号	中共松阳县委办公室 松阳县人民政府办公室印发《关于当前我县意识形态领域形势的通报》的通知	2022 年 10 月 31 日
33	松委办发〔2022〕28 号	中共松阳县委办关于印发《松阳县党员干部和公职人员酒驾醉驾问题处置“五个一律”》的通知	2022 年 11 月 7 日
34	松委办发〔2022〕29 号	中共松阳县委办公室关于印发《松阳县“出清执行案件终本库 提升司法公正感受度”专项攻坚行动实施方案》的通知	2022 年 11 月 11 日
35	松委办发〔2022〕30 号	中共松阳县委办公室 松阳县人民政府办公室关于成立博勒科技项目处置工作专班的通知	2022 年 11 月 7 日
36	松委办发〔2022〕31 号	中共松阳县委办公室关于同意中共松阳县委党校 2022 年县内调研课题结题的批复	2022 年 12 月 2 日
37	松委办发〔2022〕32 号	中共松阳县委办公室 松阳县人民政府办公室关于修改《2022 年度松阳县加快生态工业跨越式高质量发展意见》的通知	2022 年 12 月 3 日
38	松委办发〔2022〕33 号	中共松阳县委办公室印发《关于建立松阳县党委新闻发言人制度的工作方案》的通知	2022 年 12 月 14 日
39	松委办发〔2022〕34 号	中共松阳县委办公室关于成立省委第六巡视组巡视松阳县反馈意见整改落实工作领导小组的通知	2022 年 12 月 29 日
40	松委办发〔2022〕35 号	中共松阳县委办公室 松阳县人民政府办公室关于印发《松阳县“扩中”“提低”行动方案（2022—2025 年）》的通知	2022 年 12 月 22 日

（县委办公室）

2022年度松阳县政府办公室主要文件目录一览表

表53

序号	文号	文件标题	印发日期
1	松政办发〔2022〕1号	关于松阴溪干流及小港主流、支流河道保洁2021年度考核情况的通报	2022年2月22日
2	松政办发〔2022〕2号	关于进一步加强道路交通安全综合治理工作的通知	2022年2月22日
3	松政办发〔2022〕3号	关于下达2022年各单位固定资产投资计划的通知	2021年2月24日
4	松政办发〔2022〕4号	关于下达2022年度重点建设项目投资计划、重大前期项目工作计划的通知	2022年2月25日
5	松政办发〔2022〕5号	关于2021年度金融机构支持我县经济发展考评结果的通报	2022年2月28日
6	松政办发〔2022〕6号	关于下达2022年国土绿化行动计划的通知	2022年3月2日
7	松政办发〔2022〕7号	关于印发松阳县政府投资项目工程变更管理暂行办法的通知（规1）	2022年3月6日
8	松政办发〔2022〕8号	关于印发松阳县2021—2023年五大森林建设行动方案的通知（规2）	2022年3月6日
9	松政办发〔2022〕9号	关于印发松阳县产业政策奖补资金兑现管理办法的通知（规3）	2022年3月28日
10	松政办发〔2022〕10号	关于印发创建浙江省“全链条”无障碍建设先行区试点工作实施方案的通知	2022年4月18日
11	松政办发〔2022〕11号	关于印发松阳县历史文化名城沿街建筑和传统建筑保护修缮利用补助实施办法的通知（规4）	2022年4月21日
12	松政办发〔2022〕12号	关于印发《丽水市饮用水水源保护条例》立法后评估报告审议意见办理工作方案的通知	2022年4月22日
13	松政办发〔2022〕13号	关于印发全面深化农村公路“路长制”实施意见的通知	2022年4月27日
14	松政办发〔2022〕14号	关于成立松阳县集体经营性建设用地入市试点工作领导小组的通知	2022年4月27日
15	松政办发〔2022〕15号	关于印发松阳县公共租赁住房管理办法的通知（规5）	2022年4月29日
16	松政办发〔2022〕16号	关于印发《松阳县农村供水保障行动计划（2022—2024年）》的通知	2022年4月29日
17	松政办发〔2022〕17号	关于县人民政府办公室领导班子成员工作分工的通知	2022年5月16日
18	松政办发〔2022〕18号	关于印发《松阳县梧桐源水库除险加固工程竣工阶段移民安置等政策处理专项验收意见书》的通知	2022年5月24日
19	松政办发〔2022〕19号	关于全面推进古市镇千年古城复兴试点工作的若干意见	2022年6月1日
20	松政办发〔2022〕20号	关于印发松阳县自建房安全专项整治实施方案的通知（规6）	2022年6月9日
21	松政办发〔2022〕21号	关于印发松阳县文物保护安全工作联席会议制度的通知	2022年6月16日
22	松政办发〔2022〕22号	关于调整松阳县处理山林纠纷领导小组成员的通知	2022年6月20日
23	松政办发〔2022〕23号	关于印发松阳县创建浙江省体育现代化县工作实施方案（2022—2024年）的通知	2022年6月20日
24	松政办发〔2022〕24号	关于印发松阳县促进电子商务高质量发展的若干意见（试行）的通知（规7）	2022年6月24日
25	松政办发〔2022〕25号	关于印发松阳县进一步促进开放型经济稳定增长的若干意见（试行）的通知（规8）	2022年7月2日
26	松政办发〔2022〕26号	关于印发松阳县财政存量资金盘活使用管理办法的通知	2022年7月11日
27	松政办发〔2022〕27号	关于调整松阳县预防中小学生溺水工作联席会议制度的通知	2022年7月15日
28	松政办发〔2022〕28号	关于印发松阳县工业投资项目优化审批服务实施办法（试行）的通知（规9）	2022年7月12日

续表 53

序号	文号	文件标题	印发日期
29	松政办发〔2022〕29 号	关于推动松阳县现代服务业高质量发展二十条意见（规 10）	2022 年 7 月 19 日
30	松政办发〔2022〕30 号	关于印发松阳县工业投资项目优化审批服务实施办法（试行）任务清单的通知	2022 年 8 月 1 日
31	松政办发〔2022〕31 号	关于印发松阳县明清古街火灾隐患整治实施方案的通知	2022 年 8 月 9 日
32	松政办发〔2022〕32 号	关于印发丽水中等专业学校宿舍楼置换补偿方案的通知	2022 年 8 月 19 日
33	松政办发〔2022〕33 号	关于调整县国有资产管理委员会领导职务的通知	2022 年 8 月 19 日
34	松政办发〔2022〕34 号	关于印发松阳县区域协调财政专项激励政策项目和资金管理办法补充规定的通知	2022 年 8 月 19 日
35	松政办发〔2022〕35 号	关于印发松阳县惠企政策“一网办”工作机制（试行）的通知	2022 年 8 月 25 日
36	松政办发〔2022〕36 号	关于成立松阳县全域土地综合整治与生态修复领导小组的通知	2022 年 8 月 30 日
37	松政办发〔2022〕37 号	关于印发松阳县建筑垃圾管理办法（试行）的通知（规 11）	2022 年 8 月 31 日
38	松政办发〔2022〕38 号	关于印发松阳县深化“亩均论英雄”改革推进企业综合评价实施意见的通知（规 12）	2022 年 9 月 7 日
39	松政办发〔2022〕39 号	关于成立创建省级城乡社区治理和服务创新实验区领导小组的通知	2022 年 9 月 26 日
40	松政办发〔2022〕40 号	关于调整松阳县推进政府职能转变和“放管服”改革协调小组的通知	2022 年 10 月 13 日
41	松政办发〔2022〕41 号	关于印发参与第五届中国国际进口博览会总体方案的通知	2022 年 11 月 3 日
42	松政办发〔2022〕42 号	关于成立松阳县地名工作领导小组的通知	2022 年 11 月 12 日
43	松政办发〔2022〕43 号	关于印发松阳县政银企常态化合作机制的通知	2022 年 11 月 17 日
44	松政办发〔2022〕44 号	关于建立政府与工会联席会议制度的通知	2022 年 11 月 17 日
45	松政办发〔2022〕45 号	关于印发松阳县推进农村物流高质量发展助力共同富裕示范区建设专项行动方案的通知	2022 年 11 月 23 日
46	松政办发〔2022〕46 号	关于印发松阳县 2022—2023 年度松材线虫病防控实施方案的通知(规 13)	2022 年 11 月 25 日
47	松政办发〔2022〕47 号	关于修改和废止部分行政规范性文件的通知（规 14）	2022 年 11 月 28 日
48	松政办发〔2022〕48 号	关于印发创建国家食品安全示范城市工作方案的通知	2022 年 12 月 2 日
49	松政办发〔2022〕49 号	略	2022 年 12 月 6 日
50	松政办发〔2022〕50 号	关于印发 2022 年度松阳县金融机构支持地方经济发展业绩考评内容及标准的通知	2022 年 12 月 7 日
51	松政办发〔2022〕51 号	关于推进机关、企事业单位体育场地向社会开放的实施意见（试行）	2022 年 12 月 5 日
52	松政办发〔2022〕52 号	关于印发松阳县重要水系生态修复和生物多样性保护行动方案（2022—2025 年）的通知	2022 年 12 月 10 日
53	松政办发〔2022〕53 号	关于印发松阳县“全国围棋之乡”创建工作方案的通知	2022 年 12 月 16 日
54	松政办发〔2022〕54 号	关于组建松阳县来料加工共富产业发展工作领导小组的通知	2022 年 12 月 20 日
55	松政办发〔2022〕55 号	关于印发松阳县水资源节约保护和利用总体规划的通知	2022 年 12 月 22 日
56	松政办发〔2022〕56 号	关于印发松阳县智慧交通产业发展三年行动计划（2023—2025 年）的通知	2022 年 12 月 21 日

（县政府办公室）

2022年松阳县国民经济和社会发展统计公报

2022年，松阳县坚持以习近平新时代中国特色社会主义思想为指导，深入贯彻党的二十大和中央经济工作会议、省委十五届二次全会和市委五届三次全会精神，全县上下面对新冠疫情、经济下行压力加大等多重挑战，以超常规力度和举措打出经济稳进提质"组合拳"，经受住了超预期的冲击和挑战，全县经济承压前行、攻坚克难、持续恢复、稳中向好，经济总量再上新台阶，社会大局和谐稳定，全力跑出中国式现代化山区跨越式高质量发展加速度。

一、综合

根据地区生产总值统一核算结果：2022年，全县地区生产总值（GDP）142.98亿元，比上年增长（可比价、下同）7.3%，增速位居全省第二、山区26县第一，创历史最好成绩，增速高于全省（3.1%）、全市（4.0%）。分产业看，第一产业增加值14.98亿元，增长4.5%；第二产业增加值59.46亿元，增长10.6%，其中工业增加值49.32亿元，增长10.2%；第三产业增加值68.54亿元，增长5.3%。三次产业比重为10.5∶41.6∶47.9，与2021年的10.9∶40.1∶49.0相比，呈"一升两降"态势。

2022年末，新增城镇就业2191人，城镇登记失业率为0.97%，比上年下降0.4个百分点。

2022年，全县财政总收入15.30亿元，增长8.8%，其中：一般公共预算收入10.03亿元，增长12.3%，增速位居全市第三；税收收入7.29亿元，增长0.8%，扣除留抵退税因素后增长9.9%。一般公共预算支出54.47亿元，增长9.7%，其中：民生支出40.39亿元，占一般公共预算支出比重74.2%。

二、农业

2022年，全县农林牧渔业总产值21.29亿元，按可比价计算，增长4.7%，增速位列全市第五位；其中：农业产值15.57亿元，增长4.1%；林业产值2.6亿元，增长

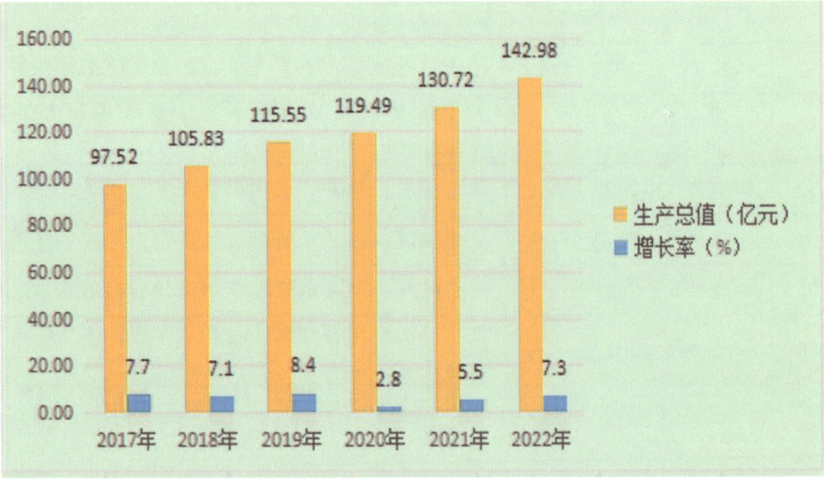

图9　2017—2022年松阳县地区生产总值及增速对比图

4.3%；牧业产值2.35亿元，增长12.7%；渔业产值0.63亿元，增长6.7%；农林牧渔专业及辅助性活动0.14亿元，增长6.3%。实现农林牧渔业增加值15.05亿元，增长4.5%。

全年全县粮食作物产量3.86万吨，增长7%，实现粮食作物产值达1.16亿元。

全年茶叶产量1.49万吨，增长5.1%，产值8.48亿元，增长5.8%。

全年蔬菜产量12.02万吨，增长3%，实现产值达1.66亿元，增长3.7%。

全年牧业产值2.35亿元，按可比价计算，增长12.7%。其中生猪产值1.84亿元。年末生猪存栏4.61万头，增长13.2%，能繁母猪存栏0.4万头，增长9.5%。

三、工业和建筑业

2022年，全部工业增加值49.32亿元，按不变价计算增长10.2%。其中规模以上工业增加值38.72亿元，增长17.8%，当月增加值增速从4月起连续9个月位列全市第一。规模以上工业总产值200.9亿元，突破200亿元大关，比2021年增长18.1%。全县规模以上工业销售产值增长20.0%，其中出口交货值比上年增长33.1%，出口交货值占销售产值的比重为4.4%。规模以上工业企业产销率99.3%。利润总额11.97亿元，下降1.0%。

规模以上工业企业中新产品产值增长14.8%，占规模以上工业产值比重为40.9%。

规模以下工业增加值增长3.5%，增速位居全市第一。

2022年，全县建筑业增加值10.14亿元，增长12.1%。其中：省内建筑业总产值增长15.6%；建筑安装工程投资额增长32.0%，增速位居全市第一。房屋建筑施工面积58.32万平方米，下降21.9%；房屋建筑竣工面积17.32万平方米，下降7.2%。

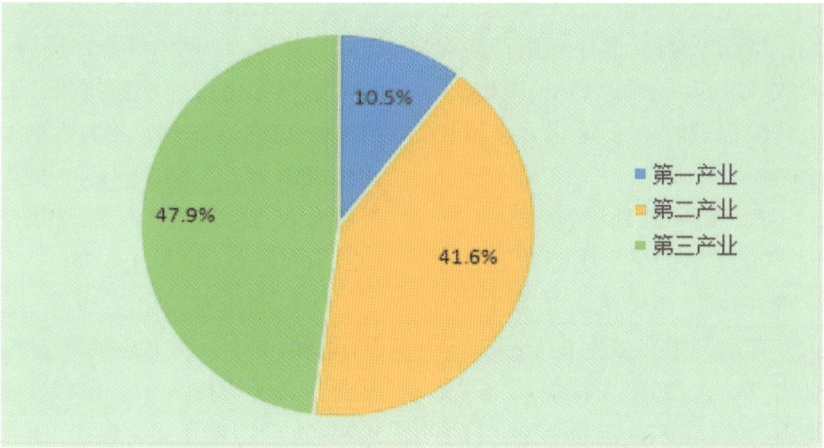

图10　2022年松阳县三次产业结构比例图

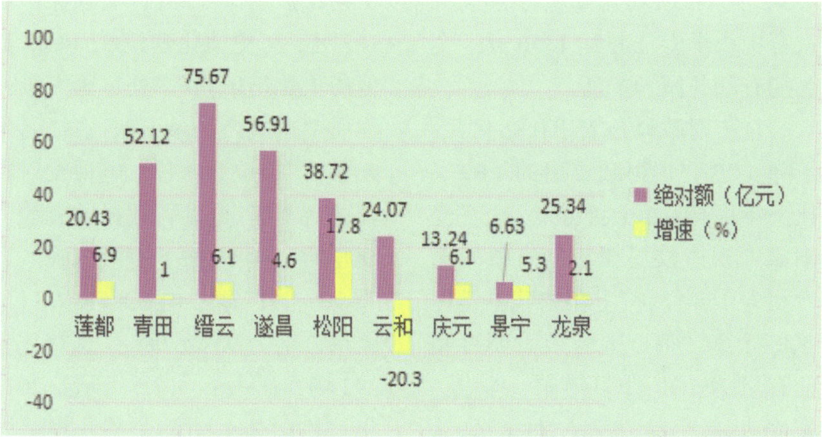

图11　2022年丽水各县（市、区）规上工业增加值及增速

四、固定资产投资和房地产业

2022年，全县固定资产投资66.11亿元，增长15.1%。其中，房地产开发投资13.44亿元，增长33.0%；工业投资增长62.6%，位居全市第三；民间投资增长36.7%，位居全市第一；交通投资增长59.2%，位居全市第二；高新技术产业投资增长100.2%，位居全市第一；生态环保、城市更新和水利设施项目投资下降2.1%，增幅比去年收窄27.8个百分点。

全年商品房销售面积11.63万平方米，下降9.1%，增速比去年收窄16.2个百分点；销售额8.28亿元，下降28.9%，其中住宅销售额6.81亿元，下降37.0%。

五、国内贸易和对外经济

2022年，全县全社会消费品零售总额63.35亿元，增长7.3%。其中：限额以上社会消费品零售总额12.19亿元，增长14.3%。按限上消费形态分，商品零售10.68亿元，增长13.4%；餐饮收入1.51亿元，增长21.2%。从限上零售额数据看，17类商品中有10类商品为正增长。其中日用品类增长121.1%、石油及制品类增长79.2%、粮油、食品类增长71.8%、烟酒类增长55.8%。

一是市场供应充足，基本生活必需品消费增长较快。新冠疫情期间，全县居民的基本生活得到有效保障，生活必需品消费保持较快增长。全县限上单位中粮油类、水产品类商品零售额分别增长91.8%、96.4%，分别比2021年提高73.3个百分点、125.9个百分点。

二是新兴业态韧性彰显。全县服装、茶叶电商企业利用平台电商、直播电商等多种网上销售渠道拓展目标客户，促进线上零售额不断提升。限上批零单位中，限上批零单位中，通过公共网络实现的零售额达5.79亿元，比上年增长14.6%。“互联网+”等新业态发展迅速，据经商部门统计，2022年全县网络零售额70.69亿元，比上年增长36.3%，增速位居全省第五、全市第三。

2022年，全县进出口总额9.96亿元，增长63.6%，增速位居全市第一。其中，出口总额9.45亿元，增长60.2%。出口结构基本以钢铁及制品为主，占了全县自营出口总额的44.6%。出口市场呈现多元化，出口市场由以往的欧美市场为主向亚洲地区拓展。

六、交通运输、邮电和旅游

2022年，交通运输、仓储和邮政业增加值3.79亿元，增长5.2%。

2022年全年全县公路旅客运输量19万人，周转量1886万人公里；公路货物运输532万吨，周转量82916万吨公里。全年邮电业务收入3.05亿元，增长64.9%。其中，邮政业务收入1.12亿元，增长330.8%；电信业务收入1.93亿元，增长21.4%。年末固定电话用户1.76万户，下降5.1%，年末移动电话用户21.83万户，增长2.9%；年末全县移动互联网用户数（移动上网卡+手机上网）21.21万户，（固定）互联网宽带接入用户10.08万户。全县快递业务量1361.49万件，增长17.7%。

全县共有AAA级旅游景区6家，AAAA级旅游景区4家。

七、金融和保险

2022年末,金融机构本外币各项存款余额266.03亿元，增长21.6%，人民币存款余额265.60亿元，增长21.5%。金融机构本外币各项贷款余额251.75亿元，增长21.6%，人民币贷款余额251.75亿元，增长21.6%。年末城乡居民本外币储蓄存款余额171.84亿元，增长20.5%。

全年保险业保费收入4.17亿元，增长9.9%。其中：财产险保费收入1.68亿元，增长19.0%；人身险保费收入2.48亿元，增长4.5%。

八、教育和科学技术

2022年，全县中等职业教育学校在校生1615人，毕业生665人；普通高中在校生3186人，毕业生986人;初中在校生6336人，毕业生2274人；普通小学在校生11641人，毕业生1918人；幼儿园42所，在园幼儿6296人。义务教育中小学专任教师1356 人。全县拥有幼儿园 42 所。

全年财政科技支出0.86亿元，下降4.0%，占财政支出的1.6%，比上年提高0.2个百分点。全县经国家知识产权局授权的有效发明专利为158件,按上年末我县常住人口计算，每万人有效发明专利拥有量为7.70件。年末，全县3家企业有产品获强制性产品认证，企业产品自我申明公开有115家企业，累计上报460项标准。本年认定省科技型企业32家、新认定国家高新技术企业9家,重新认定7家。

九、卫生和文化体育

2022年，全县医疗卫生机构132个（含诊所、村卫生室），其中医院6个、社区卫生服务中心（站）4个、卫生院24个。床位数1259张，比2021年减少1张。卫生医疗水平进一步提高。2022年,卫生技术人员1791人,比2021年增加99人，其中执业医师和执业助理医师763人，注册护士727人。

2022年全年共报告法定传染病16种2858例，报告发病率1394.93/ 10万，增长90.79%，报告4例艾滋病死亡病例，1例狂犬病死亡病例，1例丙肝死亡病例；其中甲类无传染病病例报告，乙类报告12种355例，报告发病率173.27/10万，下降16.47%；丙类报告4种2503例，报告发病率1221.66/10万，增长133.27%。

2022年末有文化站19个，公共图书馆1个，图书总藏量24.57万册，文博机构3个，馆藏文物1990件。全国重点文物保护单位3处，省级文物保护单位9处，县级文物保护单位50处，文物保护点163处，历史文化建筑920处，其他历史建筑1000多处。国家级非物质文化遗产名录1项、省级名录9项。广播电台1座、电视发射和转播台1座。全县行政村的有线电视联网率达100%，有线电视入户率90%。广播、电视综合人口覆盖率分别为98%、98%。送戏下乡292场，送书下乡3.5万册。2022年，松阳县运动健儿共获得奖牌66枚，省级以上获得7金13银，市级以上获得 5 金 15 银 26 铜。

综合档案馆 1 个，馆藏各类档案 167 个全宗，共计 115950 卷 461265 件，其中民国档案 634 卷。

十、人口、人民生活和社会保障

年末全县户籍人口 23.83 万人，比上年下降 0.3%。其中，男性 12.28 万人，女性 11.55 万人，分别占总人口的 51.5%和 48.5%。全年出生人口 1263 人，出生率 5.3‰；死亡人口 1530 人，死亡率为 6.4‰；自然增长率为–0.9‰。

2022 年，农村常住居民人均可支配收入 25324 元，名义增长 8.2%，城镇居民人均可支配收入 49911 元，名义增长 6.1%。城乡居民的收入差距进一步缩小，城乡居民收入倍差首破 2，缩小至 1.97。脱贫攻坚取得显著成效，低收入农户全年人均可支配收入 15880 元，名义增长 16.0%。

城镇居民人均生活消费支出 34002 元，农村居民人均生活消费支出 18246 元，名义增长分别为 7.5%和 9.1%。城镇居民家庭恩格尔系数（即居民家庭食品消费支出占家庭消费总支出的比重）为 31.2%，比上年下降 0.5 个百分点；农村居民家庭恩格尔系数为 33.8%，比上年下降 1.9 个百分点。

2022 年，全县参加基本养老保险 18.5 万人，参保率 98.73%；基本医保参保人数为 18.2 万人，参保率为 99.76%；工伤保险 59292 人，失业保险 22370 人。

全县有社会福利院（敬老院）1 所，福利院床位数 256 张，供养特困老人 137 人，特困供养集中供养率 100%。全县享受最低生活保障的居民 5727 人。慈善机构募集款 726 万元，慈善救助支出金额 508 万元。

十一、资源、环境保护和社会安全

2022 年，全县水资源总量 12.3461 亿立方米，下降 29.0%；全年降雨量 21.8535 亿立方米，较去年下降 22%。全年平均气温 19.1℃，年日照时数 1612.1 小时。全年总用水量 0.5950 亿立方米，增长 3.0%。其中，城乡居民生活用水量 0.1069 亿立方米，工业用水 0.0731 亿立方米，农业用水 0.3328 亿立方米。

全民义务植树 55.21 万株，全年造林面积 84 公顷。区划界定生态公益林 6.38 万公顷。建成区绿化覆盖面积 451 公顷。全县空气质量优良天数 246 天，优良率 98.6%，PM2.5 平均浓度（19μg/m3）比上年下降 5.0%。主要水系监测断面水质三类以上比例达 100%。

全县共发生各类生产安全事故 4 起，死亡 5 人，其中：发生生产经营性道路交通事故 3 起，死亡 3 人；建设施工事故 1 起，死亡 2 人；未发生各类较大以上事故；事故起数比上年下降 42.9%，死亡人数比上年下降 16.7%。全年发生森林火灾（火情）4 起，共计过火面积 48.39 亩，受害面积 33.09 亩，过火面积、受害面积比上年分别下降 92.9%、93.9%。

【注】

1.本公报数据均为年度初步统计数据。

2.生产总值、各产业增加值绝对数按现价计算，增长速度按可比价计算。

3.居民家庭恩格尔系数：指居民家庭食品消费支出占生活消费总支出的比重。

资料来源：本公报中城镇新增就业、登记失业率、社会保障数据来自县人力资源和社会保障局，财政数据来自县财政局，农业机械和专业合作社等数据来自县农业农村局，新农村建设数据来自县农业农村局，旅游数据来自县文广旅体局，外贸进出口数据来自县经济商务局，专利数量数据来自县科技局，质量检验、名牌数量、注册商标数据来自县市场监督管理局，广播、电视数据来自县传媒中心，档案数据来自县档案局，卫生、新农合数据来自县卫生健康局，社会服务、低保和各类自然灾害造成直接经济损失数据来自县民政局，灌溉面积、水资源数据来自县水利局，建成区绿化覆盖面积数据来自县住房和城乡建设局，环境监测数据来自县丽水市生态环境局松阳分局，木材产量、林业、森林火灾数据来自县自然资源和规划局，公路运输数据来自县交通运输局，移动电话、电话用户等通信数据来自市电信、移动公司，邮政业务总量数据来自市邮政局，货币金融数据来自人民银行，保险业数据来自市保险协会，教育数据来自县教育局，博物馆、公共图书馆、体育数据来自县文广旅体局，户籍人口数据来自县公安局，各类事故数据来自县应急管理局，其他数据均来自县、市统计局和国家统计局丽水调查队。

（县统计局）

2022年松阳城镇居民收支情况分析

2022年，松阳县聚焦“富民强县”，聚力“赶超跨越”，全力建设高水平生态文明建设和高质量绿色发展“重要窗口示范区”，坚持稳字当头、稳中求进战略决策，以扎实推动高质量发展建设共同富裕示范区为抓手，高效统筹新冠疫情防控和经济社会发展，超常规力度和举措扎实落实一系列促增收、惠民生政策，为城乡居民，特别是城镇中的二三产经营户提供了更多增收致富的机会。全县新冠疫情防控情况整体稳定，个人投资和消费意愿强烈，推动全年城镇居民收入实现较快增长。推动全年城镇居民收入持续稳步提升，生活消费支出呈现稳步增长。

一、城镇居民收支总体情况

（一）收入实现稳定增长。2022年松阳县城镇常住居民人均可支配收入（以下简称城镇居民收入）49911元，比上年增加2870元，增长6.1%，增速高于全省平均增速（4.1%）2个百分点、高于全市平均增速（4.7%）1.4个百分点。

（二）收入增速排名保持前列。2022年，城镇居民收入增速首次位居全省第一，连续两年位居全市首位；山区26县第一位，比上年上升4位。

（三）收入水平仍居中下游但差距缩小。2022年，城镇居民收入49911元，水平居全市第七，比全省平均水平（71268元）低21357元，比全市平均水平（55784元）低5873元，比绝对值居第六位的云和县（52841元）低2930元，差距较上年同期（21446、6218元、4062元）分别缩小89元、345元、1132元，呈缩小趋势。

（四）收入结构小幅波动。2022年，松阳城镇居民工资性收入、经营净收入、财产净收入和转移净收入占可支配收入的比重分别为47.3：18.5：12.9：21.3。与2021年（48.3：17.9：12.9：21.0）相比，工资性收入比重下降1个百分点，经营净收入比重提升0.6个百分点，财产净收入比重基本持平，转移净收入比重提高0.3个百分点。

（五）消费支出小幅增长。从总量来看，2022年城镇居民人均消费支出34002元，比上年增加2372元，位居全市第六位。从增速看，2022年城镇居民人均消费支出比上年增长7.5%，位居全市第一。

二、城镇居民收支主要特点

（一）工资性收入仍是主要支撑。2022年，城镇居民人均工资性收入23624元，比上年增长4.0%，拉动收入增长2.0个百分点，对可支配收入贡献率达32%，贡献率最大。从数据上看，工资性收入是4项收入中增幅最小的一项，虽有继续增长的趋势，但动力有所欠缺。主要原因是松阳县工资性收入增长主要靠行政机关和企事业单位从业人员推动，而今年由于整体经济形势复杂严峻，单位从业人员工资增幅整体放缓，影响整个工资性收入的增长。

（二）经营净收入增速最快。2022年，城镇居民人均经营净收入为9221元，比上年增长9.8%，拉动收入增长1.7个百分点。主要是今年以来，县域经济发展稳中有进，各项富民安居政策措施落实得力，随着整体经济的不断复苏，又逢春节，消费释放，从2022年1—11月份数据看，全县（限上）贸易数据中，零售业、住宿业、餐饮业销售额（营业额）增幅分别达到31.7%、21.8%和39.4%，第三产业经营性净收入增幅较明显。

（三）财产净收入较快增长。2022年，城镇居民人均财产净收入6438元，比上年增长5.9%，拉动收入增长0.8个百分点。由于今年整体新冠疫情控制良好，租房需求增加，租房市场得到稳定增长。另外，城镇居民个人投资分红也有较大幅度提升。

（四）转移净收入稳定增长。2022年，城镇居民人均转移净收入10628元，比上年增长7.8%，拉动收入增长1.6个百分点。增长的主要原因：一是基础养老金和离退休金的标准有所提高，离退休人员养老金收入稳步增长；二是赡养收入有较大幅度提高；三是“非粮化”整治的补助资金于今年发放到位。

（五）消费支出增长稳定。2022 年，松阳城镇居民生活消费支出 34002 元，比上年增长 7.5%，8 大类生活消费支出呈现不同幅度的增长。其中，交通通信支出、生活用品及服务支出增长明显，增速为 15.5%和 14.5%，主要是购车与燃油消费增加、政府持续发放的消费券及各项补贴拉动消费快速增长；居住、教育文化娱乐支出平稳增长，增速分别为 8.0%和 9.8%；食品烟酒、衣着、其他用品和服务支出、医疗保健支出小幅增长，增速分别为 5.8%、5.2%、1.3%和 0.9%。

三、需要关注的方面

（一）城镇居民收入持续保持较快增长仍面临各种压力。一是工资性收入增长乏力。一直以来，松阳县城镇居民收入大部分依靠工资性收入，而 2022 年城镇居民工资性收入增速明显放缓，后续阶段如果没有强有力的政策措施做保障，20223 年收入增长存在较大压力。二是经营净收入增长仍然存在较大空间。今年全县城镇居民经营性收入虽整体表现较好，但是仍需加强保障。要积极响应“双招双引”战略举措，持续优化企业准入准出门槛，积极营造良好营商环境；要进一步深化精准扶持，及时兑现服务业奖励政策和批零住餐等行业扶持政策 。三是财产净收入比重偏低，支撑不足。财产净收入在城镇居民可支配收入中比重偏低，而且主要为房租收入，来源较为单一，对收入的支撑能力不足。可通过加强理财知识的普及和宣传，加深居民理财观念，同时不断拓宽居民理财渠道，将更多居民的闲散资金用于各种理财投资，从而实现财产净收入的稳步增长。四是转移净收入增速放缓，需要更多财政政策支持。今年转移性收入的稳定增长，更多的是在于“非粮化”整治政策性的补助一次性发放到位，该资金是不可持续的。因此，需要政府在政策性生活补贴、惠农补贴等方面出台相应措施，增加财政扶持力度。

（二）居民消费需求仍需进一步释放。2022 年以来，全县新冠疫情防控形势整体稳定，消费市场整体回暖，城镇居民全年消费支出增幅位居全市第一，但这主要还是因为全县消费支出水平较低基础上实现的，消费市场总体并未完全恢复。接下来仍应进一步挖掘消费潜力，加快消费升级，大力培养康养、文旅等绿色消费热点，优化消费市场环境，推动全县经济整体稳中向好运行。

（县统计局 张盈颖 李晓林）

2022 年松阳农村居民收支情况分析

2022 年，松阳县强化政策保障，专门研究制定，并印发落实了《关于促进农民持续增收的若干意见》，通过实施“产业强农、就业富农、帮扶惠农、改革兴农”4 大行动，持续推动农村居民收入持续协同增长，农村居民收入和消费水平实现稳步增长。

一、农村居民收支总体情况

（一）居民收入增幅有所放缓。2022 年，农村常住居民人均可支配收入（以下简称农村居民收入)25324 元，比上年增长 8.2%，增幅较 2021 年（12.5%）下降 4.3 个百分点，较 2020 年（7.4%）提高 0.8 个百分点，两年平均增速 10.3%，收入增幅有所放缓。

（二）增速位次处于中上水平，总量仍然靠后。从增速上看，松阳 2022 年农村居民收入增速排名全市第四，高于全市平均水平（7.9%）0.3 个百分点；在浙江省山区 26 县排名第五，高于全省平均水平（6.6%）1.6 个百分点；与 2021 年（全市第三，山区 26 县排名第四）基本持平。从总量上看，2022 年松阳县农村居民收入水平排名全市第八，与全市平均相差 3146 元，总量仍然比较靠后。

（三）四项收入结构小幅波动。2022 年，松阳农村居民工资性收入、经营净收入、财产净收入和转移净收入占可支配收入的比重分别为 46.0∶46.2∶1.9∶5.9。与 2021 年（45.2∶47.8∶1.8∶5.2）相比，工资性收入比重提高 0.8 个百分点，经营净收入比重下降 1.6 个百分点，财产净收入比重提高 0.1 个百分点，转移净收入比重提高 0.7 个百分点（具体见表 55）。

（四）消费支出稳步增长。从总量来看，2022 年我县农村居民人均消费支出 18246 元，比上年增加 1522 元，位居全市第八位。从增速看，2022 年农村居民人均消费支出比上年增长 9.1%，位居全市第四。

2022 年松阳县农村居民人均可支配收入情况一览表

表 54

指标	2022 年（元）	2021 年（元）	比上年增长（%）	占可支配收入比重（%）	贡献率（%）
可支配收入	25324	23405	8.2	100	—
工资性收入	11648	10581	10.1	46.0	55.6
经营净收入	11696	11197	4.5	46.2	26.0
财产净收入	476	411	15.8	1.9	3.4
转移净收入	1504	1216	23.7	5.9	15.0

二、农村居民收支主要特点

（一）工资性收入快速增长。2022 年农村居民人均工资性收入 11648 元，增长 10.1%。2022 年以来县委、县政府高度重视工业企业的发展，招商引资力度加大，县域整体经济形势稳中有进，规上、规下工业增加值分别增长 17.8%、3.5%，增速首获全市“双第一”。新企业的不断引进和工业企业经济形势的稳定，促进农村居民就业岗位不断增加；重点行业、重点企业等其他从业人员工资增幅整体较为平稳，促使居民工资性收入实现较快增长，贡献率达 55.6%，是拉动农村居民收入的最主要因素。

（二）经营净收入增长放缓。

2022 年农村居民人均经营净收入 11696 元，增长 4.5%。全县农村居民中的经营户，以茶叶种植和茶叶加工为主。2022 年，由于春节后持续低温，春茶比 2021 年晚半个月左右时间上市。这对茶叶种植户和茶叶加工户产生了一好一坏影响。对茶叶种植户来说，春茶采摘期延迟，采摘产量下降；同时全县开展“非粮化”整治，种植茶叶面积有所减少，对茶叶产量有一定的影响。对于茶叶加工户来说，由于茶青收购价格较低，成本降低后茶叶加工户制茶净收入增加明显。因此，全年农村居民经营净收入增长所有放缓，增速 4.5%，低于全年农村居民人均可支配收入增幅（8.2%）3.7 个百分点。

（三）财产净收入增幅明显。2022 年农村居民人均财产净收入 476 元，增长 15.8%。农村居民财产收入主要来源于红利、房租和转让承包土地经营权。2022 年全县开展“非粮化”整治工作后，农户农田出租给种粮大户，获得一次性田租收入，拉动财产净收入增幅明显。

（四）转移净收入高速增长。2022 年农村居民人均转移净收入 1504 元，增长 23.7%。2022 年以来，县委、县政府不断加强民生保障支出，进一步提高退休养老金、最低生活保障金等发放标准，为转移净收入的刚性增长提供了有力的政策支撑。同时，2022 年全县“非粮化”整治补助资金全部发放到位，2021 年 12 月至 2022 年 11 月，松阳县完成粮食生产功能区“非粮化”整治优化 1748 公顷，发放补助 33392.5 万元，加快转移净收入增长，促进全年农村居民转移净收入高速增长，增速高达 23.7%。

（五）8 大类消费全面增长。2022 年农村居民生活消费支出 18246 元，比上年增长 9.1%，8 大类生活消费支出呈现不同幅度的增长。其中，交通通信支出、生活用品及服务和居住支出增长明显，增速为 18.1%、14.8%和 12.8%，主要是购车与燃油消费增加、政府持续发放的消费券及各项补贴拉动消费快速增长；其他用品和服务、教育文化娱乐支出平稳增长，增速分别为 9.6%、9.4%；衣着、食品烟酒和医疗保健支出小幅增长，增速分别为 4.5%、3.4%、3.4%。

三、2023 年农村居民增收存在的困难及走势预判

2023 年，影响农村居民增收的因素仍然较多。一是工资性收入持续增长乏力。从近年农村居民收入结构来看，工资性收入逐渐成为农村居民收入的主要收入来源。工资性收入的稳定增长依赖于企业的持续创收及盈利的增加。随着员工工资的逐年上涨，劳动力成本不断上升，企业盈利空间进一步被挤压，影响了企业经营收益，导致工资性收入的持续增长乏力。二是经营收入仍受影响。受“非粮化”整治影响，2022 年已经完成对粮食功能区非粮用途进行清退，涉及的茶树已被清理，对全县 2023 年茶叶产值仍有一定影响，导致农村居民经营性收入有所减少；三是财产性收入和转移性收入持续增长难度较大。财产性收入单一，对收入的支撑能力不足；转移净收入增长缺乏动力，持续保持较快增长难度加大，2022 年转移净收入能保持较快增长很大因素在于“非粮化”整治补助资金的发放，但该收入是不可持续的。同时，考虑到 2022 年基数较高，也会影响 2023 年全县农村居民收入增速。

综上所述，虽然新冠疫情逐步放开，但是受复杂不确定的经济形势、2021 年同期基数较高等诸多因素影响，伴随着阶段性、针对性的政策效应逐渐减弱，预计 2023 年一季度全县农村居民收入增长将延续 2022 年全年趋势，保持平缓增长。

（县统计局 张盈颖）

索　引

说　明

一、本索引分为主题索引、照片索引和表格索引。

二、主题索引涵盖除“特载”“专记”“大事记”“附录”外的正文部分；照片索引包括卷首和内文中的全部照片；表格索引包括内文中的全部表格。

三、索引中文标目按汉语拼音顺序排列，索引标目后的数字表示内容所在的页码。主题数字后的拉丁字母（a、b、c）分别表示版面的1、2、3栏。

四、照片索引仅标注所在页码，不标注分栏。表格索引按序号排列，仅标注所在页码，不标注分栏。

五、不同条目采用相同主题词时，分别标注页码和版面。

主题索引

D

E

F

G

H

J

K

L

M

N

T

Y

Z

照片索引

H

J

K

L

M

N

Q

S

T

W

X

Y

Z

表格索引